हिंदी पत्रकारिता : हमारी विरासत

खंड – 2

संपादन सहयोग

मृत्युंजय, अलका सरावगी, आशुतोष सिंह
शिवनाथ पांडेय, शशि पोद्दार, नीरज नयन

प्रबंध सहयोग

सुरेश शॉ

अनुसंधान सहयोग

कल्पना सिंह, राजश्री डागा, सुशील कुमार मिश्र
आशा चौधरी, कृष्ण ठाकुर, डॉ. रचना अग्रवाल
रेणु द्विवेदी, डॉ. शत्रुघ्न प्रसाद सिन्हा
राजेश त्रिपाठी और विष्णु गोस्वामी

आभार

राष्ट्रीय पुस्तकालय (कलकत्ता), श्री हनुमान पुस्तकालय (हावड़ा), बड़ाबाजार लाइब्रेरी (कलकत्ता), बंगीय साहित्य परिषद (कलकत्ता), सरस्वती पुस्तकालय (शेखावटी, राजस्थान)
नागरी प्रचारिणी सभा (वाराणसी)
कोल इंडिया लि., कोलकाता

हिंदी पत्रकारिता हमारी विरासत

खंड - 2

सपादक

प्रो. शंभुनाथ

रामनिवास द्विवेदी

वाणी प्रकाशन

वाणी प्रकाशन

4695, 21-ए, दरियागंज, नयी दिल्ली 110 002

शाखा

अशोक राजपथ, पटना 800 004

फ़ोनः +91 11 23273167 फ़ैक्सः +91 11 23275710

www.vaniprakashan.in
vaniprakashan@gmail.com

HINDI PATRAKARITA : HAMARI VIRASAT
KHAND-2
Edited by Prof. Shambhunath
Ramnivas Dwivedi

ISBN : 978-93-5072-313-5
Journalism

प्रथम संस्करण 1993
प्रथम (वाणी) संस्करण 2012

मूल्यः ₹ 1500 (प्रति खंड)

न्यू कृष्णा ऑफ़सेट, दिल्ली-110093 में मुद्रित

वाणी प्रकाशन का लोगो मक़बूल फ़िदा हुसेन की कूची से

अनुक्रम

विशाल भारत

1928-64

कार्टून

सरोज

1928

कार्टून

विजय

1931-33

काव्य कलाधर

1934-1936

समाज सेवक

1935

विश्वभारती

1942

'47-पूर्व के कुछ हिंदी पत्र : पहले अंक

देशबंधु

उद्योग-धंधा

विश्व-वाणी

सिनेमा-संसार

जनमत

अभिनय

महिला

धूमकेतु

कुछ अन्य पत्र

साम्यवादी

लोकमान्य

जागरण

कुछ मूल्यांकन

दो शब्द

'विशाल भारत' से हिन्दी पत्रकारिता का एक नया दौर आरम्भ होता है। 1928 में जब इसका पहला अंक निकला, हिन्दी में इतनी सुन्दर साज-सज्जा और पठनीय सामग्री वाला दूसरा कोई पत्र न था। 'सरस्वती' 'माधुरी', 'चांद', 'सुधा', 'वीणा', 'प्रभा', जैसे कुछ गौरवशाली मासिक पत्र पहले से निकल रहे थे और एक साल बाद 'हंस' भी अस्तित्व में आ गया था। फिर भी बनारसी दास चतुर्वेदी के सम्पादन में निकलने वाले पत्र 'विशाल भारत' की एक अलग ही शान थी। इसके माध्यम से हिन्दी पत्रकारिता में न केवल आधुनिक टेकनॉलॉजी का प्रवेश हुआ, बल्कि यह पत्र हिन्दी और बंगला के बीच एक सांस्कृतिक सेतु भी बना। एक बंगलाभाषी ने यह पत्र निकाला था। इसका एक वैश्विक परिप्रेक्ष्य भी था। राष्ट्रवादी जागरण में जब एक नया ऐतिहासिक मोड़ आ रहा था और पूर्ण स्वाधीनता की आकांक्षा हर भारतीय दिल में सुलग उठी थी—नवजागरण राष्ट्रीय मुक्ति संग्राम के समुद्र में अपनी सबसे ऊँची हिलोरें ले रहा था, उस समय 'विशाल भारत' का प्रकाशन शुरू हुआ और यह देश भर के लेखकों के वैचारिक संघर्ष का एक प्रमुख मंच बना।

'विशाल भारत' से इस ग्रन्थ का दूसरा खण्ड आरम्भ करने का हमारा लक्ष्य यह है कि पाठक न केवल हिन्दी पत्रकारिता, बल्कि भारतीय नवजागरण और मुक्ति संग्राम के सार में आए गुणात्मक फर्क से परिचित हों और अतीत के उस विशिष्ट काल-फलक पर अंकित राष्ट्रीय-सामाजिक चेतना के इन्द्रधनुष की रोशनी में अपने समय को देखें। उस काल में मनुष्य आदर्श के लिए जी और मर रहे थे। एक नया देश, नया समाज और नया इतिहास बनाने से बढ़कर कोई दूसरा मकसद उनके सामने न था। पत्रकार खतरों से खेलते थे और उनकी सबसे बड़ी खूबी थी उनकी निर्भीकता। एक प्रमुख पत्रकार और स्वाधीनता संग्रामी गणेश शंकर विद्यार्थी ने लिखा है, "मनुष्य उसी समय तक मनुष्य है, जब तक उसकी दृष्टि के सामने कोई ऊँचा आदर्श है, जिसके लिए वह अपने प्राण तक दे सके।" हिंसा और उपभोगवाद में डूबे वर्तमान समय के लिए यह सच एक बहुत बड़ी पीड़ा है। उसकी पुनर्प्रतिष्ठा एक बहुत बड़ी चुनौती है।

1928-29 से हिन्दी पत्रों में जो एक नया उभार आया, वह उस युग के सामान्य राष्ट्रीय-सांस्कृतिक उभार का ही एक अंग था। उन पत्रों में हिन्दी गद्य

भारतीय जीवन की तरह ही एक नई करवट ले रहा था। जो हंसमुखपन, जिन्दादिली, सादगी और पारदर्शिता उस काल के राष्ट्रीय गद्य में थी, वह एक सम्पूर्ण संस्कृति की ऊँचाई थी। उन पत्रों के लेखकों के सोचने और कल्पना करने की पद्धति में गजब की नवीनता थी। आज की अभिव्यंजना में जो यांत्रिकता या तर्कहीनता दिखाई पड़ती है, तब नहीं थी। उस समय जीवन और पत्रकारिता में वह एकायामिता भी नहीं थी, जिसे हरबर्ट मारक्युस ने आधुनिक उपभोगप्रधान समाज के मनुष्य का प्रमुख लक्षण माना। एक मुहावरेदार भाषा में वही सोच-लिख सकता है, जिसके अन्दर जीवंतता ओर उदात्तता हो। आज की भाषा से मुहावरे गायब हैं, 'विट' गायब है और विश्वसनीयता भी गायब है। भाषा इतनी खोखली और अविश्वसनीय कभी नहीं हुई थी, जितनी आज हो चुकी है। शब्द कभी इतने जादूहीन नहीं थे। उस युग के पत्रों से जैसे यह पता चलता है कि भारतीय चेतना का विभिन्न घात-प्रतिघातों के बीच कैसे विकास हो रहा है, वैसे ही विकासशील हिन्दी की भी नई-नई सौन्दर्य छटाएँ देखने को मिलती हैं।

कलकत्ता से प्रकाशित '47-पूर्व के कई पत्र हमें बहुत ढूँढ़ने पर भी नहीं मिले, जैसे 'साम्यदण्ड मार्तण्ड' (1850), 'सुलभ समाचार' (1871), 'भारत दर्पण' (1889), 'हित वार्त्ता (1902), 'मौजी' (1924), 'औधड़' (1925), 'श्रमिक', 'अग्रसर', 'विचार' आदि। कई पत्रों के पहले अंक ही मिले। कुछ पत्र बहुत अधूरे रूप में मिले। फिर भी कई पत्र तथा कई पत्रों के कुछ खास अंक ऐसे हैं, जिनका पहली बार पता चला। 1826 से 1947 तक के कलकत्ता से प्रकाशित दुर्लभ हिन्दी पत्र-पत्रिकाओं की महत्वपूर्ण सामग्री का प्रस्तुत पुनर्मुद्रण अपनी सीमाओं के बावजूद हमारे राष्ट्रीय-सांस्कृतिक इतिहास के अनेक बंद गवाक्ष खोलता है।

हम आशा करते हैं कि यह ग्रन्थ सामान्य पाठकों तथा शोधकर्त्ताओं दोनों के लिए समान रूप से उपादेय सिद्ध होगा।

हमारा विश्व 21वीं सदी में है और यदि एक नया अंधकार गहरा रहा है तो एक नई रोशनी भी हमारी प्रतीक्षा कर रही है। 'हिन्दी पत्रकारिता हमारी विरासत' वस्तुतः एक रोशनी की ही कहानी है। इस ग्रन्थ का दूसरा खण्ड आपके सामने है।

शंभुनाथ

रामनिवास द्विवेदी

1928-1964

विशाल भारत : परिचय

प्रो. मंजुरानी सिंह

'विशाल-भारत' का प्रकाशन कलकत्ते से सन् 1928 में आरम्भ हुआ। इसका संचालन रामानन्द चट्टोपाध्याय और सम्पादन बनारसी दास चतुर्वेदी कर रहे थे। रामानन्द चट्टोपाध्याय के व्यक्तित्व पर राममोहन राय की ब्रह्मसमाजी विचारधारा का प्रभाव था। शायद इसीलिए वे संकीर्ण भाषा-दृष्टि और धार्मिक रूढ़ियों से मुक्त थे। उनका इरादा भारतीय समाज को आधुनिक चेतना, बौद्धिक साहस और गहरी स्वदेशभावना से जोड़ने का था। इसी व्यापक जीवनदृष्टि के संवाहक 'माडर्न रिव्यू' और 'प्रवासी', क्रमशः अंग्रेजी और बंगला के पत्र, पहले से उनके सम्पादन और संचालन में निकल रहे थे। बनारसीदास चतुर्वेदी को विशाल भारत का संपादन भार देकर उन्होंने अपनी सूझबूझ का ही परिचय दिया। बनारसी दास चतुर्वेदी एक निष्ठावन और निर्भीक पत्रकार थे, जिनकी जीवनदृष्टि पर गांधीवाद और अन्य प्रगतिशील विचारधाराओं की गहरी छाप थी। विचारों की स्वतन्त्रता और लोकहित को वे साहित्य का धर्म मानते थे।

'विशाल-भारत' को अपने युग में सूर्य की तरह उपयोगी पत्र माना गया। इसने अपने कलेवर में उन सारे सामाजिक, राजनैतिक, कलात्मक और साहित्यिक विषयों का समावेश किया, जिनकी भारत जैसे निर्धन, अशिक्षित और औपनिवेशिक गुलामी से आक्रान्त देश को जरूरत थी "इश्क पर कर दूँ फिदा मैं अपनी सारी जिन्दगी, लेकिन आजादी पे मेरा 'इश्क' तक कुर्बान है" (अख्तर शीरानी, वर्ष-1, खण्ड-2) जैसी पंक्तियों द्वारा 'विशाल-भारत' अपनी राष्ट्रवादी निष्ठा की लगातार उद्घोषणा करता रहा। अपने प्रवेशांक से ही इसने भारतीय जनता को आत्मिक-बौद्धिक लड़ाई के लिए तैयार करना आरम्भ कर दिया था। जून, 1928 के अंक में सम्पादकीय विचार के अन्तर्गत, यह पत्र बारडोली के किसान आन्दोलन को धर्मयुद्ध की संज्ञा देता है, "सरकार के द्वारा जिस निन्दनीय दमन नीति का व्यवहार बारडोली में किया गया, उसका वृत्तान्त समाचारपत्रों के पाठक जानते ही हैं पर उसका एक अच्छा परिणाम हुआ है, वह यह कि बारडोली के प्रश्न ने अखिल भारतीय रूप धारण कर

लिया है। भारत सेवक समिति के उप प्रधान पं. हृदयनाथ कुंजरू और उसके एक प्रतिष्ठित सदस्य श्रीयुत एस. जी. वजे ने बारडोली पहुँचकर जो रिपोर्ट तैयार की है उससे बारडोली के किसानों का पक्ष और भी प्रबल हो गया है। आन्दोलन की प्रबलता से बम्बई सरकार का आसन डोल गया है और बम्बई प्रान्त के गवर्नर सर लैसली विलसन को वायसराय से मिलने शिमला जाना पड़ा है।... यह तो निश्चित है कि बारडोली के किसान ही उस धर्मयुद्ध में विजयी होंगे। सरकार के पाशविक बल पर किसानों के आत्मिक बल की यह विजय अपना रंग लाये बिना न रहेगी और देश में एक नहीं अनेक बारडोली बनेंगी। स्वराज्य-मार्ग भी वही है।" इसी अंक के सम्पादकीय विचार में वह यह भी स्पष्ट करते हैं, "खादी का प्रचार कोरमकोर मोटे सूत के कपड़े का प्रचार नहीं है। उसके भीतर आत्मावलम्बन, भातृभाव और साम्यवाद के भाव छिपे हुए हैं। प्रत्यक्ष में खादी का राजनैतिक महत्व भले ही न दीख पड़े, पर दरअसल खादी आन्दोलन एक क्रान्तिकारी आन्दोलन है, क्योंकि वह साधारण जनता की मनोवृत्ति को एकदम बदल देता है और यही क्रान्ति की पहली मंजिल है।"

'विशाल-भारत' सोद्देश्यता की नीति का पोषक था। जनता को जागरूक और प्रशिक्षित करने का उसका लक्ष्य जगह-जगह स्पष्ट होता है। यह पत्र अपने वैचारिक लेखों से भारतीय जनता को अंग्रेजों की कूटनीति से वाकिफ कराने की कोशिश भी करता है। कुछ भारतीय बुद्धिजीवी भारत के शैक्षणिक विकास और आधुनिकता का श्रेय अंग्रेजों को देते थे। 'विशाल-भारत' ऐसे विचारों का खण्डन करता है। जुलाई, 1928 के अंक में रामानन्द चट्टोपाध्याय 'स्वराज्य की योग्यता' शीर्षक लेख में लिखते हैं, "यहाँ की किसी भी जाति को उन्नत करने का अंग्रेजों का कोई उद्देश्य नहीं है। अगर ऐसी सोद्देश्यता उनके भीतर होती तो अवनत जातियों के लिए शिक्षा का इन्तजाम करके, उनमें बहुतों को पढ़ने-लिखने के काबिल बना सकते थे और इस तरह उनकी सब तरह की उन्नति की नींव डाल सकते थे परन्तु ऐसा नहीं किया गया।" इस लेख में भारतीयों के इस भ्रम को तोड़ने का प्रयास किया गया है कि कोई प्रभुजाति आकर किसी देश और जाति की उन्नति करती है। लेखक मिसाल देता है, "जापान में हमारे ही देश जैसा जातिभेद था, अस्पृश्य जातियाँ थीं। स्वाधीन जापान ने स्वयं ही उसे मिटा दिया। विदेशी प्रभुओं ने आकर जापानी अस्पृश्य 'एता' नाम की जाति को स्पृश्य और सदाचारी नहीं बनाया है।" यह पत्र अपने पाठकों का परिचय अक्सर उन व्यक्तित्वों से कराता रहा, जो भारत में राष्ट्रवादी संघर्ष और सामाजिक-सांस्कृतिक उत्थान में अटूट लगन, परिश्रम और त्याग के साथ लगे रहे।

1936 के अप्रैल अंक में 'हमारे राष्ट्र के शिक्षक' शीर्षक के अंतर्गत बंगाल में अंग्रेजी शिक्षा के प्रचारक डेविड हेयर, शिक्षा में राष्ट्रीयता और युक्तिवाद का समावेश करनेवाले हेनरी डेरोजियो, अलीगढ़ मुस्लिम कॉलेज के संस्थापक और मुसलमानों लिए आधुनिक शिक्षा के प्रचारक सर सैयद अहमद खाँ, सिर्फ भारतीयों

द्वारा परिचालित प्रथम कॉलेज स्थापित करनेवाले ईश्वरचन्द्र विद्यासागर, लाहौर के डी.ए.वी. कॉलेज के संस्थापक लाला लाजपतराय, भारत में अनिवार्य निःशुल्क प्रारम्भिक शिक्षा के लिए सबसे पहले आवाज उठाने वाले गोपाल कृष्ण गोखले, कलकत्ता साइंस कॉलेज के संस्थापक स्व. सर तारकनाथ पालित, हिन्दू विश्वविद्यालय के संस्थापक पण्डित मदनमोहन मालवीय, बंगाल के अन्यतम शिक्षा प्रचारक आशुतोष मुखर्जी, गुजरात विद्यापीठ के संस्थापक, हरिजनों में शिक्षा के अन्यतम प्रवर्तक तथा हिन्दी के प्रमुख प्रचारक महात्मा गांधी, शान्ति निकेतन में विश्वभारती विश्वविद्यालय के संस्थापक रवीन्द्रनाथ ठाकुर, भारत में गुरुकुल शिक्षा प्रणाली के प्रवर्तक और गुरुकुल कांगड़ी के संस्थापक महात्मा मुंशीराम, जालंधर के कन्या महाविद्यालय के संस्थापक स्व.लाला देवराज, भीलों में शिक्षा के प्रमुख प्रचारक अमृतलाल ठक्कर, दक्षिण में हिन्दी शिक्षा के अन्यतम प्रचारक हरिहर शर्मा का परिचय प्रस्तुत किया गया है।

इस पत्र की स्वदेशी भावना और इसका स्वाभिमान इतना प्रबल था कि इसने भूल से भी किसी लेख में अंग्रेजों की चापलूसी नहीं की। अलबत्ता इसने भारतीयों के मन पर चढ़ी पश्चिमी खुमारी तोड़ने का काम किया। इस संदर्भ में 1930 का 'प्रवासी' अंक उल्लेखनीय है। इस अंक के लेखों में मलाया, जर्मनी न्यूजीलैण्ड, अफ्रीका, लंका आदि में बसे भारतीयों के लेख हैं। इन लेखों में प्रवासी भारतीयों के जीवन का परिचय मिलता है, मसलन 'मलाया में भारतीय प्रश्न' में लेखक ने लिखा है कि बचपन में मलाया के सम्बन्ध में केवल इतना ही जानता था कि हजारों हिन्दुस्तानी वहाँ जाते हैं और मुट्ठियों में सोना भरे हुए लौट आते हैं, पर इस सुन्दर देश की बहुत सी बातें जानने योग्य हैं।... करीब-करीब सात लाख भारतीय मलाया में बसे हुए हैं। वे लोग रोजगार, कारीगरी, ऊँचे पेशों और जीवन के प्रायः सभी भागों में नजर आते हैं परन्तु आबादी का अधिकांश भाग खेतों में काम करने वाले मजदूरों का है। 'न्यूजीलैण्ड का जीवन', शीर्षक लेख में लेखक बलवंत सिंह 'शेर' बतलाते हैं, "इस समय प्रवासी भारतीय दुनिया भर में सबसे अधिक अभागे हैं, विशेषकर इस बात से कि आदि में वे प्रतिज्ञाबद्ध कुली प्रथा के शिकार थे। अतः बाहरी दुनिया को सम्भवतः यह धारणा हो गई है कि भारतीय कुलियों की जाति के हैं। मालूम होता है कि कोई यह जानता ही नहीं है कि भारत भूमि सभ्यता और ज्ञान की जननी है।" 'दक्षिण अफ्रीका के भारतीय' शीर्षक लेख में श्री जे. डब्लू. गोडफ्रे ने लिखा है कि 'सन् 1860 में यहाँ के गन्ने के प्लैंटरों ने नेटाल को नष्ट होने से बचाने के वास्ते मजदूरों के लिए प्रार्थना की। भारत सरकार ने इस पर मजदूरों को भर्ती कर भारत से यहाँ भेजा।" आगे यह भी बताया गया है कि ज्यों-ज्यों भारतीयों ने अपने परिश्रम और ताकत के बल पर उन्नति की, उनके प्रति द्वेषभाव बढ़ने लगा। भारतीय बच्चों के लिए शिक्षा का कोई प्रबन्ध नहीं है। वे न ऊँची शिक्षा, प्राप्त कर सकते हैं, न

ऊँचा पद। 1894 में मोहनदास करमचन्द गांधी बैरिस्टर होकर यहाँ आए। इसलिए सहज ही नेता चुन लिए गए। इन्होंने वहाँ शोषण के खिलाफ लड़ाइयों की शुरुआत की। इस तरह 'प्रवासी' अंक निकाल कर विशाल-भारत ने देश-विदेश के भारतीयों के बीच आत्मीय सम्बन्ध बनाने तथा सभी भारतीयों को राष्ट्रीय समस्याओं से जोड़ने का कार्य किया।

1928 ई. के पहले अंक में ही सम्पादकीय विचार के अंतर्गत बनारसी दास चतुर्वेदी ने लिखा, "साम्प्रदायिकता अथवा जातीय विद्वेष को बढ़ाना 'विशाल-भारत' के प्रति ऐसा भयंकर पाप है, जिसका कोई, प्रायश्चित नहीं।" पत्र का हमेशा यह दृष्टिकोण बना रहा कि राष्ट्रीय स्वाधीनता का प्रश्न भारतीय समाज के सर्वांगीण विकास और उसके आमूल परिवर्तन से है। इस सर्वांगीण विकास का सबसे बड़ा आधार शिक्षा है। शिक्षा राष्ट्रीय आवश्यकता है, क्योंकि जब तक भारतीय समाज शिक्षित नहीं हो जाता, वह अपनी पुरानी वर्ण व्यवस्था, साम्प्रदायिक भेदभाव, छुआछूत आदि कुरीतियों से मुक्त नहीं हो सकता। इस मुक्ति के बिना भारत प्रगतिशील राष्ट्र नहीं बन सकता।

भारतीय नवजागरण का एक धनात्मक परिणाम भारत में स्त्री शिक्षा का प्रसार भी था। 'विशाल-भारत' ने इस क्षेत्र में अपनी जिम्मेदारी निभाई। महात्मा गांधी ने भारतीय स्त्रियों को राष्ट्रीय आन्दोलन में शामिल किया था। श्रीमती वासन्ती देवी, श्रीमती सरोजिनी नायडू, मिसेज कमला देवी चट्टोपाध्याय, श्रीमती रुक्मिणी देवी लक्ष्मीपति, अहमदाबाद की अनुसूया बहन आदि उनकी वीर सेनानियों में थीं। इन सबके महत् कार्यों और व्यक्तित्वों का परिचय देकर 'विशाल-भारत' ने देश के नारी समाज को जागृति और प्रेरणा देने का कार्य किया। 1936 में इसने 'महिला विशेषांक' निकाला। इसी अंक में श्रीमती कमला चटर्जी द्वारा लिखित 'अन्तर्राष्ट्रीय महिला कॉन्फ्रेन्स' जैसा महत्वपूर्ण लेख भी छपा। तत्कालीन भारतीय समाज के लिए यह एक अपवादस्वरूप सूचना थी कि 1888 ई. में स्थापित अमेरिका की 'अंतर्राष्ट्रीय महिला समिति' के साथ 'भारत राष्ट्रीय महिला सभा' सम्बद्ध है और उसे समान वोटाधिकार प्राप्त है।

1938 में इस पत्र के सम्पादन का दायित्व सच्चिदानन्द हीरानन्द वात्स्यायन 'अज्ञेय पर पड़ा। इस काल में पत्र ने अपनी सृजनात्मक परम्परा को कई अर्थों में विकसित किया। 'अज्ञेय' ने अपने प्रथम सम्पादकीय विचार में ही उद्‌घोषणा कर दी कि 'विशाल भारत' लकीर का इतना सख्त फकीर कभी नहीं रहा कि कोई भी विभिन्नता या विचित्रता बिना परिवर्तन के न आ सके।" अज्ञेय द्वारा उद्‌घोषित परिवर्तन को लक्ष्य कर, अगर उनके सम्पादन में निकले 'विशाल–भारत के अंक देखें तो स्पष्ट होगा कि विवेच्य काल में राष्ट्रभाषा में सम्बन्धित समस्याओं, सामाजिक सुधार के कानूनों, शिक्षा व्यवस्था, उद्योग, पुरातत्व, संस्कृति और मनोविज्ञान से सम्बन्धित लेख अधिक महत्व

पाने लगे। कहानी, कविताएँ भी अपेक्षाकृत अधिक छपने लगीं।

हालाँकि 'अज्ञेय' अंग्रेजी के विद्वान थे, पर स्वदेश-भावना की पुष्टि का बहुत बड़ा माध्यम राष्ट्रभाषा है, यह उनका एक अपरिवर्तनशील चिन्तन था। इसीलिए कलकत्ते की साहित्यिक संस्था 'रविवासर' के हिन्दी विरोधी प्रस्ताव का बड़ा सटीक उत्तर उन्होंने जुलाई, 1938 के 'सम्पादकीय विचार' में दिया। 'रविवासर' के प्रस्ताव में निहित था कि हिन्दी को राष्ट्रभाषा न बनने दिया जाए, बल्कि राष्ट्रभाषा का स्थान अंग्रेजी को मिले। अज्ञेय ने बड़े उदार और विद्वतापूर्ण ढंग से हिन्दी के राष्ट्रभाषा होने की योग्यता की दलीलें पेश कीं। उन्होंने लिखा, "किसी भारतीय भाषा का वर्तमान इतना प्रस्फुटनशील नहीं है, जितना हिन्दी का, क्योंकि हिन्दी ग्रहणशील रही है। बंगला के सभी प्रतिष्ठित और यहाँ तक कि तीसरे दर्जे के लेखक भी अनूदित हुए हैं। हिन्दी का लेखक अपनी शिक्षा तब तक अपूर्ण समझता है, जब तक वह दूसरे प्रान्तों का साहित्य कुछ न कुछ न पढ़ ले। बंगाल में दूसरे प्रान्तों का साहित्य पढ़ने वाला द्रोही समझा जाता है।" अज्ञेय ने उर्दू, बंगला, हिन्दी, मराठी, तमिल तथा अन्य सभी भारतीय भाषाओं की एकता की अपील की, ताकि ये सभी भाषाएँ द्वेषभाव छोड़ एक-दूसरे की सहयोगी हो सकें। इस पत्र में बंगला को आरम्भ से ही महत्वपूर्ण स्थान मिला था। अज्ञेय के सम्पादन काल में उड़िया के कालिन्दी चरण पाणिग्रही, उत्कल मणि दास, अनुसूया प्रसाद पाठक आदि रचनाकारों के उड़िया साहित्य से सम्बन्धित लेख भी उदारतापूर्वक छपे। 'विशाल-भारत' ने समाज सुधार का पक्ष लिया। 'शारदा ऐक्ट' के संशोधन पर सम्पादकीय विचार में सकारात्मक टिप्पणी है। 'अज्ञेय' के सम्पादन काल में ही 'गांधी अंक' जैसा महत्वपूर्ण अंक प्रकाशित हुआ, जिसके महत्वपूर्ण लेखक थे-हेनरी पोलक, सी.एफ. ऐंड्रूज, एम.एन.राय, आचार्य कृपलानी, गगनबिहारी मेहता, अगाथा हैरिसन, रवीन्द्रनाथ ठाकुर, जैनेन्द्र कुमार आदि। 'विशाल-भारत' में हिन्दी की महत्वपूर्ण पत्रिकाओं पर टिप्पणी होती थी। उन्हें प्रोत्साहन देने और प्रतिष्ठित करने के लिए वह सदा उत्सुक रहता था पर घासलेटी साहित्य और सस्ती पत्रकारिता की कटु आलोचना करने में भी हिचकता न था।

'विशाल-भारत' के संयोजन के तीन प्रमुख पक्ष हैं सुचिंतन, सुव्यवस्था और कलात्मक दृष्टिकोण। पत्र हर छह महीने की विषय सूची, लेखक सूची और चित्र सूची छापता था, जिससे दूरदृष्टि, योग्यता और क्षमता का एक संश्लिष्ट गरिमामय बिम्ब बनता है। 'विशाल-भारत' का एक महत्वपूर्ण पक्ष है उसका कला पक्ष। यह पत्र भारतीय चित्रकला का श्रेष्ठ पृष्ठपोषक था। जिन दिनों लोग देसी चित्रकला पद्धति की मर्यादा समझते भी न थे, 'विशाल भारत' ने प्रतिकूल वातावरण में समझने और समझाने का बीड़ा उठाया था। सन् 1944 ई. के सितम्बर अंक में 'पुण्य चरित कथा' शीर्षक लेख में क्षितिमोहन सेन ने रामानन्द बाबू के व्यक्तित्व का परिचय दिया। उस लेख से पता चलता है कि रामानन्द चट्टोपाध्याय का रंगीन चित्र प्रकाशित

करने का अदम्य आग्रह था। केवल हाफटोन से उन्हें संतोष नहीं था। चूंकि कला पक्ष का विशेष भार अवीन्द्रनाथ ठाकुर पर था, इसलिए आधुनिक तकनीक की शिक्षा देने की व्यवस्था भी उन्होंने ही की। इण्डियन प्रेस, प्रयाग के प्रतिष्ठाता चिन्तामणि घोष के पास कुछ जर्मन कारीगर थे, जिनके माध्यम से यूरोप की आधुनिक तकनीक की ट्रेनिंग अवनींद्रनाथ ठाकुर को दी गई।। उनके घर में विरोध का भाव था। केवल गगनेन्द्र, अवनीन्द्र और समरेन्द्र तीनों भाई आपस में एक-दूसरे के सहायक थे और रवीन्द्रनाथ इनके आश्रयदाता थे। रामानन्द चट्टोपाध्याय ने अंक प्रणाली की नई तकनीक का सार ग्रहण किया और उसे लेकर तेजस्विता के साथ अपने पथ पर अटल रहे। आज जो परम्परागत भारतीय चित्र घर-घर पहुँच रहे हैं, उसका श्रेय 'प्रवासी', 'माडर्न रिव्यू' और 'विशाल-भारत' को है।

'विशाल-भारत' ने भारतीय मनीषियों, शिक्षाविदों, राष्ट्रसेवकों और दर्शनीय स्थलों की तस्वीर छापने के साथ-साथ भारतीय चित्रकारों के रंगीन चित्रों को भी छापा। उस समय के प्रसिद्ध चित्रकार नंदलाल बोस, सुधीर रंजन खास्तगीर, चैतन्यदेव चटर्जी, रामेन्द्रनाथ चक्रवर्ती, यामिनी राय, ललितमोहन सेन, तारक बसु, मानिकलाल बनर्जी, वासुदेव राय, सत्यरंजन मजुमदार, इन्दु रक्षित, अवनी सेन आदि की चित्रकला के श्रेष्ठ नमूने 'विशाल-भारत' में मिलते हैं।

1939 से विशाल-भारत का सम्पादन श्रीराम शर्मा के हाथ में आ गया। इनके सम्पादन में 1941 का 'एँड्रूज अंक' और 1942 का 'रवीन्द्र-अंक' महत्वपूर्ण था। 1943 से कुछेक वर्षों तक इसका सम्पादन श्री मोहन सिंह 'सेंगर' ने किया। मोहन सिंह 'सेंगर' कहानियाँ लिखते थे। इसलिए 'विशाल-भारत' कहानी, कविताओं और चित्रकला की सीमाओं में सिमटने लगा। धीरे-धीरे उसकी आर्थिक स्थिति भी कमजोर होने लगी। जुलाई, 1944 के 'सम्पादकीय विचार' में भारत सरकार द्वारा पत्रों के लिए कागज-नियन्त्रण के हुक्म की आलोचना छपी है। इस नियन्त्रण की वजह से पत्रों के आकार-प्रकार छोटे होने लगे थे। इस प्रतिकूल स्थिति में, यह पत्र 1943 में रामानन्द बाबू के निधन पर उन पर कोई विशेषांक भी नहीं निकाल पाया। 1944 में रामानन्द बाबू को अंक 34 समर्पित किया गया। उसके बाद इसका सम्पादन पुनः श्रीराम शर्मा के हाथ में आ गया। स्वाधीनता से पूर्व 'विशाल-भारत' महान राष्ट्रवादी सांस्कृतिक चेतना का संवाहक था। 1964 तक आते-आते यह हिन्दी का एक सामान्य पत्र बनकर रह गया और बंद भी हो गया। फिर भी राष्ट्रीय जागरण के उस युग में स्वच्छ और निडर पत्रकारिता का जो प्रतिमान 'विशाल-भारत' ने स्थापित किया, वह आज की भारतीय पत्रकारिता के लिए एक बड़ी चुनौती है।

सम्पादकीय विचार

बनारसीदास चतुर्वेदी

पहला अंक : जनवरी : 1928

भारतवर्ष 'विशाल' है। केवल जनसंख्या या विस्तार के ही कारण नहीं वरन् अपनी प्राचीन संस्कृति तथा सभ्यता के कारण ही वह 'विशाल' कहा जा सकता है। कभी समय था जब धर्म, साहित्य, अध्यात्म, शिल्पविद्या, गान-विद्या, चित्र-कला इत्यादि में वह संसार का गुरु समझा जाता था। उस समय—

"एतद्देश प्रसूतस्य सकासादग्रजन्मनः।
स्वं स्वं चरित्र शिक्षेरन् प्रथिव्यां सर्वमानका।"

मनु भगवान के ये वचन सार्थक थे। भारतीय संस्कृति का प्रभाव चीन, जापान इत्यादि एशिया के अनेक देशों पर पड़ा था। यूरोप तथा अमरीका भी उसके प्रभाव से नहीं बचे थे। जावा, सुमात्रा, बाली इत्यादि में भारतीय सभ्यता के चिह्न अब भी पाए जाते हैं। ज्यों-ज्यों नए-नए ऐतिहासिक अनुसंधान होते जाते हैं, भारत के प्राचीन गौरव का पता संसार को अधिकाधिक लगता जाता है। मध्य एशिया में, जो कभी महान सभ्यता का केन्द्र-स्थल था, पाई गई वस्तुओं से भारतीय संस्कृति का प्रभाव स्पष्टतया प्रकट होता है। स्थानाभाव के कारण यहाँ प्राचीन भारत की गौरवगाथाओं के विषय में अधिक नहीं लिखा जा सकता और फिर अपनी वर्तमान दुर्दशा को देखते हुए अधिक लिखें भी क्या?

'शंकर' क्या से क्या हुआ, अटका उलटा काल।
लघुता का बंदा बना भारतवर्ष विशाल॥

संसार का शिरोमणि आज दासत्व पंक में पड़ा हुआ है। छोटी-छोटी बातों पर हमलोग लड़ते रहते हैं। देश में स्वार्थ का साम्राज्य हो रहा है और भिन्न-भिन्न जातियों में पारस्परिक अविश्वास।

पर यह अवस्था चिरस्थायी नहीं हो सकती। भारत के शुभ दिन आने वाले हैं। वह अपनी दुर्दशा को समझ गया है और अपनी गुलामी की जंजीरों को तोड़ने के लिए उद्योग भी कर रहा है। देश में सामाजिक, राजनीतिक तथा धार्मिक सुधार के

जो आन्दोलन हो रहे हैं वे सब उसी उद्योग के भाग हैं। पराधीनता के कारण हमें राजनीतिक आन्दोलन सबसे महत्वपूर्ण भले ही प्रतीत हों, पर वास्तव में सामाजिक तथा शिक्षा सम्बन्धी कार्यों का महत्व भी किसी प्रकार कम नहीं है। इसी तरह साहित्य, कला तथा विज्ञान की उन्नति के लिए जो उद्योग हो रहा है, उसे भी हम उपेक्षा की दृष्टि से नहीं देख सकते। जैसे भिन्न-भिन्न वृक्ष अपने-अपने फूल फल तथा विचित्र सौन्दर्य से ऋतुराज बसन्त का स्वागत करते हैं, उसी प्रकार हमलोगों को भी अपनी सर्वश्रेष्ठ भेंट द्वारा स्वराज्य का स्वागत करने के लिए प्रयत्नशील होना चाहिए। शुद्ध हृदय से किया हुआ छोटे से छोटा सेवा का कार्य भी कुछ महत्व रखता है।

विशाल भारत का जन्म और उसका उद्देश्य

उपर्युक्त बातों को ध्यान में रखकर ही 'विशाल भारत' के प्रकाशन का आयोजन किया गया है। उसके संचालक श्री रामानन्द चट्टोपाध्याय लगभग चालीस वर्ष से पत्र-सम्पादन का कार्य कर रहे हैं। हिन्दी जगत को उनके 'माडर्न रिव्यू' तथा 'प्रवासी' का परिचय देने की आवश्यकता नहीं। जिन सिद्धान्तों तथा विचारों का प्रचार आप अपने अंग्रेजी तथा बंगला पत्र द्वारा करते रहे हैं उन्हीं को अब आप राष्ट्रभाषा द्वारा हिन्दी जनता के सम्मुख रखना चाहते हैं। 'विशाल भारत' के आयोजन का एकमात्र उद्देश्य यही है।

कलकत्ते में हिन्दी भाषा-भाषियों की संख्या अन्य किसी नगर की अपेक्षा कहीं अधिक है; इसलिए यहाँ से एक मासिक पत्र के निकलने की आवश्यकता भी थी। सन् 1921 की मनुष्य गणना के अनुसार कलकत्ते में हिन्दी (या उर्दू) बोलने वालों की संख्या 6 लाख 93 हजार थी। इसके मुकाबले में दिल्ली की 3 लाख, लाहौर की 2 लाख 81 हजार, लखनऊ की 2 लाख 80 हजार, कानपुर की 2 लाख 16 हजार, काशी की 1 लाख 98 हजार, आगरा की 1 लाख पचासी हजार और प्रयाग की 1 लाख 50 हजार थी। इस प्रकार कलकत्ता हिन्दी-भाषा-भाषी नगरों में सबसे बड़ा है। यदि और किसी कारण से नहीं तो केवल इसी कारण से इस विशाल नगर में एक अच्छे मासिक पत्र का निकलना आवश्यक था।

हमारी नीति

भारत में हिन्दू, मुसलमान, पारसी, ईसाई इत्यादि भिन्न-भिन्न धर्मों के अनुयायी रहते हैं। सम्भवतः परमात्मा ने भारत को ही इस विभिन्नता में एकता का आदर्श उपस्थित करने के लिए चुना है। आखिर हम सबको मिलकर एक-दूसरे की संस्कृति का सम्मान करते हुए इसी देश में रहना है। साम्प्रदायिकता अथवा जातीय-विद्वेष 'विशाल भारत' के प्रति ऐसा भयंकर पाप है जिसका प्रायश्चित नहीं। 'विशाल भारत' इस बात को सदा अपने सम्मुख रखेगा।

विशाल भारत के भिन्न-भिन्न भाग महाराष्ट्र, गुजरात, तमिल प्रदेश तथा बंगाल इत्यादि की उन्नति के लिए जो उद्योग हो रहे हैं उनको हिन्दी-पढ़ी जनता के सम्मुख लाना हमारा मुख्य कर्तव्य होगा।

प्राचीन 'विशाल भारत' (जावा-सुमात्रा इत्यादि) के विषय में जनता में ज्ञान फैलाने और आधुनिक 'विशाल-भारत' (फिजी, मारीशस इत्यादि) के साथ मातृभूमि के सम्बन्ध को दृढ़ करने का हम यथाशक्ति प्रयत्न करेंगे।

हिन्दुस्तान की अधिकांश जनता ग्रामों में रहती है अतएव ग्राम निवासियों, किसानों तथा मजदूरों के हित के लिए उद्योग करना हमारा कर्तव्य होगा।

जिन्हें हमलोग भूल जाते हैं (उदाहरणार्थ हमारे वे साहित्य-सेवी और कवि जिन्होंने हमारे लिए मार्ग तैयार किया था) उनकी स्मृति-रक्षा के लिए हम बराबर कुछ न कुछ काम करते रहेंगे।

'विशाल-भारत' भारतीय-युवक आन्दोलन का पक्का समर्थक होगा और माताओं और बहनों की जो कुछ सेवा उससे बन सकेगी वह अवश्य करेगा। मातृभूमि के छोटे से छोटे सेवकों का सम्मान करेगा और उनकी सेवा करने में अपना गौरव समझेगा।

अंत में हम कविवर श्री रवीन्द्रनाथ के साथ ईश्वर से यह प्रार्थना करते हैंः—

भगवन्! मेरा देश जगाना।
स्वतंत्रता के उसी स्वर्ग में, जहाँ क्लेश नहीं पाना।
रुचे जहाँ मन को निर्भय हो ऊँचा शीश उठाना।
मिले बिना कुछ भेद-भाव के सबको ज्ञान-खजाना॥
तंग घरेलू दीवारों का बुना न ताना-बाना।
इसीलिए बच गया जहाँ का पृथक-पृथक हो जाना।
सदा सत्य की गहराई से शब्द मात्र का आना।
पूरणता की ओर यत्न का जहाँ भुजा फैलाना।
विमल विवेक सुलभ स्रोते का जो रसपूर्ण सुहाना।
रूढ़ि भयानक मरुस्थली में जहाँ वहीं छिप जाना॥
जहाँ उदारशील भावों का भवै नित अपनाना।
सच्चे कर्मयोग में प्रतिजन सीखे चित्त लगाना।

—सत्यनारायण

काकोरी केस में फाँसी पाए हुए नवयुवकों के अन्तिम हृदयोद्गार

काकोरी षड्यन्त्र के अभियोग का करुणाजनक नाटक समाप्त हो गया। इस नाटक के मुख्य पात्रों ने अपने अन्तिम पत्र लिखे हैं, वे हृदय-बेधक होने के साथ उपदेशप्रद भी हैं। उनके कुछ अंश 'आज' से यहाँ उद्धृत किए जाते हैं।

श्री रोशन सिंह ने अपने अन्तिम पत्र में किसी मित्र को लिखा था:

"इस सप्ताह के भीतर ही फाँसी होगी। ईश्वर से प्रार्थना है कि वह आपकी मोहब्बत का बदला दे। आप मेरे लिए हरगिज रंज न करें। मेरी मौत खुशी की बायस होगी। दुनिया में पैदा होकर मरना जरूर है। दुनिया में कोई अपने को बदनाम न करे, और मरते वक्त ईश्वर की याद रहे—यही दो बातें होनी चाहिए और ईश्वर की कृपा से यहाँ ये दोनों बातें हैं। इसलिए मेरी मौत किसी प्रकार अफसोस के लायक नहीं है। दो साल से मैं बाल-बच्चों से अलग हूँ। ईश्वर-भजन का खूब मौका मिला। इससे मेरा मोह टूट गया और कोई वासना बाकी नहीं रही। मेरा पूरा विश्वास है कि दुनिया की कष्ट भरी यात्रा समाप्त करके आराम की जिन्दगी के लिए जा रहा हूँ। हमारे शास्त्रों में लिखा है कि जो आदमी धर्मयुद्ध में प्राण देता है, उसकी वही गति होती है, जो जंगल में रहकर तपस्या करने वालों की। (यहाँ जेल वालों ने काट दिया)।

जिन्दगी जिन्दा दिल की जान, ऐ रोशन,
वरना कितने मरते और पैदा होते जाते हैं!

आखिरी नमस्ते।"

श्रीयुत राजेन्द्र लाहिड़ी ने लिखा था:

"पूरे छः मास तक बाराबंकी और गोंडा जेल की काल कोठरियों में बन्द रहने के पश्चात् कल मुझे सूचना दी गई कि एक सप्ताह के भीतर ही फाँसी हो जाएगी, क्योंकि वायसराय ने प्रार्थना-पत्र अस्वीकार कर दिया है। अब मैं अपना यह कर्तव्य समझता हूँ कि उन सब मित्रों के (यहाँ मित्रों के नाम हैं) प्रति अपनी हार्दिक कृतज्ञता प्रकट करूँ, जिन्होंने हम लोगों के लिए तरह-तरह की कोशिश की। आपलोग मेरा अन्तिम नमस्कार स्वीकार कीजिए। हमारे लिए मृत्यु शरीर का परिवर्तन मात्र है, फटे पुराने कपड़े को फेंककर नए कपड़े पहन लेना है।...

"कल मैंने सुना कि प्रिवी-कौंसिल ने मेरी अपील खारिज कर दी। यह मालूम पड़ता है कि देश की बलि-वेदी पर हमारे प्राणों के चढ़ने की ही आवश्यकता है। मृत्यु क्या है? जीवन की दूसरी दिशा के अतिरिक्त और कुछ नहीं। इसलिए मनुष्य मृत्यु से दुख और भय क्यों माने? वह तो नितान्त स्वाभाविक अवस्था है। इतनी ही स्वाभाविक, जितना की प्रातः कालीन सूर्य का उदय होना। यदि यह सच है कि इतिहास पलट जाया करता है, तो मैं समझता हूँ कि हमारी मौत व्यर्थ न जाएगी। मेरा नमस्कार सबको; अन्तिम नमस्कार। आपका—राजेन्द्रनाथ लाहिड़ी।"

श्री अशफाक उल्ला खाँ ने अन्तिम समय के पहले इन शेरों की रचना की थी:

"फना है सबके लिए हम पै कुछ नहीं मौकूफ,
बका है एक फकत जाते किब्रिया के लिए।

(नाश सबका है, एक हमारा ही क्या, अविनाशी तो केवल एक परमात्मा ही है।)

* * * *

"तंग आकर हम भी उनके जुल्म से, बे-दाद से!
चल दिए सूये अदम जिन्दाने फैजाबाद से।"

(जिंदान-जेल, शेष का अर्थ स्पष्ट है।)

श्री रामप्रसाद 'बिस्मिल' ने लिखा थाः—"फांसी पाने का मुझे कोई शोक नहीं, क्योंकि मैं इस नतीजे पर पहुँचा हूँ कि परमात्मा को यही मन्जूर था मगर मैं नवयुवकों से नम्र निवेदन करता हूँ कि जब तक भारतवासियों की अधिक संख्या सुशिक्षित न हो जाए; जब तक उन्हें कर्तव्य-अकर्तव्य का ज्ञान न हो जाए; तब तक भूलकर भी किसी प्रकार के क्रान्तिकारी षड्यंत्रों में भाग न लेगा। यदि तुम लोगों को देश-सेवा की इच्छा हो तो खुले आन्दोलनों द्वारा मुक्ति कार्य करना अन्यथा बलिदान उपयोगी न होगा। इससे अधिक दूसरे प्रकार से देश-सेवा हो सकती है जो अधिक उपयोगी सिद्ध होगी परिस्थिति अनुकूल न होने से अधिकतर परिश्रम व्यर्थ जाता है। जिनकी भलाई के लिए कार्य करो वही बुरे-बुरे नाम धरे और अंत में मन-ही-मन कुढ़-कुढ़कर प्राण त्यागने पड़े।

"नवयुवकों से मैं फिर कहता हूँ कि किसी की चिकनी-चुपड़ी बातों में फंसकर ख्याली सब्जबाग की सैर करके अपना जीवन आपत्तिमय न बनाना। कोई हजार कहे अभी भारतवर्ष की स्थिति कदापि क्रान्तिकारी आन्दोलन तथा गुप्त षड्यन्त्रों के उपयुक्त नहीं है और न कुछ वर्षों तक होगी। हमें पिछले अभियोग से बड़े-बड़े तजुरबे हुए किन्तु क्या करें, इन तजुरबों से फायदा उठाने के लिए सरकार ने अवसर ही न दिया। जिसके लिए भारत-सरकार ही नहीं इंग्लैण्ड की सरकार को भी पछताना पड़ेगा कि उसने काकोरी वालों को फांसी देकर बड़ी गलती की। मुकदमे में घर-बार तबाह हो गया। माता-पिता भाई इत्यादि पैसे-पैसे को तबाह हो गए और उनके बुढ़ापे का सहारा भी उनसे छिनकर फांसी पर लटका दिया गया। ईश्वर की इच्छा और उनके कर्मों का फल।

"अपने देशवासियों से मेरी यह अन्तिम विनय है कि जो कुछ करें सब मिलकर करें और सब देश की भलाई के लिए करें। इसी से सबका भला होगा।"

इन पत्रों से यह स्पष्टतया प्रकट है कि इन चार नवयुवकों ने उत्कट देशभक्ति के ही भावों से प्रेरित होकर इस षड्यन्त्र में भाग लिया था। इस विषय में श्री रामप्रसाद 'बिस्मिल' के ये वाक्य ध्यान देने योग्य हैं:

"जब तक भारतवासियों की अधिक संख्या सुशिक्षित न हो जाए, जब तक उन्हें कर्तव्य-अकर्तव्य का ज्ञान न हो जाए, तब तक भूलकर भी किसी प्रकार के क्रान्तिकारी षड्यन्त्रों में भाग न लेना। यदि तुम लोगों को देश सेवा की इच्छा है तो खुले आन्दोलनों द्वारा यथाशक्ति कार्य करना। अन्यथा बलिदान उपयोगी न होगा। इससे अधिक दूसरे प्रकार से देश-सेवा हो सकती है... कोई हजार कहे अभी भारतवर्ष की स्थिति कदापि षड्यन्त्रकारी आन्दोलन तथा गुप्त षड्यन्त्रों के उपयुक्त नहीं है।"

देश के उन नवयुवकों का जो इस कार्य प्रणाली में विश्वास रखते हैं, ध्यान हम उपर्युक्त शब्दों की ओर आकर्षित करते हैं। यद्यपि हमारे जैसे आदमियों को जिन्होंने कोई विशेष स्वार्थ त्याग नहीं किया, देश के लिए मर-मिटने वाले युवकों के कार्य पर टीका-टिप्पणी करना शोभा नहीं देता, पर फिर भी यहाँ यह कहना हम अपना कर्तव्य समझते हैं कि जो मार्ग इन चारों नवयुवकों ने ग्रहण किया वह गलत था और ब्रिटिश-साम्राज्य के पाशविक बल का अनुमान करने में उन्होंने सचमुच बड़ी भूल की थी। इस प्रकार की छोटी-मोटी डकैतियों से इस साम्राज्य की जड़ नहीं हिल सकती। इसलिए व्यावहारिक दृष्टि से भी उनका कार्य ठीक न था और नैतिक दृष्टि से तो निर्दोष आदमियों की हत्या का समर्थन हो ही नहीं सकता। यदि हमारे देश के नवयुवक श्री रामप्रसाद 'बिस्मिल' के कथानुसार "खुले आन्दोलनों द्वारा यथाशक्ति कार्य करें" तो इन युवकों का बलिदान निरर्थक न होगा।

इस अभियोग ने कई बातें स्पष्ट कर दीं। हमारे बीसियों प्रतिष्ठित नेताओं और कौंसिलवालों ने अभियुक्तों की फाँसी की सजा को रुकवाने के लिए प्रयत्न किया, पर सरकार ने उनकी प्रार्थना को ठुकराकर यह सिद्ध कर दिया कि वह उनकी सम्मतियों का कुछ भी मान नहीं करती। इन अभियुक्तों को फांसी से बचाने के लिए जिन्होंने प्रारम्भ से अंत तक कार्य किया। उन सहृदय तथा साहसी सज्जनों की जितनी प्रशंसा की जाए थोड़ी है। 'आज' में श्रीयुत श्री प्रकाश जी ने अभियुक्तों के सम्बन्धियों की सहायता करने का प्रस्ताव किया है। हम उसका हृदय से समर्थन करते हैं और 'विशाल-भारत' के पाठकों से अनुरोध करते हैं कि वे इस शुभ कार्य में हाथ बंटावें।

साहित्यिक यात्रा

हिन्दी जनता के सम्मुख हम एक प्रस्ताव रखना चाहते हैं—वह यह कि कभी-कभी साहित्यिक यात्राओं का आयोजन किया जाए। सम्मेलन के अधिवेशन पर तो एक यात्रा होती ही है पर साल में दो-एक यात्राएँ और भी होनी चाहिए। हमारा प्रस्ताव है कि अबकी बार चैत्र में कविवर नाथूराम जी 'शंकर' शर्मा के निवास स्थान हरदुआ गंज की यात्रा की जाए। 'शंकर' जी ने 40-50 वर्ष से हमारी मातृभाषा की जो सेवा की है उसका वर्णन करना मानो सूर्य को दीपक दिखाना है। यदि दस-बीस साहित्य सेवी उनके अगले जन्म दिवस पर हरदुआगंज चल सकें तो यह साहित्यिक यात्रा बड़ी आनन्दप्रद होगी। हमलोग अपनी-अपनी रचनाएँ लेकर 'शंकर' जी को समर्पित कर सकते हैं और वहाँ मनोरंजन के साथ अच्छी साहित्य-चर्चा भी हो सकती है। ऐसा करने से हम 'शंकर' जी को नहीं वस्तुतः अपने को ही सम्मानित करेंगे। उन आर्य-समाजी भाइयों से भी, जो साहित्य प्रेमी हैं, हम इस साहित्य-यात्रा में सहयोग देने की प्रार्थना करते हैं।

जो सज्जन हमारे इस प्रस्ताव से सहमत हों, वे कृपया अपने विचार हमें लिख भेजें। यात्रा की तिथि पीछे निश्चित की जा सकती है।

1 जुलाई, 1928

'घासलेट-साहित्य' पर महात्मा जी

महात्मा गांधी जी 'हिन्दी-नवजीवन' के पिछले किसी अंक में लिखते हैं: "कितने समाचार-पत्र के सम्पादक और मालिक लुटेरों का ही व्यवसाय करते हुए जान पड़ते हैं। चाहे कोई न कोई बहाना ढूँढ़ कर, निर्दोष आदमियों की झूठी आलोचना कर उन्हें धमकी देकर उनका पैसा लूटने का वे धन्धा करते हैं। कितने एक तो रुपए लेकर काले को उजला साबित करने का बीड़ा उठाते हैं और इस तरह भोली जनता को भ्रम में डालते हैं। ऐसा एक उदाहरण कलकत्ते से एक मित्र ने मेरे सामने भेजा है। वहाँ का एक समाचार-पत्र गोविन्द भवन के बारे में प्रकाशित अनीति का लाभ लेकर, बहुत से कुटुम्बों की निन्दा कर रहा है और मारवाड़ी-जाति के सादे आदमियों को दुःख पहुँचा रहा है। वह कितनी-एक ऐसी अश्लील बातें खोज कर, जो कभी हुई ही नहीं थीं, बहुत से कुटुम्बों के साथ जोड़ देता है। यह गन्दा अखबार भेजनेवाले मित्र का अनुरोध है कि मैं ऐसे अखबारों पर कुछ लिखूँ, जिससे वे अपना सुधार करें। अपने लेखों से मैं यह आशा तो रखता नहीं। इसलिए यह लेख उनके प्रति नहीं है, किन्तु जिन कुटुम्बों को झूठी निन्दा करके लूटने का धन्धा ऐसे अखबार करते हैं, उनके प्रति है।

"अंग्रेजों में कहावत है कि 'जहाँ भोले आदमी रहते हैं वहाँ लुच्चे लूट खाते हैं।' यह कहावत अनुभव के आधार पर बनाई गई है। जिनकी लाख निन्दा करने पर भी जो घबराते नहीं, अंत में थक कर निन्दक उनकी निन्दा करना बन्द कर देता है। हम में झूठी शर्म, लोक-लाज ने बहुत घर कर लिया है। इसलिए जो चाहे, वहाँ हमें डरा और लूट सकता है। अगर कोई हमारी झूठी निन्दा करता है, या हम पर झूठा इल्जाम लगाता है, तो हम इस तरह डर जाते हैं कि मानो उस निन्दा और इल्जाम के पात्र हमीं हों, जबकि योग्य व्यवहार तो यह है कि चाहे जितनी टीका होती रहे, मगर जब तक वह सच्ची न हो, हम बिल्कुल न दबें और और ऐसी टीका के लिए बेफिक्र रहें।"

वास्तव में हम लोगों के लिए—हिन्दी-पत्रकारों के लिए यह बड़े शर्म की बात है कि महात्मा जी को इस तरह के कड़े शब्द लुटेरे और लुच्चे, हमारे किसी भाई की भूल से प्रयोग करने पड़े। क्या हम लोगों के लिए यह लज्जा की बात नहीं है?

कलकत्ते के कालेजों में हिन्दी की पढ़ाई का प्रबन्ध

सिटी कालेज हिन्दी-साहित्य-समिति के मंत्री श्री भुवनेश्वर मिश्र लिखते हैं:

"श्रीमान! मैं आपका ध्यान एक अत्यंत आवश्यक विषय की ओर आकर्षित

करना चाहता हूँ। वह यह है कि कलकत्ते के कॉलेजों में पढ़ने वाले जिन-जिन विद्यार्थियों ने हिन्दी ले रखी है, उनमें से अधिकाँश इस समय बड़े संकट में पड़े हुए हैं। हिन्दी जानने वाले विद्यार्थियों की संख्या लगभग 150 होगी। इनमें प्रेसिडेन्सी कॉलेज तथा स्काटिश चर्च कॉलेज के विद्यार्थियों के लिए तो पढ़ाई का प्रबन्ध भी किया गया है, पर सिटी कॉलेज, सेन्ट पाल कॉलेज, सेन्ट जेवियर कॉलेज और बंगवासी कॉलेज में हिन्दी की पढ़ाई का कुछ भी प्रबन्ध नहीं है। विद्यासागर कॉलेज में नाम मात्र का प्रबन्ध किया गया है, जो वह नहीं के ही बराबर है। यहाँ के कॉलेजों के पुस्तकालयों में भी हिन्दी पुस्तकों का अभाव है। कलकत्ते में जहाँ लगभग 4-5 लाख हिन्दी भाषा-भाषी रहते हैं (इतने हिन्दी भाषा-भाषी भारत के किसी भी नगर में नहीं रहते) राष्ट्रभाषा हिन्दी की यह उपेक्षा वास्तव में खेदजनक है। हम कलकत्ता विश्वविद्यालय के वाइस चांसलर साहब प्रो. यदुनाथ सरकार का ध्यान इस ओर आकर्षित करते हैं। वे हिन्दी के प्रेमी हैं। यही नहीं शुद्ध हिन्दी में लेख भी लिखते हैं, (उदाहरणार्थ, फरवरी के 'विशाल भारत' में 'शिवाजी और औरंगजेब' शीर्षक से उनका हिन्दी लेख छपा है।) क्या वे कृपा कर इस अन्याय की ओर ध्यान देंगे? यदि ये पाँच-छः कॉलेज मिलकर दो हिन्दी अध्यापकों का प्रबन्ध कर लें, तो आसानी से काम चल सकता है। यह प्रबन्ध कभी का हो गया होता, यदि कलकत्ते के कॉलेजों में हिन्दी-विद्यार्थी मिलकर आन्दोलन करते पर उनका तो न कोई संगठन है और न वे इस अत्यंत आवश्यक विषय की ओर ध्यान ही देते हैं। क्या वे अब भी अपना संगठन न करेंगे? हमारा विचार शीघ्र ही सिटी कॉलेज हिन्दी-साहित्य-समिति की ओर से कलकत्ते के हिन्दी-छात्रों की एक सभा करने का है। इस सभा में हम कलकत्ते के हिन्दी-पत्रकारों और लेखकों को भी बुलाना चाहते हैं, और उनकी उपस्थिति में इसी विषय का एक प्रस्ताव रखना चाहते हैं और तत्पश्चात् एक प्रार्थना-पत्र उन के हस्ताक्षरों से वाइस-चांसलर साहब की सेवा में भेजना चाहते हैं। क्या हम आशा करें कि कलकत्ते के हिन्दी-पत्रकार हमारे पक्ष का समर्थन करेंगे? छात्रों की मीटिंग के स्थान तथा सम्बन्धित सूचना फिर दी जाएगी।"

श्री भुवनेश्वर मिश्र के इस पत्र की ओर हम अपने सहयोगी 'स्वतन्त्र', 'विश्वमित्र', 'भारतमित्र', और 'हिन्दू-मंच' इत्यादि का ध्यान आकर्षित करते हैं। अध्यापाक यदुनाथ सरकार तो 'विशाल-भारत' के प्रतिष्ठित लेखकों में हैं, अतएव वे अवश्य ही इस ओर ध्यान देंगे।

स्वर्गीय बंकिमचन्द्र चटर्जी और हिन्दी

उन बंगाली सज्जनों के लिए, जो हिन्दी को राष्ट्र-भाषा मानने के लिए तैयार नहीं, हम स्वर्गीय बंकिमचन्द्र चटर्जी के 'बंग दर्शन' के पांचवें खण्ड से निम्नलिखित वाक्य उद्धृत करते हैं:

"अंग्रेजी भाषा द्वारा चाहे कुछ हो, लेकिन हिन्दी सीखे बिना किसी तरह काम नहीं चलेगा। हिन्दी भाषा की पुस्तक और वक्तृता द्वारा भारत के अधिकाँश स्थानों का मंगल साधन हो सकता है। केवल बंगला और अंग्रेजी की चर्चा से काम नहीं निकलेगा। भारत के अधिवासियों की संख्या के साथ तुलना करने से पता लग सकता है कि उनमें से कितने आदमी अंग्रेजी बोल और समझ सकते हैं। बंगला की तरह हिन्दी की उन्नति नहीं होती है, तो यह देश के लिए दुर्भाग्य की बात है। हिन्दी भाषा की सहायता से भारतवर्ष के विभिन्न प्रदेशों में ऐक्य स्थापित करने में जो समर्थ होंगे, वे ही सच्चे भारतबन्धु के नाम से पुकारे जाने योग्य हैं। सब कोई प्रयत्न करिए, चेष्टा करिए, चाहे जितने दिन लगें, यह मनोरथ पूर्ण होगा।"

मई, 1929

समाचार पत्र और साम्प्रदायिकता

कर्नाटक जर्नलिस्ट कॉफ्रेन्स के द्वितीय अधिवेशन के सभापति सय्यद अब्दुल्ला ब्रेल्वी साहब (सम्पादक, बांबे क्रानिकल') ने अपने भाषण में एक बड़े मार्के की बात कहीं थी। वह यह है–

"अब मैं एक खेदजनक विषय की ओर आता हूँ। साम्प्रदायिकता के भाव ने हमारे सार्वजनिक जीवन के क्षेत्रों में जहर मिला दिया है, और यह जहर पत्र-सम्पादन के क्षेत्र में भी फैल गया है। कुछ लोगों का यह ख्याल है कि हमें हिन्दुस्तान में जो साम्प्रदायिकता, अविश्वास और झगड़े दीख पड़ते हैं, उनका मूल कारण साम्प्रदायिक समाचार पत्र है, और दूसरे लोग इससे उल्टी बात कहते हैं। उनका कथन है कि ये समाचार पत्र तो उस साम्प्रदायिकता का प्रतिबिम्ब-मात्र हैं, जो देश में चारों ओर फैली हुई है। चाहे कुछ भी क्यों न हो, साम्प्रदायिक पत्रों का प्रकाशन सम्पादन-कला पर घोर अत्याचार है। इन साम्प्रदायिक पत्रों की नीति का आधार यह होता है कि हमारा सम्प्रदाय जो कुछ करता है, वह सदा ठीक ही है और हमारे विरोधी सम्प्रदाय के सारे कार्य गलत ही हैं। ऐसा ख्याल कर लेना अस्वाभाविक तो है ही, साथ ही साथ दृष्टतापूर्ण भी है। जो कोई पत्रकार इस सिद्धान्त के अनुसार कार्य करता है, वह अपने पेशे के लिए कलंक-स्वरूप है। पत्रकारों का पेशा पवित्र है कि उनके अनुयायियों को सदा न्याय से काम लेना चाहिए। अगर हम लोग आजकल के पत्रकार अपने पेशे का काम ईमानदारी के साथ करना चाहते हैं और भावी सन्तान के लिए कुछ ऐसे आदर्श छोड़ जाना चाहते हैं, जिन पर वे अभिमान कर सकें, तो हमारा कर्तव्य है कि हम अपने पेशे को साम्प्रदायिकता के कलंक से मुक्त कर पाक-साफ कर दें, क्योंकि यह साम्प्रदायिकता पत्र-सम्पादन के कार्य की उपयोगिता में बड़ी भारी बाधक है। जो लोग साम्प्रदायिकता की आग को भड़का रहे हैं, उनकी निन्दा करना तो हमारा कर्तव्य है ही, पर सच्चे पत्रकार की हैसियत से हमें भेद-भाव

की इस दीवाल को भी तोड़ने के लिए, जो एक जाति को दूसरी जाति से अलग किए हुए हैं, भरपूर प्रयत्न करना चाहिए।"

मि. ब्रेल्वी के ये वाक्य वास्तव में हम लोगों के लिए मनन करने योग्य हैं। इस सिलसिले में हमें कांग्रेस के प्रधानमन्त्री श्रीयुत जवाहरलाल नेहरू से एक प्रार्थना करनी है, वह यह कि वे अपने कार्यालय द्वारा साम्प्रदायिक पत्रों की जाँच-पड़ताल कराया करें। इन पत्रों के कटिंग रखना कोई मुश्किल बात न होगी। यदि पिछले सात-आठ वर्षों के हिन्दू-उर्दू पत्रों की फाइलें देखी जाएँ, तो उनमें बहुत कुछ विस्फोटक मसाला मिल जाएगा। यदि कांग्रेस की ओर से इस बात की जाँच करने के लिए कि देशी भाषाओं के बढ़ाने-घटाने में कहाँ तक कार्य किया है, एक कमेटी मुकर्रर की जाय, तो बड़ी अच्छी बात हो। ऐसी कमेटी की नियुक्ति का कुछ न कुछ तो नैतिक असर अवश्य पड़ेगा।

सितम्बर, 1931

लंकाशायर और भारत

भारत के विदेशी वस्त्र बहिष्कार का जो प्रभाव विलायत पर पड़ा है, उसका कुछ-कुछ वृत्तान्त अब हम लोगों को ज्ञात होने लगा है। दीनबन्धु श्री सी.एफ.ऐंड्रूज ने कई बार लंकाशायर जाकर वहाँ के मजदूरों की हालत अपनी आँखों देखी है, और उसका करुणाजनक विवरण उन्होंने 'मैनचेस्टर-गार्डियन' नामक पत्र में प्रकाशित कराया है। वे अपने लेख में लिखते हैं—'इस बीच में मुझे कई बार लंकाशायर जाना पड़ा है, और मेरी यात्राएँ वस्तुतः बड़ी करुणोत्पादक हुई हैं। दूर बैठे-बैठे कष्टों की कथा पर विचार करना एक बात है और भिन्न-भिन्न व्यक्तियों से मिलकर अपने कानों से उनकी कष्ट-कथा सुनना दूसरी बात। भारत द्वारा बायकाट के अस्त्र के प्रयोग होने का लंकाशायर पर जो घातक प्रभाव पड़ा है उसे मैंने अपनी आँखों से देखा है। सोसायटी ऑफ फ्रेंड्स के सदस्य मुझे कष्टपीड़ित स्त्री-पुरुषों से मिलाने के लिए ले गए। एक आदमी की कथा मेरे मस्तिष्क पर जमकर बैठ गई है। एक छोटे कुटुम्ब का मुखिया घर पर ठलुआ बैठा हुआ था। पहले वह ओवरसियर का काम करता था। अच्छी तनख्वाह मिलती थी, पर कपड़े की मिल बन्द हो जाने की वजह से वह बेकार बैठा हुआ था और अब स्वयं तथा अपने कुटुम्ब को भूखों मरने से बचाने के लिए सरकारी सहायता लेने के लिए मजबूर हुआ था। देश-भर में वह इधर से उधर नौकरी के लिए चक्कर काट आया था, पर उसे कहीं भी काम नहीं मिला था और बेचारा बिल्कुल निराश हो गया था। अगर सरकार की ओर से पेट भरने-भर के लिए प्रबन्ध न होता तो अब तक वह अपने कुटुम्ब के साथ भूखों मर गया होता। बेकारी में उसका एक साल बीत जाता था, और उस बेकारी की पीड़ा क्षुधा की पीड़ा से कहीं अधिक भयंकर थी। बेकारी के कारण उसका दिमाग बिल्कुल खाली हो गया था।

जब तक भारत में बायकाट जारी है, तब तक उसे कपड़े की मिलों में तो काम मिलने से रहा। अब बेकारी का दूसरा साल शुरू था और उसका भविष्य और भी अंधकारमय होता जा रहा था। उसने मुझसे कहा—"अपने कुटुम्ब को सरकारी सहायता से भोजन दिलाने में मुझे बड़ा परिश्रम करना पड़ता है, और यह सरकारी सहायता बस इतनी ही होती है कि जीवित रहने के लिए पर्याप्त भोजन मिल जाता है और मकान का किराया भी। अगर यह न मिले, तो न जाने मेरा काम कैसे चले।"

आगे चलकर मि. एँड्रूज ने लिखा है—"इसी प्रकार के हजारों आदमी बेकार बैठे हुए हैं।... अबकी बार मैं देख सका कि भारत के बायकाट ने कितनी गहरी चोट पहुँचाई है। आघात बड़े मर्मस्थल पर हुआ है। मैं जानता हूँ कि अन्य उद्योग-धन्धों में लगे हुए लोगों को भी व्यापारिकता शिथिलता के कारण ऐसे ही कष्ट भोगने पड़ रहे हैं। लंकाशायर में जैसे दृश्य मुझे दीख पड़े, सम्भवतः इंग्लैण्ड के अन्य भागों में भी वैसे ही पाए जाते होंगे। शायद दक्षिण वेल्स में लोग इससे भी अधिक कष्ट में हो, पर लंकाशायर की हालत मैंने अपनी आँखों से देखी है और नित्यप्रति इन निराशाजनक दृश्यों को देखकर मेरा हृदय द्रवित हो गया है, खैर, मेरे हृदय में यह भाव उत्पन्न होता है कि कोई-न-कोई ऐसा उपाय निकलना चाहिए, जिससे लंकाशायर की इस चोट को कुछ आराम मिल सके और जिससे भारत तथा लंकाशायर के बीच आर्थिक बायकाट के बजाय, आर्थिक मित्रता स्थापित हो जाए।"

मि. ऐंड्रूज मानव-जाति के अनन्य प्रेमी हैं, वे उत्कट देशभक्त भी हैं, इसलिए यह बिल्कुल स्वाभाविक है कि उनका हृदय अपने देशबंधुओं की दुर्दशा देखकर द्रवित हो गया, पर यह कष्ट तो एक-न-एक दिन अवश्यंभावी था। यदि इसमें किसी का अपराध है, तो वह साम्राज्यवादियों का है। कल को यदि कोई बहेलिया कहने लगे—"चिड़ियों ने हमारा बायकाट कर दिया है, वे हमारे जाल में नहीं फंसतीं हमारी जान आफत में है, भूखों मरे जाते हैं", तो उसकी बात सुनकर किसके हृदय में विशेष करुणा उत्पन्न होगी? भारत से लंकाशायर का व्यापार अनीति पर कायम था, और अन्याय के द्वारा ही उसका संचालन हो रहा था। उसका अंत तो एक-न-एक दिन होना ही था। ब्रिटिश सरकार का कर्तव्य था कि वह लंकाशायरवालों के लिए अन्य उद्योग धंधे तलाश करती और खोलती। लंकाशायर और भारत की आर्थिक मित्रता की बात हमारी समझ में बिल्ली और चूहे की मित्रता से अधिक महत्व नहीं रखती। फिर विलायत के बेकारों की दशा हिन्दुस्तान के बेकारों से कई गुना अच्छी है, वहाँ सरकार की ओर से खाने को अन्न तो मिल जाता है, यहाँ वो भी नहीं। यदि लंकाशायर के आदमी यह समझ लें कि उनकी जीविका का अर्थ है लाखों ही या करोड़ों ही आदमियों की बेकारी, और यदि उनमें थोड़ी भी धर्मबुद्धि हो, तो उन्हें अपनी सरकार पर दबाब डालकर अपने लिए अन्य कार्य खुलवाने चाहिए। हम इस बात की स्वप्न में भी कल्पना नहीं कर सकते कि विदेशी कपड़े के विषय में भारतीय जनता

किसी प्रकार का समझौता करने के लिए उद्यत होगी। मि. ऐंड्रूज की सच्चाई पर हमें पूर्ण विश्वास है, पर इतना हम अवश्य कहेंगे कि उनका लंकाशायर तथा भारत की आर्थिक मित्रता-सम्बन्धी प्रस्ताव उनकी सहृदयता को भले ही प्रकट करे, उनकी बुद्धिमत्ता को कदापि नहीं।

दिसम्बर, 1934

सुशिक्षित लोग और साधारण मजदूर

कलकत्ते में सैकड़ों पढ़े-लिखे नवयुवक ऐसे होंगे, जो ठलुआ बैठे हुए हैं, यदि उनमें से दस-बीस भी ऐसे निकल आवें, जो मजदूरों के संगठन के लिए प्रयत्न करने लगें, तो मामूली तौर से वे अपनी जीविका का निर्वाह कर सकते हैं और उन मजदूरों का भी बहुत-कुछ हित हो सकता है, पर हमारा शिक्षित जनसमुदाय गरीब किसानों और मजदूरों से मीलों दूर रहता है। प्रिंस क्रोपाटकिन ने अपनी सुप्रसिद्ध पुस्तिका 'नवयुवकों से दो बातें' में लिखा है—"अपने संग्राम में गरीब मजदूर कठिनाइयों के बोझ के नीचे पिसता हुआ कहता है—"कहाँ हैं वे नवयुवक, जो हमारे पैसे से शिक्षित बने थे? जिनके लिए, हमने जब वे अध्ययन कर रहे थे, वस्त्र और भोजन पहुँचाया था? जिनके लिए हमने अपनी झुकी हुई पीठ पर भारी बोझ उठाकर और खाली पेट रहकर इन मकानों को इन विद्यालयों को, इन अजायबघरों को तैयार किया था? जिनके लिए हमने अपना खून सुखाकर इन बढ़िया किताबों को छापा, जिनको हम पढ़ तक नहीं सकते? कहाँ हैं वे प्रोफेसर जो मनुष्य समाज के विज्ञान को जानने का दावा करते हैं, पर जिनकी निगाह में एक दुष्प्राप्य कीड़े का मूल्य मनुष्य से बढ़कर है? कहाँ हैं वे व्यक्ति जो स्वाधीनता का प्रचार तो करते फिरते हैं पर जो कभी प्रतिदिन पैरों के तले कुचले जाने वाले हमलोगों की सहायता को खड़े नहीं होते? ये लेखक, ये कवि, ये चित्रकार ये सब ढोंगी हैं। ये वैसे तो आँखों में आँसू भरकर सर्वसाधारण की दुर्दशा का वर्णन करते फिरते हैं पर इतने पर भी कभी हम लोगों के पास आकर हमारे काम में मदद नहीं करते।

जनवरी, 1935

सिनेमा और साहित्यिक

'रंगभूमि' के सम्पादक श्री नरोत्तम प्रसाद नागर का आग्रह है कि हम सिनेमा के विषय में अपने विचार प्रकट करें। एक मामूली पत्रकार और साहित्यिक की हैसियत से संक्षेप में हम अपनी सम्मति लिख देते हैं।

सिनेमा को हम मनोरंजन तथा शिक्षा को सर्वोत्कृष्ट साधन समझते हैं, यद्यपि आजकल इसका भयंकर रूप से दुरुपयोग हो रहा है। बुरी-भली अनेक फिल्में हमने

देखी हैं। उनमें से कितनों ही से हमारा मनोरंजन हुआ है, कई से शिक्षा मिली है और कई ऐसी भी थीं, जिनसे हृदय पर कोई अच्छा प्रभाव नहीं पड़ा, बल्कि स्नायुओं को कुछ उत्तेजना अवश्य मिली। इस उत्तेजना पर हमें धार्मिक दृष्टि से विचार नहीं करना चाहिए, वरन् एक वैज्ञानिक की भाँति उसका विश्लेषण करना चाहिए। जो भी चीज असंयम की ओर प्रेरित करे और फलतः शक्ति का अपव्यय करावे, वह मानसिक तथा शारीरिक स्वास्थ्य के लिए हानिकारक है। इसी ख्याल से हम उत्तेजक फिल्मों को आदर्शनीय मानते हैं जिन्हें उत्तेजक फिल्म देखने का चस्का लग जाता है, वे फिर शराबी की भाँति अधिक से अधिक उत्तेजक फिल्म देखने के लिए उत्सुक रहते हैं, जिससे उनकी स्नायु प्रणाली पर खराब असर पड़े बिना नहीं रह सकता।

इसके साथ ही हम उन कठमुल्लों के भी सख्त विरोधी हैं, जो सिनेमा-मात्र को त्याज्य मान बैठे हैं, क्योंकि कठमुल्लापन स्वयं एक ऐसा व्यवसाय है, जो सिनेमा-व्यवसाय से कम भयंकर नहीं। हम अपने लड़कों को सिनेमा देखने से नहीं रोकते, और न हम सिनेमा को काजल की कोठरी ही मानते हैं, जहाँ जाने से दुराचार की कोई न कोई रेखा जबरदस्ती हमारे शरीर में लग ही जाएगी, बल्कि हम तो इस बात के पक्ष में हैं कि Africa speaks, All quiet on the western Front, East of Borneo इत्यादि फिल्में देखने के लिए बालकों और बालिकाओं को उत्साहित किया जाए।

अब सवाल यह रह जाता है कि कामोत्तेजक अथवा अश्लील फिल्मों को रोकने का क्या उपाय है, और साहित्यसेवियों का इस दिशा में क्या कर्तव्य है? हमारा यह दृढ़ विश्वास है कि जब तक शासन-सूत्र भारतीयों के हाथ में नहीं आता—भारतीय पूँजीपतियों के हाथ में नहीं, बल्कि भारतीय जनता के हाथ में—तब तक खराब फिल्मों को रोकना लगभग असम्भव है। इस समय सिनेमा-व्यवसाय मुख्यतया आदर्शहीन पूंजीपतियों के हाथ में है, जो साम्राज्यवादी सरकार के पिट्ठू हैं। भला पूँजीपतियों को इससे क्या गरज कि उनकी फिल्मों में जनता के चरित्र पर क्या असर पड़ता है? उन्हें तो पैसा चाहिए। योग्य-से-योग्य कलाकार भी पूंजीपतियों के अधीन रहकर अपनी प्रतिभा का समुचित विकास नहीं कर सकते। सुना है कि प्रेमचन्द जी की 'मजदूर' नामक फिल्म के कितने ही अंश सेंसर महोदय के द्वारा काट दिए गए थे। किसानों और मजदूरों की दुर्दशा को प्रकट करने वाली क्या कोई भी फिल्म भारतवर्ष में दिखलाई जा सकती है? पर गन्दी फिल्में प्रायः बिना किसी रुकावट के दिन-दहाड़े दिखलाई जाती हैं। ऐसी स्थिति में पत्रकार और साहित्यिक लोग कर ही क्या सकते हैं? यदि बुरी फिल्मों के विरुद्ध आन्दोलन उठाया भी जाए, तो क्या उन दैनिक और साप्ताहिक पत्रों से, जिन्हें सिनेमा-कम्पनियों से विज्ञापन के लिए काफी रकम मिलती है, सहयोग प्राप्त हो सकेगा? हमें तो इसकी बहुत कम आशा है।

सिनेमा के दुरुपयोग के कारण जो हानियाँ हो रही हैं, वे हमें भी दीख पड़ती हैं, पर वर्तमान परिस्थिति में उन्हें सफलतापूर्वक रोकने का कोई उपाय हमें तो नज़र

नहीं आता। कलकत्ते के 'म्यूनिसिपल गजट' के पिछले विशेषाँक में श्री रामदेव चोखानी ने लिखा था—"इन फिल्मों के मुख्य विषय उच्छृंखल प्रेम, रोमांस, तलाक, भगा ले जाना, रिश्वत, चोरी, डकैती, खून तथा तरह-तरह के अन्य जुर्म और अपराध हुआ करते हैं, जिनमें अश्लीलता भयंकरता और रहस्यपूर्णता के सारे अवयव दर्शकों में उत्तेजना को शुरू से आखिर तक बनाए रखते हैं।... उनमें प्रायः अधनंगी स्त्रियाँ अपनी सारी कला खर्च करके दर्शकों को अपने शारीरिक सौन्दर्य पर लुभाने की चेष्टा करती हैं। स्वाभावतः ये साधारण दर्शकों की कामुकता और सब प्रकार की नीच वासनाओं और कुप्रवृत्तियों को उभारा करती हैं।"

यह सच होने पर भी सवाल तो यह है कि श्री रामदेव चोखानी की इन बातों का श्री बाबूलाल चोखानी (सम्भवतः उस युग के एक फिल्म प्रोड्यूसर—सं) पर क्या असर पड़ेगा?

हिन्दी समाज (शान्तिनिकेतन) का प्रथम वार्षिकोत्सव

इस समय शान्ति-निकेतन में हिन्दी भाषा-भाषी छात्रों तथा छात्राओं की संख्या दस-बारह है और इनके अतिरिक्त दो अध्यापक भी हिन्दी वाले हैं। इन लोगों ने अपना एक हिन्दी-समाज कायम कर लिया है, और उसमें वे प्रति सप्ताह साहित्यिक चर्चा किया करते हैं। 'विशाल भारत' के सुलेखक श्री हजारीप्रसाद द्विवेद्वी शास्त्राचार्य इस समाज के संचालक हैं और उनकी प्रेरणा तथा श्री ललिता शंकर और श्री भगवती प्रसाद चंदोला के उत्साह से यह संस्था अधिकाधिक सजीव बनती जाती है। अभी गत 12 और 14 अप्रैल को हिन्दी समाज का प्रथम वार्षिक उत्सव मनाया गया। यद्यपि हिन्दी के 40-50 प्रमुख साहित्य-सेवियों को इस उत्सव में सम्मिलित होने के लिए निमंत्रण-पत्र दिया गया था, तथापि इन्दौर सम्मेलन के निकट होने के कारण बाहर से आने की इच्छा रखने वाले अनेक लेखक तथा कवि उत्सव में सम्मिलित नहीं हो सके, फिर भी कलकत्ते से 20-21 आदमी शान्ति-निकेतन पहुँच गए थे। आगत सज्जनों में श्री श्याम सुन्दर खत्री, श्री भागीरथ कानोड़िया, श्री ललिता प्रसाद सुकुल, श्री राम शर्मा, कुमारी सरस्वती देवी, श्रीमती श्यामारानी साहानी, श्री रामनारायण चतुर्वेदी, श्री ब्रजमोहन वर्मा, श्री अयोध्या सिंह आदि थे। उत्सव गोष्ठी के रूप में हुआ। किसी प्रकार के बाह्य शिष्टाचार का वहाँ सर्वथा अभाव था। श्री ललिता प्रसाद सुकुल, एम.ए. (अध्यापक, कलकत्ता विश्वविद्यालय) तथा श्री हजारी प्रसादजी द्विवेद्वी ने अपने-अपने निबन्ध पढ़े और श्री श्यामसुन्दर खत्री, श्री वैजनाथ सिंह 'विनोद'—संपादक, 'जायसवाल युवक' और श्री रामनारायण चतुर्वेदी ने कविताएँ सुनाईं। श्री ललिताप्रसाद ने लेखक मण्डल की आयोजना उपस्थित की और उस पर कुछ देर तक वाद-विवाद भी हुआ। श्रीयुत श्रीराम शर्मा तथा इन पंक्तियों के लेखक ने इस स्कीम के विषय में अपने विचार प्रकट किए। परिपक्व होने पर यह स्कीम जनता के सम्मुख रखी जाएगी। विश्व-भारती के अध्यापक श्री क्षितिजमोहन

सेन ने घण्टे भर तक मध्यकालीन संत कवियों के विषय में मनोरंजक वार्तालाप किया। कविवर श्री रवीन्द्रनाथ ठाकुर ने भी अपने बहुमूल्य समय के 40-50 मिनट देकर हम लोगों को कृतार्थ किया। गत बंगला वर्ष की अन्तिम संध्या और नवीन वर्ष के प्रथम दिन के समय कवीन्द्र ने मन्दिर में प्रवचन किया और 14 ता. को नृत्य भी दिखलाया गया। 15 ता. को दर्शकगण श्रीनिकेतन देखने गए। उत्सव सानन्द समाप्त हुआ।

सितम्बर, 1935

साम्प्रदायिक विश्वविद्यालयों में कठमुल्लापन

आगे चलकर जब भारतीय स्वाधीनता का इतिहास लिखा जाएगा, तब उसमें इस प्रश्न पर भी प्रकाश डाला जाएगा कि साम्प्रदायिक विश्वविद्यालयों की स्थापना से देश को लाभ अधिक हुआ या हानि। यदि हमारे इन विश्वविद्यालयों में विद्यार्थियों को विचारों की स्वाधीनता नहीं, तो फिर उनकी अपेक्षा सरकारी यूनिवर्सिटियाँ ही क्या खराब हैं? जहाँ तक पढ़ाई के स्टैण्डर्ड का सवाल है, इलाहाबाद यूनिवर्सिटी, अलीगढ़ और काशी दोनों को पीछे छोड़ जाती है। ग्रेजुएट निकालने के इन सांचों की तुलनात्मक समालोचना तो विशेषज्ञ ही कर सकते हैं, और उससे पाठकों को कुछ लाभ भी न होगा। हमें यहाँ हाल की दो घटनाओं की ओर जनता का ध्यान आकर्षित करना है।

अलीगढ़ की खबर है कि एम.एस.सी. का एक विद्यार्थी चौबीस घण्टे की नोटिस पर इसलिए विश्वविद्यालय से निकाल दिया गया कि वह नमाज में शामिल होने से इनकार करता था। इसके पहले हम पढ़ चुके हैं कि काशी-विश्वविद्यालय में विद्यार्थियों के सम्मुख साम्यवादी नेता मेहर अली और श्रीमती कमला देवी चट्टोपाध्याय के भाषण नहीं होने दिए गए। दोनों घटनाएँ एक ही तथ्य की ओर निर्देश करती हैं, वह यह कि इन विश्वविद्यालयों के अधिकारी विद्यार्थियों के मस्तिष्कों के कपाट बन्द रखना चाहते हैं। क्या असम्भव प्रयत्न है! नमाज या ईश्वर-प्रार्थना यदि नवयुवकों के सिर पर तलवार की तरह लटकती रहेगी, तो फिर उनमें आस्तिकों की संख्या और भी घट जाएगी। जोर-जबरदस्ती से किसी को धार्मिक नहीं बनाया जा सकता पर हमें आशंका है कि नमाज के पीछे कहीं कुछ और मामला भी न हो। हमने सुना था कि अलीगढ़-यूनिवर्सिटी में भी साम्यवादी विचारों के विद्यार्थियों की संख्या धीरे-धीरे बढ़ रही है। पिछली बार तो वे श्री जवाहरलाल जी को अलीगढ़ बुला ले गए थे, और वहाँ उनका भाषण भी कराया था। विद्यार्थियों के डिबेटिंग क्लब में नवाब साहब छतारी तथा उन्हीं जैसे सम्प्रदायिक नेताओं को जो डांट पिलायी गई थी, उसकी भी हमें याद है। इसीलिए हमें यह आशंका है कि कहीं प्रगतिशील विचारों को रोकने के लिए तो मुस्लिम यूनिवर्सिटी ने यह कार्रवाई नहीं

की? ज्यों-ज्यों देश में साम्यवादी विचारों का प्राबल्य होता जाएगा, त्यों-त्यों प्रतिक्रियावादियों के इन गढ़ों की नींव खोखली होती जाएगी। मानसिक स्वाधीनता भला किसी के रोके रुकी है? वह दिन दूर नहीं, जब साम्यवादी विद्यार्थियों के कारण इन विश्वविद्यालयों के सम्मुख यह प्रश्न उपस्थिति हो जाएगा कि या तो इन विद्यार्थियों को निकाल बाहर किया जाए; और नहीं तो सरकारी ग्रांट बन्द कर दी जाएगी।

अलीगढ़ से नमाज न पढ़ने की वजह से एक विद्यार्थी का चौबीस घण्टे की नोटिस पर निकाला जाना इस बात का सूचक है कि प्रतिक्रियावादी अब दाँत दिखलाने लगे हैं, और साथ ही इस बात का भी प्रमाण है कि अब धार्मिक ढकोसले जोर-जबरदस्ती के द्वारा ही कायम रखे जाते हैं।

जनवरी, 1936

यह भेद क्यों?

श्रीमती महादेवी वर्मा द्वारा सम्पादित 'चांद' का विदुषी-अंक एक खास चीज है और, उसकी विस्तृत आलोचना तो हम फिर कभी करेंगे, इस समय उसके एक सम्पादकीय नोट की तरफ पाठकों का ध्यान आकर्षित करना चाहते हैं। 'महिला साहित्य गोष्ठी' नामक टिप्पणी का एक अंश यहाँ उद्धृत किया जाता है:–

"महिलाओं में जिस तीव्रता से साहित्यिक अभिरुचि की वृद्धि हो रही है और शिक्षा में जिस प्रकार वे आगे बढ़ रही हैं, उससे यह आवश्यक प्रतीत होता है कि प्रत्येक नगर में महिलाओं की एक 'साहित्य-गोष्ठी' कायम हो, जिसमें महिलाएँ नियत समय पर एकत्रित होकर साहित्य विषयक विचार-विनिमय कर सकें। इस प्रकार की साहित्यिक गोष्ठियाँ पुरुषों के लिए लगभग हर एक नगर में निर्मित हो गई हैं, जहाँ पुरुष एकत्रित होकर भिन्न-भिन्न साहित्यिक विषयों पर वाद-प्रतिवाद करके अपने ज्ञान की अभिवृद्धि करते हैं।

स्त्री और पुरुषों की सम्मिलित साहित्यिक गोष्ठियाँ हो सकती हैं, परन्तु हम समझते हैं कि अभी वह दिन बहुत दूर है। इसलिए हम कम-से-कम यह इच्छा जरूर करेंगे कि जहाँ पुरुषों के लिए अनेक साहित्यिक गोष्ठियाँ निर्मित की गई हैं, वहाँ स्त्रियों के लिए भी इस प्रकार की स्वतन्त्र-गोष्ठियाँ स्थापित की जाएँ, जहाँ मिलकर वे कविताओं का रसास्वादन करें, वाद-विवाद करें, गायन करें और अनेक प्रकार के साहित्यिक कार्यों में भाग लें।"

स्त्रियों और पुरुषों के अलग-अलग सामाजिक क्लबों का तो हम कुछ अंशों तक समर्थन कर सकते हैं; पर साहित्य-क्षेत्र में भेद नीति के इस प्रवेश को अत्यंत विघातक मानते हैं। साहित्य का एक बड़ा अंश स्त्रियों तथा पुरुषों के भावों के घात-प्रतिघात का परिणाम है, और यदि महिला लेखिकाएँ अपने को पुरुष लेखकों से अलग रखकर अपना साहित्य विकास करना चाहें, तो वे एक जबरदस्त भूल

करेंगी। हमें इस बात की आशंका है कि थोड़े दिन बाद ये महिला-साहित्य-गोष्ठियाँ घरेलू झगड़ों का केन्द्र बन जाएँगी, जहाँ स्त्रियाँ साहित्य की आलोचना करने के बजाय पोशाक, गहनें तथा पतियों और सासों की आलोचना किया करेंगी। इसमें सन्देह नहीं कि ये चारों ही विषय महत्वपूर्ण हैं, और इन चारों में काट-छांट और सुधार की काफी गुंजाइश है; पर इनसे साहित्यिक उन्नति का विशेष सम्बन्ध नहीं। सास-बहू, देवरानी-जेठानी अथवा ननद-भौजाई के वाग्युद्ध, मनोरंजक और उत्साहप्रद होते हुए भी, साहित्य की चिरस्थायी वस्तु नहीं बन सकते।

यदि स्त्रियों और पुरुषों की साहित्य-गोष्ठियाँ अलग-अलग बनने लगेंगी, तो इससे दोनों की ही हानि होगी। हमने देखा है कि शिष्ट पुरुषों के किसी भी समाज में किसी एक स्त्री के आ जाने से ही वे लोग अपनी जिम्मेवारी को भी अधिक अनुभव करने लगते हैं, और उनके आचार तथा व्यवहार पर एक प्रकार का स्वास्थ्यप्रद नियंत्रण हो जाता है।

अगस्त, 1937

हिन्दी-उर्दू का झगड़ा

हाल में हिन्दी-उर्दू का जो झगड़ा उठ खड़ा हुआ है, वह कोई नया नहीं है—वह बहुत पुराना है। लिपि-भेद को छोड़कर जहाँ तक भाषा का सवाल है, हिन्दी-उर्दू में कोई ऐसा मौलिक अंतर नहीं है, जो एक दूसरे को एकदम पृथक भागों में बांट दे। हमारी समझ में हिन्दुओं और मुसलमानों का यह कट्टरपन, जो एक ही भाषा की दो शैलियों को एक-दूसरे से सर्वथा अलग सिद्ध करने और अलग-अलग राहों पर ले जाने की कोशिश कर रहा है; हिन्दी-उर्दू के झगड़े के सम्बन्ध में अब से 52 वर्ष पहले, फरवरी सन् 1885 में, स्वर्गीय पं. बालकृष्ण भट्ट ने अपने पत्र 'हिन्दी-प्रदीप' में लिखा था—"यह कौन कह सकता है कि उर्दू कोई दूसरी वस्तु है? सच पूछो तो उर्दू भी इसी हिन्दी का एक रूपान्तर है। जब हम हिन्दुओं ने इसका अनादर कर इसे त्याग दिया, तब मुसलमानों ने जेवरों से आभूषित कर इसका दूसरा नाम उर्दू रखा। तात्पर्य यह कि इस नारी का कुल और गोत्र सदा एक ही रहा, समय-समय इसका रंग-रूप-भेख अलबत्ता बदलता गया।"

हम भट्टजी के उपर्युक्त कथन से सहमत हैं।

अक्तूबर, 1937

हिन्दी और उर्दू के सम्मिलित इतिहास की आवश्यकता

अगर हिन्दी साहित्य के किसी भी प्रसिद्ध इतिहास को खोलकर देखा जाए, तो एक बात स्पष्ट ही दिखाई देगी। इस इतिहास का सबसे महत्वपूर्ण अंश उस या उन बोली या बोलियों के कवियों और ग्रन्थों की चर्चा में है, जो आजकल 'हिन्दी' नाम से

प्रचलित भाषा से भिन्न हैं वस्तुतः हिन्दी साहित्य के इतिहास का अपेक्षाकृत अत्यधिक नवीन भाग ही खड़ी बोली के सम्बन्ध में है। 'हिन्दी' कहने से हमारा पाठक ऐतिहासिक राजस्थानी, ब्रजभाषा, अवधी, बुन्देलखण्डी, मैथिली, मगही आदि अनेक उप-भाषाओं को समझ लेता है; पर यह आश्चर्य की बात है कि अब तक हिन्दी का कोई भी व्यक्ति ऐतिहासिक 'उर्दू' नाम से प्रचलित वर्तमान हिन्दी के एक अन्य रूप को विवेचन का विषय नहीं समझता। यह धारणा बिल्कुल गलत होगी कि हिन्दी का इतिहास-प्रेणता साम्प्रदायिक मनोवृत्ति का शिकार है, और इसीलिए उसने मुसलमान कवि और ग्रन्थकारों की जान-बूझकर उपेक्षा की है, क्योंकि रहीम और रसलीन, जायसी और उसमान, आलम और इंशा खां आदि इतने मुसलमान कवि हिन्दी साहित्य के इतिहास में विद्यमान हैं कि उक्त कल्पना भी हास्यास्पद मालूम होती है। यह बात भी नहीं है कि देवनागरी-लिपि में लिखित न होने के कारण हिन्दी-साहित्य के इस समय और शक्तिशाली अंग की उपेक्षा की गई है, क्योंकि ऐसी अनेक रचनाएँ हिन्दी में गर्व के साथ अपनाई गई हैं, जो देवनागरी-लिपि में नहीं लिखी गई थीं। 'पद्मावत' फारसी अक्षरों में लिखित पाया गया था। 'रानी केतकी की कहानी' की भी यही कहानी है। विद्यापति की पदावली भी देवनागरी अक्षरों में नहीं लिखी गई थी। इसी प्रकार और भी अनेक ग्रन्थों के नाम गिनाए जा सकते हैं। जहाँ तक भाषा का सवाल है, उर्दू कही जानेवाली भाषा को राजस्थानी, ब्रजभाषा, अवधी, मैथिली से पहले हिन्दी कहलाने का अधिकार है, क्योंकि जिस भाषा को हम लोग 'वर्तमान हिन्दी' कहते हैं, उसका स्वरूप और उर्दू का स्वरूप एक ही है। स्वर्गीय प्रेमचन्दजी ने एक जगह लिखा था—"उर्दू और हिन्दी के बीच कोई ऐसी विभाजक रेखा नहीं खींची जा सकती, जहाँ एक को विशेष रूप से हिन्दी और दूसरी को उर्दू कहा जा सके। अंग्रेजी भाषा के भी अनेक रंग हैं। कहीं लैटिन और यूनानी शब्दों की अधिकता होती है, कहीं ऐंग्लो सैक्सन शब्दों की। परन्तु हैं दोनों ही अंग्रेजी। इसी प्रकार हिन्दी या उर्दू शब्दों के विभेद के कारण दो भिन्न-भिन्न भाषाएँ नहीं हो सकतीं।" यह ध्यान देने की बात है कि आरम्भ के लेखकों ने उसी भाषा को हिन्दी या हिन्दी भाषा कहा था, जिसे आजकल उर्दू कहा जाने लगा है। अलाउद्दीन खिलजी के राज में (1295-1310) फखरुद्दीन गजनवी ने एक कोश लिखा था, जिसमें फारसी शब्दों का 'हिन्दी' पर्याय दिया था। शाह मीरान जी शम्सुल कुशहाक (1495 ई.) ने जिस भाषा में लिखा था, उसे हिन्दी कहा था। हिन्दी-भाषा के साहित्य में इस ग्रन्थकार का नाम भी नहीं है। बीजापुर के अली आदिलशाह द्वितीय का दरबार-कवि नसराती अपने पद्यों को हिन्दी में लिखित बताता है, पर आज के हिन्दी साहित्य में इस कवि का कोई भी स्थान नहीं। डाक्टर ताराचन्द ने इस तरह के बहुत उदाहरण दिये हैं। आप उपसंहार में कहते हैं—

"जब मुगल-दरबार उस कविता का पृष्ठपोषक हुआ, जो दक्षिण में विकसित

हुई थी, तो दिल्ली के कवियों ने भी अपनी प्रयुक्त भाषा का नाम हिन्दी ही रखा। इस बात के अनेकानेक उदाहरण शाह हातिम से लेकर गालिब तक के कवियों की कविताओं और अति प्राचीनकाल से लेकर सर सैयद अहमद खां तक की गद्य-रचनाओं में पाए जा सकते हैं। इस प्रकार ऐसे स्थानों पर हिन्दी शब्द ठीक उसी का वाचक है, जो बाद में चलकर 'उर्दू' कहा जाने लगा। इस प्रकार यह स्पष्ट है कि हिन्दी-भाषा का कोई भी इतिहास तब तक पूर्ण नहीं कहा जा सकता, जब तक उसमें उस अंग का भी समावेश न हो, जिसे 'उर्दू' कहा करते हैं।"

इस बात से इनकार नहीं किया जा सकता कि आजकल के हिन्दी-साहित्य में जो कुछ है, उसमें उर्दू-साहित्य को भी जोड़ लेने से यह सम्मिलित साहित्य बड़ा शक्तिशाली होगा। भारतवर्ष में तो निश्चय ही यह अद्वितीय होगा। यह अत्यंत दुःख की बात है कि एक में होकर जो साहित्य इतना जबर्दस्त हो सकता है, वही अलग-अलग रह कर विवाद और झगड़े का कारण हुआ है। आज समय की सबसे जबर्दस्त मांग यह है कि इन दोनों भाषाओं को एक ही समझा जाए और दोनों का सम्मिलित इतिहास लिखा जाए। स्व. प्रेमचन्द जी ने एक बार लिखा था—

"मुसलमान संख्या में अवश्य आठ करोड़ हैं; लेकिन उर्दू बोलने वाले मुसलमान एक चौथाई से अधिक न होंगे। ऐसी अवस्था में क्या उच्चकोटि की राष्ट्रीयता के विचार से इसकी आवश्यकता नहीं है कि उर्दू में कुछ आवश्यक सुधार और वृद्धि करके उसे हिन्दी के साथ मिला दिया जाए? और हिन्दी में भी इसी प्रकार की वृद्धि करके उसे उर्दू से मिला दिया जाए? और इस सम्मिलित भाषा को इतना दृढ़ किया जाए कि वह सारे भारतवर्ष में बोली और समझी जा सके?"

उर्दू वालों की बात तो उर्दू वाले जाने, पर हम हिन्दी वालों से यह आशा रखते हैं कि वे उर्दू को हिन्दी साहित्य में मिला लें। इससे हिन्दी की शक्ति देखते-देखते दुगुनी हो जाएगी।—**हजारी प्रसाद द्विवेदी (सम्पादकीय में प्रस्तुत)**

शान्तिनिकेतन में हिन्दी भवन

हिन्दी संसार को यह जानकर हर्ष होगा कि हलवासिया ट्रस्ट ने शान्तिनिकेतन में हिन्दी-भवन निर्माण के लिए पन्द्रह हजार रुपए का दान किया है। इस सदुपयोग के लिए हम भगीरथजी कानोड़िया, सीताराम सेकसरिया और प्रभुदयाल हिम्मतसिंह का के ऋणी और कृतज्ञ हैं। साथ ही, हमें दीनबन्धु सी.एफ. एँड्रूज को भी न भूलना चाहिए, जिनकी निरन्तर प्रेरणा और आशीर्वाद से यह पुण्यकार्य सम्भव हुआ है। अनेक वर्षों से उनके हृदय में यह अभिलाषा रही है कि शान्तिनिकेतन में हिन्दी के अध्ययन-अध्यापन के लिए समुचित प्रबन्ध होना चाहिए। 1910 से तो उनकी इस आकांक्षा से हम भलीभाँति परिचित हैं, और उन्हीं की कृपा से हमें भी 1920-21 में शान्तिनिकेतन में रहकर हिन्दी पढ़ाने का सौभाग्य प्राप्त हुआ था। अपने भाषणों तथा

लेखों में भी वे इस प्रश्न पर जोर देते रहे हैं, और पिछली बार तो कलकत्ते की यात्रा उन्होंने इसी उद्देश्य से की थी। उस दिन की याद हम भी नहीं भूल सकते, जबकि उन्होंने चौबीस घण्टों में सोने के लिए 4-5 घण्टे छोड़कर 19-20 घण्टे हिन्दीभवन के लिए ही इधर-उधर घूमने में बिताए थे। महापुरुषों की आकांक्षाएँ कभी न कभी सफल होती ही हैं, और दीनबन्धु ऐंड्रूज की हिन्दी-भवन-विषयक आकांक्षा भी सफल हो रही है, यह देखकर हमें अत्यंत प्रसन्नता होती है। इस विषय में हमें कुछ निवेदन भी करना है। आशा है कि 'विश्वभारती' के अधिकारी तथा इस विषय से सम्बन्ध रखने वाले अन्य महानुभाव उस पर ध्यान देंगे।

शान्तिनिकेतन एक अंतर्राष्ट्रीय साहित्यिक और शिक्षा-सम्बन्धी संस्था है। उस स्थान पर हिन्दी के अध्ययन-अध्यापन का होना नितान्त आवश्यक है, पर सिर्फ भाषा का प्रचार वहाँ विशेष महत्व नहीं रखता। हिन्दी-भवन को साहित्यिक केन्द्र बनाना ही अधिक अच्छा होगा। इसे ऐसा बना सकने के लिए निम्नलिखित कार्य होने चाहिएः—

(1) हिन्दी-भवन में हिन्दी के प्राचीन और अर्वाचीन साहित्य और साहित्यकों के अध्ययन करने योग्य ग्रन्थों और सामग्रियों का अच्छा संग्रह होना चाहिए।

(2) इस प्रकार की व्यवस्था होनी चाहिए कि बाहर से आने की इच्छा रखने वाले विद्वानों और विद्यार्थियों को अध्ययन करने की सुविधा मिल सके।

(3) स्थायी रूप से रचनात्मक कार्य करने के इच्छुक विद्यार्थियों के लिए स्थान और छात्रवृत्तियों का प्रबन्ध होना चाहिए।

(4) ऐसी व्यवस्था होनी चाहिए कि बाहर रहने वाले साहित्यिक भी, अगर जरूरत हो तो, हिन्दी-भवन की सामग्रियों का उपयोग कर सकें।

(5) शान्तिनिकेतन में भाषा और साहित्य के अध्यापक और विद्यार्थीगण नियमित रूप से कुछ रचनात्मक साहित्य-कार्य कर सकें, इसका भी प्रबन्ध होना चाहिए।

(6) भाषा के प्रचार के साथ ही हिन्दी के उत्तम साहित्य के प्रचार की योजना भी उसमें होनी चाहिए।

सम्पादकीय विचार

स. ही. वात्स्यायन 'अज्ञेय'

जनवरी 1938

'विशाल भारत' की नीति

हमसे लोग पूछते हैं, 'विशाल भारत' की नीति क्या होगी? क्या वह पहली नीति से भिन्न होगी? साहित्य में हम किस मतवाद का पोषण करेंगे? कैसे और किस हद तक पोषण करेंगे? 'खुदाई फौजदारी' के बारे में हमारा दृष्टिकोण क्या रहेगा? इत्यादि। ये प्रश्न ऐसे हैं, जिनका सहसा कोई बंधा-सधा उत्तर नहीं दिया जा सकता—शायद एकाएक उत्तर देने की जरूरत भी नहीं है। हमारी स्थिति क्या है, यह पाठक स्वयं देख लेंगे।

वैसे मोटे शब्दों में हम प्रश्नों का उत्तर दे भी सकते हैं। नीति क्या होगी, इसके बारे में पाठकों को यह आश्वासन हम दे सकते हैं कि नीति कुछ भी हो, वह अनीति कदापि नहीं होगी। और हम समझते हैं कि अश्रद्धा के इस युग में यह आश्वासन एक बहुत बड़ी बात है। 'विशाल भारत' स्वस्थता का आदर करेगा, और स्वस्थता अनीति की राह पर जा नहीं सकती। अनीति रुग्णावस्था से पैदा होती है। रोमां रोलां ने अपने विराट उपन्यास 'जियां क्रिस्तोफ' में एक दृष्टांत द्वारा यही बात कही है—"...अतः उस (जियां क्रिस्तोफ) ने समाचारपत्र पढ़ना आरम्भ किया। पहले दिन उसने एक वीभत्स घटनावली बात पढ़ी, जिसके साथ अनेक चित्र भी थे, और जिसमें एक पिता और उसकी 15 वर्षीया कन्या की प्रेम कहानी ऐसे ढंग से कही गई थी, मानो यह रोजमर्रा की घटना हो, बल्कि करुण भी हो। दूसरे दिन उसने उसी पत्र में एक बाप-बेटे की कहानी पढ़ी, जिसमें फिर उसी कन्या का जिक्र था। अगले दिन कहानी एक भाई-बहन की थी। इससे अगले दिन दो बहनों की बात। पांचवें दिन. ..पांचवें दिन उसने अखबार पटक दिया और क्षुब्ध होकर सिल्वेन कोहन (क्रिस्तोफ का मित्र जिसके कहने पर उसने पढ़ना आरम्भ किया था) से कहा—"आखिर तुम सबको हुआ क्या है? क्या तुम बीमार हो?"

कोहन ने उत्तर दिया—"यह कला है।"

क्या नीति में कोई उल्लेखनीय परिवर्तन होगा? हम समझते हैं कि 'विशाल भारत' लकीर का इतना सख्त फकीर कभी नहीं रहा कि कोई भी विभिन्नता या विचित्रता बिना परिवर्तन के न आ सके। मानसिक उदारता का वह समर्थक रहा है और रहेगा। इसमें वह वाल्टेयर के इस वाक्य को आदर्श मानेगा कि "मैं उन सब बातों से असहमत हूँ, जो आप ने कहीं; और जिन्हें कहने के आप के अधिकार की मैं मरते दम तक रक्षा करूँगा।"

साहित्य में हम किसी विशेष मतवाद का पोषण नहीं करते–सिवाय इसके कि साहित्य जीवन का साधन और साधक है। पुस्तकें सिखाती हैं कि मूर्तिकला से साहित्यकला श्रेष्ठ है, क्योंकि वह पहली की भाँति मिट्टी-पत्थर पर आश्रित न होकर अमूर्त शब्द से पैदा होती है। इसी तर्क से जीवन साहित्य से श्रेष्ठतर कला है, क्योंकि वह शब्द पर नहीं, कर्म पर आश्रित है। इसीलिए 'कला कला के लिए' वाले झगड़े में हम पूर्णरूपेण आश्वस्त हैं जैसा कि उपर्युक्त पुस्तक में रोमाँ रोलाँ ने नायक के मुँह से कहलाया है–

–'कला कला के लिए'!... बहुत अच्छा सिद्धान्त है लेकिन यह समर्थ का सिद्धान्त है। जीवन को पंजों में जकड़ लेना, जैसे गरुड़ अपने शिकार को जकड़ लेता है, उसे हवा में उठा ले जाना, उसे लेकर आकाश के प्रशान्त विस्तार में छा जाना!...उसके लिए बड़ी गिरफ्त चाहिए, विशाल पंख, और एक तगड़ा हृदय... कला कला के लिए! आह, अभागे मानव! कला ऐरे-गैरे द्वारा रौंदा जाने वाला आम रास्ता नहीं है। सुख वह अवश्य है–सबसे मादक सुख है लेकिन यह सुख तीव्र संघर्ष के मोल ही खरीदा जा सकता है। यह समर्थ विजयी के गले की जयमाला है। वशीकृत जीवन ही कला है। कला जीवन का स्रोत है।

रह गई खुदाई फौजदारी की बात। आज संसार के सभ्य कहलाने वाले देश की स्वार्थरत नीति के कारण हम मानवता की जो छीछालेदर देख रहे हैं, उसे सामने रखते हुए खुदाई फौजदारी को एकदम गलत बता देना परले दर्जे की कायरता होगी। लेकिन यह भी हम जानते हैं खुदाई फौजदारी एक बड़ी गम्भीर जिम्मेवारी है, जिससे खिलवाड़ नहीं किया जा सकता। 'विशाल भारत' इस दिशा में अपने कर्तव्य पर दृढ़ रहेगा; लेकिन वह ध्यान रखेगा कि ऐसे मामलों में जो-कुछ वह करे, उसमें फौजदारी कम और खुदाई ही अधिक हो।

कांग्रेस कार्यकारिणी के प्रस्ताव

अभी हाल में बम्बई में कांग्रेस की वर्किंग कमेटी के जो फैसले हुए हैं, उनसे जान पड़ता है कि यद्यपि कांग्रेस का आदर्श कागज पर तो अत्यंत क्रान्तिकारी है, तथापि उसकी गतिविधि और विचारधारा के पूर्णतया वैधानिक हो जाने का खतरा है।

किसान-सभा के सम्बन्ध में और राजनैतिक कैदियों के सम्बन्ध में दो

दृष्टिकोण हो सकते हैं, यद्यपि वहाँ भी वर्किंग कमेटी का प्रस्ताव विचारणीय है लेकिन आजकल के सबसे बड़े वैधानिक प्रश्न पर—संघ-स्थापना के मामले पर कम-से-कम कांग्रेस ने अपने लिए दो मार्ग नहीं छोड़े हैं। कांग्रेस का दृढ़ निश्चय रहा है कि वह संघ की स्थापना कदापि नहीं होने देगी, और राष्ट्र की समूची संगठित शक्ति उसके विरुद्ध लगाकर संघ-योजना को नष्ट करके ही रहेगी। देश की आम जनता काफी देर में कांग्रेस के उच्चतम पदाधिकारी की ओर आँख लगाए बैठी है कि वे इस सम्बन्ध में मार्ग दिखाएँ और जब से कांग्रेस मिनिस्ट्री आई है, तब से प्रतीक्षा और भी विकल हो उठी है। जिस 'जनता की इच्छा' की दुहाई देकर कांग्रेस ने पद ग्रहण किया, उस जनता ने कभी भी यह उम्मीद नहीं की कि कांग्रेस साम्राज्यवादी सरकार की व्यवस्था को चलाने में सहायक होगी। वह बराबर चाहती रही, और आज भी चाहती है, कि कांग्रेस से उचित आदेश पाकर संघ-योजना को परास्त करने के काम में लग जाए। इस दशा में कार्यकारिणी से यह आशा अनुचित न थी कि वह कोई स्पष्ट आदेश देगी—किसी निश्चित कार्यक्रम की घोषणा करेगी, जिसे घटित करने के लिए देश के जाग्रत वर्ग जुट सकेंगे। हमें खेद है कि कार्यकारिणी ने अपना कर्तव्य पूरा नहीं किया।

ब्रिटिश साम्राज्यवाद अपनी सारी शक्तियाँ फेडरेशन को सफल बनाने में लगा रहा है। दाम, दण्ड और भेद नीति तो उसकी हमेशा ही क्रियाशील रही है, आजकल साम नीति का भी बहुत जोर है। मैत्री का हाथ बढ़ाया जा रहा है, प्रशंसा और खुशामद की जा रही है। लार्ड लोथियन और लार्ड सेमुएल देश में घूम-घूम कर प्रचार कर रहे हैं, और यहाँ तक कि लार्ड सेमुएल हरिपुरा-कांग्रेस में भी पधार रहे हैं। इसके विरुद्ध कांग्रेस क्या संगठन कर रही है? क्या कार्यक्रम निर्धारित कर रही है? हमारे देश का दुर्भाग्य है कि यहाँ 'अहिंसात्मक वायुमण्डल' नहीं है—हम लोग तो लड़ाई पर आमादा हो रहे हैं, तब कार्यकारिणी लड़ने का आदेश कैसे दे! वह आदेश तो हमें तब मिलेगा, जब हम पूर्ण शान्तिवादी हो जाएँगे।

मिनिस्ट्रियों के कार्य की निष्पक्ष परीक्षा और आलोचना भी कार्यकारिणी ने नहीं की। हम यह नहीं चाहते या कहते कि मिनिस्टरों को पदत्याग के लिए कहना चाहिए; लेकिन कार्यकारिणी का यह कर्तव्य अवश्य था कि उन्हें चुनाव-घोषणा के अनुरूप चलने का आदेश देती, देश-भर के लिए एक नीति और कार्यक्रम निर्धारित करती। लेकिन वर्किंग कमेटी ने यह धारणा भी बना ली है कि मिनिस्ट्रियां उसकी अमलदारी के बाहर हैं। यह अत्यंत खतरनाक धारणा है। मिनिस्टर पदारूढ़ इसीलिए हैं कि कांग्रेस उनमें विश्वास रखती है, और कांग्रेस की शक्ति इस बात में है कि वह आम जनता की मांगों का प्रतीक है! अतः मिनिस्ट्रियां अंततोगत्वा जनता के सामने प्रत्यक्ष रूप से जवाबदेह हैं, फिर गवर्नमेन्ट ऑफ इण्डिया ऐक्ट और ऑफिशियल सीक्रेट्स ऐक्ट और राजभक्ति की शपथ चाहे जो कहे। पिछले छः मास में कांग्रेस मिनिस्टरों ने थोड़ा-बहुत

उल्लेखनीय कार्य अवश्य किया है, लेकिन ऐसा जान पड़ता है कि वे शासन के उत्तरदायित्व के बोझ से दब गए हैं। यह कार्यकारिणी का ही काम है कि उनका मार्ग नियत करके यह बोझ हल्का करे, ताकि वे जनता की कुछ सेवा कर सकें। मिनिस्टरों की 'गैर-जिम्मेदार' आलोचना को रोकने का तरीका यह है कि कांग्रेस स्वयं 'जिम्मेदार आलोचना' करे, यह नहीं कि आँख बन्द करके उनका समर्थन किया जाय।

राजनैतिक कैदी छोड़ने के लिए दमन कानून रद्द करने के सम्बन्धों में भी वर्किंग कमेटी ने मिनिस्ट्रियों की मंद गति का समर्थन किया है, बल्कि कुछ मिनिस्टिरों के प्रतिकूल कार्यों का भी उसने 'अहिंसात्मकतां' के नाम पर समर्थन कर दिया है। इस सम्बन्ध में और बिहार प्रान्तीय कांग्रेस-कमेटी के किसान-सभाओं सम्बन्धी फैसले के मामले में कार्यकारिणी के फैसले बहुत शोचनीय हैं। यदि राजनैतिक दृष्टिकोण से किसान-सभाओं की आलोचना की जाती, उनकी गतिविधि को राजनैतिक दृष्टि से अहितकर बताया जाता, तब कार्यकारिणी से असहमत होकर भी हम उसकी विचार-स्वतंत्रता का समर्थन करते, लेकिन कांग्रेस ने इस प्रश्न पर नैतिक फैसला किया है। हमारी समझ में यह उनकी अनधिकार चेष्टा है। हम कांग्रेस को एक राजनैतिक संस्था मानते हैं, और देश की राजनैतिक उन्नति के एकमात्र सुसंगठित प्रतीक की हैसियत से कांग्रेस को हमारा सहयोग मांगने का हक है; लेकिन जहाँ तक नैतिक मामलों का सवाल है, हम पूर्ण आत्मनिर्णय के पोषक हैं। हम इसके लिए कदापि तैयार नहीं हैं कि कांग्रेस हमारे लिए तय करे कि हम किस चीज़ को नैतिक और किसे अनैतिक मानें।

समय आ गया है कि कांग्रेस की समर्थक जनता यह तय कर ले कि कांग्रेस का कार्यक्षेत्र क्या है, ध्येय क्या है? क्या वह राजनैतिक आजादी के लिए लड़ना चाहती है, या नैतिक आदर्शों की साधना करना? जहाँ तक युद्ध की 'स्पिरिट' में नैतिकता रहती है, वहाँ तक श्लाघ्य होती है, लेकिन स्वयं ध्येय बनकर वह हमें युद्ध के अयोग्य तो बनाती ही है; दम्भ और आत्म-प्रवंचना का कारण भी बनती है।

अहिंसावाद क्या है?

अहिंसा के मामले में कांग्रेस की स्थिति गोलमाल ही रही है। 'अहिंसा हमारा आदर्श है,' यह तो वह निरन्तर घोषित करती रही है; लेकिन दरअसल राजनीतिक-क्षेत्र में अहिंसा का अर्थ क्या है, यह उसने कभी नहीं बताया, शायद जाना भी नहीं।

हम हिंसा के घोर विरोधी हैं। हमें अत्यंत प्रसन्नता है कि हिंसात्मक आन्दोलन और आतंकवाद का देश में पूर्णतया अंत हो गया है लेकिन हिंसा के विरोधी होने के कारण ही हमें यह खटकता है कि कांग्रेस बात-बात में उसकी दुहाई देकर मिनिस्टरों की निष्क्रियता या प्रतिक्रियावादिता का समर्थन करे। आज देश में कहीं भी हिंसावाद का प्रचार नहीं होता—मौन समर्थन भी नहीं होता। इस दशा में मिनिस्ट्री

या कार्यकारिणी का यह कहना कि "देश में अहिंसात्मक वातावरण नहीं है", क्या अर्थ रखता है? क्या यह अपनी सुस्ती के लिए बहाना खोजना नहीं है?

यह परिस्थिति आपत्तिजनक है। इस गोलमाल को शीघ्र साफ कर देना चाहिए। असल प्रश्न कांग्रेस के सामने यह है; अगर हम क्षण-भर के लिए मान भी लें कि देश में अहिंसात्मक वातावरण नहीं है; (यद्यपि हम ऊपर दिखा चुके हैं कि यह स्थापना स्पष्टतया अमान्य है) तब भी प्रश्न यह है कि क्या उसके कारण आपका हाथ-पर-हाथ धरे बैठना बुद्धिसंगत हो जाता है? 'अहिंसात्मकता की कमी' के कारण आप कैदियों को छुड़ाने से विमुख होते हैं, फेडरेशन का विरोध करने से विमुख होते हैं, तब आप हैं किसलिए? क्यों नहीं आप राजनैतिक क्षेत्र से ही विमुख होकर एक आत्मशुद्धि-सभा स्थापित कर लेते, जहाँ आप नेति-धौति-बस्ति आदि यौगिक साधनों द्वारा राष्ट्र के शरीर से यह मैल निकाल सकें?

हमें आशा है कि कार्यकारिणी अपनी स्थिति की विसंगति को देखेगी।

विदेशों में भारतीय साहित्य का अनुकरणीय अध्ययन

पिछली शताब्दी में यूरोप में भारतीय साहित्य का अध्ययन इतने वेग से बढ़ा है कि उसे देखकर आश्चर्य से चकित रह जाना पड़ता है। इस अध्ययन की मोटी तौर पर धारणा कर लेने के लिए हम लोगों को याद रखना चाहिए कि श्लेगेल ने संस्कृत साहित्य की जब चर्चा की थी, उसमें एक दर्जन से अधिक पुस्तकों का उपयोग नहीं हुआ था। यह सन् 1819 की बात है। लगभग इसी समय वर्तमान हिन्दी गद्य का भी जन्म हुआ। लल्लू जी लाल का 'प्रेमसागर' शायद 1813 ई. में पहली बार छपा था। श्लेगेल को ग्यारह वर्ष बाद फ्रेडरिक एडलंग (Friedrick Adelang) ने अपनी जर्मन पुस्तक (संस्कृत भाषा के साहित्य का एक अध्ययन) में 350 पुस्तकों का विवेचन किया था। सन् 1852 में बेबर ने संस्कृत साहित्य का जो इतिहास लिखा, उसमें 500 पुस्तकों की चर्चा की गई थी। इसी साल सेंटपीटर्सबर्ग की प्रख्यात डिक्शनरी (Sanskrit Warterbuck) निकलनी शुरू हुई। यह डिक्शनरी सन् 1875 तक पूर्ण हुई। यह सात विशालकाय जिल्दों में छपी है। सन् 1819 से लेकर 1903 तक थियोडोर आफ्रेख्ट (Theodor Aufrecht) ने अपने 40 वर्ष की गहन साधना के पश्चात् अपनी प्रयोजनीय पुस्तक 'सूची पत्रों का सूचीपत्र' प्रकाशित की। इस ग्रन्थ में उस समय तक भारतवर्ष, यूरोप और अमेरिका में संगृहीत सभी हस्त-लिखित और छपे ग्रन्थों की सूची तैयार की गई थी। यद्यपि इसमें बौद्ध ग्रन्थों की एकदम चर्चा नहीं थी, फिर भी इसमें प्रयुक्त ग्रन्थों की संख्या 32 हजार तक पहुँच चुकी थी। सन् 1896 में जब सम्पूर्ण भारतीय साहित्य के अध्ययन की जबर्दस्त आवश्यकता अनुभव की गई, तो देखा गया कि यह काम एक पण्डित के बूते का नहीं है। प्रख्यात भारत-विद्यावागीश बूलर के सम्पादन में एक विश्वकोश निकालने का प्रबन्ध किया गया जिसमें जर्मनी, आस्ट्रिया, इंग्लैण्ड, हालैण्ड,

फ्रांस, भारतवर्ष और अमेरिका के 30 पण्डितों ने अपने-अपने अध्ययन का परिणाम बताना स्थिर किया। बूलर की मृत्यु के बाद कीलहार्न ने इसका सम्पादन-भार ग्रहण किया और तत्पश्चात् एच. लडर्स और जे. बेकरनेगल इसका सम्पादन करते रहे। दुख की बात है कि आजकल इसका सम्पादन कुछ शिथिल हो गया है; पर जो-कुछ भी इस विश्वकोश में निकला है वह आश्चर्यजनक है और अत्यंत प्रामाण्य माना जाता है। जर्मनी, अमेरिका, फ्रांस, इंग्लैण्ड तथा अन्यान्य यूरोपियन देशों में संस्कृत ग्रन्थों और भारतीय विद्या के अध्ययन के लिए बीसियों सोसायटियाँ, ग्रन्थमालाएँ और विश्वविद्यालय अनुकरणीय प्रयत्न कर रहे हैं। अलग-अलग विषयों का अध्ययन करने के लिए अलग-अलग समितियाँ कायम हुई हैं। किसी ने तंत्रों के अध्ययन का भार लिया; तो किसी ने बौद्धशास्त्रों का, कोई भारतीय दर्शनशास्त्र के अध्ययन में दत्तचित्त है, तो कोई भाषा-शास्त्र के।

जैसा कि पहले ही बताया गया है, भारतीय विद्याओं का विदेशों में अध्ययन और हिन्दी गद्य का स्वदेश में विकास साथ-ही-साथ आरम्भ हुआ। दोनों ने उन्नति की है; परन्तु पहली की उन्नति को देखते हुए दूसरी की उन्नति अत्यंत हल्की मालूम पड़ती है। हिन्दी में लिखने वाले उस कोटि के विद्वानों के नाम दाहिने हाथ की उंगलियों पर गिन लिए जा सकते हैं, और फिर आशंका बनी रहती है कि कुछ अंगुलियां बची ही न रह जायँ। हिन्दी साहित्यकों के लिए यह लज्जा की बात है।

यह स्मरण रखना चाहिए कि जिन यूरोपियन पण्डितों ने भारतीय विद्या का अध्ययन इतने उत्साह और लगन से किया है, उनमें से अधिकाँश हिन्दी के गरीब साहित्यकों की तरह ही साधनहीन रहे हैं। उनमें ज्ञान की प्रबल पिपासा ही एकमात्र कार्य के लिए उत्तेजित करने वाली शक्ति रही है। जर्मनी के कई भारतीय विद्यानुरागियों के पास अपने सारे जीवन के परिश्रम स्वरूप लिखी हुई पुस्तकों को छापने के भी साधन नहीं थे। बौद्ध दर्शन का पण्डित बालेजर जीवन के अन्तिम समय तक दरिद्रता से जूझता रहा, और सुना है कि सुविख्यात अध्यापक सिलवां लेवी का आरम्भिक जीवन भी कठिनाइयों में से गुजरा था। ऐसे और भी बहुत से उदाहरण हैं। भारतीय साहित्य के प्रसिद्ध विद्वान विंटरनित्स को अपने अध्यापक बूलर की सिफारिश पर युवावस्था में सुप्रसिद्ध प्रोफेसर मैक्समूलर के ऋग्वेद द्वितीय संस्करण के सम्पादन में दस वर्षों तक सहायता करनी पड़ी थी। इस अवसर पर युवक विंटरनित्स ने दैनिक बारह-बारह घण्टे और कभी-कभी उन्नीस-उन्नीस घण्टे तक जी-तोड़ परिश्रम किया था। यह परिश्रम और लगन हम साधनहीन साहित्यकों के अनुकरण की चीज़ है। आप कल्पना कीजिए कि आप एक साधनहीन हिन्दी-साहित्यिक होकर कैमेस्केटका की प्राचीन रीति-नीति को समझने के लिए लगातार दस वर्ष तक 19 घण्टे प्रतिदिन काम कर रहे हैं, फिर देखिए आपके देशवासी आप पर क्या रिमार्क कसते हैं। लोग कहेंगे, यह पागल है। कैमेस्केटका की विद्या जानने के लिए हिन्दुस्तानी आदमी क्यों इतना परिश्रम करे? ठीक यही अवस्था इन ज्ञान के लिए पागल अध्येताओं की है। फिर भी सौभाग्यवश उस देश के

आदमी इन्हें पागल नहीं मानते और इनके सारे जीवन की साधना को जानने के लिए उत्सुक रहते हैं और इन 'पागलों' के कृतज्ञ होते हैं!

स्वदेशी भाषा और लिपि

"कलकत्ता, 12 दिसम्बर। ईरान सरकार द्वारा प्रकाशित एक ताजा खबर के अनुसार अबसे आगे वहाँ सब कारोबार, हिसाब-किताब व चिट्ठी-पत्र ईरानी लिपि में रखी जाएगी, और पुस्तकें, फार्म व छपे हुए पत्र, जो इस समय विदेशी लिपियों में हैं, ईरानी लिपि में बदल दिये जाएँगे। विदेशी भाषा व लिपि का प्रयोग सिर्फ निम्न अवस्थाओं में किया जा सकेगाः—ऐसे मामलों की चिट्ठी-पत्री में जिनमें एक पार्टी ईरान से बाहर रहती हो, डाक्टरी नुस्खों में, वैज्ञानिक बातों में और जहाजों के डिक्लेरेशनों में। ट्रेड मार्क, दुकानों व संस्थाओं के नामों में विदेशी भाषा के प्रयोग पर पाबन्दी लगाई गई है।"

संसार के सभी देशों में धीरे-धीरे स्वेदश या स्वराष्ट्र की भावना अधिकाधिक विकसित होती जा रही है। यद्यपि यह भावना खतरे से खाली नहीं है, और आज संसार की जो शोचनीय अवस्था हो रही है, उसके मुख्य कारणों में एक इसी स्वदेशवाद का विकृत और पथभ्रष्ट रूप है—तथापि यह स्पष्ट है कि संस्कृति की रक्षा के लिए ऐसी भावना जरूरी है। संस्कृति ऐसी चीज नहीं है, जो मशीनों में ढाली जा सके, ऐसी भी चीज नहीं है, जो दो-चार दिन या मास या वर्षों में ठोक-पीटकर तैयार कर ली जा सके। इसलिए आज के मशीन-प्रधान युग में, थोक-उत्पादन (मास प्रोडक्शन) और प्रोपेगण्डा के युग में यह और भी आवश्यक हो गया कि संस्कृति की रक्षा की जाय। हमारा यह अभिप्राय नहीं हैं कि मशीनें अनिवार्य—रूप से संस्कृति का विनाश करती हैं, या उनका पूर्ण बहिष्कार किया जाए—वैसे मूर्खों के स्वर्ग में रहने वाले अयथार्थवादी हम नहीं हैं। हम केवल यह कहना चाहते हैं कि हमारी संस्कृति अच्छी बुरी जैसी भी वह है—एक दिन की उपज नहीं है। हजारों वर्षों के जातीय इतिहास का निचोड़ है। इस बात को ध्यान में रखते हुए हमें उसे तब तक नहीं छोड़ देना चाहिए, इतना ही नहीं उसकी रक्षा में उद्यमशील होना चाहिए जब तक कि हम निश्चय नहीं कर लेते कि उसका स्थान लेने के लिए भी कुछ है या नहीं, और है तो क्या और कैसा। आज मशीन युग है, और मशीन-युग अवश्यमेव अपनी एक मशीनी संस्कृति पैदा करेगा और आज जीवन की गति बढ़ जाने पर हो सकता है कि नई संस्कृति के निर्माण में अपेक्षाकृत कम समय लगे, लेकिन वह संस्कृति अभी बनी नहीं है। ऐसी दशा में विदेशी प्रभुओं की आर्थिक या राजनैतिक उन्नति के भुलावे में पड़कर लोहे और कागज के आगे—मशीन और प्रोपगेण्डा के आगे झुक जाना मूर्खता होगी। इस दृष्टि से, और इस सीमा तक, हम राष्ट्रवाद या स्वदेशवाद के समर्थक हैं। हम चाहते हैं कि भारत भी इस दिशा में जाग्रत होकर इन दिशाओं में स्वदेशी की भावना को बढ़ाए, जो संस्कृति का एक अंग है। हमें यह देखकर खेद

होता है कि हमारा स्वदेशवाद उन दिशाओं में तो क्रियाशील है, जिनमें वह विदेशों में हानिकर साबित हुआ है; लेकिन उन दिशाओं की लगभग पूर्ण उपेक्षा हो रही है, जिनमें चलकर ही भारत-संस्कृति की रक्षा सम्भव है।

ईरान स्वाधीन देश है। वहाँ सरकारी तौर पर जो कार्य किया जा सकता है, वह सम्भव नहीं है लेकिन इतना होने पर ईरान से मिलनेवाली शिक्षा हमें नहीं भूलनी चाहिए। आज नहीं तो कल हमें इतनी शक्ति प्राप्त होगी कि हम यह कार्य कर सकें लेकिन अगर उस शक्ति का प्रयोग करने के बारे में हम पहले ही कुछ गतिविधि निर्धारित नहीं करेंगे, तो अवश्यमेव उसका दुरुपयोग ही करेंगे। अपनी भाषा के सम्बन्ध में जागरूक होने की सख्त आवश्यकता है।

'अपनी भाषा' से हमारा अभिप्राय यह या वह प्रान्तीय भाषा नहीं है। न ही हम हिन्दी–हिन्दुस्तानी–उर्दू के झगड़े को उभारना चाहते हैं। हमारा मतलब किसी भी स्वेदशी भाषा से है–कोई भाषा, जो भारतीय संस्कृति से ओतप्रोत हो, जो भारतीयता का प्रतीक होने का हक रखती हो।

भाषा की कसौटी

एक लेखक ने एक बड़ी पते की बात कही है। "देशी मैं जानबूझ कर कहता हूँ, क्योंकि उससे मेरा मतलब यह है कि चाहे किसी भी भारतीय भाषा का कोई भी शब्द व्यवहृत करो, परन्तु बीच में अंग्रेजी के शब्द मत घुसेड़ो। खिचड़ी बनानी ही है, तो दाल-चावल देसी चीजों की ही बनाओ, उसमें कोई पश्चिमी, खास करके विलायती चीज़ नहीं आने देनी चाहिए।" हमारा विश्वास है कि भारतीयता के इस आदर्श को अच्छी तरह समझ लेने से भारतीय भाषाएँ तो अपना उचित स्थान पाएँगी ही और हमारी गुलाम-मनोवृत्ति दूर होगी ही, लेकिन एक और भी बड़ा लाभ यह होगा कि हिन्दी-उर्दू का झगड़ा बहुत दूर तक हल हो जाएगा। भाषा और लिपि दोनों के सम्बन्ध में अगर हम अपनी कसौटी यह बना लें कि आलोच्य वस्तु भारतीय है या नहीं, भारतीयता के आदर्श को निभाती है या नहीं तो झगड़ा उठ ही नहीं सकता; और इसमें सन्देह नहीं कि इससे उत्तम कसौटी कम-से-कम अभी नहीं मिल सकती–विश्व-नागरिकता का दिन अभी दूर है। और अगर कभी किसी शब्द या शब्द-समूह के बारे में शंका भी हो, तो फैसले के लिए यह प्रश्न पूछा जा सकता है कि क्या वह शब्द या शब्द-समूह भारतीय भाषा के साथ एक-जान हो गया है, भारतीय संस्कृति में अपने लिए कोना बना चुका है? ऐसे शब्द भाषा में आने के अधिकारी हैं; जो ऐसे नहीं हैं, वे अगर आएँ तो अपवादस्वरूप ही 'डाक्टरों के नुस्खों' या वैज्ञानिक बातों के अंग बनकर ही उन्हें हम अपनाएँ तो उसी 'स्पिरिट' में, जिसमें कि एक निरामिष भोजी मच्छी का तेल पीता है या मद्यत्यागी ब्रांडी की खुराक-उसकी जरूरत से मुक्त होने की आशा से ही, स्वास्थ्य और सामर्थ्य लाभ करने के लिए ही।

शारदा ऐक्ट का संशोधन

श्री बी.दास का 'शारदा कानून संशोधक बिल' गवर्नर-जनरल की स्वीकृति पाकर गजट से प्रकाशित हो गया—उनके प्रस्तावित संशोधन कानून बन गए।

संशोधन से शारदा ऐक्ट की एक बड़ी भारी त्रुटि दूर हो गई। अभी तक बाल-विवाह करना चाहने वाले पक्ष प्रायः समीप की किसी रियासत में जाकर विवाह-कार्य कर आते थे, और इस प्रकार कानून के चंगुल से बच जाते थे। परिणाम-स्वरूप शारदा कानून परिहास का विषय बना हुआ था। संशोधन द्वारा यह कमी दूर कर दी गई है, और अब रियासतों में किए गए अपराध के लिए भी दण्ड दिया जा सकेगा। इसके अतिरिक्त संशोधन द्वारा मजिस्ट्रेट को बाल-विवाह रोकने के लिए आज्ञा देने का भी अधिकार दिया गया है। अब तक कानून केवल विवाह हो जाने के बाद ही लागू होता था। संशोधन द्वारा तीसरा सुधार यह किया गया है कि यदि बाल-विवाह सम्पन्न हो ही गया हो, तो भी कानून द्वारा निश्चित 'सहमति की आयु' प्राप्त करने तक कन्या को वर के घर नहीं जाने दिया जाएगा।

ये संशोधन सब ठीक दिशा में हैं; किन्तु पर्याप्त कदापि नहीं हैं। एक बार यह स्वीकार कर लेने पर कि बाल-विवाह अनुचित है, तर्क हमें जिस परिणाम पर ले जाता है, उस तक जाने में एक संकोच ही इन संशोधनों में दीखता है। अगर बाल-विवाह न्याय के विरुद्ध है, तब वहाँ न्याय की उपेक्षा करके बाल-विवाह किया जाए, वहाँ अपराधियों को दण्ड देने के अतिरिक्त विवाह को भी रद्द करना चाहिए। दोषी को दण्ड दिया जाए; किन्तु अन्याय के शिकार का उद्धार न किया जाए, इस मनोवृत्ति, में बुनियादी विसंगति है। इसलिए हमारा विचार है कि जब तक कानून विवाह के संस्कार को अखण्ड मानता है, चाहे वह अज्ञान या बेहोश में या बलात् ही क्यों न सम्पन्न किया गया हो, तब तक परिस्थिति में सच्चा सुधार नहीं हो सकता। आततायी को दण्ड देने की अपेक्षा पीड़ित का उद्धार अधिक प्राथमिक कार्य है। कानून इसलिए नहीं बनते कि उन्हें तोड़ने वालों को दण्ड दिया जाए, वे इसलिए बनते हैं कि उनके आश्रितों को बचाया जाय। इस दृष्टि से हमें दिखता है कि शारदा कानून और उसके संशोधन दोनों असफल हैं, क्योंकि वे न्याय-रक्षा के कर्तव्य से दण्ड-व्यवस्था के अधिकार को ही मुख्य मानते हैं।

हिन्दी बनाम अंग्रेजी

महात्मा गांधी

मालूम होता है कि सभाओं में प्रबन्धकर्ताओं को इस बात की याद निरन्तर दिलाते रहने की जरूरत है कि जनता से बातें करने की भाषा अंग्रेजी नहीं, बल्कि हिन्दी

या हिन्दुस्तानी है। मैंने देखा है कि सन् 1921 के बजाय इस बार मुझे इस दौर में जो अभिनन्द पत्र मिले हैं, वे अधिकांश प्रायः अंग्रेजी में ही थे। यह स्पष्ट विरोध दिखाई पड़ने लगा झरिया में, जहाँ कि कोयले की खानों के मजदूरों की ओर से मुझे अंग्रेजी में मानपत्र देने की कोशिश की गई, और वह भी एक ऐसी सभा में, जिसमें हजारों आदमी थे, मगर मुश्किल से पचास आदमी अंग्रेजी समझ सकते थे। उस संघ के कार्यकर्त्ता बंगाली थे। अगर वह मेरी खातिर अंग्रेजी में लिखा गया था, तो वह बिल्कुल बेजरूरी था। मानपत्र बंगला में लिखा जा सकता था और मेरे लिए उसका हिन्दी-अनुवाद या अंग्रेजी भी तैयार करा लिया जा सकता था मगर उन श्रोताओं पर अंग्रेजी का प्रहार करना उनका अपमान करना था। मैं उम्मीद करता हूँ कि वे दिन आ रहे हैं, जब कभी-कभी सभा की कार्रवाई किसी ऐसी भाषा में होवे, जिसे अधिकांश लोग नहीं जानते हों, तो वे सभा से उठकर चल देंगे। उस सभा के सभापति की तारीफ में यह कहना चाहिए कि ज्योंही इसकी ओर मैंने उनका ध्यान खींचा, उन्होंने उसे समझ लिया और बड़ी वीरता से उस अभिनंदन-पत्र को बिना पढ़ा हुआ-सा मान लेने दिया।

यह घटना सभी प्रबन्धकों के लिए चेतावनी होनी चाहिए-मगर खासकर आन्ध्र प्रदेश, तमिलनाडु, और कर्नाटक वालों के लिए। उनकी कठिनाइयाँ मैं जानता हूँ मगर उनके बीच हिन्दी का प्रचार करने के लिए एक संस्था काम कर रही है। उनके अभिनन्दनपत्र अपने-अपने प्रान्त की भाषा में होने चाहिए। मैंने द्राविड़-देश के लिए हमेशा छूट दी है और जब कभी उन्होंने चाहा है, अपना भाषण अंग्रेजी में ही किया है मगर अब सोचता हूँ कि वह समय आ गया है, जब उन्हें बड़ी सार्वजनिक सभाओं के लिए अंग्रेजी का आसरा छोड़ देना चाहिए। सच पूछो, तो हिन्दी सीखने से इनकार करके हमारे अंग्रेजीदां नेता ही जन-समूह को हमारी शीघ्र प्रगति के रास्ते में रोड़े अटका रहे हैं। हिन्दी तो द्राविड़-देशों में भी तीन महीने के भीतर-भीतर अगर तीन घण्टे रोज समय दिया जाय, तो सीख ली जा सकती है।... हिन्दुस्तान के बीस करोड़ आदमी हिन्दी समझते हैं, उसी हिन्दी को न सीखने का कोई भी बहाना सिवाय आलस्य या अनिच्छा के हो ही नहीं सकता ('नवजीवन' से)

इसी सम्बन्ध में आषाढ़, 1984 वि. में अखिल-कनार्टक प्रथम हिन्दी-प्रचार-सम्मेलन के अवसर पर महात्मा गांधी ने जो भाषण दिया था, वह इस प्रकार है:—

पहले तो आप भाई-बहनों से मैं यह पूछना चाहता हूँ कि आप सब हिन्दी समझते हैं, तो हाथ उठावें। (बहुतों के हाथ उठे फिर केवल देवियों की ओर उन्मुख होकर गांधी जी ने कहा) अच्छा, जो बहनें अंग्रेजी समझ सकती हैं, वे हाथ उठावें (इस समय दो-चार को छोड़कर किसी देवी ने हाथ नहीं उठाया)।

भाइयों और बहनों, आप सब शान्ति से सुनें। यहाँ मैंने जो आप सबकी परीक्षा ली, इसमें जो रहस्य है, उसे बताता हूँ। अंग्रेजी जानने वाले लोग यह समझ लें कि

वे अपने देश की बहनों पर अत्याचार करते हैं। हमारे ही मुल्क में हमको 'अर्धांग' वायु का रोग हो गया है। हमारे शास्त्रों में नारी को अर्धांग कहा गया है। हमने अपनी स्त्रियों का, वर्तमान शिक्षा के प्रवाह में पड़कर, बहिष्कार-सा कर दिया है। इसीलिए हमारे एक अंग की यह बुरी दशा है। एक जमाना था, जबकि भारत में द्रौपदी, दमयंती, अनुसूया, गार्गी, सावित्री और सीता इत्यादि अपने स्वामी की सच्ची सहचरी कहलाती थीं परन्तु आज स्त्री-जाति मनुष्य पशु के केवल भोग-विलास की भाजन बन गई है और हिन्दुस्तान की अधोगति का कारण ये स्त्रियाँ ही हैं। यदि हमारा स्त्री-जाति के प्रति कोई ऋण है, तो हमारी मातृभाषा को उसका स्थान देकर अपने को उस ऋण से मुक्त करें।

और एक सबब है। आजकल दक्षिण-भारत में हिन्दी प्रचार का आन्दोलन हो रहा है पर आपने मुझे शर्मिंदा कर दिया है। जब मैंने आपसे पूछा कि आपमें से जो भाई-बहन अंग्रेजी समझते हैं, वे हाथ उठावें, तो सबने हाथ उठा लिए। हमारे लिए यह बहुत बड़ी शर्म की बात है। इसी लज्जा का निवारण करने के लिए राष्ट्रभाषा प्रचार-सभा की स्थापना की गई है। हिन्दुस्तान के बीच में आपने भाषा-भेद का विंध्याचल खड़ा करके उसके दो टुकड़े कर दिए हैं। विंध्य के उस तरफ उत्तर भारत है। उत्तर-भारत में हिन्दी-हिन्दुस्तानी बोली जाती है। उत्तर-भारत में जहाँ-जहाँ मैं जाता हूँ, हिन्दी जुबान में बोलता हूँ। उत्तर में ही हिन्दुस्तान की जनता अधिक संख्या में हैं। आप अपने अधिक संख्यावाले देश-भाइयों से सम्पर्क रखने के लिए उनकी जुबान सीखें। उत्तर में सिंध से बंगाल तक मैं हिन्दी में काम निपटा सकता हूँ, पर दक्षिण-भारत में उससे काम नहीं चल सकता। और जब तक आप दक्षिण-भारतवासी लोग परिश्रम करके हिन्दी को सीखने का प्रयत्न न करेंगे, तब तक विंध्य पर्वत को नहीं तोड़ सकते। मैं आपकी मातृभाषा को नहीं मिटाना चाहता और राष्ट्रभाषा सीख लें। आप मेरे पास से इतना सीख लें। हिन्दी सीखने के लिए बहुत परिश्रम की आवश्यकता नहीं है। आपने अभी देख लिया है कि जिन बहनों को हिन्दी-प्रचार-कार्यालय की हिन्दी-परीक्षाओं में उत्तीर्ण होने के लिए मेरे हाथ से प्रमाणपत्र दिए गए हैं, उनको हिन्दी सीखने में छः महीने से अधिक समय नहीं लगा है वह भी घर-गृहस्थी का सब काम करते हुए और हफ्ते में सिर्फ दो दिन देने से। तो क्या आप अपने राष्ट्रभाषा-भाषी उत्तर-भारतीय बन्धु के लिए छः मास तक दो घण्टे नहीं दे सकते? मेरी आपसे इतनी प्रार्थना है कि आप इस सम्मेलन से कुछ सीख लें और प्रचारकों से हिन्दी सीखें।

एक राष्ट्र-लिपि क्यों?

अब एक राष्ट्रीय लिपि की बात भी आपको समझा देना चाहता हूँ। राष्ट्रभाषा का अभ्यास करके आप अपने उत्तर-भारतीय बंधुओं के हृदय से अपना हृदय मिलाते हैं,

तो एक राष्ट्रवासी बनते हैं और अपना हृदय उनके पास भेजते हैं परन्तु एक राष्ट्रीय लिपि सीखकर आप उत्तर-भारतीयों को अपनी ओर खींचते हैं। जैसे राष्ट्रभाषा सीखकर आप विंध्य के उत्तरी लोगों के हृदय में प्रवेश करते हैं, वैसे ही एक राष्ट्रीय लिपि के प्रचार से आपके हृदय में उनको प्रवेश करने का मौका भी देते हैं। मैंने तमिल-भाषा का कामचलाऊ अभ्यास कर लिया है। आपके भिन्न-भिन्न हृदयों में जो प्रीति है, वह पहाड़-जैसी प्रतीत होती है। यदि भारत की समस्त भाषाएँ एक ही लिपि में लिखी जाएँ तो हमारे एक ही तरह के वस्त्र-परिधान की तरह सब भेद-भाव दूर हो जाएँ। इस पर से हम यह समझ लें कि जिस तरह खादी धनी-गरीबों को इकट्ठा करने का साधन हैं, उसी तरह हिन्दी उत्तर-दक्षिण को मिलाने का साधन है। और हम यदि प्रान्तीयता के कूप-मंडूक को छोड़कर विराट भारत के महासमुद्र में मिलना चाहते हैं, तो हम अपना यह कर्तव्य समझ लें।

जो प्रयत्न हम, आप और सब अपने कुटुम्ब के लिए करते हैं, उसी तरह राष्ट्र के लिए भी करने लग जाएँ, तो भारत की उन्नति में कोई सन्देह नहीं है। ईश्वर आप लोग का, भाई-बहनों का, अंतःकरण विशाल करे। जिन भाई-बहनों को हिन्दी परीक्षा में उत्तीर्ण होने के बदले में अभी यहाँ प्रमाणपत्र मिले हैं वे सीखी हुई हिन्दी भूल न जाएँ, ज्ञान की वृद्धि करें और पड़ोसी भाइयों को सिखायें।

जनवरी, 1946

हिन्दी और उर्दू

राहुल सांकृत्यायन

अप्रैल के 'विशाल भारत' में चतुर्वेदी जी ने 'बिजली' में प्रकाशित मेरे एक लेख का प्रतिवाद किया है। उसके उत्तर में कुछ लिखने से पहले, अपने अभिप्राय को स्पष्ट करने के लिए, मैं, उक्त लेख के अपेक्षित सारे अंश को यहाँ उद्धृत करता हूँ—

"हिन्दी में इस समय दो अवांछनीय धाराएँ चल रही हैं। कुछ लोगों का यह ख्याल है कि उर्दूवालों को संतुष्ट करने के लिए, जितना हो सके उतना, अरबी फारसी के शब्दों को लेने की कोशिश की जाय, जिसमं हिन्दी-उर्दू का फर्क न रह जाय।"

यह मैं भी ज़ानता हूँ कि जो शब्द हिन्दी में हजम हो चुके हैं, उन्हें निकालने की आवश्यकता नहीं, और, मैं समझता हूँ, कोई भी हिन्दी का प्रसिद्ध साहित्यिक वैसा करने के लिए तैयार नहीं है; लेकिन हजम हो गए शब्दों से मेरा मतलब उन्हीं शब्दों से है जो गांवों की भाषाओं में भी प्रचुरता से बोले जा रहे हैं। उदाहरण के लिए कुछ शब्द देता हूँ:—

अकल, अखबार, अगर, अजब, अदालत, अमीर, अरजी, असल, आखिर,

आदमी, आदत, इनाम, एतबार, कमर, कानून, कायदा, किस्सा, कैंची, खराब, खर्च, खिदमत, खुशी, खून, गजब, गरज, गुजर, गुलाब, गुस्सा, चादर, चाबुक, चालाक, जगह, जुबान, जहाज, जादू, जाल, जमाना, जमीन, जुलाब, जंजीर, तकलीफ, तकिया, तबाह, तस्वीर, ताना, ताबेदार, तारीख, तीर, तेज, तोप, तोशक, तंग, दगा, दमा, दरखास्त, दर्जा, दवा, दवात, दहेज, दाग, दिक, दिमाग, दुआ, दुश्मन, दुकान, दोगला, दोस्त, नकशा, नगद, नखरा, नजर, नतीजा, नफा, नमक, नमूना, नशा, नसीब, नाक, नागा, नियत, निशान, निहाल, नुकसान, नेक, नौकर, नौबत, परकार, परदा, परवाह, परहेज, पलक, पायखाना, पास, पियास, पियादा, पुल, पेंच, पैंबन्द, पेशा, पैरवी, पंजा, फरक, फलाना, फसल, फाका, फुर्सत, बखिया, बगल, बचुका, बयान, बरबाद, बस, बहस, बहादुर, बाकी, बाग, बाजार, बारीक, बिस्तर, बीमार, बुखार, बुजुर्ग, बेईमान, बेकार, बेचारा, बेवा, बेशक, बेशी, मकान, मगज, मजदूर, मजबूत, मना, मजाक, मतलब, मदद, मंजूर, मंसूबा, मना, मरजी, मर्ज, मरम्मत, महल, माप, मालिक, मालूम, मिस्त्री, मुकदमा, मुकाबिला, मुरब्बा, मुर्दा, मुल्क, मुलाकात, मुसाफिर, मेवा, मेहनत, मेहमान, मोर्चा, मोहर, मौका, मौत, यकीन, याद, रजाई, रसद, रसीद, रहम, राजी, रियायत, रूमाल, रैयत, रोज, रंगरेज, लगान, लाचार, लायक, लिफाफा, लेकिन, वक्त, वारिस, शक, शकल, शरबत, शर्म, शाहजोर, शहनाई, शादी, शायद, शाम, शुबहा, शीशा, शेखी, शोख, शौक, सख्त, सजा, सनू, सफेद, सबूत, सरकार, सराफ, सराय, सरोकार, सलाह, सवार, सवाल, सही, साइत, साज, सादा, समान, सिपाही, सिरका, सुरखाब, सुलह, सूद, सूरत, सौगन्ध, सौदा, हक, हजाम, हमेशा, हरज, हलका, हौसला, हलवा, हवा, हाजत, हाजिर, हिफाजत, हिम्मत, हिस्सा हीला, हुकुम, हुलिया, हैजा, हैरान, हैसियत, होशियार, आदि।

अब हमारे नए पंथ के नए पैगम्बर लोगों की भाषा देखिए—'बॉयकाट करने का बड़े जोरों से ऐलान किया है। हमने उस नीति की उसी सम्मेलन में कड़ाई के साथ मुखालफत की और इस बात पर जोर दिया कि दूसरी भाषाओं के जो शब्द किसी भाषा में आमफहम हो गए हैं, उन्हें विदेशी या गैर-बिरादरी का नहीं माना जाना चाहिए।' (भारतीय साहित्य परिषद् पत्रिका-पृष्ठ 2 कॉलम 2) और अधिक देखना हो, तो पं. जवाहरलाल नेहरू की जीवनी के हिन्दी-अनुवाद 'मेरी कहानी'—को देख लीजिए।

मेरी समझ में ये सारे प्रयत्न बेकार साबित होंगे, यदि उस भूल के सुधार के लिए प्रयत्न न किया जायगा, जिसके कारण हिन्दी-भाषा ने उर्दू का जामा पहनकर ऐसा विचित्र रूप धारण किया है। उर्दू का एक ताजा उदाहरण मैं पटने के हाल के छपे एक ब्याह के निमंत्रण से देता हूँ, जिसे एक मुसलमान सज्जन ने अपने हिन्दू दोस्त के पास भेजा है। 'अम्मा बाद... बखिदमत जमीअ बुजुर्गान वाकरान बसद तमन्ना व शौक मुल्तमिस है कि कम्तरीनकी सबीय्य रजीय्यका अकदर निकाह अजीजी... फेर्जंद अरजमंद मरहूम के साथ बतारीख... बवक्त चार बजे दिन करार

पाया है। बारात बांकीपुर से... गरीबकदापर आयेगी और 22 जिलहज को रसम सायाबदी और 23 माह मजकूर को नियाजें बुजुर्गान हैं। मेरी दिली तमन्ना है कि इस तरकीब सईद में आप हजरत शिर्कत फरमाकर इज्जत अफजाई फरमाएँ।'

अगर हमारी हिन्दी-भाषा के सुधारक लोग उर्दू-लिपि के स्वीकार के अतिरिक्त भाषा-सुधार में इस निमन्त्रण-पत्र तक पहुँचने के लिए तैयार हैं, तभी उन्हें आशा रखनी चाहिए कि उनके काम में सफलता मिलेगी।

असल तो सारा झगड़ा है सांस्कृतिक। जब तक हिन्दुस्तानी मुसलमान, जो स्वयं पुराने हिन्दुओं की सन्तान हैं, हिन्दुस्तान की संस्कृति और उसके इतिहास को पराई चीज समझते हैं और उसे घृणा की दृष्टि से देखते हैं, तब तक भाषा के विषय में कोई समझौता हो सकेगा, इसकी सम्भावना नहीं। जिस वक्त मुसलमानों में भी, ईरान की भांति, भारतीयता के प्रति गौरव और अभिमान पैदा होगा। उसी वक्त इसके विषय में किसी समझौते की आशा है, और जब तक वह समय नहीं आ रहा है, तब तक हमें उसकी प्रतीक्षा करनी चाहिए।"

* * * *

(1) चतुर्वेदीजी का कहना है—"हम लोगों को एक-दूसरे की रीति-रिवाज, संस्कार तथा धार्मिक विश्वासों को समझने की कोशिश करनी चाहिए; पर क्या यह प्रयत्न एकतरफा होना चाहिए? कौन कह सकता है कि कबीर, दादू, रसखान, रसलीन और रहीम ने हिन्दू संस्कृति को समझने का प्रयत्न नहीं किया? और ये सब मुसलमान थे।... क्या राहुल जी इनके मुकाबले के हिन्दू-कवि बतला सकते हैं, जिन्होंने उतने ही प्रेम और उतनी ही श्रद्धा के साथ मुस्लिम संस्कृति का अध्ययन किया?"

चतुर्वेदी जी ने मेरे साथ एक बड़ा अन्याय यह किया है कि उन्होंने मेरे लेख में आए 'हिन्दुस्तानी संस्कृति' और 'भारतीयता' को 'हिन्दू' संस्कृति बना दिया है। इस प्रकार 'हिन्दुस्तानी को 'हिन्दू' का पर्यायवाचक समझ लिया और फिर संस्कृति की व्याख्या के तौर पर कह दिया—"रीति-रिवाज, संस्कार तथा धार्मिक विश्वास"। आपकी यह व्याख्या कभी युक्तियुक्त नहीं कही जा सकती। व्याख्या में आया 'संस्कार' तो संस्कृति का पर्याय ही है। यदि यहाँ संस्कार से जातकर्म, मुण्डन आदि संस्कार अभिप्रेत हैं, तो वे तो रीति-रिवाज ही से चले आए। रीति-रिवाज सिर्फ एक काल से सम्बन्ध रखते हैं, जब कि संस्कृति का विस्तार सहस्राब्दियों तक जाता है। धार्मिक विश्वास भी संस्कृति के सहस्राब्दियों के प्रवाह के सभी व्यक्तियों और समयों से सम्बन्ध न रखने के कारण हमें किसी अर्थ पर नहीं पहुँचाते। जाति की संस्कृति है—प्रिय-या-अप्रिय, भूलभरी-या-ठीक, उत्थानाभिमुख-या-पतनाभिमुख, अगणित क्षण-क्षण-परिवर्तनशील अनुभूतियों की छाप। घड़े में घी को रखकर उड़ेल देने पर भी जैसे मिट्टी में घी अपनी छाप छोड़ जाता है, वैसे ही जाति के जीवन की सारी घटनाएँ

यद्यपि क्षण-भर की ही मेहमान रहती हैं, तो भी हर क्षण वे अपनी छाप छोड़ जाती हैं, और इन्हीं छापों की श्रीरोकड़-बाकी को संस्कृति कहते हैं। संस्कृति के प्रभाव से वेश-भूषा, भाषा, रीति-रिवाज, धार्मिक विश्वास सभी प्रभावित जरूर हैं; किन्तु उनका सम्बन्ध सिर्फ एक देश-काल से होने के कारण वे संस्कृति के सम्पूर्ण आकार को उपस्थित नहीं करते। संस्कृति स्वयं भी क्षण-क्षण परिवर्तनशील है; किन्तु वह परिवर्तन अपने से पूर्व से चले आते प्रवाह से जुड़कर होता है, और इसी से उसमें एकता का भान होता है। जातीय एकता के लिए यह सांस्कृतिक एकता का भाव सीमेन्ट का काम करता है। इस एकता के भाव की परख (या फैसला) कोई मुश्किल चीज नहीं है। हमारी सहानुभूति सिकन्दर और पोरस के युद्ध में पोरस के साथ मुहम्मद गोरी और पृथ्वीराज के संघर्ष में पृथ्वीराज के साथ, नादिरशाह के और मुहम्मदशाह की लड़ाई में मुहम्मदशाह के साथ और पलासी के मैदान में सिराजुद्दौला के साथ होती है। यह हम पर उसी भारतीय संस्कृति के प्रभाव का ही परिणाम है। यदि वहाँ किसी व्यक्ति की सहानुभूति सिकन्दर, गोरी, नादिरशाह और क्लाइव के साथ होती है, तो उसे भारतीय संस्कृति और भारतीय जातीयता दोनों के बाहर समझना होगा।

'हिन्दू-संस्कृति को समझने का प्रयत्न' कोई भले ही न करे किन्तु जब तक हिन्दुस्तानी संस्कृति के साथ समझौता करने के लिए कोई भी भारत में बस गया विदेशी स्वधर्मी या स्वदेशी विधर्मी तैयार नहीं, तब तक भारतीय जातीयता के प्रवाह में उसका मिलना मुश्किल है, और इसके कारण राजनीति हो या साहित्य, धर्म हो या आचार, सभी क्षेत्रों में आए दिन झगड़े पैदा होते रहेंगे।

आवश्यकता इस बात की है कि इन बातों पर पक्षपात-रहित बुद्धि से विचार किया जाए। आखिर हिन्दुस्तान के मुसलमान अरबी नहीं हैं। खून से ही नहीं, बल्कि भाषा, भेष, आचार-विचार, रुचि और पसंदगी से भी। फिर उनका विदेशी शब्दों और मुहावरों के लिए इतना आग्रह क्यों? मैंने खुद ईरान में अपने स्वदेशी मुसलमान सहयात्रियों को वहाँ के खाने और गाने से अरुचि प्रकट करते हुए यह कहते सुना—"खाना और गाना तो हिन्दुस्तान ही जानता है," तो भाषा के बारे में भी वही भाव क्यों न रखा जाय? आखिर बंगाल, गुजरात, कोंकन और मालाबार के मुसलमानों ने भाषा के बारे में बहुत दिनों से समझौता कर भी तो रखा है फिर हिन्दी-भाषी प्रान्तों के मुसलमानों का अपनी भाषा में अस्सी-अस्सी और नब्बे फीसदी अरबी-फारसी शब्दों में रखने के लिए आग्रह क्यों? और फिर इस दुराग्रह के लिए पचास-पचास फीसदी पर सुलह कराने के लिए हमारे नए युग के पंचों का उतावलापन क्यों?

(2) चतुर्वेदी जी का कहना है—"हमारी समझ में यह प्रश्न मुख्यतया साहित्यिक है, सांस्कृतिक नहीं।"

आपने इस प्रश्न को 'मुख्यतया साहित्यिक' कहा है। नए पंथ के नए पैगम्बर

लोग इसे राष्ट्रीय बना रहे हैं, और इसीलिए राष्ट्रीय क्षेत्र में असफलतापूर्वक प्रयुक्त किए गए समझौते के सूत्र को यहाँ भी प्रयुक्त करना चाहते हैं। मेरी समझ में यह प्रश्न सांस्कृतिक है (जैसा कि दूसरे देशों में भी इसे माना गया है): और इसीलिए यह साहित्यिक और राजनैतिक भी हो सकता है। इस संस्कृति से हमारा अभिप्राय हिन्दू संस्कृति से नहीं, बल्कि हिन्दुस्तानी संस्कृति से है, जिसके उत्तराधिकारी होने का दम जिस प्रकार हिन्दुस्तानी ईसाई, बौद्ध, जैन और हिन्दू भरते हैं, वैसा ही मुसलमान भी क्यों नहीं करना चाहें? ऐसा मानकर हम उतना ही तो उनसे चाहते हैं, जितना हिन्दुस्तानियत का उनपर तकाजा है। और यदि उतने के लिए भी वे तैयार नहीं, तो जातीय एकता ही सम्भव नहीं। फिर तो सुलह के फरिश्तों का अपना मतलब हल नहीं होता। वस्तुतः तथाकथित हिन्दुस्तानी के पक्षपाती इस प्रश्न पर बहुत हल्के दिल से विचार करते हैं। वे भाषा से सिर्फ उतनी ही भाषा को लेते हैं, जिसके द्वारा उनके राजनैतिक ख्याल (गलत-सही जैसे भी) सर्वसाधारण तक पहुँचा दिए जायं। वैज्ञानिक साहित्य की, जो आधुनिक काल में प्रत्येक समुन्नत भाषा का सबसे अधिक महत्वूपर्ण भाग है, की ओर उनका ख्याल ही नहीं जाता। यदि वे इस ओर ख्याल करते, तो उन्हें मालूम होता कि हिन्दी-उर्दू का समझौता वे जिस 'तथाकथित' हिन्दुस्तानी द्वारा कराना चाहते हैं, वह उतना आसान नहीं है। सबसे बड़ा सवाल तो है पारिभाषिक शब्दों का। आप अर्थशास्त्र रखना चाहते हैं या इल्मे-इकतेसादियात, भाषाशास्त्र चाहते हैं, या इल्मुमूअलसना, खनिजशास्त्र चाहते हैं या इल्ममअदनियात, 'प्राकृतिक-विज्ञान' चाहते हैं या इल्म-तब-इयाते, साम्यवाद चाहते हैं या इल्म-मसावात्। ग्रह पसन्द है या सैयारा? आकाशयान पसन्द है या तैय्यारा? ये चन्द शब्द तो नमूने के तौर पर पेश कर रहा हूँ। अधिक देखना हो, तो हैदराबाद की टकसाल के ढले या प्रयुक्त हुए उन हजारों शब्दों की सूची को उठाकर देख लीजिए, जिनको धड़ल्ले के साथ इस्तेमाल कर सैकड़ों वैज्ञानिक ग्रन्थ उर्दू में प्रकाशित हो चुके हैं।

(3) हमारे करमफर्मा जनाब चतुर्वेदी साहब फर्माते हैं—"द्विवेदीजी ने कभी यह शर्त पेश नहीं की कि पहले मुसलमानों को हिन्दू-संस्कृति का श्रद्धापूर्वक अध्ययन करना चाहिए, तब हम आमफहम भाषा लिखेंगे। द्विवेदी जी की भाषा में 'ऐलान, आमफहम, मुखालफत' की तरह के सैकड़ों शब्द मिलेंगे। सबसे जरूरी बात यह है कि सर्वसाधारण यानी गांव के रहनेवाले हिन्दू और मुसलमान हमारी भाषा को समझें।"

(4) "क्या उन (राहुलजी) का कर्तव्य नहीं है कि अपनी भाषा को आमफहम बनावें? यदि उर्दू शब्दों के प्रयोग से उनका संदेश चार-पांच करोड़ मुसलमानों तक और भी पहुँच सके, तो क्या उर्दू शब्दों का इस्तेमाल न करके 'उस समय की प्रतीक्षा' करते रहेंगे, जब कि "भारतीय मुसलमानों में ईरान की भाँति भारतीयता के प्रति गौरव और अभिमान पैदा होगा? हमारी समझ में राहुलजी उल्टी बात कर रहे हैं।"

(5) "यदि राहुलजी 'बॉयकाट' और 'ऐलान' तथा 'मुखालफत' और 'आमफहम'—जैसे प्रचलित शब्दों से भी डरते हैं, तब तो मुसलमानों तक उनका संदेश पहुँच चुका। खेद है, भाषा के मामले में राहुलजी खुद तो गुमराह हो ही गए हैं और दूसरों को भी गुमराह कर रहे हैं।"

अजी जनाब हिन्दी में हजम हो गए अरबी-फारसी के शब्दों को हम कान पकड़कर कहाँ निकालना चाहते हैं। हमने तो इसी की सफाई के लिए कई सौ अरबी-फारसी शब्दों की सूची अपने लेख में दे दी है। हम समझते हैं कि आपके ख्याले-शरीफ से भी 'सर्वसाधारण' यानी गांव के रहनेवाले हिन्दू और मसुलमान भी ऐसी भाषा आसानी से समझ सकेंगे। द्विवेदी जी की बात यहाँ क्यों ला रहे हैं? आजकल की दुनिया में चौथाई शताब्दी भी बड़ी लम्बी होती है। द्विवेदी जी के वक्त में कहाँ तुर्की से अरबी लिपि को धता बताई गई थी? कहाँ मस्जिदों में नमाज को तुर्की भाषा में पढ़ने का फरमान जारी हुआ था? कहाँ उस समय पहलवी ईरान था, जिसने हजार वर्ष से मर-खप गए अरबी लफ्जों को भी कान पकड़कर निकालने का बीड़ा उठाया था? कहाँ उस वक्त साम्यवाद और नई राष्ट्रीयता ने अलीगढ़—जैसे मजबूत किलों को भी परास्त किया था। द्विवेदी जी की तरह हम भी यह शर्त नहीं पेश करते कि "पहले मुसलमानों को हिन्दू-संस्कृति का श्रद्धापूर्वक अध्ययन करना चाहिए, तब हम आमफहम भाषा लिखेंगे" लेकिन हिन्दुस्तान की जुबान यहाँ के मुसलमानों से उतनी उम्मीद रखने का हक जरूर रखती है, जितनी तुर्की जुबान तुर्की मुसलमानों से, इरानी जुबान (फारसी) इरानी मुसलमानों से। हमारी माँग तो बल्कि उनसे बहुत कम है, क्योंकि हम तुर्की और ईरानियों की तरह हजारों वर्षों से हजम हो गए हजारों अरबी-फारसी शब्दों को अपनी भाषा से कान पकड़कर निकालना नहीं चाहते। ऐलान, आमफ़हम, मुखालफत जैसे शब्दों को कौन-से गाँव के रहनेवाले हिन्दू-मुसलमान (जिन्होंने उर्दू पढ़ने में समय नहीं लगाया है) जानते हैं?

(6) "एक सवाल और भी। यह मुस्लिम और हिन्दू-संस्कृति आखिर है क्या चीज? इनके मूल सिद्धान्तों में क्या-क्या एकता है और क्या-क्या भिन्नताएँ हैं, इसका फैसला कौन करेगा?... जरूरत इस बात की है कि हम इन (So called) तथाकथित हिन्दू और मुस्लिम संस्कृतियों को कसौटी पर कसें।"

आपने मेरे 'हिन्दुस्तान की संस्कृति' के लिए यहाँ फिर हिन्दू संस्कृति शब्द का इस्तेमाल किया है। हिन्दुस्तान की संस्कृति?—यह तो वही बात है, जो हिन्दुस्तानी, ईसाई, बौद्ध, जैन हिन्दू के दिल में अपने देश की भाषा, भेष, इतिहास और भूगोल के प्रति सम्मान पैदा करती है। इसका यह मतलब नहीं कि उस सम्मान के कारण हम अपने पूर्वजों की गलतियों पर नुक्ताचीनी न करें। नुक्ताचीनी हम खुशी से कर सकते हैं; किन्तु उसी तरह, जिस तरह अपनी और अपनों की गलती पर करनी चाहिए। संस्कृतियाँ बदलती रहती हैं, यह मैं भी मानता हूँ, किन्तु बदलने

का मतलब प्रवाह-विच्छेद हर्गिज नहीं। जब तक कि भारतीय संस्कृति विश्व-संस्कृति को अपनी देन देकर उसमें विलीन नहीं हो जाती, हिन्दुस्तानी मुसलमान हिन्दुस्तानियत के प्रति अपना कर्तव्य पालन नहीं कर रहे हैं, यह तो उनके नाम और भेष से ही जाहिर है। उनमें हजारों अब्दुल्ला और अब्दुर्रहीम हैं, किन्तु एक भी ईश्वरदास या कृपालुदास आपने देखे हैं? ऐसा करने में अर्थ में तो कोई भेद न पड़ता। हिन्दुस्तानी भेष के लिए कम-से-कम दिल से तो उनमें कोई उन्स नहीं है। नहीं तो तुर्की से निर्वासित हो जाने पर भी आज भी तुर्की टोपी की लाली चारों तरफ क्यों दिखाई पड़ती? मेरे इस कहने से आप यह न समझें कि मैं बगलबन्दी और धोती का पक्षपाती हूँ। मेरे विचार में तो हैट-कोट-पतलून और उनके उत्तराधिकारी ही भविष्य में सारे संसार की पेशाक होंगे। ये अंग्रेजी की निजी सनातन पोशाक नहीं हैं, बल्कि वैज्ञानिक युग ने पिछली डेढ़ शताब्दियों में जैसे मनुष्य के जीवन के और अंगों में अनेक परिवर्तन किए हैं, वैसे ही ये पोशाक सम्बन्धी परिवर्तन हैं। वैज्ञानिक पविर्तन की तरह पोशाक-सम्बन्धी इस परिवर्तन को भी हिन्दुस्तानी को आखिर मानना ही पड़ेगा।

जुलाई, 1937

बंगाल और राष्ट्रभाषा

सुभाषचन्द्र बोस

(राष्ट्र भाषा-सम्मेलन की स्वागत समिति के सभापति का भाषण)

हिन्दी प्रेमियो!

बड़ी खुशी के साथ इस नगर में हमलोग आपका स्वागत करते हैं। जो सज्जन कलकत्ते से वाकिफ़ हैं, उनको यह बतलाने की जरूरत नहीं है कि कलकत्ते में पाँच लाख हिन्दी-भाषा-भाषी रहते हैं। शायद हिन्दुस्तान के किसी भी प्रान्त में—जो प्रान्त हिन्दीवालों के घर हैं, उनमें भी कहीं इतने हिन्दुस्तानी जुबान बोलने वाले नहीं पाए जाते। साहित्य की दृष्टि से भी कलकत्ते का स्थान हिन्दी के इतिहास में बहुत ऊँचा है। मैं हिन्दी भाषा का पण्डित नहीं हूँ—बड़े खेद के साथ यह बात भी मुझे स्वीकार करनी पड़ेगी कि मैं शुद्ध हिन्दी बोल भी नहीं सकता, इसलिए आप मुझसे यह उम्मीद नहीं कर सकते कि मैं हिन्दी साहित्य के प्रारम्भिक इतिहास के विषय में कुछ कहूँ। अपने मित्रों से मैंने सुना है कि आजकल के हिन्दी गद्य का जन्म कलकत्ते में ही हुआ था। लल्लू जी लाल ने अपना 'प्रेम सागर' इसी नगर में बैठकर बनाया और सदल मिश्र ने 'चन्द्रावली' की रचना यहीं पर की। और यही दोनों सज्जन हिन्दी गद्य के आचार्य माने जाते हैं। हिन्दी का सबसे पहला प्रेस कलकत्ते में ही बना और

सबसे पहला अखबार 'बिहार-बन्धु' यहीं से निकला। इसलिए हिन्दी-सम्पादन-कला के इतिहास में कलकत्ते का स्थान बहुत ऊँचा है। सबसे पहले कलकत्ता विश्वविद्यालय ने ही हिन्दी को एम.ए. में स्थान दिया। आजकल भी हिन्दी के लिए जो काम कलकत्ते में हो रहा है वह महत्वपूर्ण है। इसलिए जिनकी मातृभाषा हिन्दी है, कलकत्ता उनके लिए घर जैसा ही है। कम से कम वे तो हमारी स्वागत की त्रुटियों या अभाव के लिए हमें क्षमा कर ही देंगे।

सबसे पहले मैं एक गलतफहमी दूर कर देना चाहता हूँ। कितने ही सज्जनों का ख्याल है कि बंगाली लोग या तो हिन्दी के विरोधी होते हैं या उसके प्रति उपेक्षा करते हैं। बेपढ़े लोगों में ही नहीं, बल्कि सुशिक्षित सज्जनों के मन में भी इस प्रकार की आशंका पाई जाती है। यह बात भ्रमपूर्ण है और इसका खण्डन करना मैं अपना कर्तव्य समझता हूँ।

मैं व्यर्थ अभिमान नहीं करना चाहता पर, इतना तो अवश्य कहूँगा कि हिन्दी साहित्य के लिए जितना कार्य बंगालियों ने किया है उतना हिन्दी भाषी प्रान्तों को छोड़कर और किसी प्रान्त के निवासियों ने शायद ही किया हो। यहाँ मैं हिन्दी प्रचार की बात नहीं करता, उसके लिए स्वामी दयानन्द ने जो कुछ किया और महात्मा गांधीजी जो कुछ कर रहे हैं उसके लिए हम सब उनके कृतज्ञ हैं, पर हिन्दी साहित्य की दृष्टि से कहता हूँ।

बिहार में हिन्दी भाषा और देवनागरी लिपि के प्रचार के लिए स्वर्गीय भूदेव मुखर्जी ने जो महान उद्योग किया था, क्या उसे हिन्दी भाषा-भाषी भूल सकते हैं? और पंजाब में स्वर्गीय नवीनचन्द्र राय ने हिन्दी के लिए जो प्रयत्न किया, क्या वह कभी भुलाया जा सकता है? मैंने सुना है कि यह काम इन दोनों बंगालियों ने सन् 1880 के लगभग ऐसे समय में किया था, जब कि बिहार और पंजाब के हिन्दी भाषा-भाषी या तो हिन्दी के महत्व को समझते ही न थे, अथवा उसके विरोधी थे। ये लोग उत्तरी भारत में हिन्दी आन्दोलन के पथ-प्रदर्शक कहे जा सकते हैं।

संयुक्त प्रान्त में इण्डियन प्रेस के स्वामी स्वर्गीय चिन्तामणि घोष ने प्रथम सर्वश्रेष्ठ मासिक, पत्रिका 'सरस्वती' द्वारा और पचासों हिन्दी ग्रन्थों को छपाकर हिन्दी साहित्य की जितनी सेवा की है, उतनी सेवा हिन्दी भाषा-भाषी किसी प्रकाशक ने शायद ही की होगी। जस्टिस शारदाचरण मित्र ने एक लिपि विस्तार परिषद को जन्म देकर और 'देवनागर' पत्र निकाल कर हिन्दी के लिए प्रशंसनीय कार्य किया था। 'हितवार्ता' के स्वामी एक बंगाली सज्जन ही थे और 'हिन्दी बंगवासी' अब भी इसी प्रान्त के एक निवासी द्वारा निकाला जा रहा है। आजकल भी हम लोग थोड़ी-बहुत सेवा हिन्दी साहित्य की कर ही रहे हैं। कौन ऐसा कृतघ्न होगा, जो श्री अमृतलाल जी चक्रवर्ती की, जो 45 वर्ष से हिन्दी पत्र सम्पादन का कार्य कर रहे हैं, हिन्दी-सेवा को भूल जावे? श्री नगेन्द्रनाथ बसु लगभग 15 वर्ष से हिन्दी

विश्वकोष द्वारा हिन्दी की सेवा कर रहे हैं। श्री रामानन्द चटर्जी 'विशाल-भारत' द्वारा हिन्दी की सेवा कर रहे हैं। हमारी भाषा के जिन पच्चासों ग्रन्थों का अनुवाद हिन्दी में हुआ है और उनसे हिन्दी-भाषा-भाषियों के ज्ञान में जो वृद्धि हुई है उसकी बात मैं यहाँ नहीं कहूँगा।

मैं शेखी नहीं मारता, व्यर्थ अभिमान नहीं करता, पर मैं नम्रतापूर्वक इतना आपसे पूछना चाहता हूँ कि क्या यह सब जानते हुए भी कोई यह कहने का साहस कर सकता है कि हम लोग हिन्दी के विरोधी हैं? मैं इस बात को मानता हूँ कि बंगाली लोग अपनी मातृभाषा से अत्यंत प्रेम करते हैं और यह कोई अपराध नहीं है। शायद हममें से कुछ ऐसे आदमी भी हैं, जिन्हें इस बात का डर है कि हिन्दी वाले हमारी मातृभाषा बंगला को छुड़ाकर उसके स्थान में हिन्दी रखवाना चाहते हैं। यह भ्रम निराधार है। हिन्दी प्रचार का उद्देश्य केवल यही है कि आजकल जो काम अंग्रेजी से लिया जाता है, वह आगे चलकर हिन्दी से लिया जाए। अपनी माता से भी प्यारी मातृभाषा बंगला को तो हम कदापि नहीं छोड़ सकते। भारत के भिन्न-भिन्न प्रान्तों के भाइयों से बातचीत करने के लिए हिन्दी या हिन्दुस्तानी तो हमको सीखनी ही चाहिए और स्वाधीन भारत के नवयुवकों को हिन्दी के अतिरिक्त जर्मन, फ्रेंच आदि यूरोपीय भाषाओं में से भी एक-दो सीखनी पड़ेगी, नहीं तो हम अंतर्राष्ट्रीय मामलों में दूसरी जातियों का मुकाबला नहीं कर सकेंगे। लिपि का झगड़ा मैं नहीं उठाना चाहता। महात्मा जी की इस बात से मैं सहमत हूँ कि हिन्दी और उर्दू लिपि दोनों का जानना जरूरी है। आगे चलकर जो लिपि अधिक उपर्युक्त सिद्ध होगी, वही उच्च स्थान पाएगी, उसके लिए अभी से झगड़ा करना व्यर्थ है। सरल हिन्दी और सरल उर्दू दोनों एक ही हैं। वैसे ही हम लोगों में लड़ाई-झगड़ों के लिए अनेक कारण मौजूद हैं, नए कारण बढ़ाने की जरूरत नहीं है।

महात्मा जी से और आप लोगों से मैं प्रार्थना करूँगा कि हिन्दी प्रचार का जैसा प्रबन्ध आपने मद्रास में किया है, वैसा बंगाल और आसाम में भी करें। स्थायी कार्यालय खोलकर आप लोग बंगाली छात्रों तथा कार्यकर्ताओं को हिन्दी पढ़ाने का इंतजाम कीजिए। इस कलकत्ते में कितने ही बंगाली छात्र हिन्दी पढ़ने के लिए तैयार हो जाएँगे। पढ़ाने वाले चाहिए। बंगाल धनवान प्रान्त नहीं है और न यहाँ के छात्रों के पास इतना पैसा है कि वे शिक्षक रखकर हिन्दी पढ़ सकें। यह कार्य तो अभी आप लोगों को ही करना होगा। अगर कलकत्ते के धनी-मानी हिन्दी भाषा-भाषी सज्जन इधर ध्यान दें, तो कलकत्ते में ही नहीं, बंगाल तथा आसाम में भी हिन्दी का प्रचार होना कोई बहुत कठिन कार्य नहीं है। आप बंगाली छात्रों को छात्रवृत्ति देकर हिन्दी प्रचारक बना सकते हैं। बोल-चाल की भाषा चार-पांच महीने में पढ़ाकर और फिर परीक्षा लेकर आप लोग हिन्दी का कोई प्रमाणपत्र दे सकते हैं। मेरे जैसे आदमी को भी जिसे समय बहुत कम मिलता है आप हिन्दी पढ़ाइए और फिर परीक्षा

लीजिए। हम लोग जो मजदूर आन्दोलनों में काम करते हैं हिन्दुस्तानी भाषा की जरूरत को हर रोज महसूस करते हैं। बिना हिन्दुस्तानी भाषा जाने हम उत्तरी भारत के मजदूरों के दिल तक नहीं पहुँच सकते। अगर आप हम सबके लिए हिन्दी पढ़ाने का इन्तजाम कर देंगे, तो मैं यह विश्वास दिलाता हूँ कि हम लोग आपके योग्य शिष्य होने का भरपूर प्रयत्न करेंगे।

अंत में बंगाल के निवासियों से और खासतौर से यहाँ के नवयुवकों से मेरा अनुरोध है कि आप हिन्दी पढें, जो लोग अपने पास से शिक्षक रखकर पढ़ सकते हैं, वे वैसा करें। आगे चलकर बंगाल में हिन्दी प्रचार का भार उन्हीं पर पड़ेगा, यद्यपि अभी हिन्दी प्रान्तों से सहायता लेना अनिवार्य है। दस-बीस हजार या लाख दो लाख आदमियों के हिन्दी पढ़ लेने का महत्व केवल पढ़नेवालों की संख्या तक ही निर्भर नहीं है। यह कार्य बड़ा दूरदर्शितापूर्ण है और इसका परिणाम बहुत दूर आगे चलकर निकलेगा। प्रान्तीय ईर्ष्या-विद्वेष को दूर करने में जितनी सहायता इस हिन्दी-प्रचार से मिलेगी, उतनी दूसरी किसी चीज से नहीं मिल सकती।

अपनी-अपनी प्रान्तीय भाषाओं की भरपूर उन्नति कीजिए, उसमें कोई बाधा नहीं डालना चाहता और न हम किसी की बाधा को सहन ही कर सकते हैं पर सारे प्रान्तों की सार्वजनिक भाषा का पद हिन्दी या हिन्दुस्तानी को ही मिल। नेहरू-रिपोर्ट में भी इसी की सिफारिश की गई है। यदि हम लोगों ने तन-मन-धन से प्रयत्न किया, तो वह दिन दूर नहीं, जब भारत स्वाधीन होगा और उसकी राष्ट्रभाषा होगी 'हिन्दी'।

(महात्मा गांधी जी के सभापतित्व में ता. 29 दिसम्बर, 1928 को कलकत्ते में राष्ट्र भाषा सम्मेलन का अधिवेशन हुआ था। सुभाषचन्द्र बोस स्वागत समिति के सभापति थे। उन्हीं का यह हिन्दी में दिया हुआ भाषण है।)

जनवरी, 1929

राष्ट्रभाषा हिन्दी

सुनीतिकुमार चाटुर्ज्या

रोजाना जीवन में मैंने देखा कि कलकत्ते में और कलकत्ते से बाहर भारत के प्रायः सब ही प्रान्तों में बगैर हिन्दी के काम नहीं चलता, यदि अंग्रेजी या बंगला जो नहीं जानता, ऐसे आदमी के साथ बर्ताव करने की आवश्यकता हो। व्यावहारिक जीवन में जो भाषा इतनी महत्वपूर्ण हो, उस पर आकृष्ट होना, उसके सम्बन्ध में उच्चभाव पोषण करना, उसे अपनाने की कोशिश करना, उसे सचमुच एकमात्र अंतःप्रादेशिक भाषा समझकर निखिल भारत की एकता का निशान या प्रतीक समझकर आखिर उससे प्रेम और उस पर अभिमान लाना स्वाभाविक होता है। फिर हिन्दी-साहित्य के

गौरव, वैचित्र्य तथा सांस्कृतिक महत्व का विचार करने से, और भारतीय भाषाओं में हिन्दी के स्थान, भारत की आर्य-भाषा के अंतः प्रादेशिक रूपों के सिलसिले में हिन्दी कैसे आई, इन सब साहित्यिक, ऐतिहासिक और भाषातात्विक विचार और शोध से यह प्रेम और अभिमान गहरे-से-गहरा होता जाता है। ऐतिहासिक कारणों से और अपने विशिष्ट गुणों से हिन्दी ने भारत की राष्ट्रभाषा की पदवी को प्राप्त किया है। उत्तर भारत के लिए हिन्दी की सार्वजनीनता के बारे में कुछ सन्देह भी नहीं। दक्षिणी भारत स्मरणातीत काल से उत्तर भारत का अनुगामी होगा। आधुनिक उत्तरी भाषाओं में केवल हिन्दी ही को दक्षिण के लोगों ने मान लिया है, अतएव हिन्दी न केवल उत्तर-भारत की अंतःप्रादेशिक भाषा बनी है, बल्कि यह दक्षिण के लिए भी अंतःप्रादेशिक बनने के योग्य है और बन रही है।

हमारा भारतवर्ष एक ओर अखण्ड भारत है, इस प्रतिज्ञा को हम सच्चे भारत-संतान कभी भूल नहीं सकते। भारत के विभिन्न प्रदेशों के लोगों में पार्थक्य बहुत है—भाषा, रहन-सहन, बाह्य स्वरूप, अभ्यंतर चिन्तन-प्रणाली इत्यादि जीवन की प्रकाशक सब बातों में—यह हम मानते हैं। भौगोलिक तथा ऐतिहासिक वातावरण, आर्य और अनार्य जाति के लोगों की बहुलता अथवा अल्पता, विदेशी जाति और संस्कृति से अधिक अथवा अल्प मिश्रण—इन पार्थक्यों के कारण हैं। पर सब प्रकार के पार्थक्यों के अंतराल में एक बड़ा भारी ऐक्य विद्यमान है, जो भाषा, जाति और धर्म को अतिक्रम कर नेपाल से कन्याकुमारी तक और पेशावर से डिब्रूगढ़ तक समग्र भारतीय जनता में एक अभिन्न योगसूत्र स्वरूप है। इस ऐक्य, इस योग—सूत्र का नाम क्या दूँ, इसके लक्षण कैसे बताऊँ! संक्षेप में इसका नाम दिया जा सकता है—'भारत-धर्म' अर्थात् भारतीयत्व अथवा 'भारतीय प्रकृति'—जिसे अंग्रेजी में 'इंडियननेस' शब्द से और उर्दू (अर्थात मुसलमानी हिन्दी) में अरबी शब्द 'तहन्नुद' से हम अनुवाद कर सकते हैं जो कि अपने कुछ स्वतन्त्र गुणों से विश्व-मानव में एक अनोखी वस्तु है, हमारे विचार में जिसके चार मुख्य लक्षण हैं—(1) ज्ञान या सत्यानुसंधित्स, (2) समन्वय, या परमसहिष्णुता, (3) अहिंसा या मैत्री और करुणा के साथ जीव-दया और (4) त्याग अर्थात् परम सत्य की उपलब्धि के फलस्वरूप विषय-वैराग्य या निस्पृहता। बाहर से आए हुए विदेशी मतवादियों ने कहीं-कहीं भारत धर्म के इन लक्षणों पर हानि पहुँचाई है, पर इसकी जड़ें भारत संतान की मानसिक और आत्मिक प्रकृति के अन्दर इतनी दूर तक प्रविष्ट हैं कि यह कभी मरने का नहीं है। भारत में आर्यों के आने के और अनार्य तथा आर्य जातियों के लोगों के मिश्रण के बाद यह भारत-धर्म जगत में प्रकाशित हुआ। पहले से ही भारत की आर्य भाषा इस भारत धर्म का माध्यम या प्रकाश भूमि बनी। वैदिक, लौकिक संस्कृत, पाली और अन्य प्रकार की प्राकृतें, अपभ्रंश, उनके बाद आधुनिक भारतीय आर्य-भाषाएँ—बंगला और असमिया, मैथिली, हिन्दी अर्थात् मध्य देश की बोलियां, जैसे अवधी, ब्रजभाषा, इत्यादि, पंजाबी, गुजराती,

मराठी, उड़िया—भारत धर्म के वाहन होकर सदी-ब-सदी भारत क्षेत्र में प्रकट हुई हैं। दक्षिण की कुछ द्रविड़ भाषाएँ भी—जैसे तमिल, मलयाली, तेलुगू—इस काम में उत्तर भारत की संस्कृत और आधुनिक भाषा में शरीक हुईं। उत्तर भारत के जिस भूखण्ड में भारत धर्म सबसे पहले मूर्त और पुष्ट हुआ था, आर्यावर्त के हृदय और केन्द्र स्वरूप वह भूखण्ड जो कि प्राचीन काल में ब्रह्मवर्त, मध्य-देश, ब्रह्मर्षिदेश और अंतर्वेद कहलाता था, उसी की शिष्ट भाषा अब हिन्दी के रूप में दिखाई देती है। यहाँ की भाषा केन्द्रीय भाषा होने के कारण महर्षि पाणिनी के समय के पूर्व से निखिल भारत के लिए शिष्ट भाषा बनी थी। इस धारणा के वश श्री दयानन्द जी ने हिन्दी को संस्कृत की नवीन प्रतिभू के रूप में मान लिया था और हिन्दी का नाम दिया था—'आर्य भाषा'। उत्तर-भारत के राजपूत-साम्राज्य के समय से मध्य देश का राजनैतिक प्रभाव समग्र आर्यावर्त या उत्तर-भारत पर पड़ा। इससे यहाँ की भाषा शौरसेनी प्राकृत और शौरसेनी अपभ्रंश, जिन्हें हम वर्तमान हिन्दी के प्राचीन रूप कह सकते हैं, उन शौरसेनी प्राकृत और अपभ्रंश की प्रतिष्ठा निहायत बढ़ी। इसके पीछे दिल्ली की मुसलमान सल्तनत की शक्ति ने ब्रह्मावर्त अर्थात् पूर्व-पंजाब के और मध्य देश अर्थात् पछांहीं की भाषा 'हिंदवी', 'हिन्दी' और 'हिन्दोस्तानी' (या हिन्दुस्थानी) को नये तौर से तमाम भारतवर्ष में फैलाने में सहायता की। भारत की सांस्कृतिक और राष्ट्रीय एकता की बुनियाद को सुदृढ़ करने में ब्रह्मावर्त और मध्य देश की भाषा ने जितना काम किया, उतना और किसी प्रान्त की भाषा ने नहीं किया। बंगला, असमिया, ओड़िया, मराठी, पंजाबी, सिन्धी, गुजराती, पर्वतिया—ये सब बहनें हैं तमिल, मलयाली, कनाड़ी, तेलगू ये भी संस्कृत की पालित पुत्रियां होने के कारण आर्य भाषाओं की बहने बनी हैं। इनमें से किसी एक को औरों से छोटी या बड़ी समझना नहीं चाहिए, उद्भव से और अपनी प्रकाशित अथवा अप्रकाशित शक्ति से ये सब बराबरी रखती हैं। ये सब समान हैं—ऐसा मानना ठीक होगा। परन्तु हिन्दी को सबसे अधिक संख्यक भारतीय लोग समझ लेते हैं, और चाहे इसके टूटे-फूटे बाजारू रूपों में चाहे पछांहीं के मुहावरे के मुताबिक इसके शुद्ध हिन्दी—रूप में या इसके मुसलमानी रूप उर्दू में, क्योंकि सबसे अधिक संख्यक लोग इसे बोल सकते हैं और क्योंकि उत्तर भारत के विभिन्न प्रान्तों की भाषा और साहित्य की धाराएँ नदियों की तरह कई सदियों से हिन्दी के सागर में समाती रही हैं, इसलिए हिन्दी को आधुनिक भारत की भाषाओं में 'समानों में प्रथम' और 'आधुनिक भारत की प्रमुख बोली' मानना पड़ेगा। ऐसी बोली भारत के विभिन्न प्रान्तों के जनगण को एकता-सूत्र में गूंथने के लिए सबसे कामवाली हो सकती है। हमारा आदर्श तो यही है कि अखण्ड भारतवर्ष में एक राष्ट्र, एक संस्कृति और एक बोली हो। सबकी मातृभाषा या घर की बोली एक ही बोली न हो सके इस बात का खेद नहीं, यदि सबकी मिलने-जुलने की बोली एक हो जाय। समभाषित्व समराष्ट्रीयत्व का सबसे बड़ा निशान या निदर्शन

और सबसे शक्तिशाली बन्धन है। इसका प्रोत्साहन या वृद्धि भारत की भावी महाजाति के संगठन में एक मुख्य काम है।

जिन-जिन प्रान्तों में पठन-पाठन, साहित्य-रचना, राजकार्य, व्यापार और धार्मिक और राजनीतिक कार्यों में सब प्रकार के समवेत जीवन में—हिन्दी (अथवा उसका मुसलमानी रूप उर्दू) चालू नहीं है, उन प्रान्तों के लोग साधारणतया बातचीत के सहारे कुछ टूटी-फूटी हिन्दी सीख लेते हैं, परन्तु चेष्टा और परिश्रम करके पुस्तकों की सहायता से हिन्दी नहीं सीखते, सीखने की आवश्यकता पर ध्यान नहीं देते। इनके लिए राष्ट्रभाषा-प्रचार समिति कार्यसाधक हो सकती है। 'एक राष्ट्र, एक भाषा'—इस नीति का प्रचार कर कांग्रेस ने समग्र भारत के लोगों को हिन्दी (कहीं-कहीं उर्दू) के लिए कुछ-कुछ कौतूहली बना दिया है। कांग्रेस के पदांक का अनुसरण करती आई राष्ट्रभाषा प्रचार समिति, जिसने गुजरात, महाराष्ट्र, आंध्र, कर्नाटक, तामिलनाड, केरल और पूर्व-भारत (अर्थात ओड़िसा, बंगाल और आसाम प्रान्तों) में—जहाँ हिन्दी (या उर्दू) चालू नहीं है, जहाँ लोग इसे सीखते भी नहीं पर इसके सम्बन्ध में उदासीन रहे हैं—हिन्दी से परिचय फैलाने का काम किया है। सुनते हैं और प्रान्तों में यह काम अच्छी तरह से चल रहा है—जैसे गुजरात, महाराष्ट्र और आंध्र प्रदेश में। पूर्व-भारत के ओड़िसा और आसाम में हिन्दी प्रचार का काम आशाप्रद अवस्था में है, ऐसा भी सुनते हैं पर बंगाल में हिन्दी-प्रचार अच्छी तरह से नहीं चलता है। इसका कारण क्या है, इस विषय पर कुछ खोज होनी चाहिए, ताकि इसका प्रतिकार हो और बंगाल के लोग भी हिन्दी की ओर आकर्षित हो जाएँ और ऐसे भारतीय ऐक्य को और भी सुदृढ़ करें।

कुछ वर्षों से मैं अपनी क्षुद्र शक्ति के अनुसार भाषातात्विक तथा ऐतिहासिक दृष्टि से हिन्दी-भाषा का अध्ययन और अध्यापन कर रहा हूँ। बंगाल प्रान्त में हिन्दी की अवस्था और हिन्दी-प्रचार की सम्भावना पर विचार कर रहा हूँ। मैं इस सम्बन्ध में दो शब्द निवेदन करना चाहता हूँ। भारतीयत्व को प्रादेशिकता से ऊँचा समझकर, प्रादेशिक अभिमान से भारतीय ऐक्य के आदर्श को श्रेष्ठतर सोचकर, निष्कपट भाव से अपना विचार स्पष्ट करना चाहता हूँ। यदि इसमें स्पष्टवादिता के कारण कोई अप्रियभाषिता आ जाय, देश-हितैषी भाव-ग्राही सज्जन चाहे बंगाल के हों, चाहें बंगाल के बाहर के—कृपा करके मुझे क्षमा करेंगे।

इस समय हमें बंगालियों में हिन्दी के विषय में कुछ उदासीनता और अवहेलना दिखाई पड़ती है। केवल उदासीनता और अवहेलना ही नहीं, कुछ-कुछ विरोध भी किसी-किसी ओर से आत्म-प्रकाश कर रहा है, पर यह विरोध स्वल्पसंख्यक लोगों में नजर आता है, और विचार के क्षेत्र को छोड़कर कार्य क्षेत्र में यह विरोध अवतरित नहीं होगा, यह मेरा विश्वास है। बंगाल में हिन्दी प्रचार के विपक्ष में विरोधिता से उदासीनता ज्यादा शक्तिशाली होती है। इस विरोधिता और उदासीनता का कारण

क्या है? हिन्दी एक पश्चिमी बोली है। इसकी जन्म-भूमि बंगाल के बाहर सुदूर पश्चिम प्रान्त पछांह में है। दूसरे प्रान्त की भाषा होने के कारण हिन्दी या और पश्चिमी भाषाओं पर कुछ भी विद्वेष बंगभाषियों में कभी नहीं हुआ था। आज से लगभग एक हजार साल पहले जब पूरब की अपभ्रंश से बंगला-भाषा ने अपने रूप को प्राप्त किया, जब बंग-भाषी कवियों में न अपनी नवजात मातृभाषा की चर्चा थी, साथ ही साथ इनमें पश्चिमी या शौरसेनी अपभ्रंश में (जो कि उस समय की एक प्रकार की राष्ट्रभाषा थी और हिन्दी ही की पूर्व मूर्ति थी) पद-रचना करने का रिवाज बड़े जोश से चलता था। अगर हम आधुनिक दृष्टिकोण से ऐसा कहें कि एक हजार बरस के बंगाली लेखक एकं साथ बंगला और हिन्दी में लिखते थे, तो भाषातात्विक विचार से भूल नहीं होगी। यह प्राचीन बंगाल की अवस्था थी। मध्यकालीन बंगाल में पश्चिमी भाषाओं जैसे अवधी और ब्रजभाषा—की चर्चा होती थी। उस समय आधुनिक हिन्दी या खड़ी बोली का साहित्यिक प्रकाश बहुत ही कम हुआ था। बंगाल के कुछ कवि लोग अवधी को 'गोहारी' या 'गोआरी' (अर्थात् गंवरी या ग्राम्य अथवा देशवाली) भाषा बोलते थे, कारण यह राजधानी की नहीं थी। बंगाल के सुदूर दक्षिण-पूर्व प्रान्त चटगांव और उससे लगे हुए बर्मा के अराकान के बंगाली मुसलमान कवि—जैसे दलित काजी, अलाओल (अलू-अव्वल्) इत्यादि—ने कुछ अवधी काव्य और कहानी के बंगला-भाषांतर किए थे। इन काव्यों में मलिक मुहम्मद जायसी के 'पद्मावत' काव्य का आलाओल द्वारा किया बंगला अनुवाद, हमारी बंग-भाषा का भी एक श्रेष्ठ ग्रन्थ बन गया। यह अनुवाद ईसवी सतरहवीं सदी में किया गया था। इसके बाद नाभादास के 'भक्तमाल' का भी एक अनुवाद हुआ था। ईसवीं अठारहवीं सदी में बंगाल में फारसी का प्रचार बहुत था साथ-साथ हिन्दी अर्थात् ब्रजभाषा को भी लोग चाव से पढ़ते थे। बंगाल में मिश्रित मैथिली और बंगला के आधार पर एक नई साहित्यिक भाषा बनी थी, जिसमें ईसवी पंद्रहवीं सदी के अंत में बंगाली वैष्णव कवियों ने राधाकृष्ण लीला विषयक बड़े सुन्दर अनेक पद रचे हैं। ब्रज लीला का वर्णन इस भाषा का मुख्य विषय होने के कारण इसका नाम 'ब्रज-बुलि' या ब्रज-बोली दिया गया। 'ब्रज-बुलि' पर हिन्दी या ब्रजभाषा का काफी प्रभाव पड़ा। अठारहवीं सदी के अन्यतम श्रेष्ठ बंगाली कवि राय गुणाकर भारतचन्द्र ने अपने 'अभद्रा-मंगल' काव्य में कुछ ब्रजभाषा के कवित्त दिए हैं। ईसवी उन्नीसवीं सदी के प्रारम्भ में कलकत्ता में विलायत से आए हुए अंग्रेज अफसरों के लिए 'फोर्ट विलियम कॉलेज' नाम का जो विद्यायतन बना, वह प्राचीन तथा आधुनिक भारतीय भाषाओं के अनुशीलन के लिए एक बड़ा भारी केन्द्र हुआ। वहाँ संस्कृत, अरबी, फारसी, बंगला, उर्दू और 'भाषा' अर्थात् हिन्दी और ब्रजभाषा पढ़ाई जाती थी। फोर्ट विलियम कालेज के कर्तृपक्ष की चेष्टा से इन भाषाओं में अच्छी-अच्छी गद्य पुस्तकें भी तैयार की गईं, और इस प्रकार आधुनिक बंगला, हिन्दी और उर्दू के गद्य साहित्य के विकास में फोर्ट

विलियम कॉलेज के पास विद्वान ने बहुत कुछ भाग लिया था। लल्लूजी लाल और सदल मिश्र के साहित्य-सर्जन का इतिहास सब किसी को विदित है। उन्नीसवीं सदी में बंगाली चिंतानेता और कर्मियों का हिन्दी से अच्छा परिचय था। राजा राममोहन राय ने एक हिन्दी-पत्रिका भी प्रकाशित की थी। स्वयं ईश्वरचन्द्र विद्यासागर ने 'बैताल पच्चीसी' से (जो कि बंगाली पण्डित तारिणीचरण मित्र द्वारा संशोधित होकर फोर्ट विलियम कॉलेज की ओर से प्रकाशित हुई थी) बंगला अनुवाद ग्रन्थ 'बेताल पंचविंशति' बनाया, जो ईसवी 1847 में प्रकाशित हुआ था। जब कलकत्ता विश्वविद्यालय स्थापित हुआ, तबसे महात्मा विद्यासागर उसके संस्कृत, बंगला और हिन्दी के परीक्षक होते थे। फिर आहिस्ते-आहिस्ते बंगाली विद्वानों और लेखकों का ध्यान पूरी तौर से अपनी मातृभाषा की ओर गया। अंग्रेजी और कुछ-कुछ संस्कृत के सिवा और किसी भाषा की फिक्र करने का अवसर भी इन्हें नहीं मिला। इसका फल यह हुआ कि ईसवी उन्नीसवीं सदी के दूसरे हिस्से में बंगला साहित्य ऐसा उन्नत हुआ कि भारत के एक प्रान्त की अपरिचित भाषा बंगला का स्थान प्रथम श्रेणी की भाषा में उन्नत हो गया। बंगाल में बंकिमचन्द्र, मधुसूदन, गिरीशचन्द्र, भूदेव, विवेकानन्द, विद्यासागर, अमृतलाल और आखिर रवीन्द्रनाथ को देकर भारत के साहित्य की मर्यादा बढ़ाई और विश्व की संस्कृति में भारत का स्थान नए दौर से कायम करने में सहायता की पर अपनी भाषा और उसके साहित्य में मस्त रहते हुए भी बंगाली लोग हिन्दी को एकदम नहीं भूले। फोर्ट विलियम कॉलेज की शैली अभी तक चली है। रायबहादुर श्रीयुत् गोविन्दलाल बंद्योपाध्याय, जो कि गवर्नमेन्ट के भाषा-परीक्षा-विषयक दफ्तर में संश्लिष्ट थे, हिन्दी के अच्छे विद्वान हैं। (आपने सरकार की ओर से लल्लूलाल की ब्रजभाषा में लिखी हुई पुस्तक 'राजनीति' का एक नया संस्करण निकाला था) बंगाल के विख्यात चिंताशील निबन्धकार और शिक्षाव्रती नेता भूदेव मुखोपाध्याय ने हिन्दी की ओर नजर डाली, और कोई पचास साल पहले भारत के राष्ट्रीय काम में हिन्दी के महत्व पर बंगालियों की दृष्टि आकर्षित की थी।

जब भूदेव बाबू बिहार-प्रान्त में सरकारी शिक्षा-विभाग के ओहदेदार या कर्मचारी थे, तो उन्होंने बिहार के दफ्तरों में और लिपि के स्थान पर नागरी और कैथी लिपि और हिन्दी को चालू कराने के लिए सार्थक चेष्टा की थी। बिहार की जनता ने इस काम के लिए भूदेव बाबू की प्रशंसा में गाना बनाकर अपना हर्ष और अपनी कृतज्ञता प्रकट की थी, जिसे ग्रियर्सन साहब ने बिहार की देहाती बोली विषयक अपनी पुस्तक में उद्धृत कर दिया है। ईसवी 1905 साल में बंग-भंग आन्दोलन मचा, जिसका प्रभाव समग्र भारतवर्ष पर पड़ा, और इससे भारत की राष्ट्रीय जागृति हुई। उस समय बंगाल ने अपनी मातृभाषा को अपनी एकता का मुख्य निशान समझकर और भी गम्भीरता के साथ पकड़ लिया—हिन्दी या दूसरी किसी भाषा पर चिन्ता करने का मौका उस समय उसे नहीं था। यह भी स्वीकार करना पड़ेगा कि

उस समय बंगाल के बाहर राष्ट्रीय काम में हिन्दी या हिन्दुस्थानी के लिए किसी को कुछ फिक्र नहीं थी। हिन्दी के झण्डे को ऊँचा करना, यह तो विगत जर्मन-युद्ध के बाद मुख्यतः महात्मा गांधी जी की प्रेरणा से हुआ है तो भी उन दिनों राष्ट्रीय काम में हिन्दी का आह्वान किया गया था, कलकत्ते के एक बंगाली राजनीतिक नेता द्वारा। स्वर्गवासी पण्डित काली प्रसन्न काव्यविशारद ने जो 'हितवादी' के सम्पादक थे, हिन्दी में पैंतीस साल पहले एक जागृति का गीत बनाया था। उस समय मैं लड़का था। वह गीत बंगाली लड़कों और युवकों द्वारा कलकत्ते की और तमाम बंगाल की सड़कों पर गाया जाता था। यहाँ के पुराने बाशिंदों को और राजनीति क्षेत्र के पुराने कर्मियों को शायद वह गीत स्मरण में आवेगा। उसका आरम्भ इस प्रकार थाः—

"भैया देश का यह क्या हाल।
खाक मिट्टी जौहर होती सब, जौहर है जंजाल॥"

और शेष यह था—

"हो मतीमान् देश के संतान, करो स्वदेश के हित।"

चालीस या पचास साल पहले कलकत्ते का 'हिन्दी-बंगवासी' श्रेष्ठ हिन्दी सम्वादपत्रों में था, और हिन्दी बंगवासी के छापेखाने से हिन्दी पुस्तकें निकलती थीं। आधुनिक हिन्दी गद्य शैली के निर्माता स्वर्गवासी अमृतलाल चक्रवर्ती जी 'हिन्दी-बंगवासी' से संश्लिष्ट थे। हिन्दी-संसार इनका नाम कभी नहीं भूल सकता। चक्रवर्ती जी और उनके दो साथी स्वर्गवासी बालमुकुन्द गुप्त और प्रभुदयाल पाण्डे, इस त्रयी ने कलकत्ते में हिन्दी का एक केन्द्र बनाया था। यदि हम बंगाली लोग कर्मठ-वृत्ति अवलम्बन नहीं करते और अपने पूर्वजों की तरह कभी-कभी पश्चिम की ओर भी नजर करते, पश्चिम की भाषा हिन्दी को अपने मानसिक और सांस्कृतिक जीवन से जुदा नहीं बना देते, तो कलकत्ता भी बम्बई जैसा हिन्दी का एक प्रधान केन्द्र होता, उत्तर भारत से हमारा आत्मिक और सांस्कृतिक संयोग और भी दृढ़ होता और इससे न केवल हमारा, पर सारे भारत का फायदा होता।

हिन्दी के लिए बंगाल में इतना अनुकूल वातावरण रहते हुए भी क्यों इसका नतीजा उलटी राह पर चला? रोग का निदान न जानने से चिकित्सा ठीक रीति से चल नहीं सकती। हमारे विचार में बंगाल में हिन्दी के प्रति उदासीनता के कारण ये हैं:—

(1) अंग्रेजी के अंतरंग परिचय तथा अपनी मातृभाषा पर अत्यधिक प्रेम और अभिमान के फलस्वरूप हिन्दी और अन्य प्रान्त की बोलियों के सम्बन्ध में साधारण शिक्षित बंगालियों का अ-मनोयोग परन्तु फिर भी मानना पड़ेगा कि स्वयं श्री रवीन्द्रनाथ को लेकर सुशिक्षित बंगालियों में हिन्दी के श्रेष्ठ रत्नों से परिचय की कमी नहीं। शान्तिनिकेतन के अध्यापक श्रीयुत क्षितिमोहन सेन शास्त्री जी की पुस्तकों और निबन्धों के सहारे कबीर, दादू और अन्य संतों के मूल हिन्दी-लेखों का रस हम

आस्वादित कर सकते हैं। गोस्वामी श्री तुलसीदास जी की रामायण के कम-से-कम दो बंगला अनुवाद मूल हिन्दी के साथ कई वर्षों पहले निकले हुए हैं—एक पुरूलिया से श्रीयुत् मदनमोहन वर्मा का बनाया हुआ पद्यमय अनुवाद, दूसरा श्रीयुत् सतीशचन्द्र दासगुप्त का गद्य अनुवाद। श्री रवीन्द्रनाथ जी के नोबेल-पारितोषिक पाने के बाद बंगालियों का अपनी मातृभाषा पर अभिमान और भी बढ़ गया है। ऐसा अभिमान यदि अपराध हो, तो सहृदय सज्जनों के पास यह सर्वथा मार्जनीय गिना जाएगा।

(2) हिन्दी भारत की—विशेष करके उत्तर-भारत की Lingua Franca अर्थात मामूली वार्तालाप की भाषा तो है ही; पर हिन्दी के खिलाफ इतना कहा जाता है कि अब तक हिन्दी अहिन्दी प्रान्तों के लिए culture language (संस्कृति-वाहिनी भाषा) नहीं बनी। संक्षेप में मानसिक उत्कर्ष-विधान में हिन्दी अंग्रेजी का स्थान ले नहीं सकती। हमारे सांस्कृतिक जीवन में अब तक अंग्रेजी की सख्त जरूरत है—हम कुछ दिन तक अंग्रेजी या किसी अव्वल दर्जे की यूरोपियन भाषा को छोड़ नहीं सकते। मराठी, गुजराती, तामिल, तेलुगु इत्यादि भाषाएँ जो लोग बोलते हैं, उनकी राय यदि ली जाय, तो वे कभी अंग्रेजी के परिवर्तन में हिन्दी को नहीं मानेंगे। आधुनिक हिन्दी में उच्चकोटि के ग्रन्थों का आपेक्षिक अभाव हमें भूलना नहीं चाहिए।

(3) हिन्दी-उर्दू का झगड़ा और कार्यतः कांग्रेस द्वारा उर्दू का पक्ष-ग्रहण। समग्र भारत में हिन्दी का मनमाना स्वागत क्यों कर हुआ? बिना Propaganda या प्रचार किए हुए धीरे-धीरे हिन्दी का इतना फैलाव कैसे हुआ? इसमें सन्देह नहीं कि पंजाब, सिंधु-प्रदेश, कश्मीर और पछांह के शहरों को छोड़कर भारत के अन्यत्र अरबी और फारसी शब्दों का इतना प्रचार नहीं मिलता। बंगाल के मुसलमान लोग शुद्ध संस्कृत-भरी बंगला बोलते हैं, लिखते हैं। अब तक यह हाल विद्यमान है पर कुछ मुसलमान बंगाली लेखक जबरदस्त बंगला पर अरबी व फारसी अलफाज लादकर बंगाल के लिए एक प्रकार की 'बंगाली उर्दू' बनाने के काम में कमर बांधकर तैयार हो रहे हैं। भारत का कम से कम चार-पांचवां हिस्सा संस्कृत शब्द समझ लेगा। एक आंध्र, एक महाराष्ट्रीय, एक बंगाली की बात सोचिए। हिन्दी की ओर इनके आकर्षण के कारण दो हैं—इसकी देवनागरी-लिपि और इसके संस्कृत शब्द। कांग्रेस ने राष्ट्रभाषा हिन्दी में अरबी लिपि और शब्दों को वही स्थान दिया है, जो नागरी-अक्षर और संस्कृत शब्दों का है मगर इसे ऐच्छिक न रख कर कांग्रेस 'हिन्दुस्तानी' के नाम पर एक नई 'कौमी-भाषा' या 'राष्ट्र-जबान' बनाने की कोशिश कर रही है, जिसके द्वारा, और कुछ हो या न हो, डेढ़ सौ साल के पण्डितों के चिन्तन और परिश्रम के फलस्वरूप आधुनिक गद्य शैली का सत्यानाश हो जाएगा। कांग्रेसी 'कौमी भाषा' या 'राष्ट्र जबान' के दृष्टान्त के बहाने बंगला की रचना-शैली को बिगाड़ने की चेष्टा होगी, बहुत-से बंगाली लोग ऐसा सोचते हैं, और इस कारण नई कांग्रेसी 'राष्ट्रभाषा' से भी डरते हैं। कितने बंगाली सज्जनों ने बार-बार मुझसे सवाल किया कि "क्या

तुम 'हिन्दुस्तानी' के समर्थक हो? हमें फारसी-अरबी सीखनी पड़ेगी? नई राष्ट्र भाषा की राह से नये-नये विदेशी शब्द आकर क्या हमारी बंगला को भी खराब कर देंगे, यह शंका सही है या झूठी?"

आप जानते हैं कि कांग्रेसी हिन्दुस्तानी की आशंका हिन्दी-लेखकों के लिए और सारे हिन्दी-संसार के लिए कैसी अस्वतिकर हुई है?

(4) कांग्रेस-शासित मद्रास प्रान्त के कुछ स्कूलों में राष्ट्रभाषा (हिन्दी या उर्दू) को अवश्य-पाठ्य करना; और कलकत्ते की कांग्रेसी म्यूनिसिपैलिटी के स्कूल के बंगाली शिक्षकों के लिए राष्ट्रभाषा को अवश्य-पाठ्य करने की चेष्टा की अफवाह। जबरदस्ती विपक्ष से लड़ना कर्तव्य है, इस वीर नीति का असर स्वाधीनता-कामी लोगों के मन पर पड़ना स्वाभाविक है। इससे Linguistic Imprialism या 'भाषाई साम्राज्यवाद' की आशंका आती है। इस विषय पर भी कुछ नम्र निवेदन आगे चलकर करूँगा।

(5) बिहार और बंगाल की सीमा पर कुछ ऐसे स्थान हैं, जो भाषा के विचार से बंगाल के ही अंश है पर जिन्हें अंग्रेज सरकार ने बिहार में शामिल कर दिया है। उन स्थानों के बंगाली वाशिन्दों पर सरकारी जुल्म व जबरदस्ती हो रही है। बंगला को दूर कर उसके स्थान में हिन्दी को बिठा देने के काम में कुछ बिहारी ओहदेदार कमरबन्द होकर लगे हैं। जैसा मानभूम में हो रहा है। इसका असर बंगाल में हिन्दी के अनुकूल हो नहीं सकता। कलकत्ता विश्वविद्यालय भारत के सब ही प्रान्तों की भाषाओं को प्रोत्साहन देता है और सब भाषाओं की मर्यादा का रक्षण करता है; परन्तु अफसोस की बात यह है कि दूसरे विश्वविद्यालय ऐसी उदार-नीति का पालन नहीं करते हैं। कहीं-कहीं इन्होंने स्थानीय भाषा सिखाने के बहाने ऐसे नियमों का प्रवर्तन किया है, जिनके द्वारा उन प्रान्तों में बसे हुए बंगाली लड़कों को अपनी मातृभाषा बिना चर्चा के भूलनी पड़ेगी। इसका बदला लेने के लिए कलकत्ता विश्वविद्यालय की तरफ से कुछ किया जाय, ऐसी इच्छा कभी-कभी प्रकट की जाती है। उधर कांग्रेस-शासित हिन्दी भाषी प्रान्त के लोगों ने बंग-भाषियों को अनुचित रीति से तंग किया और भारत के ऐक्य का विरोधी व्यवहार किया। इधर बंगालियों में हिन्दी पर प्रीति जताने का या बढ़ाने का प्रयास चला। अब आप लोग सोचकर देखिये, बेचारे हिन्दी-प्रेमी बंगाली अपनी बंगाली बिरादरी में कहाँ ठहरें?

(6) बंगाल और कलकत्ते की बाजारू हिन्दी के सामने शुद्ध हिन्दी की कठिनाई। आप लोगों को विदित है कि कलकत्ते के हिन्दीवालों से बंगाल के लोग चालू बाजारू हिन्दी सीख लेते हैं। यह कलकतिया हिन्दी अशुद्ध है; पर फायदेबंद है, कार्यकर है। इसका व्याकरण निहायत सहज है। इसमें लिंगभेद नहीं, नाम और क्रियापद के वचन की गड़बड़ नहीं, भूतकालीन क्रिया की जटिलताएँ (जैसे कर्त्तरि, कर्मणि और भावे यह तीन प्रयोग) नहीं हैं। इसकी शब्दावली आवश्यकता के अनुसार स्थानीय बंगला के आधार से बनती है। फिर कलकत्ते में जो हिन्दी-भाषी मिलते हैं,

उनमें शुद्ध हिन्दी वाले पछांह के लोग बहुत कम हैं। वे पूरबी हिन्दी वाले या बिहारी होते हैं, जिनकी घरेलू बोली भोजपुरी, मगही या मैथिली या यहाँ राजस्थानी लोग हैं या पंजाबी होते हैं। छात्र और पढ़े-लिखे आदमियों के सिवा और कोई शौक से हिन्दी सीखना नहीं चाहता है। साधारण और खास दोनों प्रकार के लोगों को गरज से जब हिन्दी सीखनी होती है, तब चालू कलकतिया हिन्दी काम के लिए काफी होती है।

मैंने कई बार देश-नेताओं के सामने, जो राष्ट्रभाषा हिन्दी को भारतव्यापी करना चाहते हैं, यह अरज पेश की है कि सरल व्याकरण की चालू बाजारू हिन्दी ही सचमुच भारत की राष्ट्रभाषा बनी है। थोड़ा-सा संस्कार करके इसी को राष्ट्रभाषा मान लिया जाय; अर्थात् "मैंने भात खाया, मैंने दाल खाई; मैं आया, हम आये" की जगह जैसे आम तौर से बोला जाता है, वैसे ही बोलना शुद्ध और सही माना जाय—"हम भात खाया, हम दाल खाया; हम आया, हमलोग आया।" जो कार्यतः चल रहा है, उसे निषिद्ध रखकर विधिबद्ध किया जाय। बाजारू हिन्दी शुद्ध हिन्दी की-सी जोरदार और मानीदार बोली है; पर इसका यह गुण है कि इसका व्याकरण इतना कम है कि एक पोस्टकार्ड पर कुल शब्द और धातु-रूप लिखे जा सकते हैं। इस विषय पर दक्षिण-भारत की हिन्दी-प्रचार समिति के कुछ कर्मी लोगों से मेरी बात हुई थी। उन्होंने स्वीकार किया है कि हिन्दी के तीन साल के कोर्स में पहले दो साल के पाठ्य में और परीक्षा में लिंग भेद और क्रिया के प्रयोग पर छात्रों के लिए सख्ती नहीं की जाती, इन विषयों में सरल हिन्दी अशुद्ध होते हुए भी मानी जाती है। ये मुझसे सहमत हुए कि सरल चालू हिन्दी को मानने से हिन्दी का प्रचार और भी बढ़ जाएगा। खैर, इस विषय पर अब मैं जोर नहीं देता।

इन छः कारणों से अब बंगाल में हिन्दी के बाजार में मंदी आई है। इन कारणों को हटाने की कोशिश हमें करनी चाहिए। यह काम बंगाली और हिन्दीवालों के सम्मिलित होकर करने का है। धीरता से सोच-विचार करके कार्यक्रम का निर्धारण होना चाहिए। मैं अपना अभिमत इन छः बातों पर यहाँ देता हूँ। इससे उपयोगी कार्य-पद्धति का निश्चय करना सहज होगा।

(1) हिन्दी की ओर शिक्षित बंगालियों को और अधिक आकृष्ट करना यह काम श्रीयुत् क्षितिजमोहन सेन ने जितना किया, उतना आज तक और किसी ने नहीं किया। बंगला-लिपि में मूल हिन्दी के साथ श्रेष्ठ हिन्दी पुस्तकों के (विशेषकर काव्य-ग्रन्थों) अनुवादों का प्रचार इस काम में बहुत सहायक हुआ है और होगा भी। राष्ट्रभाषा-प्रचार-समिति से इसका अच्छा प्रबन्ध होना चाहिए। कबीर, तुलसीदास, सूरदास, बिहारी इत्यादि प्राचीन कवि, विशेष करके ऐसे कवि जिनकी भाषा में खड़ी बोली का मिश्रण ज्यादातर मिलता है; भारतेन्दु जी और मैथिलीशरण जी प्रमुख आधुनिक कवि; और गद्य में प्रेमचन्द जी ऐसे आधुनिक कहानी-लेखकों की कुछ कहानियाँ, महात्मा गांधी जी और पं. जवाहरलाल नेहरू जी के कुछ भाषण—ये सब

इस काम में लाने के लायक हैं। खास हिन्दी शब्द के अधिकत्व से हिन्दी-बराबर उर्दू के पद्य या गद्य जहाँ तक मिलें, उनका इस काम में उपयोग किया जा सकता है। इससे हिन्दी में जो अरबी फारसी शब्द प्रविष्ट हुए हैं, उनके समझाने में और उनके प्रयोजन में सहाय्य होगा। हर्ष की बात है कि पूर्व-भारत-राष्ट्रभाषा-प्रचार समिति के कुछ सदस्यों ने हिन्दी-प्रचार के लिए एक ऐसी पत्रिका प्रकाशित करने की इच्छा प्रकट की है, जिसके कुछ पन्नों में बंगाक्षर में हिन्दी छापी जाएगी और कुछ में नागराक्षर में बंगला। बंगला-लिपि में मूल हिन्दी के साथ कुछ श्रेष्ठ हिन्दी ग्रन्थों का अनुवाद नाम मात्र मूल्य से, जैसे कि केवल वितरण के लिए, बंगाली छात्रों में और शिक्षित जनों में प्रचारित हो सकते हैं। हमारे विचार में ऐसा करने से लोगों में हिन्दी की ओर कौतूहल पैदा होगा, हिन्दी के लिए फिर चाव आएगा। हिन्दी पढ़ाने के लिए मुफ्त स्कूल खोले गए हैं पर इनमें छात्र लोग नहीं आते। वृत्ति के आकर्षण से छात्रों को हिन्दी की तरफ खींचने का इंतजाम हो रहा है। यह प्रबन्ध अच्छा होगा। पर इसमें एक मंतव्य है। स्कूल और कॉलेज के वृत्ति-भोगी बंगाली छात्रों को अपनी मातृभाषा के बदले में हिन्दी लेनी पड़ेगी; विश्वविद्यालय की परीक्षाओं में (जैसे मेट्रिक्युलेशन और इण्टरमीडियेट में) मातृभाषा बंगला के स्थान में हिन्दी रखनी होगी—ऐसी व्यवस्था मुझे मुनासिब नहीं लगती। "लोग कहेंगे—यह तो Selling one's birthright for mess fo pottage अर्थात् दाल-भात के बदले जन्मगत अधिकार को बेच डालना-सा है।" "पहले कुछ हिन्दी सीख लो—हिन्दी सीखने के वास्ते हम प्रबन्ध कर देते हैं। इसके बाद इम्तिहान में अपनी काबिलियत जाहिर करो, तो फिर तुम्हें स्कालरशिप मिलेगी छः महीना या एक साल के लिए; फिर दूसरी परीक्षा में अपनी योग्यता दिखानी पड़ेगी, ताकि स्कालरशिप मिलती रहे"—ऐसा करने से योग्य और अच्छे छात्र आ सकते है पर प्रस्तावित नियम की परीक्षा होनी चाहिए, बंगाली छात्रों से यह नियम कैसे क़ार्यकार होगा?

हिन्दी के लिए—संस्कृतमय शुद्ध हिन्दी के लिए—क्षेत्र तैयार है। हिन्दी से जो प्रेम अंतःसलिल फल्गु नदी की धार-सी बंगाल के हृदय के अंतस्तल में बहती है, क्षिति बाबू ने और सतीश बाबू ने उसे पुष्ट किया है। श्री रवीन्द्रनाथ जी की 'A hundred verses from Kabir' पुस्तक ने भारत के बाहर के अनुभवी जनों के चित्त को रससिक्त किया है। (बीस साल से ज्यादा हुआ, मैंने छात्रावस्था में लन्दन में एक रूसी सज्जन को—जो एक नामी चित्रकार हैं—बड़े प्रेम से रवीन्द्रनाथ जी की कबीर वाली पुस्तक का रूसी अनुवाद पढ़ते देखा था। उन्होंने बड़े आग्रह के साथ कबीर तथा हिन्दी-साहित्य और मध्य-युग के भारत के रहस्यवाद के विषय में मुझसे प्रश्न किये थे। रूसी अनुवाद में, जैसे रवीन्द्रनाथ जी की अंग्रेजी पुस्तक में, कबीर के मूल हिन्दी पदों के प्रथम छत्र के पहले चरण रोमन प्रत्यक्षर में दिये गये थे) इस पुस्तक ने भारतवर्ष में भी बहुत-से भारतीय जनों के मन में पुरानी हिन्दी के साहित्य के लिए

अनुराग उत्पन्न कर दिया। बंगाली साहित्यानुरागी होते हैं। यद्यपि यह बात सच्ची है कि केवल अपने साहित्य के कारण किसी भाषा का प्रसार नहीं होता, भाषा के फैलाव में और कारण अधिकतर कार्यकर होते हैं, तो भी साहित्य की राह से हिन्दी बंगालियों के हृदय में समाई है, इस राह को छोड़ देना ठीक नहीं होगा।

(2) हिन्दी अब तक निखिल भारत की उपयोगी संस्कृति—वाहिनी भाषा नहीं, यह बात हर हिन्दी वाले को अधोमुख होकर मानना चाहिए। अंग्रेजी, फ्रांसीसी, जर्मन इत्यादि भाषाओं के सामने, कहाँ हिन्दी और कहाँ बंगला, कहाँ मराठी और कहाँ तमिल! भारत में अब तक एक भी भाषा ऐसी नहीं है, जिसमें अंग्रेजी का—सा पुस्तकमय ज्ञान भण्डार खुला हो। हम बंगालियों में अपनी मातृभाषा के लिए गर्व है; परन्तु हमारी भाषा और हमारे साहित्य की असम्पूर्णताएँ हम अच्छी तरह से जानते हैं। अंग्रेजी वाङ्मय की खिड़की के बगैर हमारे मानसिक और सांस्कृतिक जीवन के रुद्ध कक्ष में हवा और रोशनी नहीं आ सकती।

आर्यवर्त की पुरानी सांस्कृतिक प्रतिष्ठा से गौरव-बोध लेकर 'मनु-संहिता' में दो ढाई हजार वर्ष पूर्व जो पुकारा गया था—

'एतद्देशप्रसूतस्य सकाशाद् अग्रजन्मनः।
स्वं स्वं चरित्रं शिक्षेरन् पृथिव्यां सर्वमानवाः।'

—यह बात बीत गई है। संस्कृति में अब भारत के प्रान्त बराबरी रखते हैं, कोई किसी से अपने को छोटा नहीं मानता। लोग अंग्रेजी सीखते हैं, अपनी गरज से; न सीखें, हानि उसी की जो नहीं सीखता। वह अंग्रेजी-फारिग होकर अपनी इल्मी जिन्दगी में खुद नुकसानी पहुँचाएगा। पर हिन्दी सीखना—यह तो sentiment अर्थात भाव से होता है; जो 'एक राष्ट्र, एक भाषा' इस भाव के भावुक हैं, जो भारत को एक और अखण्ड राष्ट्र मानते हैं, और इस कारण भारतीय होकर अन्य प्रान्त के भारतीयों के साथ विदेशी भाषा में वार्तालाप करने में लजाते हैं, वे चाहेंगे कि किसी उपाय से हिन्दी सीख लें। मैं भी ऐसे भाव का भावुक हूँ, यह कहते मुझे लाज नहीं लगती। इसलिए जब युवावस्था में गुरुकुल-वास करने के समय और उसके बाद प्रौढ़ावस्था में भ्रमण करने के लिए मैं यूरोप में प्रवास करने को गया, तो किसी भारतीय से मिलते वक्त मैं हिन्दी ही में बातचीत शुरू करता था। अपने भारतीयत्व या हिन्दीपन की निशानी के लिए कोट के बटन होल या काज-घर में भारत के तिरंगे झण्डे की मीनाकारी का बटन लगाता था; और भारतवर्ष द्वारा रोमन लिपि के ग्रहण का पूर्ण रूप से मेरा समर्थन होते हुए भी मैं देवनागरी-लिपि को भारतीयत्व का एक निशान और उसके decorative value अर्थात् सजावटी गुण को मानकर उस लिपि में तथा रोमन में छपाया कार्ड व्यवहार करता था मगर मैं यह देखता हूँ कि भारत में केवल बंगाली ही नहीं, बल्कि दूसरे प्रान्त के ऐसे बहुत शिक्षित लोग हैं, जो भावुक नहीं हैं, जो वहम या भाव से गरज या आवश्यकता को ज्यादातर मानते हैं। शुष्क युक्ति

और विचार के शुभ्र आलोक से, जो कि भाव या अनुराग के रंग से रंजित नहीं हुआ, देखने में इस मनोभाव के विरुद्ध मुझसे कुछ कहा नहीं जाता। इस भाव से ऐसा अभिमत भी प्रकट किया जाता है कि तमाम दुनिया के लिए एक ही भाषा हो जाय—जैसे अंग्रेजी—तो उससे सब जातियों का भला होगा पर यह दूर भविष्य की बात है। जब तक हिन्दी अंग्रेजी के बराबर नहीं होगी, तब तक हिन्दी की चर्चा की प्रेरणा मात्र National Sentiment या राष्ट्रीय भाव और Pan Indian National Sentiment अर्थात् निखिल भारताश्रयी राष्ट्रीय भाव ही रहेगा। और इस बात पर राष्ट्रभाषा के सब प्रेमियों को पूरा ध्यान देना चाहिए। Decentralisation अर्थात् केंन्द्रापसरण, Provincial Autonomy अर्थात् प्रादेशिक स्वतन्त्रता Federation अर्थात् राष्ट्र-समवाय—ये तीन समग्र भारत के एक-भाषित्व के सबसे प्रबल शत्रु बनेंगे।

(3) हिन्दी-उर्दू का झगड़ा—इसमें जो भाव-सूत्र विद्यमान है, वह है स्वजात्य के साथ वैजात्य का द्वंद्व। परमेश्वर हमें हमारे अज्ञान से मुक्त करें; हमारे मुसलमान भाइयों को भी मुक्त करें। मुसलमान जब तक अपना कट्टरपन नहीं छोड़ेंगे, तब तक राष्ट्रीयता का बोध उन्हें नहीं होगा। ये राष्ट्रीयता से मुसलमानीपन को बढ़कर मानते हैं। बहुत से मुसलमानों के मन में संस्कृत से नफरत है पर यह सोचना चाहिए कि कम से कम तीन हजार वर्ष से संस्कृत-भाषाा भारतीय सभ्यता का प्रतीक बन रही है। संस्कृत का प्रभाव हमारे शिरा-उपशिराओं में प्रविष्ट हुआ है। यदि हमारी सभ्यता पर हमारी कुछ भी श्रद्धा रहे, कुछ भी अभिमान रहे, तो हम संस्कृत को छोड़ नहीं सकते। संस्कृत की ज्योति ने एक समय समग्र पूर्व-एशिया खण्ड को उद्भाषित किया था। पृथ्वी में तीन मौलिक और स्वतन्त्र सभ्यताएँ अति प्राचीन काल में उत्पन्न होकर आज तक किसी-न-किसी रूप में चालू हैं। पहली—ग्रीक या यूनानी सभ्यता, जिसका परिवर्तित रूप आधुनिक यूरोपीय सभ्यता है। दूसरी—चीनी सभ्यता, जिसके आधार पर जापान की सभ्यता बनी। तीसरी—भारतीय सभ्यता। अरबी और मुसलमानी सभ्यता दर-असल यूनानी सभ्यता ही की एक अर्वाचीन शाखा है। पुरानी ग्रीक, चीनी और संस्कृत—ये तीन भाषाएँ जगत के श्रेष्ठ चिन्तन के चिरंतन भण्डार की हैं। मनुष्य के मनुष्यत्व का विकास और अनुभूति का श्रेष्ठ प्रकाश इन तीन भाषाओं में निहित है। अब तक इन तीन भाषाओं की पुस्तकें सर्वजातीय मनुष्यों में पुरुषार्थ ला देती हैं। क्या हम अपनी राष्ट्रभाषा में संस्कृत को नीचा स्थान दे सकते हैं?

भाषाएँ दो प्रकार की होती हैं; एक—जिसे अंग्रेजी में कहते हैं Building Languages अर्थात् बनाने वाली भाषाएँ, जिनमें अपने धातु-प्रत्यादि के सहारे नये शब्द बनाए जाते हैं, जैसे जर्मन भाषा; दो—Borrowing Languages या उधार करने वाली भाषाएँ हैं, जो आवश्यक शब्द दूसरी किसी भाषा से ले लेती हैं, जैसे अंग्रेजी, जो लैटिन और फ्रेन्च से बहुत शब्द लेती है। हिन्दी की बनावट शक्ति नितान्त कम नहीं, तो भी हिन्दी उधार करने वाली भाषाओं के पर्याय में आ गई है। यह हिन्दी

तथा आधुनिक भारतीय भाषाओं के लिए कुछ नई बात नहीं। पहले जब संस्कृत बिगड़ कर प्राकृत हो गई तब से शुद्ध संस्कृत शब्दों को प्राकृत में ला देने की रीति चली आई। अपभ्रंश में काफी संस्कृत शब्द मिलते हैं; पुरानी हिन्दी में भी मिलते हैं। हिन्दी वाले मुसलमान पहले-पहल संस्कृत-भरी हिन्दी व्यवहार करते थे; पर ईसा की सोलहवीं सदी के अन्त से दक्षिण में उत्तर-भारत से आए हुए हिन्दी वाले मुसलमानों ने, संस्कृत को छोड़कर फारसी शब्द (आवश्यक हो या न हो) उधार लेना शुरू किया। ऐसे मुसलमानों में 'दकनी' पैदा हुई, जो कि उत्तरी उर्दू की रहनुमा बनी। मुसलमानों के हाथ में हिन्दी ईसवी सतरहवीं सदी से इस नई राह पर चली, शुद्ध हिन्दी से पृथक होकर उर्दू बनी पर हिन्दी 'मूई' भाषा नहीं है। अंग्रेज सरकार और संप्रति कांग्रेस का सहारा पाकर उर्दूवाले हिन्दी के ऊपर घोर अत्याचार करने लगे हैं। इसमें सन्देह हो, तो रेडियो के विभिन्न स्टेशनों की 'हिन्दुस्तानी' में बातचीत सुनिए। उर्दूवालों में कुछ लोग ऐसा बर्ताव करते हैं कि इनके ख्याल में भारतवर्ष में हिन्दी और संस्कृत का नामो-निशान मिट गया है।

भारत के चार-पंचमांश के अधिवासियों की ओर से—न केवल हिन्दुस्तान या उत्तर-भारत के हिन्दी वालों की तरफ से, बल्कि जिनमें हिन्दी प्रचार करना मुनासिब समझा जाता है, उन गुजरात, महाराष्ट्र, आन्ध्र, कर्नाटक, केरल, तामिलनाडु, ओड़िसा, बंगाल, आसाम और नेपाल की तरफ से हमें साफ कह देना चाहिए—संस्कृत को छोड़कर हिन्दी राष्ट्रभाषा नहीं हो सकती। जहाँ तक हो सके, अपने प्राकृतज धातु और प्रत्ययों से, अपने प्राकृतज शब्दों से, चाहे अपने आत्मसात् कुछ विदेशी शब्दों से, अपनी building या बनावटी शक्ति से, हिन्दी नए शब्द बना ले; पर जहाँ borrowing या उधार करने की जरूरत होगी, वहाँ हिन्दी साधारणतया संस्कृत ही की शरण ले,—जैसा कि अपनी उत्पत्ति के समय से हिन्दी करती आई है। इसके बाद हिन्दी में जितने अरबी, फारसी, अंग्रेजी इत्यादि के शब्द Naturalised या चालू हो गए हैं, वे रखे जाएँ। ऐसे शब्द गिनती में कई हजार होंगे; मगर पांच हजार से ज्यादा नहीं होंगे। हिन्दी के बहुत से सामान्य शब्द ऐसे विदेशी शब्द हैं; इनके संस्कृत या शुद्ध प्राकृतज हिन्दी प्रतिशब्द रहते हुए भी ये अब के समय में जैसे-तैसे इस्तेमाल किये जायेंगे; जैसे—आदमी (= मानुस, मनुष्य), औरत (= स्त्री, नारी), हवा (= बयार, बतास, वायु), जगह (= ठौर, स्थान), मालूम (= विदित, ज्ञात), मुल्क (= देश), अरज (= निवेदन), हुकम (= आज्ञा), नौकर (= दास), किताब (= पुस्तक), खरच (= व्यय), चरखा (= रहेंट), शर्म (= लाज), हद्द (= सीमा), इत्यादि। ऐसे बहुत-से शब्दों का शुद्ध हिन्दी प्रतिशब्द कितना मुश्किल है। इन शब्दों के अलावा, इस मुसलमानी मजहब के लिए, इस्लामी तमद्दुन, इस्लामी अरब की खास बातों के लिए, कुछ-कई सौ—कहिये दो एक हजार—जरूरी अरबी और फारसी शब्दों के वास्ते हिन्दी में स्थान रख देंगे। मगर Trigonometry या 'त्रिकोणमिति विद्या' के लिए 'इस्मुल् मुसल्लस्'

Electricity या 'तड़ित विद्या' या 'बिजली' के लिए 'इल्मुल वर्क' Physics अर्थात 'पदार्थ विद्या' के बदले 'इल्मुतुवा-ई' बोलने से जी घबराता है। संस्कृत के अनंत ज्ञान भण्डार को छोड़कर अरब के शरणापन्न होना—यह हमारे पूर्वजों की गौरवमय स्मृति का अपमान करना होगा, आत्महत्या होगी। संस्कृत-शब्द-विहीन हिन्दी की अपेक्षा शुभ और सरलीकृत हिन्दी भारत की राष्ट्रभाषा होने के लिए अधिक योग्य होगी।

हिन्दी और उर्दू का फैसला इन दोनों की साधारण सम्पत्ति हिन्दी के प्राकृतज शब्दों के आधार पर होना कठिन या असम्भव है। एक तरफ रहा 'विद्या मन्दिर', दूसरी तरफ से आया 'बैतुल इल्म्', बेचारे 'पढ़ाई—घर' की दौड़ बड़ी दूर तक नहीं हो सकती। जब तक तुर्की और ईरानी मुसलमानों की तरह सुबुद्धि हमारे भारतीय मुसलमानों में नहीं आएगी, जब तक भारत के सरकारी सालिस या तृतीय पक्ष का मनोभाव नहीं बदलेगा, तब तक इस फैसले की चेष्टा व्यर्थ होती रहेगी। तुर्क मुसलमान, अरबी, 'अल्लाह' शब्द का बहिष्कार अपनी तुर्की भाषा के प्राचीन शब्द 'तेंगरि' का पुनरुज्जीवन और पुनः प्रयोग कर रहा है। इरानी मुसलमान ने अपने शुद्ध आर्य शब्द 'खुदा' को कभी नहीं छोड़ा (खु-दा अर्थात् 'ह्व-दा' का संस्कृत प्रतिरूप है 'स्व-धा', अर्थात् 'स्वयम् करनेवाला')। आजकल ये पुराने आर्य शब्दों का फिर पुनरुद्धार करके व्यवहार में लाते हैं। तेहरान के विश्वविद्यालय का नाम अब 'दारुल उलूम्' नहीं है, इसे बदलकर 'दानिशगाह' रखा गया (जिसका वैदिक संस्कृत प्रतिरूप है 'शानगातु')। आशा है कि आखिर भारत के मुसलमानों को भी ऐसा ध्यान आ जाएगा, और ये संस्कृत को नये दृष्टिकोण से देखेंगे। ऐसा शुभ दिन जब आएगा, तब भारत के सब दुखों का अवसान होगा परन्तु जब तक वह नहीं हो, तब तक हिन्दी-हिन्दी ही रहे, उर्दू में लीन न हो जाय; क्योंकि उर्दू की तरफ से अपने दावे को कम करने का कोई भी लक्षण नहीं दिखाई देता। उर्दू में समाकर हिन्दी 'आम-फहम' नहीं बनेगी; पर हिन्दी के अन्तर्गत हिन्दू-संस्कृति गायब हो जाएगी और बंगला, मराठी, गुजराती आदि के लिए यह उर्दू-हिन्दी आशंका का कारण बनेगी।

(4) मद्रास के स्कूलों में हिन्दी को Compulsory या आवश्यक बनाना किसी हिन्दी वाले प्रदेश की कार्रवाई नहीं थी; पर इससे अत्युत्साही मद्रासी हिन्दी प्रेमी ने हिन्दी को नुकसान पहुँचाया। रातोंरात ये द्राविड़ भारत को हिन्दीदां बनाना चाहते हैं; पर 'जल्दी का काम शैतान का है', यह मसल हमें भूलनी नहीं चाहिए। हिन्दी-विरोधी आन्दोलन मद्रास में चलने के बाद मैं सुदूर कन्याकुमारी गया था (1939 साल के जुलाई महीने में)। वहाँ स्वामी विवेकानन्द जी के नाम से छोटा पाठागार बना है, जिसमें एक हिन्दी पाठशाला भी खुली थी। पर हमने देखा, वहां हिन्दी-विद्वेष इतना प्रबल हुआ था कि हिन्दी पाठशाला के नाम को भी पाठागार की दीवार से मिटाने की चेष्टा हुई थी। Laissez faire अपनी खुशी से चली—इस नीति के सिवाय ऐसे मामले में अच्छी नीति और कोई नहीं है। यदि कांग्रेसी राज में जहाँ

हिन्दी चालू नहीं है, ऐसे किसी प्रदेश में हिन्दी आवश्यक की जाय, साथ-साथ हिन्दी वाले प्रदेशों में और किसी आधुनिक भारतीय भाषा को (छात्रों की रुचि या सुभीते के अनुसार बंगला, मराठी, गुजराती, तामिल, तेलगू, जो कुछ हो) वैसी आवश्यक करना उचित और न्याय होगा। इससे किसी प्रदेश के लोगों को रंज होने का कारण नहीं रहेगा। मैंने इसके पहले एक बार इस विषय पर अपने मंतव्य का प्रकाश किया था, जब मैं कुमिल्ला के बंगीय साहित्य सम्मेलन का सभापति बना और मैंने अपना भाषण पढ़ा। काशी के निखिल भारतीय हिन्दी-साहित्य सम्मेलन के सभापति श्रद्धास्पद पण्डित श्रीयुक्त अम्बिका प्रसाद जी वाजपेयी ने भी मेरी इस विषय की उक्ति का उल्लेख किया था कि जबरदस्ती हिन्दी पढ़ाने की चेष्टा से लोग हिन्दी भाषियों पर दुरभिसन्धि का अपवाद देते हैं। अब उचित है कि ऐसे मामले में हिन्दी प्रेमी और हिन्दी भाषी निरपेक्ष रहें; जिसकी इच्छा हो वह हिन्दी पढ़े, किसी पर जोर न दिया जाए।

(5) बिहार के पूर्व प्रान्त में कुछ अंशों में हिन्दी-बंगला का झगड़ा—यह प्रादेशिक-स्वातंत्र्य के कुफलों में है। हर प्रदेश Totalitarian अर्थात् सर्वग्रासी बनना चाहता है। इसका नतीजा है minorities या संख्यालघिष्ठ सम्प्रदाय या जातियों पर निर्बोध और निर्विचार निष्ठुरता। अखिल-भारत को एक राष्ट्र बनाना इससे सम्भव नहीं होगा। मानभूम इत्यादि कुछ प्रान्तों में बंगला स्मरणातीत काल से लोक-भाषा के रूप में चालू है। वहाँ के लोग जो बंगला पढ़ना चाहते हैं, उनके लिए निष्कपट-भाव से बंगला पढ़ने का प्रबन्ध कायम रखा जाए। मातृभाषा के कारण किसी प्रदेश में संख्यालघिष्ठ-सम्प्रदाय पर अत्याचार या विचार नहीं किया जाए। पर हाय, हमारे यहाँ जातिगत व भाषागत संकीर्णता से मुक्त दूरदर्शी नेता बहुत ही कम हैं। ऐसे बर्ताव से निखिल भारतीय एकराष्ट्रीयता पर कितना नुकसान पहुँचता है, इसे कौन देखे? पूर्व भारत राष्ट्रभाषा प्रचार समिति के इस अधिवेशन के सभापति राजेन्द्र बाबू से एक बंगाली हिन्दी-प्रेमी का नम्र निवेदन यह है कि आप अपने खास प्रदेश में, जो कि बंगाल का घनिष्ठ पड़ोसी है, Totalitarian policy अर्थात् सर्वभुक् नीति के प्रयोग से ऐसा अविचार न होने दें कि जिससे बड़ी बहन हिन्दी छोटी बहन-स्वरूप बंगला के सामने दुश्मन बने और उससे भारत की भावी एकता के एक प्रधान साधन हिन्दी की मारफत बनने वाले एकभाषित्व को हानि पहुँचे।

(6) सिर्फ भाषा की दृष्टि से हिन्दी की कठिनाई। अब इस विषय पर इतना जोर देना मैं नहीं चाहता। हिन्दी की कठिनाइयों की निष्पत्ति के लिए 'चालू हिन्दी', 'बाजारू व बाजारी हिन्दी', Basic Hindi या 'लघुशैली की हिन्दी' का प्रस्ताव मैं कर चुका हूँ। मेरा विश्वास है, अर्थनीतिक साम्यवाद जितना फैल जायगा, देश के जनगण की जागृति जितनी ही बढ़ेगी, भाषा का सरलीकरण करना ही होगा। यूरोप में कहीं-कहीं Capitalism की रोमन-लिपि से अतिरिक्त और अनावश्यक Capital Letter को भी निकाल देने का प्रयास नजर में आता है। भारत की भावी राष्ट्रभाषा

के लिए अपना प्रस्ताव और एक बार पेश कर रहा हूँ:— अलग छपने योग्य कुछ विशेष निर्देशक चिह्न के साथ प्रचलित चौबीस रोमन वर्णों में लिखी, बाजारू हिन्दी के आधार पर लिंगभेद, बहुवचन के प्रत्यय, और अतीत की क्रिया में प्रयोग—भेद से वर्जित सरल व्याकरणवाली लघुशैली की हिन्दी, जिसमें हजारों चालू अरबी-फारसी शब्द रहेंगे पर जो साधारणतया संस्कृत से अपने Culture word अर्थात् उच्च भाव के शब्द लेगी;—मेरे विचार में यही भावी राष्ट्रभाषा का रूप है। अपने आदर्श को खुलासा करके समझाने का अवसर मेरे लिए यह नहीं है। मैंने अन्यत्र इस पर अपने अभिप्राय को विषद रूप से प्रकट किया है। मैं फिर भी कभी करूँगा। पर मैं die hard fanatic अर्थात् आप्राण लड़नेवाला अंध-विश्वासी नहीं हूँ। मेरे विचार में कुछ सत्य हो, तो वह नहीं मरने का है। लिपि, भाषा और संस्कृत—ये ऐसे विषय नहीं है कि जहाँ विचार और सिद्धान्त हो गये, तहाँ फौरन परिवर्तन किया जाय। लिपि बदलने में दो-एक पीढ़ी लग जाएगी। तुर्की ने दस बरस के बीच अरबी लिपि छोड़ रोमन लिपि ले ली है मगर कहाँ अवैज्ञानिक और कठिनाई से भरी हुई अरबी-लिपि, और कहाँ हमारी वैज्ञानिक पद्धति के आधार पर वर्णों की सजावट की हुई देवनागरी प्रभृति भारतीय वर्णमालाएँ! Experimental Stage या परीक्षा का काल तो कुछ लगेगा ही। मेरा विश्वास यह है कि जैसे समय-निर्देशक घड़ी से बहुत से यंत्र बाहर से आये, वैसे ध्वनि-निर्देशक रोमन लिपि भी आएगी। मैं इसे काल के ऊपर छोड़ देता हूँ पर जब तक रोमन लिपि न ली जाय, तब तक देवनागरी के सिवा दूसरी किसी लिपि में भी राष्ट्रभाषा लिखने की बात उठ भी नहीं सकती।

हिन्दी का भावी रूप जो हो सो हो, इसकी लिपि रोमन हो या देवनागरी, इसमें सन्देह नहीं कि हिन्दी एक बड़ी भारी बोली, एक महत्वपूर्ण भाषा है, पृथ्वी की श्रेष्ठ भाषाओं में है। भारत की यह मुख्य भाषा है, राष्ट्रभाषा का पद इसी का है। कुछ बंगाली सज्जन, जिनमें ऐसे मनस्वी भी हैं, जो कि न केवल बंगाल के, परन्तु समग्र भारत के श्रेष्ठ नेता गिने जाते हैं, राष्ट्रभाषा बनाने के लिए बंगला का दावा पेश कर रहे हैं। इनकी चेष्टा मेरे विचार से निरर्थक है। यह केवल बिहार और दूसरे प्रान्तों में बंगला को दबाने के प्रयास की प्रतिक्रिया है। हिन्दी का स्थान आकस्मिक नहीं है, वह केवल Propaganda या प्रचार का फल नहीं है। वैदिक, लौकिक, संस्कृत, पाली, शौरसेनी प्राकृत, शौरसेनी अपभ्रंश, ब्रजभाषा, खड़ी बोली हिन्दी—आंत:प्रादेशिक भाषाओं की इस परम्परा से हिन्दी आई है। केवल साहित्य के कारण किसी भाषा का फैलाव नहीं होता, यह मैंने कहा है। बंगाल का आधुनिक साहित्य बहुत श्रेष्ठ है, यह ठीक है, पर हिन्दी के प्राचीन साहित्य का महत्व कुछ कम नहीं है। किसी भाषा के बोलने वालों की प्रसार-शक्ति, कर्म-शक्ति और प्रभुत्व-शक्ति के कारण उसका प्रसार होता है। हजारों आदमी, जो कि अपने घर में हिन्दी नहीं बोलते हैं, जिनकी घरेलू बोली अवधी, भोजपुरी, मगही, मैथिली, मारवाड़ी या पंजाबी है—ज्यों-ज्यों

उन्होंने हिन्दी को अपनाया है; और इसके कारण हिन्दी से इनका संयोग और संयोग से प्रेम Impersonal निर्वैयक्तिक अथवा भावमय है। हिन्दी इनके सामने न केवल एक भाषा, पर एक Idea, एक भाव की मूर्ति या प्रतीक बनी है। उत्तर भारत की अखण्ड एकता का भाव हिन्दी को आश्रय करके पुष्टि लाभ करता जाता है। बंगला या और किसी भाषा में यह भाव कहाँ? फिर बंगला अपने उच्चारण और व्याकरण विषयक कुछ गुणों के कारण उत्तर-भारत की और आर्य-भाषाओं से अलग बन गई है। बंगला के मुताबिक संस्कृत शब्दों के उच्चारण भारत के दूसरे प्रान्त कभी ग्रहण नहीं करेंगे; संस्कृत शब्दों से समृद्ध होते हुए भी, इससे आंतःप्रादेशिक समझौते में बोलचाल की बंगला कुछ लाभ नहीं उठा सकती। 'साधु भाषा' और 'चलित भाषा' बंगला में इन दोनों शैली के अवस्थान और बराबरी ने बंगला को और भी कठिन बना दिया है।

बिना किसी की चेष्टा से, बिना प्रचार से, गये तीन-चार सौ साल में, पछांह की भाषा हिन्दी या हिन्दुस्तानी अवधी, बघेली, छत्तीसगढ़ी, पंजाबी, लहंदी, राजस्थानी, भोजपुरी, मगही, मैथिली, गढ़वाली, कुमाऊंनी, इन पृथक्-पृथक् भाषा के क्षेत्रों में साहित्यिक भाषा बनी है। पुरानी धारा—मध्य देश की भाषा की प्रतिष्ठा और प्रभाव—इसका अन्यतम ऐतिहासिक कारण है; पर आर्य-भाषी उत्तर-भारत का ऐक्य-बोध इसका एक अमूर्त भावमय कारण है। बंगाल पहले से इस ऐक्य-बोध का अनुभव करता था, अभी करता है। बंगाल के सब नेताओं ने एक अखण्ड भारत की बात कही है—कभी इन्होंने समग्र भारत से विच्छिन्न बंग भूमि की कल्पना नहीं की। प्राचीन हिन्दू-युग की बात छोड़ दीजिए। उस समय न प्रादेशिक भाषाओं का उद्भव हुआ था, न प्रादेशिक भाषाश्रयी जातित्व का बोध था। मध्य-युग के बंगाल में बंगाल भाषा का जन्म हुआ; पर उत्तर-भारत से इसका सहयोग नहीं टूटा। काशी, वृन्दावन, जयपुर तक बंगालियों की प्रतिष्ठा हुई। वहाँ के सांस्कृतिक जीवन में बंगालियों ने भाग लिया था। बंगाली संत और साधक लोगों का प्रभाव दूर गुजरात, राजपूताना, पंजाब तक पहुँचा था। विकृत बंगला के पद इतने दूर-दूर स्थान के नामपंथी और वैष्णव अखाड़ों में मिले हैं। ऐसा सांस्कृतिक लेन-देन अभी तक चल रहा है। आधुनिक काल में जैसा बंगला में हिन्दी के काफी शब्द आए हैं, वैसे ही हिन्दी में भी बंगला शब्द आए हैं। हिन्दी गद्य शैली की बनावट में बंगला का भी प्रभाव बहुत मिलता है। अपनी मातृभाषा बंगला को नहीं छोड़कर, बल्कि अब जैसी ही इसकी चर्चा और इस पर प्रेम रखते हुए, हममें हिन्दी की चर्चा, हिन्दी से गहरा परिचय हो सकता है।

अमेरिका, फ्राँस, अरब देश प्रभृति स्थानों में 'हिन्दू' का अर्थ 'भारतीय' केवल अ-मुसलमान भारतीय नहीं है। 'हिन्द' के लोग 'हिन्दू' हैं। हिन्द की एकमात्र भाषा न हो; पर हिन्द की मुख्य भाषा 'हिन्दी' है। हिन्दुस्तान हिन्द और हिन्द की राष्ट्रभाषा 'हिन्दी'—ये दोनों जयमुक्त हों।

विशाल भारत, जुलाई 1941

बंगाल की एशियाटिक सोसाइटी और हिन्दी

हजारीप्रसाद द्विवेदी

डेढ़ सौ वर्ष से कुछ ही कम समय हुआ, जब 'एशियाटिक सोसाइटी ऑफ बंगाल' का जन्म कलकत्ते में हुआ। तब से अब तक इस सोसाइटी ने एशिया की विभिन्न भाषाओं, साहित्यों और विज्ञानों की खोज जिस अध्यवसाय और लगन के साथ की है, उसे देखकर आश्चर्य हुए बिना नहीं रहता। विशेषतः भारतवर्ष की संस्कृति के पुनरुद्धार के लिए इस सोसाइटी ने बहुत ही उत्तम कार्य किया है। उस समय सारा भारतवर्ष अपनी संस्कृति और सभ्यता के विषय में उदासीन था। भारतवर्ष के उन राजाओं, कवियों और धर्मप्रवर्तकों के नाम भी उस समय लोग भूले हुए थे, जिनके नाम पर आज वर्तमान भारतवर्ष गर्व करता है। उस समय कर्मकाण्ड की विधियों तक ही वेद का अध्ययन सीमित था; सिद्धान्त कौमुदी और शेखर या महाभाष्य तक ही संस्कृत की सीमा थी; अवच्छेदकावच्छिन्न के जटिल जाल में दर्शन शास्त्र उलझा हुआ था; पुराणों की कथाओं तक इतिहास की दौड़ थी—एक मोहनिद्रा-सी छाई हुई थी।

सन् 1773 का अक्टूबर मास हमारी सुप्त संस्कृति के पुनरुद्धार के लिए विशेष रूप से स्मरणीय रहेगा। इसी महीने में कलकत्ते के सुप्रीम कोर्ट में एक उदाराशय, विद्याप्रेमी न्यायाधीश का शुभागमन हुआ। इस जज को भारतीय ज्ञान का कुछ चस्का पहले से ही लग चुका था, भाषात्व की ओर उसका विशेष झुकाव था और थी एक उत्कट अभिलाषा कि संसार का कोई भी कोना अज्ञान-अंधकार से आच्छन्न न रहे। कलकत्ते में आते ही उसने एशियाटिक सोसाइटी की नींव डाली दी। सौभाग्यवश उस समय के कलकत्ता के अफसर, जिनमें अधिकाँश उसके मित्र हो चुके थे, विद्याप्रेमी निकले। काम जोर-शोर से शुरू हो गया। पाठकों में से शायद ही कोई 'सर विलियम जांस' के नाम से अपरिचित होंगे। ये ही उक्त न्यायाधीश थे।

सोसाइटी ने कितनी भाषाओं का भण्डार उसके अमूल्य ग्रन्थरत्नों से भरा; कितनी पुस्तकें संग्रह कीं; कितने ताम्रपत्र बाहर किए; कितने स्तम्भ और स्तूपों का पता लगाया; कितनी पुरानी मुद्राओं की खोज की आदि अनेक बहुमूल्य कार्यों को बताना यहाँ असम्भव है। इस लेख में सोसाइटी के हिन्दी-सम्बन्धीं कार्यों का ही दिग्दर्शन कराया जाएगा। वह भी पूरा नहीं—सन् 1883 तक का, अर्थात् उसके आरम्भ के सौ वर्षों का।

हिन्दी और उर्दू (हिन्दुस्तानी) को शुरू में एक ही भाषा समझा गया, जो उचित भी था; पर इस औचित्य के निर्वाह में हिन्दी को कुछ घाटा सहना पड़ा। दिल्ली की

भाषा होने के कारण हिन्दुस्तानी (उर्दू) उस समय भारतवर्ष की 'लिंग्वाफ्रैन्का' थी, और उसमें एक अच्छा साहित्य वर्तमान था, जो सरकार की रक्षा पा रहा था, इसलिए सोसाइटी के मेम्बरों ने इस ओर कुछ खोज करना व्यर्थ समझा। इसे व्यर्थ समझे जाने के कारण उर्दू के साथ हिन्दी-पुरानी हिन्दी का अनुसंधान भी कुछ दिनों के लिए रुक गया। हिन्दुस्तानी (उर्दू) के लिए व्याकरण, कोश आदि का तैयार कराना ही पर्याप्त समझा गया।

सन् 1837 तक सोसाइटी के मुखपत्र में हिन्दी की चर्चा नहीं पाई जाती, किन्तु सन् 1837 में लेफ्टिनेन्ट जी. आर. सेन्डस ने दादू दयाल के एक ग्रन्थ का मूल के साथ अनुवाद प्रकाशित कराया। इस अनुवाद की उपक्रमणिका में उन्होंने एच.एच. विलसन के एक मत का प्रतिवाद किया, जो उन्होंने सन् 1828 में दादूपंथियों के बारे में प्रकाशित कराया था। विलसन साहब का वक्तव्य रिसर्चों की सोलहवीं संख्या में प्रकाशित हुआ था। सेड्स साहब का लेख सात पृष्ठों में बारीक हरफों में छपा था। उसमें दादूदयाल के 'विश्वास को अंग' नामक ग्रन्थ (59 पद) का अनुवाद है। अनुवाद सुन्दर हुआ है।

सन् 1852 और 1855 में मुंशी इंशाअल्ला खां की 'रानी केतकी की कहानी' को अंग्रेजी अनुवाद के साथ प्रकाशित कराया गया। इसके अनुवादक थे लखनऊ-कॉलेज के प्रिंसिपल श्री एल. क्लंट। उर्दू अक्षरों में पुस्तक की कथा छपती थी और नीचे उसका अनुवाद रहता था। सन् 1866-67 के जर्नल में एक मनोरंजक विवाद का सूत्रपात देखा जाता है। यह विवाद इस बात पर था कि कोर्ट की भाषा में विदेशी शब्द रखे जाएँ या नहीं। श्री एम. एम. वीम्स का कहना था कि अरबी और फारसी के शब्दों से अलंकृत भाषा ही कोर्ट की भाषा हो सकती है। कारण, वह एक संस्कृति-सम्पन्न जाति की भाषा है, और हिन्दुस्तान भर में समझी जाती है। उन्होंने यह भी सिद्ध करने की कोशिश की कि सेमेंटिक भाषाएँ (अरबी आदि) थोड़े में ही बहुत प्रकट कर सकती हैं, जो संस्कृत या किसी भी इंडो-जर्मन (इंडो-यूरोपियन) भाषा के लिए असम्भव है। उदाहरण के लिए उन्होंने 'नजर' से बने हुए 'नाजिर' शब्द के साथ संस्कृत, ग्रीक, लैटिन, जर्मन और अंग्रेजी भाषाओं से तुलना करके दिखाया कि इस शब्द का प्रति शब्द इन भाषाओं में बिना उपसर्ग या समास के योग के असम्भव है। 'नाजिर' शब्द के चार प्रति शब्द संस्कृत से लिए गए हैं–अध्यक्ष, उपद्रष्टा (उपद्रिष्टा?), अधिकारी और अपेक्षित। इसके अतिरिक्त शब्दों की एक लम्बी सूची देकर उन्होंने अपने पक्ष का समर्थन किया। उनके मत से 'मकान' की अपेक्षा 'घर', 'रोशन' की अपेक्षा 'परगट' और 'जरूर' की अपेक्षा 'उचित' (?) कम प्रचलित है। ग्राउज़ साहब ने उसी साल इसका जबरदस्त प्रतिवाद किया और इस बात पर जोर दिया कि विदेशी शब्दों को हिन्दुस्तानी में स्थान नहीं देना चाहिए, केवल उन्हीं शब्दों को रखना

चाहिए, जो पहले से ही गृहीत हो गए हैं। यह मनोरंजक वाद-विवाद कुछ दिन तक चलता रहा।

सोसाइटी ने सन् 1868 की कर्रावाई में लिखा है कि सन् 1867 में श्री ग्राउज़ ने सोसाइटी का ध्यान 'पृथ्वीराज रासो' की ओर आकृष्ट किया। इसकी तीन प्रतियाँ उपलब्ध हुई थीं। एक तो आगरा-कॉलेज-लाइब्रेरी में, दूसरी बैदला महाराजा के पुस्तकाल्य में और तीसरी बनारस-महाराजा के पुस्तकालय में। ग्राउज़ साहब अपने लेख में लिखते हैं कि आगरा कॉलेज की पुस्तक को डाइरेक्टर ऑफ पब्लिक इंस्ट्रक्शन ने उनके पास भेजा था और बनारस की प्रति की राजा शिवप्रसाद सितारे-हिन्द ने महाराज बनारस से लेकर भेजा था। पहली प्रति का नाम है 'पृथ्वीराजरासो' और दूसरी का 'पृथ्वीराज-रायसा'। दोनों में बड़ा पाठ-भेद पाया गया फलतः उन्होंने एक लेख प्रकाशित कराया, उसी में बनारस वाली प्रति से एक सर्ग का अनुवाद भी मूल के साथ प्रकाशित किया गया (1868 का जर्नल पृ. 119)

ग्राउज़ और वीम्स की पहले से ही ठनी हुई थी। ग्राउज़ साहब जब 'रासो' लेकर कार्यक्षेत्र में उतरे, तो वीम्स साहब भी चुप न रह सके। उन्होंने उक्त ग्रन्थ को सम्पादित करने के लिए सोसाइटी को लिखा। सोसाइटी ने स्वीकार कर लिया। तीन नई हस्त-लिखित प्रतियों को भी उन्होंने खोज बाहर किया। इनमें से दो विलायत की रायल एशियाटिक सोसाइटी की लाइब्रेरी की थीं और एक कर्नल टाड की थी। इसी प्रति के आधार पर टाड साहब ने राजपूताने का इतिहास लिखा था। यह प्रति आक्सफोर्ड की बोडलीन लाइब्रेरी में थी। सन् 1868 में वीम्स साहब ने 'रासो' के 19 वें सर्ग का अनुवाद कराया। अनुवाद की छोटी-सी भूमिका में वे कहते हैं कि मेरे पास कोई अनुवादक पण्डित नहीं है, मैं सारा प्रयत्न अपने-आप कर रहा हूँ, इसलिए इसमें गलती होना सम्भव है (1869 का जर्नल पृ-145)। पंक्तिशः अनुवाद किया गया है, जो देखने में पद्य जैसा जान पड़ता है। मालूम नहीं, वह गद्य है या पद्य। मूल पाठ नहीं दिया गया है। अंत में कुछ नोट दिए गए हैं। कुछ मूल पद्य ऐसे भी हैं, जिन्हें उन्होंने नागरी अक्षरों में उद्धृत किया है। इनका अर्थ वे नहीं समझ सके।

उसी साल ग्राउज साहब ने वीम्स के अनुवाद की प्रणाली को दोषपूर्ण बताया। साथ ही 'रासो' का एक सर्ग मूल के साथ प्रकाशित करके अनुवाद की प्रणाली पर विस्तृत आलोचना लिखी। यह लेख पठनीय है। फिर क्या था। एक बार फिर वीम्स-ग्राउज-युद्ध का आरम्भ हुआ। वीम्स साहब ने परिश्रम के साथ लिखा हुआ चारण-भाषा का एक व्याकरण (सन् 1873 के जर्नल पृ.-165 में) प्रकाशित कराया। इस वाद-प्रतिवाद के कारण 'पृथ्वीराज रासो' के अनुवाद का कार्य कुछ दिन स्थगित रहा। सन् 1872-73 में दोनों विद्वानों ने प्रथम सर्ग का अनुवाद अलग-अलग प्रकाशित कराया और अपनी-अपनी स्थिति स्पष्ट की। अंत में सोसाइटी ने उक्त

ग्रन्थ के सम्पादन का भार दो विद्वानों में बांट दिया। प्रथम 22 सर्ग वीम्स को दिए गए और बाकी 47 सर्ग श्री होर्नल को। वीम्स साहब द्वारा सम्पादित एक अंश सन् 1873 में प्रकाशित हुआ और कुछ अंश 1874 में; पर इसके पूर्व ही नौकरी की अड़चनों में फंस जाने के कारण उनको कार्य से विरत होना पड़ा।

सन् 1875 में वीम्स साहब फिर इस क्षेत्र में आए। अबकी बार उन्होंने नूरपूर के चारण कवि गम्भीर राय के कुछ गानों का मूल के साथ अनुवाद प्रकाशित किया। ये गान सत्रहवीं शताब्दी के मध्य भाग के हैं। इसमें खड़ी बोली पंजाबी मिश्रित भाषा का व्यवहार किया गया है। सन् 1871 में बाबू ब्रजेन्द्रनाथ बंद्योपाध्याय ने उस वर्ष के जर्नल में 'हम्मीर-रासो' का अनुवाद प्रकाशित कराया।

इस प्रकार सोसाइटी ने हिन्दी-ग्रन्थों की खोज और प्रकाशन किया, पर अब तक सोसाइटी के सदस्यों का विश्वास था कि पंजाब से लेकर पश्चिमी हिस्से तक एक ही भाषा फैली हुई है। इस भ्रम को श्री होर्नल ने दूर किया। पहले-पहल सन् 1872 के जर्नल में उन्होंने एक बहुत ही उपादेय और लम्बा लेख लिखा। यह लेख 54 पृष्ठों में प्रकाशित हुआ। इसमें आज भी विचार करने योग्य बातें प्रचुर परिमाण में हैं। होर्नल साहब ने संस्कृत से निकली हुई भाषाओं को 'गौड़िया-भाषाएँ', नाम दिया है। आजकल इन्हें भारतीय आर्य भाषाएँ कहा जाता हैं। होर्नल साहब बनारस के जयनारायण कालेज के संस्कृताध्यापक थे, इसलिए उन्हें बनारस की भोजपुरी का परिचय था। इस लेख में उन्होंने हिन्दी के दो भेद किए 'हाई हिन्दी' और 'लो हिन्दी'। 'लो हिन्दी' को ही शायद पीछे से गंवारी भाषा नाम दिया गया। यह गंवारी बोली बनारस की ही बोली थी। इसके अतिरिक्त उन्होंने मैथिली को अलग नाम दिया। इस बात की पुष्टि हो जाने पर सोसाइटी का ध्यान मैथिली भाषा की ओर विशेष रूप से आकृष्ट हुआ। इसी समय विद्यापति को लेकर सोसाइटी जर्नल के पृष्ठों पर आलोचना हुई। पद्मावती का जो संस्करण सोसाइटी ने ग्रियर्सन साहब और पं. सुधाकर द्विवेदी के द्वारा कराया, यह हमारे आलोच्य समय के बाद हुआ पर जान पड़ता है कि उसकी ओर सोसाइटी का ध्यान इस 'गंवारी' भाषा के आविष्कार के बाद ही हुआ। गोरखपुर में प्रचलित कुछ भोजपुरी गानों का अनुवाद भी उसी वर्ष प्रकाशित हुआ था।

यद्यपि सोसाइटी का सौ वर्ष का जीवन हिन्दी के लिए इतना ही कर सका, पर इसके बाद कितनी ही पुरानी पुस्तकों का मुद्रण हुआ, जिस पर फिर कभी विवेचना की जाएगी; पर यह याद रखना चाहिए कि असल में आरम्भ के पचास-साठ वर्षों में हिन्दी की ओर उसका ध्यान ही नहीं था। ऊपर का लिखित कार्य जो कुछ हुआ, वह सिर्फ पच्चीस वर्षों में।

नवम्बर, 1931

भाषाओं का परिवर्तन

पं. बालकृष्ण भट्ट

स्वर्गीय पं. बालकृष्ण भट्ट का 54 वर्ष पुराना यह लेख आज भी बिल्कुल ताजा है, और जो महानुभाव भाषा-संस्कार के खब्त में मुब्तला हैं, उनके लिए इस लेख में कुछ संदेश भी है। यह जीर्ण कागजों से नकल किया गया है और इसमें तीन-चार जगह दो एक शब्द उलट-पलट हो गये हैं। यदि किसी जगह 'हिन्दी-प्रदीप' की पुरानी फाइल हो, तो ये गलतियां दूर हो सकती हैं।–बनारसी दास चतुर्वेदी।

यह एक सामान्य सिद्धान्त है कि किसी भाषा पर प्रभुत्व होना या उससे अच्छी तरह परिचित हो जाना तभी लोग मानते हैं, जबकि सीखने वाला उसी भाषा में सोच सके, अर्थात् चित्तवृत्ति उसके मनन करने के विषयों को उसी भाषा के ढंग से ग्रहण करे। इसके मानने में किसको इनकार होगा कि हर एक भाषा के मुहाविरे निराले ही होते हैं! दो भाषाएँ व्याकरण की रीति पर कुछ मिलती भी हों; परन्तु वे चीजें जिनको 'मुहाविरे' कहते हैं, कभी नहीं मिल सकतीं और यही मुहाविरे ही हर एक भाषा की जान हैं। हिन्दी को और अंग्रेजी ही को लीजिए। इन दो भाषाओं में थोड़ा-थोड़ा, कहीं-कहीं व्याकरण के नियमों का तो भेद हुआ है; किन्तु बड़ा भारी अन्तर मुहाविरों की निराली चाल का है। जहाँ कहीं इन मुहाविरों की कोई गलती सुनने में आती है, तो वह कान में चट खटक जाती है। यह लोग कदापि न समझें कि मुहाविरे अंग्रेजी ही में हैं, और जब उधर आक्षेप होता है तो 'राधा बाजार अंग्रेजी' या 'बाबुओं की अंग्रेजी' इत्यादि शब्द तेज या निन्दा की राह में कहे जाते हैं। जब तक किसी भाषा में जान हैं, अर्थात् रोजमर्रे के काम में लोग उसे बरतते हैं और पुष्ट रीति पर उसकी स्थिति बनी रहती है, तब तक नये-नये मुहाविरे नित्य उसमें बनते ही जाएँगे। सृष्टि के चेतन पदार्थों का जो नियम है कि ये कभी एक-सा नहीं रहते, वरन् दिन-प्रति-दिन परिवर्तन के सान पर चढ़ते ही जाते हैं, यह नियम भाषा के सम्बन्धों में बहुत पूरी रीति पर लगता है, क्योंकि कुछ ऐसा मालूम होता है कि रुधिर और अस्थि मनुष्य के शरीर से उतना निकट सम्बन्ध नहीं रखते, जितना उनकी भाषा रखती है, और इसी कारण बड़े से बड़े पण्डित के आगे कोई अशुद्ध संस्कृत शब्द बोलिए तो वह इतना न खटकेगा, जितना एक सामान्य-से-सामन्य बेमुहाविरा हिन्दी शब्द कान को चोट पहुँचावेगा क्योंकि संस्कृत अब बोलचाल की भाषा न रह गई। विचार कर देखिए तो जो हिन्दी हम आजकल बोलते हैं, वह पहले क्या थी और अब क्या है? अब फारसी शब्द इसमें मिल जाते हैं, क्योंकि जब आपकें बड़े-बड़े प्रामाणिक हिन्दी कवियों ने फारसी-अरबी के शब्द ग्रहण किये, तो हमारे और आपके निकाले

वे सब शब्द, जो हमारी भाषा की नस में अतः प्रविष्ट हो रहे हैं, क्यों कर निकल सकते हैं बल्कि इसमें विरुद्धता दिखलाना वैसा ही है, जैसा, किसी वेगगामिनी नदी के प्रवाह को अकेले एक हाथ से रोककर उलट देने का यत्न करना। जिस तरह के शब्द सर्वसाधारण अपनी भाषा में प्रचलित कर लेते हैं, या जिस तरह के शब्द अपने नित्य के बोलचाल से लोग निकाल कर फेंक देते हैं, उस पर आपका कुछ भी अधिकार नहीं है। आप मनुष्यों की भाषा तभी बदल सकते हैं, जब जूलू या हबशी की सूरत का कोई आदमी इन देशों में पैदा हो सके, या उससे भी बढ़कर कोई दूसरा प्राकृतिक अनर्थ, जो सर्वथा-प्रकृति-विरुद्ध है, कर सके, क्योंकि यह कैसे सम्भव है कि प्रबल कालचक्र अपनी निशानी सब चीजों पर न छोड़ जाए। मुसलमानों के अत्याचार का फल जैसा हम अपनी रीति रस्म, सामाजिक व्यवहार, अपनी और अपने यहाँ की स्त्रियों की दशा, सब में पाते हैं, तब यह क्योंकर हो सकता है कि मुगलों की भाषा का असर हमारी भाषा पर न हो? सोचिये कि जिस हिन्दी को हम बोलते हैं, वह कितने हजार वर्ष से घिसते-घिसते, करोड़ों टक्करें खाकर और न जानिये कौन-कौन सी मुसीबतें झेलकर, न मालूम किस-किस का जमाना देखभाल, आज हमारे बोलचाल के काम में आ रही है। यदि प्राकृत को भी हिन्दी ही मान लीजिए, तो देखिए कि आजकल की हिन्दी से और कालिदास, भवभूति प्रभृति कवियों के समय में भी संस्कृत जैसी उनके नाटकों में पाई जाती है, केवल विद्वानों ही की मण्डली में बोली जाती थीं और वे लोग भी कवित्व शक्ति के प्रकाशक (?) गझिन शास्त्रार्थ के बाद घर जाते रहे होंगे, तो नौकरों से या लड़के वालों और स्त्रियों से 'या सृष्टि स्रष्टुराद्या' के जोड़े की बड़े धूमधाम की संस्कृत न बोलते रहे होंगे–जैसे वेद के संस्कृत का व्याकरण व्यास, बालमीकि कलिदास आदि कवियों की संस्कृत के व्याकरण से कुछ पृथक है, वैसे ही नाटकों की प्राकृत का व्याकरण चंद आदि की प्राकृत से विभिन्न है अर्थात् जो एक समय के विद्वानों की साधु भाषा थी, वही किसी पूर्व समय के बेपढ़े-लिखे लोगों की भाषा रही और इस अदल-बदल में एक बात सदा ध्यान देने लायक है कि भाषा का परिवर्तन शब्दों पर इतना निर्भर नहीं है, जितना उसके व्याकरण-सम्बन्धी विषयों पर या मुहाविरों के अदल-बदल होने पर, अर्थात् नये शब्दों के भरती होने से कुछ डर की बात नहीं है, बल्कि पढ़े-लिखे लोग या सर्वसाधारण उन शब्दों के भरती होने से कुछ डर की बात नहीं है, बल्कि पढ़े-लिखे लोग या सर्वसाधारण उन शब्दों को अपनाकर मान लें, तो भाषा और भी पुष्ट हो जायेगी। फारसी में देखिए तो यही हाल है। अंग्रेजी में देखिए तो यही हाल है। पृथ्वी की और भाषाओं में भी यही नियम पाया जाता है कि दूसरी-दूसरी भाषा के शब्द को बेधड़क अपना लेते हैं। जैसे कोई किसी लड़के को गोद ले, वैसे ही यह शब्द उसी भाषा का होकर रह जाते है। एक दूसरी विचित्र बात यह भी है कि एक भाषा का शब्द जब दूसरी भाषा में जाता है, तो बहुधा अपने शुद्ध रूप में कभी नहीं रहता, और

जब अशुद्ध शब्द भी दूसरी भाषा का किसी भाषा में अच्छी तरह मिल जाता है, तो फिर उसके शुद्ध करने का प्रयत्न भी व्यर्थ ही है, क्योंकि बोलनेवालों के मन या जुबान पर जो एक बारे चढ़ गया, वह कभी निकल नहीं सकता।

भाषाओं के इतिहास में आप हिन्दी की दशा देख यह मत समझ लीजिए कि भाषा की सूरत बदलने के लिए विदेशी भाषा के साथ टक्कर खाना जरूरी बात है—ऐसा ख्याल करना भूल है कि अगर विदेशियों की भाषा के साथ यह भाषा टक्कर न खायी होती, तो शुद्ध रीति पर बनी रहती, क्योंकि वेद की संस्कृत को नाटक और काव्यों की संस्कृत में किसने उतार दिया? या संस्कृत को प्राकृत के रूप में किस विदेशी भाषा के साथ टक्कर खाने में बदल दिया? और फिर भाषा की बाहरी आकृति पर विदेशियों का कुछ असर पहुँच सकता है, पर उसके भीतरी नियमों को तिल भर भी खसकाना किसी की सामर्थ्य में नहीं है। हमने ऊपर कहा कि भाषा भी संसार की तरह चैतन्य सृष्टि का नियम मानती है, इस कारण जैसे पीटने से गदहा घोड़ा नहीं हो सकता, उसी तरह बाहरवालों का सम्पर्क भी कुछ हानिकारक नहीं हो सकता। और फिर भाषा के सम्बन्ध में हानि शब्द का पूरा-पूरा तात्पर्य तय करना बड़ा कठिन है, क्योंकि परिवर्तन के बीज तो भाषा में आप ही आप भरे हैं। क्यों संस्कृत से प्राकृत हुई और प्राकृत से वर्तमान हिन्दी? हम लोगों का केवल इतना ही कर्तव्य है कि यह समझ लें, क्या-क्या अदल बदल हुए हैं। अभेद्य दुर्ग-सदृश पाणिनी व्याकरण के आगे हिन्दी का व्याकरण छोटी-सी फूस की झोपड़ी है। यह तो प्रगट है कि अब हमें उतने ही बड़े व्याकरण की आवश्यकता न रह गई। एक वह समय था कि अनेक जंजाल से भरे हुए पाणिनी कात्यायन पतंजलि के सूत्र कार्तक भाषा में एक मात्रा का भी हेरे-फेर हो जाने पर एक बड़ी भारी इमारत को ढहाकर फिर से खड़ा करना था, और इसी का परिणाम यह हुआ कि हमारे यहाँ का व्याकरण ऐसा झंझट से भरा हुआ शास्त्र हो गया, जैसा पृथ्वी के किसी कोने में न हुआ होगा। सच पूछिए तो दो गाड़ी के बोझ की पुस्तकें शेखर मंजूषा आदि बड़े-बड़े जगड़वाल जो रचे गये, उनमें और है क्या? सिवा इसके कि कीचड़ में पांव बोर फिर धोओ। एक बड़े यत्न और प्रयास से एक बने-बनाए सुन्दर मनोहर महल को तोड़-फोड़ छिन्न-भिन्न कर पीछे पछताय फिर उसी को बनाया है। इन्हीं विफल चेष्टाओं में व्याकरण इतना बड़ा शास्त्र हो गया, जिसमें नवीन और प्राचीनों का झगड़ा बढ़ते-बढ़ते उमर-की-उमर बीत जाती है, कोरे-के-कोरे मूर्ख रह जाते हैं। ऐसी सरल भाषा हिन्दी में इस सब खटपट का अब कुछ काम ही न रह गया; पर क्यों ऐसा हुआ यह तो आदमी तभी तय कर सकेगा, जब और भी सैकड़ों-हजारों 'क्यों' का उत्तर दे सकेगा, जैसे क्यों मनुष्य संसार में पैदा होता है? क्यों फिर यहाँ से चला जाता है? इत्यादि-इत्यादि।

अब एक प्रश्न इसके सम्बन्ध में और उठता है कि यदि भाषा की धारा ऐसे

अपरिवर्तनीय ढंग पर इतने जोर-शोर के साथ बह रही है कि हम उसमें चूं भी नहीं कर सकते, तो किसी समय के अच्छे-अच्छे लेखकों का क्या दबाव या असर उसपर होता है? इस प्रश्न का उत्तर सहज में मिल सकता है। पुरानी हिन्दी ही को लीजिए। पुराने ठेठ हिन्दी शब्दों को कोई अच्छी तरह सोच-विचार कर लिखनेवाला फिर से जिलाकर समाज में प्रचलित कर सकता है। अपनी निज की भाषा के कामकाजी शब्दों को मर जाने या मृतकप्राय हो जाने से बचाना अच्छे लेखकों का काम है। बाहरी भाषाओं के शब्दों को अपना-सा कर डालना, जिससे भाषा दिन-प्रति-दिन अमीर होती जाए, यह भी एक बड़ा काम है और सबसे बड़ा काम है अपनी भाषा के विषयों को दूना-चौगुना करते जाना, अर्थात् जो-जो विषय भाषा में पहले कम थे, उनको जिला देना और जो विशेष कभी थे ही नहीं, उनको बाहर से लाकर भरती करना—इन सबका असर यह होगा कि भाषा की नमन-शक्ति बहुत बढ़ जाएगी, अर्थात् जिस तरह के विषय पहले उससे बाहर समझे जाते थे, वे जल्द उसकी पहुँच के भीतर आ जाएँगे। हमारे देखते-ही-देखते अंग्रेजी मेमों ने हिन्दुस्तानी गहनों का पहनना आरम्भ कर दिया, जैसे सोने की चूड़ियां, जड़ाऊ कण्ठा आदि। इसी तरह यदि हम अपनी मातृभाषा को अंग्रेजी भाषा के आभूषणों से आभूषित करें तो क्या क्षति है? ऐसे प्रश्नों की मीमांसा में अभी अनेक पूर्वपक्ष और उत्तरपक्ष रह गये हैं।

जुलाई, 1939

नागरी-लिपि में सर्वप्रथम प्रकाशित ग्रन्थ

ब्रजेन्द्रनाथ बंद्योपाध्याय

उन्नीसवीं शताब्दी का प्रारम्भ था। ब्रिटिश शासन-वृक्ष की जड़ें गहरी पड़ रही थीं, और लार्ड वेलेजली ने महसूस किया कि जिलों में नियुक्त होने वाले अंग्रेज कर्मचारियों को भारतीय भाषाएँ सीखना आवश्यक है, ताकि वे शासन की बागडोर भलीभाँति संभाल सकें, इसलिए सिविलियनों को देशी-भाषाएँ सिखाने के लिए सन् 1800 ई. में फोर्ट विलियम कॉलेज की स्थापना हुई और डाक्टर गिलक्राइस्ट (Gilchrist) हिन्दुस्तानी के प्रथम प्रोफेसर नियुक्त हुए।

इसी प्रकरण में यह बताना अप्रासंगिक न होगा कि 4 मई सन् 1801 में फोर्ट विलियम कॉलेज के लिए मुंशियों की नियुक्ति हुई। मुंशी मीर बहादुर अली को मुख्य और तारिणीचरण मित्र को द्वितीय मुंशी नियुक्त किया गया—क्रमशः दो सौ रुपए और सौ रुपए मासिक पर। इनके अधीन बारह मुंशी चालीस रुपए मासिक पर नियुक्त किए गए। उन बारह मुंशियों के नामः— (1) मुत्तन खां, (2) गुलाम अकबर,

(3) नरुरुल्ल (4) मीर उम्मन, (5) गुलाम अशरफ, (6) हिलालुद्दीन, (7) मुहम्मद सदीक, (8) रहमतुल्ला खां (9) गुलाम गौरुस, (10) कुन्दलाल, (11) काशीराज और (12) मीर हैदरबख्श।

पर फोर्ट विलियम कॉलेज की स्थापना और डॉक्टर गिलक्राइस्ट की नियुक्ति के बाद सिविलियनों का हिन्दुस्तानी भाषाएँ सिखाने में बड़ी कठिनाई हुई, क्योंकि उचित पाठ्य-पुस्तकों का अभाव था। इसलिए कॉलेज के अधिकारियों ने उचित पाठ्य-पुस्तकें तैयार कराने के लिए आज्ञा दी। हिन्दुस्तानी प्रोफेसर डाक्टर गिलक्राइस्ट को अपने काम में बड़ी कठिनाई महसूस हुई, और उन्होंने इसलिए फोर्ट विलियम कॉलेज के सेक्रेटरी को जनवरी में एक पत्र लिखा। (होममिस, न. 559, फोर्ट विलियम कॉलेज प्रोसीडिंग्स) जिसका एक अवतरण नीचे दिया जाता है:–

"...हिन्दुस्तानी ब्रज भाषा से इतनी अधिक संबंधित है कि भाषा के उस भाग में मुझे उचित सहायता नहीं मिलती, क्योंकि मुंशी लोग 'भाखा' को बहुत ही कम समझते हैं। इसलिए मेरी प्रार्थना है कि 50 रु. मासिक पर किसी उपयुक्त व्यक्ति को कॉलेज के कठिन कार्य में सहायता देने के लिए नियुक्त करने की आज्ञा दी जाय।..."

फलस्वरूप गिलक्राइस्ट को 50 रु. मासिक पर 'भाखा' मुंशी नियुक्त करने की आज्ञा मिल गई, और लल्लूलाल कवि 50 रु. मासिक पर 'भाखा' मुंशी नियुक्त हुए। (ब्रजभाषा उन दिनों ब्रज, ग्वालियर, भरतपुर, बैसवाड़े, भदावर, अनावर और बुन्देलखण्ड के इलाकों में बोली जाती थी)।

उसी समय यह महसूस हुआ कि हिन्दुस्तान के लिए हिन्दुस्तानी भाषा ही उपयुक्त होगी, और इसीलिए उसका ही प्रचार करना चाहिए। हिन्दी के पाठकों को यह भ्रम हो सकता है कि हिन्दुस्तानी का प्रश्न महात्मा गांधी या कांग्रेस सरकारों ने उठाया है; पर हिन्दुस्तानी के महत्व पर 6 फरवरी सन् 1802 को मि. डब्लयू. बी. बेली (बेली साहब फोर्ट विलियम कॉलेज में एक सिविलियन विद्यार्थी थे और 13 मार्च, 1928 से 4 जुलाई सन् 1828 तक वे भारत के स्थानापन्न गर्वनर-जनरल भी रहे थे) ने अपनी थीसिस पढ़ी थी और Primitiae Orientalis (Vol. 1) में वह थीसिस छपी थी।

पर चूंकि 'हिन्दुस्तानी' की समस्या से हिन्दी-संसार में एक प्रकार का भूकम्प-सा आ गया है, इसलिए बेली साहब की पूरी थीसिस का उस समय का अनुवाद ज्यों का त्यों दिया जाता है:–

"हिन्दुस्तान में कार्रवाई के लिए, हिन्दी ज़बान और जबानों से जीआदः दरकार है हिन्दुस्तानी ज़बान कि जिसका ज़िक्र मेरे दावे में है उसको हिन्दी-उरदू और रेख्तः भी कहते हैं और यह मुनक्कब अरबी और फारसी ओ संस्कृत या भाषा से है और यिह पिछली अगले ज़माने में तमाम हिन्दू में राएज थी।

अरब के सौदागरों की आमद ओ रफ्त से और मुसलमानों की अक्सर यूरिश

और हुकूमति के आमी के बाइस अलफाजि अरबी और फ़ारसी उसी पुरानी बोली में बहुत मिल गए और एक ज़बान नई बन गई जैसे कि बुनियादि क़दीम पर तामीरि नौहोवे गरज़ रफ्तः रफ्तः इस जबानि ज़दाद ने यिह सूरत और रौनक पकड़ी और दिल्ली के अहलि दरबार ने चाहा कि यही बोली हमारे उन कामों में जो ज़बान से तअल्लुक रखते हैं वसीलः हो तब यिह बतदरीज हर तरफ फैली चुनांचि नतीजाः इसका यिह हुआ कि हर एक मुसलमानी दरबार छोटे और बड़े में भी एक मुद्दत यह नई ज़बान जारी हुई।

आखिरुल अमर यिंह बोली हिन्दुस्तान सबको अज़ीज़ और प्यारी हुई ओ अक्सर मुतवृत्तिन्नों ने इसी मुनक्कब ज़बान पर रागिब होकर इसको अख़ज कीआ कि अपने ऐसे मुआमलात जिनका इस्तिहकाम मौकूफ तहरीर पर न हो उनमें इसी से कलाम करें।

जो इख़्तिलात मुसलमानों को हिन्दुओं के साथ कई सबब और वज़ह से कबही क़सरत से हूआ और कब ही क़िल्लत से-ब्स इसी वास्ते हिन्दी ज़बान में अजनबी अलफ़ाजों की आमोज़िश कबही कसीर कबही कलील हुई।

यिह इखितलाफ जबान का तीन वजह से बाहर नहीं याने मुहावरऐ कदीम या दिहाती-अमुमी या शहरी-दरबार या इल्मी-जो कोई चाहे इन तीनों का इमतियाज़ बेखूबी करे कि हर ऐकका मुक़ाम जुदा-फाऐदः हिन्दूस्तान की हरएक कौम और कबाइल में अलाहिंदः अलाहिदः।

पहले मुहावरे में अजनबी अलफाज कम दख़ील हुए हैं इसी वास्ते वुह अपनी जगह की देसी भाषा से अक्सर जीआदः निसबत रखता है और दूसरे में तखमीननन अजज़ाऐं मखलूती जुजि असली के मुतसावी हैं तीसरे में अरबी और फारसी अलफाज की जीआदती कमाल है।

इस जबान के ग़लबे में जुफ़ बाजे-बाजेमुल्कों में कितने आरिजों से जो पड़ा है सो उनकी तफसील जनून नहीं क्यूकर कि ये हर ऐक साहिबि गौर पर खुद-ब-खुद रोशन हैं।

लेकिन इस इक़रार से मेरा दावा कुछ ज़ईफ नहीं हो जाता क्यूंकि अगरचि हिन्दूस्तान की सरज़मीन पर कई ऐक सरकार और सूबेके लोग अपनी अपनी देसी भाषा बोलते हैं तो भी मैं मुसिर हूँ कि उनमें से या कोई ऐक अजनबी बोली में से जो अब हिन्दुस्तान में मुरवज़ है बराबर हिन्दूस्तानी ज़बान के उमूमन कोई मुफ़ीद नहीं।

ओ यिह बात साहिबि फिक्र पर अयां है कि किसी मुल्कि वसी में अगरचि बहुत देसी भाषा बल्कि वाजी जबाने मुखतलफ भी बोलने में आती हैं तो भी दरबारी और दारूसल्तनत की ज़बान लाकलाम फ़ाइदे में औरों पर तरजी रखती है ओ इसी सबब से वहाँ सब कोई क्या मुतवर्त्तन क्या अजनबी पहले इसी को मुकद्दम जानकर इसत्यामाल में लाते हैं।

अब चाहता हूँ कि ऐसी कई दलीलें नकल करूँ कि मेरे दावे की इस बात की मुजिब हों।

हिन्दूस्तान की तमाम सरज़मीन में कम कोई मुसलमान नजर आवेगा जो हिन्दुस्तानी जबान समझता या बोलता न होगा।

हिन्दू भी जो क़दरे इमतियाज़ रखता हो जो मुसलमानों से या अंग्रेजी कौम से जिसको कुछ एलाकः है, थोड़ी बहुत इसबिहाल अपने नहीं हो सकता न जानें।

अकसर अजनबी कौमों ने कि बूआदेबाश और हिन्दूस्तान में की है इसी जबान को वसीलः गुफ्त और गू का इख्तियार करते हैं चुनांचि हम लोग जो पुर्तकेज ओ वलदेज और फ़रानसीस ओ दीनामार ओ अरब तुर्क ओ युनानी ओ इरमनी ओ गुरजी ओ पारस ओ मुगल ओ चीनी ओगैरे इस बात के शाहिदी।

हिन्दूस्तान के अकसर लश्करों में यही जबान ओ सुवाल वसीलः पड़ती है अगरचि हर ऐक आदमी उन्हमें अपने-अपने देस की बोली जानता है।

सेतबन्ध के करीब से काबुल तक ऐक मुल्क कि जिसकी लम्बाई हजार कोस कम ओ बेश और चौड़ाई सात सै कोस तख़मीन्न है बड़ी गंगा के इस तरफ़ उसमें जिन बस्तीओं ओ शहरों पर मुसलमानों का तसरूर्फ ओ आमेज़िश हुई उन्हीं में ऐसे आदमी कम पाए जाऐंगे जो हिन्दूस्तानी जबान बकदर जरूरत के न जान्ते होंगे। किता नज़र इससे कि गंगा के उसपार भी अकसर जगहों में मशहूर ओ मुरव्वज है जो हर किसी कौम के रसीमात और चलन और तवारीख का दरयाफ्त करना उनकी ज़बान की शिसासाई पर बेशतर मौकूफ है पस और मुल्कों की निसबत बसबब मुख्तलिफ होने दीन ओ फिक है ओ रूसूम और आदत के हिन्दूस्तान में यिह शिआसाई (खुसूनन) जीआदः जनून है।

जब तलक किसी मुल्क के साहिबि तसल्लुत और हाक़िम अपनी रैयत की ज़बान से वाकिफ न हों जुल्म ओ फ़साद ख़्वाहम ख्वाह अंजाम होगा।

अगरचि किसू ऐक जानी जबान में इल्मी किताबों की किल्लत हो तो हो लेकिन वही जबान उमूराति मुल्की तजारती लश्करी और अदालती के वसीले के वास्ते सब जबानों से उस दयार में मुफीद ओ मुनासिब है।

अब यिह बात कहनी जरूर हुई कि हनीज पांच चार सद्दी नहीं गुजरी कि फिकह फराइज काऐदः कवनीन और तमाम इल्म अजनबी जबान से हमारे मुल्क में सीखा और लिखाज ता था उइददस पर भी अंग्रेज जमान बपर गालिब चली आई और यह भी दलीलिकवी है कि वहाँ का रोजमर्राः काबिल इसलाह और तहसील के था।

अगरचि साहिबि मुहावरः हिन्दूस्तानी जबान के यिह फखर नहीं करते कि इसमें बहुत नसर की किताबें या तसानिफी उलमी हैं पर कितने ऐक किस्से खूब ओ गजलें मरगूब और गैरेनज्म में मौजूद हैं! दर किनार यह कि तिमहाजनी ओ लश्करी ओ मुहिरूमाति मुल्की ओ गैरे कि नअल्लुक नाविश्त ख्वांद से रखते हैं उन्हों

में भी जबानि हिन्दी जारी है।

और यह बात किसू पर छिपी नहीं कि यहाँ के दानिशमन्दों की तालीम और मुवाहसः ओ मुनाजरए इल्मी इसी ज़बान में होता है और जो कोई चाहे कि कुछ तसनीफ करे या और किसी से कुछ मतलब लिखवऐ इसी में ख्याल करता और इसी में मानी समझाता।

ऐका फाऐदः यह भी है कि अकसर और जबानों का इक्तिसाब इसकी खूब शिनसाई से आसान होता ओ सिर्फ यही जबान वसीलः है कि जिससे करार वाकई बेइनसाफी ओ तगल्लुब रैयत से दूर हो जावे।

जिन मुकद्दिमों का जिक्र हूआ अगर उनकी बिना रास्ती पर फिलवाकः काइम है तो मैं हैरान हूँ कि उन्ह के नतीजे के बातिल करने पर वुह कौन सी दलीलें होंगी जो कोई लावेगा और वुह नतीजः लाकलाम यिही है कि सौदागर-मुसाफिर-मुल्की ओ लशकरी उहदेदार हकीम ओ तबीब हासिलि कलाम हर ऐक तरह के आदमीओं को जो सरोकार छोटे बड़े मुआमलों से हिन्दुस्तान में रखते हों हिन्दूस्तानी बोली उमूमन और बोलीओं से जीआदः तर दरकार ओ मुफीदा है और इसी सबा से लाजिम है कि सब जबानों की निसबत कदर ओ तरजीह रखे"।

सन् 1802 ई. में नकलियाते हिन्दी-हिन्दी कथा संग्रह-भी प्रकाशित हुआ।

सन् 1803 ई. में प्रेमसागर का कुछ भाग छपा। लल्लूलाल कवि ने मूल ब्रजभाषा में प्रेमसागर का अनुवाद किया। यह सन् 1805 में छपा था।

सम्पूर्ण प्रेमसागर सन् 1810 ई. में संस्कृत प्रेस में लल्लूलाल कवि द्वारा छपाया गया।

सन् 1805 ई. में सिंहासन बत्तीसी छपी। सन् 1805 ई.में बैताल पच्चीसी भी छपी थी। सन् 1895 में सभाविलास पुस्तक भी प्रकाशित हुई। सभाविलास कविता का संग्रह था और उसका संकलन भाषा-मुंशी लल्लूलाल ने किया था। इस पुस्तक का संकलन भाषा के विद्यार्थियों के लिए किया गया था अर्थात 'सभाविलास' फोर्ट विलियम कॉलेज के विद्यार्थियों के लिए पाठ्य-पुस्तक थी। 'सभाविलास' खिदिरपुर-स्थित संस्कृत प्रेस में छपी थी।

संस्कृत प्रेस के सम्बन्ध में यह बताना जरूरी है कि संस्कृत प्रेस के मालिक बाबूराम नामक व्यक्ति थे। बाबूराम त्रिलोचन घाट मिर्जापुर के रहनेवाले थे। वे सारस्वत ब्राह्मण थे। बाबूराम सर्वप्रथम हिन्दुस्तानी थे, जिन्होंने सन् 1806 में अपना प्रेस खोला। पं. बाबूराम खिदिरपुर में रहते थे और वहीं पर उनका प्रेस भी था, जहाँ से वे हिन्दी और संस्कृत की छपाई करते थे।

सन् 1815 ई. में संस्कृत प्रेस लल्लूलाल की सम्पत्ति हो गया। जहाँ तक मैंने अनुसंधान किया है, तुलसीदास की विनयपत्रिका को नागरी लिपि में लल्लूलाल जी ने ही छापा था।

लल्लूलालजी भाखा-मुंशी के पद पर 1823 तक रहे और सन् 1820 ई. में उनके स्थान पर गंगाप्रसाद शुक्ल की नियुक्ति हुई।

मैंने अति सूक्ष्मरूप से हिन्दी-साहित्य की प्रथम प्रकाशित पुस्तकों के बारे में लिखा है। जिन्हें इस विषय में रुचि हो, वे इम्पीरियल रेकार्ड आफिस दिल्ली में फोर्ट-विलियम कॉलेज की कार्यवाही-सम्बन्धी कागजात देखें। यों राजा राधाकान्त देव के सोवाबाजार पुस्तकाल्य में भी इस विषय पर यथेष्ट सामग्री है।

मुझे ऊपर लिखी बातों का पता पुराने कागजात में बंगला के प्राचीन ग्रन्थों का शोध करते समय लगा है, हिन्दी ग्रन्थों की खोज-बीन की दृष्टि से मैंने अपना शोध-कार्य नहीं किया था। मेरा यह दृढ़ विश्वास है कि यदि हिन्दी की कोई प्रतिष्ठत संस्था या सुयोग्य विद्वान इस दिशा में आवश्यक शोध-कार्य करें या करवायें, तो असम्भव नहीं कि नागरी-लिपि में प्रकाशित ग्रन्थों का प्रामाणिक विवरण प्राप्त हो सके और बहुत से ऐसे प्राचीन-ग्रन्थरत्नों का भी पता चले, जो अब तक अंधकार के आवरण से ढंके हैं। यद्यपि हिन्दी के छोटे-मोटे कई इतिहास निकल चुके हैं, पर दरअसल हिन्दी-ग्रन्थों के वास्तविक इतिहास को लिखने के लिए बहुत कम प्रयत्न हुआ है। प्रस्तुत लेख के द्वारा मेरा अभिप्राय हिन्दी भाषा-भाषियों का ध्यान इस कमी की ओर आकृष्ट करना है। यदि मेरे इस प्रयास से एक भी हिन्दी लेखक या हिन्दी-संस्था को नागरी-लिपि में प्रकाशित ग्रन्थों की शोध के लिए प्रेरणा मिली तो मैं अपने परिश्रम को सार्थक समझूंगा।

जनवरी, 1940

मध्यकालीन हिन्दी कवि

श्री सी.एफ.ऐंड्रूज

हिन्दी-साहित्य पर अपने मित्र शान्तिनिकेतन के श्री क्षितिमोहन सेन की नई पुस्तक को पढ़कर मुझे आज के व्याख्यान का विषय सूझा है। हिन्दी के रहस्यवादी संत कवियों पर उनके जो निबन्ध हैं, उनका अंग्रेजी अनुवाद शीघ्र ही लन्दन की लुज़क कम्पनी द्वारा प्रकाशित होगा। मैंने उनके निबन्धों का यह अनुवाद पढ़ा, और उससे मुझे बहुत लाभ हुआ, इसलिए मैं आप लोगों से अनुरोध करूँगा कि आप भी उनके निबन्धों को पढ़ें। वास्तव में उनके निबन्धों को पढ़कर मेरे ऊपर इतना गहरा प्रभाव पड़ा कि मुझे अब यह आवश्यक जान पड़ता है कि हाल में क्षिति बाबू की दादू पर जो उत्कृष्ट पुस्तक बंगला में प्रकाशित हुई है, और जिसमें श्री रवीन्द्रनाथ ठाकुर ने एक महत्वपूर्ण भूमिका भी जोड़ दी है, उसका अंग्रेजी अनुवाद भी शीघ्र प्रकाशित होना चाहिए।

हिन्दी के मध्यकालीन साहित्य में रवीन्द्रनाथ ठाकुर और क्षितिमोहन सेन के इस अपूर्व सहयोग ने सारे संसार में हिन्दी-कवियों की कीर्ति फैलाने में जो कार्य किया है, उसे शायद अभी गुजरातवाले न समझते होंगे, किन्तु शान्तिनिकेतन में जहाँ कवीन्द्र रहते हैं, यह आश्रम का एक अभिन्न अंग बन गया है। इसके फलस्वरूप भविष्य में शान्तिनिकेतन में हिन्दी की शिक्षा के लिए एक 'चेयर' स्थापित करने और हिन्दी का एक पुस्तकालय खोलने का आयोजन हो रहा है। शान्तिनिकेतन में हिन्दी पुस्तकाल्य के लिए कुछ लेखकों ने पुस्तकें भी भेंट की हैं, और वहाँ श्री हजारीप्रसाद द्विवेदी हिन्दी शिक्षक का काम भी कर रहे हैं। द्विवेदी जी की उपस्थिति बहुत लाभप्रद सिद्ध हुई है, क्योंकि हिन्दी के साथ ही साथ बंगला-संस्कृत का भी वे बहुत अच्छा ज्ञान रखते हैं।

विश्व-भारती में अध्ययन करनेवाले दो यूरोपियनों ने हिन्दी को अपने अध्ययन का एक विषय चुना है। उनके अतिरिक्त हिन्दी के पन्द्रह विद्यार्थी और हैं। यह उन्नति क्रमशः ही हुई है; किन्तु इसका मुख्य कारण है हिन्दी संत कवियों के प्रति कवीन्द्र तथा श्री क्षितिमोहन सेन का उत्साहभरा अनुराग। कारण यह है कि कवीन्द्र रवीन्द्र नाथ हिन्दी की इस सन्त-वाणी को भारत की धार्मिक संस्कृति का सर्वोत्कृष्ट पुष्प समझते हैं।

इस प्रकार कवीन्द्र से प्रेरणा पाकर क्षिति बाबू अब एक तीसरे संत कवि रज्जब की वाणी का संग्रह कर रहे हैं। उनकी रज्जब-सम्बन्धी पुस्तक की पाण्डु-लिपि देखकर मुझे प्रतीत होता है कि सम्भवतः रज्जब को भी वही स्थान प्राप्त है, जो दादू और कबीर को। रज्जब को इन दोनों महाकवियों का समकक्ष कहना वास्तव में उसे बहुत बड़ा सम्मान प्रदान करना है।

साहित्य के इन महान भण्डारों की जो सदियों की धूलि से ढककर संसार के लिए लुप्त हुए जा रहे हैं, खोज का अभी तो श्रीगणेश ही हुआ है। इस समय इस साहित्य भण्डार के पुनरुद्धार के काम में हाथ बंटाने से बढ़कर प्रेरणापूर्ण कार्य दूसरा नहीं हो सकता। श्री क्षितिमोहन सेन ने अपनी छुट्टियों में इस साहित्य की खोज में उत्तरी पश्चिमी भारत की खूब खाक छानी है। क्षिति बाबू ने मुझसे बतलाया कि इस खोज में काठियावाड़ के ग्राम बहुत फलदायक सिद्ध हुए, क्योंकि इन ग्रामों में अब तक यह संत वाणी और धार्मिक गीत जो इतने सीधे-सादे होते हुए भी अत्यंत गम्भीर हैं, केवल मौखिक प्रवचन के द्वारा गुरुओं और संतों से शिष्यों को प्राप्त होते आए हैं।

(2)

मध्यकालीन भारत के गाँवों के विकास में गुजरात ने बड़ा भाग लिया है। डॉक्टर एफ. डब्ल्यू.थामस ने केवल तीन कवियों के नामों का उल्लेख किया है—नरसिंह मेहता, मीरा बाई और परमानन्द। मीरा बाई का नाम अतुलनीय और अजोड़ है। पश्चिमी

भारत ने जितने रहस्यवादी सन्तों को उत्पन्न किया है, उनमें इस पवित्रतम महिला संत का नाम अलग ही चमकता है। हाल में होनेवाले प्रत्येक गुजराती कवि ने उसके प्रति सम्मान प्रकट किया है। आज हमें गुजराती-साहित्य में जो पुनर्जागरण दीख पड़ता है, उसने भी भक्ति के उसी भण्डार से रचनात्मक प्रेरणा प्राप्त की है, जो मीराबाई के गीतों का उद्गम था।

एक दूसरे सन्त कवि के नाम का भी मैं यहीं पर उल्लेख कर देना चाहता हूँ, जिसके गीतों में मीरा के गीतों के साथ विचित्र समता दीख पड़ती है। यह था ज्ञानदास। आगे चलकर मैं एक गीत सुनाऊँगा, जिसका अंग्रेजी अनुवाद श्री रवीन्द्रनाथ ठाकुर ने क्षितिमोहन सेन की हिन्दी-हस्तलिपि से किया है। उसे सुनकर आप मेरे इस विचार से सहमत होंगे कि उसके गीत रहस्यवादी संत-साहित्य के किसी भी काव्य-चयन में, जैसा कि ऑक्सफोर्ड-यूनिवर्सिटी प्रेस ने प्रकाशित किया है, चुने जाने योग्य हैं।

मैंने गुरु नानक और उनके परवर्ती सिख गुरुओं का उल्लेख नहीं किया है, और न मैंने धार्मिक संस्कृतियों की उस एकता की ओर ही आपका ध्यान दिलाया है, जो भक्ति-मार्ग के हिन्दुओं तथा सूफी मत के मुसलमानों में, जो सिन्ध के गौरव हैं, मिलती है। इस संक्षिप्त व्याख्यान में इनका केवल राह चलते उल्लेख किया जा सकता है, यद्यपि मुझे इस बात का लोभ होता है कि मैं इन महान विषयों पर कुछ अधिक कहूँ।

शान्तिनिकेतन में रवीन्द्रनाथ ठाकुर के Genial प्रभाव में हमें भारतीय संस्कृति की दो धाराओं का-बंगला और हिन्दी का-संगम अभी ही दीख पड़ता है। निश्चय ही समय आ गया है, जब गुजराती-साहित्य को भी, जिसका इन दोनों साहित्यों के साथ घना सम्बन्ध है, अपना सलिल भी इन दोनों उर्वरा-शक्तिदायिनी धाराओं में मिला देना चाहिए। आप लोग, जिन्हें अपने साहित्य से प्रेम है, शान्तिनिकेतन को अपना ही समझें। वहाँ के कवि-कुन्ज में मीराबाई के साथ-साथ तुलसीदास, तुकाराम, नानक, कबीर, रज्जब, ज्ञानदास आदि को बंगाली कवियों की बराबरी का ही स्थान प्राप्त है। जिस प्रकार अपने सुप्रसिद्ध गीत 'मातृभूमि-वन्दना' में रवीन्द्रनाथ ने भारत के प्रत्येक प्रान्त के प्रति प्रेम प्रकट किया है, उसी प्रकार उनके आश्रम में भी भारत की प्रत्येक सच्ची संस्कृति के लिए स्थान है।

(3)

भारत के साहित्यिक भविष्य के लिए मेरा अनुमान यह है कि अंग्रेजी भाषा, जो भारत के ग्रामीण जनसाधारण के लिए सदा ही एक विदेशी भाषा रहेगी, भले ही व्यापार और विदेशी लिखा-पढ़ी के माध्यम के रूप में अपना स्थान बनाए रखे, पर वह कभी

आधुनिक भाषा में भारत के साहित्य की भाषा नहीं बन सकेगी। वैज्ञानिक भाषा में, यों कहिये कि भारतीय साहित्य में अग्रेजी भाषा प्रधान न होकर गौण ही होगी। दूसरी ओर भारत की विभिन्न प्रान्तीय भाषाएँ भविष्य में एक-दूसरे के साथ अधिक फलदायक एकता स्थापित करेंगी, ठीक वैसे, जैसे शान्तिनिकेतन में बंगला और हिन्दी अभी ही कर रही हैं। मुझे यह देखकर बड़ी प्रसन्नता होती है कि यह कृपा बंगाल ही में नहीं, वरन् गुजरात में भी चल रही है, क्योंकि मैंने देखा कि यहाँ गुजरात में भी अनेक सुसंस्कृत सज्जनों ने बंगला का विशेष अध्ययन किया है। अभी उस दिन मैंने अपने मित्र मास्टर करुणाशंकर से बातचीत करते हुए जाना कि उन्होंने सिर्फ इसलिए बंगला सीखी है कि वे रवीन्द्रनाथ की कविताओं का रूप-सौन्दर्य उनके मूल-रूप में देख सकें। उन्होंने मन्दिर में दिए हुए कवीन्द्र के अनेक धार्मिक व्याख्यानों का भी स्वाद लिया है—ऐसे व्याख्यानों का जिनका अनुवाद अभी तक अंग्रेजी में नहीं हुआ है। विभिन्न मातृभाषाओं के होते हुए भी उच्चकोटि के विचारों का यह विनिमय एक मूल्यवान निधि है। इससे भारत की एकता को भी बड़ी सहायता पहुँचेगी। विनिमय की इस क्रिया में हिन्दी भाषा का स्थान बहुत महत्वपूर्ण है, क्योंकि एक ओर वह बंगला की ओर हाथ पसारे है, तो दूसरी तरफ गुजराती की ओर।

चूंकि हिन्दी का स्थान बीचोबीच में है, और वह बहुधा पूर्वीय और पश्चिमीय भारतवर्ष की भाषाओं के बीच पुल का काम करती है, इसलिए हिन्दी लेखकों के लिए यह आवश्यक है कि वे अपनी निजी शैली विकसित करते हुए भी सरल से सरल शब्दों का प्रयोग ही करें, न कि आलंकारिक शब्दों का। भारत की राष्ट्रभाषा बनने के लिए और आसानी से समझी जाने के लिए हिन्दी को चाहिए कि वह उन शब्दों और वाक्यों को सुरक्षित बनाए रखे, जो उत्तर भारत की हिन्दी के आसपास की भाषाओं में भी प्रचलित हों। हिन्दी को सरल बनाने में, जैसा कि मैंने कहा है, हिन्दी की कोई हानि नहीं हो सकती। इसके विपरीत यह बात हिन्दी-भाषा को ग्रामीण जनता के हृदय के तथा उर्दू भाषी बृहत समुदाय के हृदय के अधिक निकट लाएगी।

इसके अतिरिक्त यह भी जरूरी है कि भारत की एक राष्ट्र लिपि की जटिल समस्या भी सहानुभूतिपूर्ण ढंग से हल की जाए। यह कोई भी न चाहेगा कि बंगला या गुजराती की लचीली सुन्दर लिपियां छोड़ दी जाएँ, और उनके स्थान में देवनागरी बिठा दी जाए; किन्तु देवनागरी-लिपि में थोड़ा सा सुधार कर देना चाहिए, जिससे भारत की अन्य भाषाओं के शब्द ठीक-ठीक उच्चारण के साथ उसमें लिखे जा सकें। इस प्रकार अन्य भाषाओं की चीजों को नागरी अक्षरों में लिखने से हिन्दीवाले उन्हें भी बहुत-कुछ समझ सकेंगे। कवीन्द्र की प्रसिद्ध पुस्तक 'गीतांजलि' इसी प्रकार हिन्दी में छापी गई थी, और काफी लोकप्रिय सिद्ध हुई थी। नागरी-लिपि में होने के कारण हिन्दी पाठक बंगला कविताओं को भी आसानी से समझ सके थे।

इन सब बातों के लिए एक ऐसे स्थान की आवश्यकता है, जिसे मैं 'प्रयोगशाला' कहूँगा, जहाँ विभिन्न संस्कृतियाँ एक दूसरे से मिल सकें और जहाँ खोज का काम किया जा सके। उत्तरी भारत में इस कार्य के लिए शान्तिनिकेतन से बढ़कर स्थान नहीं हो सकता। शान्तिनिकेतन को इस कार्य के लिए चुनने का कारण यह नहीं है कि मुझे कवीन्द्र और उनके आश्रम से बड़ा प्रेम है, बल्कि बात यह है कि मैंने वहाँ के वातावरण में ऐसी स्वतन्त्रता देखी है, जिससे वहाँ इस प्रकार के प्रयोग फलदायक हो सकते हैं। इसके अतिरिक्त यह तो प्रत्यक्ष है कि इस प्रकार के कामों का केन्द्र ऐसा होना चाहिए जो साहित्यिक सम्पर्क से परिपूर्ण हो; साथ ही वह कार्य इस प्रकार से किया जाए कि यह प्रेम का कार्य हो, न कि भाड़े का। कवीन्द्र के आश्रम में ये सारी बातें मौजूद हैं।

(4)

अच्छा, आइये अब इन ढीले-ढाले ढंग से बंधे हुए विचारों को छोड़कर मध्यकालीन भारत की, जिस समय हिन्दी साहित्य का जन्म हुआ था, एक झाँकी देखी जाए। भक्ति मार्ग का जन्म भारतीय इतिहास के एक अत्यन्त काले युग में हुआ था। भारत के समूचे इतिहास में कोई भी काल इतना अंधकारपूर्ण नहीं था, जितना वह काल था, जिसने हिन्दोस्तान पर मध्य एशिया की लड़ाकू जातियों के लगातार हमले देखे थे। इन हमलों ने समस्त संस्कृति को नष्ट कर दिया था, और मानवजाति की अनेक उच्च अभिलाषाओं पर पानी फेर दिया था।

कैम्ब्रिज हिस्ट्री की मोटी-मोटी जिल्दों में कोई भी जिल्द दुख-दैन्य की इतनी कथाओं से भरी नहीं है, जितनी वह जिल्द है, जिसमें भारत के उस अंधकारपूर्ण काल का इतिहास है। फिर भी इसी युग में वे सुन्दर बीज बोये गये, जिन्होंने आगे चलकर इतने आश्चर्यजनक फल उत्पन्न किये।

दक्षिण भारत में रामानुज ने भगवद्-भक्ति का जो प्रचार किया था, उसे महात्मा रामानन्द उत्तर में लाए। उन्होंने सूखे दर्शन के निराकारवाद को छोड़कर धर्म के अंतस्तल का स्पर्श किया। रामानन्द की शिक्षाओं का बहुत ही छोटा अंश आज हमें प्राप्त है, फिर भी अनेक कथाएँ ऐसी मौजूद हैं, जिनसे ज्ञात होता है कि उन्होंने तमाम विघ्न-बाधाओं को तोड़ने का कैसा पवित्र प्रयत्न किया था, जिससे मनुष्य का प्रेम भगवान के प्रेम में मिल सके। उनकी एक सुन्दर कथा रवीन्द्रनाथ ने अंग्रेजी में लिखी है, जो महात्मा गांधी के 'हरिजन' पत्र में प्रकाशित हुई है। इस कथा में बताया गया है कि किस प्रकार एक अछूत की सेवा में रामानन्द ने अपने इष्टदेव के दर्शन पाए थे।

निश्चय ही दक्षिण भारत का यह संत उन महानतम व्यक्तियों में है, जिन्हें भारत ने उत्पन्न किया है। भारतीय इतिहास के उज्जवल अंशों के निर्माण में उनका जो प्रभाव पड़ा था, उसे इतिहासवेत्ता धीरे-धीरे स्वीकार कर रहे हैं, किन्तु अब इतिहास

में उनकी कीर्ति सुनिश्चित है। वे भारत के एक सुदूर भाग से, एक अपरिचित व्यक्ति के रूप में, आकर उत्तर भारत में बसे थे। फिर भी अपने बारह शिष्यों की सहायता से उन्होंने भारत के उत्तरी मैदानों के हिन्दुओं के आध्यात्मिक जीवन में ऐसी क्रान्ति कर दी, जो अभी तक नहीं मरी है। यह भी दीख पड़ेगा कि बाद के कवियों के केन्द्रीय विचारों का, जिनमें उन्होंने पवित्र हृदय की भक्ति के द्वारा ही भगवान की खोज की है, मूल उद्गम रामानन्द की शिक्षाओं में ही है। संस्कृत को, जो उस युग में विद्वानों की भाषा थी और जिसके वे प्रगाढ़ पण्डित थे, उन्होंने एक ओर उठाकर रख दिया। वे उतर-भारत के निवासी बन गए। उन्होंने हिन्दी सीखी और अपना संगीत हिन्दी के ऐसे सरल शब्दों में सुनाया, जिन्हें साधारण लोग भी आसानी से समझ सकें। यह उन्हीं की प्रसिद्ध पंक्तियाँ हैं–

"जात पांत पूछे नहि कोई,
हरि को भजे सो हरि का होई।"

रामानन्द स्वयं भी इसी सिद्धान्त पर चलते थे। उन्होंने एक मुसलमान और एक अछूत को भी अपने प्रधान शिष्यों में जगह दी थी। इन दोनों के साथ ही उन्होंने एक राजपूत राजा और एक ब्राह्मण को सम्मिलित किया था। उन्होंने ही पहले-पहल स्त्रियों को भी अपने शिष्यों में भरती किया था। उनका यह काम वर्ण-व्यवस्था और जातियों के अलगाव के विरुद्ध, जो शताब्दियों से हिन्दू धर्म को-विशेषकर दक्षिण भारत में सड़ा रहा था, एक प्रकार का नैतिक विद्रोह था। जैसा कि मैं कह चुका हूँ, उन्होंने ही बाहरी पूजा के स्थान में हृदय मन्दिरों में सच्चे धर्म की स्थापना की। उन्होंने लिखा है–"एक दिन मैं चन्दन और पूजा की सामग्री लेकर मन्दिर में पूजा के लिए पहुँचा; किन्तु सतगुरु ने स्वयं मेरी आत्मा में ही मुझे दर्शन दिये।"

भगवद्भक्ति की इस नवीन शिक्षा ने उत्तरी भारतवालों पर बड़ा गहरा प्रभाव डाला; किन्तु तब तक इस विषय के पूरे साहित्य की बड़ी कमी थी। तब कविकुल गुरु तुलसीदास ने राम और सीता की कथा और उसकी हृदयद्रावक घटनाएँ जो नैतिक सौन्दर्य से ओतप्रोत हैं, लिखीं। तबसे तुलसी की रामायण पन्द्रह करोड़ लोगों के घरों में नित्यप्रति गाई तथा पढ़ी जानेवाली धार्मिक पुस्तक बन गई है। शायद बाइबिल और कुरान को छोड़कर मनुष्य जाति के साधारण जनों में किसी भी अन्य पुस्तक ने इतना व्यापक प्रभाव नहीं डाला, जितना तुलसी की रामायण ने। तुलसीदास की प्रतिभा कितनी शक्तिशालिनी थी, यह कहना असम्भव है। बाल्मीकि की कथा कौन ऐसे प्रेरणापूर्ण ढंग से पुनः गा सकता था, जो युगों से भारत के समूचे हिन्दी भाषी भाग को मोहित किए है। इतना ही नहीं बल्कि भारत की अन्य प्रान्तीय भाषाओं में भी उसके अनेकों अनुवाद हुए हैं। तुलसी की रामायण की गणना अब तक आधुनिक संसार के जीवित धर्म-ग्रन्थों में है।

यहाँ पहुँचकर यह कठिन है कि मैं रुककर उन महान घटनाओं का कुछ वर्णन न करूँ, जो मानव-जाति के लिए साम्राज्यों के उत्थान-पतन की अपेक्षा कहीं अधिक महत्वपूर्ण थीं। सबसे बढ़कर मैं चाहता था कि सिख गुरुओं की कथा भी कुछ सुनाऊँ; किन्तु उसके स्थान पर मैं आज आप लोगों को यह बताऊँगा कि मध्यकालीन भारत और मध्यकालीन यूरोप में एक विचित्र समता है, क्योंकि अब तक मैंने किसी को भी इस विचित्र समता को स्पष्ट रूप में बतलाते हुए नहीं देखा।

पश्चिमी यूरोप में भी अनेक शताब्दियों से जो अवस्था थी, उसे भी हम लोग 'अंधकारपूर्ण युग' के नाम से पुकारते हैं। यूरोप का यह युग भारत के अंधकारपूर्ण युग का लगभग समकालीन है, क्योंकि हमें भी उन दिनों मध्य एशिया की हूण आदि शक्तिशाली लड़ाकू जातियों के, जो अपने सामने संस्कृतियों को निर्दयता से नष्ट करके अपने पीछे ध्वंस और विनाश के खण्डर छोड़ जाती थीं, भयंकर हमले सहने पड़े थे। यूरोप में हम लोग भी उस समय के कभी समाप्त न होनेवाले दुख-दैन्य में डूब गए होते, यदि उस समय एक के बाद एक संत महापुरुष या संत महिला का प्रादुर्भाव न हुआ होता। इन संतों ने भगवद्प्रेम को अपनी आत्मा के भीतर ही पाया, और वे उसे अपने जीवन में चरितार्थ करने में भी सफल हुए। क्लेयरवो के सन्त बर्नर्ड ने, जो इस प्रकार के सन्त कवियों में सबसे पहले थे, हमें ईश प्रेम का वह प्रसिद्ध भजन प्रदान किया, जो आज तक सारे संसार में गाया जाता है:–

"Jesu the very thought fo thee,
With sweetness fills the breast;
But sweeter for thy face to see,
And in thy presence Rest
Thou hope of every contrite heart,
Thou joy of all the meek,
to those who ask how kind Thou art
How good to those who seek
But what to those who find? Ah this,
No tongue or pen can show
the love of Jesus, What it is,
none but His loved ones know."

–"ईसा तेरा विचारमात्र ही हृदय में मधुरता भर देता है; लेकिन तेरा मुख उससे भी मधुर है, और तेरी उपस्थिति में शान्ति निवास करती है।"

–"तू प्रत्येक अनुतप्त हृदय की आशा है, तू सम्पूर्ण निर्बलों की प्रसन्नता है, याचक पर तू कितना कृपालु है, जो तुझे ढूंढ़ते हैं, उनपर तू कितना दयालु है।"

—"लेकिन जो तुझे पाते हैं?—ओह, उनकी बात का वर्णन कोई भी जिह्वा या लेखनी नहीं कर सकती। इसका प्रेम क्या है, उसे और कोई नहीं जान सकता, केवल उन्हें छोड़कर, जिन्हें उनका प्रेम प्राप्त है।"

यह ठेठ भक्ति की भाषा है, जिसकी भारत के संत भक्तों की वाणी से समानता की जा सकती है। इसी प्रकार के शब्द असीसी के संत फ्रांसिस के, जो 'दीनों का छोटा भाई' कहलाता है, जीवन में प्रतिध्वनित होते हैं। ये ही शब्द हमें 'इमीटेशन ऑफ क्राइस्ट' नामक रचना में, जिसे संत टामस ए.केम्पिस ने मठ की निस्तब्धता में लिखा था, पुनः नवीन प्रकाश के साथ दिख पड़ते हैं। यूरोप के इस भक्ति-आन्दोलन के द्वारा, जो ग्रामों की सरल जनता में खूब प्रचलित हुआ था, लोगों में नवीन आशा का उदय हुआ था।

(6)

यह हुई यूरोप की बात, आइए अब जरा भारत को देखिए, मैं यहाँ हिन्दी के संत कवियों की कुछ पंक्तियाँ सुनाऊँगा। कबीर गाते हैं:—

"साधो सो सद्‌गुरु मोंहि भावै।
सत्त प्रेम का भर—प्याला आप पिवै मोहिं प्यावै,
एकहि सब सुख-दुख दिखलावै शब्द में सुरति समावै।"

तनिक इस महान् पंक्ति पर ध्यान दीजिए—"एकहि सब सुख-दुख दिखलावे, शब्द में सुरति समावै।" अर्थात्—"वह सुख-दुःख को एक ही में प्रकट करता है, उसके शब्द में प्रेम समाया हुआ है।" इस प्रकार के शब्द महान मानवीय अस्तित्व के केन्द्रीय रहस्य तक उतर जाते हैं। वे विशुद्ध धर्म के अंतस्तल में पैठ जाते हैं।

संत टामस ए. केम्पिस ने भी अपनी इस लाइन में इसी प्रकार का सन्देश दिया है:—'केवल सलीब में ही सच्चा आनन्द है।'

असीसी के संत फ्रांसिस के जीवन में सुख और दुख का पूर्ण मिश्रण था, इसलिए उन्होंने इस संदेश में व्यक्तिगत अर्थ भी सम्मिलित कर दिए हैं।

एक दूसरे विषय को लीजिए, वह है मानव-आत्मा की व्यापकता, जो कविता और संगीत द्वारा प्रकट की गई है

ज्ञानदास ने गाया है—

"घोंसल में तू रैन गंवाया कहाँ रहा रे गाना,
अब तो सुरसे छाया गगन रे तिमिर भया अवसाना;
चैन रहन तो घोंसल में रे गगन में क्यों माता,
अहद अगाह महा अति गभिरा उसमें क्या सुख पाता?

कवि पक्षी से पूछता है–"तूने घोंसले में रात बिताई थी, उस समय तेरा गान कहाँ गया था? अब जब तिमिर का अवसान हो गया, तब सारे आकाश में तेरा स्वर छाया हुआ है। तेरे घोंसले में तो चैन था, तू आकाश पर क्यों इतना मस्त हुआ है? आकाश तो असीम, अगाध और अत्यंत गम्भीर है, उसमें तुझे क्या सुख मिलता है?"

पक्षी उत्तर देता है–

"हद से हद में दिन बीता जब भोग बहुत हम पाया,
बेहद में जब डूब अथाहा तब ही आपा गाया"

अर्थात्–"जब तक मैं (अपने घोंसले की) सीमाओं में बन्द था, तब तक मैंने अनेक दुःख भोगे, अब जब मैं असीम और अथाह में डूबता हूँ, तो मैं अपना आपा (आत्म-संगीत) गाता हूँ।"

इन शब्दों में प्रकट किए हुए विचार कितने गम्भीर हैं; अज्ञात को प्राप्त करने के लिए मानव-जीवन की समूची तीर्थ-यात्रा को वे कितने थोड़े में व्यक्त करते हैं।

अंत में अपनी मीराबाई को लीजिए। अपने इष्ट की खोज में वे गाती हैं–

"मेरे तो एक राम-नाम दूसरा न कोई।
दूसरा न कोई साधो सकल लोक जोई,
भाई छोड्या बन्धु छोड्या छोड्या सगा सोई;
साधु संग बैठि-बैठि लोक-लाज खोई,
अंसुवन जल सींचि-सींचि, प्रेम-बेलि बोई।"

मेरे इस व्याख्यान से क्या व्यावहारिक परिणाम निकलते हैं? यहाँ पर मैं केवल दो का उल्लेख करूँगाः–

1. इस खोज के काम में (जैसा भारत का यह महान कवि और उसके सहकारी शान्तिनिकेतन में कर रहे हैं) हमें हाथ बंटाना चाहिए। कवीन्द्र ने अब तक अपनी सम्पत्ति और धन को इन कामों में बहुत उदारता से व्यय किया है; किन्तु इस मन्दी के काल में उनके साधन लगभग समाप्त हो रहे हैं। हमें चाहिए कि हम उन्हें आर्थिक चिन्ताओं से मुक्त कर दें, ताकि वे अधिक दिनों तक जीवित रहकर इस महान कार्य को पूरा करें।
2. हमें यहाँ इस प्रकार के आध्यात्मिक गीतों के नवीन भंडारों को खोजना चाहिए-विशेषकर उन गीतों और पदों को, जिन्हें गांवों में लोग केवल मुख से सुनकर याद करते चले आते हैं, और जो अब तक लिखे या प्रकाशित नहीं किए गए हैं।

यदि इन दोनों तरीकों में से किसी भी तरीके से गुजरात साहित्य सभा इस महान कार्य में, जो हमारे गुरुदेव और हमारी मातृभूमि को इतना प्रिय है, सहायता पहुँचाएगी, तो मैं समझूंगा कि मेरा यह व्याख्यान व्यर्थ नहीं गया।

अक्तूबर, 1935

साहित्य का भविष्य

जवाहरलाल नेहरू

कुछ दिन से फिर हिन्दी और उर्दू की बहस उठी है, और लोगों के दिलों में यह शक पैदा होता है कि हिन्दीवाले उर्दू को दबा रहे हैं और उर्दूवाले हिन्दी को। बगैर इस प्रश्न पर गौर किए जोशीले लेख लिखे जाते हैं, और यह समझा जाता है कि जितना हम दूसरे पर हमला करें, उतना ही हम अपनी प्रिय भाषा को लाभ पहुँचाते हैं लेकिन अगर जरा भी विचार किया जाए, तो यह बिल्कुल फिजूल मालूम होता है। साहित्य ऐसे नहीं बढ़ा करते।

दूसरी बात यह भी देखने में आती है कि अक्सर साहित्य का अर्थ हम कुछ दूसरा ही लगाते हैं। हम भाषा की छोटी बातों में बहुत फंसे रहते हैं और बुनियादी बातों को भूल जाते हैं। साहित्य किसके लिए होता है? क्या वह थोड़े से ऊपर के पढ़े-लिखे आदमियों के लिए होता है या आम जनता के लिए? जब तक हम इसका जवाब न दें, उस समय तक हमें साहित्य के भविष्य का रास्ता ठीक तौर से नहीं दीखता। और अगर हम इस बात का निश्चय कर लें, तब शायद हमारे और झगड़े हिन्दी उर्दू आदि के भी हल हो जाएँ।

पहली बात जो हमको याद रखनी है, वह यह कि हमारा आजकल का साहित्य बहुत पिछड़ा हुआ है। यूरोप की किसी भी भाषा से मुकाबला किया जाए, तो हम काफी गिरे हुए हैं। जो नई किताबें हमारे यहाँ निकल रही हैं, वे अव्वल दर्जे की नहीं होतीं। अगर कोई आदमी आजकल की दुनिया को समझना चाहे, तो उसके लिए आवश्यक हो जाता है कि वह विदेशी भाषाओं की किताबें पढ़ें। नई विचार-धाराएँ अभी तक हमारे साहित्य में कम पहुँची हैं। इतिहास, विज्ञान, अर्थशास्त्र, राजनीति इत्यादि पर हमारी भाषाओं में माकूल पुस्तकें बहुत कम हैं। हमें इधर पूरे तौर से ध्यान देना है, नहीं तो हमारी भाषाएँ बढ़ नहीं सकतीं। जो लोग इन बातों के सीखने के प्यासे हैं, उनको मजबूरन और जगह जाना पड़ेगा।

बहुत सारे प्रश्न उठते हैं। इन सबों पर मैं इस समय नहीं लिख सकता; लेकिन चंद बातों की तरफ ध्यान दिलाना चाहता हूँ:—

1. मेरा पूरा विश्वास है कि हिन्दी और उर्दू के मुकाबले से दोनों को हानि पहुँचती है। वे एक-दूसरे के सहयोग से ही बढ़ सकती हैं। और एक के बढ़ने से दूसरे को भी फायदा पहुँचेगा। इसलिए उनका सम्बन्ध मुकाबले का नहीं होना चाहिए, चाहे वह कभी अलग-अलग रास्ते पर ही क्यों न चलें। दूसरे की तरक्की से खुशी होनी चाहिए, क्योंकि उसका नतीजा अपनी तरक्की होगा। यूरोप में जब नए साहित्य (अंग्रेजी, फ्रेन्च, जर्मन, इटालियलन) बढ़े तब सब

साथ बढ़े, एक दूसरे को दबाकर और मुकाबला करके नहीं।

2. इसके माने यह नहीं कि हर भाषा के प्रेमी अपनी भाषा की अलग उन्नति की कोशिश न करें। यह अवश्य करें; लेकिन वह दूसरे के विरोध में कोशिश न हो और मूल सिद्धान्त सामने रखें।
3. यह खाली उर्दू-हिन्दी के लिए नहीं, बल्कि हमारी सब बड़ी भाषाओं के लिए-बंगला, मराठी, गुजराती, तमिल, तेलगु, कन्नड़, मलयालम यह बात साफ कर देनी चाहिए कि हम इन सब भाषाओं की तरक्की चाहते हैं, और कोई मुकाबला नहीं। हर प्रान्त में वहाँ की भाषा ही प्रथम है। हिन्दी या हिन्दुस्तानी राष्ट्रभाषा अवश्य है और होनी चाहिए। लेकिन वह प्रान्तीय भाषा के पीछे ही आ सकती है। अगर यह बात निश्चित हो जाए और साफ-साफ कह दिया जाए, तो बहुत गलतफहमियाँ दूर हो जाएँ और भाषाओं का सम्बन्ध बढ़े।
4. हिन्दी और उर्दू का सम्बन्ध बहुत करीब का है, और फिर भी कुछ दूर होता जा रहा है। इससे दोनों को हानि होती है। एक शरीर पर दो सिर हैं और वे आपस में लड़ा करते हैं। हमें दो बातें समझनी हैं और हालांकि वह दोनों बातें ऊपरी तौर से कुछ विरोधी मालूम होती हैं, फिर भी उनमें कोई असली विरोध नहीं है। एक तो यह कि हम ऐसी भाषा हिन्दी और उर्दू में लिखें और बोलें जो कि बीच की हो, और जिसमें संस्कृत या अरबी और फारसी के कठिन शब्द कम हों। इसी को आमतौर से हिन्दुस्तानी कहते हैं। कहा जाता है, और यह बात सही है, कि ऐसी बीच की भाषा लिखने से दोनों तरफ की खराबियाँ आ जाती हैं, एक दोगली भाषा पैदा होती है, जो किसी को भी पसन्द नहीं होती और जिसमें न सौन्दर्य होता है, न शक्ति। यह बात सही होते हुए भी बहुत बुनियाद नहीं रखती, और मेरा विचार है कि हिन्दी और उर्दू के मेल से हम एक बहुत खूबसूरत और बलवान भाषा पैदा करेंगे, जिसमें जवानी की ताकत हो और जो दुनिया की भाषाओं में एक माकूल भाषा हो।

यह बात होते हुए भी हमें याद रखनी है कि भाषाएँ जबरदस्ती नहीं बनती या बढ़तीं। साहित्य फूल की तरह खिलता है, और उस पर दबाव डालने से मुरझा जाता है। इसलिए अगर हिन्दी-उर्दू भी अभी कुछ दिन तक अलग-अलग झुके, तो हमको उस पर एतराज नहीं करना चाहिए। यह कोई शिकायत की बात नहीं। हमें दोनों को समझने की कोशिश करनी चाहिए, क्योंकि जितने अधिक शब्द हमारी भाषा में हों, उतना ही अच्छा।

5. लिपि के बारे में यह बिल्कुल निश्चय हो जाना चाहिए कि दोनों लिपियाँ-देवनागरी और उर्दू-जारी रहें और हर एक को अधिकार हो कि जिसमें चाहे वह लिखे। अक्सर इस बात की चर्चा होती है कि एक प्रान्त में हिन्दी लिपि को दबाते

हैं, जैसे सरहदी प्रान्त या दूसरे प्रान्त में उर्दू लिपि को मौका नहीं मिलता। हमें एक तरफ की बात खाली नहीं कहनी है, बल्कि सिद्धान्त रखना है कि हर जगह दोनों लिपियों को पूरी आजादी होनी चाहिए। हिन्दी और उर्दू दोनों के प्रेमियों को मिलकर यह बात माननी चाहिए और इसका यत्न करना चाहिए।

6. यह प्रश्न असल में हिन्दी और उर्दू से भी दूर जाता है। मेरी राय में हर भाषा व हर लिपि को पूरी आजादी होनी चाहिए—अगर उसके बोलने और लिखने वाले काफी हों। मसलन, अगर कलकत्ते में काफी तमिल बोलने वाले रहते हैं तो उनको अधिकार होना चाहिए कि उनके स्कूलों में तमिल द्वारा पढ़ाई हो। जाहिर है कि एक प्रान्त के राजनैतिक कार्य का अन्य काम बहुत सारी भाषाओं में नहीं हो सकता। वह तो प्रान्त की भाषा में ही हो सकता है। उत्तर-भारत और मध्य-भारत में जहाँ हिन्दुस्तानी भाषा जनता की है, वहाँ एक भाषा और दो लिपियाँ सब जगह आजादी से चलनी चाहिए। इसके माने यह नहीं है कि हर एक को दो लिपियाँ सीखनी पड़ेंगी। यह बच्चों पर बहुत बोझा हो जाएगा और इसलिए वे या उनके माँ-बाप कह सकें कि वह किस लिपि को सीखें। कोशिश यह भी होनी चाहिए कि कुछ लोग दोनों लिपियाँ सीखें।

7. हिन्दी और हिन्दुस्तानी शब्दों पर बहुत बहस हुई है और गलतफहमियाँ फैली हैं। यह एक फिजूल की बहस है। दोनों ही शब्द हम अपनी राष्ट्र-भाषा के लिए कह सकते हैं, दोनों सुन्दर हैं और हमारे देश और जाति से सम्बन्ध रखते हैं लेकिन अच्छा हो, अगर इस बहस को बन्द करने के लिए हम बोलने की भाषा को हिन्दुस्तानी कहें और लिपि को हिन्दी या उर्दू कहें। इससे साफ-साफ मालूम हो जाएगा कि हम क्या कह रहे हैं।

8. यह हिन्दुस्तानी भाषा क्या हो? देहली या लखनऊ के रहने वाले कहते हैं कि हमारी बोली आमफहम है। इसी को हिन्दुस्तानी बनाओ लेकिन बनारस और पटना तथा मध्य-भारत या राजपूताना में जाइए, तो काफी फर्क मिलता है। और अगर शहरों को छोड़कर देहातों में हम जाएँ, तो और भी फर्क। फिर कौन भाषा हमारी हो?

हमारी भाषा ऐसी होनी चाहिए, जो सभ्य हो और जिसे अधिक-से-अधिक जनता समझे। इसको हम बैठकर कुछ कोसों का मुकाबला करके नहीं बना सकते, और न दो-चार साहित्यकार (उर्दू और हिन्दी के) मिलकर पैदा कर सकते हैं। इसकी बुनियाद तभी मजबूत पड़ेगी, जब लिखने वाले आम जनता के लिए लिखेंगे और बोलने वाले उनके ही लिए बोलेंगे। तब यह दफ्तरी बहसें कि कितनी उर्दू और कितनी हिन्दी, यह सब खत्म हो जाएगी। जनता फैसला करेगी। जो उसकी समझ में आएगा वह रहेगी, जो नहीं समझेगी वह

हल्के-हल्के दब जाएगी। इसलिए हमारे लिए सबसे बुनियादी प्रश्न यही है कि हम आम जनता के लिए अपना साहित्य बनाएँ और उनको हमेशा अपने दिमागों के सामने रखकर लिखें। हर लिखनेवाले को अपने से पूछना है—"मैं किसके लिए लिखता हूँ?"

9. एक और बात। आवश्यक है कि हिन्दी में यूरोप की भाषाओं से प्रसिद्ध पुस्तकों का अनुवाद हो। इसी तरह से हम दुनिया के विचार यहाँ लाएँगे, और उनके साहित्यों से लाभ उठाएँगे।

मई, 1937

साहित्य और राजनीति

बनारसीदास चतुर्वेदी

निकट-भविष्य में हमारे साहित्यिकों के सम्मुख यह प्रश्न बड़े जोरों के साथ उपस्थित होने वाला है कि वे साहित्य-मन्दिर में किस देवता की प्राण-प्रतिष्ठा तथा पूजा करेंगे? इस प्रश्न का उत्तर सभी को देना पड़ेगा। हम उन लोगों की बात नहीं कहते, जो 'जैसी बहै बयार पीठ तब तैसी दीजै' के सिद्धान्त (?) के अनुयायी हैं, क्योंकि उनकी आत्मा रबर की तरह लचीली है और उनका मार्ग सरल है। वक्त देखकर वे बारी-बारी से अमानुल्ला और बच्चासक्का दोनों को अपना आराध्यदेव मान सकते हैं, और जमाने की गति के अनुसार आज वे हिटलर महान् (?) के गुण गा सकते हैं, तो कल स्टैलिन के चरण-चंचरीक बन सकते हैं। अपने मालिकों का मुँह देखकर जिनकी पूंछ हिलती है, वे साहित्यक श्रेणी के जीव नहीं, किसी अन्य जाति के भले ही हों और उनका अधिक जिक्र करना ही नामुनासिब होगा।

किस देवता की प्रतिष्ठा करें?

हाँ, तो सवाल यह है कि हम लोग अपने साहित्य-मन्दिर में किस देवता की प्रतिष्ठा करेंगे? एक बात हमें बिल्कुल प्रारम्भ में ही और साफ-साफ कह देनी चाहिए, वह यह कि कोई भी लेखक जो अंतःप्रेरणा के बजाय किसी बाहरी शक्ति या जोर-जबरदस्ती के सामने सिर झुकाता है, वह अपने को और अपने पेशे को बदनाम करता है और वह दरअसल इस मन्दिर से अपने को बहिष्कृत कर लेता है। मान लीजिए, अगर कल मार्क्स अथवा लेनिन के अनुयायी हमें आज्ञा दें कि 'तुम साहित्य-मन्दिर में इन दो देवताओं की पूजा करो और वर्गवाद की आरती उतारो, नहीं तो तुम्हारी स्वतन्त्रता का अपहरण किया जाएगा' तो कोई भी दमदार लेखक प्रिंस क्रोपाटकिन के शब्दों में इसका एक ही जवाब दे सकता है—"हम लोगों के यहाँ किसी व्यक्ति-विशेष या

खास पार्टी की डिक्टेटरी (और मूल में दोनों चीजें एक ही हैं) हमेशा के लिए निन्दनीय करार दी जा चुकी हैं। डिक्टेटरी का फल सदा यही होता है कि उससे समूचे क्रान्तिकारी आन्दोलन का खात्मा हो जाता है, चाहे वह डिक्टेटरी कितने ही अच्छे उद्देश्य से क्यों न की गई हो।"

हम लोग अपनी लेखनी पर किसी प्रकार का भी नियन्त्रण नहीं चाहते, यह बात हमारे मित्रों तथा शत्रुओं को कान खोलकर सुन लेनी चाहिए।

साहित्य जनता के लिए हो

इस सिलसिले में आचार्य नरेन्द्रदेव जी के उन महत्वपूर्ण शब्दों को उद्धृत कऱना गैरमौजूं न होगा, जो उन्होंने युक्तप्रान्तीय राजनैतिक सम्मेलन के अवसर पर कहे थे—"अपने साहित्य की गतिविधि पर भी हमको सदा ध्यान रखना चाहिए। प्रगतिशील साहित्य को प्रस्तुत करने में हमको भी सहयोग करना चाहिए। नए समाज के गठन-कार्य में साहित्य से बड़ी सहायता मिल सकती है। साहित्यकों की ओर से यह आवाज उठाई जाती है कि राजनीतिज्ञ साहित्य पर भी अपना नियन्त्रण कायम करना चाहते हैं। संसार के साहित्यकों का सदा से यह कायदा रहा है कि वे राजनीतिज्ञों के हस्तक्षेप का विरोध करते आए हैं। वे राजनीति को सदा से ही तिरस्कार की दृष्टि से देखते आए हैं और राजनीतिज्ञों से वे सदा सशंक रहते हैं यह बात अकारण नहीं है, किन्तु जो लोग सामाजिक जीवन को ही बदलना चाहते हैं, वे साहित्य की उपेक्षा कैसे कर सकते हैं? साहित्य की प्रत्येक कृति, चाहे उसका स्वरूप और विषय कुछ भी क्यों न हो, कुछ-न-कुछ राजनीतिक परिणाम अवश्य उत्पन्न करती है। यदि लेखक राजनीतिक परिस्थिति से परिचित हो और बुद्धिपूर्वक लेखन-क्रिया को सम्पन्न करे, तो उस क्रिया का परिणाम इच्छानुकूल हो सकता है। इससे हम अवश्य चाहेंगे कि हमारे साहित्यिक वर्तमान राजनीति का ज्ञान प्राप्त करें। यदि वे जीवन से सम्पर्क रचना चाहते हैं और सफल कलाकार बनना चाहते हैं, तो इस युग में जब वर्ग-संघर्ष प्रबल वेग से चल रहा है, वे कैसे अपने को इससे अलग कर सकते हैं? जीवन की कथा ही यह है। इसकी उपेक्षा नहीं कि जा सकती।"

हर्ष की बात है कि आचार्य नरेन्द्रदेव जी ने जो कुछ कहा है, बड़े शिष्टतापूर्ण शब्दों में और लेखकों के गौरव के अनुकूल ही, क्योंकि वे स्वयं, उच्चकोटि के साहित्यिक और लेखक हैं। यदि उनके सम्प्रदाय के अन्य लोग भी इसी दूरदर्शिता तथा उदारता से काम लें, तो राजनैतिक कार्यकर्ताओं और साहित्य सेवियों का सहयोग बहुत दूर तक हो सकता है, पर मुश्किल की बात तो यह है कि पूंजीपतियों से लगाकर साम्यवादियों तक जो कोई भी सत्ता को अपने हाथ में लेना चाहता है, वह साहित्यकों की शक्ति का उपयोग अपने उद्देश्य की पूर्ति में करने के लिए लालायित रहता है। प्रत्येक सच्चे साहित्यिक का कर्तव्य है कि वह इनसे अपनी

मानसिक स्वाधीनता की रक्षा करे, क्योंकि साहित्य सेवी से आप मानसिक स्वाधीनता छीन लीजिए, तो वह न घर का रहेगा, न घाट का। रोमां रोलां के ये शब्द अत्यंत महत्वपूर्ण हैं–"मानव-समाज के लिए विचारों की स्वाधीनता एक अत्यंत आवश्यक वस्तु है। वह किसी के डराने या धमकाने से दब नहीं सकती। यदि उस पर आप जोर-जुलम करेंगे, तो भले ही आप झूठे साहित्यिकों, पदलोलुपों और बाजारू कायरों के प्रशंसापत्र बन जाएँ, लेकिन स्वाधीनता के असली पुजारी आप की तारीफ नहीं करेंगे, बजाय इसके वे आप के अत्याचारों का शिकार बनना अधिक पसन्द करेंगे और जरूरत पड़ने पर वे इसके लिए शहीद भी हो जाएँगे पर उनके स्वाधीन विचारों के दमन के परिणामस्वरूप एक नवीन विश्वास का जन्म होगा। खूब सोच समझ लीजिए। आग के साथ खिलवाड़ न कीजिए, वह आप को निगल जाएगी।"

साहित्यिकों से

प्रत्येक प्रकार की डिक्टेटरशिप के पक्षपाती लोगों को साहित्यिकों की स्वाधीनता पर हाथ डालने के पहले इन शब्दों पर गौर कर लेना चाहिए पर मानसिक स्वाधीनता के माने यह नहीं हैं कि साहित्यिक युद्ध-क्षेत्र से दूर भाग जाए। अपनी मानसिक स्वाधीनता की रक्षा करते हुए स्वाधीनता-संग्राम में भाग लेना, यही साहित्यिक के लिए सर्वोत्तम मार्ग है। सजीव बने रहने के लिए ही साहित्यिक को युद्ध में भाग लेना चाहिए। यदि साहित्यिक सजीव न रहा, तो वह लिखेगा ही क्यों? मुर्दे सड़ा करते हैं, लड़ा नहीं करते।

स्वाधीनता-संग्राम में कैसे जुटें?

तो फिर स्वाधीनता-संग्राम में किस प्रकार जुटा जाए? इस प्रश्न का फैसला प्रत्येक साहित्यिक अपने लिए खुद ही कर सकता है। कोई भी ऐसा फारमूला नहीं बतलाया जा सकता, जो सब पर लागू हो। हमें 'मनसा वाचा कर्मणा' अपने सिद्धान्त का प्रतिपालन करना चाहिए, बस यही एक मुख्य बात है। अपनी अंतरात्मा के प्रति सत्य व्यवहार करने में ही हमारी और हमारे देश का कुशल है। गांधीवाद की गंगा और साम्यवाद की यमुना ये दोनों ही धाराएँ, भारतीय संगम में बह रही हैं। साहित्यिक अपनी प्रवृत्ति के अनुसार किसी में भी अवगाहन कर सकता है, बशर्ते कि उसके पाँव उखड़ न जाएँ और वह स्वयं बह न जाए। आतंकवाद की तृतीय धारा निरर्थक तथा हानिकारक है, क्योंकि वह रेगिस्तान में जाकर विलीन हो जाती है। गंगा या यमुना किसी भी धारा में आप अवगाहन करें, पर यह न भूल जाएँ कि 'मन चंगा तो कठौती में गंगा।'

किसी भी सच्चे साहित्यिक के लिए उसका मन, उसकी मानसिक स्वाधीनता, उसका व्यक्तित्व सबसे अधिक मूल्यवान चीज है। महाकवि मिल्टन ने एक जगह

लिखा था—"जो कोई भी साहित्यिक प्रशंसनीय विषयों पर लिखना चाहे, उसे पहले अपने जीवन को सच्ची 'कविता' बना लेना चाहिए—खुद उसका जीवन रूपी छंद सर्वोत्तम और सर्वश्रेष्ठ सुवर्णों द्वारा रचित होना चाहिए।" यदि किसी साहित्यिक के व्यक्तित्व में सजीवता नहीं, सच्चा कवित्व नहीं, तो कोई भी राजनैतिक कार्य उसे ऊँचा उठा नहीं सकता।

साहित्य चिरस्थायी चीज

हमें यह बात नहीं भूलनी चाहिए कि राजनैतिक दलबन्दियां क्षणस्थायी हैं और साहित्य उनसे कहीं ऊँची चीज है। वह ऊँचे धरातल पर है और चिरस्थायी चीज है। सिपहसालार अब्दुर रहीम खानखाना की मुहिमों का हाल सिर्फ ऐतिहासिक कीड़े ही जानते हैं, पर कविवर रहीम की रचनाएँ आज लाखों हिन्दी-भाषा-भाषियों की जुबान पर हैं। राजनैतिक आदमी के नेता और देवता बदलते रहते हैं। आज वह किसी की पूजा करता है, तो कल किसी दूसरे की आराधना, पर साहित्य-सेवी के मन्दिर की अधिष्ठात्री एक ही देवी है, और वह है 'मानसिक स्वाधीनता'। कोई भी वाद उसका गुण भले ही बन जाए, उसका सिंहासन हर्गिज नहीं ले सकता।

साहित्य-मन्दिर में किसकी पूजा हो

सम्पूर्णानन्द

माघ के 'विशाल भारत' में चतुर्वेदी जी ने यह प्रश्न उठाया है कि साहित्यिक कृतिकार अपनी अंतःप्रेरणा का अनुसरण करें, या किसी बाहरी शक्ति, किसी राजपुरुष, राजनीतिक दल या वर्ग-विशेष के आदेश (चतुर्वेदी जी के शब्दों में डिक्टेटरी) का पालन करें। उन्होंने अंतः प्रेरणा के पक्ष में व्यवस्था दी है और उस व्यवस्था को पुष्ट करने के लिए प्रिंस क्रोपाटकिन का अवतरण दे दिया है साथ ही उन्होंने संकेत किया है कि आजकल कम से कम भारत में साहित्यकारों पर अनुचित दबाव डाला जा रहा है और राजनैतिक, प्रत्युत समाजवादी पक्ष का समर्थन न करने के कारण उनको दोषी ठहराया जा रहा है।

जहाँ तक सिद्धान्त मात्र की बात है, हममें कोई मतभेद नहीं है। हम मान लेते हैं कि सच्ची कृति अंतः प्रेरणा से ही निकालती है। हिटलर, मुसोलिनी, स्टाालिन चाहे जो कहते हों, भारत में कोई कलाकारों पर डिक्टेटरी करना चाहता भी नहीं। पर जहाँ यह सत्य है, वहाँ यह भी सत्य है कि बहुत से लोग, जिनमें मैं भी हूँ, अपने साहित्यिकारों से असंतुष्ट हैं। आज से कई वर्ष पहले मेंने एक साहित्यिक सम्मेलन में हिन्दी कवियों के सम्बन्ध में कुछ शब्द कहे थे, जो कई पत्रों में उद्धृत हुए। मैंने

उनकी यह शिकायत की थी कि वे अपने एक काल्पनिक जगत में रहते हैं, जो वस्तुस्थिति से बहुत दूर है। उनकी कृतियाँ जीवन के संघर्ष को प्रतिबिम्बित नहीं करतीं। यही शिकायत व्यापक रूप से अन्य लोगों को भी है।

इस शिकायत का उत्तर भी दिया गया। श्री कृष्णदेव प्रसाद गौड़ ने विशेष रूप से कष्ट किया। जहाँ तक मैं समझ सका, उनका कहना यह था कि यह संघर्षादि तो क्षणिक और आकस्मिक हैं, कविगण शाश्वत नित्य तत्वों का चिन्तन और यथाशक्ति वर्णन करते हैं।

शाश्वत सत्य क्या है? इस प्रश्न के अनेक उत्तर हैं। वह या तो एक अविच्छिन्न लक्ष्यहीन प्रवाह है, या कोई ऐसी वस्तु है, जो सत्य और असत्य दोनों ही है, जो अद्वैतवादी का ब्रह्म, वैज्ञानिक अनात्मवादी का मैटर और बौद्ध की अविधा है। वह तो अवर्ण्य, नेतिनेतीतिवाच्य है। तो क्या हमारे कविगण उसी सत्य में निर्विकल्पतया समाहित रहते हैं? ऐसा तो नहीं है। इससे बहुत नीचे एक ऐसे नित्य तत्व की सत्ता मानी जाती है, जिसे ईश्वर कहते हैं; पर साहित्यिक वृन्द उसमें भी तो डूबे नहीं दीख पड़ते। फिर आखिर वे किस जगह गोते मारते रहते हैं? शान्ति के सागर में? पर शान्ति क्या है? एक शान्ति तो त्रिगुण के साम्य से आती है; परन्तु उसके लिए तो ठीक ही कहा है कि 'साम्यं प्रलयः'। वास्तविक शान्ति वही है, जिसका अनुभव सत्वगुण के उद्रेक के पीछे आता है। जो संघर्ष का मजा न पा सका, संग्राम के गान न गा सका, वह शान्ति का रस क्या जानेगा, शान्ति के गान क्या गाएगा? मैं जानता हूँ कि कुछ लोग संघर्ष की भूमिकाओं को, राजोगुण की सीढ़ियों को, बाह्यजगत् के स्थान में मनोजगत् में ही पार कर लेने का दावा करते हैं। यह लोग आजकल के शब्दों में 'इंट्रोवर्ट', पुराने शब्दों में 'योगी' हैं, पर न तो हमारे सभी साहित्यकार योगी होने का दावा कर सकते हैं, न उनका दावा माना ही जा सकता है तो फिर वह कौन सा नित्य जगत् है, जिसमें चक्कर लगता रहता है? भावनाओं का जगत? भावना का अर्थ क्या है, विचार-प्रतिमा (concepts) या प्रवृत्ति (instincts) प्रतिमाएँ तो नित्य नहीं हैं, वरन् प्रत्येक व्यक्ति के निजी अनुभव, पैत्रिक अनुभव और परिस्थिति पर निर्भर हैं। प्रवृत्तियों में से भी अधिकांश मिश्रित और सादी, अथच अनित्य हैं; बहुत-सी तो समाजजन्य या वृन्दजन्य हैं। हाँ, एकाध सापेक्ष दृष्टि से नित्य हैं। इसमें सबसे प्रबल तो फ्रायड आदि के अनुसार 'काम' है।

तो क्या इसी की महत्ता का ध्यान किया जाता है? सम्भवतः यही बात है। कवियों की कृतियों में 'प्रेम' शब्द बहुत आता है, एक अतृप्त वासना का भी पता चलता है मनोविज्ञान के आचार्य तो यही कहते हैं कि प्रेम कामवासना का उत्तेलित (sublimated) रूप है। या तो यह वासना किसी भौतिक लक्ष्य के साथ लगती है या तो किसी काल्पनिक व्यक्ति को पकड़ती है, या कभी-कभी निर्लक्ष्यवत हो जाती है। उसी अवस्था में उसमें अत्यधिक दाह, अत्यधिक अतृप्तता आ जाती है। यही वासना

कभी-कभी किसी आदर्श या सिद्धान्त को अपना लेती है, पर यह बात साहित्यिक समुदाय में तो है ही नहीं। अतृप्त वासना की तृप्ति इस भौतिक जगत् से भागने से नहीं हो सकती। एक अच्छा मनोविश्लेषक चिकित्सक (psychopath) बहुतों के प्रेम और अंनतोन्मुखी वृत्ति का भेद बता सकता है। कितनों की लालसा जगत में संघर्ष में पड़ने से ही दूर हो जाएगी।

प्लेटों ने कहा है कि जगत के मूल तत्व कुछ 'आइडिया' हैं। वही भांति-भांति के विभिन्न परिमाणों और मात्राओं में मिल-जुलकर भौतिक वस्तुओं के रूप में मूर्त हुई है। कलाविद् और कलाकार वही है, जो वस्तुओं के भीतर उनकी निर्णायक आइडियाओं को देखता है। उसी व्यक्ति को वस्तुओं के सौन्दर्य का अनुभव हो सकता है। प्रत्येक वस्तु के अवयवभूत तत्वों (ideas) का समवाय और संयोग ही उसका स्वरूप, उसका दृश्यगत सौन्दर्य है, इसलिए जो लोग सचमुच नित्य तत्वों को ढूंढते हैं, उनको इस राग-द्वेषमय जगत का अध्ययन करना चाहिए।

मैं जहाँ से चला हूँ, वहाँ से बहका नहीं हूँ। मेरी यह दृढ़ धारणा है कि जो लोग अंतः प्रेरणा की डींग मारते हैं, उनमें से अधिकांश अंतःप्रेरणा से नहीं लिखते, इसीलिए हमें उनसे शिकायत रह जाती है। एक आदमी शराब के नशे में कोई काम करता है, क्या यह मान लिया जाए कि उसकी वास्तविक अंतःप्रेरणा यही है? 'अन्तः' शब्द का क्या अर्थ होगा? भूख लगने पर दूसरे के आगे की रोटी छीन लेना—ऐसी प्रवृत्ति भी तो होती है, पर क्या इसी प्रवृत्ति के अनुसार काम किया जाए? क्या इसके विरुद्ध चलना डिक्टेटरी से दब जाना होगा?

बात यह है कि प्रत्येक समय में परिस्थिति के अनुसार—जिसमें राजनीति और आर्थिक स्थितियों का अर्थात कुछ लोगों के विचार में घोर भौतिक बातों का बहुत बड़ा हाथ होता है—समाज की संस्कृति होती है और समाज की संस्कृति के अनुसार साधारण मनुष्य की संस्कृति होती है; परन्तु न तो समाज जड़ है, न व्यक्ति। समाज अपने परिवर्तियों से प्रतिक्षण प्रभावित होता रहता है और प्रतिक्षण उनको प्रभावित करता रहता है। इसी प्रकार व्यक्ति प्रतिक्षण समाज को प्रभावित करता रहता है और प्रतिक्षण उससे प्रभावित होता रहता है। जो व्यक्ति अपने परिवर्ती समाज से जितना ही सम्पर्क स्थापित कर सकेगा, उसके अनुभव उतने ही विस्तृत और गम्भीर होंगे और उसका 'स्व', उसका 'अंतस्' उतना ही विकसित, उतना ही सुसंस्कृत होगा। प्रत्येक व्यक्ति के कुछ सहज, पैदाइशी गुण होते हैं, इसीलिए इस प्रकार के विकसित व्यक्तियों की गति-विधि में भी अंतर होगा। इसीलिए सबकी 'अंतःप्रेरणा', एक-सी नहीं होगी; पर जो प्रेरणा बाह्य जगत में अज्ञान या उसके असम्पर्क से उत्पन्न होती है, वह वास्तविक अंतःप्रेरणा नहीं है। हम किसी पर डिक्टेटरी नहीं चलाना चाहते; पर यह निस्सन्देह करना चाहते हैं कि अंतःप्रेरणा की बात करने के पहले 'अंतस्' का यथाशक्य संस्कार कर लेना चाहिए, अन्यथा वह हमें गलत रास्ते पर ले जाएगा।

किसी समय-विशेष की और वास्तविक अंतःप्रेरणा में जो भेद मैंने किया है, वह कुछ लोगों को उतना ही काल्पनिक प्रतीत होगा, जितना कि अन्य मतानुयायियों को; पर बात है ऐसी ही। हीगेल के मत के अनुसार सामयिक और वास्तविक इच्छा में भेद है। जिस प्रकार मल-विक्षेप और आवरण को दूर किए बिना अंतःकरण में आत्मा के शुद्ध रूप का साक्षात्कार नहीं होता, उसी प्रकार अज्ञान को दूर किए बिना शुद्ध अंतःप्रेरणा भी प्रत्यक्षीकृत नहीं हो सकती।

जो कवि फूलों का वर्णन चाहता है, वह वनस्पतिशास्त्र की पोथियों के पन्ने नहीं पलटता। उनमें फूल नहीं, फूलों के सम्बन्ध की बातें हैं। अपने अंतःकरण में डुबकी मारकर नित्य तत्वों के साथ उलझने से भी फूल नहीं मिलता। फूल तो वहाँ है, जहाँ बसन्त भी है और हेमन्त भी, जहाँ मलयानिल भी है और तुषार भी, जहाँ खिलना भी है और कुम्हलाना भी। इसी प्रकार मनुष्य का स्वभाव तो वहीं है, जहाँ मनुष्य हंसता है और रोता है, चूड़ांत भोग-विलास में डूबा रहता है और एक बूंद पानी के लिए तड़पता रहता है, एक टुकड़े रोटी के लिए नन्हें-से शिशु का गला घोंट देता है। और एक बात पर अपना सब कुछ निछावर कर देता है। यहीं प्रेम और डाह, अहंता और निर्ममता, राग और द्वेष के नित्य तत्व टकराते रहते हैं। हमारी डिक्टेटरी इतनी ही है कि हम अपने साहित्यकारों से कहते हैं कि इस जीते-जागते जगत की ओर से मुँह मत मोड़ लीजिए। हम उनको न तो राजनीतिक रंगमंच पर हठात् खड़ा करना चाहते हैं, न उन्हें जबर्दस्ती समाजवाद का प्रचारक बनाना चाहते हैं; पर उनसे इतना अवश्य कहना चाहते हैं कि युगधर्म से मुँह मोड़कर वे अपने को वास्तविकता से दूर ले जा रहे हैं।

एक दिन लोग स्वर्ग या मोक्ष के नाम पर सब कुछ छोड़कर जंगल को चले जाते थे, आज सैकड़ों मनुष्य देश या समाज के नाम पर सर्वस्व त्यागकर जेल जाते हैं, फ़ांसी के तख्ते पर झूल जाते हैं, पुष्पबाग की भांति गोलियों को हंसते-हंसते वक्ष पर लेते हैं। इसका बिना अनुभव किए कैसे कोई आत्मोत्सर्ग की गाथा गा सकता है? जो कभी ऐसी परिस्थिति में पड़ा ही नहीं जिसमें उसके हृदय में वीरोचित उद्‌गार उठते, वह वीर-रस के साहित्य की रचना कैसे करेगा? बस, मैं तो इतना ही चाहता हूँ कि हमारे साहित्यिक कृतिकार इस भौतिक जीवित जगत को जंजाल समझकर इससे न भागें; इसके गर्भ से प्रसूत वेदनाओं से अपने अन्तस् को प्रताड़ित होने दें, फिर जो अंतःप्रेरणा हो, उसका अनुसरण करें। मुझे विश्वास है कि मुझे उस समय कोई शिकायत न रह जाएगी। जब तक ऐसा नहीं होता, तब तक उनकी कृतियों से मुझे वास्तविकता की झंकार नहीं मिलती। उनमें नित्य तत्व नहीं, ऐसी निर्जीव बातें हैं, जिनकी नित्यता, देशकाल में अपरिच्छिन्नता, इसी बात में है कि कोई भी कभी भी कहीं भी उन्हें कह सकता है। हम सबने मुशायरों या कव्वाली गाने की महफिलों में ऐसे लोगों को जो आपादमस्तक स्वार्थ, विषयपरता और परार्थ-हनन में

डूबे हुए हैं, इश्के-हकीकी से सम्बन्ध रखने वाली रचनाएँ पढ़ते और सुन-सुनकर झूमते देखा है। यदि यह लोग इन विषयों पर लिखने-बोलने के अधिकारी हैं, तो फिर हाफिज, शम्स और मौलाना रूमी तो निरे उचक्के थे। मैं फिर दुहराता हूँ कि ऐसी रचनाओं में, चाहे वे गद्य में हों या पद्य में, उर्दू में हो या हिन्दी में, नित्य तत्वों की झलक नहीं, भावों की चोरी और शब्दाडम्बर मात्र हैं। उनमें से बहुतों के चरित्र भी इस बात की पुष्टि करते हैं। मैं यहाँ चरित्र शब्द को संकीर्ण अर्थ में नहीं प्रयुक्त कर रहा हूँ। मेरा तात्पर्य यह है कि जिसकी रचना में जो रस प्रचुरता से दीख पड़ता है, उसके जीवन में भी उसका बाहुल्य होना चाहिए। मैं एक उदीयमान कवि को जानता हूँ, जो करुण रस की चीजें लिखते हैं, पर उनके जीवन में कहीं उसका पता नहीं चलता। उनकी एक छोटी बहन है, जिसका वय अभी दस वर्ष से कम है। वह बराबर यमद्वितीया के दिन उन्हें प्रेम से दस्तूर के अनुसार मिठाई खिलाती है। दस्तूर यह भी है कि भाई ऐसे अवसर पर बहन के हाथ पर यथाशक्ति चार पैसे रखता है। कवि जी दे सकते हैं, पर आज दो बरसों से उन्होंने कुछ नहीं दिया। यह बात उन्हें न खटकी कि वह उनसे लड़ तो सकती नहीं, पर जब उसकी और सहेलियाँ अपने भाइयों से मिली हुई त्योहारियों को गर्व के साथ दिखलाती होंगी, तो उसको कितनी चोट लगती होगी। बेजबान पर करुणा न करते हुए भी वह करुणा के नित्य महोदधि की तरंगों के छींटों से अपने और दूसरों के अन्तस् को सींचते रहते हैं। यह एक उदाहरण है, ऐसे सैकड़ों और मिल जाएँगे।

यह बात नहीं है कि परिवर्ती परिस्थिति का इन साहित्य-सेवियों के हृदयों पर प्रभाव नहीं पड़ता। पड़ता है। दुखियों का आर्तनाद और करुण क्रन्दन, शोषकों का वीभत्स हास, इनके कानों में भी पड़ते हैं और इनके अंतःकरण में भी कभी-कभी उथल-पुथल मचाते हैं, पर उसके बाद जो होता है, वह मनोविज्ञान के आचार्यों से छिपा नहीं है। जब चित्त में कई प्रकार से भावों में संघर्ष होता है, तो या तो विशेष कारणों से उनमें से एक प्रबल होकर दूसरे को दबा देता है, या दोनों अंतःकरण को एक ही घर में रहने वाले दो गृहस्थों की भांति बांट लेते हैं। यह बंटवारा हम नित्य देखते हैं। सूदखोर महाजन कथा के समय अहिंसा के नाम पर झूम-झूम पड़ता है; पर बाहर निकलकर पल्ला झाड़ लेता है। साहित्यकार भी प्रायः ऐसा ही करते हैं। इनमें से कई खद्दर पहनते हैं, अखबार पढ़कर सरकार को स्वच्छंदतया गाली देते हैं, कहीं-कहीं किसी रचना में मीठी चुटकी भी लेते हैं, और प्रायः बस कायरता के कारण सामूहिक जीवन की समस्याओं को सुलझाने में हाथ बंटाने को तैयार नहीं हैं, अतः पल्ला झाड़ लोकसंग्रह धर्म का ही पालन करते हैं।

जब मनःशक्ति अपने स्वाभाविक प्रकार से काम नहीं कर पाती तो वह परागत हो जाती है, अर्थात् पीछे को लौटती है। इसलिए उचित यह है कि उदार भावों के उदय होने पर उनको कार्य में परिणत कर डाला जाए। भूखे को देखकर दान दे डालना

चाहिए, आपन्न को देखकर सहायता करनी चाहिए। यदि ऐसा न होगा, तो बुद्धि परिस्थितियों का उपयुक्त सामना न करके दौर्बल्य दिखाने लग जाएगी। दुर्बलात्मा किसी को गड्ढे में गिरा देखकर निकालने का प्रयत्न नहीं करता, कांप उठता है और 'शिव-शिव' करके आँख फेर लेता है। ऐसे लोग करुणा के अगाध समुद्र होते हैं। किसी को दुःख कथा सुनते ही हृदय द्रवित हो उठता है; पर हाथ-पाँव नहीं हिलते। ईश्वर को वेदों ने 'मन्युरसि'—तू क्रोध है, कहा है। पर इन महापुरुषों को क्रोध भी नहीं आता। यदि कभी आता है, तो शैशव रूप धारण करके ठण्डा हो जाता है। बच्चे जब बहुत रुष्ट होते हैं, तो थूक देते हैं, या पांव पटकते हैं। जो बड़े वय वाले कर्मक्षेत्र से पीछे रहते हैं, उनका क्रोध भी ऐसे ही बच्चों जैसे रूपों में व्यक्त होता है।

मैंने कहा है कि जब दो भाव टकराते हैं, तो अंतःकरण उनमें से एक को दबा देता है। जो भाव ऊपर आता है, कभी-कभी तो उसकी प्रचण्डता उसे उठाती है, उसे बाहरी परिस्थिति से भी सहायता मिलती है। इसके साथ ही उसके विरोधी भाव को संकल्पपूर्वक दबाया भी जाता है। दोष वास्तविक भी हो सकते हैं, काल्पनिक भी।

जो लोग कायरतावश व्यवहार जगत् में पाँव नहीं रखना चाहते, यथासाध्य चीत्कार और रुदन को इसलिए नहीं सुनना चाहते कि सुनने पर उनको मिटाने के लिए प्रयास करने के लिए भी स्यात् विवश होना पड़े, वे इसके विरुद्ध बीसों झूठी-सच्ची बातें गढ़कर अपने को भुलावे में डाले रहते हैं। इन तर्कों में सबसे बड़ा तर्क यह है कि यह सब क्षणिक, आकस्मिक, राजस, निम्नकोटि का है, ऊँचे दर्जे के मस्तिष्कों का इनमें उलझना वैसा ही है, जैसे गणित के महाचार्य का रसोई बनाने में लगना। अच्छे लोगों की निर्मल बुद्धि नित्य तत्वों का ही चिन्तन करती है और निर्मल बौद्धिक मनःआकाश में बिहार करती है। प्रेम, राग, द्वेष, भ्रातृत्व, दास्य, मातृत्व, करुणा, शौर्य आदि के नाम पर स्याही के कारबे के कारबे उड़ेल दिए जाते हैं; पर इनकी खोज ऐसी जगह होती है, जो जनशून्य है, जहाँ न प्रेमी, न रोगी, न द्वेषी, न भाई, न माता, न दास, न कारुणिक, न शूर, न सती का बसना सम्भव है।

यों ही संकल्पपूर्वक अपनी अनुभूतियों की परिधि को संकुचित कर लिया जाता है। वस्तुस्थिति का सामना करने की इस हिचकिचाहट की तह में कायरता—शरीर की शिथिलता, बौद्धिक प्रयास करने से घबराहट है। तर्क निष्ठुर है। वह बतला देता है कि यदि इस जगत की ओर ध्यान दिया गया, तो यह काम मांगेगा और काम में बहुत से सुखों का संहार हो जाएगा। काम तो दूर रहा, लेखनी से ऐसी कड़वीं बातें लिखनी पड़ेंगी, जो अपने लिए विरोधियों की सेना खड़ी कर देंगी। आज हमारे समाज में पूरी क्रान्ति की आवश्कता है। इस क्रान्ति का समर्थक होना, स्पष्ट शब्दों में—गोलमटोल बह्वर्थक संकेतों में नहीं—इसकी पुकार उठाना सबका काम नहीं है।

यह सब करने पर भी कांटेदार तारों का घेरा लगाने पर भी, बाहर का हाहाकार भीतर पहुँच जाता है और हृदय-हृदय को पुकार उठता है। भ्रातृत्व, समत्व, एकत्व के उद्वेलित महासागर की लहरियाँ इस हठात् पृथक किए गए बिन्दु को क्षुब्ध कर ही देती हैं, अंशी अंश की ओर हाथ फैला ही देता है। इसी से एक अव्यक्त लालसा, एक निर्लक्ष्य आह की अनुभूति होती रहती है।

मेरा कहना यह है कि अधिकांश लोगों का शुद्ध साहित्यिक जगत इसी प्रकार की हठात असंस्कृत और विकृत प्रवृत्तियों से बना है। स्वार्थ और कायरता ने उनके अंतःकरणों को कलुषित कर रखा है, और उन्होंने अपनी बुद्धियों को ऐसा संकुचित कर लिया है कि उनकी अंतःप्रेरणा रही ही नहीं। वे सदैव स्वार्थ, राजनीतिक, आर्थिक, धार्मिक और सांस्कृतिक रूढ़ियों की डिक्टेटरी में काम करते हैं।

यदि वस्तुस्थिति की उग्रता किसी समय बहुत जोर पकड़ती है, तो इशारे-इशारे में कुछ कह-सुनकर अपने उद्विग्न हृदयों को थपकियाँ दे लेते हैं और कृतकृत्यता का सर्टिफिकेट अपने को देकर फिर सुख की नींद सो जाते हैं।

जो मैं कहता हूँ, वह सुनने में कटु है; पर मैं तो साहित्यिक क्षेत्र की आये दिन की दलबन्दियों से दूर हूँ। किसी एक व्यक्ति या साहित्यिक गोष्ठी पर कटाक्ष नहीं करता।

मेरा यह कहना है कि हमको किसी नए देवता की आवश्यकता नहीं है। मैं भी अंतःप्रेरणा का पुजारी हूँ, पर वह प्रेरणा सुसंस्कृत अन्तस् की स्वतन्त्र प्रेरणा होनी चाहिए। जो लेखक किसी के भय से लिखता है, वह इस पवित्र भूमि में रहने का अधिकारी नहीं है, पर उतना ही अनाधिकार वह भी है, जो लोभ में आकर 'वानरामिव वाग्देवी गृहे गृहे नर्तयन्' राजा-बाबू, सेठ-साहूकारों को खुश करने के लिए लिखता है। इन दोनों से भी अधिक दोषी वे हैं, जो अपनी बौद्धिक या आध्यात्मिक दुर्बलता के कारण, स्वार्थ या कायरता के वशीभूत होकर, वस्तुस्थिति से मुँह मोड़ लेते हैं और किसी काल्पनिक साहित्यिक लोक में जाकर मुँह छिपाते हैं। रूढ़ियों की डिक्टेटरी राजनीतिक दलों की डिक्टेटरी से कहीं भयंकर होती है। साहित्य की भाषा निराली होती है, यह मैं मानता हूँ। गद्य या पद्य काव्य, विज्ञान, राजनीति, अर्थशास्त्र या दर्शन की पाठ्य पुस्तक नहीं होती। कवि में ऐसे सहज गुण होते हैं और दूसरों के लिए भी गोचर बना देता है, वह अंतर्मुखी होता है और अपनी अनुभूतियों पर अपनी प्रतिभा, अपनी विश्वग्राहिणी बुद्धि का प्रकाश डालकर उनको उज्जवल बना देता है; पर यह सब तभी हो सकता है, जब साहस के साथ आँख खोली जाय। तीव्र से तीव्र दीपक ऐसी कोठरी में बेकार है, जो हठात् खाली रखा गया है। इसलिए मैं भी अंतःप्रेरणा का पक्षपाती हूँ, पर यह कहने पर विवश हूँ कि आज हमारे साहित्य में उसका पता नहीं चलता। धन, रूढ़ि, भय, जाड्य, बौद्धिक और आध्यात्मिक दौर्बल्य की डिक्टेटरी है; पर विकसित 'अन्तसों' और स्वतन्त्र 'अन्तःप्रेरणा' की बड़ी कमी है।

साहित्य की जिम्मेदारी

जैनेन्द्र कुमार

पहले ही कह दूँ कि मैं आपके लेख के आशय से सहमत हूँ। आशय शुद्ध है अपने देश के वातावरण में बुद्धि का आज कुछ तनाव अनुभव होता है बुद्धि आतंकित हो रही और की जा रही है। और यह अवस्था मानसिक चैतन्य के उभार में बाधा है।

पश्चिम के देशों में यह तनाव, यह आतंक और भी अधिक है। इतना कि वहाँ के साहित्य पर, कला पर, कर्म पर एक आसन्न भावी महायुद्ध का दबाव स्पष्ट नजर आता है, लेकिन हम उधर न जाएँ।

यह स्थिति अपूर्व नहीं है, पर जो बात अपूर्व, अतः चिन्तनीय है, वह यह कि आज का घोषित लक्ष्य बुद्धि की सौ फीसदी स्वाधीनता है, तब भी हमारे आन्दोलनों की रीति-नीति में, सदा के समान, उसके विरोधी तत्व की ही प्रधानता है। हमारी आत्मवंचना अगम है। हमारे जीवन में द्वैत घुस गया है। कहते कुछ हैं, करते और हैं। आतंक स्वाधीनता का नाशक तत्व है। मेरे विचार में स्वाधीनता की साधना में आतंक साधन नहीं हो सकता। जो तर्क फिर भी उन दोनों को मिला देता है, वह तर्क विकृत है, अहंकृत है। उस तर्क पर अटकना नहीं होगा, उसे सहज लांघ जाना होगा।

जो प्रश्न आपका लेख उपस्थित करता है, वह साहित्य बनाम राजनीति का प्रश्न नहीं है। वह साहित्य और राजनीति का प्रश्न है। वह जीवन का प्रश्न है। साहित्य और राजनीति दोनों को जीवन के प्रति जिम्मेदारी निबाहनी होगी।

साहित्य और राजनीति का विरोध मेरे मन में बैठता ही नहीं। अपनी बात साफ करने के लिए राजनीति को लोकनीति कहूँ, क्योंकि राजनीति शब्द बहुत संकरा हो गया। लोकनीति जीवन का व्यवहार (अथवा व्यवहृत) पक्ष है। साहित्य उस जीवन का भावना (अथवा तत्व) पृक्ष है। आदमी में सिर और पेट एक दम दो नहीं हैं। इस से सिर का शास्त्र और पेट का शास्त्र भी एक दूसरे से आजाद नहीं है। आज का विज्ञान बताएगा कि किसी भी एक रोग के लिए दोनों ही जिम्मेदार हो सकते हैं। दर्द सिर में है, पर कारण पेट भी है। पेट दुखता है, तब सिर को परेशान होना पड़ता है। आज एक रोग के लिए रोगी की समूची प्रकृति को परखने की आवश्यकता अनुभव होने लगी है।

यहाँ एक व्यक्तिगत बात के लिए क्षमा कीजिएगा। मेरी माँ को मरे ज्यादा दिन नहीं हुए। मेरा दुख अभी ठण्डा नहीं है। उनको जलोदर रोग था। उसके बाद मेरी आँखों के सामने साहित्य के पिता-सरीखे प्रेमचन्द मर गए। उनको भी जलोदर रोग था। मुझे पेट का यह जलोदर रोग डरावना लगता है। पेट बढ़ जाता है, क्योंकि वह अपनी कर्म-शक्ति खो देता है और भीतर पानी-पानी हो जाता है। माता जी एक

संस्था चलाती थीं, प्रेमचन्द जी नीति पुस्तकें लिखते थे। परिणाम यह कि पेट को मौका मिला और उसने निकम्मा बनना शुरू कर दिया, क्योंकि उनके मन और मस्तक उधर संस्था और किताब में फंस बैठे थे।

मेरा अनुमान है कि सिर जब स्व-रत और आत्मग्रस्त हो रहेगा तब पेट फूलेगा नहीं तो और क्या करेगा। आज पोलिटिकल इकॉनामी का शास्त्र इसी से सूजा हुआ है। और यह वस्तु रोग का निदान नहीं, रोग का सिंप्टम् है।

लेकिन इस असंगत और व्यक्तिगत बात को यहाँ ही छोड़ दिया जाए और मुझे क्षमा किया जाए।

तो, प्रश्न समूचे जीवन का है। साहित्य और लोकनीति दोनों को इस विषय में जाग्रत होना होगा। जीवन को सम्भालना है, तो वह न केवल भावना-विचार से सम्भलेगा, न ही करने कराने से सम्भल जाएगा।

मुझे प्रतीत होता है कि असली अड़चन यहाँ ही है। क्या राजनीति में और क्या साहित्य में, भावना, विचार और कृत्य की एकता साधने की, और ध्यान गौण है। कर्म करते-करते और करते रहने का नशा चढ़ बैठता है और कवि सपनों में सोता है, और दोनों अपने मनों को परस्पर की आलोचना से भरकर कठिन बनाने में रस लेने लगते हैं। परिणाम यह कि वक्ता कांफ्रेंसों में गांव की और ड्राइंग रूम में बैंक-एकाउंट की चिन्ता करता है और कवि-लेखक उजागर में त्याग-आदर्श के आख्यान बनाता और भीतर से लालसा का सेवन करता है। और नींद में दोनों चहकाने वाले सपने देखते हैं।

यह विषमता बढ़ती ही जाएगी, अगर साहित्य और लोकनीति दोनों अपने पारस्परिक आदान-प्रदान के नातों को ठीक तरह नहीं समझेंगे और नहीं पालेंगे और अंततः दोनों एक समन्वित महातत्व में अपना प्राणदान देने का संकल्प नहीं उठा लेंगे। इसमें, आज के दिन, हमारे सबसे बड़े दुर्भाग्य की बाधा है—अंग्रेजी। हमारे राष्ट्र की राजनीति की आज तक माध्यम भाषा अंग्रेजी ही बनी हुई है। हमारी प्रगति में राष्ट्र की स्थिर मूल-बुद्धि का और विवेक संस्कृति का योग यदि होना है, तो राजनीति की वही भाषा होगी, जो साहित्य की, और साहित्य की वही भाषा होगी, जो आम जीवन की।

अंग्रेजी के बल पर धरती से ऊपर-ऊपर रहने वाली राजनीति और मस्तक झुकाकर धरती पर चलने वाला हिन्दी साहित्य दो जुदा-जुदा दायरों में चकराते हैं। उनके तल दो हैं। और चूँकि दोनों एक दूसरे से बड़े बनना चाहते हैं, इससे दोनों क्षुद्र बने हुए हैं असली समन्वयात्मक प्राणशक्ति के स्रोत से वे दूर जा हटते हैं। नतीजा देखने में आता है—एक ओर अशरीरी छायावाद, दूसरी और उजड्ड कर्मवाद। या तो, 'इंकलाब' के ऐसे नारे गूंजेंगे कि त्राहि-त्राहि। नहीं तो भाषा नीरव ही रह जाएगी।

और इसी जगह मैं आप के लेख से मतभेद प्रकट करने की अनुमति चाहता हूँ। आपके लेख का विचार, यदि शब्दशः लिया जाए, तो इस विकृत अलहदगी की वृत्ति को गहरा करने में भी सहायक हो सकता है। वास्तव में साहित्य और लोकनीति को पक्ष-प्रतिपक्ष के रूप में पेश करने वाला विचार विधायक नहीं हो सकेगा। वह गर्मी बढ़ा दे सकेगा, पुष्टता नहीं। पुष्टता मेल में है। आपका लेख मानो साहित्य को राजनीतिकों की कट्टरता (मैं तो अदूरदर्शिता कहूँ) से मोर्चा लेने के लिए ललकारना चाहता है। गलत राजनीतिज्ञों की गलती की आलोचना मेरे ऊपर के शब्दों में आई है। पर वह गलती है, इसी से साहित्यकारों को उससे बचना चाहिए। उस बात पर गर्मागर्म आन्दोलन उठाने की बात करना साहित्य को राजनीति के हाथों सौंप देने—जैसा है। साहित्य की ठण्डक है, जो राजनीति के नशे को सरसाम की हालत में पहुँचने से रोकती है। उधर लोकनीति साहित्य को निरी कल्पना होने से बचाती है इन दोनों पक्षों में समतोलन बेहतर चीज है, उन दोनों में युद्ध तो नाशकारी ही है। और आपको इससे सहमत होना चाहिए, क्योंकि आप कई बार स्वीकार कर चुके हैं। राजनीति के असली नेतृत्व का दायित्व साहित्य पर है। आपके लेख की स्पिरिट को मन में बैठाने से वह दायित्व कठिनता से ही निबाहा जा सकेगा।

आप देखें कि राजनीति की गर्मी और हुकूमत के आगे न झुकने की आपकी बात तो मैं मानता ही हूँ, लेकिन यह शक्ति तो अनायास ही साहित्य में होनी चाहिए। वह साहित्यिक नहीं, साहित्य की दुकान पर बैठा कोई दुकानदार है, जो रंगीन-विभूति की ओर लपकता है और जनता से डरता है। जो मन की आँखों से देखने की कोशिश नहीं करता, वह साहित्यिक ही क्या। इससे आतंक के सामने दृढ़ तो रहना ही होगा लेकिन जो बात याद रखने की है, वह यह कि आवेश भय में से ही आता है। उस आवेश को भी जीतना है। आतंककारी के आतंक से न दबना ही साहित्य की सार्थकता नहीं है, प्रत्युत् उस आतंककारी के भी मन को उसकी आतंक वृत्ति न दबाए, इसका उपाय ढूँढ़ना भी साहित्य का ही काम है।

साहित्य की उस भारी जिम्मेदारी को भूल जाने से न चलेगा। राजनीतिक साहित्य की बात को आज नहीं तो कल सुनेगा, कल नहीं तो अगले कल सुनेगा। शक्ति तो सूखी हड्डी है। उससे कभी किसी का पेट भरा है? अपने को राजनीतिक कहकर कोई बालक उसी को चबाने में लगा रहना चाहता है, तो लगा रहे, लेकिन बालक की इस बात पर उसकी माँ को खाना बनाना नहीं छोड़ना चाहिए, क्योंकि भूख जब लगेगी, तो वह बालक सब भूलकर अपनी माँ को ही दोष देने आएगा। तब वह माँ नाराज भी न हो सकेगी, क्योंकि उसको जानना चाहिए कि बालक बालक है।

इस तत्व की अनुभूति आपके लेख में शायद नहीं है। और इसीलिए आशय

से सहमत होकर भी आपके सुझाव से किसी कदर असहमति मुझे प्रकट करनी पड़ी है। उसी को तनिक यहाँ साफ भी कर दूँ।

साहित्य-मन्दिर में किस मूर्ति की प्रतिष्ठा हो? प्रश्न इस रूप में आपके मन में और लेख में उपस्थित हुआ है। तर्कपूर्वक विचारते हुए आगे चलने पर आपने प्रकट किया है कि 'मानसिक स्वाधीनता की देवी' की वहाँ प्रतिष्ठा हो। मानसिक स्वाधीनता का मैं कायल हूँ। असम्भव नहीं, आपका मत हो कि जरूरत से ज्यांदा मैं उसका कायल हूँ लेकिन 'मानसिक स्वाधीनता' की प्रतिमा नहीं बनानी होगी। पूर्णतः स्वाधीन मानव (मानव) लगभग इस पृथ्वी पर असम्भव है। जीवन अन्योन्याश्रित है। बालक को पूरी मानसिक स्वाधीनता देकर माता बहुत काल तक न रहेगी, क्योंकि बालक बहुत काल तक इस भांति न जिएगा। प्रत्येक मानस को उतनी, और उतनी ही, स्वाधीनता मिलनी चाहिए, जो उसके उद्‌बोधन और विकास में सहायक हो। अधिक स्वाधीनता तो झेले भी न झिलेगी। जगत की रचना भी कुछ ऐसी है कि स्वाधीनता पात्रता के अनुसार ही प्राप्त होती है, इसलिए 'मानसिक स्वाधीनता' जब ठीक है, तब उसकी मूर्ति गलत भी हो सकती है।

न समझें कि मैं आपको गलत समझता हूँ। बात यह है कि 'मन्दिर' और 'मूर्ति' शब्दों का प्रयोग किस कदर आलंकारिक है। ईंट-पत्थर के मन्दिर और मूर्ति की बात नहीं है। इसलिए ऐसी जगह बहुत सावधानीपूर्वक चलना चाहिए। यहाँ की ही असावधानता है, जो मन्दिर और मस्जिद में, धर्म और विज्ञान में, सोशलिज्म और फासिज्म में बखेड़े कराती है।

मैं जानता हूँ कि 'मन्दिर' शब्द का प्रयोग चर्चा में साहित्य के प्रति पवित्रता का भाव व्यक्त करने के लिए किया गया है, और मैं उससे सर्वथा सहमत हूँ। साहित्य को व्यसन, साहित्य को दुकान, उसको दफ्तर या उसको एक हथकण्डा बनाने के मैं सख्त खिलाफ हूँ। वैसा हो रहा है। उसका व्यभिचार हो रहा है।

पहले भी आपने साहित्य के लिए सवाल उठाया था—'कस्मै देवाय?' आपने ही जवाब दिया था—'जनता जनार्दनाय'। आज प्रतीत होता है कि 'जनता' शब्द की ध्वनि में आपके भाव की पवित्रता के अतिरिक्त भी कहीं से कुछ विदेशी गंध आ मिली है। उस शब्द में अब आपको तृप्ति नहीं है, इसलिए आज आप कहते हैं—"मानसिक स्वाधीनता की देवी की प्रतिष्ठा करनी होगी", और आपके लेख से व्यक्त होता है कि जिन्होंने 'जनता' को, प्रयोजन की खातिर, जरूरत से अधिक 'जनार्दन', बना डाला है, उन्हीं की आलोचना में 'स्वाधीनता-देवी-मूर्ति' के निर्माण की कल्पना आप में उठी है। किन्तु मैं आप को कैसे विश्वास दिलाऊँ कि कुछ दिन होते-होते आपकी देवी के अनुयायी देवी के नाम के जयघोष के साथ अपने दोनों हाथों से उस देवी का गला घोटते दिखेंगे, क्योंकि वह उनके मन की देवी नहीं, उनके दल की देवी होगी। दल को जयघोष चाहिए, उसके लिए बस देवता का नाम काफी

है—उस देवता की जान से दल को फिर क्या सरोकार बाकी रह जाता है।

सामूहिक पूजा और सामूहिक आराधना हो सकती है, पर वह प्रचार और आन्दोलन के बल पर नहीं, इसलिए किसी एक मूर्ति के साथ दल इकट्ठा करने का काम कम साहित्य का नहीं है। दल बनाने का काम लोकनीति का ही हो सकता है, और है। पर उस लोकनीति को साहित्य का सम्मान करना होगा और उसकी मदद इस बात में लेनी होगी कि मूर्ति किसी को खण्डित न होने पावे। मूर्तियाँ सब सत्य हैं, यदि उनकी पूजा सच्ची है। वे झूठी पड़ जाती हैं उसी क्षण, जिस क्षण कि उनका कच्चा भक्त अपनी भक्ति के आग्रह में किसी दूसरे को घेरना चाहता है।

मेरी तो यह समझ में नहीं आता कि कोई अपने हृदय-मन्दिर में प्रतिष्ठित मूर्ति के समक्ष भीड़ को कैसे चाह सकता और बर्दाश्त कर सकता है। कौन है, जो अपनी उघड़ी नग्नता पर सार्वजनिक आँखें पसन्द करे। और भक्त अपनी मूर्ति के आगे सदा सर्वथा प्रकट है। भक्ति की पहचान ही यही है। खोज-बीनकर भक्त भीतर से अपने दोष पाता और अपनी आराध्या के समक्ष उन्हें निवेदन करता है, ताकि उसके व्यक्तित्व के अंधेरे से अंधेरे कोने में उस ज्योति का प्रकाश पहुँचे।

इस दृष्टि से यह प्रश्न कि तुम्हारे मन्दिर में क्या मूर्ति है, अक्षम्य जान पड़ता है। जिसके मन्दिर में सचमुच मूर्ति है, वह इस प्रश्न के आगे शील-संकोच में घबराकर निरुत्तर ही रह जाएगा। और यह आदेश कि तुम अमुक मूर्ति को मन्दिर में बैठाओ, उसे अपनी मूर्ति की अवज्ञा भी मालूम हो सकती है। हृदय एक है, वहाँ सिंहासन एक है, मूर्ति भी वहाँ एक हो सकती है तो जो मूर्ति वहाँ अधीष्ठित है, क्या उसे धकेलकर गिरा दिया जाए? ऐसा हो सकता है, पर ऐसा चाहना अत्यंत दारुण है और प्रत्येक उठता हुआ वाद लगभग यही चाहता है।

मैं जानता हूँ कि आपका लेख इस दृष्टि से नहीं लिखा गया। मैंने पहले ही माना है कि आपका आशय शुद्ध है और दृष्टि भी गलत नहीं है, उस आशय के समर्थन से मैं इधर-उधर भी नहीं हटता हूँ, किन्तु ऊपर की दृष्टि की ओर भी मैं आपका ध्यान दिलाना चाहता हूँ।

उस लिहाज से मार्क्सिस्ट से हम यही मांग सकते हैं कि वह सौ फीसदी मार्क्सिस्ट हो। यही हम फासिस्ट या और किसी इस्ट से कह सकते हैं किन्तु इससे स्पष्ट है कि लड़ाई हुए बिना नहीं रहेगी, क्योंकि वाद और वादी अक्सर एक-दूसरे के विरोध पर सम्भव होते और पलते हैं। जब तक सोशलिज्म में सांस है, फासिज्म दाँत कटकटाएगा और यही हाल सोशलिज्म का है। तो, यदि लड़ाई जीवन का इष्ट नहीं है, यह निर्विवाद हो जाता है कि जीवन नीति के तौर पर मार्क्सिज्म भी गलत है, फासिज्म भी गलत है, और वे सब इज्म भी गलत हैं, जिनकी सम्भावना विरोध पर निर्भर है। यानि लोक-जीवन की नीति के तौर पर वे गलत ही हैं। यों मार्क्सिस्ट के निकट मार्क्सिज्म और इटली में फासिज्म वास्तविक, अतः सच है ही।

परिणाम यह निकला कि हम चाहे जिस मूर्ति को पूजें और चाहे जिस वाद को मानें—जब तक मनुष्य हैं, तब तक हम पर आयद है कि हम सौ-फीसदी मनुष्य बनें। (पशुओं और देवताओं पर यह बिल्कुल भी पाबन्दी नहीं है—इसीलिए कि वे मनुष्य नहीं हैं।) व्यक्ति की मूर्ति की भक्ति और उसका वाद का विश्वास जिस क्षण उसकी मनुष्यता की मर्यादा का उल्लंघन करते हैं, उसी क्षण वह स्वयं झूठ बनता है।

असल बात यह है कि अनुदारता की जड़ें हमारे मन में से नहीं निकली हैं। कुछ मजहबों के नाम की अनुदारता बेशक पुरानी चीज होती जा रही है। सो केवल इस लिए कि वे मजहब आज राजनीतिक शक्तियाँ नहीं हैं, या बहुत परिमित अर्थों में हैं। हिन्दू-मुस्लिमपन की आज के हिन्दुस्तान की राजनीति में कुछ गिनती है, इससे हिन्दुस्तान में हिन्दू-मुस्लिम झगड़े भी हैं, लड़ाई शक्तियों में होती है, इसलिए नहीं कि वे शक्ति हैं, बल्कि इसलिए कि उन्हें शक्ति का मद है। यह मद ही रोग की गांठ है। किसी और से भी पोषण मिला कि यह लहलहा उठती है।

जो अनुदारता मजहब के नाम पर निक्कमी हो गई थी, वही अनुदारता आज राजनीति के नाम पर फैशनेबल समझी जाती है, ओर केवल बर्दाशत ही नहीं की जाती, बल्कि बढ़ाई भी जाती है। राजनीतिक अनुदारता मजहबी अनुदारता से भी आज के दिन खतरनाक चीज है क्योंकि दूसरे प्रकार की कट्टरता पर तो लोकमत का अंकुश है और लोकमत को जगाया जा सकता है लेकिन राजनीतिक कट्टरता का लोकमत स्वयं शिकार होता है। इस कट्टरता को रोकने और मर्यादा में रखने वाली कोई बाहरी चीज नहीं हो सकती। (आज का जर्नलिज्म शक्ति प्राप्त लोकधर्म का बस आज्ञाकारी तत्पर सेवक है।) हो सकती है, तो हृदय की आवाज ही हो सकती हैं। मद ऐसी वस्तु है कि उसी हृदय की आवाज सुने जाने का बहुत मौका नहीं रहता, किन्तु उस हृदय के स्वास्थ्य के परीक्षण का अवसर भी वही है। शरीर जब बीमार होता है और दिमाग भी चिंहक कर विकृत होता दीखता है, तब हृदय की जिम्मेदारी बढ़ जाती है। उस समय बार-बार डाक्टर स्टेथस्कोप से पहले हृदय की धड़कन की खबर लेता है और उसकी रक्षा की चिन्ता करता है। मैं·न चाहूँगा कि सरसाम की हालत में जैसे वाणी अनर्गल होकर मुखर हो पड़ती है, हृदय तनिक भी उसकी स्पर्धा करे। किन्तु उसे अपने कर्तव्य-कर्म को भलीभांति समझना चाहिए और उसे निबाहने में चुकना नहीं चाहिए।

आधुनिकता में रहने वाली राजनीति प्रगल्भ होकर इसमें गलती भी करे, पर साहित्य को उसके संस्कार के लिए अधीरता से नहीं, धीरज से काम लेना होगा। आखिर राजनीति उसीकी बहन है।

साहित्य और राजनीतिज्ञ

सियारामशरण गुप्त

एक प्रश्न उठ खड़ा हुआ है कि साहित्यकार की स्वतन्त्रता खतरे में है। यह भय उसके लिए राजनीति की ओर से बताया जाता है।

स्वतन्त्रता का अधिकार सबको है। प्राणी जन्म से ही स्वतन्त्र रूप में उत्पन्न हुआ है। हथकड़ी बेड़ी के साथ कोई कहीं जन्मा हो, यह नहीं सुना गया। यदि शरीरधारी के लिए यह स्थिति स्वाभाविक होती, तो इसका प्रबन्ध भी प्रकृति पहले से कर सकती थी। हम स्वतन्त्र रूप से केवल उत्पन्न ही नहीं हो गए हैं, उसके अनुरूप क्षेत्र भी हमको प्राप्त हुआ है। अतएव निश्चयपूर्वक यह कहने में कोई रुकावट नहीं कि स्वतन्त्रता का अधिकार हमारा पक्का है।

साहित्य में भी हम अपना यह अधिकार रक्षित रखना चाहते हैं। साहित्य का निर्माण प्रकृति नहीं करती, वह मनुष्य की सृष्टि है। इसीसे इसकी आवश्यकता यहाँ और अधिक है। स्वतन्त्रता से उत्पन्न हो सकने के कारण ही साहित्य को इतनी रमणीयता मिल सकी है। वृक्ष इतना मनमोहक, इतना हरा-भरा और इतना सप्राण कभी न होता, यदि हम उसे सब ओर से दीवार से घेरकर उस पर एक छत खड़ी कर देते। यह उसके लिए घातक होता। बाहर की कड़ी धूप और भयंकर वर्षा से बचने के लिए उसे अपने ऊपर किसी छत के संरक्षण की आवश्यकता नहीं होती। उसके भीतर जो सतेज प्राण है, वह इस तरह की बाधाओं से ही अपनी खुराक जुटा लेता है।

सीमा राज्य की होती है; साहित्य तो निस्सीम है। नदी, पहाड़ या समुद्र की कोई जड़ रेखा उसे अपने बन्धन के भीतर किस तरह रख सकती है? उसका आधिपत्य है मानव के सार्वजनीन हृदय पर। इसी से अपनी रक्षा के लिए उसे किसी जड़ पदार्थ का मुँह नहीं ताकना पड़ता।

वह इतना व्यापक, इतना विशाल है, इसी कारण कभी-कभी उसकी स्वतन्त्रता पर संकट भी आ जाता है। सत्ताधारियों के मन में लोभ होता है कि साहित्य उनकी अधीनता में रहे, उसके द्वारा उनकी स्तुति का गान हो। इसी प्रवृत्ति के कारण जहाँ-तहाँ दरबारी साहित्यकारों की सृष्टि होती है, किन्तु उनकी रचना साहित्य नहीं हो पाती। वे प्रतिभासम्पन्न होते हैं, विद्वत्ता भी उनमें किसी से कम नहीं होती, तथापि उनकी रचना यथार्थ साहित्य की श्रेणी में बहुत पीछे पड़ी रहती है। कारण स्पष्ट है। दरबार-भवन के भीतर यथेष्ट हवा, पानी और प्रकाश का प्रबन्ध हो सकने पर भी वह स्थान साहित्य के अक्षय वट की प्रकृति के माफिक नहीं बैठता। वहाँ की मिट्टी उसकी अपनी नहीं है, इसीलिए वहाँ रंग-बिरंगे गमले रखकर संतोष कर लिया जाता है।

राजतन्त्र में ही नहीं, जनतन्त्र में भी दरबारी साहित्यिक दिखाई देते हैं तंत्र कोई हो, उसमें से राजसीभाव का लोप नहीं होता। राजतन्त्र में जहाँ एक व्यक्ति के भीतर वह भावना अपनी पराकाष्ठा को पहुँचती है, वहाँ जनतन्त्र में समाज का प्रत्येक व्यक्ति उसका थोड़ा बहुत अनुभव किए बिना नहीं रहता। इसमें जो गुण है, उसकी चर्चा करना यहाँ अभिप्रेत नहीं। जनतन्त्र का यह बहुव्यापक राजा भी वासना-पूर्ति में कहीं-कहीं निरंकुश है। अपने भोग-विलास को ईंधन देने के लिए इसने भी अपने आसपास बहुत से लिखने वाले इकट्ठे कर लिए हैं।

इन लिखनेवालों से मेरा संकेत उन लोगों से हैं, जो पाठक की कुत्सित वृत्ति का संतोष करने के लिए ही दिन-रात अपनी लेखनी दौड़ाते रहते हैं। ये पाठक के दरबारी हैं, इसीसे इनकी रचना जूठे फूल की तरह साहित्य-देवता के मन्दिर में नहीं पहुँचती।

साहित्यकार दरबारी होने से डरता है। उसका यह डरना उचित भी है। वह जानना है, वैसे में उसे दूसरे की अर्चना करनी पड़ती है। और इसी से साहित्य का देवता अपने-आप से उपेक्षित होकर न जाने कहाँ अंतर्धान हो जाता है, इसका पता तक नहीं लग पाता।

यह सब इतना स्पष्ट है, तब राजनीतिज्ञ क्या यह नहीं जानता? बात कुछ हो, यह ठीक है कि वह साहित्यकार से अपने मन का कुछ और ही चाहता है। साहित्यकार को यह अच्छा नहीं लगता। उसे लगता है, जैसे कोई घूंसा तानकर उसके पीछे खड़ा हो और कठोर कण्ठ से अपना आदेश सुना रहा हो कि गाओ। कण्ठ नलिकाएँ अपना काम कर सकने की स्थिति में होने पर भी ऐसे में संगीत की स्वर-लहरी नहीं फूट सकती। संगीत केवल कण्ठ नलिकाओं से उत्पन्न नहीं होता। कण्ठ से अधिक वह हृदय की सृष्टि है। सच तो यह है कि किसी का गला दबाकर उसे रुला तो दिया जा सकता है, किन्तु उसका संगीत रस अदा नहीं किया जा सकता।

राजनीतिज्ञ ऐसी बुद्धिहीनता करेगा, इस पर विश्वास नहीं होता। बुद्धिमत्ता उसकी मुख्य विशेषताओं में से है। उसकी उपस्थिति से साहित्यकार का एकाएक चिंतित हो उठना, उचित नहीं जान पड़ता। साहित्य बहुत बड़ी सम्पत्ति है, इस कारण भीरु और संशयालु धनिक की तरह निकट आने वाले प्रत्येक जन को चोर या लुटेरा ही समझ बैठना अत्यंत हास्यजनक होगा।

पहले कहा जा चुका है, साहित्य की प्रकृति स्वतन्त्र है। उस पर किसी की जोर-जबरदस्ती नहीं चल सकती। परन्तु प्रत्येक सम्मति अथवा परामर्श को बलात्कार ही समझ बैठना भूल है। स्वतन्त्रता का अधिकार हमारा अखण्ड है, परन्तु इसका अर्थ यह नहीं है कि सब ओर से हमें अपने आँख-कान मूँद लेने चाहिए। यदि हम यह समझते हों कि चारों ओर हमारे दुश्मन ही दुश्मन हैं, तो वास्तव में स्वतन्त्रता के अधिकारी हम हैं ही नहीं। उस अवस्था में स्वतन्त्रता हमारे लिए परतन्त्रता पर विश्वास है, इसी कारण स्वतन्त्रता का मूल्य हमारे निकट इतना अधिक है।

साहित्यकार को भी विश्वासपरायण होना होगा।

साहित्यकार अपने ही सुख-दुख का ताना-बाना लेकर जहाँ अपने ही लिए अपने गान का मोहक जाल बुन रहा है, वहाँ पहुँचकर राजनीतिज्ञ कहता है—तुम यहाँ कहाँ? यहाँ तुम्हारे इस गोरों के क्लब में हम काले लोग प्रवेश नहीं कर पाते। आओ, बाहर निकलकर देखो। वह विशाल जनता उत्पीड़ित होकर भय से, अत्याचार से और सब से बढ़कर अपमान की असह्य लज्जा से मूकवत् पड़ी है। उसे तुम अपना कंठस्वर दो। इस विलास-गृह की अपेक्षा वहाँ तुम्हारी आवश्यकता अधिक है।

राजनीतिज्ञ सैनिक है, इसी से उसके अनुरोध का छन्द कर्कश-सा जान पड़ता है। उसमें वीर-कविता का कवित्व भी नहीं दिखाई देता। न वह कवि है, न रसिक। साहित्यकार, फिर कैसे 'अरसिकेषु रसत्वनिवेदनम्' के लिए राजी हो? वह कहता है जनता मूर्ख है। जानवर के आगे बीन बजाने से लाभ नहीं होता।

सचमुच, जनता मूर्ख है, इसे अस्वीकार नहीं किया जा सकता, परन्तु साहित्यकार यदि बीन बजाना जानता है, तो इसका प्रमाण उसे जानवर को रिझाकर ही देना होगा। जानवर भी इतना रसिक प्राणी है कि सच्चे संगीत के लिए अपना सिर तक कटा देने में उसे हिचक नहीं होती।

साहित्यकार सोचता है, राजनीति क्षणजीवी है, आज है, कल नहीं। मैं क्यों उसके पीछे अपने भविष्य का सुख भंग करूँ, मेरा प्रयत्न आज के लिए नहीं है। मेरे कण्ठ में चिरकाल की वेदना का अमृत लहरा रहा है।

राजनीतिज्ञ इतना क्षुद्र नहीं है, जो साहित्यकार की इस महत्ता से आनन्दित न हो। फिर भी उसका कहना है कि आज का यह अंश भी चिरकाल के बाहर का नहीं है। इस क्षण में इस क्षण का आलाप करने में गायक की चिरंतन कला कुण्ठित नहीं होगी।

छोटे-बड़े का भेद होता कहाँ नहीं है? वह स्वाभाविक है। एक राजा का राज्य आधे कोस में समाप्त हो जाता है, दूसरे का पूरे एक देश में भी नहीं चुकता। राजा दोनों हैं, अपनी-अपनी सीमा में दोनों के अधिकारों में भी अंतर नहीं है परन्तु इसी कारण पहला दूसरी की बराबरी प्रत्येक बात में करने में तुल जाए, तो यह उसकी राजमूर्खता ही न होगी? साहित्यकार में ऐसे दम्भ से बचने का विवेक होना चाहिए। वह कहता है, मेरे हाथ में अनन्त काल का अमृत है। ऐसा है तो इसका अनादर नहीं होना चाहिए परन्तु उसका यह अमृत आँख के सामने ही भरा रहे, इस छोटे क्षण को अमरत्व नहीं दे पाए, तो आगे के लिए उसका भरोसा करने कौन बैठा रहेगा?

साहित्यकार अपनी ऊँचाई पर रहना चाहता है। उस ऊँचाई पर भी अभिनन्दन करने वाले पहुँचेंगे। ऐसे पुरुषों का एकदम अभाव नहीं है, जो हिमालय के उच्च तीर्थ की यात्रा के लिए चल पड़ते हैं और रुकते तब हैं, जब भागीरथी की पवित्र उद्गम धारा उनके समस्त कष्ट और कलुष धोकर उन्हें कृतार्थ कर देती है। ये पुरुष वंदनीय हैं, अतएव विरल हैं, सब कोई उनकी बराबरी नहीं कर सकते परन्तु हममें उतना

बल या सामर्थ्य नहीं है, इस कारण भागीरथी माता क्या हम सबकी उपेक्षा कर देंगी? क्या उस समय तक वे वहीं अपने उच्च शिखर पर बैठी रहेंगी, जब तक हममें वह बल या सामर्थ्य अपने आप उत्पन्न न हो जाए? ऐसा उन्होंने किया नहीं है। यह सोचने तक का अवसर उन्होंने नहीं लिया कि नीचे की मिट्टी उनमें ऊपर जैसी निर्मलता न रहने देगी और उन्होंने वेग के साथ अपने को नीचे की ओर प्रवाहित कर दिया है। हमारे लिए हमारे रहने के स्तर के नीचे तक आ गई है, इससे उनकी वह उच्चता भंग नहीं हुई। वे नीचे उतर आई हैं, इसी कारण हममें से अनेकों में यह साहस उत्पन्न हुआ है कि कभी-कभी अपने को ऊँचाई तक पहुँचाकर वहाँ का वह दुर्लभ सौभाग्य भी प्राप्त करें। इसीसे राजनीतिज्ञ पूछता है कि साहित्य की सरस्वती माता क्या ऐसा नहीं कर सकतीं? वे अपने हिमालय की ऊँचाई पर ही चिरकाल पधारी रहें, यह उनकी महत्ता के अनुरूप दिखाई नहीं देता।

राजनीतिक ने कुछ ऐसी बात देखी है, जिसका कांटा उसके हृदय में जाकर चुभ गया है। साहित्यकार की आँख और कान दूसरी ओर न होते, तो अपने स्थान से वह भी उस दृश्य को देख सकता था, वहाँ का चीत्कार तो कम से कम सुन ही सकता था। इसीसे राजनीतिज्ञ यहाँ दौड़ा आया है। हो सकता है, ऐसे में वह साहित्यकार की मर्यादा का ध्यान न रख सका हो। हृदय की तीव्र वेदना में वह व्याकुल जो है। वह कहता है—क्या देखते नहीं हो, अत्याचार के व्याध्र ने कितना अनर्थ कर डाला है? तुम्हारे आदि पुरुष की करुणा को एक क्रौंच पक्षी ने उद्वेलित कर दिया था। यहाँ तो संख्या नहीं है। मैं यह दृश्य देख नहीं सकता। मेरे हृदय में शोक तो है, परन्तु शोक को 'श्लोकत्व' देने की शक्ति मुझमें नहीं। आओ, तुमसे कुछ हो सके, तो सहायता करो।

अब देखना यह है कि इसका कैसा उत्तर उसको मिलता है। राजनीतिक स्वतन्त्रता का योद्धा है, स्वतन्त्रता का मूल्य उससे छिपा नहीं। साहित्यकार स्वतन्त्र भाव से उसका सहयोगी हो, तभी उसे संतोष होगा। बने हुए दरबारी से उसका समाधान नहीं हो सकता।

झगड़े का हल

अज्ञेय

प्रियवर

जब मैंने आपका लेख पढ़ा था, तब मुझे उसके बारे में कुछ लिखने की खास स्फूर्ति नहीं हुई थी। मुझे यह बिल्कुल नहीं लगा था कि उस लेख में कोई ऐसी बात है, जिस पर हो-हल्ला मचाया जा सके। आपके पहली बार पूछने पर मैंने यही बात

लिख भी दी थी, लेकिन अब आप इतना जोर दे रहे हैं, तो जो दो-चार बातें मुझे सूझी थीं, या सूझती हैं उन्हें मैं लिख देता हूँ। सम्भव है, इससे उन लोगों का कुछ फायदा हो सके, जिन्हें इस मामले में अंतर्द्वन्द्व का सामना करना पड़ रहा है। मैं खुद इस साहित्य और राजनीति के मामले में बिल्कुल आश्वस्त हूँ, और मुझे कभी भी यह फिक्र नहीं हुई कि मैं राम को मानूँ या रहीम को, काफिर बनूँ या म्लेच्छ। मैं क्यों इतना आश्वस्त रहता हूँ, इसका कारण भी शायद आप को आगे लिखी हुई बातों से ज्ञात हो सके।

सबसे पहले मैं यह कहना चाहता हूँ कि आपके लेख से जो ध्वनि होती है कि साहित्यिक और राजनैतिक कार्यकर्ता दो अलग-अलग वर्ग हैं, जो एक दूसरे को कुचल डालने या बांध रखने में लगे रहते हैं, इसे मैं नहीं मानता। साहित्यिक और राजनैतिक ऐसा वर्गीकरण बिल्कुल arbitrary है। एक आदमी के लिए बिल्कुल सम्भव होना चाहिए कि वह एक साथ दोनों हो सके, बल्कि वह इन दोनों के अलावा बीस चीजें और हो सकता है, और फिर भी शिकायत नहीं हो सकती। सवाल असल में शक्ति का है, intensity का है। आदमी में प्रबल शक्ति होनी चाहिए, जो निरन्तर प्रवाह के लिए रास्ता खोजती रहे, अवरोधों पर बराबर चोट करती रहे, टक्कर लेती रहे, घुमड़ती रहे। शक्ति काफी हो, तो फिर सवाल ही नहीं उठता कि वह किधर से बहे और कितने रास्तों से बहे।

और फिर जिस के पास शक्ति है, या साहित्यिक भाषा में प्रतिभा है, वह कभी अभिव्यंजना के एक ढंग से तृप्त नहीं हो सकता। यह बात नहीं है कि एक ढंग में सफलता न मिलने पर ही वह दूसरी ओर आकृष्ट हो, बल्कि एक ढंग में जितनी सफलता मिलती है, उतना ही उसमें उत्साह बढ़ता है कि वह दूसरे ढंग को भी आजमा कर देखे। संसार के कुछ महान कलाकारों के उदाहरण ले लीजिए। जगत्प्रसिद्ध चित्रकार और शिल्पी माईकेल एँजेलो ने कविता करने की कोशिश की थी और गीतों की एक छोटी सी किताब लिखी थी। महाकवि दांते ने एक बार—सिर्फ एक बार—एक चित्र बनाया था। अपने जमाने में साहित्य और संगीत के मर्मज्ञ रवि ठाकुर अब तूलिका और रंगों की ओर आकृष्ट हो रहे हैं। उनकी कृतियों को कोई चित्रकला के नमूने माने या न माने, यह सभी को मानना पड़ेगा कि वे उनकी अंतःशक्ति के लिए फूट निकलने का एक रास्ता है।

आजकल खासकर साहित्यिक लोग यह आवाज उठाते हैं कि राजनीति साहित्य पर अपना आतंक जमाना चाहती है। पिछले साल मैंने भी अपने एक लेख में लिखा था कि हिन्दी साहित्य-सम्मेलन को राजनैतिक लोग हथिया लेना चाहते हैं, लेकिन अब यह शिकायत मुझे सारहीन मालूम होती है। अब मैं देखता हूँ कि यद्यपि शक्ति या प्रतिभा या योग्यता या दैवी-प्रेरणा कई रूपों में प्रकट होती रहती है, तथापि यह जरूरी है कि कोई एक रूप दूसरों की अपेक्षा अधिक सामर्थ्य रखता

है। इतिहास में ऐसे भी जमाने आए हैं, जबकि साहित्य ने अत्यंत गौरव का पद पाया है और राजनीति उसके सामने बहुत गौण चीज हो गई है। (ऐसे भी जमाने आए हैं, जबकि साहित्य और राजनीति दोनों ही को किसी तीसरी शक्ति ने ग्रस लिया हो—मसलन् धर्म ने।) आजकल संसार भर में और खासकर हमारे देश में राजनैतिक जागृति में सबसे अधिक शक्ति है। मुझे नहीं जान पड़ता कि यह अनुचित है। आज राजनैतिक समस्याएँ ही हमारी प्रमुख समस्याएँ हैं, और अगर हमारे प्राणों की शक्ति सबसे पहले उन्हीं से टक्कर लेना चाहती है, तो यह हमारे स्वस्थ होने का लक्षण है। इससे उल्टी बात ही हमारे लिए भयानक होती। जब रोम जला था, तब अगर बादशाह नीरो उसे बुझाने में दत्तचित होता, तो हम यह न कहते कि राजनीति ने कला को कुचल दिया। जलते हुए नगर की उपेक्षा करके संगीत में मस्त रहकर ही नीरो ने इतिहास में अपना नाम सदा के लिए कलंकित कर लिया।

इससे आगे मैं यह भी समझता हूँ कि साहित्य और राजनीति का प्रभाव एक-दूसरे पर होने से किसी तरह भी रोका नहीं जा सकता—चाहे राजनीति का युग हो, चाहे साहित्य का। नीत्शे को हम सब साहित्यिक मानते हैं, लेकिन आधुनिक राजनीति पर उसका प्रभाव कितना गहरा है या हम भुला नहीं सकते। लेनिन को कोई भी साहित्यिक नहीं कहता, लेकिन आज के साहित्य पर उसकी कितनी गहरी छाप है, यह हम जानते हैं। क्या इसके लिए आप नीत्शे या लेनिन को दोषी ठहरा सकते हैं? क्या यह उनकी शक्ति-प्रतिभा का ही सबूत नहीं है कि अपने क्षेत्र के बाहर भी उनका प्रभाव इतना गहरा पड़ा? (परिस्थितियाँ भी सहायक होती हैं, मैं मानता हूँ, लेकिन उनके लिए भी तो व्यक्ति जिम्मेवार नहीं होता।)

साहित्यिक के लिए मानसिक स्वाधीनता जरूरी है, लेकिन क्या राजनैतिक कार्यकर्ता के लिए वह कम जरूरी है? जो बात आप साहित्यिक के लिए कहते हैं, वही बात राजनैतिक व्यक्ति के लिए भी उतनी ही ठीक है। कायदे, नियम, प्रतिबन्ध-बंधन-मामूली आदमी के लिए ये चीजें एक सहारा होती हैं, क्योंकि वह अपने कार्यों के लिए नैतिक प्रेरणा अपने भीतर से नहीं, बाहर से पाता है लेकिन किसी भी प्रतिभावान व्यक्ति के लिए यही चीजें विघ्न हो जाती हैं, क्योंकि वह अपने कार्यों के लिए बाहरी आधारों पर निर्भर नहीं करता। इस प्रकार हर एक व्यक्ति, जिसके पास शक्ति है, अनिवार्य रूप से अनुभव करता है कि उसके मार्ग में कुछ रुकावट भी है। यदि उसके पास काफी शक्ति है, तो वह उन्हें हटा देता है और अपनी मानसिक स्वाधीनता कायम रखता है। यदि नहीं, तो वह विधान में आ जाता है, मानसिक स्वाधीनता खो देता है, बहुत भला और बहुत साधारण आदमी हो जाता है।

इन सब झगड़े का हल मुझे एक दीखता है। (आपने अपने लेख में कहा है कि 'राजनैतिक दलबन्दियां' क्षणस्थायी हैं और साहित्य ऊँची चीज है—चिरस्थायी

है। 'राजनैतिक दलबन्दियों की तुलना आपको साहित्यिक गुटबन्दियों से करनी चाहिए, जो उतनी ही क्षणस्थायी होती हैं। 'साहित्य' का समतोल 'राजनीति' है, लेकिन उस बात को छोड़िए।) राजनीति से, साहित्य से-अभिव्यंजना के बीसियों प्रकारों से–अधिक स्थायी एक चीज है। वह है रचने की, सृजन करने की प्रेरणा। उसी से आदमी ईश्वर का समकक्षी होता है। जो उस प्रेरणा का आदर करता है, वह स्वयं आदर का पात्र है। जो उसे बेचता है, विलासिता का साधन बनाता है, वह नीच है, और नीच से बढ़कर बेवकूफ है, क्योंकि वह स्वयं अपना नाश कर रहा है। यह विश्वास मेरा सिर्फ राजनैतिक प्रतिभा के बारे में ही नहीं है, सब तरह की सृजन शक्ति के बारे में है। फिर वह शक्ति चाहे साहित्य पैदा करने की हो, चाहे इंकलाब पैदा करने की और चाहे बच्चे पैदा करने की।

अक्टूबर, 1937

राजनीति और गांधीवाद

सहजानन्द सरस्वती

इतिहास इस बात का साक्षी है कि जनता का, कमाने वालों का, श्रमजीवियों का, किसानों और मजदूरों का शोषण और उत्पीड़न बहुत पुराने जमाने से चला आ रहा है। चाहे रामराज्य की बात लें या रावण राज्य की, धर्मराज्य या कंसराज्य की, यह बात कभी बन्द न हुई। मुसलमानी राजत्वकाल को देखें या उससे पहले नजर डालें, यह चीज हमें बराबर मिलेगी। भारत में ही नहीं, इसके बाहर भी सर्वत्र यह हालत रही है। यह बात दूसरी है कि वह उत्पीड़न कभी बहुत ही प्रचण्ड और वीभत्स रहा हो और कभी जरा दबा-सा। यह तो शोषकों और शासकों की मनोवृत्ति मात्र का परिचायक है कि वे चतुर और काइयाँ थे, या सीधे प्रहार करने वाले तथा लट्ठ मारने वाले लेकिन इतने से शोषण और उत्पीड़न के मूल रूप में कोई पविर्तन नहीं हो गया। जब तक दूसरों की कमाई का उपभोग गैर-लोग किसी भी प्रकार करते रहें, ऐसा करने की उन्हें न केवल स्वतन्त्रता ही हो, वरन् यह उनका अधिकार माना जाता हो और जब तक इसी सिद्धान्त के आधार पर देश की राजनीतिक, आर्थिक, सामाजिक एवं धार्मिक व्यवस्था का निर्माण हो, तब तक शोषण-खात्मे की बात भी कैसे उठ सकती है? राजा, महाराजा, सरदार, शासक, व्यवस्थापक, धर्माचार्य, पण्डित, पुजारी, साधु, फकीर, औलिया, मौलवी, देवता, ईश्वर बनकर जब तक दूसरों की कमाई की हिस्सेदारी कुछ लोग भी करेंगे, तब तक शोषण रहेगा ही। यदि ये सब न भी दीख पड़ें, तो भी एतन्मूलक सामाजिक व्यवस्था के चलते यह बात जारी रहेगी ही। हमारी

कमाई स्वछंद और विस्पष्ट सम्मति के कोई भी ले ले और उसे खर्च भी हमारी वैसी राय के ही करें, और इतने पर भी कहा जाए कि यह उत्पीड़न नहीं, शोषण नहीं, जुल्म नहीं, तो यह सरासर अनर्गल बात होगी। कारण, शोषण की दूसरी परिभाषा है नहीं।

अब प्रश्न यह है कि यह शोषण मिटा क्यों नहीं? इसके मिटा डालने की कोशिश अब तक क्यों न की गई? और अगर की गई, तो उसमें सफलता क्यों न मिली? लोगों ने इस भयंकर शोषण को अब तक बर्दाश्त क्यों किया? कहने के लिए तो सत्ययुग और त्रेता की बातें की जाती हैं : लेकिन आज कलियुग में इसे खत्म करने का जो भगीरथ प्रयत्न संसारव्यापी रूप में हो रहा है, वह उन युगों में क्यों न हुआ? इन प्रश्नों के उत्तर सभी लोग अपनी-अपनी अभिरुचि और योग्यता के अनुसार विभिन्न रूप में देंगे, परन्तु उत्तर देने की चेष्टा करने के पूर्व यह देखना चाहिए कि किसी पदार्थ को मिटा देने के लिए जरूरी चीज क्या है। मिटा देने की शक्ति तो जनता में है; लेकिन उस प्रसुप्त एवं कार्याक्षम शक्ति को जागृत तथा कार्यशील बनाने के लिए कौन-सी बात नितान्त अपेक्षित है? असल में किसी चीज के मिटाने के दो अर्थ माने जाते हैं; एक तो उसे रूपांतरित कर देना, दूसरे उसे उच्छिन्न या निर्मूल कर देना। दोनों के ही लिए विरोध में प्रचण्ड आन्दोलन और भारी संघर्ष अपेक्षित है। इसीसे वह शक्ति जाग्रत और कार्यशील होती है। रूपान्तरित करने में यही संघर्ष कभी-कभी क्रान्ति का रूप धारण कर लेता है : लेकिन वह क्रान्ति या उसकी मनोवृत्ति चिरस्थायी और दृढ़ नहीं होती। वह अमिट प्रवाह के रूप में निरन्तर कायम नहीं रहती, कुछ समय बाद विलीन हो जाती है।

लेकिन मटियामेट या उच्छिन्न करने के लिए तो एकमात्र क्रान्ति ही उपाय है—वह क्रान्ति, जो अमर होकर बनी रहे और जब तक उच्छेद न हो जाए, उसका प्रवाह ज़ारी रहे। अमिट क्रान्ति की यह प्रचण्ड ज्वाला उसे मिटाकर छोड़ती है। फ्राँस आदि देशों में पहले प्रकार की क्रान्ति हुई। फलतः शोषण का पूर्वरूप बदलकर नया बन गया परन्तु रूस में दूसरे प्रकार की अमर क्रान्ति ने उस शोषण को मिटाने का बीड़ा उठा लिया है। और जब तक अपना काम न कर ले, वह मिटनेवाली नहीं। बस, इसी प्रकार की अमर क्रान्ति उत्पीड़न का उच्छेद करती है, और इसे लाने के लिए इस शोषण या इसे जन्म देने वाली व्यवस्था के प्रति हममें तीव्र रोष और ज्वलंत असंतोष का होना नितान्त आवश्यक है। ऐसा असंतोष, जो काम किए बिना मिट न सके और जो बराबर दक्-दक् प्रज्ज्वलित रहे। यदि आज हम ब्रिटिश राज्य को भारत से मिटा देने पर तुले हैं, तो केवल इसीलिए कि हममें उसके प्रति भयंकर और अमिट असंतोष है। इसी ने संघर्ष के जरिए हममें वह शक्ति जागृत की है, या यही ऐसा कर रहा है, जिससे क्रान्ति हो और वर्तमान व्यवस्था टूटे। यदि हमारा यही प्रचण्ड असंतोष शोषण के प्रति न रहा, तो विदेशी शोषण और शासन मिटाकर उसका स्थान स्वदेश शोषण और शासन ले लेगा और व्यवहारतः श्रमजीवी जनता जहाँ की

तहाँ ही रह जाएगी, जैसी की तैसी ही रह जाएगी। इसी प्रकार यदि यही असंतोष आज से पूर्व इस सनातन शोषण और उत्पीड़न के प्रति जनता में उत्पन्न हुआ होता, तो यह शोषण कभी का मिट गया होता।

अब देखना यह है कि जनता में क्रान्ति (रिभोल्ट) का भाव पैदा करने वाला यह ज्वलंत असंतोष शोषण के प्रति पहले क्यों न हुआ, आज भी उसके होने में क्या बाधाएँ हैं और रूस में वह क्यों हुआ? हमारे विचार से तो इसका एक ही कारण है, और वह है धर्म का प्रभाव। यों तो कहा जाता है कि धर्म की खोज और उसकी उत्पत्ति आत्मा की भूख की शान्ति के लिए ही हुई। प्रारम्भ में जब इसका इतना विस्तार न था, तब चाहे यह बात रही भी हो, और आज भी अपवाद-स्वरूप कुछ गिने-चुने लोगों के लिए वह सच हो सकती है। फिर भी सामूहिक रूप से जो उसका विस्तृत प्रचार आज हो गया है या पहले भी हुआ था और जो उसका व्यावहारिक प्रचार आज हो गया है, या पहले भी हुआ था और जो उसका व्यावहारिक रूप तथा प्रयोग हमें देखने को मिला और मिल रहा है, वह तो यही बताता है कि जनसाधारण के असंतोष को, जिसका सनातन शोषण के प्रति समय-समय पर होना स्वाभाविक है, कुण्ठित और ठण्डा करने के ही लिए सार्वजनिक रूप में इसकी सृष्टि हुई है। इसका तो काम ही है शोषण को पूर्ववत जारी ही नहीं रखना, प्रत्युत् उसका प्रसार करना। "मनुष्याणां सहस्रेषु कश्चिद्यतति सिद्धये। पततामपि सिद्धानां कश्चिन्मां वेत्ति तत्वतः"—गीता के इस वचन से तो सिद्ध हो जाता है कि धर्म की बात जो अध्यात्मवाद या आत्मा की बुभुक्षा की शान्ति के लिए मानी गई है, वह लाखों में एकाध के लिए यानी अपवाद-स्वरूप है, नियम-रूप नहीं है। धर्म का नियमित रूप तो शोषण के प्रसार के लिए है, इसीलिए उसने असंतोष को मिट्टी में मिलाने की भरपूर कोशिश की है। आखिर जिसे आत्मा के लिए इतना आवश्यक माना गया, वह अनायास सार्वजनिक क्यों हो गया? क्यों ऐसा बना दिया गया? सर्वसाधारण तो आत्मा को समझते ही नहीं, फिर उनकी भूख को वे क्या समझें? मोती, हीरे जैसा अमूल्य एवं जनसाधारण की पहुँच के बाहर की वस्तु जो यह अध्यात्मवाद, धर्म या ईश्वर है, वह कुंजड़े तथा पंसारी की दुकान पर क्यों बिकने लगा और जनसाधारण उसके ग्राहक क्यों बनाए गए?

धर्म की जो यह प्रकृति है कि वह झट सार्वजनिक और व्यापक बन जाता है, उससे तो उसकी 'भेड़ी-मुंडन' वाली प्रवृत्ति का पता लगता है। जनसाधारण को धर्म के नाम पर जो ही सिखाया जाता है, वह उसे ही मानने लगते हैं। लौकिक या व्यावहारिक बातों के जरिए उन्हें इस प्रकार मूंड़ा नहीं जा सकता। यम-नियम धर्म के स्तम्भ माने जाते हैं, और इनमें संतोष का स्थान प्रमुख है और सत्य और अहिंसा का भी। होता है यही कि बार-बार संतोष की बूटी पिलाकर जनता के बढ़ते हुए असंतोष को खत्म कर दिया जाता है। पूर्वजन्म की कमाई, ईश्वर की मर्जी, प्रारब्ध और तकदीर की बात—ये सभी चीजें बाल्यावस्था से ही और वंश-परम्परा से भी जनता

की नाड़ियों में दिल-दिमाग में, भर दी जाती हैं। फिर अंसतोष की अग्नि भड़के तो कैसे? वह शोषण को मिटा देने को बेचैन और बावली हो तो कैसे? "तकदीर में लिंखा होगा तो हो ही जाएगा, नहीं तो लाख करो कुछ न होगा"—यह मंत्र सारी आशाओं पर पानी फेर देता है और संघर्ष का मौका आने ही नहीं देता। "देवताओं तथा संत-जनों के आशीर्वाद से ही सब कुछ होगा"—यह मनोवृत्ति बगावत का माद्दा पैदा होने ही नहीं देती। जब हम मानते हैं कि शोषकवर्ग अपने कर्मों का फल भोग रहा है, और हम भी वही भोग रहे हैं, तो फिर उसके प्रति असंतोष कैसे हो? कहाँ से हो? जनता को तो बताया जाता है कि यह वर्तमान सामाजिक व्यवस्था कर्मों के अनुसार ही है, अतएव सच्ची है : इसके विपरीत चलना या इसे मिटाना पाप है, हिंसा है, असत्य है। तो फिर वह क्या करे? और शोषक लोग तो दिन-रात सत्य एवं अहिंसा का गला घोंटते ही रहते हैं। उनकी इस हरकत के लिए एक ढाल धर्म ने ही निकाली है और बतलाया है कि राजनीति में ये बातें पाप नहीं, बुरी नहीं। हुआ तो पीछे से कुछ दान-पुण्य करवा दिया! बस, चलो छुट्टी। गरीब के लिए एक तो राजनीति है ही नहीं, दूसरे, पैसा उसके पास कहाँ कि दान-पुण्य करे? चाहे और बातों में भले ही मतभेद हो; लेकिन इन सभी पूर्वोक्त बातों में सभी धर्म एकमत हैं, यह महान् आश्चर्य है, और इससे एकमात्र निष्पत्ति यह निकलती है कि धर्म का काम ही है जनता की क्रान्ति को रोक देना, सांसारिक बातों में भाग्य या ईश्वर जैसे पदार्थों को ला देना और परिस्थिति को और भी जटिल बना देना। दृश्य वस्तुओं को अदृश्य के क्रोड़ में डालना न केवल रहस्यमय है, किन्तु बुद्धिभेद उत्पन्न करके जनता को जान-बूझकर किंकर्त्तव्यविमूढ़ बना देने का अपराधी बनना है।

(2)

राजनीति में गांधीवाद का आधार वही धर्म है। इसीलिए हम उसके विरोधी हैं। अध्यात्म या पारलौकिक प्रश्नों में यदि उस वाद को स्थान मिले, तो हमें कुछ कहना नहीं है, लेकिन राजनीति में उससे खतरा है। गांधीवाद के मुख्य स्तम्भ तो यम-नियम ही हैं, और यह पहले ही बताया जा चुका है कि उन यम-नियमों में संतोष आदि ऐसे पदार्थ हैं, जो क्रान्ति की अग्नि को सुलगने नहीं दे सकते। उनमें अपरिग्रह भी एक चीज है, जिसके मानने का सीधा अर्थ है कि हम सम्पत्ति से अपने को विमुख कर लें और उसे नाचीज समझें। यदि हमें अपनी दशा में संतोष हो और सम्पत्ति रखना पाप हो, तो फिर शोषण से मुक्ति पाने का क्या प्रश्न? इसकी जरूरत क्या? इन संतोष, अपरिग्रह आदि को धार्मिक बुद्धि से मानने का तो मतलब यही होता है कि हम इन्हें छोड़ नहीं सकते, चाहे जो हो। कारण, व्यास जी कहते हैं कि, "न जातु कामानन्न भयान्नलोभाद्धर्म त्यजेज्जीवितस्थ्यापि है तोः"—धर्म को किसी भी पदार्थ के लिए, यहाँ तक कि प्राणों के लिए भी न छोड़ो। ये बातें यदि नीति के लिए

होतीं, तो और बात थी, क्योंकि नीति (पालिसी) का तो त्याग हो सकता है : लेकिन गांधीवाद तो इन्हें सिद्धान्त (क्रीड) के रूप में मानता है। फलतः इनका त्याग असम्भव है, और इस त्याग के बिना ज्वलंत असंतोष होगा कहाँ, जिससे शोषण के विरुद्ध जेहाद बोला जा सके? यही नहीं, गांधी जी तो स्पष्ट कहते हैं कि हिंसा और असत्य के द्वारा स्वराज्य मिलने पर वे उसे त्याग देंगे—ऐसा स्वराज्य वे नहीं चाहते। इसका तो सीधा अर्थ है कि उनका मुख्य ध्येय अहिंसा और सत्य है, स्वराज्य तो इसके बाद की चीज है लेकिन जनता के लिए तो स्वराज्य ही वास्तविक ध्येय है, वह अहिंसा और सत्य की फिक्र नहीं करती। फलतः जनता और गांधी जी स्वराज्य के मामले में भी दो विपरीत मार्गावलम्बी हैं। ऐसी हालत में गांधीवाद को राजनीति में प्रश्रय देने का सीधा अर्थ होगा कि जनता भी सत्य और अहिंसा को ही अपना चरम लक्ष्य बनाए, परन्तु यह तो असम्भव है। राष्ट्रीय महासभा ने भी इन दोनों को केवल नीति (पॉलिसी) के स्वरूप में ही स्वीकार किया है। गांधीवाद के द्वारा इस बात को बदलने की कोशिश असम्भव को सम्भव करने की ही कोशिश मानी जाएगी। यदि हम किसी प्रकार अपने लक्ष्य तक पहुँच जाएँ, तो केवल इसलिए वहाँ से लौटने का यत्न न करेंगे कि जाने का रास्ता अमुक के स्थान पर अमुक था। यह तो साधन को साध्य और साध्य को साधन मान लेने की भारी भूल होगी। मार्ग तो आखिर साधन ही है न। भूख में भात मिला तो खाएँगे, न कि कहाँ से, कैसे मिला, यह देखने को रुकेंगे।

राजनीतिक युद्ध राष्ट्र के जीवन-मरण का युद्ध है। यह कोई निश्चिंतता की बात नहीं है कि आज नहीं तो कल सफलता होगी और उसमें हानि नहीं। धर्म के बारे में तो गीता कहती है कि न तो इसमें अपूर्णता की बात है और न बाधा की गुंजाइश है। इस धर्म का थोड़ा भी आचरण महान् भय से मुक्ति दिलाता है—"नेहाभिक्रमनाशोऽस्ति प्रत्यवायो न विद्यते। स्वरूपमप्यस्य धर्मस्य त्रायते महतो भयात्" (गी. 2/40) और यही गीता का धर्म गांधीवाद की मूल भित्ति है परन्तु राजनीति में तो अवस्था ठीक इसके विपरीत है। यहाँ तो अपूर्णता है, सहस्रों बाधाएँ हैं और थोड़े से काम तो चलता नहीं प्रत्युत् हानि हो जाती है। ऐसी दशा में इस युद्ध को अत्यंत सतर्कता के साथ चलाना चाहिए और अपूर्णता, बाधाओं तथा छिटपुट कामों का जितना ही कम अवसर मिलता हो, उतना ही ठीक समझ वैसा ही उद्योग, वैसा ही समारम्भ करना चाहिए। इसका निष्कर्ष यह है कि इस स्वातंत्र्य-संग्राम में ज्यादे से ज्यादे सैनिक सम्मिलित हों, वे अधिक से अधिक कुशल और तत्पर हों और अपने अस्त्र-शस्त्र के प्रयोग की उन्हें पूरी जानकारी हो परन्तु यह बात गांधीवाद के अनुसार असम्भव है, क्योंकि इस मत में तो प्रत्येक युद्ध में हमारा असली अस्त्र सत्य और अहिंसा है। क्षण-क्षण में और तिल-तिल पर जिस प्रकार अस्त्र-शस्त्र की आवश्यकता और युद्धों में होती है, ठीक उसी

प्रकार गांधीवाद में सत्य और अहिंसा की जरूरत है। इन दोनों में गड़बड़ी हुई कि जीती-जिताई लड़ाई में भी हम हारे। लेकिन भारी कठिनाई तो इसमें यही है कि सैन्य-संचालन के सिवाय कोई भी इस अस्त्र-शस्त्र का पक्का जानकार नहीं, इसका प्रयोग अव्यर्थ रूप में करना जानता नहीं, तो फिर इन अस्त्र-शस्त्र के पूर्ण ज्ञाता प्रचुर सैनिक मिलेंगे कहाँ से? तैयार किए जाएँगे कैसे? कितनी चिन्ता की बात है कि सैनिक तो तैयार हैं; लेकिन अस्त्र-शस्त्र चलाना जानते नहीं है, जिससे या तो पग-पग पर सेनानायक के पास जाकर उन्हें पूछना पड़ता है, और इतने पर भी चलाने में भूल करते और फटकार सुनते हैं, या फिर किंकर्तव्यविमूढ़ होकर उन्हें बैठ जाना पड़ता है, और हार होती है। दूसरी ओर शत्रु इतना प्रबल और कुशल है कि वह तो असत्य और हिंसा को अपना प्रधान अस्त्र बनाता है अपना काम सम्भालता है। यदि कहनेवाले कहें कि आज तक तो हम बराबर जीत ही रहे हैं, फिर अस्त्र-शस्त्र की अनिभज्ञता की चर्चा कैसी? तो हमारा यही निवदेन है कि अब तक का युद्ध गांधीवाद के आधार पर नहीं चला है, अब तक हमने सत्य और अहिंसा को नीति (पॉलिसी) मात्र मानकर काम किया है, न कि ध्येय (क्रीड) मानकर। कारण, गांधीवाद को कांग्रेस या हमारी राजनीति ने अभी तक अपनाया नहीं है। फिर रह-रहकर कठिनाइयाँ आती गई हैं, लेकिन अब हम इसे अपनी राजनीति का मूलाधार मान लेंगे, जिसकी कोशिश बराबर हो रही है, तो परिणाम यही होगा कि प्रत्येक स्वातंत्र्य-संग्राम के सैनिक के लिए इस सत्य और अहिंसा को ध्येय बना लेना पड़ेगा, और तब मन और वचन तथा कर्म इन तीनों में इन दोनों का पालन करना बाध्यातामूलक होगा, जो सर्वथा असम्भव है। जब इस बात का दावा अभी तक इसके आचार्य गांधीजी भी नहीं करते, तो औरों का तो कहना ही क्या?

दुख की बात है कि जब हम लोग राजनीतिक मामलों में गांधीवाद के प्रसार की बातें और चेष्टाएँ करते हैं, तो यह बात भूल जाते हैं कि यह चीज सार्वजानिक रूप से अव्यावहारिक है, और ऐसी बातों के लिए आदर्शवादमूलक धार्मिक संसार में ही स्थान होना चाहिए। नीति और ध्येय में जमीन-आसमान का अंतर होता है। मौके पर नीति को छोड़ सकते हैं, परन्तु ध्येय को नहीं छोड़ सकते। ऐसी दशा में गांधीवाद की ओट में हमारी राजनीति में सत्य, अहिंसा, अपरिग्रह, संतोष आदि को ध्येय की तरह प्रविष्ट करना न केवल अवांछनीय है, प्रत्युत् हानिकार भी है, और हमारे इस युद्ध को कुण्ठित तथा बन्द करने वाला है। केवल आवेश में न आकर हमें इस खतरे की ओर ध्यान रखकर ही कोई काम इस दिशा में करना चाहिए, अन्यथा हमारा यह काम आग से खेलने के समान हो जाएगा। (संक्षेप)

अक्टूबर, 1938

भारत में मजूदर-आंदोलन

शंकर सहाय सक्सेना

आज भारतवर्ष के मजदूरों में आश्चर्यजनक जागृति दृष्टिगोचर हो रही है। ऐसा प्रतीत होता है कि सोया हुआ मजदूर-वर्ग जाग पड़ा है और पूंजीपतियों से अपना पुराना हिसाब चुकता कर लेना चाहता है। जो कुछ पिछले दो-तीन वर्षों में देखने को मिला है, उससे तो यही प्रतीत होता है कि यदि इस समय मजदूरों का संगठन हो .गया और उनको योग्य नेतृत्व प्राप्त हो गया, तो भविष्य में मजदूर अत्यंत शक्तिशाली हो जाएँगे और पूंजीपति उनका मनमाना शोषण न कर सकेंगे परन्तु दुर्भाग्यवश आज देश में मजदूरों का नेतृत्व ठीक नहीं हो रहा है। भिन्न-भिन्न राजनैतिक दल मजदूरों को अपने दल की शक्ति बढ़ाने और अपने आदर्शों के प्रचार का साधनमात्र समझते हैं। मजदूरों के हितों की ओर उनका ध्यान उतना नहीं है। उधर पूंजीपति वर्तमान मजदूर-अशांति और उनकी उग्र संघर्ष-नीति से चौकन्ने हो गए हैं, और उन्होंने अपना सुदृढ़ संगठन कर लिया है। अंत में यह स्थिति मजदूरों के लिए हानिकारक सिद्ध होगी। यह जानने के लिए कि मजदूरों के नेतृत्व करनेवाले दलों में आज इतनी मत-विभिन्नता क्यों है, मजदूर-आन्दोलन के पूर्व इतिहास पर दृष्टि डाल लेना आवश्यक है।

महायुद्ध के पूर्व मजदूर-आन्दोलन की स्थिति

भारतवर्ष में आधुनिक ढंग की मिलों और कारखानों की स्थापना 1860 के उपरान्त होनी आरम्भ हुई। बम्बई में पहली कॉटन मिल 1863 में स्थापित हुई, परन्तु 1870 के उपरान्त कपड़े के कारखाने बड़ी शीघ्रता से खुलने लगे और उनमें अधिक संख्या में स्त्रियों और बच्चों को नौकर रखा जाने लगा। यद्यपि उस समय भारतवर्ष में कोई फैक्टरी कानून नहीं था और मिलों में काम करने का समय भी निश्चित नहीं था—मजदूरों को 12 से 14 घण्टों तक कारखानों में काम करना पड़ता था, परन्तु फिर भी मिल-मालिकों का व्यवहार उनके साथ अच्छा रहता था। उस समय तक घरेलू उद्योग-धंधे बिल्कुल नष्ट नहीं हो गए थे, जनसंख्या इतनी अधिक नहीं थी, भूमि पर जनसंख्या का भार अधिक नहीं था और गमनागमन के साधनों की कमी के कारणा ग्रामों से औद्योगिक केन्द्रों की ओर मजदूर नहीं आना चाहते थे। महायुद्ध के कुछ वर्ष पूर्व तक मिल-मालिकों को यही शिकायत थी कि उन्हें यथेष्ट मजदूर नहीं मिलते।

सर्वप्रथम भारत के मजदूरों के पक्ष में आवाज उठाने का श्रेय लंकाशायर की सूती मिलों के स्वामियों को है। यह बात नहीं थी कि लंकाशायर के मिल-मालिक भारतीय मिल-मजदूरों की दयनीय दशा में द्रवीभूत होकर आन्दोलन कर रहे थे, वरन्

उनका उद्देश्य कुछ और ही था। वे चाहते थे कि बम्बई का नवजात सूती कपड़े का धन्धा किसी तरह पनप न सके। भारतीय धंधे को नष्ट कर देने के लिए जहाँ उन्होंने दूसरे उपाय किए, वहाँ इस बात का भी प्रयत्न किया कि ब्रिटिश फैक्टरी कानून भारतवर्ष में भी लागू कर दिया जाय।

भारतवर्ष में सर्वप्रथम 1884 में बम्बई के मिल-मजदूरों में अशान्ति के चिह्न दृष्टिगोचर हुए। लंकाशायर-मिल-मालिकों के आन्दोलन के कारण बम्बई सरकार ने एक मजदूर-कमीशन बिठाया था। उस कमीशन के सामने अपने कष्टों की सूची रखने के लिए बम्बई के मजदूरों का एक सम्मेलन बुलाया गया। श्री लोखाण्डे ने इस मजदूर आन्दोलन का नेतृत्व किया। एक व्यकित और भी था, जो मजदूरों का सच्चा हितैषी था और जिसने श्री लोखाण्डे की बहुत सहायता की। वह था श्री सोराबजी शापुरजी बंगाली। इन दोनों के प्रयत्नों से सम्मेलन ने एक मेमोरैण्डम तैयार किया, जिसे 5500 मजदूरों ने हस्ताक्षर करके कमीशन के सामने उपस्थित किया। श्री लोखाण्डे के नेतृत्व में यह आन्दोलन बराबर चलता रहा। 1890 में एक दूसरा मजदूर-सम्मेलन हुआ, जिसमें लगभग 10,000 मजदूर सम्मिलित हुए, और जिसमें स्त्रियों ने भी भाग लिया था। यह सम्मेलन इसलिए बुलाया गया था कि सब मजदूर मिलकर अपने कष्टों को दूर करने के लिए प्रयत्न करें। सम्मेलन ने एक मेमोरेण्डम तैयार किया, जिसमें साप्ताहिक अवकाश की जोरदार मांग की गई थी। इसके अतिरिक्त और भी छोटी-छोटी मांगे थीं। उन मांगों में किसी मजदूर के काम करते समय घायल हो जाने अथवा मर जाने पर क्षति-पूर्ति की भी एक मांग थी।

1881 में एक फैक्टरी ऐक्ट श्री बंगाली के प्रयत्न तथा लंकाशायर के आन्दोलन के फलस्वरूप पास हो चुका था, किन्तु उस कानून से न तो लंकाशायर के मिल-मालिक ही संतुष्ट हुए और न मजदूर-नेता ही। उस कानून के अनुसार फैक्टरियों में काम करनेवाले बच्चों को यह संरक्षण प्रदान किया गया था कि सात वर्ष से कम आयु का बच्चा कारखानों में नौकर न रखा जाय और सात वर्ष से बारह वर्ष तक के बच्चों से नौ घण्टे, प्रतिदिन काम लिया जाए। इस कानून के पास होते ही लंकाशायर वालों ने इसे अत्यंत असंतोषजनक बताते हुए, इसके संशोधन के लिए आन्दोलन करना आरम्भ कर दिया। इधर भारतीय पूंजीपति और शिक्षित वर्ग लंकाशायर के इस हस्तक्षेप का घोर विरोध कर रहे थे। श्री बंगाली और लोखाण्डे ने मजदूरों की आवाज को सरकार तक पहुँचाने के उद्देश्य से इन मजदूर-सम्मेलनों का आयोजन किया, परन्तु श्री लोखाण्डे के ध्यान में यह बात शीघ्र ही आ गई कि बिना किसी स्थायी संगठन के मजदूरों के कष्ट दूर नहीं कराए जा सकते। अस्तु, 1890 में उन्होंने 'बॉम्बे मिल हैंड्स एसोसियेशन' (बॉम्बे मिल मजदूर-सभा) नामक संस्था को जन्म दिया। इस मजदूर-सभा के सभापति श्री लोखाण्डे और मंत्री श्री डी.सी. आथेड थे। भारतवर्ष में यह पहला मजदूर-संगठन था। उस समय देश में 1881 के

फैक्टरी कानून के संशोधन के विरुद्ध खूब आन्दोलन चल रहा था। जितने भी अंग्रेजी पत्र थे, वे पूंजीपतियों का पक्ष-समर्थन कर रहे थे। मजदूरों के कष्टों की बात कोई भी प्रकाशित न करता था। अतएव श्री लोखाण्डे ने 'दीबन्धु' नामक मजदूर-पत्र का प्रकाशन आरम्भ किया। 'दीनबन्धु' भारतीय मजदूरों के कष्टों की ओर सरकार तथा सर्वसाधारण का ध्यान आकर्षित करता और उनके हितों की रक्षा के लिए आन्दोलन करता था।

इसी समय भारत-सचिव के आज्ञानुसार भारत-सरकार ने 25 सितम्बर, 1890 को एक मजदूर कमीशन नियुक्त किया, और मजदूरों के प्रतिनिधि की हैसियत से श्री बंगाली को उस कमीशन का सदस्य नियुक्त किया गया। कमीशन को सहायता देने के लिए कलकत्ता, कानपुर तथा बम्बई के तीन स्थानीय मजदूर-प्रतिनिधि नियुक्त किए गए। श्री लोखाण्डे ने 8 नवम्बर 1890 को कमीशन के सामने बाम्बे मिल हैंण्डस एसोसियेशन की ओर से कारखानों में साप्ताहिक छुट्टी, बच्चों तथा स्त्रियों के काम करने के घण्टों में कमी और किसी मजदूर के घायल हो जाने पर उसे क्षतिपूर्ति देने की मांग उपस्थित की। मजदूर कमीशन की रिपोर्ट के आधार पर 1891 में दूसरा फैक्टरी ऐक्ट पास हो गया और उसमें मजदूरों की मुख्य-मुख्य मांगों की पूर्ति कर दी गई।

किन्तु 1890 के कानून से भी मैनचेस्टर के मिल मालिकों को संतोष नहीं हुआ। फिर भी वे चुप रहे, क्योंकि उस समय भारतीय सूती कपड़े के धंधे की हालत अच्छी नहीं थी, और इतनी जल्दी तीसरा कानून बनाना सम्भव नहीं था। इस बार डण्डी (स्काटलैण्ड) जूट मिल-मालिकों ने कलकत्ते की जूट मिलों की प्रतिस्पर्धा अपने लिए घातक समझकर इस बात का आन्दोलन किया कि भारतीय फैक्टरी कानून अधिक कठोर होने चाहिए, किन्तु भारतवर्ष में जूट का धंधा ब्रिटिश पूंजिपतियों के हाथ में था, इस कारण डण्डी जूट मिल-मालिकों के आन्दोलन का कोई विशेष प्रभाव न पड़ सका। यह तो पहले ही कहा जा चुका है कि 1903 और 1904 तक सूती कपड़े का धंधा अच्छी अवस्था में नहीं था। मन्दी के प्रभाव से धंधा पनप नहीं रहा था, किन्तु 1905 में भारतीय धंधा एक साथ चमक उठा। कपड़े का मूल्य बढ़ गया, इसलिए भारतीय कारखाने अधिकाधिक कपड़ा तैयार करने लगे। भारत के ऐंग्लो-इण्डियन पत्रों ने जो वास्तव में मैनचेस्टर के मिल-मालिकों के हाथ में थे, यह आन्दोलन करना आरम्भ कर दिया कि भारतीय कारखानों में मजदूरों से अत्यधिक काम कराया जाता है। बम्बई के मजदूरों ने भी भारत-सरकार के पास इस आशय का एक प्रार्थना-पत्र भेजा कि हमारे काम के घण्टे कानून से निश्चत कर दिए जाएँ। इस आन्दोलन का फल यह हुआ कि 1905 में भारत-सरकार ने एक बिल लेजिस्लेटिव कौंसिल के सामने उपस्थित किया।

इसी समय भारतवर्ष में बंग-भंग आन्दोलन उठ खड़ा हुआ। सारा देश बंग

भंग-आन्दोलन से प्रभावित हुआ, और उसके साथ ही स्वदेशी आन्दोलन की लहर देश में चल पड़ी। इसी समय बंगाल में कतिपय राजनैतिक नेताओं ने मजदूरों के प्रश्न को अपने हाथ में लिया, और उनके नेतृत्व में प्रेसों और रेलवे वाहनों में सफल हड़तालें हुईं।

जो बिल भारत-सरकार ने लेजिस्लेटिव कौंसिल में उपस्थित किया, उससे लंकाशायर के मिल-मालिक संतुष्ट नहीं थे, इसलिए भारत-सचिव के आदेश पर भारत सरकार ने एक कमेटी सूती मिलों के मजदूरों की दशा की जांच करने के लिए बैठा दी। कमेटी ने सूती कपड़े के कारखानों में पुरुष-मजदूरों के घण्टे निश्चित कर देने की सिफारिश की। अतएव भारत सरकार ने 1909 में एक नया बिल कौंसिल में उपस्थित कर दिया।

उस समय तक भारत के दोनों मजदूर-नेताओं श्री बंगाली तथा लोखाण्डे का स्वर्गवास हो चुका था, किन्तु उनका चलाया हुआ मजदूर-आन्दोलन नष्ट नहीं हुआ था। यद्यपि उस समय मजदूरों का कोई योग्य नेता न था और न उनका यह साहस ही होता था कि वे अपने हितों की रक्षा के लिए मिल-मालिकों का खुलकर विरोध करें, परन्तु फिर भी वे अपने नेताओं के बताए हुए मार्ग पर चल रहे थे। 1909 में बम्बई के मजदूरों की एक विराट सभा हुई, जिसमें मिल के अधिकारियों द्वारा होनेवाले मजदूरों के प्रति दुर्व्यवहार की निन्दा की गई और मजदूर जाँच-कमेटी की सिफारिशों का समर्थन किया गया।

1910 में बम्बई के मिल-मजदूरों की एक दूसरी संस्था 'कामगार हित-वर्धक सभा' के नाम से स्थापित की गई। कामगार-सभा ने भारत-सरकार को एक प्रार्थना पत्र भेजकर प्रौढ़ों के काम के घण्टे बारह निश्चित करने का समर्थन किया, और इसके अतिरिक्त क्षतिपूर्ति, शिक्षा तथा मजदूरों के रहने के लिए मकानों की समस्या की ओर भी सरकार का ध्यान आकर्षित किया। कामगार हितवर्धक सभा ने 'कामगार' नामक एक साप्ताहिक पत्र भी निकालना आरम्भ कर दिया। आज भी 'कामगार हित-वर्धक सभा' मजदूरों की एक अत्यंत प्रभावशाली संस्था है।

इसी समय 1911 में इंग्लैण्ड में रहने वाले कतिपय भारतीय और उनके मित्रों ने 'भारतीय मजदूर हितैषिणी' (Workers' Welfare League of India) नामक संस्था स्थापित की, जिसका उद्देश्य भारतीय मजदूरों की स्थिति को सुधारना था। यूरोपियन महायुद्ध तक इसी प्रकार मजदूरों के हितैषी मजदूरों के लिए सुविधाएँ प्राप्त करने के प्रयत्न करते रहे। मजदूरों पर इन संस्थाओं का कोई प्रभाव न था। 'कामगार हित-वर्धक सभा' तथा दूसरी मजदूर-सभाएँ वास्तव में मजदूरों की सभाएँ (Trade Unions) नहीं थीं और न उनका संगठन ही उन सिद्धान्तों को लेकर हुआ था। ये संस्थाएँ तो मजदूर मात्र की कठिनाइयों को दूर करने के लिए आन्दोलन करने का साधन मात्र थीं। सच तो यह है कि यूरोपीय महायुद्ध तक मजदूरों में वर्ग-चैतन्य का उदय ही नहीं हुआ था।

यूरोपीय महायुद्ध के समय तथा उसके पश्चात भारतीय मजदूरों और किसानों में एक नवीन जागृति के चिह्न दृष्टिगोचर होने लगे, और उसके फलस्वरूप मजदूरों में वर्ग-चैतन्य उदय हो गया। यूरोपीय महायुद्ध के समय जो लाखों की संख्या में भारतीय किसान और मजदूर भर्ती होकर विदेश गए, उसका प्रभाव मजदूरों पर पड़ा। विदेशों से लौटने पर वे लोग नए विचार और नई भावनाओं को लेकर लौटे, जिससे यहाँ के मजदूर भी अछूते नहीं रहे। यूरोपीय महायुद्ध के समय भारतीय कारखानों में मानों चाँदी बरस रही थी। विदेशों से तैयार माल न आ सकने से भारतीय मिलों की कोई प्रतिस्पर्धा करनेवाला नहीं रह गया। देश में महंगाई हो गई थी। कारखानों के मालिकों को बेहद लाभ हो रहा था, किन्तु मजदूरों का वेतन उस अनुपात में नहीं बढ़ाया गया। इधर महायुद्ध के बाद जलियांवलाबाग हत्याकाण्ड, मार्शल-लॉ और रोलेट ऐक्ट के कारण सारा देश एक किनारे से दूसरे किनारे तक क्षुब्ध हो गया था। महात्मा गांधी के प्रथम सत्याग्रह आन्दोलन ने तो देश में अभूतपूर्व जागृति और स्वाभिमान भर दिया इसके अतिरिक्त अफ्रीका तथा अन्य ब्रिटिश उपनिवेशों में भारतीयों के अपमान ने भारतीयों में स्वाभिमान की भावना का तो उदय किया ही, साथ ही उसने सर्वसाधारण में मजदूरों के प्रति सहानुभूति भी उत्पन्न कर दी।

इनके अतिरिक्त रूस की बोलशेविक क्रान्ति और वहाँ सोवियत सरकार की स्थापना से सब देशों के सर्वहारा-वर्ग में नवीन आशा का संचार हुआ। भारत के मजदूरों पर विशेष कर औद्योगिक केन्द्रों में काम करनेवाले मजदूरों पर इस आन्दोलन का विशेष प्रभाव पड़ा। केवल मजदूरों में ही नई भावना काम कर रही हो, यही बात नहीं थी, शिक्षित मध्यमवर्ग भी इनसे प्रभावित हुआ, और उनके नेतृत्व में मजदूर-आन्दोलन ने एक नवीन दिशा की ओर पग बढ़ाया।

महायुद्ध के उपरान्त मजदूर आन्दोलन

यूरोपीय महायुद्ध के पूर्व विशेष धन्धों की कोई भी ट्रेड यूनियन स्थापित नहीं थी। सर्वप्रथम 27 अप्रैल, 1918 को मद्रास के सूती कपड़े के कारखाना के मजदूरों की प्रथम औद्योगिक ट्रेड यूनियन श्री वी.वी. वाडिया द्वारा स्थापित हुई। 1999 तक मद्रास प्रान्त में ट्रामगाड़ियों पर काम करने वालों, प्रेसों में काम करनेवालों, रिक्शा खीचनेवालों, मोटर-ड्राइवरों, भंगियों, एल्यूमीनियम के कारखानों में काम करनेवालों तथा अन्य धन्धों के मजदूरों की ट्रेड यूनियनें स्थापित हो गईं। मद्रास से यह आन्दोलन अन्य प्रान्तों में भी फैला। बम्बई, कलकत्ता, अहमदाबाद, कानपुर तथा अन्य औद्योगिक केन्द्रों में भी ट्रेड यूनियनें स्थापित हो गईं। थोड़े ही समय में यह आन्दोलन इतनी शीघ्रता से फैला कि कोई भी धंधा ऐसा नहीं बचा, जिसमें ट्रेड यूनियन स्थापित न हो गई हो। उस समय भारतीय मजदूर महंगाई तथा अन्य औद्योगिक केन्द्रों में रहने की असुविधा के कारण क्षुब्ध हो उठा था। उसकी मजदूरी

यद्यपि पहले से अधिक थी, किन्तु महंगाई के अनुसार बढ़ नहीं रही थी। जागृत मजदूर अब इस स्थिति को अधिक सहन नहीं करना चाहता था। इसका फल यह हुआ कि मिल में भिन्न-भिन्न धन्धों में मजदूरों का संगठन होते ही मिल-मालिकों और मजदूरों में देशव्यापी संघर्ष छिड़ गया। हड़तालों की मानो देश में बाढ़-सी आ गई। कोई धन्धा ऐसा न बचा, जिसमें हड़ताल न हुई हो। देश का मजदूर वर्ग एकाएक विद्रोही बन गया। उसमें क्रान्तिकारी भावना का उदय हो गया। इससे पूर्व मजदूर मिल-मालिकों से अनुनय-विनय करके नम्र भाषा में अपनी मांगों को उनके सामने रखते थे, किन्तु मजदूर वर्ग अपनी शक्ति को पहचान गया था, इसलिए वह पूंजीपतियों की दया का भिखारी न बनकर उनको युद्ध की चुनौती देने लगा।

किन्तु इस समय जो बहुसंख्यक ट्रेड यूनियनें स्थापित हुईं, उनमें अधिकांश केवल अस्थायी संगठन थे, जिनका उद्देश्य केवल हड़ताल करना था। वास्तव में वे हड़ताल कमेटियाँ थीं। बहुधा जब समझौता होता, तब ये नाममात्र की ट्रेड यूनियनें मजदूरों की वास्तविक शिकायतें क्या हैं, यह बतलाने में भी असमर्थ होती थीं। इन ट्रेड यूनियनों में बहुतों का बाद में चिन्ह भी नहीं रहा, क्योंकि वे केवल हड़तालों का संचालन करने के लिए स्थपित की गई थीं। जो बच गईं, उनकी भी दशा बहुत-कुछ अच्छी नहीं थी। हड़ताल के समय तो इनके सदस्यों की संख्या बढ़ जाती थी, किन्तु शान्ति के समय न तो मजदूर इनके सदस्य ही बनते और न चंदा देते किन्तु भारतवर्ष के मजदूर-आन्दोलन की कोई विशेषता नहीं थी। संसार के प्रत्येक देश के मजदूर-आन्दोलन का प्रारम्भिक इतिहास लगभग ऐसा ही है।

इसी समय एक ऐसी घटना हो गई, जिससे मजदूर-नेताओं को इस बात की आवश्यकता अनुभव होने लगी कि शीघ्र ही ट्रेड यूनियन कानून भारतवर्ष में भी बन जाना चाहिए। सन् 1920 में जब कि सारे देश में हड़तालों की बाढ़ आई हुई थी, मद्रास की बकिंघम मिल्स में भी हड़ताल हुई थी। इस हड़ताल का संचालन मद्रास लेबर यूनियन ने किया था। अतएव कम्पनी ने मद्रास लेबर यूनियन के सभापति श्री बी.पी.वाडिया तथा अन्य कार्यकर्ताओं पर मद्रास हाईकोर्ट में मुकदमा चला दिया। हाईकोर्ट ने कम्पनी के पक्ष में फैसला दिया और मजदूर नेताओं पर सात हजार पौण्ड का जुर्माना कर दिया। इसके अतिरिक्त हाईकोर्ट ने इस आशय का एक आज्ञा-पत्र भी निकाल दिया कि श्री वाडिया तथा अन्य कार्यकर्ता ट्रेड यूनियन आन्दोलन में भाग न लें। इस फैसले से मिल-मालिकों को ट्रेड यूनियनों तथा उनके कार्यकर्ताओं के विरुद्ध एक बहुत बड़ा हथियार मिल गया। अब मजदूर-नेताओं को इस बात की चिन्ता हुई कि यदि शीघ्र ही ट्रेड यूनियन ऐक्ट बना और यह कानूनी अड़चन दूर न हुई, तो आन्दोलन की प्रगति रुक जाएगी।

भारतीय मजदूरों के हितैषी श्री एस.सकलतवाला, जो ब्रिटिश पार्लमेन्ट के सदस्य भी थे, एक डेपुटेशन लेकर इस सम्बन्ध में भारत-सचिव से मिले। भारत-सचिव

श्री मांटेगू ने श्री सकलतवाला को वचन दिया कि शीघ्र ही सरकार इस ओर ध्यान देगी। इसके उपरान्त इस विषय को लेकर दोनों पक्षों में खूब आन्दोलन हुआ। मजदूर-नेता चाहते थे कि एक ऐसा कानून बन जाए, जिसके अनुसार रजिस्टरी कराने पर ट्रेड यूनियन के कार्यकर्त्ताओं पर मजदूर-आन्दोलन में भाग लेने के कारण मुकदमा न चलाया जा सके और न ट्रेड यूनियन का रुपया ही जब्त किया जा सके। मार्च, 1921 में मजदूरों के प्रतिनिधि श्री एन.एम.जोशी ने इस आशय का प्रस्ताव लेजिस्लेटिव एसेंबली में उपस्थित किया। बहुत कुछ विवाद और विरोध होने पर भी श्री जोशी का प्रस्ताव संशोधित रूप में पास हो गया।

इस आन्दोलन का फल यह हुआ कि 1926 में ट्रेड यूनियन ऐक्ट पास हो गया। इस ऐक्ट के अनुसार जो भी ट्रेड यूनियनें रजिस्टर्ड हो जाएँगी, उनके कार्यकर्ताओं तथा उन पर मुकदमा न चलाया जा सकेगा। ध्यान रहे, जो ट्रेड यूनियनें रजिस्टर्ड नहीं होतीं, उनके लिए यह सुविधा नहीं दी गई है। जहाँ ऐक्ट ने ट्रेड यूनियनों को सुविधा प्रदान की, वहाँ यह नियम भी बना दिया गया कि प्रत्येक रजिस्टर्ड यूनियन को अपना हिसाब ठीक तरह से रखना होगा और सरकार द्वारा नियुक्त आडिटर उसकी प्रतिवर्ष जांच करेंगे। ऐक्ट की एक धारा के अनुसार किसी भी ट्रेड यूनियन की प्रबन्ध-कमेटी में कम-से-कम आधे सदस्य मजदूर होना आवश्यक है। भारतवर्ष में मजदूर अशिक्षित हैं, इसलिए बहारी शिक्षित व्यक्तियों की सहायता के बिना मजदूर आन्दोलन चल ही नहीं सकता था। अतः मजदूरों के हितैषियों को भी ट्रेड यूनियन के पदाधिकारी चुने जाने की आज्ञा दे दी गई।

यद्यपि ट्रेड यूनियन ऐक्ट को पास हुए लगभग बारह वर्ष हो गये, किन्तु आज भी मजदूर आन्दोलन को चलाने वाले कार्यकर्ता उसके विषय में बहुत कम जानते हैं। ट्रेड यूनियन के रजिस्ट्रारों को आज भी यही शिकायत है कि ऐक्ट के अनुसार प्रतिवर्ष जो भी रिटर्न ट्रेड यूनियन को उसके ऑफिस में पहुँचाने चाहिए, वे नहीं पहुँचते, और यदि पहुँचते भी हैं, तो वे ठीक नहीं होते। इसके अतिरिक्त इन ट्रेड यूनियनों का हिसाब भी नियमानुसार नहीं रखा जाता। यद्यपि बहुत-सी मजदूर-सभाओं ने अपनी रजिस्टरी करा ली है, फिर भी बहुत बड़ी संख्या इनकी ऐसी भी है, जो रजिस्टरी करवाना नहीं चाहती है। इसका मुख्य कारण यह है कि मिल-मालिक रजिस्टर्ड अथवा अनरजिस्टर्ड किसी भी ट्रेड यूनियन को स्वीकार नहीं करते। कानून बन जाने के कारण कोई मिल-मालिक अनरजिस्टर्ड ट्रेड यूनियन पर भी मुकदमा नहीं चलाता। इस कारण बहुत से मजदूर कार्यकर्ता रजिस्टरी कराकर व्यर्थ में बन्धन मोल लेना नहीं चाहते।

यह तो पहले ही कहा जा चुका है कि यूरोपीय महायुद्ध के उपरान्त बहुसंख्यक ट्रेड यूनियनें स्थापित हो गई थीं। उनमें बहुत सी केवल हड़ताल कमेटियाँ थीं। हड़तालों की लहर समाप्त हो जाने पर बहुत-सी ऐसी सभाएँ मर गईं, परन्तु फिर

भी बहुत-सी ट्रेड यूनियनें जीवित रहीं और मजदूर-आन्दोलन अधिक प्रबल हो गया। फिर भी 1920 तक मजदूरों का कोई केन्द्रीय संगठन नहीं था। अपने-अपने क्षेत्रों में ये संस्थाएँ क़ार्य करती थीं। अखिल भारतवर्षीय समस्याओं पर विचार करने के लिए तथा मजदूर आन्दोलन को नेतृत्व प्रदान करने के लिए एक केन्द्रीय संगठन की आवश्यकता का अनुभव करके श्री दीवान चमनलाल ने अखिल भारतवर्षीय ट्रेड यूनियन कांग्रेस को जन्म दिया औार 1921 में कांग्रेस का प्रथम अधिवेशन स्वर्गीय पंजाब केसरी लाला लाजपतराय के सभापतित्व में बम्बई में हुआ। इस अधिवेशन में श्री वेजवुड महोदय इंग्लैण्ड के मजदूरों के प्रतिनिधि की हैसियत से सम्मिलित हुए थे। आरम्भ से ही ट्रेड यूनियन कांग्रेस पर भारतवर्ष में चलने वाले राजनैतिक आन्दोलन की गहरी छाप पड़ी थी। इसका मुख्य कारण यह था कि प्रमुख मजदूर नेता राजनैतिक कार्यकर्ता भी थे।

रूस में सोवियत सरकार स्थापित होने के उपरान्त ही भारतवर्ष की कम्युनिस्ट पार्टी का संगठन हो गया था, और कम्युनिस्ट मजदूर-सभाएँ बनाकर मजदूरों में कार्य करने लगे थे। मजदूर कार्यकर्ताओं में कुछ लोग ऐसे भी थे, जो यद्यपि कम्युनिस्ट तो नहीं थे, परन्तु उनका विश्वास था कि भारतवर्ष में भी मजदूर आन्दोलन श्रेणी-संघर्ष के सिद्धान्त पर ही चलना चाहिए परन्तु 1921 तक अधिकांश मजदूर-सभाओं का नेतृत्व सुधारवादी नेताओं के हाथ में था। 1923 के उपरान्त अखिल भारतवर्षीय ट्रेड यूनियन कांग्रेस में उग्र विचारों वाला वाम दल प्रकट हुआ और क्रमशः उसका बल बढ़ता गया।

1919 और 1920 में जो देशव्यापी मजदूर और मिल-मालिकों का संघर्ष हुआ था, उसमें अधिकतर मजदूरों को सफलता मिली थी। इसका मुख्य कारण यह था कि उस समय भारतीय मिलों में चांदी बरस रही थी। विदेशी कारखानों से उन्हें प्रतिस्पर्धा नहीं करनी पड़ती थी, फिर भी वे मजदूरों को, लाभ को देखते हुए वेतन कम देते थे। अतएव जब मजदूरों ने युद्ध घोषणा कर दी, तो मिल मालिकों ने मजदूरों की मांगों को इसलिए शीघ्रतापूर्वक स्वीकार कर लिया कि कहीं लड़ाई-झगड़े में लाभ कमाने का यह स्वर्ण अवसर हाथ से न निकल जाय। इसके अतिरिक्त उस समय इन व्यवसायियों को इतना अधिक लाभ हो रहा था कि मजदूरों की थोड़ी मजदूरी बढ़ा देने से, अथवा उन्हें थोड़ा बोनस दे देने से उनके लाभ में कोई कमी नहीं आ सकती थी।

परन्तु 1923 के लगभग स्थिति में भारी परिवर्तन हो गया। विदेशी कारखानों ने अपना पुनः संगठन करके, नवीन मशीनों से सुसज्जित होकर, शीघ्र ही भारत के बाजार में देशी काराखानों से स्पर्धा करनी शुरू कर दी। युद्ध के समय भारतीय व्यवसायियों ने एक बहुत बड़ी भूल की थी, उसका दुखद परिणाम उन्हें अब उठाना पड़ा जबकि भारतीय कारखानों को कल्पनातीत लाभ हो रहा था, उस समय भारतीय व्यवसायियों ने इस बात परे ध्यान ही नहीं दिया कि यह लाभ अस्थायी है और

महायुद्ध के उपरान्त जब विदेशी माल की प्रतिस्पर्धा आरम्भ होगी, तब यह लाभ लुप्त हो जाएगा। उस आकस्मिक लाभ को स्थायी समझकर कम्पनियाँ अपने हिस्सेदारों को सारा लाभ प्रतिवर्ष बांटती रहीं। उन्होंने न तो रक्षित कोष में ही कुछ जमा किया और न प्लांट के मूल्य-ह्रास का ध्यान रखा। इस भूल का परिणाम यह हुआ कि जब विदेशी माल सस्ते दामों पर भारतीय बाजार में बिकने लगा, तो भारतीय व्यवसायियों की स्थिति दयनीय हो गई। यदि उनके पास समुचित रक्षित कोष होता, तो वह बिना किसी कठिनाई के विदेशी माल की प्रतिस्पर्धा में टिक सकते थे। अस्तु, अपने व्यय को कम करने का उन्हें एक ही सरल उपाय दिखलाई दिया कि महंगाई के समय बढ़ाया हुआ मजदूरों का वेतन अथवा बोनस काट दिया जाए। मजंदूर कटौती के लिए तैयार नहीं थे। इसका फल यह हुआ कि 1923 से 1927 तक मिल-मालिकों और मजदूरों का फिर संघर्ष हुआ। एक बार फिर देश भर में हड़तालें हुईं, किन्तु इस बार मिल-मालिकों ने दृढ़ होकर मोर्चा लिया किन्तु मजदूर-आन्दोलन अभी इतना प्रबल नहीं हो गया था कि वह इतने कठिन मोर्चे पर ठहर सकता। फल यह हुआ कि अधिकांश हड़तालें असफल हुईं। मजदूरों में घोर निराशा फैल गई, आन्दोलन को धक्का लगा और मजदूर-नेताओं में मजदूरों का विश्वास शिथिल हो गया।

यूरोपीय महायुद्ध के उपरान्त मित्र-राष्ट्रों ने जेनेवा में अंतरराष्ट्रीय मजदूर संघ को जन्म दिया था। भारतवर्ष भी अंतःराष्ट्रीय मजदूर संघ का एक सदस्य था। इस कारण पूंजीपतियों के साथ-साथ भारतीय मजदूरों को भी उसमें प्रतिनिधित्व प्राप्त हुआ। वैसे तो भारत सरकार ही मजदूरों के प्रतिनिधि को मनोनीत करती थी, किन्तु वह उसी व्यक्ति को मनोनीत कर दिया करती थी, जिसको ट्रेड यूनियन कांग्रेस चाहती थी। आरम्भ से ही अंतरराष्ट्रीय मजदूर-संघ ने भारतीय मजदूरों से अपनी सहानुभूति दिखानी आरम्भ कर दी थी। 1922 का फैक्टरी कानून तथा 1923 का क्षतिपूर्ति कानून अंतरराष्ट्रीय मजदूर-संघ के प्रस्तावों के ही परिणाम थे।

यह तो पहले ही कहा जा चुका है कि मजदूर नेता अधिकांश राजनीतिज्ञ थे, और क्रमशः इस विचार वालों का बल बढ़ता जा रहा था। 1927 में ट्रेड यूनियन कांग्रेस का जो अधिवेशन कानपुर में हुआ, उसी वर्ष सर्वप्रथम कम्युनिस्ट पार्टी संगठित रूप में मजदूर आन्दोलन में सम्मिलित हुई। उस वर्ष ट्रेड यूनियन कांग्रेस की नीति निर्धारित करने में कांग्रेसवादी तथा कम्युनिस्ट कार्यकर्ताओं ने प्रमुख भाग लिया। धीरे-धीरे सैद्धान्तिक मतभेद बढ़ता गया। इसका परिणाम यह हुआ कि 1929 के नागपुर वाले अधिवेशन में मजदूर-आन्दोलन के दो टुकड़े हो गए। ट्रेड यूनियन कांग्रेस की कार्यकारिणी समिति ने हिटले-मजदूर-कमीशन के बहिष्कार, जनेवा अंतरराष्ट्रीय मजदूर-संघ से सम्बन्ध न रखने, पैन-पैसिफिक, ट्रेड यूनियन सेक्रेटरियट तथा साम्राज्यवाद-विरोधी लीग से सम्बन्ध जोड़ने के प्रस्ताव पास कर दिए। सर्वश्री जोशी, दीवान चमनलाल, गिरि, शिवा राव तथा अन्य नरम नेता इन

प्रस्तावों के विरुद्ध थे। वे यह नहीं चाहते थे कि अंतरराष्ट्रीय मजदूर-संघ से सम्बन्ध-विच्छेद किया जाय तथा 'थर्ड इंटरनेशनल' से सम्बन्ध स्थापित किया जाय। इसका परिणाम यह हुआ कि नरम नेताओं द्वारा संचालित तीस ट्रेड यूनियनों ने कांग्रेस से अपना सम्बन्ध-विच्छेद कर लिया और ट्रेड यूनियन फेडरेशन नाम से एक पृथक संगठन बना लिया।

किन्तु अभी मजदूर-आन्दोलन के और भी टुकड़े होने थे। नरम मजदूर नेताओं के हट जाने के उपरान्त ट्रेड यूनियन कांग्रेस में दो प्रकार के कार्यकर्ता रह गए—एक तो वे जो राष्ट्रीय महासभा से सम्बंधित थे और दूसरे वे जो कम्युनिस्ट पार्टी के सदस्य थे। राष्ट्रीय महासभावादी तथा कम्युनिस्टों का भी अधिक दिनों तक साथ न रह सका। कारण यह था कि मास्को की आज्ञानुसार कम्युनिस्ट पार्टी भारतवर्ष में राष्ट्रीय महासभा की शक्ति को नष्ट कर देने पर तुली हुई थी। इसी कारण 1930 के सत्याग्रह-आन्दोलन का कम्युनिस्टों ने घोर विरोध किया। यही कारण था कि राष्ट्रीय महासभावादियों का उनके साथ सहयोग नहीं हो सकता था। फिर राष्ट्रीय महासभावादी मजदूर नेता मजदूर-आन्दोलन का उद्देश्य यह समझते थे कि मजदूरों की कारखाना-सम्बन्धी तकलीफों को दूर किया जाय किन्तु कम्युनिस्ट मजदूर-आन्दोलन को पूंजीवाद को नष्ट करने का साधन समझते थे। इस कारण वे सिद्धान्त रूप से इसके विरुद्ध थे कि मिल-मालिकों से किसी प्रकार का समझौता करके मजदूरों की तत्कालीन शिकायतें दूर की जाएँ। इन्हीं मतभेदों को लेकर 1931 के कलकत्ता वाली ट्रेड यूनियन कांग्रेस के अधिवेशन में, जिनके सभापति सुभाषचन्द्र बोस थे, दोनों विचार-धाराओं में टक्कर हो गई परिणामस्वरूप कम्युनिस्टों ने कांग्रेस से सम्बन्ध-विच्छेद कर लिया और लाल ट्रेड यूनियन कांग्रेस स्थापित करके उन्होंने देश-भर में विरोधी मजदूर-संघ बनाने .आरम्भ कर दिए।

उस समय मजदूर-आन्दोलन टुकड़े-टुकड़े हो चुका था। मिल-मालिकों से मोर्चा लेने की उसमें शक्ति शेष नहीं रह गई थी। आपसी प्रतिस्पर्धा के कारण हड़तालें असफल हुईं। मजदूरों का वेतन घटाया गया और बहुतों को निकाल दिया गया। अब मजदूर नेताओं ने देखा कि बिना एकता किए निस्तार नहीं है। उधर 1935 से कम्युनिसट पार्टी ने भी राष्ट्रीय महासभा का विरोध करना छोड़ दिया। संयुक्त मोर्चे की नीति स्वीकार करके उन्होंने लाल ट्रेड यूनियन कांग्रेस को तोड़ दिया, और वे ट्रेड यूनियन कांग्रेस में सम्मिलित हो गए। सन् 1938 में पुराने नरम मजदूर नेता भी, जिन्होंने मजदूर-फेडरेशन स्थापित किया था, ट्रेड यूनियन कांग्रेस में सम्मिलित हो गए। उस समय तक रूस भी राष्ट्र-संघ का सदस्य बन चुका था। इस कारण जिनेवा के अंतःराष्ट्रीय संघ से भारतीय मजदूर-आन्दोलन का सम्बन्ध बनाए रखने में कम्युनिस्टों को अब कोई आपत्ति नहीं थी। एक बार फिर ट्रेड यूनियन कांग्रेस में सब विचारों के मजदूर-कार्यकर्ता सम्मिलित हुए हैं। राजनैतिक दृष्टि से ट्रेड यूनियन

कांग्रेस में नरम दल के लोग, कम्युनिस्ट, राइटिस्ट तथा कांग्रेस सोशलिस्ट दल के लोग कार्य कर रहे हैं।

किन्तु भारतवर्ष में एक मजदूर-संस्था ऐसी भी है, जो ट्रेड यूनियन कांग्रेस से कोई सम्बन्ध न रखते हुए मजदूरों की सबसे अधिक सेवा कर रही है। उसका नाम 'अहमदाबाद टेक्सटाइल लेबर एसोसिएशन' है। कुमारी अनुसूया साराबाई तथा श्री बैकर अहमदाबाद के मजदूरों का नेतृत्व करते हैं। वे दोनों महात्मा गांधी के कट्टर अनुयायी हैं, और उन्हीं के आदेशानुसार अहमदाबाद मजदूर-आन्दोलन चलाया जा रहा है। महात्माजी ने इस संस्था को न तो रजिस्टर कराया और न ट्रेड यूनियन कांग्रेस से सम्बन्ध जोड़ने की सलाह दी। रायल लेबर कमीशन ने इस संस्था की प्रशंसा करते हुए कहा है कि यदि यह देखना हो कि एक सुसंगठित ट्रेड यूनियन मजदूरों के लिए क्या कर सकती है, तो 'अहमदाबाद टेक्सटाइल लेबर एसोसिएशन' को देखकर जाना जा सकता है। इसमें दो मत नहीं है कि देश में अहमदाबाद जैसी दूसरी मजदूर-संस्था नहीं है।

इस एसोसिएशन के लगभग 30,000 सदस्य हैं, और इसकी मासिक आय पन्द्रह हजार रुपए के लगभग है। एसोसिएशन ने अपने कार्य को बहुत-से विभागों में बांट रखा है। एक विभाग मजदूरों की व्यक्तिगत दैनिक शिकायतें दूर कराने के लिए है। दूसरा विभाग समझौता कराने का है। एसोसिएशन की नीति यह है कि जहाँ तक हो संघर्ष न किया जाए और मिल-मालिकों से मिलकर बातचीत की जाए। इसके लिए एक स्थायी समझौता-बोर्ड बना दिया गया है, जिसमें एक मजदूर-प्रतिनिधि तथा एक मिल ओनर्स एसोसिएशन का प्रतिनिधि रहता है। इस नीति का ही यह फल है कि बम्बई की अपेक्षा अहमदाबाद में हड़तालें बहुत कम हुई हैं और मजदूरों की स्थिति वहाँ अच्छी है। तीसरा विभाग हड़ताल के समय मजदूरों को आर्थिक सहायता देने का है। चौथा विभाग मजदूरों के काम करते समय चोट लग जाने पर या किसी मजदूर के मर जाने पर कानूनी कार्यवाही करके उसे मिल से क्षति-पूर्ति दिलवाता है। पांचवां विभाग 'सेविंग्स बैंक' है, जो मजदूरों में मितव्ययिता का प्रचार करता है और समय पड़ने पर उन्हें ऋण भी देता है। छठवाँ विभाग मजदूरों के स्वास्थ्य की देखभाल करने के लिए है। इस विभाग द्वारा एक बहुत अच्छा अस्पताल चलाया जाता है। सातवाँ शिक्षा-विभाग है, जिसकी देख-रेख में पच्चीस रात्रि और दिन के स्कूल चल रहे हैं। इसके अतिरिक्त मजदूरों के लिए खेल और मनोरंजन के साधन उपलब्ध करना, उनकी शराब पीने की आदत को छुड़ाना आदि इस संस्था के मुख्य कार्य हैं। एसोसिएशन ने मजूदरों को रहने की सुविधा प्रदान करने के लिए साबरमती नदी के किनारे कल्याणगांव नामक एक सुन्दर बस्ती बसाई है, जिसमें मजदूरों के लिए हवादार मकान बनाए गए हैं। एसोसिएशन मजदूरों की जानकारी के लिए 'मजदूर-संदेश' पत्र भी निकालता है, जो सदस्यों को बिना मूल्य दिया जाता

है। ऊपर दिए हुए विवरण से ज्ञात हो जाएगा कि जितना ठोस और उपयोगी कार्य यह संस्था कर रही है, उतना देश में कोई दूसरी संस्था नहीं।

अहमदाबाद मजदूर-आन्दोलन का यहाँ उल्लेख केवल इसी अभिप्राय से किया गया है कि पाठक जान सकें कि योग्य नेतृत्व से आन्दोलन कितना सबल हो सकता है। जब से आठ प्रान्तों में कांग्रेस मन्त्रिमण्डल स्थापित हुए हैं, देश में एक नवीन उत्साह फूट पड़ा है—विशेषकर मजदूर और किसानों में तो क्रान्तिकारी भावना प्रबल वेग से बढ़ रही है। ऐसे समय में आवश्यकता इस बात की है कि मजदूरों का सुदृढ़ संगठन योग्य नेतृत्व की अधीनता में हो। कानपुर की आम हड़ताल और बम्बई की हड़ताल के समय जो कुछ भी हुआ, उससे यह स्पष्ट हो जाता है कि मजदूर-आन्दोलन का नेतृत्व ठीक नहीं हो रहा है। प्रत्येक दल मजदूरों को अपने दल की शक्ति बढ़ाने का साधन मात्र समझता है। कुछ दिनों से जाति-द्वेष का रोग भी मजदूर आन्दोलन में घुस गया है। उधर पूंजीपतियों ने अपना सुदृढ़ संगठन कर लिया है और भविष्य में यदि मजदूर-आन्दोलन ठीक तरह से न चलाया गया, तो मजदूर पूंजीपतियों से मोर्चा न ले सकेंगे।

आवश्यकता इस बात की है कि अहमदाबाद आन्दोलन को आदर्श मानकर मजदूरों का संगठन किया जाय। इसका यह अर्थ नहीं है कि मजदूर-आन्दोलन राजनीति से कोई सम्पर्क न रखे। मजदूर-आन्दोलन का राष्ट्रीय भावनाओं से ओतप्रोत होना आवश्यक है; परन्तु जिस प्रकार कम्युनिस्ट मजदूर-आन्दोलन को चला रहे हैं, वह कदापि वांछनीय नहीं है। कुछ समय से कांग्रेस समाजवादी इस ओर झुके हैं, यह शुभ चिन्ह है परन्तु अभी तक मजदूर-आन्दोलन वर्तमान स्थिति में किस प्रकार चलाया जाए, इस पर पूरा विचार नहीं किया गया है। क्या ही अच्छा हो, यदि मजदूर-आन्दोलन को चलाने वाले सर्वप्रथम यह निश्चय कर लें कि मजदूर-आन्दोलन की नीति और उसके उद्देश्य क्या होंगे।

मार्च 1939

भारत में मुसलमान

यदुनाथ सरकार

हम साधारणतः भारतवर्ष का जो इतिहास पढ़ा करते हैं, उसमें हमें अपने देश और अपनी जाति का हृदय नहीं मिलता। इस प्रकार की पाठ्य पुस्तकों में हिन्दी, बौद्ध, मुसलमान और अंग्रेज—इन चार युगों का इतिहास इस प्रकार अलग-अलग करके लिखा रहता है, जिससे यही मालूम होता है कि एक युग का संहार करके, उसके समस्त चिन्हों को लुप्त करके, दूसरे युग का आरम्भ हुआ और दूसरी जाति ने देश पर अपना

अधिकार जमाया। पहले युग के साथ दूसरे युग का कोई सम्बन्ध ही नहीं रहा, पूर्व युग का प्रभाव, पूर्व युग का दान बाद के युग के इतिहास पर कुछ भी नहीं रह गया, मानो यह भारतीय जाति प्रत्येक युग के अंत में मरकर फिर से पैदा हुई है।

परन्तु यह धारणा ठीक नहीं। इतिहास की वास्तविक शिक्षा इसके बिलकुल विपरीत है। युग-युग में भारत का वह एक ही हृदय, एक ही जातीय विशेषत्व राजा और राज्य, धर्म और भाषा के अनन्त परिवर्तनों के बीच से होकर सजीव रूप में अग्रसर होता रहा है। बाह्य स्वरूप में परिवर्तन जरूर हुआ है, पर वह मरा नहीं है, उसकी आत्मा का लोप हुआ है।

हजारों वर्षों के सैकड़ों राजनीतिक और धार्मिक परिवर्तनों में से गुजरकर, भारतीय जनता का हृदय और व्यक्तित्व किस प्रकार जीवित रहकर प्रगतिशील होता गया है, प्रत्येक युग से, प्रत्येक राजा की जाति से भारतीय जाति ने कैसे शरीर और मन की पुष्टि प्राप्त की है, भारतवर्ष ने कैसे उस युग के दान को अपना कर परवर्ती युग के दोनों के साथ सामंजस्य स्थापित कर लिया है, और इसके परिणामस्वरूप जिस भारतीय जाति को आज हम देख रहे हैं, कैसे वह अपनी इस वर्तमान अवस्था को प्राप्त हुई है, उस भारतीय जनता के चरित्र के विशेषत्व और गुण, सभ्यता और चिन्ता के क्रम विकास को दिखलाना ही इतिहास का वास्तविक उद्देश्य है।

जिस प्रकार प्रत्येक मनुष्य के बाल्यकाल, यौवन और बुढ़ापे में एक ही देह, एक ही मन और एक ही आत्मा व्याप्त रहती है, और जिस अवस्था में उसने जैसा भोजन किया है, जैसा कर्म किया है, जैसा विचार किया है, उसकी समाप्ति तथा जिन-जिन देशों में उसने वास किया है, वहाँ की जलवायु का फलाफल उसके शरीर में इस समय भी प्रकाशित हो रहे हैं, उसी तरह हिन्दू, बौद्ध, मुसलमान और अंग्रेज काल में जो घटनाएँ हुई थीं, जो चिन्ता, जो सभ्यता प्रवाहित हुई थी, उसका एकबारगी लोप नहीं हो गया। उसके श्रेष्ठ अंशों का समवेत फल भारत के जातीय चरित्र एवं भावनाओं में वर्तमान रह ही गया है।

जिस प्रकार एक मनुष्य जन्म लेकर मृत्यु तक एक ही प्रकार का व्यक्ति—विशेष कायम रहता है। उसी प्रकार भारतवासी जनसमुदाय का भी एक विशेष व्यक्तित्व कायम है। अति प्राचीनतम आर्य युग से आरम्भ करके वह नाना परिवर्तनों के बीच धाारावाहिक रूप में अविच्छिन्न भाव से विद्यमान चला आया है, और उसी का अन्तिम फल इस समय हम लोग मौजूद हैं।

स्मरणातीत काल से समय चक्र के प्रवाह में बहकर न मालूम कितनी जातियाँ भारतवर्ष में आईं और यहाँ बस गईं। आरम्भ में इन जातियों में जो पार्थक्य और विशेषत्व पाए जाते थे, वे क्रमशः भारत की जलवायु धूप-वर्षा, भात-रोटी आदि के प्रभाव से लुप्त हो गए, और उन सबों पर भारतीयता की छाप लग गई। चाहे आर्य हिन्दू कहिए, या सैयद कहिए, या ईसाई-पुर्तग़ीज कहिए, जिन जातियों ने इस देश को स्थायी रूप से

अपना वास–स्थान बनाया वे सब के सब सिवा अल्पसंख्यक पार्सी जाति के–आज अपने आदिम देशों की रक्तविशुद्धता खो बैठी है और वस्तुतः एक भिन्न भारतीय जाति बन गई है। विभिन देशों और विभिन्न जातियों से आए हुए जनसमूह के ऊपर इस देश के प्रभाव से जो भारतीयता की छाप पड़ गई है और वह यहाँ रहते हुए कार्यतः जो एक विशेष जाति एक विशेष सभ्यता का स्रष्टा और भागीदार बनकर अपने प्राचीन विदेशत्व को खो चुका है, इस बात को अस्वीकार नहीं किया जा सकता।

जिन रिजली साहब ने भारत की राष्ट्रीय एकता को असम्भव बतलाया है, उन्होंने भी इस बात को स्वीकार किया है कि विदेशी यात्री भारतवर्ष में आकर विभिन्न प्रदेशों की विभिन्न जातियों के अन्दर भाषा, धर्म, आकृति, सामाजिक व्यवहार, आचार विचार आदि में विविध प्रकार के प्रभेद को देखते हुए भी वे इस बात पर लक्ष्य किए बिना नहीं रह सकते कि हिमालय से लेकर कुमारिका पर्यंत समस्त देश के स्तर-स्तर में व्याप्त एक अनिर्वचनीय जीवन की एकता पाई जाती है। वस्तुतः एक सर्वभारतीय चरित्र और सर्वभारतीय व्यक्तित्व विद्यमान है, किन्तु उसके अंश को विश्लेषण करके दिखाना सम्भव नहीं है। यह 'साधारण सर्वभारतीय विशेषत्व' प्रारम्भ काल से ही गठित होता चला आ रहा है। समय-समय पर इसके बाह्य रूप में परिवर्तन तो हुआ है, परन्तु किसी समय इसका सर्वथा लोप नहीं हुआ।

चार युगों में चार जातियों का दान

इस समय के भारतवासियों का यह सम्मिलित व्यक्तित्व प्रधानतः चार जातियों का दान लेकर गठित हुआ है। वे जातियाँ ही वास्तव में युग-कर्ता और भारत-भाग्यविधाता हैं। उनका ही प्रभाव अब तक रासायनिक औषधियों के धातु पदार्थ के समान हमारे रक्त में प्रवाहित हो रहा है। वे जातियाँ थीं 1. वैदिक आर्य 2. बौद्ध 3. मुसलमान और 4. अंग्रेज।

इनमें प्रत्येक जाति ने इस देश में एक नई वस्तु, एक नूतन प्रकार की शक्ति का प्रवेश करा दिया है, जिसने पुरातन के साथ मिलकर पुरातन भारत के रूप को परिवर्तित कर दिया है और स्वयं भी परवर्ती युग में अपना स्वरूप बदलकर कायम रह गई है। किसी भी युग में किसी जाति या किसी धर्म के श्रेष्ठ दान को भारत ने खोया नहीं। यही सब आज भारत की सार्वजनिक सम्पत्ति हो रही है।

आर्य और बौद्धकालीन भारत के सम्बन्ध में विद्वानों ने बहुत आलोचनाएँ प्रत्यालोचनाएँ की हैं। उन सब बातों के सम्बन्ध में यहाँ कुछ न कहकर मुसलमान काल में भारत ने किस नई वस्तु को प्राप्त किया था और उसका कितना अंश अब तक वर्तमान है, इसी सम्बन्ध में यहाँ विचार करूँगा।

डेढ़ सौ वर्ष से अधिक हुए मुसलमानों का शासनकाल इस देश से लुप्त हो गया, किन्तु अंग्रेज शासनकाल के हजारों प्रबल परिवर्तनों के बीच भी मुसलमान युग का दान

कितना अधिक कायम रह गया है और अंग्रेज शासकों ने उसका कितना अंश अपना लिया है, इस पर विचार करने से आश्चर्यचकित हुए बिना नहीं रहा जाता।

भारत में मुसलमानों के वास का विशेषत्व और उसका प्रकृत स्वरूप

मुसलमानों के पहले और भी कई विदेशी और विधर्मी जातियाँ भारत में आकर बस गई थीं। उदाहरणार्थ ग्रीक, शक, पार्सी, मंगोलियन आदि, परन्तु उनके वंश दो-तीन पीढ़ियों के बाद ही हिन्दू समाज में पूरे तौर से मिल गए और उन्होंने हिन्दू नाम, हिन्दू भाषा, हिन्दू वेशभूषा, हिन्दू धर्म और हिन्दू भाव को ग्रहण कर लिया। एक ओर तो यह हुआ और दूसरी ओर हिन्दू धर्म और समाज ने इन सब जातियों द्वारा लाई गई प्राचीन प्रथा और पूजा के साथ एक प्रकार का समझौता करके उसके कुछ अंशों को तो अपना लिया और शेष पर भारतीयता की छाप लगा दी। दूसरे शब्दों में इसे हम यों कह सकते हैं कि हिन्दू-समाज सार्वजनीन मिलन और एकत्रीकरण का एक प्रकाण्ड यन्त्र है। ईसवी सन् से डेढ़ सौ पूर्व यूनानी हेरियोडोटेस यवनराज आस्टालकिडस का दूत बनकर भारतीय राजा भागमद्र के दरबार में आया था। मार्ग में मालवा प्रेदश के वेस नगर में इसने विष्णु पूजा की और एक गरुड़-स्तम्भ स्थापित किया। अपने विशाल खण्ड पर उसने अपने को 'भागवत' अर्थात् वैष्णव कहकर वर्णन किया है। इस प्रकार एक ग्रीक यवन अनायास ही हिन्दू बन गया।

किन्तु मुस्लिम विजय के पश्चात इस प्रकार के मिलन और एकत्रीकरण बन्द हो गए। हिन्दू धर्म इस्लाम को अपनाकर मुसलमान जाति को अपने में मिला नहीं सका, उसे भारतवर्ष का अंगीभूत नहीं बना सका। इसका कारण था इस्लाम का मूलमन्त्र एकेश्वरावाद। यहूदी धर्म से इस्लाम और इसाई धर्मों की उत्पत्ति हुई है, और इन तीनों ही धर्मों में ईश्वर 'एकमेवाद्वितीयम्' जाग्रत और प्रतिद्वंद्वीहीन बताया गया है। अर्थात् अल्ला या जिहोवा के साथ वे और किसी देवी-देवता की उपासना पसन्द नहीं करते।

हिन्दुओं की तो बात ही कुछ और है। वे तैंतीस करोड़ देवी-देवताओं की तो पूजा करते ही हैं, इसके साथ 'अल्लाह', मुहम्मद या ईसा नाम से दो तीन देवताओं को और जोड़ देना उनके लिए कठिन नहीं था। अनार्य और बौद्धों के कितने ही देवता और उपदेवता हिन्दुओं के देवी-देवताओं के साथ मिल गए परन्तु मुस्लिम सम्प्रदाय किसी भी हालत में अनेक ईश्वर मानने के लिए तैयार नहीं हुआ। हिन्दुओं ने अनेक चेष्टाएँ की, 'अल्लोपनिषत्' नाम से संस्कृत में ग्रन्थ रचना की, अकबर बादशाह को युगत्राता कहकर उसकी पूजा करनी आरम्भ की। इसके सिवा यदि जरूरत होती, तो वे अरब के देवदूतों को रामानुज, शंकर आदि आचार्यों के समकक्ष भी मान लेते, किन्तु मुसलमानों ने किसी भी रूप में इस्लाम के मूलमन्त्र का परित्याग कर हिन्दू धर्म के साथ मेल-मिलाप नहीं किया। कुरान में कहा है—"कोई भी अपवित्र

व्यक्ति काबा में प्रवेश नहीं कर सकता। अनेक देवताओं के उपासक अपवित्र हैं"। इसी कारण हिन्दू समाज इस्लाम को ग्राहय नहीं कर सका।

अतएव हिन्दू और मुसलमान (बाद में हिन्दू और ईसाई) एक ही देश में सौ-सौ वर्षों तक वास करते हुए भी सामाजिक जीवन में एक नहीं हो सके, भारतीय मुसलमानों का हृदय द्वार भारत की ओर तो बन्द रहा और बाहर की तरफ खुला रहा। इस समय तक भी वे प्रार्थना के समय मक्का की दिशा में मुख फिरा लेते हैं। उनके विचार, आईन-कानून, शासन पद्धति, साहित्यिक आदर्श आदि भारत के बाहर से प्राप्त होते हैं। उनकी निजी सभ्यता का स्रोत अरब, सीरिया, फारस और मिस्र देश में था, भारत में नहीं। हिन्दुओं का समस्त दृष्टिकोण, सम्पूर्ण आदर्श और सारे विचार केन्द्र भारत में ही आबद्ध हैं।

मुसलमानों की धार्मिक भाषा, संवत्, साहित्य, शिक्षक, साधु-महात्मा और तीर्थ सारे जगत में व्याप्त होकर एक बने हुए हैं, और वे भारत की बाहरी वस्तुएँ हैं।

मुसलमान-युग का दान

मुसलमान-शासनकाल में भारत को दस लाभ हुए:—

1. बाहरी दुनिया के साथ सम्बन्ध-स्थापन, भारतीय नौशक्ति का संगठन और समुद्रपार विदेशों में वाणिज्य।
2. एक छत्र राज्य के परिणामस्वरूप भारत-व्यापी शान्ति, विशेषतः आर्यावर्त में अर्थात बिंध्य पर्वत के उत्तर के प्रदेशों में।
3. समग्र देश में एक ही प्रकार की शासन प्रणाली और एक ही शासक के अधिकार के कारण जनता के व्यवहार, व्यवसाय-वाणिज्य, बाह्य जीवन तथा कुछ-कुछ उनके विचारों में भी एकता की स्थापना।
4. हिन्दू और मुसलमानों में समान रूप से उच्च और निम्न श्रेणियों के बीच सामाजिक आचार-व्यवहार, भाव परिच्छद आदि में एक ही प्रणाली का अनुसरण।
5. मुगल-चित्रकला का जन्म। इससे प्राचीन हिन्दू (अजन्ता की) चित्रप्रणाली और चीन देश से लाई गई नवीन प्रणाली एकत्र सम्मिलित होकर उनके समावेश और पारस्परिक परिवर्तन के फलस्वरूप एक नवीन रमणीय प्रणाली का प्रादुर्भाव हुआ। हिन्दू विषयों को लेकर मुगल चित्र प्रणाली में जो सब दृष्टांत अंकित हुए, उन्हें 'राजपूत-प्रणाली' के चित्र कहते हैं।

   गृह-निर्माण कला में तो मुसलमान युग की कीर्ति अमर होकर विद्यमान है। हिन्दू राजाओं ने भी इसका अनुकरण किया है।

   इसके सिवा और भी कितने ही प्रकार के नवीन शिल्प—जैसे शाल, कानखाब, मलमल, गलीचा बुनना, पत्थर जड़ना या अन्य धातुओं के ऊपर सोना-चांदी का काम करना इत्यादि प्रचलित हुए।

6. सर्वसाधारण के व्यवहार के लिए एक उपयोगी प्रचलित भाषा उर्दू का जन्म; यह भाषा फौजी छावनियों की भाषा थी जिसमें तुर्की और पठान सिपाही भारतीय दुकानदार, नौकर-चाकर, दूत आदि से बातचीत किया करते थे। फारसी में इसे 'हिन्दवी' अर्थात् भारतीय भाषा कहा करते थे। इसी का वर्तमान नाम 'हिन्दुस्तानी' और दक्षिण देशों में 'रेखता' (पतित, अपभ्रंश) है किन्तु इस भाषा में कई शताब्दियों तक उत्तर भारत में किसी ग्रन्थ की रचना नहीं हुई। सरकारी पत्रों में हिसाब-किताब में या अदालती फैसले में किसी ग्रन्थ की रचना नहीं हुई। सरकारी पत्रों में हिसाब-किताब में या अदालती फैसले में इसका व्यवहार नहीं किया जाता था।

   इन सब कामों में फारसी भाषा का व्यवहार किया जाता था। समस्त हिन्दू मुसलमान कर्मचारियों में, यहाँ तक कि अनेक करद राज्यों में भी फारसी भाषा का ही प्रचलन था। उस समय फारसी ही राजकाज चलाने की एकमात्र भाषा (ऑफिशियल लैंग्वेज) थी। जातीय ऐक्य का एक यह भी कारण था।
7. दूसरी ओर संस्कृत का व्यवहार लुप्तप्राय हो जाने से मुसलमान-शासन प्रदत्त शान्ति एवं ऐश्वर्य के फलस्वरूप हिन्दी, बंगला, मराठी आदि नई-नई भाषाओं में साहित्य रचना आरम्भ हुई।
8. हिन्दू समाज में एकेश्वरवादी धर्म-सम्प्रदाय का जन्म। वैदान्तिक सूफी धर्म का प्रचार।
9. इतिहास रचना।
10. युद्ध-विद्या और सभ्यता के समस्त विभागों में सर्वांगीण उन्नति।

   अच्छा, अब मैं जरा विस्तृत रूप से इन विषयों पर प्रकाश डालने की चेष्टा करूँगा।

भारत का बाहरी संसार के साथ पुनः परिचय

बौद्ध युग के शेष काल तक भारत के साथ दक्षिण और पूर्व एशिया के अन्यान्य देशों का घनिष्ठ सम्बन्ध था। लोगों का आना-जाना, वाणिज्य-वस्तुओं और पुस्तकों का परस्पर विनिमय, यहाँ तक कि विदेशों में उपनिवेश-स्थापन भी अबाध रूप से प्रचलित था किन्तु हूणों के अन्तिम पराभव के बाद आठवीं शताब्दी में नवजाग्रत हिन्दू धर्म अपने घर को सम्भालने में लग गया। उसने हिन्दू-समाज को नए रूप में संगठित करके उसे अति कठिन बन्धनों से जकड़ दिया, जिससे विदेशी का सम्पूर्ण बहिष्कार हुआ और समाज के अंगों में नवीनता का संयोग या किसी प्रकार का परिवर्तनमात्र ही पाप और आचारभ्रष्टता समझी जाने लगी। उस समय हिन्दू समय वस्तुत: 'अचलायनी' बन गया, और उसके अपने देश की भौगोलिक परिधि के अन्दर ही अपनी दृष्टि को इस तरह आबद्ध करके रखा, मानो भारत के बाहर कोई देश ही नहीं है।

किन्तु मुसलमानों के भारत जीतने के बाद भारतवर्ष कूप-मण्डूक बनकर नहीं रह सका और अन्यान्य देशों के साथ फिर उसका सम्बन्ध और आदान-प्रदान जारी हुआ, लेकिन बौद्धयुग में जिस प्रकार असंख्य मनुष्य-पण्डित, यात्री, व्यापारी तथा उपनिवेश स्थापन करने वाले विदेशों में गये थे उस तरह मुसलमान युग में कोई भारतीय हिन्दू बाहर नहीं गया। उनके बदले में गये बहुत से भारतीय मुसलमान और आए असंख्य विदेशी मुसलमान, ईसाई आदि। भारत के साथ बाहर के देशों का वाणिज्य-व्यापार अरब, बोखारी, डच और अंग्रेजों के हाथ में रहा। बोखारा और समरकन्द बलख और खुरसान, खारिजम और फारस देशों में जनस्रोत और वाणिज्य द्रव्य अफगानिस्तान के पहाड़ी रास्तों से होकर निर्विघ्न रूप में दृढ़तापूर्वक भारतवर्ष में प्रवेश करने लगे। इसका कारण यह था कि उस समय अफगानिस्तान दिल्ली-साम्राज्य का एक सूबा था (सन् 1939 में यह सूबा भारत से अलग हो गया)।

बोलनघाटी से होकर हर साल भारतीय मालों से लदे हुए 14 हजार ऊँट कंधार और फारस (सत्रहवीं शताब्दी के प्रथम भाग में) जाया करते थे। उस समय बम्बई-उपकूल के बन्दरगाह बाहर के समुद्र तटवर्ती प्रदेशों से भारत-प्रवेश के लिए विशेष सुविधाजनक नहीं थे। हमारे देश के पूर्वीय उपकूल मछलीपट्टन बन्दरगाह से प्रतिवर्ष असंख्य जहाज सिंहल, सुमात्रा, जावा, स्याम, चींन, यहाँ तक कि जंजीबार आदि देशों में भी जाया करते थे।

एक शासन-यंत्र के फलस्वरूप जातीय एकता

दो सौ वर्षों तक मुगल-सम्राटों के शक्तिशाली शासनाधिकार के कारण समस्त उत्तर भारत, दक्षिण भारत के भी कुछ अंश ने एक सरकारी भाषा, शासनप्रणाली, मुद्रा और बोलचाल की भाषा प्राप्त की।

जातीय एकता के साधन में इन चीजों से अमूल्य सहायता मिली। मुगल बादशाहों के शासनांतर्गत प्रदेशों के बाहर भी अनेक हिन्दू राजाओं ने उनकी शासन-पद्धति, कर्मचारी-विभाग, उपाधि, राज दरबार का अदब-कायदा, सिक्का आदि का अनुकरण करके समग्र भारत की बाह्य एकता को और भी अधिक बढ़ा दिया।

दिल्ली-साम्राज्य के बीस भारतीय प्रान्तों में-पेशावर से लेकर चटगांव तक और कश्मीर से कृष्णा नदी तक—ठीक एक ही प्रकार की शासन-प्रणाली, कर्मचारीगण, आईन-कानून, दरबार और अदालत की भाषा एवं कार्य-प्रणाली प्रचलित थी। सब सरकारी पत्र-व्यवहार और हिसाब-किताब में एक ही भाषा फारसी का प्रयोग किया जाता था। राजकर्मचारी और सैनिक एक प्रदेश से दूसरे प्रदेश में बराबर तब्दील हुआ करते थे। इस प्रकार एक प्रान्त का अधिकारी दूसरे प्रान्त में जाकर ऐसा नहीं समझता था कि वह किसी विदेश में आ गया है। यात्री और व्यापारी एक प्रान्त से दूसरे प्रान्त में सहज ही आ-जा सकते थे। सब लोग विशाल मुगल-साम्राज्य की

छत्रछाया में भारत को एक देश और एक जन्मभूमि कहकर मानने लग गए थे। इसमें जातीयता की कल्पना सम्भव हो गई थी।

मुगल चित्रविद्या का क्रमविकास

शिल्पकला में मुसलमानों का दान इस समय भी भारतवर्ष में लुप्त नहीं हुआ है। वह हमारी अमूल्य सम्पत बनकर कायम है। पहले चित्रविद्या के विकास का यहाँ उल्लेख किया जाता है।

मुसलमान-युग के प्रारम्भ में जो चित्र भारतवर्ष में आए थे, वे खुरासान और बोखारे में चित्रित हुए थे। उन चित्रों के चित्रकार या तो चीन देश-निवासी थे अथवा चीनी चित्रकारों के छात्र थे। 'विशुद्ध मध्य एशिया विद्यालय' के चित्रों में चीन देशीय चित्र-पद्धति का प्रतिबिम्ब स्थान-स्थान पर दीख पड़ता है। मुँह, आँख, पर्वत, जलाशय, आग, राक्षस आदि बिल्कुल चीन जैसे हैं। यह एक बार देखने से ही पता लग जाता है। अकबर की राजसभा में इसी चीनी चित्र-पद्धति और प्राचीन हिन्दू अर्थात् अजंता की शिल्प पद्धति का एकत्र सम्मिलन हुआ, और उनमें से प्रत्येक अपना प्रखर विशेषत्व क्रमशः छोड़ती हुई दूसरे पक्ष की रीति-नीति को ग्रहण करने लगी। चीन से आई हुई मध्य एशिया की चित्रकला की कठिनता और उसके भाव लुप्त हो गए, और उनके बाह्य आकार-प्रकार में भी परिवर्तन हो गया। दूसरी ओर अजन्ता-एलोरा के शिल्पियों के वंशधरों ने भी यह देखा कि सैकड़ों वर्ष पूर्व की पैतृक अचल प्रणाली और नियम इस नवीन युग में नहीं चल सकते। अन्य स्थानों में भी सौन्दर्यज्ञान मौजूद है, अन्य देशों में भी सीखने की चीजें पाई जाती हैं और उनकी ओर से आँखें मूंद लेना अपने ही को धोखा देना है। इसीलिए चीनी और हिन्दू चित्रकलाओं के सम्मिलन से भारत में एक नवीन मिश्रित शिल्प कला का जन्म हुआ, जिसे आजकल इण्डियन आर्ट', 'इण्डो-सरासेन' या 'मुगल-चित्रविद्यालय' कहा करते हैं। आरम्भ में अकबर के उत्साह से जो चित्र चित्रित हुए थे, उन्हें देखने से जान पड़ता है, मानो चीनी चित्र कला को लोप होना शुरू हो गया था। पर्वत, जलाशय, आग प्रवृत्ति वस्तुएँ एक नए रूप में अंकित बदले हुए आकार में, मानो वे कठिन धारावाहिक बद्धमूल संस्कार को छोड़ कर ठीक प्रकृति का अनुकरण करने की चेष्टा कर रहे हों। उन सब चित्रों में मनुष्य और जीव जन्तुओं के मुख और बाह्य प्राकृतिक दृश्य साफ-साफ भारतीय मालूम पड़ते हैं।

अकबर के बाद पचास वर्षों तक इसी तरह प्राचीन भारतीय अर्थात् हिन्दू चित्रकला का प्रभाव मुसलमान-चित्रकला को सम्पूर्ण रूप से परिवर्तित करके उसे एक नया कलेवर प्रदान करता रहा।

शाहजहाँ के समय में (सन् 1650 में) इस प्रणाली का पूर्ण विकास हुआ, नव भारतीय कला की पूर्ण जीत हुई। चीनी चित्रकला का कोई चिन्ह तक भी नहीं रह

गया और भारतीय प्रणाली सर्वत्र स्पष्ट-भाव से परिलक्षित होने लगी। मुख में और आँख में एक ऐसी कोमलता, लावण्य एवं वर्ण का सामंजस्य पाया जाता है, सूक्ष्म से सूक्ष्म अंश भी इस प्रकार यत्नपूर्वक अंकित किए गए हैं, अलंकार और साजसज्जा इतने विविध और महिमाशाली हैं तथा चित्र प्रकृति के इतने अनुरूप हैं कि उन्हें देखने मात्र से यह बोध हो जाता है कि ये चित्र यूरोप के प्रभाव से पूर्व भारतीय हृदय के श्रेष्ठ उपहार-स्वरूप हैं। यूरोपीय चित्रविद्या के दो साधारण नियम 1. दूर की चीज को लघुरूप में देखना और 2. छाया द्वारा ऊँच-नीच का ज्ञान मुगल चित्रों में कभी आने नहीं पाए, किन्तु और सब गुण मौजूद थे। चित्रकला के पण्डित प्रायः मुगल-चित्रों को सुप्रसिद्ध चित्रकार राफेल के पूर्व इटली की चित्रकला के सदृश समझते हैं। प्रारम्भ के बहुत से अकृत्रिम मुगल चित्रों को देखकर मेरा यह विश्वास हो गया है कि श्रेष्ठ मुगल चित्र (शाहजहाँ के समय में अंकित चित्र) वर्टोचेली के चित्रों से बहुत बढ़े-चढ़े हैं। इन दोनों में यथार्थ तुलना हो ही नहीं सकती।

मुगल-चित्रशिल्प का विस्तार और अवनति

बादशाह के दरबार में जो बड़े-बड़े चित्रकारों के छात्र शिक्षा प्राप्त करते थे, बाद में उन्हीं में से कई व्यक्ति अपने गुरुओं का स्थान ग्रहण करते थे। अन्य छांत्र अमीर-उमरा या करद राजाओं के दरबार में जाकर आश्रय लेते थे। उनके चित्रों के विषय शाहनामा, जामी-निजामी का काव्य, तैमूर-जीवनी या बादशाहों की कीर्ति-कलाप नहीं होकर रामायण, महाभारत, पुराण आदि हिन्दू-साहित्य से लिए जाते थे किन्तु विषय हिन्दू होने पर भी प्रणाली सम्पूर्णतः मुगल-दरबार की—'इण्डो-सरासेन' स्कूल की-थी अतएव इसे एक स्वतन्त्र 'राजपूत-स्कूल' कहना भूल है। राज-दरबार द्वारा पालित राजस्थान के ये चित्रकार क्रमशः बादशाही सभा के गुरुओं की विद्या को थोड़ी—थोड़ी करके भूलने लग गए। उनके चित्रों में कोमलता और सूक्ष्मदृष्टि का लोप हो गया और रंग की चमक-दमक खूब प्रखर बनकर आँखों पर आघात करने लगी। इन चित्रों को देखते ही यह बोध होने लगता है, मानो वे किसी कच्चे कारीगर द्वारा शीघ्रतापूर्वक कम खर्च में तैयार किए गए हों (मोलाराम और कांगड़ा प्रदेश के चित्रकार इस स्कूल से भिन्न हैं)। औरंगजेब के शासन काल से ही बादशाह के अनादर, राजकोष के शून्य होने और अविराम युद्ध तथा बादशाह के पुत्र-पौत्रों की नैतिक अवनति के फलस्वरूप मुगल-चित्रविद्या का सर्वनाश आरम्भ हो गया।

कारण, उसकी उत्पत्ति और वृद्धि राजसभा में ही हो सकती है, उसका जीवन राजा और अमीर-उमराओं के अर्थ-व्यय पर ही निर्भर करता है। सत्रहवीं शताब्दी के अन्तिम काल से ही मुगल चित्रविद्या की द्रुत अवनति होने लग गई। निपुण चित्रकार वृद्धावस्था में धनाभाव के कारण मृत्यु को प्राप्त हुए। उनके वंशज अपने पैतृक व्यवसाय की व्यर्थ आशा का परित्याग करके किसी प्रकार मेहनत-मजदूरी द्वारा

रूखा-सूखा खाकर जीवनयापन करने लगे। अठारहवीं शताब्दी के अंत में और उन्नीसवीं शताब्दी के आरम्भ में लखनऊ के नवाबों के अनुग्रह से जिस भारतीय चित्रकला का उदय हुआ, वह अंग्रेजी और मुगल स्कूलों की एक हास्यास्पद खिचड़ी है। उसमें उसके माता-पिता का कोई गुण नहीं पाया जाता ('अकबर की ईसाई बेगमें' इस नाम से परिचित चित्र इस स्कूल का एक महान दृष्टांत है)।

स्थापत्य शिल्प में भारतवर्ष में मुसलमानों की कीर्ति

स्थापत्य विद्या में मुसलमान राजा और नवाब भारत को जो कुछ दान कर गए हैं, उसमें बहुत कुछ आज भी हमारी आँखों के सामने विद्यमान है। भारत में मुसलमान गृह-निर्माण कला का समय-समय पर जो क्रमविकास हुआ है, उसे इस समय भी हम स्पष्ट रूप में देख सकते हैं। अकबर के पूर्वकालीन राजप्रासाद इस समय प्रायः ध्वस्त हो गए हैं या इस प्रकार परिवर्तित हो गए हैं कि उन्हें पहचानना कठिन है, किन्तु तत्कालीन अनेक मसजिद, कब्र और किला अब भी वर्तमान हैं। दिल्ली में और दिल्ली के बाहर 12 मील तक आस-पास के स्थानों में सावधानी के साथ घूमकर देखने से उस युग के बहुत से चिन्ह दृष्टिगत होते हैं। गुलाम, खिलजी, तुगलक, लोदी ओर सूरवंशीय राजाओं की कब्र, मसजिद आदि प्रत्येक चिन्ह, पूर्ववर्ती और परवर्ती काल के दृष्टांत से सर्वथा भिन्न हैं, और उनमें प्रत्येक दृष्टांत को देखने से एक साधारण व्यक्ति को भी, जो इस विषय का पण्डित नहीं है, यह पता चला जाता है कि परवर्ती काल के दृष्टांत ने पूर्वकाल के दृष्टांत का कुछ अंश लेकर परवर्ती युग के स्थापत्य को बहुत कुछ प्रदान किया है। इसी प्रकार मुगल-युग में भी अकबर से लेकर शाहजहाँ (और औरंगजेब के शासन के प्रथम दस वर्ष) के शासन काल तक जो राजप्रासाद, मसजिद और कब्र निर्मित हुई, उनमें एक क्रमविकास दिख पड़ता है। दूसरे शब्दों में इसे हम यों कह सकते हैं कि मानो शक्ति, सरलता और कर्कशता का स्थान अलंकार-बहुल स्निग्ध कोमलता अथवा दुर्बलता ने ग्रहण कर लिया। फिर इसके बाद राजकीय कोष में ह्रास होने के कारण चित्रकला की भांति गृह-निर्माण शिल्प की अवनति होने लगी। अंत में मिट्टी का घर या कब्र बनाकर उसके बाहर एक ईंट का आवरण और फिर उसके ऊपर गारे का पलस्तर और रंग चढ़ा दिया जाता था। (अठारहवीं शताब्दी का मध्य भाग)।

प्रान्तीय भाषाओं में साहित्य-रचना

कालक्रम से भारतवर्ष निरन्तर भाग्य विपर्यय के बीच प्राचीन हिन्दू और बौद्ध साहित्य की भाषा संस्कृत और पाली लुप्त हो गईं। संस्कृत साहित्य के ज्ञान और उसके सम्बन्ध में चर्चा तो उस समय भी हो रही थी, लेकिन संस्कृत में श्रेष्ठ साहित्य की रचना बन्द हो गई थी। हाँ, कुछ टीका ग्रन्थ तथा साधारण कोटि के ग्रन्थ उस समय

भी संस्कृत में लिखे जाते थे, परन्तु हम उसे साहित्य नहीं कह सकते, क्योंकि उसके अन्दर जातीय प्राणों का हमें संधान नहीं मिलता और उसकी पहुँच हमारे हृदयों तक नहीं होती। इस तरह दुख और अंधकार में कितनी ही शताब्दियाँ व्यतीत हो गईं। इसके बाद मध्य युग के शेष में भारत के विभिन्न प्रदेशों में जनसाधारण की भाषाएँ अपने प्रादेशिक 'प्राकृत' रूप में आगे बढ़ने लगीं, और फिर क्रमशः उन्होंने अपना अधिकार स्थापित कर लिया। अकबर के राज्यकाल से ही इन प्रान्तीय भाषाओं का पूर्ण प्रकाश शुरू हो गया था। यह ठीक है कि सोलहवीं शताब्दी के बहुत पहले भी इन आधुनिक प्राकृत भाषाओं में हम कुछ-कुछ दोहा, धर्मकथा, गान आदि की रचनाएँ पाते हैं, किन्तु उन्हें हम साहित्य नहीं कह सकते, और उस समय उनके अंग-प्रत्यंग पुष्ट भी नहीं हुए थे। प्राकृत हिन्दी, मराठी, आसामी और पंजाबी साहित्य की प्रवाहशील जीवनधारा सोलहवीं शताब्दी से ही परिगणित हो सकती है। मुगल बादशाहों ने देश को शान्ति और सुशासन प्रदान किया। उसके परिणामस्वरूप लोग निश्चिंत होकर अर्थोपार्जन करने लगे। देश धनधान्य से पूर्ण होने लगा। लोगों के चित्त को शान्ति मिली और दैनिक कार्यों से अवसर मिला, जिससे साहित्य सृष्टि की इच्छा और साहित्य के रसास्वादन की उत्कण्ठा जग उठी, सन् 1500 के कुछ समय बाद ही विभिन्न प्रान्तों की नई-नई भाषाओं में हमें साहित्य-रचना दीख पड़ती है। बंगाल में वैष्णव लेखकों ने धर्म, जीवनी, तर्कशास्त्र आदि विषयों में असंख्य ग्रन्थों की रचना करके चैतन्य महाप्रभु की मृत्यु (सन् 1533) से लेकर औरंगजेब के राज्यारोहण (सन् 1658) तक सवा सौ वर्ष के समय को प्रोदभासित कर दिया है। इसी समय हिन्दी में भी अनुपम काव्य 'रामचरित-मानस' की रचना सन् 1574 में हुई परन्तु इस पूर्णचन्द्र के उदय के पूर्व भी हिन्दी के साहित्यकाश में कई तारागण देखे जाते थे। जैसे मलिक मुहम्मद जायसी का 'पद्मावत' ग्रन्थ सन् 1540 में लिखा गया। तुलसीदास जी के समय में ही या उनके थोड़े समय बाद 'अखरावत' 'स्वप्नावत', 'मधुमालती' आदि काव्य-ग्रन्थ निर्मित हुए।

सोलहवीं शताब्दी के मध्य काल से पूर्व कबीर, दादू और नानक ने जिन धर्म-संगीतों और वाणियों की रचना की है, वे हिन्दी भाषा में होने पर भी उन्हें हम यथार्थ साहित्य नहीं कह सकते। कारण, वे सब जीवन-यात्रा के मंत्र-तुल्य प्रतीत होते हैं, और उनकी रचना मुखस्थ कर लेने की दृष्टि से ही हुई थी।

भारतीय बादशाहों के दरबार में जिन फारसी काव्यों और रामायण, महाभारत आदि ग्रन्थों के संक्षिप्त अनुवाद रचित हुए थे, उनका यहाँ उल्लेख नहीं किया जाएगा। कारण, फारसी साहित्य में उनका स्थान बहुत ही हेय है। यह ठीक उसी तरह है, जिस तरह हम भारतवासियों के रचे हुए अंग्रेजी काव्य। संस्कृत-ग्रन्थों से अनुवाद करने या फारसी भाषा में काव्य रचने वाले लेखकों में कुछ ऐसे भी थे, जिनका जन्म फारस देश में हुआ था और जिन्होंने इस देश में आकर ग्रन्थ-रचना

की थी। फलतः राजदरबार का साहित्य कभी उच्च श्रेणी में नहीं पहुँच सका, उसमें प्राणों का संचार नहीं हो पाया, केवल बाह्य चमक-दमक तक ही आबद्ध रह गया। उस समय के भारतीय मुसलमानों में दस हजार पीछे से एक से अधिक अरबी भाषा का व्यवहार नहीं कर सकते थे (आँख मूंद कर कुरान रट डालने की बात दूसरी है)। उसी तरह प्रति दस हजार मनुष्यों में पाँच से अधिक ऐसे नहीं थे, जो फारसी भाषा में लिख-बोल सकें। इसलिए अंत में लाखों मुसलमानों की बोलचाल की भाषा उर्दू ही हुई। अठारहवीं शताब्दी के शेषकाल तक भारतीय मुसलमान उर्दू में साहित्य रचना करने, इतिहास लिखने तथा चिट्ठी-पत्री और अदालती कार्रवाइयों में उसका व्यवहार करने में घृणा करते थे। ये सब काम फारसी भाषा में वेतनभोगी क्लर्कों द्वारा कराए जाते थे। तात्पर्य यह कि उस समय के भारतीय मुसलमानों का अपना कोई साहित्य ही नहीं था। औरंगाबाद के रहने वाले वली ने (सन् 1710-30) पहले-पहल उर्दू भाषा के पद्यों का भद्र समाज में प्रचार किया, और इसके पचास-साठ वर्ष बाद वही सार्वजनिक रूप में प्रचलित हो गए। दक्षिण में वली के बहुत पहले भी राजा, मन्त्री आदि रेखता में पद्य रचना करना अपने लिए अगौरव का विषय नहीं समझते थे, किन्तु उत्तर भारत में इस प्रथा का प्रचार नहीं हुआ।

हिन्दू और मुस्लिम धर्म में घात-प्रतिघात का फल

सैकड़ों वर्षों तक हिन्दू और मुसलमान एक ही देश में एक ही राजा के अधीन वास करते रहे। इसके फलस्वरूप उन दोनों के धर्म और समाज पर परस्पर क्या प्रभाव पड़ा और क्या आदान-प्रदान हुआ, यह जानना आवश्यक है। प्रारम्भ में वे एक-दूसरे के पूरे शत्रु थे। एक के साथ दूसरे का अस्तित्व तक असम्भव था, प्रकृति के नियम विरुद्ध था, किन्तु आठ सौ वर्षों तक एक साथ रहते हुए भी एक ने दूसरे को सम्पूर्णतः ग्रसित नहीं किया, उसे बिल्कुल लुप्त नहीं होने दिया। दोनों ही इस समय तक जीवित हैं, किन्तु उनके स्वरूप में बहुत से परिवर्तन हो चुके हैं।

सिक्ख जाति के सुप्रसिद्ध इतिहासकार जेनरल कनिंगहम ने मुस्लिम-विजय के नैतिक फल का इस प्रकार वर्णन किया है—

"यह नई आई हुई जाति वीरता में क्षत्रियों से कम नहीं थी। इसने ब्राह्मणों की श्रेष्ठता नहीं मानी और एकेश्वरवाद का प्रचार और मूर्तिपूजा की वैधता की घोषणा की। इसके दृष्टांत और शिक्षा भारतीय जनता के मन में घात-प्रतिघात उत्पन्न करने लगी जिसका परिणाम यह हुआ कि नए-नए कुसंस्कार जन्म लेने लगे, जो प्राचीन हिन्दू अन्ध-विश्वासों के सर्वथा अनुरूप थे। उदाहरणार्थ, पीर और शहीद, साधु और मृत, धर्म योद्धा कृष्ण और भैरव के समान ही अलौकिक क्रियाएँ करने लगे। भारत में आकर मुसलमानों ने ईश्वर के एकत्व को भूलकर उसके सैकड़ों पार्थिव सेवक तथा प्रियपात्रों को अपनी मुक्ति का साधन समझ लिया और उन्हें ही अपने आराध्य रूप में ग्रहण

किया। जिस प्रकार बौद्धों ने बुद्ध को छोड़कर बोधिसत्वों की आराधना में अपने को संलग्न कर दिया। दूसरी ओर, हिन्दू और मुसलमान धर्मों के संघर्ष से चौदहवीं शताब्दी के शेषभाग में रामानन्द स्वामी द्वारा एक सम्मिलित उपासक सम्प्रदाय की स्थापना हुई। ईश्वर की दृष्टि में सब धर्म एक समान हैं, इस मत पर ही रामानन्द ने विशेष जोर दिया, और समस्त बाह्य आचार तथा विभाग के चिन्हों का परित्याग करके सभी जातियों के लोगों को अपना शिष्य बनाना आरम्भ कर दिया।

पन्द्रहवीं शताब्दी के मध्यभाग में ईश्वर के प्रेम में पागल भक्त कबीर ने एक ओर तो हिन्दुओं की मूर्तिपूजा और धर्मशास्त्र पर और दूसरी ओर मुसलमानों के कुरान और धर्माचार पर आक्रमण किया और प्राचीन धर्मग्रन्थों की कठिन भाषा का परित्याग कर नई प्रचलित भाषा में धर्म-प्रचार करना शुरू कर दिया।

एकेश्वरवाद का प्रचार

किन्तु सर विलियम हंटर तथा अन्यान्य पाश्चात्य ऐतिहासिकों का जो यह मत है कि मध्यकालीन भारत में जातिभेद-विरोधी और एकेश्वरवादी जितने धर्म उदित हुए, वे सब इस्लाम से ही पैदा हुए थे, वह इतिहास-विरुद्ध है। कारण, अति प्राचीन काल से ही इस देश में समय-समय पर हिन्दू-समाज में ऐसे धर्म-संस्कारक, उदारमना, मनीषी और भक्तासाधक होते आए हैं, जिन्होंने डंके की चोट पर इस बात की घोषणा की है कि तैंतीस कोटि देवी-देवताओं से भी परे एकमात्र परमेश्वर है, जो सबसे बढ़कर उपास्य है। प्रकृतभक्त साधक सब एक समान हैं, सब एक जाति के हैं। भगवान में सरल विश्वास और पवित्र जीवन व्यतीत करना कोरे कर्मकाण्ड की अपेक्षा कहीं श्रेष्ठ है। इन भक्तों ने समस्त आराधना पद्धति, मंत्र-तंत्रों को सहज और बोधगम्य बनाने का प्रयत्न किया। जैसा कि तमिल कवि ने अपनी इस कविता में कहा है–

"How many various flowers
Did I, in bygone hours,
Call for the goos$, and in their honour strewn
In vain how many a prayer
I breathed into the air.
And made, with many forms, abeisance due.
Beating my breast aloud
How of I called the crowd
To drag the village car, How of I stray'd
In manhood's prime to have
Sunwaros$ the flowing wave
And circling Shiva fares, my homage paid
But they, the truly wise

Who know and realize
Where dwells the Shepherd of the Worlos$ will ne'er
To any visible shrine
As if it were divine
Deign to raise hanos$ of worship of prayer"

कोई-कोई यह भी कहता है कि किसी ईसाई पादरी ने गुप्त रूप से सत्रहवीं शताब्दी में इस पद्य की रचना की थी, किन्तु पाठक इसके बहुत पूर्व भी विशुद्ध हिन्दू भक्ति-साहित्य में इस प्रकार के एकेश्वरवादी स्रोत देख सकते हैं।

अतएव इतिहास का अध्ययन करते हुए मेरे मन में यह धारणा उत्पन्न हुई है कि मध्य युग में हिन्दुओं के बीच जो घटना घटित हुई थी, उसका प्रकृत स्वरूप इस प्रकार है—मुसलमान-धर्म और समाज का निरन्तर प्रतिवेशी बनकर तथा उनके राज-काज को देखते-देखते हिन्दुओं में भीतर ही भीतर धर्म-सुधार और समाज-संस्कार की चेष्टा और आँख मूंदकर पुरानी रीति-नीति का अनुसरण नहीं करके नवीन स्वतन्त्र सम्प्रदाय स्थापन करने की आकांक्षा जोरों के साथ फलीभूत होने लगी और उसमें नवजीवन का संचार होने लगा। मुसलमानों का प्रत्यक्ष दृष्टांत तीक्ष्ण तेजाब की तरह हिन्दुओं के कुसंस्कारों को गलाने लगा और हिन्दू-सुधारकों के हृदय में नवीन्न साहस और प्रेरणा का संचार करने लगा।

इस युग में अनेक नए-नए धर्म सम्प्रदायों की सृष्टि हुई, जिनका उद्देश्य था हिन्दू और मुसलमान धर्मों के बीच एकता स्थापित करना। इन सम्प्रदायों के संस्थापकों ने धर्म के समय विशिष्ट लक्षण, क्रिया-काण्ड, मंत्र-तंत्र आदि का परित्याग करके इस बात का प्रयत्न किया, जिससे दोनों दल के प्रकृत-भक्त और सात्विक स्वभाव के व्यक्ति सहज में एक साथ मिल सकें और सम्मिलित उपासना में योगदान कर सकें। इसके लिए पथ भी उन्होंने परिष्कृत कर दिया। जिन लोगों ने इन धर्म-सुधारकों से दीक्षा ग्रहण की, वे अपने-पुराने सम्प्रदाय हिन्दुत्व या इस्लाम से सम्बन्ध-विच्छेद करके नए सम्प्रदाय में भाई-भाई के समान एक होकर मिल गए। कबीर, दादू, चैतन्य और नानक ने ठीक इसी रूप में हिन्दू-मुसलमान का बिना कुछ भेद-भाव रखे, भक्तों को अपने-अपने सम्प्रदाय में स्थान दिया ओर उनके ये शिष्यगण एक नूतन एकता के बन्धन में आबद्ध हो गए।

सूफी धर्म का विस्तार

हिन्दू और मुसलमान दोनों ही जातियों के अपढ़ सर्वसाधारण, संसार-विरागी साधक साधु-संन्यासी, फकीर आदि के ऊपर उपर्युक्त धर्म-सुधारक महापुरुषों का प्रभाव सफलतापूर्वक पड़ा। शिक्षित भद्र समाज, विशेषतः कर्मचारी-श्रेणी में सूफी मत का प्रचार होने लगा। सूफी मत को कोई विशेष धर्म समझ बैठना भूल है।

वह चिन्ता करने तथा उस चिंता से आनन्द उठाने की जैसी वस्तु है, वैसी जीवन के कर्तव्यों का पथनिर्देश करने वाली नियमावली नहीं है। पण्डित, दार्शनिक, ग्रन्थ-लेखक, उदारमना समदर्शी वेदांती, ईश्वर-प्रेम में पागल भक्त, साधक आदि श्रेणी के लोग ही सूफी हो सकते थे। ईश्वर समस्त प्राणियों में समस्त द्रव्यों में-वृक्ष और उसकी पत्तियों में, पत्थर में, नदी में, चन्द्रमा की किरणों में, निर्झरिणी की जलतरंगों में, धातु के द्रव्यों में, मिट्टी में, घट-घट में-विद्यमान है। उसी का एक अंश आत्मा के रूप में हमारे शरीर में वर्तमान है। जीवात्मा का परमात्मा के साथ मिलन होने से ही चरम शान्ति की उपलब्धि होती है, परम सुख प्राप्त होता है। फिर उसमें कोई उद्वेग या आकांक्षा नहीं रह जाती, उसका पुनर्जन्म नहीं होता। प्रेमी मनुष्य जिस प्रकार अपनी प्रेयसी के साथ विच्छेदहीन निर्वाध चिर-मिलन की लालसा से पागल बना रहता है, उसे अपने समीप रखने के लिए सारे संसार को छान डालता है, हताश होकर रोता-पीटता है, अपने अंगों पर आघात करता है और दूर से ही क्षण-भर के लिए अपनी प्रेयसी की मूर्ति देखकर आनन्द-विभोर होकर नाचने लगता है, उसी तरह भक्त का प्राण भी प्रियतम के साथ घनिष्ठ आलिंगन में चिरकाल पर्यंत लय पाने के लिए-साधना द्वारा पूर्ण एकात्म-भाव प्राप्त करने के लिए चेष्टा करता है।

तभी तो महर्षि देवेन्द्रनाथ ठाकुर एक रात निर्मल आकाश में पूर्णचन्द्र का विकास देखकर छत के ऊपर आनन्दातिरेक में नाचने लग गए थे। शुभ्रज्योत्सना पुलकित यामिनी, फुल्लकुसुमित द्रुमदल, जलप्रपात का जीवन्त प्रवाह-ये सब उसी चिर-सुन्दर, चिरकांक्षित, किन्तु चिर-दूरवर्ती प्रियतम की मूर्ति दिखाकर सूफी को पागल बना डालते हैं। अनेक सूफी साधक तो प्रेम की उन्मादकता में नाचते-नाचते मूर्च्छित तक हो जाते थे (जिस प्रकार राधा नाम का प्रथम अक्षर सुनते ही चैतन्यदेव को भाववेश हो जाया करता था)। उस समय उनके मुख से आप ही आप भविष्यवाणी भगवद्वाक्य निकलने लगते थे। इसे फारसी भाषा में 'हालकाल' (दशा और देववाणी) कहा करते हैं और ये सब लक्षण सिद्ध सूफियों के समझे जाते थे। सज्ञान अवस्था में वे लोग—यहाँ तक कि निरक्षर सूफी सिद्ध पुरुष भी अजस्रधारा रूप में जबानी ईश्वर-प्रेम विषयक कविता की रचना किया करते थे उस युग में शिक्षित भारतवसियों के बीच यही सबसे प्रिय वस्तु थी, यही सबसे अधिक प्रचलित साहित्य था। अनेक हिन्दू किरानियों ने (कायस्थ और पंजाबी खत्री) इस तरह के पद्यों की रचना करके ग्रन्थ के ग्रन्थ भर डाले हैं। सूफी मत की दो शाखाएँ थीं, एक पश्चिम एशिया की और दूसरी भारतीय। पहली शाखा यूनानी दर्शन, विशेषतः अलेकजेंड्रिया नगर के नए प्लेटोनिस्ट सम्प्रदाय के लेखकों के प्रभाव से प्रतिष्ठित हुई थी। दूसरी शाखा संस्कृत उपनिषदों के निकट ऋणी थी। बादशाह अकबर फारस देश से आए हुए कई बड़े-बड़े सूफी पण्डित और भक्तों का आदर करता था। उसी के आह्वान और अनुग्रह से

निश्छल हिन्दू और मुसलमान प्रकृत-भक्तों को एकत्र करके उनके बीच भावों का आदान-प्रदान तथा एक सम्मिलित उदार उपासक सम्प्रदाय संगठित करने का प्रयत्न किया गया, और देश में सूफी-मत का विशेष रूप से प्रचार हुआ। इन दोनों धर्मों के बीच जिस सेतु को बांधना अकबर ने आरम्भ कर दिया था, उसमें उसके प्रपौत्र दारा शिकोह ने प्राण भर दिया। जिस समय दारा इलाहाबाद का सूबेदार था, उसने काशी के पण्डितों की सहायता से 50 उपनिषदों का फारसी भाषा में अनुवाद किया और उसका नाम रखा 'गूढ़तम मंत्र' और वेदान्त-ग्रन्थों में व्यवहृत दार्शनिक शब्दों का फारसी भाषा में प्रतिरूप शब्द देकर तथा फारसी-सूफी-साहित्य से अनुरूप बचन उद्धृत करके मुसलमानों के लिए सहज में ही वेदान्त के मर्म को समझने का मार्ग परिष्कृत कर दिया। इस ग्रन्थ का नाम है 'मजमूयाउल-बहराइन' दो समुद्रों का संगम, जो उसकी उदार मिलन चेष्टा को प्रमाणित करता है।

इतिहास रचना

ऐतिहासिक साहित्य में भारत में मुसलमानों का जो दान है, उसे अस्वीकार नहीं किया जा सकता, और यह दान कितना मूल्यवान है, इसे वे ही लोग भलीभांति समझ सकते है, जो इस विषय की चर्चा किया करते हैं। हिन्दुओं में सांसारिक घटनाओं का इतिहास लिखने और उनके समय का हिसाब रखने का अभ्यास कौन कहे, प्रवृत्ति भी नहीं थी (यूयान चूयां कथित 'नीलपीत' वृत्तांत का न तो कोई प्रमाण ही मिलता है और न दृष्टांत ही) हम लोग अकाल के ध्यान में इतने मग्न रहा करते थे कि काल की गति की ओर हमारी दृष्टि ही नहीं थी। इस वेदान्ती जाति के निकट मनुष्य का जीवन सराय सदृश था, जैसा कि कविता में कहा गया है–

"नाना पक्षी एक वृक्ष पर सुख से रैन बिताते हैं,
पर प्रभात में नहीं जानते कौन किधर उड़ जाते हैं"।

अतएव इस संसार में कौन-कौन सी घटनाएँ हुईं, किसने क्या किया, इन बातों का विवरण रखना, यहाँ तक कि उनकी ओर मन लगाना भी अमूल्य मानव जीवन का अपव्यय करना और अपने चरम लक्ष्य से भ्रष्ट होना समझा जाता था। इस मनोवृत्ति के कारण ही मुसलमानों के आगमन के पूर्व हिन्दुंओं ने इतिहास की रचना नहीं की। राजाओं की प्रशंसा की प्रशस्ति या अतिरंजित काव्य कुछ हैं जरूर, किन्तु उन्हें हम इतिहास नहीं कह सकते। उनमें तिथियों का कोई क्रम नहीं है। काल-निरूपण (Chronology) ग्रन्थ तो बिल्कुल ही नहीं पाए जाते, किन्तु अरब लोग पक्के व्यवहारवादी थे और प्रकृत-वस्तुओं पर सर्वदा सजग दृष्टि रखा करते थे। इसीलिए ही उन्होंने इस्लाम के आदि युग से लेकर घटनाओं का इतिहास, राजाओं की तिथि संवत और उनकी जीवनियाँ लिख छोड़ी हैं। उनके इस इतिहास में तिथि संवतों का पूर्ण समावेश पाया जाता है। प्रत्येक देश में मुसलमानों ने बहुत से

ऐतिहासिक साहित्य की रचना की है। उनमें यद्यपि उच्च दार्शनिक विचार या विश्लेषण नहीं मिलता फिर भी वे क्रमबद्ध रूप से सुसज्जित हैं, वास्तविक घटनाओं के आधार पर लिखे गए हैं और अनेक स्थलों पर लेखक की निज की अभिज्ञता या अनुसंधान के फलस्वरूप व्रर्णित हैं तथा प्रकृत ऐतिहासिक भाषा और प्रणाली द्वारा रचित हैं। अतीत युग की घटना, परम्परा, कार्यकारण सम्बन्धी एवं देश की दशा का वास्तविक ज्ञान प्राप्त करने के लिए ये साधन अमूल्य और एकमात्र विश्वसनीय हैं। मुसलमान इतिहासकारों द्वारा रचित इन ग्रन्थों से हमें उस समय की हिन्दू जाति और पाश्ववर्ती हिन्दू राजाओं तक की सच्ची कहानी प्राप्त होती है। इसके बाद क्रमशः हिन्दू लेखकों ने मुसलमान इतिहासकारों का अनुकरण करने की शिक्षा प्राप्त की। मुगल काल में बहुत से हिन्दुओं ने फारसी भाषा में इतिहास, जीवनी, पत्रावली आदि लिखी है। हिन्दू राजाओं ने भी मुगल बादशाहों के अनुकरण में निज कीर्ति-कलाप और वंशचरित की रचना कराई। यही कारण है कि सत्रहवीं और अठारहवीं शताब्दियों का भारत हमारे निकट विशेष रूप में परिचित है, और उससे पूर्व का ऐतिहासिक उपकरण उसकी तुलना में प्रायः नहीं कि बराबर है। प्रत्येक मुगल बादशाह और उनके पूर्व के सुलतानों में अनेकों ने अपने राजत्व काल की घटनाओं को लेखबद्ध कराने के लिए वेतनभोगी लेखक नियुक्त किए थे, और उन्हें बिल्कुल सरकारी कागज-पत्र दिखाकर इन इतिहास ग्रन्थों की रचना के लिए वास्तविक आधार प्रदान किए थे। इसी साहित्य ने हिन्दुओं की आँखें खोल दीं।

सभ्यता की वृद्धि और प्रचार

सैकड़ों वर्ष तक मुसलमानों के राजत्व के फलस्वरूप भारतीय सभ्यता नाना दिशाओं में विस्तृत और परिवर्द्धित होती रही। शिकार, बाज पक्षी द्वारा अन्य पक्षियों का मारा जाना, नाना प्रकार के खेल आदि इस समय तक मुसलमान काल-निरूपण-ग्रन्थ और मुस्लिम प्रणाली की रक्षा करते हुए उसके बाह्य प्रभाव की साक्षी दे रहे हैं। कितने ही फारसी, तुर्की और अरबी के शब्द प्रचलित हिन्दी, बंगला, मराठी आदि भाषाओं में प्रविष्ट होकर उनके स्थायी अंग बन गए हैं। मुसलमान-काल में रणविद्या की खूब उन्नति हुई थी। इसका कारण यह था कि भारतीय मुसलमान बाहर के प्रगतिशील इस्लाम जगत के साथ सदा सम्बन्ध रखा करते थे, और वहाँ की ज्ञानोन्नति से लाभ उठाया करते थे। अंत में स्वाधीन हिन्दू राजाओं ने भी मुगल युद्ध पद्धति और अस्त्र-शस्त्रों का अनुकरण करना आरम्भ कर दिया और मुसलमान सैनिकों को वेतन देकर इसी समय में पहले पहल तोप और बारूद का व्यवहार शुरू हुआ। उसके अनिवार्य परिणामस्वरूप दुर्ग-रचना की प्रणाली में पूर्ण रूप से परिवर्तन करना पड़ा। प्राचीन हिन्दू युद्धपद्धति में हाथी का सर्वश्रेष्ठ स्थान था और अब हुआ घुड़सवारों का श्रेष्ठ स्थान, हाथी सिर्फ प्रधान

सेनापति की सवारी और फौज की छावनियों को बोझा ढोने के लिए रह गया। सिर्फ युद्ध की साज-सज्जा प्रणाली, शासनविधि, कर्मचारियों का विभाजन और नामकरण, तथा राज-दरबार के अदब कायदे में ही परिवर्तन हुआ हो, सो बात नहीं है, विलासिता, गृह-निर्माण, उद्यान रचना तथा उच्च श्रेणी के हिन्दुओं के बाह्य जीवन पर भी मुस्लिम प्रभाव का प्रत्यक्ष प्रतिबिम्ब पड़ा था, जो अठारहवीं शताब्दी के शेष काल पर्यंत कायम रहा।

अभी थोड़े दिन हुए, जब कि हमने अंग्रेजी सभ्यता का अनुकरण करना आरम्भ किया है, और इस अवधि में ही मुस्लिम प्रभाव का अर्द्ध चन्द्र अस्तमित हो गया है।

मुसलमान युग के दानस्वरूप भारतवर्ष में अनेक शिल्प और कला-कौशल को स्थान प्राप्त हुआ है, जिनमें कागज निर्माण और पुस्तकों के पृष्ठ में चित्रों का अंकित किया जाना—ये दोनों बातें विशेष रूप से पाठकों के ध्यान देने योग्य हैं। मुस्लिम प्रभाव के और सब उदाहरण तो सहज में ही देखे जा सकते हैं, क्योंकि वे आज भी हमारे नित्य के व्यवहार में नाना प्रकार से परिलक्षित हो रहे हैं।

अनुवादक : श्री जगन्नाथ प्रसाद मिश्र

अगस्त, 1931

हिन्दुस्तान के मुसलमान

मौलाना अबुल कलाम आजाद

इस देश में सब मिलाकर मुसलमानों की संख्या आठ से नौ करोड़ के अन्दर है। यह संख्या देश की दूसरी जमाअतों की तरह पेशों के लिहाज से और पैतृक दृष्टि से टुकड़ों या जातों में बंटी हुई नहीं है। इस्लामी जिन्दगी के समता के उसूल ने और इस्लाम की बिरादराना यकजेहती के मजबूत रिश्ते ने इस संख्या को पेशों के तफरकों की कमजोरियों को बहुत दरजे तक बचा रखा है। यह सच है कि यह संख्या मुल्क की पूरी आबादी का एक चौथाई से ज्यादा नहीं है; लेकिन सवाल संख्या के अनुपात का नहीं है, बल्कि खुद संख्या या उसकी विशेषता का है। क्या मुनष्यों की इतनी बड़ी संख्या के लिए इस तरह की आशंकाओं की कोई जायज वजह हो सकती है कि वह एक स्वाधीन और जनतंत्रात्मक (डेमोक्रेटिक) हिन्दुस्तान में अपने हकों या हितों की खुद रक्षा न कर सकेगी?

यह संख्या मुल्क के किसी एक हिस्से में सिमटी हुई नहीं है, बल्कि एक खास बंटवारे के साथ मुल्क के मुख्तलिफ हिस्सों में फैली हुई है। हिन्दुस्तान के 11 प्रान्तों

में से चार वे हैं, जिनमें मुसलमानों की संख्या ज्यादा है, यानी जहाँ उनकी 'अक्सरीयत' या मेजारिटी है और जहाँ दूसरी मजहबी जमाअतें अल्प संख्या यानी माइनारिटी में हैं। यदि इसमें ब्रिटिश-बलूचिस्तान को भी जोड़ लिया जावे, चार की जगह मुसलिम 'अक्सरीयत' के पाँच प्रान्त हो जाएँगे। यदि हम अभी इस बात के लिए मजबूर हैं कि मजहबी तफरके की बिना पर ही 'मेजारिटी' और 'माइनारटी' की कल्पना करते रहें, तो भी इस कल्पना में मुसलमानों की जगह केवल एक 'माइनारटी' की दिखाई देगी। यह अगर सात सूबों में माइनारिटी की हैसियत से है, तो पाँच सूबों में उन्हें मेजारिटी की जगह हासिल है। ऐसी स्थिति में कोई कारण नहीं कि उन्हें एक माइनारिटी-ग्रुप होने का खयाल बेचैन करे।

हिन्दुस्तान का भावी कंस्टीटयुशन यानी शासन-विधान और बातों में चाहे कैसा भी हो, मगर उसकी एक बात हम सबको मालूम है। वह यह कि वह विधान पूरे अर्थों में एक आल इण्डिया फेडरेशन का जनतन्त्रात्मक विधान होगा, जिसके तमाम अलग-अलग हलके या यूनिट अपने-अपने भीतरी मामलों में खुद-मुख्तार होंगे, और फेडरल केन्द्र के सिपुर्द केवल वही मामले रहेंगे, जिनका सम्बन्ध सारे देश के व्यापक और संयुक्त प्रश्नों से होगा—मिसाल के लिए दूसरे देशों के साथ सम्बन्ध (फारेन अफेयर्स), देश-रक्षा (डिफेंस), जहाजी चुंगी (कस्टम) वगैरह। ऐसी हालत में क्या यह मुमकिन है कि कोई भी समझदार आदमी जो किसी जनतंत्रात्मक विधान के पूरी तरह अमल में आने और चलने का नक्शा थोड़ी देर के लिए भी अपने सामने ला सकता हो, उन आशंकाओं को स्वीकार करने के लिए तैयार होगा, जिन्हें मेजारिटी और माइनारिटी के इस फरेब से भरे हुए सवाल ने पैदा करने की कोशिश की है? मैं एक क्षण के लिए भी यह विश्वास नहीं कर सकता कि हिन्दुस्तान के भावी चित्र में इन आशंकाओं के लिए कोई जगह निकल सकती है। वास्तव में ये सब आशंकाएँ इसलिए पैदा हो रही हैं कि एक ब्रिटिश राजनीतिज्ञ के मशहूर शब्दों में, जो उसने आयरलैण्ड के विषय में कहे थे, हम अभी तक दरिया के किनारे पर खड़े हैं, और यद्यपि तैरना चाहते हैं, मगर दरिया में नहीं उतरते। इन आशंकाओं का केवल एक ही इलाज है, वह यह कि हमें दरिया में निःशंक और निर्भय होकर कूद पड़ना चाहिए। ज्योंहि हमने ऐसा किया हम मालूम कर लेंगे कि हमारी तमाम आशंकाएँ बेबुनियाद और निस्सार थीं।

एक बुनियादी सवाल

लगभग तीस बरस हुए मैंने एक हिन्दुस्तानी मुसलमान की हैसियत से इस मसले पर पहली बार गौर करने की कोशिश की थी। यह वह जमाना था, जब कि मुसलमानों की बहुत बड़ी तादाद राजनैतिक संघर्ष के मैदान से बिल्कुल तटस्थ थी, और आम तौर पर वही विचार चारों ओर छाए हुए थे, जिनकी वजह से कुछ

मुसलमानों ने सन् 1888 में कांग्रेस से अलहदा रहने और उसकी मुखालफत करने का इरादा कर लिया था। उस समय की यह आम हवा मेरे सोच-विचार की राह न रोक सकी। मैं बहुत जल्दी एक आखिरी नतीजे तक पहुँच गया, जिसने मेरे सामने विश्वास और व्यवहार, दोनों का मार्ग खोल दिया। मैंने देखा कि हिन्दुस्तान अपनी सारी परिस्थिति के साथ हमारे सामने मौजूद है और अपने भविष्य की ओर बढ़ रहा है। हम भी इसी किश्ती में सवार हैं और उसकी चाल से बेपरवाह नहीं रह सकते। इसलिए जरूरी है कि हम अपने व्यवहार यानी अपने तर्जे-अमल का एक साफ और अन्तिम फैसला कर लें। यह फैसला हम क्योंकर कर सकते हैं? केवल इस तरह कि हम मामले की ऊपरी सतह पर ही न रहें, बल्कि उसकी बुनियादों तक पहुँचने की कोशिश करें और फिर देखें कि हम अपने-आपको किस हालत में पाते हैं। मैंने ऐसा ही किया और देखा कि इस सारे मामले का फैसला केवल एक सवाल के जवाब पर निर्भर है। वह सवाल है कि हम हिन्दुस्तानी मुसलमान हिन्दुस्तान के स्वाधीन भविष्य को आशंका और अविश्वास की दृष्टि से देखते हैं या हिम्मत और आत्मविश्वास की दृष्टि से? यदि पहली सूरत है, तो निस्सन्देह हमारा मार्ग बिल्कुल दूसरा हो जाता है। समय का कोई एलान, भविष्य के लिए कोई वादा, या विधान का कोई संरक्षण फिर हमारी आंशका और हमारे भय का वास्तविक इलाज नहीं हो सकता, हम मजबूर हो जाते हैं कि किसी तीसरी ताकत की मौजूदगी बरदाश्त करें। यह तीसरी ताकत मौजूद है और अपनी जगह छोड़ने के लिए तैयार नहीं है, और हमें भी यही ख्वाहिश रखनी चाहिए कि वह अपनी जगह न छोड़ सके किन्तु यदि इसके खिलाफ हम यह महसूस करते हैं कि हमारे लिए भय और आशंका की कोई वजह नहीं, हमें हिम्मत और आत्मविश्वास की दृष्टि से भविष्य की ओर देखना चाहिए, तो फिर हमारे कर्तव्य का मार्ग बिल्कुल साफ हो जाता है। हम फिर अपने-आपको बिल्कुल एक दूसरी दुनिया में पाने लगते हैं, जहाँ आशंका, द्विविधा, अकर्मण्यता और प्रतीक्षा की परछाई भी नहीं पड़ सकती, विश्वास, दृढ़ता कर्तव्य पालन और सरगरमी का सूरज जहाँ कभी नहीं डूब सकता, वक्त का कोई उलझाव, परिस्थिति का कोई उतार-चढ़ाव, मामलों की कोई चुभन हमारे कदमों का रुख नहीं बदल सकती। फिर हमारा कर्तव्य हो जाता है कि हिन्दुस्तान के राष्ट्रीय लक्ष्य के मार्ग में कदम उठाए आगे को बढ़े चलें।

मुझे इस सवाल का जवाब मालूम करने में जरा भी देर नहीं लगी? मेरे दिल के एक-एक तार, एक-एक रेशे ने पहली हालत से इंकार किया। मेरे लिए असम्भव था कि इसकी कल्पना भी कर सकूँ। मैं किसी मुसलमान के लिए, बशर्ते कि उसने इस्लाम की रूह को, उसकी आत्मा को अपने दिल के एक-एक कोने से ढूँढ़कर निकाल न फेंका हो, यह मुमकिन नहीं समझता कि वह अपने को पहली हालत में देखना बरदाश्त कर सके।

मैंने सन् 1912 में 'अलहिलाल' जारी किया और अपना यह फैसला मुसलमानों के सामने रखा। आपको यह याद दिलाने की आवश्यकता नहीं है कि मेरी आवाज खाली नहीं गई। सन् 1912 से 1916 तक का जमाना हिन्दुस्तान के मुसलमानों की नई राजनैतिक करवट का जमाना था। सन् 1920 के आखीर में जब चार बरस की नजरबन्दी के बाद मैं रिहा हुआ, तो मैंने देखा कि मुसलमानों के राजनैतिक विचार अपना पिछला सांचा खो चुके हैं और नया सांचा ढल रहा है। इस घटना को अब बीस बरस गुजर चुके हैं। इस अरसे में तरह-तरह के उतार-चढ़ाव होते रहे। घटनाओं की नई-नई बाढ़ें आईं। विचारों की नई-नई लहरें उठीं किन्तु एक हकीकत बिना किसी परिवर्तन के अब तक कायम है। मुसलमानों की आम राय पीछे को लौटने के लिए तैयार नहीं है।

हाँ, वह अब पीछे लौटने के लिए तैयार नहीं है लेकिन आगे बढ़ने के मार्ग के विषय में उसको फिर सन्देह हो रहा है। मैं इस समय इस परिस्थिति के कारंणों पर बहस न करूँगा। मैं केवल नतीजे देखने की कोशिश करूँगा। मैं अपने हम-मजहबों को याद दिलाऊँगा कि सन् 1912 में मैंने जिस जगह से उन्हें मुखातिब किया था, आज भी मैं उसी जगह खड़ा हूँ। इस तमाम बीच के समय ने स्थितियों का जो ढेर हमारे सामने खड़ा कर दिया है, उनमें कोई स्थिति ऐसी नहीं, जो मेरे सामने से न गुजरी हो। मेरी आँखों ने देखने में और मेरे दिमाग ने सोचने में कभी कसर नहीं की। स्थितियाँ केवल मेरे सामने से गुजरी ही नहीं हैं, मैं उनके अन्दर खड़ा रहा हूँ और मैंने एक-एक स्थिति को जाँचा और पड़ताला है। मैं मजबूर हूँ कि मैं अपनी आँखों से देखे हुए और अपनी अकल से समझे हुए को न झुठलाऊँ।

मेरे लिए असम्भव है कि अपने विश्वास से लड़ सकूँ। मैं अपनी अंतरात्मा की आवाज को नहीं दबा सकता। मैं इस तमाम अरसे में उनसे कहता रहा हूँ और आज भी उनसे कहता हूँ कि हिन्दुस्तान के नौ करोड़ मुसलमानों के लिए केवल एक यही कर्तव्य-पथ हो सकता है, जिसकी ओर मैंने उन्हें सन् 1912 में दावत दी थी।

मेरे जिन हम-मजहबों ने सन् 1912 में मेरी बात को अपनाया था, लेकिन आज जिन्हें मुझसे मतभेद है, उन्हें मैं इसके लिए बुरा नहीं कहूँगा किन्तु मैं उनसे अपील करूँगा कि वे इस प्रश्न पर निष्पक्ष होकर और गम्भीरता के साथ विचार करें। यह कौमों और मुल्कों की किस्मतों का मामला है। हम इसे समय की क्षणिक भवनाओं के बहाव में बह कर तय नहीं कर सकते। हमें जिन्दगी की ठोस हकीकतों के बिना पर अपने फैसलों की दीवारें तामीर करनी है। ऐसी दीवारें रोज बनाई और रोज ढाई नहीं जा सकतीं। मैं स्वीकार करता हूँ कि बदकिस्मती से वायुमण्डल इस समय गर्द से भरा हुआ है मगर उन्हें हकीकत की रोशनी में आना चाहिए। वह आज भी हर पहलू से मामले पर गौर कर लें। वह इस नतीजे पर पहुँचेंगे कि कर्तव्य का उनके सामने कोई दूसरा मार्ग नहीं है।

मुसलमान और संयुक्त-राष्ट्रीयता

मैं मुसलमान हूँ, और गर्व के साथ अनुभव करता हूँ कि मुसलमान हूँ। इस्लाम की तेरह सौ बरस की शानदार रिवायतें मेरी पैतृक सम्पत्ति हैं। मैं तैयार नहीं हूँ कि इसका कोई छोटे-से-छोटा हिस्सा भी नष्ट होने दूँ। इस्लाम की तालीम, इस्लाम का इतिहास, इस्लाम के इल्म और फन, और इस्लाम की तहजीब मेरी पूंजी है और मेरा फर्ज है कि उसकी रक्षा करूँ। मुसलमान होने की हैसियत से मैं अपने मजहबी और कल्चरल दायरे में अपना एक खास अस्तित्व रखता हूँ और मैं बरदाश्त नहीं कर सकता कि इसमें कोई हस्तक्षेप करे किन्तु इन तमाम भावनाओं के अलावा मेरे अन्दर एक और भावना भी है, जिसे मेरी जिन्दगी की 'रिएलिटीज' यानी हकीकतों ने पैदा किया है। इस्लाम की आत्मा मुझे उससे नहीं रोकती, बल्कि मेरा मार्ग-प्रदर्शन करती है। मैं अभिमान के साथ अनुभव करता हूँ कि मैं हिन्दुस्तानी हूँ। मैं हिन्दुस्तान की अविभिन्न संयुक्त-राष्ट्रीयता नाकाबिले तक्सीम मुत्तहिदा कौमियत का एक अंश हूँ। मैं इस संयुक्त-राष्ट्रीयता का एक ऐसा महत्वपूर्ण अंश हूँ, उसका एक ऐसा टुकड़ा हूँ, जिसके बिना उसका महत्व अधूरा रह जाता है। मै। इसकी बनावट का एक जरूरी हिस्सा हूँ। मैं अपने इस दावे से कभी दस्तबरदार नहीं हो सकता।

हिन्दुस्तान के लिए प्रकृति का यह फैसला हो चुका था कि इस सरजमीन से मनुष्य की मुख्तलिफ नस्लों, मुख्तलिफ सभ्यताओं और मुख्यतलिफ धर्मों के काफिले का सम्मिलन हो। अभी मानव-इतिहास का प्रभात भी न हुआ था कि इन काफिलों का यहाँ आना शुरू हो गया और फिर, एक के बाद एक, सिलसिला जारी रहा। हिन्दुस्तान की विशाल सरजमीन सबका स्वागत करती रही, और इस उदार भूमि की गोद में सबको जगह मिली। इन्हीं काफिलों में एक आखिरी काफिला हम मुसलमानों का भी था। यह भी पिछले काफिलों के पद-चिन्हों पर चलता हुआ यहाँ पहुँचा और हमेशा के लिए बस गया। यह दुनिया की दो अलग-अलग कौमों और तहजीबों की धाराओं का मिलन था। यह गंगा और जमुना की धाराओं की तरह पहले एक दूसरे से अलग-अलग बहते रहे, लेकिन फिर प्रकृति के अटल नियम के अनुसार दोनों को एक ही संगम में मिल जाना पड़ा। इन दोनों का मेल इतिहास की एक जबरदस्त घटना थी। जिस दिन यह घटना हुई, उसी दिन से प्रकृति के छिपे हुए हाथों ने पुराने हिन्दुस्तान की जगह एक नए हिन्दुस्तान को ढालने का काम शुरू कर दिया।

इतिहास की पूरी 11 सदियाँ इस घटना पर बीत चुकी हैं। अब इस्लाम भी इस सरजमीन पर वैसा ही दावा रखता है, जैसा दावा हिन्दू-धर्म रखता है। अगर हिन्दू -धर्म कई हजार साल से इस सरजमीन के बाशिंदों का धर्म रहा है, तो इस्लाम भी एक हजार बरस से इसके बासिन्दों का मजहब चला आता है। जिस तरह आज एक हिन्दू अभिमान के साथ कह सकता है कि वह हिन्दुस्तानी है और हिन्दू मजहब को मानने वाला है, ठीक उसी तरह हम भी अभिमान के साथ कह सकते हैं कि हम

हिन्दुस्तानी हैं और इस्लाम मजहब के माननेवाले हैं। मैं इस क्षेत्र को इससे भी ज्यादा बढ़ाऊँगा। मसलन मैं एक हिन्दुस्तानी ईसाई का भी यह अधिकार स्वीकार करता हूँ कि वह आज सर उठाकर कह सकता है कि मैं हिन्दुस्तानी हूँ और हिन्दुस्तान के बाशिंदों के एक मजहब यानी ईसाई मजहब को माननेवाला हूँ।

हमारे 11 सदियों के मिले-जुले इतिहास ने हमारी हिन्दुस्तानी जिन्दगी के एक-एक कोने को अपने तामीरी सामानों यानी अपनी रचनात्मक सामग्री से भर दिया है। हमारी भाषाएँ, हमारी शायरी, हमारा साहित्य, हमारा सामाजिक जीवन, हमारी रुचि, हमारे शौक, हमारा लिबास, हमारे रस्म-रिवाज, हमारे दैनिक जीवन की बेशुमार हकीकतें, कोई कोना भी ऐसा नहीं है, जिस पर इस संयुक्त जीवन की छाप न लग चुकी हो। हमारी बोलियाँ अलग-अलग थीं, मगर हम एक ही जबान बोलने लगे। हमारे रस्म-रिवाज एक दूसरे से जुदा थे, मगर उन्होंने मिल-जुलकर एक नया सांचा पैदा कर लिया। हमारा पुराना लिबास इतिहास के पुराने चित्रों में देखा जा सकता है, मगर अब वह हमारे बदन पर नहीं मिल सकता। यह तमाम मिली-जुली पूंजी हमारी संयुक्त-राष्ट्रीयता की एक दौलत है, और हम इसे छोड़कर उस जमाने की तरफ लौटना नहीं चाहते, जब हमारी यह मिली-जुली जिन्दगी शुरू नहीं हुई थी। हममें यदि ऐसे हिन्दू मस्तिष्क मौजूद हैं, जो चाहते हैं कि एक हजार साल पहले का हिन्दू जीवन वापस ले आएँ, तो उन्हें मालूम होना चाहिए कि वे एक स्वप्न देख रहे हैं, जो कभी पूरा होने वाला नहीं है। इसी तरह अगर ऐसे मुसलमान दिमाग मौजूद हैं, जो चाहते हैं कि अपनी उस बीती हुई तहजीब और समाजी जिन्दगी को फिर ताजा करें, जो वह एक हजार साल पहले ईरान और मध्य-एशिया से लाए थे, तो मैं उनसे भी कहूँगा कि इस स्वप्न से वह जितनी जल्दी जाग जाएँ, बेहतर है, क्योंकि यह एक अप्राकृतिक कल्पना, एक गैर-कुदरती तखय्युल है, और इस तरह के खयालात वास्तविकता की जमीन में नहीं उग सकते। मैं उन लोगों में हूँ, जिनका विश्वास है कि पुरानी चीजों को फिर से ताजा करने की, यानी रिवाइवलिज्म की, जरूरत मजहब के मैदान में है, लेकिन समाजी जिन्दगी में रिवाइवलिज्म का मतलब तरक्की से इनकार करना है। हमारे इस एक हजार साल के मिल-जुले जीवन ने एक संयुक्त-राष्ट्रीयता, एक मुत्तहिदा कौमियत का सांचा ढाल दिया है। इस तरह के सांचे बनाए नहीं जा सकते, वे प्रकृति के छिपे हुए हाथों से सदियों में खुद-ब-खुद बना करते हैं। अब सांचा ढल चुका और भाग्य की मुहर उस पर लग चुकी। हम पसन्द करें या न करें, मगर अब हम एक हिन्दुस्तानी कौमी और अविभक्त यानी नाकाबिले तकसीम हिन्दुस्तानी कौम बन चुके हैं। पृथकता की कोई बनावट कल्पना हमारे इस एक होने को दो नहीं बना दे सकती। हमें प्रकृति के फैसले पर रजामन्द होना चाहिए और अपने भाग्य की तामीर में लग जाना चाहिए।

(बालीगंज सरकुलर रोड़, कलकत्ता)

मई, 1940

हिन्दी साहित्य और मुसलमान

सैयद अमीर अली 'मीर'

साहित्य राष्ट्र का प्राण है, ऐसा कहने में तनिक भी अतिशयोक्ति नहीं जान पड़ती। वास्तव में साहित्य ही राष्ट्र को एक सूत्र में बांधता और आगे बढ़ने के लिए उत्साहित करता है। साहित्य ही आने वाली संतानों को मार्ग-प्रदर्शित करता है। जिस देश का साहित्य जितना निर्दोष, पूर्ण और बलिष्ठ होगा, वह देश उतना ही निर्मल विचार वाला और सामर्थ्यवान होगा। दूषित साहित्य अपने भक्तों को पहले दिग्-भ्रम में डालता है, पश्चात् कुमार्गगामी बनाकर न केवल उस भक्त जाति (नेशन) की, वरन् राष्ट्र की बरबादी का सबब बन जाता है।

संसार की बनने और मिटनेवाली जातियों का इतिहास यथार्थ में साहित्य के उत्कर्ष और अपकर्ष का इतिहास है।

संसार का यह नियम है कि सदैव दुःखपूर्ण रात्रि ही नहीं बनी रहती, सुखद प्रभात भी होता है। भारतवासी अपने देश के साहित्य के अधःपतन का अनुभव कर जागे-से जान पड़ते हैं। जहाँ-जहाँ सम्मेलनों की धूम मची हुई है, उन्ही जागने वालों में 'हिन्दी-भक्त' भी हैं। गत 17-18 वर्ष से हिन्दी साहित्य की उन्नति के उपाय सोचे जा रहे हैं। बहुत कुछ काम हुआ भी है, परन्तु जिस मार्ग-दर्शक कुतुबनुमा (इतिहास) को लेकर हिन्दी-साहित्य-प्रेमी हिन्दी-साहित्य-समुद्र में अपनी युक्ति की नौका डालकर पार लगाना चाहते हैं, मैं चाहता हूँ कि उसी कुतुबनुमा के सम्बन्ध में अपने हिन्दी-प्रेमी भाइयों से—साहित्य-सम्मेलनों के कर्णधारों से—कुछ निवेदन करूँ। उनका ध्यान इस ओर खीचूं कि जरा अपने ध्रुवमत्स्य-यंत्र (इतिहास) की सूई (लक्ष्य) की जांच तो कर लो।

हिन्दू और मुसलमान इस देश की दो महान् जातियाँ हैं। आज दोनों में रक्त-सम्बन्ध भी है, इसलिए देश के नाते में हिन्दू-मुसलमान दो भाई ठहरते हैं। ऐसा कहा जा सकता है कि एक-दो सदी पहले तक हिन्दू-मुसलमान एक दूसरे की संस्कृति (तर्ज़-गमाशरत) का अनुभव रखते थे, इस कारण वे एक दूसरे से दूध-चीनी की तरह मिलते जा रहे थे लेकिन ब्रिटिश-सत्ता के स्थापित होते ही उनमें अन्तर पड़ गया। प्रथम तो शिक्षा-पद्धति बदली, उसके बदलते ही सामाजिक स्थिति में तो कम; परन्तु राजनैतिक स्थिति में उतना ही अंतर पड़ गया, जितना पूर्व और पश्चिम में। इस अंतर का यथार्थ कारण क्या है? शिक्षा-प्रणाली के परिवर्तन के साथ-साथ विदेशियों द्वारा लिखे गए इतिहास का पठन-पाठन। आज हिन्दू-मुसलमान छात्रों के सामने भ्रम में डालने वाले जो इतिहास पेश किए जाते हैं, वे अतिरन्जित हैं। इसे अब विद्वान भारतीय इतिहासज्ञ समझ गए हैं, और वे भ्रम-निवारण का उद्योग भी कर रहे हैं, परन्तु दहकते

हुए वन में पानी की एक-दो बूंदों के समान ऐसे उद्योग अभी अपना कोई विशेष मूल्य नहीं रखते। समय आएगा, जब भारत का बच्चा-बच्चा पुकार उठेगा कि—"कहाँ हैं लार्ड क्लाइव के अनुयायी! आएँ और बताएँ कि सिराजुद्दौला वाली 'काल-कोठरी' कहाँ है?" अनुयायी तो क्या, अगर खुद लार्ड साहब ही जिन्दा होकर आ जाएँ, तो 'काल-कोठरी' का पता न बता सकेंगे, ऐसा इतिहास संशोधक कह रहे हैं।

हाँ, तो हमें जो ज्ञान इतिहास द्वारा मिलता है, उसके परिणामस्वरूप एक दूसरे के मन 'तीन पर छः अंक' बन गए हैं, और एक दूसरे के मन नफ़रत (घृणा) और बदगुमानी (अविश्वास) से भर गए हैं। इस प्रकार के ऐतिहासिक ज्ञान-विभ्रम के कारण हमारे कार्य-सम्पादन की दिशाएँ (ख्यालात) बदल गई हैं। इच्छा तो हम रखते हैं वर्तमान दुःख सागर से पार जाने की; परन्तु देखा जा रहा है कि पानी को छोड़ अब विवाद के दलदल में फंस रहे हैं।

हमारे हिन्दू भाइयों में से अनेक हिन्दू भाई मुसलमान शासकों को प्रजा-पीड़क और अत्याचारी कहने में आनन्द मनाते दिखाई देते हैं। वे कदाचित् यह सोचना भूल गए कि इसका भावी नागरिकों पर क्या प्रभाव पड़ेगा और राष्ट्रीयता कहाँ जाएगी? यही बात भारतीय मुसलमान-ईसाई आदि के प्रति कही जा सकती है, यदि वे अपने कथन अथवा लेख में न्याय की हत्या करते देखे जाएँ।

मुझे यह देखकर खेद होता है कि कुछ हिन्दू लेखकों ने मुसलमान जाति-मात्र पर हिन्दी-साहित्य-हत्या का दोषारोपण करने की भूल की है। मैं उनके उन दिल दुखाने वाले और राष्ट्रीयता में अन्तर डालने वाले वाक्यों के अवतरण देना उचित नहीं समझता। हिन्दी-साहित्य पढ़ने और हिन्द देश में जन्म होने के कारण हिन्दू भाइयों से मेरा चिर-सम्बन्ध है। ऐसी हालत में मैं अपना फर्ज़ समझता हूँ कि मुस्लिम जाति -मात्र पर जो हिन्दू-साहित्य के अप्रेम का लांछन लगाया जा रहा है, उसका यथाशक्ति निराकरण करूँ, जिससे अब पृथक न हो सकने वाली दोनों जातियों में अन्तर न पड़ने पाए, और झूठे इतिहासों के फरेबों में वे न आने पाएँ, इसी विशुद्ध भावना को अपने मन में लेकर मैं यह लेख लिख रहा हूँ।

मेरी इच्छा है कि मैं इस लेख को अधिक विस्तृत न करूँ, इसलिए हिन्दी-साहित्य-स्नेही मुसलमानों के नाम की सूची मात्र पेश करूँ, और जहाँ तक सम्भव हो, उनकी कृति का संक्षेप में परिचय दूँ। यद्यपि इस प्रकार की सूचियाँ हिन्दी-संसार के सामने पहले पेश की जा चुकी हैं, परन्तु उनकी अपेक्षा आज पेश की जाने वाली सूचियों में—आज के इस पिष्टपेषण में कुछ विशेषता है, कुछ संशोधन है और कुछ परिवर्द्धन। बिखरी हुई नामावलि एक स्थान में देखने का अवसर इन सूचियों द्वारा मिल जाएगा। कवियों की कविता के निदर्शन रूप में भी अवतरण देने से एक खासा ग्रन्थ तैयार हो जाएगा।

सूची पेश करने से पहले मैं एक निवेदन करना चाहता हूँ, वह यह कि जिन

दिनों भारत भारतीयों का था, उन दिनों द्विजों को छोड़कर अन्य भारतीयों को उच्च शिक्षा प्राप्त करने की सुभीता न थी। उनके लिए शिक्षा का उदार द्वार बन्द था, तब विदेशियों और विधर्मियों के लिए कब सम्भव था कि वे खुल्लम-खुल्ला संस्कृत की उच्च शिक्षा प्राप्त कर सकते? बेचारे अलबेरूनी को पाठशाला के बाहरी द्वार पर बैठने की आज्ञा मिली थी, और जब वह वहाँ से पढ़कर चला जाता था, तब गोबर मिला हुआ जल उस स्थान को पवित्र करने के लिए छिड़क दिया जाता था। ऐसी परिस्थिति में भी मुसलमानों ने हिन्दी-साहित्य का परिशीलन किया, महाकवि और आचार्य पद प्राप्त करने तक की योग्यता भी प्राप्त की।

मैं सबसे पहले उन प्रतिभाशाली मुसलमानों के नामं की सूची पेश करता हूँ, जिन्होंने संस्कृत में इतनी योग्यता प्राप्त की थी कि वेद, उपनिषद्, ज्योतिष, इतिहास आदि ग्रन्थों का फारसी में अनुवाद किया था। उनमें से 'राज तरंगिणी' नामक ग्रन्थ, जिसमें काश्मीर के राजवंशों का वर्णन है, संस्कृत के प्रकाण्ड पण्डित सुलतान जैनुल-आबदीन के आश्रय में ही लिखी गई थी।

सूची नम्बर–1 संस्कृतज्ञ अनुवादक मुसलमान

नं.	नाम ग्रंथ	विषय	अनुवादक (फारसी में)
1.	'अथर्ववेद'	ललित कला (?)	हाजी इब्राहीम, सरहिन्दनिवासी।
2.	'महाभारत'[1]।	ऐतिहासिक	नकीब खां, अब्दुल कादिर (बदायूनी), शेख सुलतान।
3.	'रामायण'	ऐतिहासिक	उक्त तीनों सज्जन और मुल्ला मसीह, जिसने संशोधन किया।
4.	'ताजक'	ज्योतिष-गणित	मुकम्मिल खां, गुजरात-निवासी।
5.	'ज्योतिष-ग्रन्थ'	ज्योतिष-गणित	फीरोजशाह तुगलक के आश्रय में मौलाना अजीजुद्दीन।
6.	'लीलावती'	ज्योतिष-गणित	शेख अबुल फ़ैज (फ़ैजी)
7.	'राजतरंगिणी'	ऐतिहासिक	मौलाना शाह मुहम्मद शाहबादी।
8.	'हरिवंश'	पुराण	मौलाना शेरी।
9.	'नल-दमयंती'	कथा	शेख अबुल फ़ैज (फ़ैजी)
10.	'उपनिषद्'	उपदेश	दारा शिकोह।
11.	'हितोपदेश' पंचतंत्र (?)	उपदेश	खलीफ़ा हारूं रशीद ने अरबी और फ़ारसी में 'अनवार सुहेली' के नाम से तरंजुमा कराया।

1. 'महाभारत' का प्रथम अनुवाद काश्मीर के शासक सुलतान जैनुल-आबदीन ने करया था और सम्राट अकबर के समय में उसका पुनः सुशोधन किया गया।

अब एक दूसरी सूची पेश करता हूँ, जिसके अवलोकन से यह बात प्रतिपादित होगी कि स्वयं मुसलमान शासकों ने हिन्दी-साहित्य (संस्कृत एवं हिन्दी) में कितनी असाधारण योग्यता प्राप्त की थी, और वह भी उस समय, जब उन्हें भारत में पैर जमाने के लिए पग-पग पर संघर्ष करना पड़ता था। वास्तव में साहित्य का प्रसार और उसकी वृद्धि उसी समय होती है, जब देश में शान्ति विराजमान रहती है। यही कारण है कि आगे चलकर ज्यों-ज्यों शान्ति स्थापित होती गई, त्यों-त्यों मुसलमान साहित्य-प्रेमियों की संख्या बढ़ती गई।

सूची-2–हिन्दी साहित्य-अनुरागी मुसलमान शासक और अधिकारी

नं.	नाम	स्थान	समय	विशेषता
1.	सुलतान ज़ैनुल आबदीन	काश्मीर	अकबर के शासन से कई सौ वर्ष पूर्व	संस्कृत का प्रकांड पण्डित। इसने संस्कृतज्ञ विद्वानों की एक परिषद् स्थापित की थी, जिसके द्वारा संस्कृत से अरबी-फारसी में, अरबी-फारसी से संस्कृत में अनुवाद का काम होता रहता था।
2.	सुलतान फिरोजशाह तुगलक	दिल्ली	14वीं सदी	संस्कृत का अनुरागी। कांगड़ा-विजय के बाद इसने वहाँ के प्रसिद्ध संस्कृत पुस्तकालय का उचित प्रबन्ध किया और अनेक बहुमूल्य पुस्तकों का फारसी में अनुवाद कराया।
3.	सम्राट अकबर	दिल्ली	16वीं सदी	भाषा-कवियों का कल्पद्रुम और स्वयं हिन्दी का उत्तम कवि। उसके दरबार में विद्वानों का सदैव जमघट रहा करता था।
4.	कविवर रहीम	दिल्ली	16वीं सदी	'खेटक कौतुकम्', 'रासपंचाध्यायी', 'मदनाष्टक', 'नगर-विलास', 'सतसई' (दोहा) 'बरवै नायिका-भेद', 'श्रृंगार-सोरठा' और फुटकर कविता के रचयिता।
5.	इब्राहीम आदिलशाह	बीजापुर	16वीं सदी	इसने नव-रस और रागों पर उत्तम रचना की। अपने राज्य की

बादशाह			राज-भाषा (फारसी को हटाकर) हिन्दी बनाई।
6. मुहम्मद शाह	दिल्ली	18वीं सदी	इसने संस्कृत-ज्योतिष ग्रन्थों के आधार पर एक ज्योतिष ग्रन्थ लिखवाया।
7. जुल्फ़िकार खां	बुंदेलखण्ड	18वीं सदी	जुल्फ़िकार-सतसई की रचना की।
8. शाहज़ादा दानियाल	दिल्ली	17वीं सदी	हिन्दी-भाषा का उत्तम कवि।
9. शेख शाह मुहम्मदसूबेदार	हिसार	17वीं सदी	परम प्रख्यात हिन्दी-कवि
10.मीर हाशिम मुहतमिम	दिल्ली	17वीं सदी	अरबी का महाकवि। उन्होंने समस्त महाभारत कंठस्थ कर लिया था।
11.शाहज़दा दाराशाह	दिल्ली	17वीं सदी	'दोहा-स्तव-संग्रह', 'सारसंग्रह' के रचयिता।
12.सैयद रहमतुल्लाह शाही	जाजमऊ	17वीं सदी	हिन्दी-काव्य-प्रेमी, चिन्तामणि कवि के आश्रयदाता।
13.अब्दुल रहमान मनसबदार	दिल्ली	18वीं सदी	'यमक-शतक' के रचयिता।
14.नवाब अलीअकबर खां	पिहानी	18वीं सदी	कविवर देव के आश्रयदाता।

अब एक तीसरी फेहरिस्त पेश करता हूँ, जिससे इस बात का पता चलता है कि जिस हिन्दी को भारतीय सिक्कों और नोटों पर स्थान दिलाने के लिए भारतीय जनता ने ज़मीन आसमान एक करके भी पूरी सफलता न पाई, उसी हिन्दी को आज से लगभग सात सौ वर्ष पूर्व मुसलमान शासकों ने अपने सिक्कों पर बिना किसी प्रकार के आन्दोलन के स्थान दिया था।

सूची-3—मुसलमानी शासनक-काल में सिक्कों पर हिन्दी

न. नाम बादशाह	सिक्कों पर हिन्दी अक्षर	समय
1. मुइनुद्दीन मुहम्मद साम व शहाबुद्दीन ग़ोरी	स्त्री महम्मद-बिन साम स्त्रीमद हमीर स्त्री महम्मद साम	सन् 1193 से 1206 ई. तक

2. शम्सुद्दीन अल्तमश	स्त्री हमीर स्त्री समसदिण	सन् 1211 से 1236 तक
3. सुलताना रज़िया बेगम	स्त्री हमीर स्त्री सामंतदेव	सन् 1236 से 1239 तक
4. गयासुद्दीन बलबन	स्त्री सुलतान गयासुदी	सन् 1265 से 1287 तक
5. जलालुद्दीन फ़ीरोज खिलजी	स्त्री सुलतान जलालदी	सन् 1290 से 1295 तक
6. सम्राट अकबर	श्रीराम	सन् 1556 से 1605 तक

इसके बाद नीचे नं. 4 की लम्बी सूची देखिए। आपको इससे मालूम हो जाएगा कि मुसलमानों ने केवल राजनीतिक दृष्टि से नहीं, वरन् साहजिक स्नेह के वशीभूत होकर हिन्दी-साहित्य के परम सुगन्धित पुष्पवान् कविता-कानन की सैर की, उसके फूलों का भ्रमर के समान मधुपान किया, और उसके मधु से मतवाले होकर कितने ही कवि तो आत्मानन्द में लीन हो गए। कविवर रसखान इसी श्रेणी के कवि थे। भारतेन्दु हरिश्चन्द्र ने ऐसे ही कवियों को लक्ष्य करके मुक्त कण्ठ से कहा है—"इन मुसलमान हरिजन पै कोटिन हिन्दू वारिये।" बहुत-सी कविताएँ ऐसी मिलती हैं कि यदि वे किन्हीं भी श्रेष्ठ हिन्दी-कवियों के नाम से सम्बोधित की जाएँ, तो यह कहना असम्भव होगा कि यह रचना हिन्दू सुकवि की नहीं है। इसके अवलोकन से एक बात और भी प्रकट होगी कि मुसलमान कवि केवल श्रृंगार-रस के रसिक ही नहीं रहे, बल्कि उन्होंने साहित्य-कला के प्रायः प्रत्येक अंग पर संतोषजनक प्रकाश डाला है। 'शिवसिंह सरोज' और 'मिश्रबन्धु-विनोद' आदि पुस्तकें इसकी प्रामाणिक साक्षियां हैं।

सूची-4–हिन्दी कविता के मर्मज्ञ ग्रन्थ-रचयिता मुसलमान

नं.	नाम	स्थान	समय ईस्वी	रचना
1.	मलिक मुहम्मबद	जायस	16वीं सदी	अखरावट (निर्वेदज्ञान), पद्मावत (महाकाव्य)।
2.	सैयद इब्राहिम (रसखान)	पिहानी	16वीं सदी	प्रेम-वटिका और सुजान-रसखान।
3.	सैयद मुबा बिलग्राम मुबारिक अली	बिलग्राम	17वीं सदी	तिल-शतक, अलक-शतक (प्रकाशित) शेष 8 अंगों पर लिखे शतक अब तक अप्राप्त हैं।
4.	वहाब		17वीं सदी	बारहमासा।
5.	अब्दुल रहमान	दिल्ली	17वीं सदी	यमक-शतक।
6.	याकूब खां	दिल्ली	18वीं सदी	रसिक-प्रिया की टीका और रस-भूषण।
7.	अनवर खाँ	दिल्ली	18वीं सदी	अनवर-चन्द्रिका (सतसई की टीका)।

8. यूसुफ़ खां	दिल्ली	19वीं सदी	बिहारी-सतसई और रसिकप्रिया की टीका।
9. शाह बरकत (प्रेमी यमन)	दिल्ली	19वीं सदी	अनेकार्य नाममाला।
10. आज़म	दिल्ली	19वीं सदी	नख-शिख और षट्-ऋतु।
11. सैयद गुलामनबी (रसलीन)	बिलग्राम	19वीं सदी	रस-प्रबोध और अंग-दर्पण (इनकी गणना आचार्यों में है)।
12. नबी	बिलग्राम	19वीं सदी	नख-शिख।
13. अमीर खुसरो	दिल्ली	15वीं सदी	कदाचित् हिन्दी खड़ी बोली का पहला मुसलमान कवि। ढकोसले, पहलेलियां, खालिकबारी (हिन्दी-फारसी कोश)। नोहेसिपहर, इसमें भारत और हिन्दू धर्म की खूबियां वर्णित हैं।
14. मुल्ला दाऊद	दिल्ली	14वीं सदी	नूरक और चन्द्रा (प्रेम-कथा)।
15. शेख कुतबन	दिल्ली	16वीं सदी	मृगावती (प्रेम-कथा)।
16. तानसेन	ग्वालियर	16वीं सदी	प्रसिद्ध गायनाचार्य मुहम्मद गौस के शिष्य संगीतसार और रागमाला के रचयिता।
17. उसमान	ग्वालियर	17वीं सदी	चित्रावली (प्रेम-कथा)।
18. ताहिर	आगरा	17वीं सदी	छंदबद्ध कोकशास्त्र और गुण-सागर।
19. शेख नज़ीर	आगरा	17वीं सदी	ज्ञान-दीपक।
20. आलम		17वीं सदी	आलम-केलि और माधवानल कामकंदला।
21. अली मुहीब खां (पीतम)	आगरा	18वीं सदी	खटमल-बत्तीसी (हास्य-रसमयी जीती जागती कविता)।
22. नूर मुहम्मद		17वीं सदी	इन्द्रावती (प्रेम-कथा)
23. काज़ी कदन	आगरा	17वीं सदी	साखी-ग्रन्थ (ज्ञानोपदेश)
24. रज्जब जी	आगरा	17वीं सदी	सर्वोगी ग्रन्थ (दादूदयाल के शिष्य)
25. आजम खां	आगरा	18वीं सदी	श्रृंगार-दर्पण।
26. किशवर अली	आगरा	18वीं सदी	सारचन्द्रिका।
27. काज़िम अली	आगरा	19वीं सदी	सिंहासनबत्तीसी।
28. सैयद पहाड़	आगरा	19वीं सदी	रससार (वैद्यक ग्रन्थ)।

29.ईस्वी खां	आगरा	19वीं सदी	टीका बिहारी सतसई।
30.कासिम शाह	आगरा	19वीं सदी	हंस-जवाहिर (प्रेम-कथा)।
31.हाजी	आगरा	19वीं सदी	प्रेमनामा।
32.बख्तावर खां	बिजावर	19वीं सदी	सुन्नी-सार, धनुष-समया।
33.ज्ञान अली	बिजावर	19वीं सदी	सियावर-केलि पदावली।
34.नज़ीर	आगरा	19वीं सदी	बंजारा-नामा, पैसा-नामा, बुढ़ापानामा, कन्हैया का बालपन आदि के रचयिता सरल खड़ी बोली के कवि।
35.महताब	आगरा	18वीं सदी	नख-शिख।
36.मीरन	आगरा	18वीं सदी	नख-शिख।
37.मसऊन-सुलेमान	गजनी	10वीं सदी	हिन्दी का पहला मुसलमान लेखक, जिसने महमूद गजनवी के दरबार में रहकर हिन्दी की पहली किताब लिखी।
38.सैयद निज़ामुद्दीन	बिलग्राम	17वीं सदी	नवचन्द्रिका, माध्यमिक (संगीत)।
39.सैयद गुलामनबी (द्वितीय)	बिलग्राम	17वीं सदी	मेरा-दर्पण।
40.अमीर (पंथी)	दिल्ली	17वीं सदी	संस्कृत के एक संगीत ग्रन्थ का फारसी में अनुवाद किया।
41.अहमद	दिल्ली	17वीं सदी	गुणगंजनामा।
42.तेरा अली	दिल्ली	17वीं सदी	बदमाश-दर्पण।
43.वाजिद	दिल्ली	17वीं सदी	राज-कीर्तन।
44.अकरम फ़ैज	बिलग्राम	17वीं सदी	वृत्तमाल (पिंगल-ग्रन्थ)।
45.बुल्लाशाह	पंजाब	17वीं सदी	ककहरा (वेदान्त) सीहरफ़ी।
46.अहमद	पंजाब	17वीं सदी	सामुद्रिक ग्रन्थ।
47.रसरंगजी	पंजाब	17वीं सदी	बानी।
48.अहमदुल्लाह	पंजाब	18वीं सदी	दक्षण विलास।
49.अकबर खां	पंजाब	13वीं सदी	योग-दर्पणसार (वैद्यक)।
50.मीर हसन	लखनऊ	19वीं सदी	मसनवी मीर हसन। इनकी उर्दू इतनी सरल है, कि उसे हिन्दी ही कह सकते हैं, स्वयं मीर हसन साहब ने उसे 'हिन्दी' कहा है—"लिखा मैंने है इसको हिन्दी

			के तौर, कि हिन्दी जबां यां तो दरकार थी।”
51.हफ़ीजुल्ला खां	अदौली	20वीं सदी	नवीन संग्रह, हफीजुल्ला का हज़ारा (संग्रह ग्रन्थ)। आपने अनेक कवियों की डूबती कविता को उबारने का यत्न किया।
52.सैयद छेदाशाह	पोहार	20वीं सदी	हरगंगा-रामायण, भगवद्-गीता की टीका।
53.हाजी अली खां	दमोह	20वीं सदी	लावनी, कवित्त आदि संग्रह ग्रन्थ और अंजाम बदी नाटक।

इसके बाद नम्बर आता है सूची नं. 5 का। इन कवियों के रचे ग्रन्थ नहीं पाए जाते। कविता इनकी इतनी सरस और मधुर है कि पढ़ने वाले मुक्तकण्ठ से सराहना करते हैं। इन कवियों में दो मुसलमान स्त्रियाँ (शेख, ताज) भी हैं, यह भी एक अभिमान की बात है। सम्भव है, खोज करने से इनमें से अनेक के रचे ग्रन्थ भी मिल जाएँ। इनमें अनेक कवियों की कविता तो हिन्दी-काव्याकाश में नक्षत्रों के समान चमकती जान पड़ती है। अनेक मर्मज्ञ आलोचक उनकी सराहना कर चुके हैं।

सूची-5–स्फुट सरस कविता-रचयिता मुसलमान कवि

नं.	नाम	समय-ईस्वी सदी
1.	कादिर बख्श (कादिर)	17वीं
2.	शेख अब्बुल फ़ैज नागौरी (फैजी)	16वीं
3.	अबुलफ़ज़ल (फ़हीम)	16वीं
4.	अहमद (1)	17वीं
5.	अब्दुल जलील (जलील)	17वीं
6.	तालिब अली (रसनायक)	19वीं
7.	जमालुद्दीन	16वीं
8.	शेख (स्त्री)	17वीं
9.	ताज (स्त्री)	17वीं
10.	महबूब	17वीं
11.	खैराती खां (खान)	20वीं
12.	दाना	17वीं
13.	शेख गुलाम मुस्तफ़ा	17वीं
14.	कुतुब अली (2)	12वीं
15.	जमाल	17वीं

16. बारिक 17वीं
17. दिलदार 17वीं
18. कारेवेग 17वीं
19. हुसेन 17वीं
20. मीर रुस्तम 17वीं
21. जैनुद्दीन अहमद 17वीं
22. दानिशमंद खां (3) 17वीं
23. आसिफ़ खां 17वीं
24. करीम 17वीं
25. मुहम्मद 17वीं
26. रहीम (2) 17वीं
27. आदिल 18वीं
28. तालिब शाह (4) 18वीं
29. मीर अहमद (विलग्रामी) 18वीं
30. निवाज जुलाहा 18वीं
31. मिरजा मदनायक (5) 18वीं
32. खान 18वीं
33. अलीमन 18वीं
34. लतीफ 18वीं
35. पीर मुहम्मद (पीर) 20वीं
36. मुहम्मद अमीर खाँ 20वीं
37. जलालुद्दीन 16वीं
38. नबखान बुन्देलखण्डी 18वीं
39. नजीब खां (रसिया) (6) 18वीं
40. गुलाम अली 17वीं
41. आज़ाद 17वीं
42. रहमतुल्ला 17वीं
43. सैयद बरकुतुल्ला 17वीं
44. हुसेन शाह पंजाबी (7) 17वीं
45. शाह बादशाह पंजाबी 17वीं
46. नूर मुहम्मद 17वीं
47. शेख मुहम्मद बाबा (8) 17वीं
48. मिर्ज़ा अनीस 17वीं

(1) वेदान्त-विषयक कविता। (2) अनहलपुर पट्टन (गुजरात में सोलंकी,

महाराज, जयसिंह के समय में था। यह उपदेश भी देता था।) (3) औरंगजेब का कृपापात्र। (4) खड़ी-बोली की कविता। (5) सुकवि तथा नामी गवैया। (6) सभासद् महाराज पटियाला (7) वेदांत विषयक भजन (8) हिन्दी-मराठी सम्मिलित कविता।

इसी सूची से सम्बन्धित कुछ नाम ऐसे कवियों के और पाए जाते हैं, जिनके समय का निश्चय नहीं है, न कार्य विशेष का पता लगता है। इस कारण उनका नाम मात्र लिख देना काफी है।

नं. 49 से 53 तक–अलहदाद, आरिफ, आसियापीर, इजदानी, इनशा, खान आलम, खान सुलतान, खान सुलतान, गुलामी, जफ़र, जानजाना, जुलकरनैन, दीन-दरवेश, नजवी, न्याज, फजायल खां, फरीद मियां, मीर माधौ, मुहम्मद याकुब, रंगखानि, वजहन, वाहिद, वली, साहिब, सुल्तान, शाह मुबारिक, शाह मुहम्मद, शाह शफ़ी, शाह हादी, शेख गदाई, मलीम, सादी, हाशिम बीजापुरी, हिम्मत खां, हुसैनी, काजी अब्दुल्ला, मुहम्मद अमीर खां (आगरा), मुहम्मद, वली खां (छतरपुर), फरीद, फ़जाउल्ला खां, खान आलम खां, अब्दुल-सत्तार (प्यारे) और मीर अब्दुल वाहिद जौकी।

जहाँ तक खोज करते बन पड़ा, 'शिवसिंह-सरोज', सम्मेलन की रिपोर्टों, 'मिश्रबन्धु-विनोद' (दोनों भाग) के आधार पर (उनके निर्माणकर्ताओं का आभार मानते हुए) और अपने पास के नोटों पर ऊपर लिखी 5 सूचियाँ पेश की जा चुकीं। अब एक ऐसी छठी सूची पेश की जाती है, जिससे मुसलमान शासकों के कविता-प्रेम, उदारता और कविता-कला की उन्नति चाहने का पता लगता है।

सूची-6–संस्कृत और हिन्दी कवियों के पोषक शासकगण

नं.	आश्रयदाता	आश्रित कवि	समय ईस्वी सदी
1.	शहाबुद्दीन मुहम्मद गोरी	केदार कवि	13वीं
2.	हुमायूं	क्षेम बंदीजन	16वीं
3.	सम्राट अकबर	गंग, नरहरि, करण, होल, ब्रह्म (बीरबल), अमृत, मनोहर, जगदीश, जोध, जयत, जगामग, कुम्हणदास, टोडरमल, माधौ और श्रीपति आदि।	
4.	दारा शिकोह	बनमाली दास, गुसाई	17वीं
5.	शाहजहाँ	पण्डितराज जगन्नाथ, हरिनाथ, कुलपति मिश्र, कवीन्द्र सुन्दर, चिन्तामणि, शिरोमणि, दुलह, वेदांगराय, सुकवि विहारीलाल आदि।	

6. औरंगजेब	ईश्वर, इन्द्रजीत त्रिपाठी, मतिराम, कालिदास त्रिवेदी, कृष्ण पंथी घनश्याम, जयदेव आदि।	17वीं
7. मुअज़्ज़म शाह	अब्दुर रहमान	17वीं
8. हुसैन शाह	शेख कुतबन	16वीं
9. बहादुर शाह	अब्दूर रहमान	17वीं
10. पठान सुलतान	चंदकवि (2)	17वीं
11. फ़ाजिल अली खां	सुखदेव मिश्र और जयदेव कपिलावासी	17वीं
12. आसिफुद्दौला	गिरधर राय	18वीं
13. मुहम्मद शाह	गुमान, युगुलकिशोर भट्ट	18वीं
14. अली अकबर खां	निधान और प्रेमनाथ	18वीं
15. मुहम्मद अली	जीवन	18वीं
16. कायम खां	राम भट्ट	18वीं
17. वाजिद अली शाह	जयकवि बंदीजन	19वीं
18. शाह आलम	धीर कवि	18वीं
19. आज़म शाह	निवाज	17वीं
20. शुजा-उल-शाह (राजगढ़ी)	वारन कवि	17वीं
21. नवाब कायम खां	राम भट्ट	18वीं
22. दानिश मंद खां	ईश्वर	17वीं
23. निज़ामत खां सूबेदार	काशीराम	17वीं
24. दीवान रहमुल्ला (जाजमऊ)	चिन्तामणि	17वीं
25. सम्राट आजमशाह	देव	17वीं
26. फ़ाजिल अली खां	जयदेव	17वीं
27. कमरूद्दीन खां (वज़ीर)	गंजन कवि	17वीं
28. नवाब अनवर खां	शुभकरण	17वीं

प्रायः सूचियों का काम पूरा हो चुका, तो भी एक सातवीं सूची उन मुसलमान दानवीरों की देना उचित समझता हूँ, जिन्होंने कवियों को दान-विशेष देकर उपकृत किया और अनेकों को तो अयाचक बना दिया था। छान-बीन से न जाने और कितने ऐसे दानियों का पता लगेगा।

सूची-7–हिन्दी साहित्य-प्रेमी दानवीर मुसलमान

नं. नाम दाता	याचक	पुरस्कार का प्रकार	प्रसंग
1. सम्राट अकबर	नाहरचरण	आधा सेर सोना	तत्कालीन कविता।
	कविराज नरहरि	गो-बध बंद कराने की आज्ञा प्रचारित कराई।	गौओं की ओर से एक छप्पय द्वारा अपील।
2. खानखाना रहीम	गंगकवि	छत्तीस लाख मुद्रा	प्रशंसात्मक छप्पय पर।
	सुकवि बिहारीलाल	एक लाख	एक दोहे पर।
	एक अज्ञात ब्राह्मण	एक लाख मुद्रा दिलवाई	रीवा-नरेश के पास एक दोहा याचक ब्राह्मण द्वारा भिजवाकर यह दान दिलाया था।
3. सम्राट जहाँगीर	पुहकर कवि	कारागार से मुक्ति	'रसरतन-ग्रन्थ की रचना पर रीझकर।
4. सम्राट शाहजहाँ	सुकवि बिहारीलाल	52 राजाओं से वर्षासन बंधवा दिए थे।	पुत्रोत्सव के आनन्द में।

उल्लिखित सूचियों में वर्णित मुसलमान सज्जनों के सिवा मैं कुछ और भी आधुनिक मुसलमान सज्जनों के नाम जानता हूँ, जिन्होंने हिन्दी-साहित्य (संस्कृत-हिन्दी) की किसी न किसी प्रकार से सेवा अथवा सराहना की है या योग्यता प्राप्त की है।

मुंशी मुहम्मद खां बी.ए. मध्य प्रदेश में हिन्दी के एक अच्छे लेखक हो गए हैं, जिन्होंने पाठ्य-पुस्तकें (हिन्दी) निर्मित कीं। मुंशी अब्दुल अजीज़ खां ट्रांसलेटर पण्डित जी के नाम से विख्यात थे। वे संस्कृत के 'प्राज्ञ' और 'शास्त्री' परीक्षोत्तीर्ण थे।

मध्य प्रदेश में आज भी तीन से ऐसे मास्टर मौजूद हैं, जो कई वर्ष से हिन्दी की सेवा में लगे हुए हैं। उमरयावेग भोजपुरी हिन्दी कविता अच्छी करते हैं। हुसैनबख्श सागरी हिन्दी साहित्य सम्मेलन की विशारद-परीक्षा पास हैं। मुंशी जहूरबख्श जो हिन्दी कोविद के नाम से प्रसिद्ध है, बाल साहित्य के अच्छे ज्ञाता हैं। बेतिया-निवासी मुंशी पीर मुहम्मद मूनिस हिन्दी के हृदयग्राही लेखक हैं। भाई अब्दुलगनी, जिन्होंने राष्ट्र के लिए अपना जीवन अर्पण कर दिया है और जो भी पिछले माह तक समालोचक तथा 'हिन्दोस्तानी' नाम के साप्ताहिक समाचार पत्र का हिन्दी में सम्पादन करते थे! 'इब्तदाह' नाम का एक हिन्दी साप्ताहिक पत्र का मुंशी फजलुर रहमान साहब सागरी ने निकाला था और आप ही उसके सम्पादक थे। सैयद असद अली, एम.आर.ए.एस., जोधपुरी हिन्दी के अच्छे लेखक हैं। देवनागरी लिपि

और हिन्दी-शिक्षा-प्रचार के पक्षपाती प्रसिद्ध विद्वान शम्मुलूउलमा मौलवी सैयद अली बिलग्रामी तथा जस्टिस शर्फुद्दीन बैरिस्टर-एट-ला हैं। सैयद मुमताज-अली सागरी हिन्दी की आयुर्वेदोपाध्याय परीक्षा पास हैं। सुनते हैं कि बड़ौदा प्रान्त के बिसनगर नाम के ग्राम में एक काजी अनवर नाम के गुजराती मुसलमान रहते थे, जिनका उपनाम 'ज्ञानी' था, उन्होंने हिन्दी में 'अनवर काव्य' नाम का एक ग्रन्थ निर्मित किया है।

ऊपर की सूचियों से यह बात स्पष्ट है कि आज़ से कई सौ वर्ष पूर्व से मुसलमान जात हिन्दी-साहित्य की अनुरागिनी रही है। सबसे बड़ी बात तो यह है कि दसवीं सदी में भारत से बाहर सुलतान महमूद गजनवी के दरबार में मसऊद सुलेमान नाम का एक हिन्दी जाननेवाला मौजूद था, जिसने हिन्दी में एक किताब भी लिखी थी। सम्भव है कि यही हिन्दी का पहला पुस्तक-लेखक हो। यदि इतिहास उसके पूर्व का कोई हिन्दी लेखक पेश न कर सके, तो मुसलमान जाति को इस बात का आनन्द और अभिमान होगा कि हिन्दी को अपनाने में मुसलमान ही अग्रसर हुए। यह तो स्पष्ट ही कहा जा सकता है कि भारत में आबाद होने के पूर्व से ही हिन्दी की ओर मुसलमानों का ध्यान आकर्षित हो चुका था। परम प्रबन्धक विद्याव्यसनी खलीफा हारूरशीद ने भारत से कई संस्कृतज्ञ विद्वानों को बुलाकर आदर-पूर्वक अपने दरबार में रखा था और उनके द्वारा आदान-प्रदान के नियमानुसार वैद्यक, ज्योतिष और भूगर्भ-विद्या-सम्बन्धी गहन विषयों का अरबी अनुवाद करवाया था तथा अरबी-ग्रन्थों का संस्कृत में। उक्त बगदादी दरबार में 'कनक' ओर 'मनस्क' (?) नामी विद्वान प्रमुख थे।

भारतीय मुसलमानों ने हिन्दी-साहित्य से काव्य, ज्योतिष, सामुद्रिक, संगीत, नीति, नाटक, कथा, गणित, इतिहास, पिंगल, रसनिरूपण, वैद्यक, भक्ति और वेदान्त आदि ललित कलाओं का ज्ञान इतना उच्च श्रेणी का प्राप्त किया था कि हिन्दुओं को भी आश्चर्य होता होगा। क्या यह कम अभिमान की बात है कि रसलीन जैसे भाषा-काव्य के प्रकाण्ड पंडित आचार्य कहलाएँ, मलिक मुहम्मद महाकवि गिने जाएँ, अकरम फैज़ संस्कृत में 'वृत्तमाल' जैसा पिंगल-ग्रन्थ-निर्माण करें, अकबर खां अजयगढ़ी, 'योगदर्पण सार' जैसा वैद्यक ग्रन्थ लिखें, ताहिर छन्दबद्ध 'कोकशास्त्र' लिखकर नाम पाएँ, बीजापुर का इबराहीम आदिल शाह बादशाह होकर नवों रसों और रागों पर ग्रन्थ लिखें और हिन्दी को (फारसी हटाकर) राज-भाषा के पद पर बिठाएँ? क्या यह कम उदारता की बात है? अमीर खुसरो से पूर्व हिन्दी में 'पहेलियाँ' और 'मुकरियाँ' किस हिन्दी कवि ने लिखी थीं? 'नूरक और चंदा' प्रणेता मुलतान दाऊद से पहले हिन्दी में प्रेम-कथा लिखने का मार्ग किसने प्रशस्त किया था?

खूबी की बात तो यह है कि साधारण श्रेणी के मुसलमानों से लेकर बड़े-बड़े उच्च कर्मचारी-सेनापति और प्रधान मंत्री तक तथा मनसबदारों से लेकर बादशाह तक हिन्दी के रंग में रंग जाते थे। वे कविता पढ़ते, रचना करते, अनुवाद करते और

उदारतापूर्वक कवियों को आश्रय दे, ग्रन्थ रचना कराते थे।

मुगल-दरबारों में तो हिन्दी कवियों की भीड़ लगी रहती थी, उनमें से कितने कवि तो इतने मालदार हो गए थे कि वे दूसरे कवियों को अयाचक बना देते थे। शाहजहाँनी दरबार के कवि हरिनाथ ने एक कवि को एक दोहे पर एक लाख रुपया दे डाला था। उपर्युक्त बातों को ध्यान में रखकर यह कहना अत्युक्ति न होगा कि हिन्दी को जीवित रखने और इसे राष्ट्र-भाषा के योग्य बनाने में मुसलमानों का जबरदस्त हाथ रहा है।

अंत में, मैं केवल एक बात कह देना चाहता हूँ कि मैंने यह लेख मुसलमान जाति की शेखी बघारने के लिए नहीं लिखा है। इसका एकमात्र उद्देश्य यही है कि भारतीय नवयुवकों को, जो मुसलमानों द्वारा की गई राष्ट्र भाषा की सेवा से अपरिचित हों, इस विषय का कुछ ज्ञान हो जाए। हिन्दू और मुसलमान दोनों को हिन्दुस्तान में ही रहना है। यदि वे एक-दूसरे के गुणों की कद्र करना सीख लें, एक दूसरे की संस्कृतियों की अच्छी बातों को पहचान लें, तो उनमें स्थायी मेल हो सकता है, जो हमारे देश की स्वाधीनता के लिए नितान्त आवश्यक है।

अक्टूबर, 1929

हिन्दी समाचार-पत्र और मेरे अनुभव

रुद्रदत्त शर्मा

आज मैं कई एक साहित्य-सेवक सज्जनों की प्रेरणा से 'हिन्दी समाचार-पत्रों का इतिहास' शीर्षक निबन्ध लिखने में इस उद्देश्य से प्रवृत्त होता हूँ कि मैंने सन् 1875 से अब तक (सन् 1917 तक) साहित्य सेवा करके जो-जो अनुभव प्राप्त किए हैं वा सुख-दुख सहन किए हैं, उनका परिचय सर्वसाधारण को करा दूँ, यद्यपि मेरे अनेक मित्रों ने मुझे कई बार इस विषय पर निबन्ध लिखने की सम्मति प्रदान की थी। विशेषतः हिन्दी भाषा के सुप्रसिद्ध लेखक और साहित्य रत्नोन्नायक श्रीमान् बाबू श्यामसुन्दर दास, बी.ए. (काशीवासी) महोदय ने जब 'हिन्दी कोविद-रत्नामाला' नाम का ग्रन्थ प्रकाशित किया था उस समय कई बार कृपा-पत्र भेजकर इस विषय पर लिखने को मुझे उत्तेजित किया था परन्तु दुर्भाग्यवश अपने आलस्य से मैं उनकी आज्ञा का पालन नहीं कर सका था, अतएव सविनय क्षमा मांगता हूँ। इनके अतिरिक्त स्वर्गवासी महामहोपाध्याय सुधाकर द्विवेदी जी जब बम्बई में पधारे थे, उस समय मैं 'श्री वेंकटेश्वर समाचार' का सम्पादन करता था, उस समय उन्होंने भी ऐसी ही आज्ञा दी थी। फिर मेरे सहवासी मित्र साहित्य-सागर श्रीयुत पण्डित पद्म सिंह शर्मा साहित्याध्यापक, महाविद्यालय ज्वालापुर ने भी कई बार साग्रह प्रेरणा दी, परन्तु

मैं अपनी तुच्छ वृद्धि से इन माननीय आज्ञाओं की उपेक्षा करता रहा।

भावी साहित्य-सम्मेलन की स्वागतकारिणी सभा के सेक्रेटरी रा.बा.डा. सूर्य प्रसाद जी तथा डेली कॉलेज, छावनी इन्दौर के अध्यापक पं. बनारसी दास चतुर्वेदी जी ने भी यही आज्ञा दी कि आप अपना अनुभव लिख डालिए। अब मैं अपने महानुभाव मित्र मण्डली की आज्ञा का अनादर नहीं कर सकता और इस निबन्ध के लिखने में प्रवृत्त होता हूँ। परन्तु मेरी इस प्रवृत्ति को वैसी ही समझिए जैसे किंसी कवि ने कहा है कि–

मन्नमें गोयम् अनहलक यारमेगोयद बिगो
चुनगोयं चूमरा दिलदार में गोयद् बिगो।

अथवा

केनपिदेवेन हृदिस्थितेन यथा नियुक्तस्तु तथा करोमि।

–पाठकों का सत्य प्रेमी, रुद्रदत्त

(इसके बाद रुद्रदत जी ने अनेक 'हिन्दी पत्रों का इतिहास' लिखा है। उसमें जहाँ-जहाँ उन्होंने अपना जिक्र किया है उन्हीं अंशों को हम यहाँ देते हैं।

–सम्पादक)

मैं काशी से पढ़ना छोड़कर अपने जन्म-स्थान धामपुर आया, तब कुछ काल तक वहाँ निवास करके चंदौसी चला गया। वहाँ कुछ दिन रहने से वहाँ के रेलवे बाबुओं से इस कारण परिचय हो गया कि उनमें से कुछ महाशय संस्कृत पढ़ने के अभिलाषी थे। इसी बाबू-मण्डली में बाबू जगदम्बा प्रसाद नाम के एक सारस्वत ब्राह्मण थे। जब मैं कुछ महाशयों की सहायता से चंदौसी में आर्य समाज स्थापित कर चुका था, उसी अवसर पर बाबू जगदम्बा प्रसाद जी के पिता पं. वैद्यनाथ जी चंदौसी में आए और आग्रहपूर्वक मुझे दिल्ली ले गये। वहाँ जाके उन्होंने मेरे साझे में 'इन्द्रप्रस्थ प्रकाश' नाम का एक लिथो-प्रेस स्थापित किया और इसी नाम का एक साप्ताहिक पत्र प्रकाशित करने लगे।

यह 'इन्द्रप्रस्थ-प्रकाश' नाम का साप्ताहिक पत्र सन् 1869 में प्रकाशित हुआ था, इसमें आधी हिन्दी और आधी उर्दू लिपि रहती थी। हिन्दी में सब लेख मेरे और उर्दू में पण्डित वैद्यनाथ जी के भतीजे पण्डित जयंती प्रसाद के होते थे। प्रायः एक वर्ष तक इस पत्र को चलाके मैं दिल्ली में ही बीमार हो गया और कई मास तक बीमार रहने के कारण मुझे घर लौटकर आना पड़ा। दिल्ली में निवास के समय ही मेरा परिचय संयोगिता-स्वयंवर नाटक और परीक्षा-गुरु के प्रणेता सेठ श्रीनिवास दास जी से भी हुआ था। आप उस समय एक हिन्दी प्रेस स्थापित करने के वास्ते टाइप आदि सामग्री मंगा चुके थे। मेरे चले आने पर 'इन्द्रप्रस्थ-प्रकाश' बन्द हो गया। मैं इस स्थल पर यह लिख देना भी आवश्यक समझता हूँ कि जिस समय मैं दिल्ली में रहता था उस समय कलकत्ते की सुप्रसिद्ध कम्पनी शालिग्राम खन्ना कम्पनी के एजेन्ट बाबू

केदारनाथ खन्ना मुझे मिल थे। उन्होंने कहा था कि हम लोग कलकत्ते से समाचार-पत्र निकालने का विचार कर रहे हैं, यदि आप उसकी नौकरी करना चाहें तो मैं वहाँ जाके आपको बुलाऊँ।

आर्य-विनय

सन् 1875 में मैं आर्य-समाज सहारनपुर की सेवा से पृथक होकर आर्य समाज मुरादाबाद में आया और वहाँ के आर्य समाज की सहायता से 'आर्य-विनय' नाम का मासिक पत्र प्रकाशित करने लगा। इस समय मुरादाबाद आर्य समाज के प्रधान बाबू दुर्गाचरण, हेड मास्टर, हाई स्कूल, मुरादाबाद और मंत्री मास्टर कालिका प्रसाद जी थे। यह मासिक पत्र धार्मिक विषयों से परिपूर्ण रहता था और उस समय में जो आर्य-समाज पर आक्षेप होते थे, उनका उत्तर भी देता था। एक समय मुरादाबाद के टाउन हाल में आर्य-समाज की ओर से एक ऐसी सभा हुई कि जिसमें मुरादाबाद के रईसों के अतिरिक्त कलक्टर आदि भी सम्मिलित हुए थे। उस सभा में आर्य-समाज की ओर से कोई वेद-मंत्र नहीं पढ़ा गया था, इस पर सम्पादक की ओर से समाज पर आक्षेप 'आर्य-विनय' में प्रकाशित हुआ, इससे समाज के बहुत से सभ्य सम्पादक से रूष्ट हो गए। यद्यपि सम्पादक ने 'आर्य-विनय' के इस (मोटो) सिद्धान्त के अनुसार उक्त आक्षेप किया था कि "शात्रेरपि गुणावाच्या दोषावाच्या गुरोरपि" अर्थात् शत्रु के गुण और गुरु के दोष भी प्रकाशित कर देने चाहिए। इस पत्र का प्रत्येक अंक मुझे डिप्टी कलक्टर साहब को सुनाने जाना पड़ा था। इस प्रकार से कई वर्ष तक मैंने इस मासिक पत्र को चलाया। इस पत्र का वार्षिक मूल्य केवल 1 रुपया था।

भारत मित्र

'भारत मित्र' के सबसे पहले वैतनिक सम्पादक पण्डित हरमुकुन्द शास्त्री जी लाहौर से बुलाए गए। जब यह महाशय 'भारत मित्र' से पृथक होकर चले गए, तब सन् 1884 में मैं सहकारी सम्पादक नियत करके बुलाया गया। मैंने वहाँ जाकर देखा कि मुख्य सम्पादक कोई नहीं है और न कोई प्रेस-मैनेजर है। संध्या को अपने ऑफिस के कामों से छुट्टी पाने पर बाबू हनुमान प्रसाद कपूर या बाबू मनोहर दास खन्ना 'भारत मित्र' ऑफिस में आकर छापे के काम की देखभाल कर जाते हैं और सम्पादकीय लेखों के विषय में सम्मति लेने के लिए दिन में कई बार बाबू नित्यलाल मलिक के पास जाना पड़ता है, इन झगड़ों को देखकर मैंने इस्तीफा दे दिया। मेरे पश्चात् पं. जगन्नाथ चतुर्वेदी और पं. राधाकृष्ण चतुर्वेदी इसके सम्पादन कार्य पर आए और चले गए। मुझे भी कई बार इसकी संपादकता ग्रहण करनी और त्यागनी पड़ी थी। विशेषतः जब बाबू हनुमान प्रसाद कपूर का देहांत हो गया था, उस समय और जब शान्तिग्राम खन्ना कम्पनी का दिवाला हो जाने के कारण 6 नं. क्रास स्ट्रीट

(सूतापट्टी) से उठकर भारत मित्र प्रेस और कार्यालय बाबू जगन्नाथ दास अग्रवाल के अधिकार में चीना बाजार से राजाकटरा में गया और फिर हरिसन रोड पर उठकर आया, इन दोनों जगहों में 'भारत मित्र' का सम्पादन मैं ही करता रहा। श्रीयुत बाबू जगन्नाथ दास अग्रवाल ने हरिसन रोड के मकान में लाकर जब 'भारत मित्र' को दैनिक किया तब एक वर्ष तक मैंने इसके दैनिक संस्करण का भी सम्पादन किया था। फिर कुछ काल के वास्ते 'भारत मित्र' के चलाने का भार डा. एस. के बर्मन को सौंपा गया। इनके यहां कुछ दिन मैंने और कुछ दिन तक पं. दुर्गा प्रसाद जी ने इसको चलाया था। थोड़े समय तक पं. अमृत लाल चक्रवर्ती जी ने और कुछ दिनों तक बाबू ब्रह्मानन्द जी ने 'भारत मित्र' का सम्पादन कार्य किया था। बाबू ब्रह्मानन्द जी के पश्चात् फिर दो-चार महीनों के लिए मैंने 'भारत मित्र' का सम्पादन भार ग्रहण किया। इस बार मैंने एक ऐसा पंच लिखा कि जिसके कारण एक प्रेसिडेन्सी मजिस्ट्रेट साहेब बहुत चिढ़ गये और उन्होंने बाबू जगन्नाथ दास अग्रवाल से मेरी बड़ी शिकायत की; क्योंकि वह पंच एक सुप्रसिद्ध वेश्या की मार्फत रिश्वत लेने के विरुद्ध था। भारतवर्ष में भला यह किसकी शक्ति है कि जो मजिस्ट्रेट की शिकायत करके अपनी नौकरी पर रह सके। खैर, इस बार मेरे छोड़ने पर स्वर्गवासी बाबू बालमुकुन्द जी गुप्त इसके सम्पादक नियुक्त हुए।

पहले लेखों से इस इतिहास के पाठकों को मेरे अनुभव का कुछ अंश ज्ञात हो गया है; परन्तु उतने ही अंश से सम्पादन कार्य की सब कठिनाइयों का जान लेना सर्वथा असम्भव है। अतएव मैं अपने अनुभवों को सविस्तार लिख देना आवश्यक समझता हूँ। सबसे पहले साहित्य-सेवकों को यह जान लेना आवश्यक है कि दैनिक, अर्द्धसाप्ताहिक, साप्ताहिक, पाक्षिक, मासिक और त्रैमासिक पत्र कैसे होने चाहिए, अर्थात् उनमें किन-किन विषयों का समावेश रहना चाहिए और जिस विषय को जो महाशय लिखें, उनकी योग्यता कैसी (किसी श्रेणी की) होनी चाहिए।

प्रथम तो जो युवक हिन्दी-पत्रों की सम्पादकता करने की उत्कट इच्छा रखते हों, उनको संस्कृत, अंग्रेजी, उर्दू, मराठी, बंगला और गुजराती भाषाओं में कम से कम इतना ज्ञान प्राप्त कर लेना आवश्यक है कि वह इन भाषाओं में छपे हुए पत्र और पुस्तकों को बिना किसी दूसरे की सहायता के अच्छी तरह पढ़कर उनके भावार्थ को समझ लें, क्योंकि इन भाषाओं में सब विषयों के अच्छे-अच्छे समाचार पत्र प्रकाशित होते हैं। मेरी समझ में जो मनुष्य जिस पत्र का सम्पादक नियत किया जाय, उसकी भाषा का वह पूरा मर्मज्ञ होना चाहिए। इसके अतिरिक्त यह भी आवश्यक है कि जिस प्रान्त का वह निवासी है, उस प्रान्त की ग्रामीण भाषा का पक्षपाती होने से उसके काव्य और पत्र रोचक नहीं होते। मैंने 'गोरखा' और 'मिथिला मिहिर, को देखा कि यह दोनों पत्र पहाड़ी और तिर्हुती भाषा के कारण अरोचक से हो जाते थे। भला विचारिए तो सही कि नीचे लिखे पद्यों को कौन सुकवि अच्छा कहेगा?

"वृन्दावन की कुन्ज गलिन में वृषभानु वाकी बिटिया की पटियाही पाड़लेस"
अथवा
"रहिला गछेला संग करिला बहुत रंग जमना के नीरे-तीरे बछरु चराइला"

इसी कारण हिन्दी का सबसे पहला दैनिक पत्र 'हिन्दुस्तान' भी अपनी ग्रामीण लिपि और ग्रामीण भाषा के कारण हिन्दी भाषा के रसिकों को रुचिकर प्रतीत नहीं होता था। इसकी लिपि में चोर को च्वार, साहब शब्द को साह्येब, मैनेजर-पद को म्यानेजर लिखा जाया करता था। इस पत्र की इसी बैसवाड़िया रीति पर अनेक पाठकों को घृणा हो जाती थी।

जिस समय मैंने सम्पादकता का कार्य आरम्भ किया था, वह समय हिन्दी गद्य-लेखन का प्रारम्भ काल ही था। एक ओर राजा शिवप्रसाद सी.एन.आई. के अनुयायी उसे उर्दू की ओर घसीटते थे, दूसरी ओर श्री स्वामी दयानन्द सरस्वती के लेख और आर्य सामाजी लोग उसे संस्कृत शब्दों की भरमार से एक नया जामा पहिनाते थे और तीसरी ओर श्रीयुत बाबू हरिश्चन्द्र जी और उनका मित्र-मण्डल दोनों नहरों के बीच में हिन्दी-भाषा की नाव को चलाने का उद्योग कर रहे थे; परन्तु इन तीनों ही दलों का उद्देश्य यही था कि हिन्दी भाषा का भारत में प्रचार हो। वास्तव में सफलता भी इन तीनों ही दलों को प्राप्त हुई। राजा शिवप्रसाद जी के उद्योग का तो फल यह हुआ कि जो वकील तथा कचहरी वाले विशेषतः कायस्थ महाशय जो नागरी अक्षरों को 'गन्दी तहरीर' व 'हिन्दी-गन्दी' कहकर फेंक देते थे, वह भी इन अक्षरों में लिखे हुए अदालती कागज-पत्रों को देखने लगे। श्रीमान राजा शिवप्रसाद जी उस समय सरकारी स्कूलों के इंस्पेक्टर थे। इस कारण संयुक्त प्रान्त के सरकारी शिक्षा-विभाग में भी उनका अच्छा प्रभाव था। अतएव उनके उद्योग से उक्त प्रान्त की ग्राम्य-पाठशालाओं में और तहसीली स्कूलों के नीचे क्लासों में हिन्दी भाषा की कुछ पुस्तकें भी पढ़ाई जाने लगीं। भारतेन्दु बाबू हरिश्चन्द्र के उद्योग का फल यह हुआ कि भारत का वणिक-समाज और जमींदार लोग, जो अपने धंधों में फंसे रहने के कारण लिखने-पढ़ने की ओर कभी ध्यान ही न देते थे, वह भी इनके रसीले और चुटकीले नाटक तथा उपन्यासों को बड़े प्रेम के साथ पढ़ने और सुनने लगे। तीसंरी ओर स्वामी दयानन्द सरस्वती और आर्य समाजों के खण्डन-मण्डन का ऐसा अद्भुत फल हुआ कि जिसके कारण मुसलमानों को भी हिन्दी भाषा सीखनी और लिखनी पड़ी। यद्यपि आर्य समाजों की, विशेषतः पंजाब के समाजों की, रुचि नागरी अक्षरों की ओर बहुत कम आकृष्ट हुई और उनके समाचार पत्र तथा पुस्तक भी अधिकतर उर्दू अक्षरों में ही प्रकाशित होते रहे; परन्तु उनके उद्योग से हिन्दी भाषा का इतना अधिक प्रचार हुआ कि पंजाब की उर्दू को अरबी-फारसी का पुराना जामा उतार कर संस्कृत शब्दों के अलंकार धारण करने पड़े।

इस बात को सब लोग स्वीकार करते हैं कि संयुक्त प्रान्त ही हिन्दी भाषा का

प्रधान स्थान है, परन्तु इस प्रान्त में भी मेरे देखते हुए हिन्दी भाषा की कई दिशाएँ बदल चुकीं। जिस समय गवर्मेंट ने शिक्षक कमीशन नियत किया था, उस समय कमीशन के सभापति डॉ. हण्टर के अविचार से हिन्दी को सरकार में आदर प्राप्त न हुआ, परन्तु जब श्रीमान् सर मेकडानल साहब संयुक्त-प्रान्त के लेफ्टिनेन्ट गवर्नर नियुक्त होके आए तब उन्होंने हिन्दी भाषा और नागरी अक्षरों के अपूर्व गुणों पर ध्यान देकर आज्ञा दी कि इस प्रान्त की अदालतों के समस्त कागजात् हिन्दी और उर्दू दोनों में छपकर प्रकाशित हुआ करें। तदनुसार अदालती कागज-पत्र दोनों प्रकार की लिपियों में प्रकाशित होने लगे; परन्तु अदालत के मुहर्रिर, नाजिर और वकीलों को बहुत काल से उर्दू लिखने का अभ्यास पड़ा था, उन्होंने इस आज्ञा का ऐसा दुरुपयोग किया कि हिन्दी में खाने पूरी न कर केवल उर्दू में ही खाने पूरी करके समन आदि भेजने लगे। इस दुर्दशा और हठ को देखकर छोटे लाट साहब ने आज्ञा दी कि जो मनुष्य हिन्दी न जानता हो उसे सरकारी अदालतों में कोई नौकरी न दी जाए। इस आज्ञा से संयुक्त प्रान्त के निवासी हिन्दी पढ़ने लगे और काशी की नागरी प्रचारिणी सभा के उद्योग से नागरी लिपि की अर्जिया भी अदालतों में स्वीकृत होने लगीं।

इधर तो इस प्रकार हिन्दी का कुछ भाग्योदय हुआ, दूसरी ओर संयुक्त प्रान्त के समीपवर्ती बिहार प्रान्त में भी उर्दू लिपि का एकछत्र राज्य वर्तमान था। यद्यपि उस समय बिहार-प्रान्त बंगाल में मिश्रित था तो भी वहाँ बंगला के समान कोई प्रान्तीय लिपि प्रचलित न थी। एक बार वहाँ के छोटे लाट सर रिवर्स टामसन बिहार में दौरा करने को आए। उन्होंने मुकामा घाट के प्रबन्धकर्ता को, उर्दू के हुक्मनामे में लिख भेजा कि "जल्से का सामान ठीक रखा जाए और मौके पर किस्तियाँ तय्यार रहें"। इस हुक्मनामे की उर्दू-लिपि में लिखा था कि "मौके पर किस्तियाँ तय्यार रहें, "पढ़ने वाले ने उसे पढ़ा कि "मौके पर कस्बिया तय्यार रहें"। बस इसके अनुसार प्रबन्धकर्ता ने गंगा के घाट पर नामी रण्डियों को बुला के मैफिल तय्यार कर ली। जब लाट साहब घाट पर पहुँचे तब देखा कि घाट पर एक भी किस्ती नहीं और जहाँ-तहाँ नाच हो रहे हैं। लाट साहब इस कुप्रबन्ध को देखकर बड़े रुष्ट हुए; परन्तु शरिस्तदार ने हाथ जोड़ कर कहा कि हुजूर उर्दू में किस्ती और कस्बी एक ही प्रकार से लिखी जाती है, इस कारण प्रबन्धकर्ता का दोष नहीं, उर्दू लिपि का दोष है। लाट साहब ने उसी समय आज्ञा दी कि सरकारी दफ्तरों से उर्दू को निकाल दिया जाए और उसके स्थान में हिन्दी-अक्षर प्रचलित किए जाएँ। इसके अनुसार बिहार में कैथी लिपि का प्रचार किया गया। अब जब से बिहार प्रान्त बंगाल से पृथक किया गया है तब से वहाँ के सरकारी दफ्तरों में और प्रजा में हिन्दी-भाषा और नागरी लिपि का प्रचार हुआ है; परन्तु संयुक्त प्रान्त अभी तक उर्दू की आपत्ति में फंसा हुआ है। अस्तु।

अब मुझे फिर समाचार पत्रों के विषय में लिखना आवश्यक प्रतीत होता है। मैं प्रथम लिख चुका हूँ कि बिहार प्रान्त का सबसे पहला समाचार-पत्र 'बिहार-बंधु'

था, जो लक्ष्मी प्रसाद भट्ट जी की मृत्यु के पश्चात् बन्द हो गया। वह पहले कलकत्ते से ही निकलता था, पश्चात् उसके जन्मदाता स्वर्गवासी पण्डित मदन मोहन भट्ट जी ने उसे अपने भ्राता केशव दास भट्ट के प्रबन्ध में बांकीपुर में भेजं दिया था। इन पं. मदन मोहन भट्ट जी से मुझे समाचार-पत्रों के विषय में बहुत सहायता प्राप्त हुई थी।

मैंने इन्हीं भट्ट जी से सुना था कि वर्तमान समय के स्वतन्त्रचेता नरेश और सम्राट भी प्रजा-शासन और राज्य-प्रबन्ध में समाचार पत्रों से बहुत कुछ सहायता लेना चाहते हैं; परन्तु मध्यवर्ती हाकिम लोग इस बात में अपनी अपकीर्ति समझते हैं, इसी कारण नए-नए आईन-कानून बना के समाचार-पत्रों को कठिनता में डाला करते हैं। इस बात की परीक्षा करने के वास्ते मेंने कलकत्ते के सरकारी 'बोर्ड ऑफ एक्ज़ामिनर्स' के सेक्रेटरी मि.जैरेट साहब के विषय में लिखा कि वह 4 महीने से बोर्ड के ऑफिस में क्यों नहीं आते हैं, इसका अनुसंधान गवर्मेन्ट से होना चाहिए। इस लेख पर पहले तो बहुत कोलाहल मचा, पश्चात् गवर्मेंट-रिर्पोटर के रिपोर्ट करने पर अनुसंधान हुआ तो पता लगा कि मैंने जो 'भारत मित्र' में छापा था वह बिल्कुल सत्य है, तब उक्त साहब बहादुर से लिखित उत्तर मांगा गया। जैरेट साहब ने अपने उत्तर में लिखा कि मैं चार महीने से बीमार हूँ, इस कारण मुझे डेढ़ वर्ष की छुट्टी मिलनी चाहिए। खैर, जैरेट साहब छुट्टी लेके यूरोप चले गए। इस मामले में मुझे बहुत कष्ट उठाना पड़ा था।

इसके अनंतर जब कलकत्ते में हरिसन रोड बनती थी और पगैया पट्टी से काशी मल्लिक के मकान तक के मकानात, गिरा दिए गए थे, उस समय कई एक भयानक दुर्घटनाएँ हो गईं। मैंने 'भारत-मित्र' के एक अंक में प्रकाशित किया कि बड़े बाजार और पंचानन तल्ले की जो स्त्रियाँ पिछली रात्रि को (4बजे) गंगा स्नान करने जाया करती हैं, उनको बदमाश लोग प्रायः छेड़ा करते हैं और कई एक स्त्रियाँ लुट भी चुकी हैं। कई-एक स्त्रियों के नाम-धाम भी प्रकाशित कर दिए गए थे; परन्तु पुलिस में इस प्रकार की कोई रिपोर्ट नहीं हुई थी। इस कारण एक बहुत बड़े शासक ने पुलिस के कमिश्नर साहब को बुला के 'भारत मित्र' के लेख दिखलाए, फिर मुझे बुला के आज्ञा दी कि आप ऐसी घटनाओं की सूचना पहले पुलिस कमिश्नर साहब को दिया कीजिए, पश्चात् पत्र में प्रकाशित किया कीजिए। अब कहिए कि यदि ऐसी घटनाओं को सम्पादक स्वयम् प्रकाशित न करे तो पत्र का गौरव ही क्या और उसकी ग्राहक-संख्या ही क्यों बढ़ेगी?

दूसरी एक और घटना का हाल सुनिए, भारत गवर्मेन्ट जब आफिशियल सिक्रेट ऐक्ट पास करके चला चुकी तब मुझे 'भारत मित्र', 'बंगवासी' और 'हितवार्ता'के सम्पादन-कार्य से अवकाश मिल गया था और 'आर्यावर्त' साप्ताहिक पत्र अपनी समस्त सामग्री के सहित दानापुर में चला आया था। उस समय मुझे भी बाबू महावीर प्रसाद जी के आग्रह से 'आर्यावर्त' का सम्पादन करने को दानापुर आ के रहना पड़ा था। एक बार मैं भ्रमणार्थ मुजफ्फरपुर और वहाँ से जनकपुर गया था।

जनकपुर नेपाल राज्य की सीमा के अंतर्गत है। वहाँ के बहुत से मनुष्यों की जबानी अनेक अफवाहों को सुन के मैं सीमा-दर्शन के अभिप्राय से जनकपुर से प्रायः 10 या 12 कोस आगे तक चला गया। वहाँ एक बाउन्ड्री आउट पोस्ट के आसपास कई एक अद्भुत बातें देखीं। एक चौकी में लगभग 100 गोरे सोल्जर और प्रायः 200 बिहारी चौकीदार और कुली दिख पड़े। मैं रात को जागा और मार्ग से थका हुआ था, अतएव विश्राम करना चाहता था; परन्तु थोड़ी देर के पश्चात् एक नेपाली सिपाही आया और मुझसे कहने लगा कि आपको सूबेदार साहब बुलाते हैं। मैं उठा, सिपाही के साथ नेपाली सरहद की चौकी में पहुँचा, जो अंग्रेजी सरहद से एक मील की दूरी पर थी। वहाँ जा के देखा कि एक स्वच्छ मकान में एक गौर-वर्ण का मोटा-ताजा और तेजस्वी मनुष्य पलंग पर बैठा हुआ है। उसके इशारे करने पर मैं भी कुर्सी पर बैठ गया। उस तेजस्वी मनुष्य ने मुझसे नाम-धाम और आने का कारण आदि पूछा। इन बातों के अनंतर और भी कुछ बातें हुईं, फिर उस मनुष्य ने मुझे पण्डित जानकर 5 रुपये दक्षिणा देके सरहद तक पहुँचा दिया। दूसरे दिन मैं सुमौली के रास्ते से अंग्रेज राज्य में लौट आया। सुमौली के सरकारी तार-घर में उस समय बाबू विष्णु सहाय नाम के एक तारबाबू मेरे मित्र था, उनके पास ठहरा। उनकी उस समय अद्भुत हालत हो रही थी, क्योंकि यही सरहदी तार-घर था, अतएव वहाँ के हाकिम तारबाबू से हर समाचार पूछने को आया करते थे परन्तु तारबाबू आईन के अनुसार समाचार बताने को बाध्य नहीं थे। एक दिन तारबाबू को हाकिमों ने इतना कष्ट दिया कि उनको कलकत्ते से तार-विभाग के इंस्पेक्टर जनरल को बुलाना पड़ा। इंस्पेक्टर जनरल ने आकर फिर ऐसा प्रबन्ध कर दिया कि तार-घर में हाकिमों का आना-जाना एकदम बन्द हो गया।

खैर, इन तमाशों को देखकर प्रायः दो सप्ताह के पश्चात मैं दानापुर लौटकर आया और कल्पित उपन्यास की रीति पर 'आर्यावर्त' में एक लेख प्रकाशित किया। इस लेख के प्रकाशित होते ही बड़ा कोलाहल मचा। कलकत्ते के हाई कोर्ट से उस लेख का अंग्रेजी अनुवाद होके पटने की पुलिस में आया और पुलिस के सुपरिंटेंडेंट साहेब दानापुर आके 'आर्यावर्त'–प्रेस से फाइल आदि ले गए। जब सब प्रकार से अभियोग चलने का ठीक-ठाक हो गया तब स्वर्गवासी बाबू रामदीन सिंह जी मुझे साथ लेकर कमिशनर साहेब के पास गए और उनको समझा के कहा कि यह लेख कुछ नहीं वरन् देवी भागवत में जो प्रहलाद और नर नारायण के युद्ध की कथा है, उसके आधार पर यह नवन्यास लिखा गया है। पटने के कमिशनर साहब उस समय नहीं थे, जो मथुरा में कलक्टर पद पर रह के हिन्दी-भाषा में 'ब्रज बिहार' नाम पुस्तक लिखकर और प्रकाशित करके अपने हिन्दी-प्रेम का परिचय दे चुके थे, उन्होंने पूर्वोक्त लेखकों और उसके अंग्रेजी अनुवाद को आद्योपांत पढ़कर कहा कि निस्सन्देह यह एक ऐसा उपन्यास है कि जो आजकल की अनेक घटनाओं से मिलता है, परन्तु आप जाइए। सरकार से इसपर अभियोग नहीं चल सकता, क्योंकि आपने मार्कण्डेय पुराण के श्लोकों से अपने लेख

को मिला दिया है। इस कमिशनर साहब का शुभ नाम 'ग्रियर्सन साहब' था।

इस प्रकार से कई बार मुझे कानूनी झगड़ों से भय उपस्थित हुआ; परन्तु ईश्वर की कृपा से सदा मैं बचता रहा तो भी मैंने यह निश्चय कर लिया कि जिस मनुष्य को साहित्य-सेवा करनी हो, उसके वास्ते आईनों का मर्म जान लेना परम आवश्यक है।

जातीय झगड़े

यद्यपि भारतवर्ष में दो ही जातियाँ प्रधान समझी जाती हैं, पहली हिन्दू और दूसरी मुसलमान, एवं तीसरी क्रिश्चियन जाति इस कारण गौण वा अप्रधान समझी जाती है कि उसकी संख्या कम है, तो भी इन दो जातियों के अवतार भेद इतने हैं कि यदि उन सबके नाम और रस्मों-रिवाज लिखे जाएँ तो बीसियों पुस्तक तैयार हो जाएँ (हो भी चुकी हैं)। इन जातियों की उन्नति-अवनति और नीति-विरोध के विषय में लेखों को प्रकाशित करना भी पत्र सम्पादकों का कर्तव्य समझा जाता है परन्तु भारतवर्ष में इस विषय के लेख, नोट और सामाचारों का लिखना कुछ सहज काम नहीं है; क्योंकि पूर्वोक्त दोनों जातियों का विरोध शाश्वतिक या स्वाभाविक हो गया है। इस कारण यदि कोई मुसलमान सम्पादक हिन्दुओं के विषय में कुछ लिखता है तो वह लेख ईर्ष्याजन्य समझा जाता है, ऐसे ही मुसलमानों के सम्बन्ध में हिन्दू सम्पादकों के लेख समझे जाते हैं; चाहे वह लेख और समाचार सत्य हों वा कल्पित।

(बस, यहीं तक अपने अनुभव लिखने के बाद पं. रुद्रदत्त जी इंदौर छोड़कर आगरे चले आए। इसके आगे उन्होंने भूखों मर कर जो अनुभव प्राप्त किए, उनकी कहानी कौन लिख सकता है।—'विशाल भारत' के सम्पादक)

फरवरी, 1928

पत्रकार के अनुभव

अम्बिका प्रसाद वाजपेयी

बंगभंग आन्दोलन के समय मैंने पत्रकर्ता का व्यवसाय आरम्भ किया। इसके पहले तीन वर्ष तक इलाहाबाद बैंक की कलकत्ता-शाखा में क्लर्क का काम किया था। बीमारी के कारण छुट्टी लेकर मैं बाहर चला गया था और जब लौटकर आया, तब बैंकवालों ने छुट्टी का वेतन काट लिया। मुझे यह अत्यंत असह्य हुआ, इसलिए नहीं कि मुझे कुछ रुपये से हाथ धोना पड़ा, बल्कि इसलिए कि बीमारी की हालत में काम न करने के कारण वेतन काटा गया था। मेरे लिए यह सिद्धान्त का प्रश्न था। इसलिए मैं इससे किसी तरह का समझौता न कर सका। बस, मैंने इस्तीफा देना ही उचित समझा और इस्तीफा दे दिया। इस सिद्धान्त पर मैं बारबार अटल रहा और

मेरे अधिकार में बीमारी के कारण काम न करने पर कभी किसी का वेतन नहीं काटा गया। इसके बाद कई मित्रों के आग्रह से कुछ दिनों तक मैंने एक जीवन-बीमा कम्पनी से सम्बन्ध कर लिया, पर यह काम मेरी प्रकृति के प्रतिकूल था, इसलिए अधिक दिन नहीं चला। इसके तीन महीने के अन्दर मैंने पं. शिवबिहारीलाल बाजपेयी द्वारा 'हिन्दी-बंगवासी' के सम्पादकीय विभाग में प्रवेश किया, और इसी समय से मैं पत्रसम्पादन-क्षेत्र में आ गया। पं. शिवबिहारीलाल दूर के रिश्ते में मेरे भतीजे होते थे और प्रत्येक रविवार को मेरे यहाँ आते थे। वे 'हिन्दी-बंगवासी' के मैनेजर थे। इलाहाबाद-बैंक छोड़ने के पहले से ही मैं उनसे कह रहा था कि तुम्हारे सम्पादकीय विभाग में स्थान हो, तो मुझे बताना। दैवयोग से स्थान रिक्त हुआ और मुझे 30/ की नौकरी मिल गई। इलाहाबाद बैंक से वेतन कम ही था, पर मुझे इसकी कोई शिकायत न थी, क्योंकि रुचि के अनुकूल काम था।

यों तो समाचारपत्र नित्य पढ़ता था, परन्तु कार्यपद्धति का विशेष ज्ञान न था। साप्ताहिक पत्र और दैनिक पत्र में अन्तर भी होता है, क्योंकि साप्ताहिक गागर में दैनिक सागर भरना पड़ता है। समाचार अत्यन्त संक्षेप में लिखे जाते हैं, जिसमें महत्व की कोई बात छूट न जाए। 'हिन्दी-बंगवासी' की एक विशेषता 'मुफस्सिल' शीर्षक में होती थी। मुफस्सिल का साधारण अर्थ तो 'ब्योरेवार' है, पर इसका दूसरा और पश्चिम में कम प्रचलित अर्थ देहात या ग्राम है और कलकत्ते के समाचारपत्रों में कलकत्ते के बाहर के नगरों और ग्रामों के अर्थ में इसका प्रयोग होता है। 'हिन्दी-बंगवासी' में भी इसी अर्थ में होता था, और इस शीर्षक के नीचे कलकत्ते के बाहर से आए हुए पत्रों का सार छापा जाता था। इनके लेखक 'हिन्दी बंगवासी' के ग्राहक या पाठक ही अधिक होते थे। उनके पत्रों के सारांश के अंत में उनके नाम दे दिए जाते थे, जिससे पत्र की लोकप्रियता और इस प्रकार ग्राहक-संख्या बढ़ती थी। मेरे जैसे रंगरूट के जिम्मे मुफस्सिल के साथ ही 'समाचार' और 'कलकत्ता' शीर्षक स्तम्भ भी थे। मैंने सेक्रेटेरियट क्लर्कशिप परीक्षा के लिए 'प्रेसी राइटिंग' सीखा था, इसलिए संक्षिप्त समाचार लिखने की कुछ योग्यता मुझमें भी थी और जो कुछ कसर थी वह पं. शिवबिहारीलाल के समझाने से पूरी हो गई थी। एक विशेषता मुफस्सिल के लेखकों में यह थी कि 'समय साधारण है' वाक्य ही उनका 'श्रीगणेशायनमः' था, क्योंकि इसके बाद के वाक्य में ही प्रायः वे अकाल पड़ने या बाढ़ आने या और असाधारण घटंना का उल्लेख किया करते थे। इससे जान पड़ता है कि मुफस्सिल के लेखक 'समय साधारण है' वाक्य का अर्थ ही नहीं समझते थे।

20 नवम्बर, 1905 को मैंने 'हिन्दी-बंगवासी' में काम शुरू किया और 31 जुलाई, 1909 को छोड़ दिया। इन दिनों पं. सदानन्द शुक्ल और बाबू हरिकृष्ण जौहर उसके सम्पादक थे।

जनवरी में जौहरजी छुट्टी लेकर काशी चले गए, और इस बीच में एक बड़ी

हलचल हिन्दी-जगत में मच गई। गत अक्टूबर की 'सरस्वती' में उसके सम्पादक पण्डित महावीर प्रसाद जी द्विवेदी ने 'भाषा और व्याकरण' शीर्षक लेख प्रकाशित किया था। उसमें उन्होंने कई ऐसी बातें लिखी थीं, जो आपत्तिजनक थीं। मैंने जब वह लेख पढ़ा था, तब मुझे उनकी यह बात बहुत खटकी थी कि "पाली और प्राकृत ग्रामीण और असभ्य लोगों की भाषाएँ थीं।" मैं तो इसका कोई प्रतिवाद न कर सका, परन्तु 'भारतमित्र' के सम्पादक गोलोकवासी बाबू बालमुकुन्द गुप्त ने 'भाषा की अनस्थिरता' शीर्षक लेखमाला 'आत्माराम' के नाम से प्रकाशित कर द्विवेदीजी की बेतरह खबर ली। दो महीने तक द्विवेदी जी ने जब सांस न ली तब कलकत्ते के पं. शिवदत्तजी कविरत्न ने स्वर्गवासी पं. गोविन्दनारायण मिश्र से जाकर प्रार्थना की कि आप ब्राह्ममण की रक्षा करें। इस पर मिश्रजी ने 'आत्मराम की टें टें' शीर्षक लेखमाला 'हिन्दी-बंगवासी' में प्रकाशित कराना आरम्भ किया। उसका पहला अंक 6 जनवरी 1906 को निकला था।

उस समय कलकत्ते के हिन्दी-लेखक उंगलियों पर गिने जा सकते थे। पं. दुर्गाप्रसाद मिश्र और पं. गोविन्दनारायण मिश्र लिखना छोड़ चुके थे, और दुर्गाप्रसाद जी उन दिनों कलकत्तें में रहते भी नहीं थे। पत्रों में 'भारतमित्र' और 'हिन्दी-बंगवासी' ही थे और दोनों साप्ताहिक थे। फिर भी द्विवेदी जी के विरुद्ध गुप्त जी के दल में पं. जगन्नाथप्रसाद चतुर्वेदी, स्व. पाण्डेय उमापतिदत्त शर्मा और पं. अक्षयवट मिश्र थे। शर्माजी स्थानीय श्री विशुद्धनन्द सरस्वती विद्यालय के प्रधानाध्यापक और पं. अक्षयवट जी हिन्दी के अध्यापक थे। शर्माजी बेचारे 1910 में चल बसे, परन्तु पं. अक्षयवट जी आजकल पटना-कॉलेज में हिन्दी के शिक्षक हैं। जिस समय पं. गोविन्द नारायणजी का लेख प्रकाशित हुआ था, उसके पहले द्विवेदीजी का पक्ष बहुत ही निर्बल हो गया था, और उनके मौनावलम्बन से यह समझा जा रहा था कि वे अपना पक्षसमर्थन नहीं कर सकते, परन्तु मिश्रजी के लेख ने उनके पक्ष को संजीवनी पिला दी। आत्मारामजी ने लिखा था कि 'अनस्थिरता' को सिद्ध कीजिए, क्योंकि यही सारी लिखा-पढ़ी की जड़ है, और मिश्रजी ने इसे इस प्रकार सिद्ध किया कि हिन्दी में व्यंजनों के पहले भी निषेधार्थक उपसर्ग आता है, जैसे, अनमिल, अनहोनी, अनरीति आदि, इसलिए हिन्दी में 'अनस्थिरता' लिखकर द्विवेदीजी ने कोई पाप नहीं किया।

मिश्रजी ने द्विवेदीजी के किसी सिद्धान्त का समर्थन नहीं किया और स्वतन्त्र रूप से व्याकरण-सम्बन्धी विचार प्रकट किए। इस लेखमाला से हवा बदल गई और लोगों के मनों में यह जानने की लालसा उत्पन्न हुई कि इस लेखमाला का लेखक कौन है, क्योंकि मिश्रजी ने अपना नाम प्रकाशित नहीं किया था। एक दिन पं. अक्षयवटजी ने मुझसे पूछा भी, पर जब मैंने नहीं बताया, तब बोले कि ये विचार किसी बड़े पेट से निकले हैं। मिश्रजी का बड़ा पेट था, इसलिए उन्हीं की ओर इशारा था। इस पर मैंने कहा कि हल्के पेट से आशा ही क्या की जा सकती है? पण्डित

अक्षयवर जी मुझसे अपने अनुमान की आशा करते थे, पर इसमें वे सफल नहीं हुए। पं. गोविन्दनारायण जी प्रायः श्री विशुद्धनन्द सरस्वती विद्यालय में जाते थे और पहले पहल सन् 1904 में जब वे शर्माजी से अपने 'सारस्वत-सर्वस्व' की चर्चा कर रहे थे, तब उनसे वहीं मेरी भेंट हुई थी। वहाँ से उन्हीं के साथ मैं उनके घर गया था और उनसे 'सारस्वत सर्वस्व' की एक प्रति ले आया था। इसके बाद से मुझे जब कभी अवकाश होता था, तब उनके पास जाकर घण्टे दो घण्टे बैठकर पुराना इतिहास सुनता या व्याकरण पर विचार करता। गुप्तजी तो मिश्रजी से पहले से परिचित थे, पर द्विवेदीजी ने उनका नाम तक नहीं सुना था।

अपना पक्ष इस प्रकार अयाचित रूप से समर्थित देखकर द्विवेदीजी बड़े प्रसन्न हुए, और उन्होंने धन्यवाद रूप से पण्डितराज जगन्नाथ का एक श्लोक लिखकर 'हिन्दी-बंगवासी' ऑफिस में भेजा कि 'आत्माराम की टें टें' के लेखक महाशय के पास भेज दीजिए। यह श्लोक मैंने पण्डितजी को दिया था इसके उत्तर में उन्होंने स्वरचित एक श्लोक द्विवेदीजी को भेजा, जिसके नीचे अपना नाम न लिखकर "स एव सहकारः" लिख दिया। अब उनका परिचय प्राप्त करने की द्विवेदीजी की लालसा और भी बढ़ी। फिर पत्र-द्वारा उन्होंने मिश्रजी का पता और नाम जान लिया और उन्हें लिखा कि जब कभी आप कानपुर होकर कहीं जाएँ, तो मुझे अवश्य सूचना दें। संयोगवश दो-ही-तीन महीने के अन्दर मिश्रजी को अमृतसर जाना था। उन्होंने इसकी सूचना द्विवेदीजी को दे दी और यह भी लिख दिया कि आप 'सरस्वती' की एक प्रति अपने हाथ में लेते आइएगा, जिससे पहचाने जा सकें। यह पत्र पाकर द्विवेदीजी अपने सहकारी पं. देवीदत्त शुक्ल बी. ए. सहित कानपुर स्टेशन पर नियत समय पर पहुँचे और वहाँ मिश्रजी और द्विवेदीजी का पहले पहल साक्षात्कार हुआ।

जब यह लेखमाला बन्द हो गई, तब पत्र से मेरा अनुराग कम हो गया, 'हिन्दी-बंगवासी', 'बंगला-बंगवासी' का सर्वथा नहीं, तो अनेक अंशों में रूपान्तर ही होता था। शुक्लजी बुधवार से पहले कलम नहीं उठाते थे और जो एक कम्पोजीटर उनके कमरे के पास रहता था, उससे कह जाते थे कि 'बंगवासी' की एक प्रति लेते आना। इसी दिन वह छपता था। दूसरे दिन उसी को मोड़कर सामने रख लेते थे और भाषांतर करने लगते थे। जौहरजी free translation (स्वतन्त्र अनुवाद) करते थे। जब कभी हिन्दी के सम्बन्ध में कुछ लिखना होता था तभी वे महाशय अपने मन से कुछ लिखते थे। यह दशा देख मैंने सोचा कि यहाँ कुछ सीखना नहीं है, इसलिए समय नष्ट करना व्यर्थ है। इसी समय सैंडेन कम्पनी को एक हिन्दी-उर्दू अनुवादक की आवश्यकता थी, इसलिए मैंने 'हिन्दी-बंगवासी' से अन्तिम नमस्ते कर लिया। 'हिन्दी-बंगवासी' में समाचारादि लिखने के सिवा 'समालोचना करने का काम' भी मुझी को करना पड़ता था। समालोचन करना कैसा महत्वपूर्ण कार्य है और इस पर

साहित्य की उन्नति-अवनति कहाँ तक अवलंबित है, यह हिन्दी-पत्रसम्पादक नहीं सोचते, और इसीलिए कभी किसी अच्छी पुस्तक की बुरी और बुरी की अच्छी आलोचना निकल जाती है। 'हिन्दी-बंगवासी' में इसका डर नहीं था, क्योंकि उसमें पुस्तक का परिचय मात्र दिया जाता था और ऐसे शब्दों में जिससे लेखक या प्रकाशक का कुछ विशेष बनाव-बिगाड़ नहीं होता था परन्तु एक पुस्तक पर मैंने अपने विचार प्रकट किए और वह थी आरा की नागरी प्रचारिणी-सभा द्वारा प्रकाशित हिन्दी-सिद्धान्तप्रकाश'। इसमें हिन्दी की उत्पत्ति जैसी बताई गई थी, उसपर मैंने विपरीत मत प्रकट किया था। जब सम्पादकों को दिखलाया तो वे प्रकाशित करने में आनाकानी करने लगे। मैंने कहा कि आप चाहें तो इसमें मेरा नाम दें दें पर उन्हें यह भी पसन्द न था, क्योंकि लेख अच्छा था। उन्हें डर केवल इतना ही था कि कहीं लिखा-पढ़ी चल जाय और ठीक उत्तर न दिया जा सके, तो पत्र की निन्दा हो जाए। अंत को जी कड़ाकर शुक्लजी ने कहा कि अच्छा दे दीजिए। यह लेख छप गया और किसी ने इसके विरुद्ध कुछ नहीं लिखा, पर इसके सिवा मैंने 'हिन्दी-बंगवासी' में फिर कोई लेख नहीं छपाया। इस प्रसंग में यह लिख देना भी अनुचित न होगा कि 'बंगवासी' ऑफिस से 'टेलीग्राफ' नाम दैनिक अंग्रेजी निकलता था। इसके लिए मुझे हिन्दी और उर्दू पत्रों का उल्था करके देना पड़ता था। इसके सिवा प्रकाशन-विभाग के लिए स्मृति ग्रन्थों का बंगला से हिन्दी भाषांतर भी करना पड़ता था। सारांश 'हिन्दी-बंगवासी' में नवसिखुए के लिए अच्छा काम था, परन्तु सम्पादन-कार्य की शिक्षा से वह वंचित रह जाता था।

मेरे पास कुछ रुपये हो गए थे इसलिए मुझे मासिक पत्र निकालने की सूझी। अनेक मासिक पत्र हिन्दी में निकलते थे, परन्तु उनमें कोई राजनीतिक पत्र न था, इसलिए इस अभाव की पूर्ति का ठेकेदार मैं बना। पत्र का नाम 'नृसिंह' रखा। 1907 के नवम्बर में पहली संख्या निकली। मैं ही लेखक, सम्पादक, मुद्रक, प्रकाशक, क्लर्क और दफ्तरी सब कुछ था। बड़े आग्रह और प्रार्थना पर गोविन्दनारायण मिश्र ने अवतरणिका और पं. दुर्गाप्रसाद मिश्र ने उद्देश्य लिखवा दिये थे। पं. दुर्गाप्रसाद जी का वीरभद्रदेव शर्मा के नाम से एक लेख पण्डितों की चाटुकारिता के सम्बन्ध में बाद को छपा, पर पं. गोविन्द नारायणजी ने फिर कुछ लिखा-लिखाया नहीं। हाँ, दुर्गाप्रसादजी के भाई पं. वासुदेव मिश्र (दुःख है कि ये अल्पायु हो गए) पं. सत्यचरण शास्त्री की बंगला पुस्तक 'जालियात क्लाइव' का उल्था करके हर महीने दिया करते थे। पहले अंक के लिए श्रीयुक्त सैयद अमीर अली मीर ने सैयद हैदरजी की लाला लाजपत राय के बारे में बड़ी जोरदार गजल भेज दी थी और बाद में सिंध-शिकारपुर के श्रीयुत छबीलदास मधुर प्रति मास स्वरचित कोई-न-कोई कविता भेज दिया करते थे।

अब प्रबन्ध की सुनिए। मैंने पहले ही बता दिया है कि मैं 'पीर, बबर्ची, भिस्ती, खर' सब कुछ था। रुपये का प्रबन्ध करना, पत्र के लिए कागज लाना,

छपाना, प्रूफ देखना और डिस्पैच करना मेरा ही काम था। अवश्य ही मुझे पत्र पोस्ट ऑफिस नहीं ले जाना पड़ता था, क्योंकि यह काम मेरे नौकर कन्हैया के जिम्मे था। छपाई का बन्दोबस्त रामनारायण पाल के नारायण प्रेस में था। प्रेस में काम बहुत नहीं था, क्योंकि रामनारायण सांसारिक कार्यों से कुछ विरक्त रहता था, इसलिए वह एक प्रकार से मेरे ही काम के लिए था। दो कंपोजीटर थे और कभी-कभी एक ही रह जाता था। एक बंगाली छोकरा अच्छा कम्पोजिटर था और इसी पर सारा दारोमदार था। छपाई या कम्पोज के मामले में मुझे कुछ भी ज्ञान न था, इसलिए समझना चाहिए कि प्रेस के काम की मेरी शिक्षा यहीं से आरम्भ हुई। एक बार बंगाली छोकरा किसी कारण नहीं आया और राजपूताने से आया हुआ एक कम्पोजीटर आया वह 'करेक्शन' आदि नहीं कर सकता था और 'बाडकिन' से टाइप ऐसे उठाता था, मानो बोझ उठा रहा हो। दूसरे दिन जब बंगाली छोकरे से मैंने इसका हाल कहा, तो उसने कहा—'मशाई, बंगाली भिन्न केऊ किछू कोर्ते पारे' (महाशय, बंगाली को छोड़ क्या कोई कुछ कर सकता है?) यह सुनकर मैं चुप रह गया और यह सोचने लगा कि बंगालियों को अपनी योग्यता पर कितना घमण्ड है।

प्रेस के काम में सबसे कठिन काम 'प्रूफ' पढ़ना या देखना है। मुझे प्रूफरीडिंग का थोड़ा अभ्यास 'हिन्दी बंगवासी' में हुआ था, क्योंकि वहाँ प्रूफरीडर न था पर यही यथेष्ट नहीं था। इसलिए 'नृसिंह' के पहले ही अंक में प्रूफ की इतनी भूलें रह गईं कि यदि दूसरे से रह जातीं, तो मैं कहता कि आँखें बंद करके उसने प्रूफ देखा होगा। और तो क्या 'ग्रेट' टाइप में 'लाजपत' के बदले 'राजपत' था और मुझे यह नहीं सूझा कि यह 'ल' है या 'र'। मेरा मत है कि समाचारपत्र का कार्य सीखनेवाले को साल-दो साल प्रूफरीडिंग ही करना चाहिए। इससे सुलेखकों की भाषा बार-बार पढ़ने से ज्ञान बढ़ता है, और जो सुन्दर भाषा नहीं लिख सकता, उसका लिखने का व्यवसाय करना व्यर्थ है। मेरे मित्र स्वर्गीय सखाराम गणेश देउसकर ने 'हितवादी' में बहुत दिनों तक प्रूफरीडरी की थी। अंत में जब वे उसके सम्पादक हुए थे, तब बंगला के सबसे अच्छे तीन लेखकों में उनकी गिनती होती थी परन्तु सम्पादन कार्य-क्षेत्र में पदार्पण करनेवाला आते ही लेख लिखना चाहता है, चाहे उसे लिखना आता हो या नहीं, इसका फल यह होता है कि अधिकतर सम्पादक शुद्ध और मुहावरेदार भाषा तक नहीं लिख सकते!

इन सब कार्यों से मुझे जितना कष्ट नहीं हुआ, उससे कहीं अधिक आर्थिक चिन्ता से रहा, और आफत की मार कि इस चिन्ता ने आगे भी मेरा पिण्ड नहीं छोड़ा पूंजी तो नहीं के बराबर ही थी, इसलिए वह दो-तीन अंकों के लिए भी यथेष्ट नहीं हुई।

मेरे ही घर में एक सज्जन और रहते थे और वे उसमें साझा करना चाहते थे, पर उनसे रुपये लेने के पहले मैंने कुछ रुपए तो पिताजी से लिए और कुछ के लिए पश्चिम की यात्रा की। वहीं वहाँ विदाईस्वरूप मुझे जो कुछ मिला और पिताजी ने

जो कुछ दिया, वह 100 से अधिक नहीं हुआ, इसलिए यह रकम खर्च करने के बाद मुझे उक्त महाशय से 100 और लेने पड़े। ग्राहक 200 भी नहीं थे और विज्ञापन का प्रायः अभाव ही था, इसलिए रुपये का टोटा सदा रहता था, क्योंकि कागज, छपाई और टिकट का खर्च लगा ही हुआ था। एक बार फर्मा प्रेस पर चढ़ा हुआ था और कागज नदारद। कहाँ से रुपया आए, जो कागज लाया जाए? मेरे तथाकथित साझी महाशय ने कुछ भी देना स्वीकार न किया, इसलिए मुझे वह काम करना पड़ा, जो पहले कभी नहीं किया था। मैं किसी से कभी कुछ मांगता नहीं था; पिताजी से भी मांगने का अभ्यास न था। इसलिए मुझे किसी से कुछ मांगने में बड़ा कष्ट होता था, पर उपाय भी कुछ न था। एक परिचित सज्जन के पास गया जो मेरे एक निकट सम्बन्धी की सहायता किया करते थे। बड़ी देर तक उनके पास बैठा रहा और अन्त में साहस करके 30 रु. उधार मांगे। उन्होंने 20 की एक चेक दी और इसे लेकर मैं कागजवाले के यहाँ गया और तुड़ाकर कागज ले आया। राम-राम करके एक साल पूरा किया और पत्र बन्द कर दिया। एक मित्र ने 100 रु. सहायतार्थ दिये, पर मैंने सर गुरुदास बनर्जी की बंगला पुस्तिका 'शिक्षा' के हिन्दी भाषांतर के प्रकाशन में खर्च कर दिये और 'नृसिंह' सदा के लिए बंद कर दिया। इसके ऊपर जो ब्लॉक छपता था और जिसके बनवाने में 16 रु. खर्च हुए थे, उसे प्रयाग के पं. इन्द्रनारायण द्विवेद्वी ने मंगा लिया था। न उन्होंने लौटाया और न मैंने मांगा।

1908 में ही नृसिंह बन्द हो गया था और 1909 में कलकत्ते में मारवाड़ी सनातनधर्म और आर्यसमाज का बड़ा झगड़ा शुरू हुआ। सनातनियों की संख्या अधिक थी और आर्यसमाजी यद्यपि बढ़ रहे थे, तथापि हाथों की उंगलियों पर ही गिने जा सकते थे। सनातनियों का उद्योग था कि मारवाड़ियों में कोई आर्यसमाजी न रहने पावे, इसलिए उन्होंने सनातनी उपदेशकों को बुलाकर व्याख्यान ही नहीं कराए, बल्कि मारवाड़ी ब्राह्मणों को सभा द्वारा उन आर्यसमाजियों का बहिष्कार कराने की व्यवस्था की, जो तोबा करने को तैयार न थे इसके साथ ही उन्होंने 'श्रीसनातनधर्म' नामका साप्ताहिक पत्र निकाला, जिसका सम्पादन-भार बाबू रूड़मल्लजी के आग्रह से मैंने स्वीकार किया। इस पत्र के मुख्य संचालक तो उक्त बाबू साहब ही थे, परन्तु व्यवस्थापक बाबू पन्नालाल मुरारका थे। सनातनियों में उग्र नीति के पक्षपाती ही अधिक थे, और पं. गोविन्दनारायण मिश्र भी इसी के समर्थक थे। इसलिए आठ अंकों के बाद से ही मुझे उक्त पत्र से सम्बन्ध विच्छिन्न कर लेना पड़ा। मैं सामंजस्य का पक्षपाती उस समय था और आज भी हूँ।

दो वर्ष पहले कलकत्ते में राष्ट्रीय महाविद्यालय—नेशनल कॉलेज की स्थापना हो चुकी थी, और मेरे मित्र स्वर्गीय सखाराम गणेश देउसकर तथा पं. बाबूराव विष्णु पराड़कर उसमें अध्यापन कार्य करते थे। देउसकर जी 'हितवार्ता' छोड़कर वहाँ गए थे, और पराड़कर जी 'हितवार्ता' के सम्पादन के साथ-साथ वहाँ मराठी और हिन्दी

पढ़ाते थे। उन्होंने यह प्रयत्न किया कि हिन्दी पढ़ाने का काम मैं करूँ। नाम पत्र लिखाया कि यदि मैं इस काम में सहयोग कर सकूँ, तो बड़ा अच्छा हो। मैंने यह स्वीकार कर लिया। कुछ ही महीनों के बाद पराड़कर जी दो महीने की छुट्टी पर चले गए, इसलिए 'हितवार्ता' का सम्पादन भार भी मेरे ही ऊपर आ पड़ा। 'श्रीसनातनधर्म' तो छोटे आकार का पत्र था, पर 'हितवार्ता' का आकार बड़ा था। फिर भी दोनों के सम्पादन के साथ ही कॉलेज का काम अनायास ही हो जाता था, क्योंकि जवानी की उम्र थी और अधिक परिश्रम से भी शरीर नहीं थकता था। यही नहीं, 'हितवार्ता' के काम में अधिक आनन्द मिलता था, क्योंकि नीति सर्वथा अपने अनुकूल थी।

1910 में कॉलेज के अधिकारियों की नई नीति हम लोगों को पसन्द न थी, इसलिए देउसकर जी, पराड़कर जी और मैंने बिना कारण निर्देश किए हुए एक साथ ही पद-त्याग कर दिया। बात यह थी कि उन दिनों सरकार की ओर से तो यह उद्योग हो ही रहा था कि विद्यार्थी राजनीतिक आन्दोलन में भाग न लिया करें, इसीलिए रिजले और कार्लाइल सरकुलर निकले थे। कार्लाइल सरकुलर के विरोध में कलकत्ते में 'एँटी-सरकुलर-सोसाइटी' भी स्थापित हो चुकी थी। नेशनल कॉलेज के निकाले हुए बहुत-से लड़के थे, इसलिए एक प्रकार से संदिग्ध लड़कों का अड्डा हो रहा था। कॉलेज के प्रमुख कार्यकर्ताओं ने न जाने क्यों यह विचारना प्रारम्भ किया कि राजनीतिक सभाओं में विद्यार्थी सम्मिलित हों या नहीं। बाबू हीरेन्द्रनाथ दत्त और मि. ए. (अनंतर सर आशुतोष) चौधरी राष्ट्रीय शिक्षापरिषद के मंत्री थे। चौधरी साहब का विचार था कि जिस सभा में सरकार की निन्दा की जाए, उसमें विद्यार्थी न शामिल हों। ऐसा ही कुछ अन्य लोगों का भी मत था, इसलिए हम लोगों ने सोचा था कि विद्यार्थियों के लिए अन्य स्कूल कॉलेजों से इसमें कौन-सी विशेषता रही? गवर्नमेन्ट का दवाब नेशनल कॉलेज पर भी हो गया। अस्तु, हम लोग नेशनल कॉलेज से चले आए। पराड़कर जी 'हितवार्ता' में थे ही और देउसकर जी को 'हितवार्ता' वालों ने फिर बुला लिया। मैं अपना समय लिखने पढ़ने और बहुज्ञों के सत्संग में तब तक बिताता रहा जब तक 'भारतमित्र' का सम्पादन-भार ग्रहण नहीं किया।

1911 के जनवरी के अन्तिम सप्ताह में मैं 'भारतमित्र' का सम्पादक नियुक्त हुआ। उन दिनों सर हर्बर्ट रिजले का प्रेस-ऐक्ट जारी था। 'भारतमित्र' के मालिक बाबू जगन्नाथदास जैसा पत्राधिकारी भारत भर में कोई नहीं था। उन्हें न किसी मत का प्रचार करना था और न पक्ष की पुष्टि। अपना विज्ञापन करना अथवा पत्र से कुछ उपार्जन करना भी उनका उद्देश्य नहीं था, परन्तु वे इतना ही चाहते थे कि 'भारतमित्र' से कोई अनुचित लाभ न उठा सके और यह बराबर देशसेवा करता रहे। स्वार्थ नहीं, परमार्थ 'भारतमित्र' के प्रकाशन का मुख्य उद्देश्य था। इसी साल बादशाह पांचवें जार्ज का दिल्ली में दरबार होना था, और यह घटना भारत में निपट नयी थी, इसलिए मैंने सोचा कि जब तक बादशाह हिन्दुस्तान में रहें, तब तक के लिए

'भारतमित्र' दैनिक कर दिया जाए। बाबू जगन्नाथ दास को कोई आपत्ति थी ही नहीं इसीलिए कोई ढाई महीने के लिए 'भारतमित्र' दैनिक कर दिया गया। पत्र तो दैनिक हो गया पर मुझे 'चौबीसघांटिक' होना पड़ा। सहकारी के नाते मेरे पास स्वर्गीय पं. दुर्गाप्रसाद मिश्र के चचेरे भाई स्वर्गीय पं. वासुदेव मिश्र के सिवा कोई न था और वे भी जनवरी में काशी चले गए थे। एक और सज्जन थे, जो थोड़ा-सा काम करके सुरती (खाने का तम्माकू) की फेरी करने चले जाते थे। पत्र तो कोई बड़ा न था, पर अकेले आदमी के लिए बड़ा ही था। दैनिक के लिए किसी ने कहा भी न था, पर निकलने पर हजार-आठ सौ प्रतियों की खपत होने लग गई थी। फिर भी दिन-रात में 18 घण्टे काम मुझे ही करना पड़ा था। 17 जनवरी 1912 को अस्थायी दैनिक का प्रकाशन बन्द करके जब मैं 'भारतमित्र' ऑफिस से निकला, तब मेरे पैर कांपते थे। इसी समय से शरीर अस्वस्थ रहने लगा, जिसके प्रभाव से बहुत जल्द बुढ़ापा आ गया।

अपने साप्ताहिक रूप में 'भारतमित्र' ने अच्छी देशसेवा की थी। कलकत्ते में पानी और रूई के जुए इसी के आन्दोलन से बन्द हुए थे। यहाँ पानी बरसने का जुआ बराबर हुआ करता था। पानी भी बारहों महीने और प्रायः नित्य बरसा करता था आज भी अफीम चौरस्ते पर और हबड़े में कहीं इसकी गुप्त व्यवस्था है, पर उस समय इसकी रोक-टोक न थी। 'भारतमित्र' ने यह जुआ बन्द कराया था। यह मेरे सम्पादकत्व से पहले की बात थी। मैंने रूई के जुए के विरुद्ध आन्दोलन किया था। इसकी बुराइयाँ दिखाकर बंगाल सरकार और बंगाल की कौन्सिल के मेम्बरों का ध्यान आकर्षित किया था।

सं. 1868 की चैत्र शुक्ला प्रतिपदा को दैनिक 'भारतमित्र' निकाला। सम्पादकीय विभाग में तीन आदमी होने पर भी काम दो-ढाई आदमियों का ही होता था, इसलिए पांचकौड़ी बाबू की राय से मैंने हिन्दी-बंगवासी के भूतपूर्व सम्पादक पं. सदानन्द शुक्ल को तारों का तर्जुमा करने को रख लिया। यही से दैनिक पत्र-प्रकाशन की कठिनाइयों का सामना करना पड़ा। शुक्लजी कई वर्षों तक सम्पादन-कार्य कर चुके थे, इसलिए मैं भी समझता था कि नये आदमी से तो अच्छे होंगे परन्तु संसार का उनका ज्ञान बहुत ही परिमित था, और उसे बढ़ाने की उनमें प्रवृत्ति भी न थी। उन दिनों आजकल की तरह तारों का सुभीता न था, इसलिए समाचारपत्रों को लेकर ही समाचार छापने पड़ते थे। विदेशी समाचार तो पुराने हो जाते थे और देशी भी कुछ नये नहीं रहते थे, इसलिए पुराने समाचारों से तारीख हटा देनी पड़ती थी। यही गुर शुक्लजी को भी मैंने बता दिया था; परन्तु शुक्लजी को तब तक ध्यान भी नहीं था कि कहाँ से कौन समाचार भेजता है। इसलिए जब उन्होंने लिखा कि शिमले से रूटर "तार देता है," तो मैंने उनसे कहा कि शुक्लजी यह आपने क्या लिख दिया, तो जवाब मिला कि "क्या शिमले से रूटर तार नहीं देता?" मैंने उन्हें बताया कि देता

तो है पर कलकत्ते को नहीं लन्दन को।" 'रूटर' ब्रिटेन और भारत के बीच समाचार भेजता है, और भारत के शहरों में समाचार भेजने का काम ऐसोशियेटेड प्रेस का है।

शीघ्र ही शुक्लजी को विदा करना पड़ा। पांचकौड़ी बाबू से लेख के सिवा कुछ काम न होता था, इसलिए उन्हें भी विदा करने का विचार किया। पर काम किस तरह चेलगा, इसकी चिन्ता थी, इसलिए पं. बाबूराव विष्णु पराड़कर को 'हितवार्ता' (जो बन्द होने वाली ही थी) छोड़कर 'भारतमित्र' में आ जाने के लिए राजी किया। शायद जुलाई, 1912 में वे आये थे और जुलाई, 1919 तक, जब तक नजरबन्द नहीं हुए, तब तक रहे। उनसे बड़ा आनन्द रहा। यदि वे न आते, तो बड़ी कठिनाइयों और कष्टों का सामना करना पड़ता, क्योंकि बीच-बीच में प्रबन्ध और विशेषकर अर्थ-व्यवस्था का भार मेरे ही ऊपर आ जाता था।

यों तो 'भारतमित्र' के मालिक बाबू जगन्नाथ दास थे, परन्तु व्यावहारिक मालिक मैं था। स्थायी दैनिक निकालने के विषय में उनसे राय ले ली गई थी, परन्तु कुछ समझने बूझने में भ्रम रह गया, जिससे मैंने तो समझा कि जो रुपया लगेगा, वह वे लावेंगे और उनके ध्यान में था कि 'भारतमित्र' के कोष में जो है, उसके अन्दर-अन्दर खर्च वे देंगे। इसका फल यह हुआ कि 'भारतमित्र' के कोई 2500) समाप्त हो गए, और जब उनसे रुपये मांगे गए, तब उन्होंने कहा "मैं कुछ न दूँगा—मैंने यह कब कहा था कि बराबर घाटा पूरा किया करूँगा?" मैं बड़े संकट में पड़ा। दैनिक के कारण मुझे कष्ट अवश्य था, पर मैं उसे बन्द करना नहीं पसन्द करता था। इसलिए यह सोचना पड़ा कि यह काम कैसे चले। अंत में यह निश्चय हुआ कि पं. जगन्नाथ प्रसाद चतुर्वेदी के और मेरे साझे में 'भारतमित्र' चले—चतुर्वेदी ने उसमें 1000) लगाए और मैं अपने वेतन से बाज आया पर इससे भी पूरा न पड़ा। शारीरिक कष्ट के साथ मेरा आर्थिक कष्ट भी बढ़ गया। मरे को मारे शाहमदार? पर उसके लिए जिम्मेदार भी तो मैं ही था। चतुर्वेदी जी ने भी हाथ खींच लिया, इसलिए अब आगे की चिन्ता अधिक सताने लगी।

मुझमें एक पागलपन था, और वह यह कि यदि दैनिक 'भारतमित्र' बन्द हो गया, तो फिर हिन्दी में बहुत दिनों तक दैनिक न निकल सकेगा; इसलिए मैं चाहता था कि चले। अंत में बड़े सोच विचार के बाद यह निश्चय किया कि 'भारतमित्र' को लिमिटेड कम्पनी बनाई जाए, और बाबू जगन्नाथ दास, पं. जगन्नाथप्रसाद चतुर्वेदीजी और 'भारतमित्र' के आदि सम्पादक श्रद्धेय पं. छोटूलाल मिश्र उसके डाइरेक्टर हों। इसी विचार से बाबू देवीप्रसाद खेतान के ऑफिस में मेमोरेण्डम ऐंड. आर्टिकल्स ऑफ एसोसियेशन तैयार कराके छपने को दिया। बाबू घनश्याम दास बिड़ला, बाबू गोकुलचन्द जी तथा बाबू देवीप्रसाद खेतान जी को डाइरेक्टर बनने के लिए राजी कर लिया। इस बीच में सनातनधर्मी मारवाड़ियों ने मुझे किसी प्रकार की सूचना दिए बिना ही बाबू जगन्नाथदास ने जाकर कहा कि हमें 'भारत मि' दे

दीजिए। हम इसे सनातन धर्म के सिद्धान्तों पर चलायेंगे और उन्नत करेंगे। पं झाबर मल शर्मा और पं द्वारका प्रसाद शर्मा पत्र का संचालन करेंगे। जब मुझे इसका पता चला तो मैंने बाबू जगन्नाथ दास से कहा—"ये 'भारतमित्र' को डुबाना चाहते हैं। काली प्रसाद जी खेतान विलायत गए हुए हैं। उनके आने पर समाज में खूब गाली-गलौज प्रारम्भ होगा। यदि आपको यह मन्जूर हो, तो खुशी से इन्हें पत्र दे दीजिए।" बस, बाबू साहब बिगड़ उठे। उन्होंने सनातनी सज्ज्नों से कह दिया—"गाली गलौज के लिए हमारा पत्र पत्र नहीं। यदि आप प्रतिज्ञा करें इसमें गाली:गलौज नहीं होगा तो हम पत्र आपको दे सकते हैं।" पत्र लेनेवालों को जब मालूम हुआ, तो उन्होंने कहा कि 'भारतमित्र' से हमारा काम न चलेगा। 'भारतमित्र' पंचायत-पार्टी के हाथ में पहुँचकर जिस गति को प्राप्त हुआ, उससे मेरी भविष्यवाणी की सत्यता में सन्देह नहीं रह जाता। अस्तु जब तक 'भारतमित्र' की कम्पनी नहीं बनी, तब तक बहुत अधिक अर्थ-कष्ट रहा। एक समय तो खजाने में एक रुपया भी न था, परन्तु कान्यकुब्ज-सम्मेलन के सभापतित्व के लिए नागपुर जाना पड़ा, इससे मेरी जान गई। बाद को कम्पनी बन जाने पर यह संकट दूर हुआ। कम्पनी का मूल धन तो एक लाख रुपये रखा गया था। पर उससे आये 18500 रु. ही, और इसी रकम से काम चलाया गया। जब पत्र दैनिक किया था, तब न कोई आन्दोलन था और न लड़ाई-भिड़ाई, इसलिए पांचकौड़ी बाबू ने कहा कि पत्र अच्छे समय में नहीं निकाला। मैंने जवाब दिया कि जब निकाल दिया है, तब चलाना ही होगा। 1913 में एक समाचार के आधार पर मैंने निश्चय किया था कि जर्मनी के मित्रों और फ्रान्स के मित्रों में अब शीघ्र ही युद्ध होगा, क्योंकि युद्ध के लिए बानक पहले से ही बन रहे थे। जब मैंने युद्ध की आशंका प्रकट की, तो कितने ही पाठकों को आश्चर्य हुआ परन्तु एक साल के अन्दर ही महासमर का शंखनाद हो जाने से लोग सोचने लगे कि 'भारतमित्र' के सम्पादक को पहले से ही कैसे मालूम हो गया कि युद्ध होगा। किसी-किसी ने मुझसे भी पूछा, तो मैंने बताया कि आँख-कान खोलकर संसार को देखने और उसकी बातें सुनने से दो-तीन वर्ष के अन्दर दूसरा महासमर छिड़ जाय, तो क्या आश्चर्य है?

महासमर छिड़ा ही था कि सनातनी मारवाड़ियों का पत्र 'कलकत्ता समाचार' निकल पड़ा। तीन वर्ष के अन्दर दो दैनिक हिन्दी में हो गये। भारतमित्र हस्तगत करने के सम्बन्ध में जिन दो महाशयों को संचालकत्व दिया जा रहा था, वे ही संचालक बनाए गए। पं. अमृतलाल चक्रवर्ती भी 'वेंकेटेश्वर समाचार' छोड़कर चीनीपट्टी में आ बिराजे। थोड़े ही दिनों में लोगों को मालूम हो गया कि 'भारतमित्र' पढ़ने से ज्ञान की और 'कलकत्ता समाचार' से कूपमंडूकता की दृष्टि होती है। मेरे एक मित्र को प्रतियोगिता का कुछ डर हुआ पर मैंने कहा कि लोगों को दोनों में अच्छा पत्र चुनने का अवसर मिलेगा और प्रतियोगिता से पत्र में जान आएगी। यही हुआ;

लोगों ने 'भारतमित्र' खूब पसन्द किया, पर इसी बीच में (जुलाई, 1919 में) पराड़कर जी को नजरबन्द करके सरकार ने 'भारतमित्र' से अलग कर लिया। फिर मैं अकेला रह गया। यद्यपि सहकारियों की कमी न थी, तथापि बाबूराव जी जैसा सहयोगी फिर न मिला। महासमर के दिनों में सप्ताह के अंत में महासमर की गति मैं लिखा करता था, और इसमें जो कुछ लिखा जाता था, वह अधिकांश घटनावाली से सिद्ध हो जाने से 'भारतमित्र' की धाक बाजार में खूब जम गई थी। कितने ही व्यापारी 'भारतमित्र' के इन लेखों पर व्यापार करते और धन कमाते थे।

1918 में दक्षिण सन्धि होने के पहले 103, मुक्ताराम बाबू स्ट्रीट वाला 'भारतमित्र' का मकान इम्प्रूवमेन्ट-ट्रस्ट के हाथों में चला गया था, इसलिए 'भारतमित्र' को स्थानांतरित करना पड़ा। वह बा. हरिचरणजी हलुवासिया के मकान नं. 3, डेकर्स लेन में चला गया। वे युद्ध के दिन थे, बिजली की व्यवस्था होने में डेढ़ महीना लग गया। इसलिए 'भारतमित्र' बन्द रहा। इस बीच में 'कलकत्ता समाचार' शायद बन्द हो चुका था और 'विश्वमित्र' निकल चुका था। 'विश्वमित्र' के तार-समाचार निकलने से एक प्रकार की हलचल सी मच जाती थी, क्योंकि शीर्षक अतिरन्जित हुआ करते थे और लोगों को अवस्था का ठीक-ठीक पता नहीं लगता था। बहुत से लोगों ने मुझसे कहा कि आपने पत्र क्यों बन्द कर दिया, हम लोगों की जान आफत में डाल दी। मैंने कहा कि इसका भी अनुभव होना चाहिए।

डेकर्स लेन में 'भारतमित्र' ने तारों का विशेष प्रबन्ध किया, जिससे उस पर बहुत अधिक ऋण हो गया। मेरा शरीर पराड़करजी के जाने के बाद से विशेष अस्वस्थ रहने लगा। दिल्ली-कांग्रेस में पं. लक्ष्मीनारायण गर्दे से मैंने कहा कि मैं 'भारतमित्र' से अलग होना और उसे आपके हाथों में सौंपना चाहता हूँ, इसलिए आप आ जाएँ तो अच्छा हो। मैंने 7 अगस्त, 1916 को गर्देजी को सम्पादक बनाकर 'भारतमित्र' से अपना नाता तोड़ लिया।

सात अगस्त, 1916 से 'भारतमित्र' से सम्बन्धविच्छेद करने के बाद फिर सम्पादन कार्य करने की इच्छा न थी; क्योंकि दैनिक पत्र और विशेषकर हिन्दी दैनिक पत्र के सम्पादन में बहुत परिश्रम पड़ता है, और इसके बाद भी यह संतोष नहीं होता कि काम ठीक-ठाक किया गया है। परन्तु फिर भी मित्रों और हितैषियों की सहायता से नई कम्पनी खड़ी कर 4 अगस्त, 1920 को 'स्वतन्त्र' नामका नया दैनिक पत्र निकाला। महात्मा गांधी के नेतृत्व में असहयोग-आन्दोलन चलाने का समर्थन करने के लिए इसी दिन से कलकत्ते में लाला लाजपतराय के सभापतित्व में स्पेशल कांग्रेस आरम्भ हुई थी। पुलिस मैजिस्ट्रेट के यहाँ से डिक्लेरेशन मिलने और बम्बई से हेडिंग टाइप आने में देर होने से पहला अंक पूरी तैयारी और शानशौकत के साथ नहीं निकल सका; पर उसकी परवा न की गई, क्योंकि जन्माष्टमी का शुभ-मुहूर्त और स्पेशल कांग्रेस में प्रचार का सुअवसर छोड़ना उचित नहीं समझा गया।

स्पेशल कांग्रेस में असहयोग का समर्थन होने बाद 'स्वतन्त्र' भी देश की नीति समझकर उसका समर्थक हो गया। इस आन्दोलन की विशेषता गांधी जी की सभाएँ और व्याख्यान थे। ये 'स्वतन्त्र' में विशेष रूप से प्रकाशित होते थे। स्त्री सभाओं की जो रिपोर्टें कहीं न निकलती थीं, वे महिला संवाददात्रियों द्वारा 'स्वतन्त्र' में प्रकाशित होती थीं। यों तो कलकत्ते के सभी हिन्दी-पत्रों में असहयोगी-आन्दोलन का समर्थन होता था, परन्तु 'स्वतन्त्र' का प्रचार सबसे अधिक था और 1921 के अन्तिम और 1922 के प्रारम्भिक दिनों में 'स्वतन्त्र' लगातार दस-बारह घण्टे तक छपता रहता था। इस विशेषता के सिवा 'स्वतन्त्र' की दूसरी विशेषता थी व्यापारिक समाचार और टिप्पणियाँ। इसके कारण व्यापारियों और विशेषकर कलकत्ते के बाहर के व्यापारियों में वह बहुत लोकप्रिय हो गया था। दिवाली और होली के विशेषांकों से भी 'स्वतन्त्र' की ख्याति बढ़ी थी।

इधर कई वर्षों से 'स्वतन्त्र' आर्थिक संकट में था, और जब सत्याग्रह-आन्दोलन के कारण उसका प्रचार फिर बढ़ने लगा था और आशा होती थी कि शीघ्र ही वह अपने पुराने स्थान पर पहुँच जाएगा, उस समय उस पर प्रेस-आर्डिनेन्स के अनुसार सरकार ने 'मरे को मारो शाहमदार' कहावत के अनुसार कलकत्ते के सब पत्रों से पहले इसी से जमानत और वह भी सबसे ऊँची 5000/- की जमानत मांगी, और इस ढंग से मांगी कि कम से कम एक दिन तो पत्र बन्द रहे। 'स्वतन्त्र' पर कभी सरकार की ओर से किसी तरह का मामला भी नहीं चलाया गया था। इसलिए इस प्रकार के व्यवहार का कोई कारण न था; परन्तु 'स्वतन्त्र' सत्याग्रह का कट्टर समर्थक था। सरकार को यह असह्य था। इसलिए 30 अप्रैल, 1930 की शाम को 'इण्डियन नेशनल प्रेस' के नाम, जिसमें 'स्वतन्त्र' छपता था, हुक्म निकला कि जब तक 5000/- की जमानत न दाखिल कर दो, तब तक एक प्रेस में कुछ न छापो। इसलिए दूसरे दिन पत्र न निकला और छापाखाना बन्द कर दिया गया।

1905 के पहले भारत के राजनीतिक आन्दोलन का उद्देश्य भारत-शासन में सुधार कराकर भारतवासियों को ऊँची नौकरियाँ दिलाना था, इसलिए समाचारपत्रों की लिखा-पढ़ी का सार यही था कि न्याय और शासन विभाग अलग-अलग नहीं किए गए, इसलिए फलाँ मामले में न्याय नहीं होने पाया। यहाँ सिविल सर्विस परीक्षा नहीं होती, इसलिए भारतवासियों को उच्चपद नहीं मिलते। अमुक मनुष्य को अमुक पद मिलना उचित था, पर नहीं मिला इत्यादि। परन्तु 1905 में बंगभंग के कारण जो आन्दोलन उत्पन्न हुआ, वह अंग्रेजों के हाथ से शासनदण्ड ले लेने के लिए था। 1906 की कलकत्ता–कांग्रेस ने सभापति दादाभाई नौरोजी के संभाषण से ही नहीं, बल्कि अपने प्रस्ताव से भी इस पर अपनी स्वीकृति की मुहर लगा दी। इसके साथ ही स्वेदशी और बहिष्कार आन्दोलन में लिखने का बड़ा मसाला मिल गया; परन्तु फिर भी उसे काम में लाना सहज न था। अब तक हिन्दीवाले जो कुछ लिखते थे,

वह अंग्रेजी और बंगला पत्रों के आधार पर। इसके बाद भी बहुत दिनों तक ऐसी ही लिखा-पढ़ी चलती रही। परन्तु इस समय से यह स्पष्ट हो गया कि परायी पूंजी से ही काम न चल सकेगा और अपना भी कुछ मूलधन होना चाहिए।

'नृसिंह' निकालने पर मुझे मालूम हुआ कि अंग्रेजी पत्रों में प्रकाशित बातों के आधार पर किसी न किसी प्रकार पत्र तो तैयार किया जा सकता है, परन्तु जब तक किसी विषय पर दृढ़तापूर्वक मत न प्रकट किया जाए, तब तक पत्र में जान नहीं आ सकती। और यह काम तब तक नहीं हो सकता, जब तक स्वतन्त्रतापूर्वक विचार कर सामयिक विषयों पर कोई मत स्थिर न किया जाए और यह तब तक असम्भव है जब तक उन विषयों पर पूर्वापर विचार करने की पात्रता न हो। यह पात्रता राजनीतिक और आर्थिक विषयों के ग्रन्थों के विस्तृत वाचन के सिवा कैसे हो सकती है। इतना जान लेने पर भी काम नहीं चल सकता, क्योंकि किस ग्रन्थकार का कौन ग्रन्थ पढ़ा जाए, यह भी जानना आवश्यक था। इसलिए मैंने समाचारपत्रों में जहाँ ऐसी किसी पुस्तक का नाम देखा कि उसे नोट कर लिया। लाला लाजपत राय ने 'स्टोरी ऑफ माई डेपोरटेशन' नाम की अपनी पुस्तक में कुछ ऐसे ग्रन्थों की सूची दी थी, जो उन्होंने मंडाले के किले में पढ़े थे। मैंने इनके नाम-पते लिख लिए। फिर इनके पारायण के समय इनमें अन्य ग्रन्थों के हवाले मिले और उनसे मेरी ग्रन्थ-सूची बहुत बढ़ गई।

1904 में जब ग्रि. मैकफरलेन इम्पीरियल लाइब्रेरी के लाइब्रेरियन थे, तभी मैंने उनसे रीडिंग रूम में जाकर पढ़ने का कार्ड ले लिया था, और काम-काज से छुट्टी मिलने पर शाम को घण्टे-दो-घण्टे वहाँ व्यतीत किया करता था। 1908 और 1909 में मैंने इस कार्ड का बड़ा सदुपयोग किया और महीनों तक दिन के दिन पढ़ने और नोट लेने में बिता दिए। कलकत्ता कांग्रेस के जिन चार मन्तव्यों पर सूरत की कांग्रेस टूटी थी, इनपर विस्तृत व्याख्या लिखकर मैंने एक पुस्तक तैयार की थी और उसे छपने के लिए अपने मित्र पराड़कर जी की मार्फत 'राष्ट्रमत' प्रेस में बम्बई भेजा था। साथ ही छपाई मध्ये 100/- भी पेशगी भेज दि थी। श्रीयुक्त गंगाधरराव देशपाण्डे उसके मैनेजर थे। प्रेस-एक्ट बनने पर 'राष्ट्रमत' बन्द हो गया और उसका प्रेस उठ गया, इसलिए मेरी किताब और रुपये खटाई में जो पड़े, तो पड़े ही रह गए। इस विषय की चर्चा करने का कारण यह है कि इन दिनों इम्पीयिल लाइब्रेरी में भारत के राजनीतिक और आर्थिक इतिहास तथा उन्हीं विषयों से सम्बन्ध रखनेवाले अनेक ग्रन्थों के साथ-साथ राजनीति और अर्थशास्त्र का विशेष रूप से अध्ययन किया। 1910 में नेशनल कॉलेज की लाइब्रेरी में भी इन विषयों के बहुत से ग्रन्थ पढ़ने को मिलते थे। इस प्रकार सामयिक विषयों पर मत देने की कुछ योग्यता सम्पादन कर ली। इस अध्ययन ने पहले 'भारतमित्र' और बाद में 'स्वतन्त्र' के सम्पादन कार्य में बहुत सहायता दी।

जिस तरह किसी समय सब लोग मास्टरी के लिए दौड़ते थे, उसी तरह मात्र सम्पादकी की ओर दौड़ रहे हैं। परन्तु प्रायः सभी थर्डक्लास होते हैं। परिश्रम से कोसों दूर भागते हैं, इसलिए कुछ सीख नहीं सकते। पहले से भी कुछ योग्यता नहीं होने से ज्यों के त्यों बने रहे जाते हैं। प्रायः बीस वर्ष तक दैनिक पत्र सम्पादन के अनुभव से मैं कह सकता हूँ कि योग्य सहकारी प्रायः नहीं मिलते। जो मिलते भी हैं, तो वे बेगारी की तरह काम करते हैं। उत्तरदायित्व समझने वालों का अभाव-सा ही है। जो लोग राजनीतिक विषयों से अनुराग नहीं रखते, वे अच्छे पत्रकार नहीं हो सकते। बड़ा कष्ट उस समय होता है जब किसी सहकारी की भाषा या भाषान्तर शुद्ध करना होता है। इस काम में कभी-कभी जान निकल जाती है।

पत्रकार का काम करने के अभिलाषी के लिए शुद्ध भाषा लिखना, अंग्रेजी समाचारादि का अर्थ ठीक-ठीक समझ लेना और उसका सार निकाल लेना आवश्यक है। इसके साथ ही उसमें अपने मन का भाव प्रकट करने की भी शक्ति होनी चाहिए। इतिहास और भूगोल का ज्ञान बहुत आवश्यक है।

पहले जो लोग पत्र निकालते थे, उन्हें देशहित की कुछ प्रेरणा होती थी, इसलिए शारीरिक और आर्थिक दोनों तरह के कष्ट अनायास स्वीकार कर लेते थे। परन्तु अब पत्र-प्रकाशन लीडरी व धनार्जन का एक साधन समझ लिया गया है, इसलिए कार्यकर्ताओं में उस सौहार्द का अभाव है, जो पहले देखा जाता था। इसका कारण यह है कि कार्यकर्ताओं में यह कर्तव्यनिष्ठा नहीं है, और इसलिए इन्होंने अपना वह अधिकार खो दिया है। अब स्कूली लड़कों की तरह मास्टर के सामने किताब खोलकर बैठने का-सा ढंग देखा जाता है, और इसलिए मालिक का बर्ताव भी वैसा ही है, जैसा 'जांगरचोर' नौकर के साथ होता है। 'कुछ सोना खोटा, कुछ बन्दा नकारा।' (संक्षेप)

सितम्बर, अक्तूबर, नवम्बर 1931

लोक शिक्षण के कुछ महत्वपूर्ण पहलू

लक्ष्मीश्वर सिंह

भारत के लिए हमें एक रचनात्मक लोक-शिक्षण प्रणाली तैयार करनी चाहिए, जो हमारे देश की विशेष परिस्थिति को ध्यान में रखते हुए बनाई गई हो और जिसका उद्देश्य ही उस भेद को मिटाना, जो आज बौद्धिक और शारीरिक परिश्रम करने वालों के बीच में खड़ा हो गया है। इसके अतिरिक्त भारत की श्रेणियों, वर्णों और जातियों के भेद मिटाना भी एक उद्देश्य होना चाहिए। ऐसी शिक्षा से ही सब तरह के श्रम को एक तल पर लाकर वह आत्मसम्मान पैदा किया जा सकता है, जो व्यक्ति के नैतिक विकास के लिए आवश्यक है। हमारे अनेक सामाजिक और राजनैतिक दोषों का दूर होना भी भविष्यत् लोक-शिक्षण-नीति पर निर्भर करता है। आजकल जो शिक्षा-प्रणाली देश में बरती जाती है, उसमें इस बात की नितान्त उपेक्षा की गई है कि मनुष्य एक औजार से काम लेने वाला (Tool using) प्राणी है। औजारों से काम लेने की प्रवृत्ति मानव में स्वाभाविक है, और मानवी सभ्यता का विकास अंततः उसके काम में आनेवाले औजारों के विकास का दूसरा नाम है। यह आवश्यक है कि भविष्य में प्रारम्भिक शिक्षा में दस्तकारी को उचित महत्व दिया जाए। अब तक हमारे देश में दस्तकारियाँ खास-खास जातियों तक सीमित रही हैं—जैसे जाति के बढ़ई ही लकड़ी का काम करते थे। भूतकाल में यह प्रणाली ठीक थी; सभी पेशे पुश्तैनी होने के कारण दस्तकारी की शिक्षा के लिए सार्वजनिक स्कूलों की जरूरत नहीं पड़ती थी। अब समय बदल गया है। पुरानी व्यवस्था में चाहे जो अच्छाइयाँ रही हों, हमें भविष्य की लोक-शिक्षण-नीति को ऐसा बनाना है कि हम आजकल की उस भावना को नष्ट कर सकें, जो एक आदमी को बाबू साहब और दूसरे को कुली या गंवार बनाती है। तभी हम समाज को मिथ्या विचारकों और पीड़ित श्रमजीवियों से बचा सकेंगे। समाज के आर्थिक ही नहीं, राजनैतिक प्रश्न भी पूरी तरह तभी हल हो सकेंगे, जब हमारी शिक्षा-नीति ठीक हो, और उसे निर्धारित करने में हम ऐसे दूसरे देशों के अनुभव का फायदा उठाएँ जिनकी दशा और कठिनाइयाँ हमारे देश-जैसी ही हैं।

दूसरे देशों का इतिहास बताए बिना मैं यहाँ पर अपने 15 वर्ष के अध्ययन और अनुभव के आधार पर लोक-शिक्षण के लिए एक ढाँचा पेश करूँगा। अतीत में बच्चे घर ही में अपने माँ-बाप का अनुसरण करके और उनके साथ काम करके अपना आगामी पेशा सीख लेते थे। उस समय घर ही स्कूल का काम पूरा करता था लेकिन अब हमारा रहन-सहन बदल गया है, स्कूल की जिम्मेदारी और वहाँ मिलने वाली शिक्षा का महत्व बहुत बढ़ गया है। आज के स्कूल के लिए यह बहुत जरूरी है कि वह बच्चों को ऐसी शिक्षा दे सके, जिससे वे किसी पेशे या व्यवसाय के योग्य बन सकें—'कुछ बनने' की बच्चों की स्वाभाविक प्रवृत्ति को बढ़ावा मिल सके। इन्हीं बातों को ध्यान में रखकर मैं लोक-शिक्षण के लिए एक क्रियात्मक योजना पेश करूँगा, और बातें विशेषज्ञों के लिए छोड़ दूंगा। मेरा दृढ़ विश्वास है कि इस योजना पर अमल करने से अवश्य अच्छा परिणाम निकलेगा।

लेकिन योजना पेश करने से पहले मैं पाठकों का ध्यान वर्तमान सामाजिक और आर्थिक जीवन की दो एक आवश्यक बातों की ओर दिलाना चाहता हूँ—

(1) भारत की किसान जनता के पास खेती का काम कर लेने पर भी काफी अवकाश रहता है। यदि इस फुर्सत के समय को वे दस्तकारी वगैरह में लगाएँ, तो उनका जीवन अधिक सुखमय हो सके और उनकी नैतिक अवस्था भी सुधर सके—आर्थिक लाभ की बात अभी इससे अलग ही रह गई।

(2) औधोगिक क्षेत्रों में भी दस्तकारी की शिक्षा मजदूरों के परिवारों के लिए बहुत हितकर साबित होगी, क्योंकि इसके द्वारा वे अनेकों नैतिक, बुराइयों और शिथिलता से बच सकेंगे। दस्तकारी से आनन्द और आर्थिक लाभ तो होता ही है, एक बड़ा फायदा यह भी होता है कि फालतू समय के लिए काम मिल जाने से नैतिक पतन से भी बचाव होता है।

लोक-शिक्षण की नीति निर्धारित करते समय इन दो बातों का ध्यान रखना चाहिए।

लोक-शिक्षण नीति में दस्तकारी पर जोर क्यों देना चाहिए?

इसलिए कि कुछ करने की सामर्थ बढ़ने के साथ-साथ कुछ उत्पन्न करने की कामना भी बढ़ती है। इससे व्यक्ति में उत्साह और आत्मविश्वास पैदा होता है, जिसका मूल्य शिक्षा में बहुत अधिक है—बल्कि यह कहना चाहिए कि शिक्षा का सबसे बड़ा पुरस्कार आत्मविश्वास है। दस्तकारी में श्रम के प्रति आदर बढ़ता है और उसमें दिलचस्पी भी पैदा होती है।

यह भी स्पष्ट है कि दस्तकारी से पैदा हुई दिलचस्पी के कारण घरेलू उद्योग-व्यवसाय उन्नति पाएँगे। इसके अतिरिक्त हाथों की शिक्षा से मन को भी उत्तेजना मिलती है, और उसका झुकाव आविष्कार की ओर होता हैं। साथ ही सौन्दर्यबोध भी होता है, और उसका असर निर्मित वस्तुओं पर पड़ता है। इससे जनता की रुचि भी परिष्कृत होती है और सुन्दर वस्तुओं की मांग बढ़ती है। घरेलू

उद्योग-व्यवसायों की बढ़ती का यही रहस्य है।

बचपन में दस्तकारी की शिक्षा पाकर यह स्वाभाविक है कि बच्चे शिक्षा पूरी कर लेने के बाद जीवन में प्रवेश करने पर उत्पादन के नए मार्ग खोज निकालें।

स्कूलों में दस्तकारी किस तरह जारी की जाए, इसका निर्णय करते समय निम्नलिखित बातें ध्यान में रखनी चाहिए:—

(1) आरम्भ व्यवस्थित ढंग से होना चाहिए और योग्य तथा अनुभवी शिक्षकों से ही शिक्षा दिलानी चाहिए।

(2) पाठ्यक्रम और निर्माण के नए माडेल पहले से निश्चित होने चाहिए ताकि शिक्षक किसी निश्चित प्रणाली पर चल सके। जो माडेल या वस्तुएँ बनाने के लिए चुनी जाएँ वे ऐसी हों कि रोजमर्रा के काम में आ सकें और साथ ही सौन्दर्य के आदर्श से भी अच्छी हों।

(3) आरम्भ में कागज और गत्ते का काम सबसे उपयुक्त रहता है, उसके बाद क्रमशः लकड़ी का और कांसे का काम किया जा सकता है। लड़कियों के लिए कताई और करघे का काम बहुत उपयुक्त रहता है।

(4) बच्चे रचनात्मक काम में बहुत अधिक दिलचस्पी लेते हैं, अतः किसी खास चीज का बनाना अनिवार्य नहीं कर देना चाहिए। पेशेवर शिल्पियों से (ऐसे शिल्पी हैं भी कहाँ!) शिक्षा दिलाना ठीक नहीं होगा, क्योंकि साधारण दस्तकारी बालकों को दस्तकारी-शिक्षा का पूरा अभिप्राय और उसका गौरव अच्छी तरह नहीं समझा सकेगी। शिक्षण काम ऐसे ट्रेनिंग पाए हुए, अध्यापकों के सिपुर्द करना चाहिए, जो दस्तकारी के असल उद्देश्य को अपने सामने रखकर योजना को सफल बना सकें। इसलिए सबसे पहली जरूरत अनुभवी शिक्षकों की है।

प्रारम्भिक शिक्षा की योजना देश की जरूरतों को ध्यान में रखकर बनानी चाहिए। पाठ्यक्रम परिस्थितियों के अनुकूल होना चाहिए। निरी किताबी शिक्षा और जीवन की जरूरतों की उपेक्षा करके चलने वाला थोथा आदर्शवादी लाभ के बजाय हानि ही अधिक करते हैं।

अगर शिक्षारंभ की आयु पांच या छः साल मान ली जाए, तो स्कूल की अनिवार्य शिक्षा की अवधि छः या सात साल होनी चाहिए—इसमें आखिरी दो वर्ष उन लोगों के लिए विशेष ट्रेनिंग का समय हो, जो आगे हाई स्कूल शिक्षा नहीं लेंगे। इस विशेष ट्रेनिंग द्वारा उन्हें किसी दस्तकारी में पूर्णतया दक्ष बना देना चाहिए, ताकि वे ऊँची शिक्षा के बिना भी कोई धंधा कर सकें और अपनी जीविका कमा सकें। हाई स्कूलों में भी दस्तकारी की शिक्षा को पाठ्यक्रम में उचित स्थान मिलना चाहिए।

लोक-शिक्षण की योजना में गरीब माँ-बाप की संतान के शिक्षण के लिए भी प्रबन्ध होना चाहिए। इसके लिए सात वर्ष के प्रारम्भिक स्कूल के अलावा बड़ी

उम्र के लड़कों के लिए भी एक स्कूल होना चाहिए। इसमें ऐसा प्रबन्ध होना चाहिए कि दस्तकारी की शिक्षा पाने की इच्छा रखने वाले गरीब लोग शिक्षा पाते समय भी अपना धन्धा जारी रख सकें। ऐसे स्कूलों में परीक्षा का होना आवश्यक नहीं हो, और उसके पाठ्यक्रम में भी स्कूल की परिस्थिति के अनुसार परिवर्तन होना चाहिए—जैसे, औद्योगिक केन्द्रों में और देहाती क्षेत्रों में शिक्षा अलग-अलग ढंग की होनी चाहिए। ऐसे स्कूलों की शिक्षा का उद्देश्य यही होना चाहिए कि उनमें शिक्षा पाने वाले स्त्री-पुरुष अपनी जीविका कमाने के साथ-साथ किसी एक धंधे में दक्षता प्राप्त कर सकें। पाठ्यक्रम इसी बात को ध्यान में रखकर बनाना चाहिए और उसमें मानसिक उन्नति के लिए सामयिक विषयों पर व्याख्यान इत्यादि का प्रबन्ध भी होना चाहिए।

सम्पन्न घरों के बालक, जो हाई स्कूल में पढ़ना चाहते हों, पाँच वर्ष की शिक्षा के बाद प्रारम्भिक स्कूल छोड़ सकते हैं। ऐसा प्रबन्ध होना चाहिए कि हाई स्कूल में उन्हें दस्तकारी की भी उतनी और शिक्षा मिल जाय, जो प्रारम्भिक स्कूल में विशेष ट्रेनिंग के दो वर्षों में मिलती है।

दस्तकारी की शिक्षा के लिए उपयुक्त आयु आठ से बारह वर्ष तक या उससे ऊपर है। इस अवधि में लड़कों के लिए गत्ते के काम से आरम्भ करके क्रमशः लकड़ी और धातु का काम और लड़कियों के लिए रसोई, बागवानी, कताई-बुनाई, कसीदा इत्यादि सबसे उपयुक्त है। बालक-बालिकाओं की शिक्षा को सर्वांगपूर्ण बनाने के लिए दस्तकारी की शिक्षा जरूरी है। ऐसी शिक्षा का उद्देश्य यह नहीं होना चाहिए कि एक साथ इतने बढ़ई या शिल्पी पैदा कर दिए जाएँ बल्कि उद्देश्य यह होना चाहिए कि बालक-बालिकाओं की मानसिक और शारीरिक उन्नति हो सके, उनमें व्यवस्था और धैर्य पैदा किया जा सके, उनकी आँखों में पर्यवेक्षण शक्ति और उनके हाथों में रचना-कौशल पैदा किया जा सके, और इस प्रकार दिमागी काम पर बहुत ज्यादा जोर देने के खतरे से उन्हें बचाया जा सके। (यह खतरा भारत की शिक्षा-प्रणाली में बहुत अधिक है।) प्रारम्भिक स्कूलों के विद्यार्थियों से यह उम्मीद नहीं करनी चाहिए कि वे बड़ी संख्या में बड़ी-बड़ी चीजें बनाएँगे, उनमें केवल ऐसी चीजें बना सकने की योग्यता और कुशलता आ जानी चाहिए। आसान कार्यों से शुरू करके विद्यार्थियों को क्रमशः कठिन और कठिनतर कार्यों की ओर ले जाना चाहिए।

एक अंश, जनवरी, 1938

हिन्दी रंगमंच :
तुलसीदत्त 'शैदा' से बातचीत

(हिन्दी रंगमंच का विषय ऐसा है, जिसकी ओर साहित्य-प्रेमी जनता का ध्यान अभी तक अच्छी तरह आकर्षित नहीं किया गया। यद्यपि समाचारपत्रों में इस विषय के लेख कभी-कभी निकल जाते हैं, पर वे प्रायः ऐसे लेखकों के लिखे हुए होते हैं, जिन्हें इस विषय का निजी अनुभव नहीं होता। जो रंगमंच पर कभी गए नहीं, जिन्होंने नाट्यकला का विधिवत अध्ययन नहीं किया और जिन्हें अच्छे नाटक देखने का सुअवसर भी नहीं मिला, उनका इस विषय पर लिखना वैसा ही है, जैसा तैरना न जानने वाले का नदी के किनारे बैठकर तैरने की कला के विषय में पुस्तक लिखना! इसीलिए हमने निश्चय किया है कि 'विशाल भारत' में इस विषय की चर्चा कभी-कभी उन लोगों के द्वारा होती रहे, जिन्हें इस विषय पर बोलने का अधिकार है। नाट्यचार्य पं. तुलसीदत्त 'शैदा' के नाटक कैसे होते हैं, इस बारे में अभी हम कुछ नहीं कह सकते, पर इस बात से कोई इन्कार नहीं कर सकता कि इस विषय पर वे अधिकार-पूर्वक बोल सकते हैं। उनसे मिलकर हमने जो बातचीत की और हमारे प्रश्नों के उन्होंने जो उत्तर दिए, वे यहाँ लिखे जाते हैं। इस विषय में अन्य सज्जन अपने जो विचार प्रकट करना चाहें, उन्हें हम सहर्ष छापने के लिए सर्वदा उद्यत हैं।—संपादक

प्रश्न—आपने नाटक-क्षेत्र में कब पदार्पण किया?

उत्तर—यों तो जब से मैंने होश सम्हाला है, तभी से नाटक क्षेत्र में अपना जीवन बिता रहा हूँ। जिस तरह किसान को खेत में हल चलाए बिना और मजदूर को मजदूरी पाए बिना चैन नहीं पड़ता, उसी प्रकार बचपन से ही एमेच्योर (शौकीनों के) क्लब में सप्ताह से कम-से-कम एक बार मुँह पर सफेदा लगाए बिना नींद नहीं आती थी। अपने विषय में अधिक कहना धृष्टता की बात होगी, पर जब आप पूछते ही हैं, तो मैं सिर्फ यह कहूँगा कि यद्यपि मैंने वर्षों तक लोको-रेलवे, टैलीग्राफ और कमिसरियेट इत्यादि विभागों में काम किया, कितने ही पापड़ बेले, बीसियों संकट झेले, और जिन्दगी के कितने ही उतार-चढ़ाव देखे, पर इस विषय से मुझे बराबर प्रेम रहा। उस हालत में भी समय बचाकर मैं एक-आध सीन लिखना अपना धार्मिक कर्तव्य समझता था। शहर में अगर कोई थिएट्रीकल कम्पनी आती, तो उसके खेल देखना मेर लिए अनिवार्य था। नाट्यकला का यह प्रेम आखिर इतना बढ़ गया कि सरकारी नौकरी छोड़-छाड़कर एक प्राइवेट थियेट्रीकल कम्पनी में ऐक्टर की नौकरी कर ली। नाटक भी लिखे। उसके बाद जब किस्मत ने रुख बदला, तो एक

पली-पोसी 'दी पारसी न्यू इम्पीरियल थियेट्रीकल कम्पनी' का मालिक बन गया। पर दुर्भाग्यवश उसमें मुझे बहुत ज्यादा टोटा रहा। इसलिए सन् 1915 में पंजाब छोड़कर कलकत्ते में आ गया। भारतीय रंगमंच की सुप्रसिद्ध ऐक्ट्रेस स्वर्गीय मिस गौहर द्वारा मदन-कम्पनी के संचालकों से हमारा परिचय हुआ। हमने अपना पहला नाटक 'श्रीकृष्णचरित्र' पारसी एल्फिस्टन थियेट्रीकल कम्पनी में निकाला, उसमें हमें अच्छी सफलता मिली और आर्थिक लाभ भी हुआ। तबसे यहीं कलकत्ते में हूँ, और जो कुछ सेवा नाटक-प्रेमियों की तथा मातृभाषा की कर सकता हूँ, कर रहा हूँ।

प्रश्न–पहले के नाटकों के बारे में कुछ कहिएगा?

उत्तर–एक अनुभवी सज्जन की जबानी मुझे मालूम हुआ, करीब 55 वर्ष पहले सेठ कुंवरजी नाज़र ने पहले पहल बम्बई की पारसी विक्टोरिया थियेट्रीकल कम्पनी में 'संगी इन्द्रसभा' (मुंशी अमानत खां लिखित) निकाला। इसके बाद 'बेनजीर बदरे मुनीर' नामक ओपेरा निकला। फिर कुछ दिनों बाद मुंशी रौनक का जमाना आया, उन्होंने 'गुल-बकावली' और 'जरखरीद खुरशेद' नामक नाटक लिख जनता के हृदयों को मुग्ध कर दिया। कुछ दिनों तक इसी तरह संगीत और पद्य मिले नाटक होते रहे। मुझे अच्छी तरह याद है कि सन् 1895 में भी, जब मैं आठ वर्ष का था, 'इन्द्रसभा' और 'गुल-बकावली' की तूती बोलती थी। इनके साथ ही 'शेर दिल दलेर', 'चतरा' और 'संगीत बकावली', 'हातमताई', 'खानदाने हामा' इत्यादि नाटक भी खेले थे, मगर फिर भी 'संगी इन्द्रसभा' नाटक जनता को इतना अधिक प्रिय था कि जब कभी वह खेला जाता हाऊसफुल होता। यह क्यों? बात यह थी कि उस समय की जनता गाने से बड़ा प्रेम करती थी। जब देवराज इन्द्र महाराज स्वर्ग सिंहासन पर बैठे हुए तान पर तान लगाते थे और लम्बे-लम्बे हाथ हिला–हिलाकर जब वे गाते थे–

'राजा हूँ मैं कौम का इंदर मेरा नाम।
बिन परियों के दीद से नहीं मुझे आराम।'

दर्शकगण भी साथ-साथ गाते जाते थे। जनता इसी ढर्रे के नाटक देखकर अपना दिल बहलाती थी।

प्रश्न–हिन्दी रंगमंच पर उच्चकोटि के नाटक क्यों नहीं खेले जाते?

उत्तर–हिन्दी रंगमंच पर उच्चकोटि के नाटक न खेले जाने का पहला कारण यह है कि हिन्दी भाषा के धुरंधर लेखकों का ध्यान इस ओर गया ही नहीं। जब हम लोग नाटक लिखते हैं, तो यह आक्षेप किया जाता है कि उनमें यह कमी रह गई, वह कमी रह गई। 'बेताब' और 'शैदा' की भाषा में उर्दू की बू आती है! अगर हम लोग साहित्यिक अलंकारमय भाषा में नाटक लिखकर पेश करते हैं तो आज कल की नाट्य-प्रेमी जनता उसे पसन्द नहीं करती। जहाँ कुछ बढ़िया भाषा आई कि दर्शकगण जम्हाइयाँ लेने लगते हैं और जब आँखें मटकाने के भाव बतानेवाली भाषा

आती है, ये महानुभाव मज़े में आकर तालियाँ पीटने लगते हैं! नाटक लिखने वालों की स्थिति दोनों ओर से आपत्तिमय है। एक ओर तो अशिक्षित दर्शकगण हैं, जो साहित्यिक भाषा को न तो समझ सकते हैं और न उसे पसन्द ही करते हैं, और दूसरी ओर साहित्य प्रेमी सज्जन हैं, जो कभी नाटक देखने के लिए आते ही नहीं और दोष देते हैं बेचारे नाटक लेखकों को! हम लोग करें तो क्या करें? इसके सिवाय सबसे बड़ी कठिनाई हमारे मार्ग में यह है कि पारसी थियेट्रीकल कम्पनियों में पढ़े-लिखे ऐक्टरों का प्रायः अभाव ही है। जो लोग यह कार्य कर रहे हैं, वे अपनी जीविका के लिए ही इस क्षेत्र में आ डटे हैं। यदि कोई इक्का-दुक्का पुराना ऐक्टर है भी, तो उस पर अहंकार का भूत सवार है। हिन्दी रंगमंच पर उच्च कोटि के नाटक खेले जाएँ तो कैसे खेले जाएँ? जिन कठिनाइयों का सामना हमें करना पड़ रहा हमी जानते हैं। ऐक्टरों को भाषा समझाने और ठीक-ठीक उच्चारण सिखलाने में काफी परिश्रम करना पड़ता है। उदाहरण के लिए जब मुझे अपने सामाजिक नाटक 'जवानी की भूल' का रिहर्सल करना पड़ा तो उसके मुख्य ऐक्टर एक मुसलमान सज्जन को भाषा सिखलाने में बड़ी कठिनाई आन पड़ी। ऐक्टर वे अच्छे थे और इसमें उनका कोई अपराध नहीं था। त्रुटि इस बात की थी कि उनकी शिक्षा और संस्कृति (कल्चर) के स्टैण्डर्ड से नाटक की भाषा और भाव ऊँचे दर्जे के थे, और उनके मुख से वे शब्द बड़े भद्दे जंचते थे। बहुत-कुछ कोशिश करने पर भी उनकी वह त्रुटि दूर न हो सकी। मराठी तथा बंगला भाषा के नाटक-लखकों के सामने ऐसी कठिनाइयाँ नहीं हैं। वहाँ ऐक्टरी का काम पढ़े-लिखे नवयुवक करते हैं और वहाँ यह पेशा अपमान की दृष्टि से नहीं देखा जाता। जब हमारे यहाँ भी हिन्दी साहित्य-प्रेमी ऐक्टर इस वृत्ति को स्वीकार करने में अपना गौरव समझेंगे, तो हिन्दी रंगमंच भी उन्नति की ओर अग्रसर होने लगेगा।

प्रश्न–वर्तमान नाट्याचार्यों के विषय में कुछ बतलाइएगा?

उत्तर–इस समय हिन्दी नाटक लिखनेवालों में पण्डित नारायण प्रसाद 'बेताब', श्री आगा मुहम्मद हश्र, पण्डित राधेश्याम कथावाचक और श्री हरिकृष्ण जौहर के नाम उल्लेख-योग्य हैं। यों तो बेताब साहब भी बचपन से ही नाटक लिख रहे हैं, किन्तु पहले आप भी प्रायः उर्दू-भाषा में ही नाटक लिखते थे। उन नाटकों में से 'जहरी सांप' और 'अमृत' ने खूब नाम पैदा किया। सन् 1912 में पारसी अलफ्रेड थियेट्रीकल कम्पनी के मालिक स्वर्गीय सी.पी. खटाऊ ने आपसे 'महाभारत' नाटक लिखवाया। उस समय ऐक्टर एक से एक बढ़िया थे। स्वयं खटाऊ महाशय नाट्य-कला के आचार्य थे। दूसरी, अनुपम सीन-सीनरी और तड़क-भड़कदार पोशाकों ने जनता की आँखों में चकाचौंध पैदा कर दिया। कम्पनी को खूब आर्थिक लाभ हुआ और श्री बेताब जी को यथोचित कीर्ति मिली। 'महाभारत' के बाद पण्डितजी ने 'रामायण' नामक नाटक लिखा। वह भी अपनी नज़ीर आप ही था, पर उसे 'महाभारत'

जैसी सफलता न मिली। फिर आप ने 'पत्नी-प्रताप' और 'कृष्ण-सुदामा' नामक नाटक लिखे। 'कृष्ण-सुदामा'—लिखने के बाद आप दिल्ली चले गए और वहाँ बेताब-प्रिंटिंग प्रेस खोला। अब आठ वर्ष बाद फिर नाटक क्षेत्र में आपका शुभागमन हुआ है। आपका लिखा नया नाटक 'गणेश जन्म' अलफ्रेड थियेटर कम्पनी को दिया गया है।

श्री आगा मुहम्मद हश्र ने उर्दू में बहुतेरे नाटक लिखे हैं, पर संभवतः इस कारण से कि उर्दू नाटकों की जनता कद्र नहीं करती, आपको भी हिन्दी महारानी की शरण लेनी पड़ी है। आपका 'भक्त सूरदास' नाटक अच्छा लिखा गया है। लोगों को उसकी रचना के विषय में अनेक आशंकाए हैं और साहित्य-प्रेमी दर्शक लोग भी उसमें धुरंधर पांडित्य का हाथ पा सकते हैं, पर इस समय हम हश्र साहब के नाटकों की आलोचना करने नहीं बैठे हैं। वह तो अगर आप चाहेंगे, तो अन्य नाटकाचार्यों की रचनाओं की आलोचना के साथ करेंगे। आगा हश्र साहब में एक ऐसा गुण है कि जिसकी वजह से जनता उनकी रचना को पसन्द करती है, वह यह कि अपने नाटकों में एक आध सीन ऐसा लाते हैं कि दर्शकगण वाह-वाह कहने लगते हैं।

'भक्त सूरदास' के बाद आपने 'मधुर मुरली' नामक नाटक लिखा, पर वह उतना नहीं चला। इसके बाद 'गंगा' और 'भीष्म' नामक नाटक भी आपने लिखे हैं।

पं. राधेश्याम कथावाचक का नाम तो मैं बहुत दिनों से सुन रहा हूँ, पर मैंने उनका एक ही नाटक 'वीर अभिमन्यु' देखा है। नाट्यकला की दृष्टि से नाटक उच्चकोटि का भले ही न समझा जाए, पर इसमें सन्देह नहीं कि कुशल खिलाड़ियों ने उसे सफल करने में कोई कसर बाकी नहीं रखी। पण्डितजी के अन्य नाटकों के विषय में लिखने का मुझे अधिकार नहीं, क्योंकि मैंने उन्हें रंगमंच पर देखा नहीं।

बाबू हरिकृष्ण जी जौहर पहले 'बंगवासी' के सम्पादक थे, फिर आप इस क्षेत्र में आए। कुछ दिनों तक आपने आगा हश्र साहब के साथ काम किया। इसके बाद आपने 'सवित्री सत्यवान' नामक नाटक हिन्दी में लिखा। इसे एलफिस्टन थियेट्रीकल कम्पनी ने खेला और यह कुछ दिनों तक चला भी। फिर आपने 'पतिभक्ति' नामक नाटक लिखा। जैसी सफलता 'पतिभक्ति' को मिली, वैसी दूसरे किसी हिन्दी नाटक को न मिल सकी। अच्छे ऐक्टरों और साथ-साथ बायस्कोप के आश्चर्यजनक दृश्यों ने इस सफलता को और भी बढ़ाया। मैं तो यह कहने को तैयार हूँ कि आधुनिक सामाजिक नाटकों में 'पतिभक्ति' के मुकाबले का दूसरा हिन्दी नाटक कलकत्ते में खेला ही नहीं गया। इसके बाद भी आप ने कई नाटक लिखे, पर 'पतिभक्ति' की टक्कर का एक भी न निकला।

प्रश्न—अब कुछ अपने नाटकों वे बारे में भी कहेंगे?

उत्तर—मैं आपसे पहले ही कह चुका हूँ कि पंजाब में रहते हुए मैंने अपने पहले नाटक उर्दूनामा हिन्दी में लिखे थे। पंजाब छोड़कर जब मैं कलकत्ते आया तो

पहले-पहल हिन्दी भाषा में 'कृष्ण-चरित' लिखा। इस नाटक को सफलता अवश्य मिली, पर यह कृतघ्नता की बात होगी, यदि मैं इस मौके पर राधा का अनुपम पार्ट करनेवाली स्व. मिस गौहर, कंस बननेवाले स्वर्गीय दोरेबाजी मेवावाला, कृष्ण का उत्तम अभिनय करने वाले मास्टर निसार इत्यादि का जिक्र न करूँ। निस्सन्देह नाटक की सफलता का श्रेय अनेक अंशों में उनको मिलना चाहिए, और फिर स्वर्गीय मिस्टर हुसैन बक्स साहब को, जिन्होंने कमाल की सीन-सीनरी बनाई थी, भला कौन भूल सकता है? हिन्दी-जनता ने नाटक भी खूब अपनाया और उसका बंगला अनुवाद भी कराया गया और 'विष्णु माया' के नाम से खेला भी गया। इसके बाद मैंने 'ध्रुव-चरित' लिखा। सीन-सीनरी तो कुछ थी नहीं, पर भक्तिपूर्ण होने की वजह से वह भी कुछ दिनों अच्छा चला। फिर 'नल-दमयंती' लिखा। नौ वर्ष पुराना खेल होने पर भी अब भी यह नाटक जब कभी खेला जाता है, अच्छी आमदनी देता है। मेरे 'परशुराम' नामक नाटक में सीन-सीनरी की भरमार थी, पर वह फेल हुआ और उसने one night play की कहावत चरितार्थ की। नाटक में भयानक और वीभत्स रस की मात्रा बहुत ज्यादा थी और शायद यही उसकी असफलता का कारण हुआ। एक दर्शक ने तो मेरे मुंह पर ही कह दिया—"शैदा साहब, हम लोग थियेटरों में मन बहलाने के लिए आते हैं, खून ही खून देखने नहीं आते।" इसके बाद मैंने 'सीता' लिखा, और उसे पारसी ऐलफ्रेड थियेट्रीकल कम्पनी ने बड़े समारोह के साथ खेला। इस नाटक की अद्भुत सीनरी मस्टर दिनशा ईरानी साहब ने तैयार की थी और मास्टर भगवानदास तथा स्वर्गीय पुरुषोत्तमदास ने अपने कौशलमय एक्टिंग से उसके गौरव को बढ़ाया था। इसके बाद कई और भी नाटक लिखे, फिर 'वामन-अवतार' लिखा, जो आजकल खेला जा रहा है। इसके विषय में मैं अधिक न कहकर सिर्फ इतना ही कहूँगा कि इसके प्लाट के बनाने में मुझे कल्पना से अधिक काम लेना पड़ा।

प्रश्न—भविष्य में हिन्दी रंगमंच की उन्नति कैसे हो, इस बारे में आप कुछ अपने विचार प्रकट करेंगे?

उत्तर—रंगमंच की उन्नति खास तौर से नाटक देखने जाने वालों के ऊपर निर्भर है। वे ही उसे उच्च शिखर पर पहुँचा सकते हैं। बंगाल और महाराष्ट्र का सुशिक्षित जनसमुदाय नाटक देखने का शौकीन है। क्या बूढ़े, क्या जवान, क्या बालक और क्या स्त्री, सभी नाटक-प्रेमी हैं, पर हमारे यहाँ हालत ही दूसरी है। हमारी Audience (दर्शकगण) एक श्रेणी की नहीं होती। प्रायः मारवाड़ी, बिहारी, पंजाबी, गुजराती, हिन्दू, मुसलमान, पारसी, सिख इत्यादि सब का सम्मेलन होता है। इसलिए हमें अपनी भाषा जान-बूझकर ऐसी बनानी पड़ती है, जो सब श्रेणियों के लोगों को रुचे। बंगाली तथा महाराष्ट्रीय नाट्याचार्यों को यह असुविधा नहीं है। बंगला नाटक देखने के लिए जो हिन्दू-मुसलमान जाते हैं, वे बंगला भाषा की खूबियों को अच्छी

तरह समझ सकते हैं। इस विषय में हमारे दर्शकगण इतने पिछड़े हुए हैं कि अगर कोई नाटककार अपना रंग दिखाने के लिए अलंकारमय भाषा का प्रयोग करता है, तो वे एक-दूसरे का मुँह ताकने लगते हैं। और यदि कोई भावुक ऐक्टर दृश्य दिखलाकर जनता को स्तब्ध करना चाहता है तो दर्शक महानुभाव हंसने लगते हैं।

हिन्दी नाट्यकला का उद्धार हो तो कैसे हो? इधर पढ़े-लिखे लोग नाटक में काम करने वालों की वृत्ति को अपमानजनक समझते हैं, गुणग्राहकता का तो हमारे यहाँ सर्वथा अभाव ही समझिए, दर्शकों की culture (संस्कृति) का हाल आपने सुन ही लिया, हमारे कुछ लेखक गन्दी किताबें लिखकर उनकी रुचि को और भी बिगाड़ रहे हैं! ऐसी हालत में हिन्दी-रंगमंच का उद्धार कठिन ही प्रतीत होता है। समाचार पत्रों और मासिक पत्रों का कर्तव्य है कि वे जनता का ध्यान इस ओर आकर्षित करें, उसकी रुचि को परिमार्जित करें, गुण-ग्राहकता सीखें, निष्पक्ष आलोचना करें और सुशिक्षित नवयुवकों को इस क्षेत्र में आने के लिए उत्साहित करें। यदि ऐसा हो सके, तो हिन्दी रंगमंच के मृत शरीर में एक बार नव-जीवन का संचार हो सकता है।

पारिश्रमिक का प्रश्न

श्रीराम शर्मा

बहुत दिनों की बात नहीं है। आगरे के बाग मुजफ्फर खाँ मुहल्ले के तंग मकान में एक साहित्य-सेवी सपत्नीक रहते थे। जवानी का साया उनके ऊपर से कभी का उठ चुका था। जीवन की संध्या थी। जवानी में साहित्य और पत्रकार-कला की वेदी पर उन्होंने अपनी शक्तियाँ होम कर दीं और बुढ़ापे में फाकेकशी होने लगी। हालत यहाँ तक पहुँची कि वे रोटियों के लिए मुहताज रहने लगे। आधा सेर आटे तक के लिए तरसने लगे। चाहते थे कि पन्द्रह-बीस रुपये पर उन्हें कोई प्रूफ रीडर ही रख ले। एक आर्यसमाजी ने बूढ़े बैल कहकर उनका खाका उड़ाया। एक कम्पोजीटर उन्हें दो आने क़ा आटा रोज दे आता था। एक दिन कम्पोजीटर महाशय कहीं चले गए और तीन दिन बाद लौटे, तो देखा कि दो चारपाइयों पर दो प्राणी पड़े हैं। बूढ़े साहित्य-सेवी की आँखों में रोशनी टिमटिमा आई और कम्पोजीटर मित्र से बोले—"अरे भाई, मैं तो बीमार हूँ। तीन दिन से कुछ नहीं खाया, कोई बात नहीं, पर यह राण्ड (उनकी पत्नी) भूखों मरी जाती है।" कम्पोजीटर आटा लेने गया और लौटकर आया तो देखा कि बूढ़े साहित्य-सेवी की अन्तिम सांसें भी समाप्त हो चुकी थीं।

बूढ़े साहित्य-सेवी थे सम्पादकाचार्य स्व. पं.रुद्रदत्त शर्मा। बिहार में एक बार उन पर एक विपत्ति-सी आ पड़ी थी, और ग्रियर्सन साहब ने उनका उद्धार किया था।

बुढ़ापे में उनकी कठिनाइयों का अंत मौत ने ही किया। उनके कष्टों, उनकी भूख-ज्वालाओं और उनके बुढ़ापे का उपहास सबने किया। उनकी दशा पर किसी को तरस न आया। उनकी अंधी कोठरी के चूहे भी उपहास करते भागते, मानो कहते—

रिन्द खाली हाथ बैठे हैं उड़ाक जुजोकुल;
अब न कुछ शीशे में बाकी है, न पैमाने में है।

ठीक ही था। दिमाग की संपत्ति पत्रकार-कला की सेवा में लगा दी। पास-पल्ले कुछ था नहीं। शरीर रूपी पैमाने में भी शक्ति मदिरा न थी। उनकी जो दुर्दशा हुई, सो मालूम ही है। बुरा मानने की कोई बात नहीं। हिन्दी-साहित्य-सेवा-मार्ग में ईमानदारी से चलनेवाले की जो गति हो; सो थोड़ी ही है।

"आप तीन-चार पत्र-पत्रिकाओं को ही लिखते हैं, और विशेषकर एक को। औरों को क्यों नहीं लिखते?"

"लिखना क्या आपने मजाक समझ रखा है? बढ़िया चीज लिखने में कितना परिश्रम करना पड़ता है। दिमाग का सत शब्दों में निकालकर रखना पड़ता है। यों रद्दी-खद्दी लेखों का महत्व क्या? मैं जो एक पत्र को ही विशेषकर लिखता हूँ, उसका कारण है उस पत्र का अपेक्षाकृत अधिक पारिश्रमिक देना।"

"हाँ। लिखता हूँ, केवल उन पत्र-पत्रिकाओं में जिनसे ममत्व अथवा जिनका मुख्य उद्देश्य—गौण नहीं—देश, समाज और साहित्य सेवा है और जिनका हानि-लाभ किसी व्यक्ति या प्रकाशक कम्पनी की आधारशिला नहीं है, और फिर निजी सम्बन्ध वाले पत्रों के लिए अवकाश ही नहीं मिलता।"

तो फिर आप 'प्रताप', 'सैनिक', 'योगी', 'हंस', 'विशाल भारत', 'माधुरी', 'सुधा' आदि सबसे पारिश्रमिक लेते हैं?"

"'प्रताप', 'सैनिक' और 'योगी' के खजानों में रुपया हो, तो हम जबरदस्ती ले आएँ। यों 'प्रताप' से 30 रु. मासिक घर बैठे बहुत दिनों तक चार पृष्ठ प्रतिमास लिखने पर हमें मिला है। आड़े समय में 'प्रताप' और 'सैनिक' से हम अपनी रोटियों का कुछ अंश चला सकते हैं; पर इनमें लिखने का अवकाश ही नहीं मिलता। पारिश्रमिक देनेवाले पत्रों के वादे पूरे करने पड़ते हैं।"

"तो फिर आपको नौकरी की क्या चिन्ता? ढाई-तीन सौ रुपया मासिक तो आप कमा ही लेते होंगे?"

"आपको अभी हिन्दी साहित्य-सेवियों के विषय में बहुत कम ज्ञान है। मैं क्या कमा लेता हूँ, यह काहे को पूछते हैं?"—मुस्कराकर मैंने अपने एक नवयुवक साहित्य-प्रेमी मित्र से, जिनसे उपर्युक्त प्रश्नोत्तर हुए और जो स्वतन्त्र पत्रकार बनकर अपनी रोजी चलाना चाहते थे, कहा।

*　*　*　*

जब यह स्पष्ट है कि देश में साहित्य-सेवियों का महत्व कोरे राजनीतिज्ञों की अपेक्षा कहीं अधिक है और जब राष्ट्र-भाषा हिन्दी है, तब हमें दो बातों पर विहंगावलोकन करना है। पहले हमारे साहित्य-सेवियों की क्या दशा है और दूसरे उनको हिन्दी में क्या पारिश्रमिक मिलता है।

हिन्दी के नवीन लेखकों में एक प्रकार से ऐसी कुछ भावना मालूम होती है—वे यह समझे बैठे हैं—कि बस कहानी लिख ली और उनकी वह रद्दी-खद्दी कहानी समाचारपत्रों में निकल गई कि वे लेखक बन गए। हमारा यह अभिप्राय नहीं कि कहानी लिखना कोई सरल काम है, अथवा उच्चकोटि का कहानी-लेखक होना श्रयेस्कर नहीं। भारती का मन्दिर इतना विशाल है कि यहाँ सैकड़ों बढ़िया पुजारियों की आवश्यकता है पर यह ख्याल कर लेना कि साहित्य का एकमात्र अंग कहानी-साहित्य है, गलत है। हिन्दी में कहानियों—साधारण कहानियों की बाढ़-सी आ रही है; पर जीवन के भिन्न-भिन्न पहलुओं—उनके मार्मिक घात-प्रतिघातों का सजीव चित्र खींचनेवाले कितने हैं? भाषा और व्यंजना में तो अराजकता-सी फैली हुई है। अपने लेख में से कोई तो कामा, पाई और अक्षर का संशोधन हो जाना अपना अपमान समझता है, और कोई आचार्यों पर कीचड़ उछालता है और कोई अपने गन्दे मार्ग पर ताबड़-तोड़ दौड़े चल रहा है और 'हल्दी की एक गांठ' से—अपनी साधारण साहित्य-सेवा से, जो उनके बाद कोई खास यादगार न छोड़ेगी—साहित्यिक पंसारी बन बैठे हैं। निजी व्यक्तित्व बहुत कम लोगों में है।

प्रत्येक साहित्य-सेवी आचार्य द्विवेदी, पं. पद्‌म सिंह शर्मा, प्रेमचन्द और गणेश शंकर विद्यार्थी नहीं हो सकता। साहित्योपवन में प्रत्येक वृक्ष वटवृक्ष नहीं हो सकता और न होना ही चाहिए। बाग में आम, अमरूद, बबूल और फूल होते हैं। इसी प्रकार साहित्योपवन में भिन्न-भिन्न विषयों के लेखक होने चाहिए। कोई जरूरत नहीं कि आप आम ही हों। बबूल ही रहिए, जिसके कांटे चुभें। गेंदे का पौधा ही बनिए, जिसके फूल आकर्षित करें; पर अपनी हस्ती रखिए। नक्काल बनना ठीक नहीं। कौए का मोर के पंख खोंसकर मोर बनने की चेष्टा करना तिरस्कृत होना है।

हिन्दी के धनीमानी पत्र-संचालकों के बारे में यहाँ कुछ लिखना अप्रासांगिक होगा। यों हम कई बार लिख चुके हैं, और खासी कड़ी बातें लिख चुके हैं। और उनके कोप के भाजन भी बन चुके हैं। इन पंक्तियों के लेखक ने एक बार लिखा था कि परचूनिया आटा-दाल बेचता है और पत्र-संचालक (देशहित के लिए निकलने वाले समाचारपत्र,, जिनकी हानि-लाभ देश के लिए हैं, अपवाद हैं) अखबार निकालते हैं। नौकरशाही की तरह के भी दोहन और शोषण करते हैं।

गुजर-बसर होने का दृष्टांत तो पाठकों को स्व.पं.रुद्रदत्त जी की घटना से मिल गया होगा पर यह बात कोई बीस वर्ष पुरानी है। आज पं.रुद्रदत्त जी आगरे में होते, तो उन्हें वे दिन न देखने पड़ते। पालीवाल जी और पं.हरिशंकर शर्मा अपनी रोटियाँ

बांटकर उन्हें खिलाने में अपना गौरव समझते और प्रूफरीडरी मिलने की आशा श्री महेन्द्रजी से भी हो सकती थी। पर क्या कोई हिन्दी-साहित्य-सेवी लेख लिखकर, ईमानदार, सचाई और प्रतिष्ठा रखते हुए भी अपना गुजारा कर सकता है? हमारा उत्तर जोरदार शब्दों में है, हर्गिज नहीं। अभी नहीं—हिनोज़ दिल्ली दूरस्त (अभी दिल्ली दूर है)। मर खप कर लेख-लिखे जाते हैं, और उनपर इतना भी नहीं मिलता कि अकेले लेखक का उदर-पोषण हो और उसकी डाक का खर्च निकले। हमें यह अच्छी तरह मालूम है कि हिन्दी के पत्र कोई मुनाफे में नहीं चल रहे, और जब तक घाटा हो, तब तक पारिश्रमिक कैसे दिया जाए? हम पूछते हैं कि जब कभी उन्हें मुनाफा होगा, तब क्या वे पिछली अदायगी कर देंगे, या लेखक उन पर कोई मुकदमा चला देगा? जो पत्र मुनाफे में चल रहे हैं और जो अपने पास समाचार पत्रों और प्रकाशन से हजारों और लाखों कमा रखे हैं, वे ही कितना देते हैं? (इन पंक्तियों के लेखक को देश के हिन्दी, अंग्रेजी और प्रतिष्ठित बंगला पत्रों के पारिश्रमिक रेट के बारे में मालूम है।) जिन पत्रों को खासा मुनाफा है, क्या वे अपने लेखकों और प्रतिनिधियों को घाटे में चलनेवाले पत्रों की अपेक्षा अधिक देते हैं, अथवा क्या वे उन पत्रों का मुकाबिला कर सकते हैं, जो राष्ट्र-सेवा के प्राण हैं? क्या उन्होंने अपनी खुशियों को श्रमजीवी लेखकों में बांटने का प्रयत्न किया है? क्या लोगों को मालूम है कि मजदूरों की यूनियन है और किसान भी सम्हलते जाते हैं; पर लेखकों का धनी-धोरी कोई नहीं है? उनका Exploitation बहुत ही भयंकर है। जब लेख मुफ्त ही मिलें, जब भरती के लेखों से ही काम चल जाए और जब बढ़िया और मौलिक लेखों के बिना गन्दे विज्ञापनों से ही आमदनी हो सके, तब काफी पारिश्रमिक की ऐसी-तैसी। भूखा क्या नहीं करता? नून-तेल के लिए कुछ लिखना ही पड़ेगा और संचालक जो देंगे, उसे नाक रगड़कर लेना पड़ेगा और न लेंगे तो काम कैसे चलेगा? ऐसी मनोवृत्ति में बढ़िया लेखों, महत्वपूर्ण मौलिक कृतियों और लेखकों की कलम के करिश्मों को कोई कैसे देख सकता है? साहित्य-सेवी भी हाड़-मांस के बने मनुष्य होते हैं। भूख उन्हें भी सताती है। गृहस्थी की चक्की में उन्हें भी पिसना पड़ता है। उनके बाल-बच्चे भी होते हैं। इन सबके लिए खर्च चाहिए, और हिन्दी में लेख लिखकर कोई कितना कमा सकता है? इन बातों का उत्तर हम अपने कई साहित्य-सेवी मित्रों के पत्रों के उद्धरणों से देंगे। हमने यह मालूम करने की कोशिश की कि हिन्दी-साहित्य-सेवियों को एक ही अंक में समाप्त होने वाले लेख पर अधिक से अधिक क्या मिला और वर्ष में इनकी औसत आमदनी क्या हो जाती है। नमूना के तौर पर हम कई मित्रों के पत्रों के पारिश्रमिक-सम्बन्धी भागों को उद्धृत करते हैं।

अब से दो वर्ष पूर्व हमने स्व.प्रेमचन्दजी से पूछा कि कृपा करके वे हमें लिखें कि एक ही अंक में समाप्त होने वाले लेख पर उनको हिन्दी-वालों से क्या मिला है और सालाना औसत आमदनी उनकी क्या है:—

प्रिय श्रीरामजी,

××× आप इस विषय पर लेख लिखकर हिन्दी-लेखकों का परदा क्यों खोल रहे हैं? मैं खुद लेखक भी हूँ, और एक पत्र का प्रोपराइटर भी हूँ लेकिन बहुत इच्छा रहने पर भी मैं लेखकों की कोई सेवा नहीं कर सकता। जो-कुछ आमदनी होती है, वह इतनी भी नहीं होती कि कागज और छपाई का पूरा खर्च निकल आवे। लेखों पर मुझे अधिक से अधिक एक लेख पर 30) मिले होंगे, और लेखों से मेरी औसत आमदनी 30) महीने से ज्यादा कभी न हुई। साल का औसत इतना भी शायद नहीं पड़ता। 'हंस' से कुछ मिलता नहीं। 'माधुरी', 'सरस्वती', 'विशाल भारत' में मैंने चार साल से कुछ लिखा ही नहीं। बस... से तीसरे-चौथे महीने पच्चीस-तीस रुपये मिल जाते हैं, और उर्दूवालों से भी 100) साल में मिल जाते होंगे। कुल मिलाकर 300) सालाना से किसी हालत में ज्यादा नहीं, इससे कम होना बहुत सम्भव है। पुस्तकों की बिक्री 200) मासिक की है, मगर वह सब प्रेस और 'हंस' के घाटे की भेंट हो जाता है, और मुझे इधर-उधर नौकरी करके पेट पालना पड़ता है। मैं तो असफल लोगों में हूँ। और लोग शायद मुझसे अच्छे हों।...

सरस्वती प्रेस, बनारस कैंट
22.08.35

भवदीय
धनपत राय

यह है आमदनी की हालत हमारे चोटी के तपस्वी साहित्य-सेवी की। स्व. प्रेमचन्द जी हिन्दी-साहित्य के लिए गौरव थे। उनकी बदौलत हम अन्य भाषा-भाषियों के सामने आँखें ऊँची कर सकते हैं। और उनकी आमदनी लेखों से इतनी भी न थी, जिससे उनकी गुजर हो सकती। आज वे इस लेख को पढ़ने के लिए पार्थिव शरीर से मौजूद नहीं; पर हमें आशा है, प्रेमचन्द जी जैसे अन्य बन्धु इस पर्देफाशी से नाराज न होंगे।

इसी विषय में श्री 'निराला' जी लिखते हैं:—

श्रीमान् शर्माजी,

××× आप मेरी आमदनी के सम्बन्ध में पूछते हैं। सच तो यह है कि मैंने कभी आमदनी के विचार से काम नहीं किया। अनुवाद और सम्पादकों के लिए जो कुछ बैठा-बिठाया लिखता था, वह किसी तरह खर्च चला लेने के लिए। फिर भी पूरा नहीं पड़ता था। लेख के लिए 15) से 20) तक, अधिक से अधिक एक अंक में मुझे मिला है। ऐसे दो लेखों की आमदनी ज्यादा से ज्यादा महीने में हुई। खर्च मौलिक पुस्तकों का कापी राइट बेचने पर किसी तरह चला। 200-250) में कापी राइट बेची।

इलाहाबाद
06.02.37

सविनय
निराला

लखनऊ के हीवट रोड पर रहते हुए हमने निराला जी को करीब से देखा है और उनके यहाँ चाय पान के दौर में शामिल भी हुए हैं। श्रमजीवी साहित्य-सेवी के आतिथ्य व्यय का अनुमान भुक्तभोगी ही लगा सकते हैं। यदि हम गलती नही करते, तो 'निराला' जी के मित्रों की चाय के लिए कभी-कभी दो सौ से अधिक प्याले एक महीने में खर्च हो जाते थे। ये बातें लिखकर हम 'निराला' जी या अपने को या किसी और श्रमजीवी साहित्य-सेवी को किसी का दयापात्र नहीं बनाना चाहते। हाँ, यह जरूर दिखाना है कि श्रमजीवी साहित्य-सेवी अपनी कलम और स्वाभिमान के बल पर किसी अमीर की चिरौरी करने को तैयार नहीं। फूल जंगल में महकता है किसी की दिखावट के लिए नहीं, वरन् अपने स्वभाव से।

श्री सुदर्शन जी से हमें जबानी मालूम हुआ कि उन्हें एक लेख पर अधिक से अधिक 42) मिले हैं और लेखों से उनकी औसत सालाना आमदनी 200) के आसपास–चार छै रुपये कम ज्यादा–रही। हमारा ख्याल है कि यदि सुदर्शन जी को 250-300) मासिक की आमदनी होती तो वे सिनेमा की गली में न घुसते।

'विशाल-भारत'–सम्पादक पं. बनारसीदास चतुर्वेदी ने एक बार लिखा था कि वे स्वतन्त्र पत्रकार की हैसियत से असफल रहे; पर उनको अंग्रेजी और हिन्दी-पत्रों से एक लेख पर अधिक से अधिक कितना मिला और सालाना औसत आमदनी उनकी क्या रही, सो पाठक अन्यत्र शब्दों में पढ़ेंगे।

हमारा ख्याल है कि कोई भी लेखक, जिसकी कलम में जोर हो, घासलेट से खूब कमा सकता है; पर सवाल यही है कि संसार में गरीब सती भूखी-प्यासी रहकर, जीवन बितानेवाली स्त्री अधिक महत्व पाती है और आदरणीय है, न कि धन-सम्पन्न सदासुहागिन।

अब रही इन पंक्तियों के लेखक की बात। उसका भी परदाफाश होना चाहिए। पर वह परदानशीं कब था? हाँ, अपने पारिश्रमिक के विषय में लिखने में उसे कोई आपत्ति नहीं। एक लेख पर हमें अधिक से अधिक 70) मिले हैं। 50) एक पत्र से और उसी लेख पर 20) एक दूसरे पत्र से पर उस लेख की सामग्री प्राप्त करने में फोटो और रेल किराये में 30) खर्च भी पड़े थे। यों कई बार चालीस-चालीस रुपए प्रति लेख मिले हैं। कालम के हिसाब से 1।) कालम मिला है। पर यह सब हमारे विशेष लेखों के कारण ही हुआ था। सालाना औसत आमदनी 225 रही है कई वर्षों तक। वर्षों प्रयत्न किया कि लेख लिखकर जीविका चलाई जाए; पर ऐसा कभी न हुआ–

"फ्री लैंस जरनलिज्म पेइंग अगर होता;
शर्मा को आप पाते सरविस से दूर कोसों।"

बात यह भी नहीं है कि हम बनिया-वृत्ति के हों और बिना कुछ लिए लिखते ही न हों। बहुत लिखा है, और अब भी यथासम्भव लिखे देते हैं। देश की जो कुछ सेवा बन पड़े, वह अच्छा ही है। छै-छै महीने जेल जाकर लोग एसेम्बलियों की

उम्मेदवारी के लिए हकदार बनते हैं, तो हम यही समझ लेते हैं कि हमारी निःशुल्क साहित्य-सेवा एकाध वर्ष की मजे की जेल से तो कम नहीं–जेल की बहती गंगा में नहाने से तो बुरी नहीं; पर हमारी तबीयत से हूक तब उठती है, जब कुछ महत्वपूर्ण लेख लिखने को तबीयत करती है और साधन नहीं होते। उदाहरण के लिए, हमारी तबीयत हुई कि अबीसीनिया-युद्ध में भारत के कई पत्रों का प्रतिनिधि बनकर जाया जाए। वहाँ से दो-चार अंग्रेजी पत्रों का संवाददाता बनने की जुगत भिड़ा ली जाती। दो-एक पत्रों को टटोला। निजी सम्बन्ध से 200) मिल जाते; पर दस-बारह पत्र 500) देते, तो जाने में हमें कोई कठिनाई न होती। सब को लेख साथ-साथ मिलते। इस बात को हम खूब महसूस करते हैं कि भारत के स्वतन्त्र होते ही हममें से अनेक नेविन्सन सरीखे पत्रकार हो जाएँगे।

हमारे मित्रों का अनुमान होगा कि यूरोप और अमेरिका में साहित्य-सेवी और पत्रकार गुलछर्रे उड़ाते होंगे। हमें विदेश के पत्र-पत्रिकाओं की पारिश्रामिक दर मालूम है। अमेरिका और इंग्लैण्ड के कई प्रतिष्ठित साहित्य-सेवियों और पत्रकारों से हमारी मुलाकात है; पर वहाँ के विषय में विस्तार में लेख का कलेवर बढ़ेगा। पाठकों की जानकारी के लिए हम अपने एक प्रतिष्ठित और प्रसिद्ध अंग्रेज पत्रकार के पत्र का एक अंश उद्धृत करते हैं:–

लन्दन 15 सितम्बर, 1934

मेरे प्यार मित्र,

...आप इंग्लैण्ड की पत्र-पत्रिकाओं की पारिश्रामिक दर के विषय में पूछते हैं। दरों में बहुत अंतर है। 'डेली मेल' जैसे सम्पन्न पत्र के 25 पौंड से लगाकर 4 या 5 पौण्ड तक की साधारण रकम अन्य पत्रों से मिलती है। मुझे जो-कुछ मिलने की आशा होती है, वह इस बात पर निर्भर रहती है कि जो पत्र मुझे लिखने के लिए आमंत्रित करता है, उसके साधन क्या हैं। 'आब्जर्वर' या 'डेली न्यूज' से मुझे 10 पौण्ड या 8 पौंण्ड मिलते हैं। 'न्यू स्टेट्समैन' से 5 पौण्ड 'रेनाल्ड्स' (एक गरीब मजदूर-पत्र) से 4 गिन्नी। ये दरें एक हजार से चौदह सौ शब्दों के लेखों के लिए हैं।

यही बात अमेरिका के लिए लागू है। 'बाल्टीमोर सन' से मुझे 6 पौण्ड के बराबर डॉलर मिलते हैं और 'न्यू रिपब्लिक' से अपेक्षाकृत कुछ बड़े लेख के लिए 12 पौंड के बराबर। साधारणतया अमेरिकन दर अंग्रेजी दर से ऊंची है।

यूरोपियन (जर्मनी, फ्राँस आदि की) दर और भी कम है। मैंने साम्यवादी पत्रों के लिए ही लिखा है, जो गरीब हैं। वे एक पौण्ड या दो पौण्ड ही देते हैं। मैं यह किया करता था कि कई पत्रों को एक साथ वही लेख देता था। ये दरें वास्तव में आपकी भारतीय दर से कहीं बढ़कर हैं; पर आपको इस बात का भी स्मरण रखना चाहिए कि इस देश में रहन-सहन का खर्च भारत में रहनेवाले भारतवासी के खर्च से कई गुना है।

आपका सप्रेम...

इससे स्पष्ट है कि विलायत में भी पारिश्रमिक इतना अधिक नहीं है, जितना लोग समझे बैठे हैं। अमेरिका और इंग्लैण्ड में एक-एक लेख पर एक-एक हजार और दो-दो हजार मिल जाते हैं; पर वह ठीक उस प्रकार है, जिस प्रकार हिन्दी में कभी किसी को 60 या 70 या 80) मिल गये हैं। साथ ही यह ठीक है कि विचारशील भारतवासी अमेरिका या इंग्लैण्ड के पत्रों से एकाध लेख से कभी-कभी इतना कमा सकता है, जितना हिन्दी में साल-भर में कठिनाई से कमाएगा।

हिन्दी-साहित्य-सेवियों को तो तपस्वी बनकर जुटे रहना है। साहित्य-सेवा करना—किसी भी परतन्त्र देशवासी का साहित्य-सेवा के पथ पर आगे बढ़ना—घिस-घिसकर मरना है—अपने पूर्वजों के पापों के कारण प्रायश्चित करना है। बाप की गलतियों के लिए बेटे को भुगतना पड़ता है, इसलिए हतोत्साह होने की बात नहीं। घरफूंक तमाशा करने की जरूरत है ही। स्वार्थी संचालकों से लड़-भिड़कर भी—भूखे रहकर भी हमें लगा ही रहना है। इस रात्रि का अंत होगा ही। कभी अपने दिन आएँगे और हिन्दी साहित्य सेवी अपना पेट भर सकेंगे। उनके चिंतित चेहरों, उत्पीड़ित हृदयों और उनकी क्रुद्ध आत्माओं को कभी शान्ति मिलेगी ही; पर जरूरत इस बात की है कि वर्तमान परिस्थिति में भी समाचार-पत्रों के संचालक अपना मतभेद छोड़कर और झूठी शान को अलग रखकर Syndicated लेख लिया करें। अब समय आ गया है कि एक ही तारीख को भिन्न-भिन्न पत्रों में एक ही लेख के छपने की प्रथा हमारे यहाँ भी चलायी जाए। (संक्षेप)

अक्टूबर, 1937

हिन्दी-मन्दिर के प्रख्यात पुजारी
पण्डित रामनरेश त्रिपाठी और ब्रजभाषा

त्रिपाठी जीः (भक्त सूरदास और मीराबाई से) "जाओ भागो, तुम्हारी 'दो सौ कोस दूर की विचित्र भाषा' हमारी समझ में नहीं आती। हमारे 'हिन्दी-मन्दिर' में तुम्हारी भाषा का कोई स्थान नहीं।"

सूरदासः "तो फिर आप हमारी ब्रजभाषा के पदों का उपयोग अपनी पुस्तकों में क्यों करते हैं?"

त्रिपाठी जीः "वाह! वह बात दूसरी है। मैं व्यापार में ब्रजभाषा के उपयोग करने के पक्ष में हूँ, काव्य में नहीं!"

विशाल भारत : फरवरी, 1930

यूरोप पर चढ़ा हुआ युद्ध का भूत

विशाल भारत : अप्रैल, 1935

वास्तव में चोट किसके सर पर पड़ती है?

विशाल भारत : जून, 1941

1928

सरोज : परिचय

विमलेश्वर

हिन्दुस्तान के राजनैतिक, सामाजिक, सांस्कृतिक पटल पर 1920-30 का काल स्वाधीनता आन्दोलन के साथ-साथ नाना तरह के सुधारों का काल भी था। हिन्दी साहित्य में यह काल छायावाद का उत्कर्ष काल था। कविता के क्षेत्र में और गद्य में प्रेमचन्द-प्रसाद का बोलबाला था। ऐसे समय में कलकत्ते से 'सरोज' का प्रकाशन अपने समय ही नहीं, परवर्ती काल के लिए भी काफी अहमियत रखता है। 'सरोज' के कुल 15 अंक बड़ाबाजार लाइब्रेरी में उपलब्ध हैं। पत्रिका के प्रकाशन और स्वत्वाधिकार के बारे में पूर्ण विवरण इस प्रकार हैः—

सरोज (मासिक)
सम्पादक : श्री नवजादिक लाल श्रीवास्तव
स्वत्वाधिकारी : श्री कनका प्रसाद चौधरी
वार्षिक मूल्य : 4 रु. (देश में), 5 रु. (विदेश में)
छमाही मूल्य : 2 रु. पृष्ठ संख्या-72, विशेषांकों की-144
पता : मैनेजर, सरोज कार्यालय, 151, मछुआ बाजार स्ट्रीट, कलकत्ता-7

'सरोज' का प्रकाशन मुंशी नवजादिक लाल श्रीवास्तव, जो मतवाला मण्डल के वरिष्ठ सदस्य थे, के सम्पादन में शुरू हुआ। कवि किशोरी लाल गोस्वामी की पंक्तियों और पं. अयोध्यासिंह जी उपाध्याय 'हरिऔध' के आशीर्वचन से सरोज का पहला अंक ज्येष्ठ, संवत 1985 (सन् 1928) को निकला।

काव्यामोदी-मधुपमय सुरस तरंगित ओज
साहित्यामत भरित, यह सुरसित सुरुचि 'सरोज'

किशोरीलाल गोस्वामी

आशीर्वाद

अति मंजु-माधुरी मानसों में भरे
सहज विकास से विनोद हो बरसता

परम रुचि रचना हो कान्त रुचि-प्रोत
लोकचित चारुता विलोक हो हरसता
'हरऔध' रसदान करे, रस लोलुप को
नवराग रहे अनुराग को परसता
सरस बना के असरस भूत भूरिभाव
मंजुल सरोज सी 'सरोज' की सरसता

पा के कमलासन समान
कमलासन के प्रेम धन से धनी रहे
विदित विभाकर सी वर वंधुता को मिले
विपुल विभूति में विकचता सनी रहे
'हरिऔध' कर में विराजे कमलापति के
काल कमनीय अनुकूल अवनी रहे
ओज ओज सहित अमित-मंजुता से लसे
संतत 'सरोज' की सरोजता बनी रहे।

हरिऔध

नवजादिक लाल श्रीवास्तव ने 'सरोज क्यों?' का जवाब देते हुए लिखा है–

"अपनी तुच्छ शक्ति के अनुसार मातृभाषा की सेवा का अधिकार प्रत्येक मनुष्य को है और होना चाहिये। हम 'सरोज' द्वारा उसी अपने जन्मसिद्ध अधिकार का उपयोग अपनी इच्छा और तुच्छ क्षमता के अनुसार करना चाहते हैं। इससे यदि कोई प्रयोजन की सिद्धि हो तो हम अपना अहोभाग्य समझेंगे। 'सरोज' का मार्ग स्वतन्त्र होगा। यह प्रतियोगता में फंसकर अपनी नन्हीं-सी जान को संकटापन्न होने से बचाता हुआ अधिकतर अच्छी-अच्छी कहानियाँ और बीच-बीच में केवल जायका बदलने के लिये कुछ चुने हुए लेख लेकर ही प्रतिमास अपने प्रेमियों की सेवा में उपस्थित हुआ करेगा। साथ ही कुछ हंसने-हंसाने वाली सामग्री और संसार साहित्य के रंगबिरंगे सुमनों के सौरभ-संग्रह से भी 'सरोज' अपने प्रेमियों का मनोरंजन किया करेगा। नवीन साहित्य के निर्भीकतापूर्वक और पक्षपातरहित गुणागुण विवेचन द्वारा उत्कृष्टता को पुरस्कृत और निकृष्टता को तिरष्कृत करने में सरोज कभी परांगमुख न होगा।" यह एक अच्छी बात है कि 'सरोज' सम्पादक ने साहित्य के क्षेत्र में देश-जाति, और भाषा की सेवा का व्रत लिया। कोई बड़े-बड़े फतवे उसने नहीं दिये और अपनी शक्ति और सामर्थ्य की हद भी बता दी। सरोज के अंक इस लिहाज से प्रायः खरे उतरते हैं। इस संदर्भ में 'सरोज के प्रति' निराला की ये पंक्तियाँ द्रष्टव्य हैं:–

"केवल सरोज तुम
कांपते प्रवाह में शीर्ण एक नाल पर
दुर्बल आधार-
रहते हो सब अचल
अपने विश्वास पर
इसीलिये खुलता प्रभात
बीत जाती दुख रात तब
सिद्ध भगवान भुवन भास्कर जगाते तुम्हें
खोल नयन देखते हो,
किरणों से प्लावित
निस्सीम नभ हर्ष भर
साधना से पास ही
मिलते असीम से।

'सरोज' में प्रकाशित कविताओं पर सम्पादकीय टिप्पणियों को देखकर ऐसा लगता है कि मतवाला मण्डल के खास सदस्य होने, महादेव सेठ और निराला के अंतरंग होते हुए भी इस पत्रिका को छायावादी और रहस्यवादी वैतरणी से कुछ लेन-देना नहीं था। कुछ सम्पादकीय टिप्पणियों में तो छायावाद-रहस्यवाद पर बड़ा-कड़ा कशाघात है। इनसे प्रभावित नवागंतुक कवियों को भद्र-अभद्र स्वर में चेतावनी भी है। यह सही है कि नवजादिक लाल निराला के मित्र थे। यह भी सही है कि मतवाला मण्डल के आभा-मण्डल के चलते उन्हें काफी रचनात्मक सहयोग भी मिलता था पर छायावाद-रहस्यवाद विरोध में 'सरोज' गाहे-बगाहे मुखर हो जाता था। 'सरोज' के पांचवें अंक में 'साहित्य समीक्षा' कालम के अंतर्गत नवजादिक लाल की उत्प्रेरणा से चक्रपाणि चौबे ने पंत की 'वीणा' को आड़े हाथों लिया था—"जब यह कहा जाता है कि वीणा की कविताएँ रहस्यवाद की हैं, इसी से साधारण लोगों की समझ में नहीं आतीं, तब हमें बड़ी हंसी आती है क्योंकि रहस्यवाद के आधार वेद, वेदांत और उपनिषदों के रहस्य वाक्य तो समझ में आते हैं और ये कवितायें नहीं"। एक दूसरी जगह आगे वह कहते हैं—"'वीणा' की कविताएँ पढ़ने में भली मालूम पड़ती हैं, परन्तु उनका अर्थ ठीक नहीं लगता, तो ऋग्वेद के वचनानुसार राख पर रखी हुई उन लकड़ियों की तरह हैं जिनमें कुछ भी प्रकाश नहीं निकलता अर्थात् वे व्यर्थ हैं।" परवर्ती काल में उस विशेष कालखण्ड में जो धारा कविता की मूलधारा मानी गई, उस धारा से इतनी दूर एक अचरज की बात है। यही वजह है कि छायावादी-रहस्यवादी किस्म की कविताएँ प्रायः नहीं हैं। पंत पर यह कोप निराला-प्रेम की वजह से भी सम्भव है।

'सरोज' के प्रायः सभी अंकों में सम्पादकीय 'सरोज सौरभ' के अलावा

कहानियाँ, कविताएँ और लेख हैं। स्थायी स्तम्भ हैं–'चयन-चन्द्रिका', 'कहकहा', 'पुस्तक परिचय'। कहानियों में अधिकांश चटख प्रेम कहानियाँ हैं और कविताएँ अधिकांशतः वंदनापरक हैं। अंक-6 की ठाकुर गोपालशरण सिंह की 'दरबार' कविता द्रष्टव्य है–

बैठे थे कतारों में हजारों सरदार वहाँ,
मोती की अनेक लड़ियाँ थीं एक हार में
सब में समान भक्ति भाव था तुम्हारे प्रति
देते थे तुम्हें वे उर रत्न उपहार में।

था वहाँ किसी के रागद्वेष का न लवलेश
थे पगे सभी एक दूसरे के प्यार में
न्याय सत्य तुम पर चमर चलाते रहे
प्रेम का प्रकाश था तुम्हारे दरबार में।

एक ऐसे कालखण्ड में 'सरोज' निकला, जब उत्तरी प्रान्त से 'माधुरी' (1921), 'चांद' (1922), 'सुधा' (1927), 'हंस' (1930), 'स्वदेश', 'समय' (1927), 'दैनिक नवयुग' (1923) और 'सैनिक' (1925) तथा मध्य प्रान्त से 'कर्मवीर' (1919), राजस्थान से 'नवीन राजस्थान' (1922) और 'त्यागभूमि', बिहार से 'युवक' (1928), दिल्ली से 'महारथी' (1930), पंजाब से 'जातपात तोड़क' (1924), महाराष्ट्र से 'श्रमजीवी' (1923) और 'रणवीर' (1924) निकल रहे थे। उनकी कविताओं-कहानियों का मूल स्वर भी राष्ट्र की एकता, अखण्डता और आजादी के लिए प्राणोत्सर्ग है–

"स्वर्गालय के लिये आत्मबलि हम न करेंगे
जिस स्वदेश में जिये उसी पर सदा मरेंगे।

–'स्वदेश'

या

यश वैभव की चाह नहीं, परवाह नहीं जीवन न रहे
यदि इच्छा है, यह है जग में स्वेच्छाचार दमन न रहें।

–'नवीन राजस्थान'

'सरोज' के सम्पादकीय और यदा-कदा छपने वाले सम-सामयिक विचारोत्तेजक लेखों से उपर्युक्त चेतना जमकर मिलती है। सम्पादकीय और लेख 'सरोज' के सबल पक्ष हैं। इस पत्र ने स्वतन्त्र पत्र-पत्रिकाओं पर सरकारी हमलों का पुरजोर विरोध किया। जब कुछ दिनों 'कर्मवीर' की उग्रता को ब्रिटिश साम्राज्यवादी बरदाश्त नहीं कर सके और इंदौर में उसका प्रवेश बन्द हो गया, तब 'सरोज' सम्पादक ने अत्याचारी ब्रिटिश शासनतंत्र और होलकर के विरोध में प्रतिवाद करते हुए लिखा,

"जिस तरह प्रकाश से उल्लू घबराता है, उसी तरह भारतवर्ष की देशी रियासतों की सरकार अखबारों से घबराया करती है। इन अनूठी सरकारों को विश्वास है कि इनकी दुनिया में हमेशा वही बाबा आदमवाला जमाना मौजूद रहेगा और ये जन्म जन्मांतर तक इसी तरह अपनी प्रजा को गुलामी के बंधनों में जकड़े रहेंगी।... परन्तु इंदौर की सरकार को यह भूल नहीं जाना चाहिए कि जमाना बदल गया है। प्रजा की जान और माल की ठीकेदारी वाले दिन लद गए हैं। 'कर्मवीर' इंदौर में जाय या नहीं परन्तु पोल पर पर्दा पड़ा रहना अब मुश्किल है। इसके लिए बहुत से कर्मवीर तैयार हो गए हैं।" अंग्रेज शासकों के सशक्त सहयोगी देशी रजवाड़े और जमींदार थे। इस बात को प्रेमचन्द ने बारीकी से समझा था और 'सरोज' सम्पादक ने भी। उस क्रूर दमनतन्त्र के समय उपर्युक्त भूमिका से नवजादिक लाल की प्रखर राष्ट्रवादी चेतना का प्रमाण मिलता है। सम्पादक ने अपने लेखों में भाषा के सवाल, हिन्दुओं में जाति-पांति के बखेड़ों, अंग्रेजो के दमनतन्त्र एवं सामाजिक विभेदकारी नजरिए पर बड़े करीने से विचार किया है। हिन्दी की महत्ता पर विचार करते हुए लेखक ने दल—4 के सम्पादकीय में कहा है, "यह हर्ष की बात है कि भारत की राष्ट्रीय भाषा और राष्ट्रीय लिपि की आवश्यकता पर ज्यों-ज्यों विचार होता है, त्यों-त्यों भारतीय मनीषियों के ध्यान में हिन्दी की महत्ता आती जाती है। दक्षिण भारत के कई माननीय नेताओं ने हिन्दी के प्रचार का कार्य बड़ी मुस्तैदी से आरम्भ कर दिया है और इसमें उन्हें आशातीत सफलता भी मिली है। बंगाल के उदीयमान नेता श्री सुभाषचन्द्र बोस ने तो केवल हिन्दी की महत्ता ही नहीं स्वीकार की है बल्कि शीघ्र ही हिन्दी सीख लेने की प्रतिज्ञा की है। आचार्य प्रफुल्लचन्द्र राय की समझ में आ गया है कि अखिल भारत की राष्ट्रीय भाषा का गौरव केवल हिन्दी ही प्राप्त कर सकती है।" भाषा के सवाल पर दूरदेशी सम्पादक जहाँ हिन्दी के समर्थन में दोटूक निर्णय देता है और आजादी के बाद उसे विभिन्न बोलियों और भाषाओं को जोड़ने वाली कड़ी के रूप में देखता है, वहीं 'हिन्दोस्तानी' से परहेज भी करता है, जिसमें प्रेमचन्द लगातार लिखने और बोलने के पक्षधर थे। यह 'सरोज' की भाषा-दृष्टि की सीमाबद्धता है।

सामाजिक भेदनीति के मुद्दे पर बातचीत करते हुए सम्पादक चेतावनी देते हुए कहता है—"सामाजिक भेदनीति के कारण हिन्दू समाज की अधोगति सीमा पार करने चली है, परन्तु कूपमण्डूक समाज अभी तक जड़ पिंडवत् स्थिर बैठा है। शुद्धि संगठन, अछूतोद्धार, विधवा विवाह और बाल विवाह निषेध आदि आन्दोलनों की प्रबल तरंगों में सनातन धर्म के बह जाने की आशंका से हिताहित ज्ञान शून्य होकर वह केवल सुधारकदल को गाली देने में ही सारी शक्ति लगा देना चाहता है।" बहुत पहले नवजादिक लाल की कही हुई बातें आज भी कितनी भयावह सच्चाई लिए हैं। स्पष्ट है, लेखक जिस कालखण्ड में जी रहा था, वह भारतीय पुनरुत्थानवाद का काल था और कहीं न कहीं सम्पादक गहरे में सीमित वृहत्तर मानव मूल्यों से प्रभावित भी था।

'सरोज' का काल प्रथम विश्वयुद्ध और द्वितीय विश्वयुद्ध के बीच का काल है, जब पश्चिमी देशों की पूंजीवादी साम्राज्य-लिप्सा न केवल अपने ही देशों की बहुसंख्यक जनता को गुलाम बनाने, वरन् पूरी दुनिया को बांट-चूटकर खाने की थी। ऐसे में 'अमेरिका में गुलामी का नया संस्करण की यह पंक्ति देखें—"पश्चिमी देशों ने पूंजीवाद को अपनाकर समाज में फिर से एक नये ढंग की गुलामी की स्थापना कर डाली है।" आगे इसी लेख की उक्ति है—"जमीन और पूंजी कुछ थोड़े से लोगों ने अपना ली है। अतः संसार की विशाल जनता के लिये कुछ भी शेष नहीं रह गया है। एक ओर विशाल सम्पत्तिशाली व्यक्ति, कर्महीन, आलसी तथा निकम्मे बन जाते हैं और दूसरी ओर, क्षुधा से पीड़ित छोटी उमर के बालक-बालिकाओं को अपरिमित परिश्रम करते देखा जाता है। साथ ही आजीवन कठिन परिश्रम करने के बाद भी कठिनता से उन्हें जीवन की आवश्यक वस्तुएँ मिलती हैं। साथ ही आजीवन परिश्रम करने के बाद वृद्धावस्था में उनको अनाथालयों में शरण लेनी पड़ती है परन्तु ये अनाथालय भी जान बूझकर ऐसे भयंकर बनाये गये हैं कि जब तक वे लोग अल्प से अल्प मजदूरी वाला भी काम करने के योग्य होते हैं तब तक कभी यहाँ शरण लेने का विचार नहीं कर सकते।" 'सरोज' के इसी विचारोत्तेजक लेख में आगे की उक्ति है—"इन पूंजीपतियों ने पेट की ज्वाला से भयभीत मजदूरों को कैसे अपने पक्ष में कर रखा है और कैसे धर्माचार्यों, विद्वानों, राजनीतिज्ञों, अध्यापकों, व्याख्याताओं, लेखकों, विद्यालयों और समाचार पत्रों पर प्रभाव डालने वाले सभी शस्त्रों को अपने धन बल से संगठित कर लिया है, जिससे वे सभी मिलकर बुद्धि को भ्रष्ट करते रहें और मजदूर बेचारे इस अपनी असहायता को दैवी एवं प्राकृतिक ही नहीं वरन् समाज के श्रेय के लिये उचित और आवश्यक भी मानते रहें।"

'सरोज' की निर्भीक पत्रकारिता की दूसरी मिसाल पंजाब केशरी लाजपत राय के निधन पर मार्मिकता के साथ व्यक्त की गई वह वाणी है, जिससे वह स्वाधीनता-संग्रामियों को उन्हीं की तरह जेल और कठोर कारावास से अविचलित रहने का अनुरोध करता है और कुछ आगे जा लन्दन से लिवरपुल और मैनचेस्टर तक फैली तत्कालीन कपड़ा मिलों के खिलाफ स्वदेशी खादी का समर्थन करता है। जब 'साइमन बहिष्कार बुल' (एक हुंकारता सांड़ और डरा हुआ साइमन) जैसे कार्टून छाप कर स्वाधीनता आन्दोलन में अपनी समिधा होम करता है, तो सचमुच बहुत-बहुत अच्छा लगता है।

'आर्यमित्र' ने उन्हीं दिनों अपने अंकों में 'सरोज' के सम्बन्ध में टिप्पणी की थी—"यदि 'सरोज', जैसा हमारा अनुमान है, सर्वथा साहित्यिक विषयों की ही चर्चा करेगा तो उसके प्रकाशन का एक खास उद्देश्य स्पष्ट हो जायेगा और वह पत्र साहित्य जगत में समादर की एक चीज बन जायेगा।"

सम्पादकीय

नवजादिक लाल श्रीवास्तव

लोचन प्रसाद पाण्डेय

पहला अंक, मई 1928

हिन्दी में 'सुधा', 'माधुरी', 'सरस्वती', 'विशाल-भारत' और 'त्यागभूमि' आदि दर्जनों विविध-विषय-विभूषित सर्वांग सुन्दर मासिक पत्र-पत्रिकाओं के होते हुए 'सरोज' जैसे एक छोटे से मासिक पत्र की क्या आवश्यकता थी? इस प्रश्न का ठीक-ठीक उत्तर देना हमारे लिए अत्यंत कठिन है क्योंकि हमें स्वप्न में भी यह आशा नहीं है, कि हमारा यह तुच्छ प्रयास हिन्दी-साहित्य के किसी अभाव की पूर्ति कर सकेगा या कोई साहित्य विषयक नवीन सामग्री अपने प्रेमियों के सामने उपस्थित कर देगा परन्तु अपनी तुच्छ शक्ति के अनुसार मातृभाषा की सेवा करने का अधिकार प्रत्येक मनुष्य को है और होना चाहिए। हम 'सरोज' द्वारा उसी अपने जन्मसिद्ध अधिकार का उपयोग अपनी इच्छा और तुच्छ क्षमता के अनुसार करना चाहते हैं। इससे यदि किसी प्रयोजन की सिद्धि न हो तो हमें कोई आश्चर्य और दुख न होगा और यदि हो जाए तो हम अपना अहोभाग्य समझेंगे। 'सरोज' का मार्ग स्वतन्त्र होगा। यह प्रतियोगिता के चहले में फंसकर अपनी नन्हीं-सी जान को संकटापन्न होने से बचाता हुआ अधिकतर अच्छी-अच्छी कहानियाँ और बीच-बीच में, केवल जायका बदलने के लिए-कुछ चुने हुए लेख और कविताएँ लेकर ही प्रतिमास अपने प्रेमियों की सेवा में उपस्थित हुआ करेगा साथ ही कुछ हंसने-हंसाने वाली सामग्री और संसार साहित्य के रंग-बिरंगे सुमनों के सौरभ संग्रह से भी 'सरोज' अपने प्रमियों का मनोरंजन किया करेगा। नवीन साहित्य के, निर्भीकतापूर्वक और पक्षपात रहित, गुणागुण-विवेचन द्वारा उत्कृष्टता को पुरस्कृत और निकृष्टता को तिरस्कृत करने में 'सरोज' कभी पराङ्मुख न होगा। चमकदार चित्रों के बिना तो शायद आजकल मासिक पत्रों की शोभा की वृद्धि ही नहीं होती, इसलिए 'सरोज' में प्रति मास अच्छे-अच्छे बहुरंगे चित्र भी छपा करेंगे। नवीन हिन्दी-शिल्पियों की प्रतिभा को प्रश्रय प्रदान कर उन्हें मातृभाषा की सेवा के लिए सतत उत्साहित करते रहना 'सरोज'

अपना परम कर्तव्य समझेगा और उनकी अपरिमार्जित रचनाओं को परिमार्जित कर साहित्य संसार के सामने उपस्थित किया करेगा। 'सरोज' के गौण विषयों में व्यंग्य-चित्र, नए-पुराने, जीवित-मृत, युवक-वृद्ध हिन्दी-साहित्य सेवियों के चित्र और उनकी कृतियों का संक्षिप्त परिचय आदि रहेगा, परन्तु तो भी यह भानुमती की पिटारी न होगा और न 'गागर में सागर' भरने का व्यर्थ प्रयास करेगा। बस, यही चन्द रसगंध विहीन विशुष्क पंखड़ियाँ 'सरोज' की संबल है। इन्हीं को अपनी हार्दिक श्रद्धाभक्तिपूर्वक मातृभाषा हिन्दी के चरणों में अर्पित कर यह अपना जीवन सार्थक और सफल समझेगा।

सम्पादक-सम्मेलन

'सरोज' की इसी संख्या में, 'विशाल भारत' सम्पादक पण्डित बनारसीदास चतुर्वेदी का 'पत्रकार सम्मेलन' शीर्षक एक लेख छपा है। हिन्दी-पत्रकारों के संगठन का उद्योग तो कई वर्षों से-नहीं, प्रायः एक युग से चल रहा है, परन्तु सफलता तो क्या अभी तक भूमिका के भी समाप्त होने का कोई लक्षण नहीं दीखता। पण्डित श्री नरदेव शास्त्रीजी ने बड़ी चेष्टा की और बरसों से पं. बनारसीदास जी भी कोशिश कर रहे हैं, परन्तु अभी तक बहुत कम पत्रकारों ने इस आवश्यक कार्य की ओर ध्यान दिया है। यहाँ तक कि उनकी उदासीनता से चतुर्वेदी जी कुछ निराश से हो गए हैं और इस कार्य को सौंपने के लिए अपने से योग्यतर हाथों की तलाश में हैं। यह आशा के लक्षण नहीं हैं क्योंकि इस कार्य का भार लेने के लिए हिन्दी में, पं. नरदेवजी और चतुर्वेदी जी से बढ़कर भी योग्यतर हाथवाला आदमी मौजूद है, यह हमें मालूम नहीं। हमारा तो अनुमान है कि कामों की अधिकता के कारण हमारे सम्पादक महोदयों को पत्रकार-सम्मेलन की आवश्यकता को अच्छी तरह हृदयंगम करने का मौका ही नहीं मिलता। दूसरे, विचारों की विभिन्नता के कारण पारस्परिक सहानुभूति और स्वाभाविक सहृदयता का भी अभाव हो गया है। यही वजह है कि पारस्परिक निन्दा का अवसर मिलने पर तो उनकी लेखनी फन फटकार फुफकार छोड़ने को तैयार हो जाती है, परन्तु प्रशंसा और सहानुभूति प्रदर्शन के समय शब्दों का दिवाला सा निकल जाता है। बहुत से पत्रकार तो विचार विभिन्नता के कारण दूसरे पत्र या पत्रकारों का, जरूरत पड़ने पर भी, नाम तक नहीं लेते, इसलिए 'अभी समय नहीं आया है' यह बहुत ठीक है।

जुलाई, 1928

खद्दर की महिमा

अगस्त के आरम्भिक सप्ताह में देशभक्त सेठ जमनालाल जी बजाज काशी पधारे थे। उनके उद्योग से हिन्दू-विश्वविद्यालय में एक खादी-भण्डार की स्थापना हुई है और एक खादी-प्रचारक-मण्डल भी संगठित हुआ है। उस अवसर पर काशी के धनकुबेर दानवीर बाबू शिवप्रसाद गुप्त ने अपने छोटे-से ओजस्वी भाषण में स्वदेशीपन और खादी के जो गुण गाए हैं, उन्हें सुनकर भी तो खादी-विरोधी सज्जन कुछ हयादारी दिखाएँ, इसलिए गुप्तजी के कुछ शब्द यहाँ व्यक्त किए जाते हैं–"आजकल देश में चारों और राष्ट्रीयता की धूम मची हुई है। राष्ट्रीयता है क्या वस्तु? इस पर ध्यानपूर्वक विचार करना चाहिए। इंग्लैण्ड में प्रदर्शनी थी। उसमें अमरीका से बहुत से रेमिंगटन टाइप-राइटर आए थे। बादशाह को यह देख बड़ा आश्चर्य एवं दुख हुआ। उन्होंने कहा कि यह बड़े ही शोक की बात है कि इंग्लैण्ड जैसे गौरवशाली देश में टाइपराइटर नहीं बनते। अमेरिका के टाइपराइटरों से हमें काम नहीं लेना चाहिए। मोटरों के सम्बन्ध में भी उनका यही कहना था। इसी कारण प्रायः अंग्रेज अमरीका की मोटरों का व्यवहार नहीं करते। इंग्लैण्ड में एक समय ऐसा भी था, जब भारतीय कपड़ा पहनने और बेचनेवालों से आर्थिक दण्ड लिया जाता था। यही है राष्ट्रीयता! सबके हृदय में स्वदेश के प्रति उन्नतिकारिणी भावनाएँ रहनी चाहिए। जब पहले पहले अंग्रेज इस देश में आए थे तो वे कहा करते थे कि भारतवर्ष में ऊख और मिठाई पेड़ में फलती है। ऐसे विचार कपास के पौधे और ऊख को देखकर ही उनके हृदय में उत्पन्न होते थे। उसी देश की आज यह दशा है। युवावस्था में मैं 18 रुपये जोड़े तक की धोतियाँ पहनता था और साल में लगभग 12 जोड़ी धोतियाँ फाड़ डालता था। अब जब से मैं खादी पहनने लगा हूँ तब से अधिक से अधिक 6 जोड़ी धोतियाँ पहनता हूँ। इन्हें ही पहनते-पहनते थक जाता हूँ। धोतियाँ फटती नहीं। विवश होकर मैं अपनी पत्नी को धोतियाँ दे देता हूँ और कहता हूँ कि इनके रूमाल बना दो। पहनने से ये फटतीं ही नहीं। इतना ही क्यों, खादी की महिमा सर्वव्यापिनी होती जा रही है। भारत के स्वानामधन्य दार्शनिक प्रवर साधु टी.एल.वास्वानी ने अपने शक्ति आश्रम (राजपुर) में नवयुवकों को खादी का शुभ संदेश देते हुए कहा है–मेरे विचार से खादी ब्रिटेन के प्रति विद्वेष का राजनीतिक प्रतीक नहीं है, किन्तु सरलता और सेवा के जीवन का आर्थिक-नैतिक प्रतीक है। खादी पहनना भारत के गरीबों का अर्थ कष्ट कुछ कम करना है। उन्हें पुनः सरल जीवन की ओर जाने में सहायता देना भी है। डीन इंज ने कह रखा है–"हमने लंकाशायर के कपड़े की प्रतियोगिता द्वारा भारत के चमके हुए वस्त्र-व्यवसाय को नष्ट कर डाला।" इंग्लैण्ड ने भारत पर जो औद्योगिक आक्रमण किया था वो फल उसे भी मिले बिना नहीं रहा। इंग्लैण्ड उद्योगवाद–उसके कालकारखाने– भारतवासियों के संतोष और निष्क्रियता के

आधार पर खड़े हुए और उसकी बदौलत इंग्लैण्ड की समृद्धि बहुत हुई पर उसी उद्योगवाद का परिणाम सामाजिक विषमता और युद्ध भी है। धन की अधिकता से विलासिता की उत्पत्ति होती है। विलासिता का लक्ष्य सुखभोगमय जीवन है। सरलता में शक्ति है। खादी पहनना लंकाशायर के उद्योगवाद को कुचलना है और फलतः इंग्लैण्ड को सरल जीवन ग्राम्य कृषक की ओर लौटने में सहायता देना है। अधिक गम्भीर दृष्टि से देखने से खादी विश्वशान्ति में सहायता करती दिखाई देगी। विश्वशांति के मार्ग में सबसे अधिक बाधा 'विशाल राष्ट्रों' द्वारा पूर्व का-एशिया का ध्रुवीकरण है। इस अपहरण को रोकना विश्वशान्ति के कार्य में सहायता करना है। मेरे विचार से खादी उस सरल जीवन का प्रतीक है जो उस नई सभ्यता की विशेषता होगी, जिसकी संसार को अत्यंत आवश्यकता है। युवक-आन्दोलन का उद्देश्य जींवन में समता, सरलता, सुन्दरता और एकता लाना है और यही सरलता एकता तथा सेवा भाव का निशान है। वस्तुतः खादी हिन्दुस्तान के गरीबों की रोजी है। खादी को धारण करने वालों में सबसे पहले गरीबों के प्रति सहानुभूति का भाव उदय होता है—सरलता, एकता और सादगी के भाव बाद में आते हैं। स्वदेश के भाइयों के प्रति सहानुभूति होना परम राष्ट्रभक्ति का चिन्ह है और इस प्रकार खादी हमारी राष्ट्रभक्ति की भी परिचायक है।

हिन्दुओं में जात-पांत के बखेड़े

प्राचीन भारत में हिन्दुओं के अन्दर केवल चार ही वर्ण थे—ब्राह्मण, क्षत्रिय, वैश्य, शूद्र। तब समाज की श्रृंखला और व्यवस्था बहुत अच्छी थी। वर्णाश्रम धर्म की पवित्र मर्यादा भी सुरक्षित थी। संघशक्ति भी काफी थी फलतः देश परपद-दलित नहीं था किन्तु जब से हिन्दुओं के इन चार वर्णों की गुफा से असंख्य जातियों का टिड्डी दल निकला, तब से हिन्दुओं की सामूहिक उन्नति की खेती चौपट हो गई। वे तास के महल की तरह बिखर गए। उनकी शक्ति श्रृंखला की कड़ियाँ टूट-फूटकर अलग-अलग हो गईं। संगटन बल जाता रहा। वे बार-बार परपद-दलित होने लगे। हड्डी-हड्डी बिखर जाने से जिस प्रकार शरीर निकम्मा हो जाता है, उसी प्रकार संघशक्ति के छिन्न-भिन्न होने से हिन्दू भी निर्बल और निस्तेज हो गए। नतीजा यह हुआ कि ईसाई और मुसलमान उन पर हावी हो गए। यदि हिन्दुओं में जात-पांत और छुआछूत के झमेले न होते, तो वे शताब्दियों से गुलामी की जंजीर में जकड़े न जाते। उनके इसी आडम्बर, मोह और दम्भ को दूर करने के लिए कुछ जातीयता-प्रेमी सज्जनों ने लाहौर में एक जात-पांत तोड़क मण्डल स्थापित किया है, जिसका कार्य बड़े उत्साह और सफ़लता से हो रहा है। अभी हाल में गत ता. 7वीं अगस्त को, मेरठ

में 'जांत-पांत-तोड़क सम्मेलन' हुआ था। उसके सभापति थे शुद्धि और अछूतोद्धार के प्रसिद्ध उत्साही कार्यकता कुंवर चांदकरण शारदा, एम.ए.एल.एल.बी। उन्होंने अपने भाषण में अनेक उदाहरणों द्वारा हिन्दुओं को सावधान एवं सचेत किया है कि वे अपने में से जाति-उप-जातियों की अनगिनत टोलियाँ मिटावें, नहीं तो विधर्मी उन्हें निगले बिना न मानेंगे। शारदा जी अपने भाषण में कहते हैं–"यह जाति-पांति ही है जिससे कि विधवा विवाह में रुकावटें पड़ रही हैं। एक सज्जन ने कहा था कि हिन्दू संगठन करना तराजू में मेंढकों का तौलना है। एक ब्राह्मण जाति में ही 927 उपजातियाँ हैं। एक को समझाते हैं तो दूसरी जाति मेढक की तरह उछलकर भाग जाती है। एक दूसरे को इतना भेद-भाव से देखती है कि पास तक बैठकर भोजन करना पाप समझती है। इस जाति-पाँति से शुद्धि के कार्य में भी रुकावट होती है, क्योंकि कई जाति वाले शुद्ध हुए भाइयों को समान अधिकार नहीं देते, और कई शुद्ध हुए भाई विवाह न होने से विधर्मियों में वापस लौट जाते हैं। जाति-पांति के सम्बन्ध में ऐतिहासिक दृष्टि डालने से पता चलता है कि पहले कोई जाति-पांति नहीं थी, जाबाली अज्ञात-कुल का था, 'मतंग' चाण्डाल था, 'वशिष्ठ' वेश्या-पुत्र थे, 'व्यास' धीवरी की संतान थे, 'जनश्रुति' शूद्र थे 'पराशर' की माता चाण्डाली थी, विदूर जी दासी के पुत्र थे, विश्वमित्र क्षत्रिय थे परन्तु फिर भी अपने श्रेष्ठ कर्मों के कारण उच्च ऋषिपद को प्राप्त हुए। इसके अतिरिक्त द्रौपदी के स्वयंवर में ब्राह्मण वेश में 'अर्जुन' आए, सीता के स्वयंवर में 'रावण' भी ब्राह्मण होते हुए क्षत्रिय कन्या से विवाह करने के लिए पहुँचा। गार्गी, शांडिल्य, कात्यायन आदि गोत्र क्षत्रियों से बने हैं। अग्निवंश के राजपूत ब्राह्मणों की संतान हैं। नागकन्या 'अलोपा' का अर्जुन से और सेल्यूकस की कन्या का चन्द्रगुप्त से विवाह हुआ था। इस प्रकार हूण, सीदियन, क्षत्र, तुरष्क, मैत्रिक आदि लोग विदेश से आकर हिन्दू जाति में मिल गए। क्षत्रियवंशी 'ऋषभदत्त' का 'संगमित्रा' से विवाह हुआ था। कम्बोडिया देश में हिन्दू जाकर बसे और वहाँ विवाह-शादियाँ कीं। दसवीं शताब्दी में पण्डित दिवाकर कम्बोज देश गए और उन्होंने अपना विवाह वहाँ के राजराजेन्द्र वर्मा की पुत्री से किया। इसी प्रकार चंपा (अनाम) द्वीप में हिन्दुओं ने अपना राज्य और सभ्यता फैलाई। तेरहवीं शताब्दी में कन्नौज के ब्राह्मण राजा 'राजेशखर' का विवाह चौहान घराने की कन्या 'अवंतीसुन्दरी' के साथ हुआ। यह बात 'कर्पूर मंजरी' नामक पुस्तक में लिखी है। शूद्र वंश में उत्पन्न मौर्यवंश की कन्या से मेवाड़ के राजा 'बाधा' का विवाह हुआ। कुंवर 'जगमाल' ने जोधपुर वालों ने पन्द्रहवीं शताब्दी में अपना विवाह मैंडू के नवाब की लडकी 'गोंदोली' से किया। वस्तुपाल–तेजपाल–गुजरात के सेनापति को वैशूल होते हुए, जालौर के ठाकुर आसाजी की पुत्री ब्याही गई। उदयपुर के महाराणा हम्मीर सिंह ने अलाउद्दीन खिलजी के राज्यकाल में मालदेवी की विधवा पुत्री से विवाह किया। जोधपुर के राव टाण्डा जी ने सावंत सिंह की विधवा रानी 'सबली सिओदनी' से विवाह किया।

बीकानेर के राव बीकाजी राठोर ने खंडले के चौहानों की विधवा बहिन से विवाह किया। जयपुर के राजा मानसिंह ने कूच बिहार की पुत्री से विवाह किया जो कि राजपूत जाति के नहीं माने जाते थे।" आशा है, विचारशील हिन्दू उस भाषण पर ध्यान देंगे। ध्यान रहे, जातीय ह्रास रोके बिना अब कल्याण नहीं।

सितम्बर, 1928

स्वराज और शिक्षा

भारतीय शिक्षा विभाग की अवस्था की जाँच के लिए साइमन कमीशन के संचालकों ने मि. हार्टग की अध्यक्षता में एक उप-समिति बनाई है। ऐसी ही एक उपसमिति स्वास्थ्य विभाग की जाँच-पड़ताल के लिए भी बनाई गई है। शिक्षा और स्वास्थ्य आदि के लेहाज से भारतवासियों में स्वराज शासन की कितनी योग्यता है, शायद यही जानने के लिए इन उप-समितियों की स्थापना हुई है। साथ ही इससे देशीय मंत्रियों की कारगुजारी का भी पता लग जाएगा और फलस्वरूप उन्हें अयोग्यता का सर्टिफिकेट भी हासिल हो जाए तो कोई आश्चर्य नहीं परन्तु अफसोस की बात है कि हार्टग कमिटी के सामने पेश करने के लिए भारत सरकार ने जो रिपोर्ट तैयार की है, उससे देशीय मंत्रियों की अयोग्यता प्रतिपादित होने से पहले अंग्रेजी शासन का सर्व प्रधान कलंक ही विशद भाव से फट पड़ा है और यह अच्छी तरह प्रमाणित हो गया है कि स्वराज की योग्यता प्राप्त करने का एक मात्र उपाय स्वराज लाभ ही है क्योंकि पौने दो सौ वर्षों के घोर परिश्रम के बाद यह सुसभ्य सरकार केवल फी सैकड़ा सात भारतवासियों को शिक्षित बना सकी है! अथच इस सरकार के यहाँ पदार्पण करने से पहले, अन्यान्य जातियों की तरह इस देश के अधिवासी निरे अशिक्षित और मूर्ख भी न थे। उनमें शिक्षा का प्रचार था और वे पढ़ने-लिखने का महत्व भी समझते थे। उस समय प्रत्येक अच्छे गाँव में संस्कृत के पण्डितों और गुरुओं की पाठशालाएँ और मौलवियों के मकतब थे। अक्षर ज्ञान के अलावा और प्रकार की शिक्षा के साधन भी मौजूद थे परन्तु इन सभ्य महाप्रभुओं के शुभागमन के बाद अब उनके अस्तित्व का भी कहीं पता नहीं। हमारे जान और माल के मालिक हमारी शिक्षा के लिए और कुछ न करके यदि उन पाठशालाओं की ही रक्षा कर सकते, तो हमारे देश की व्यवस्था इस अधोगति को न पहुँचती और उनका अमल धवल मुँह भी कलंक-कालिमा से बच जाता! बृटिश भारत की जनसंख्या तीस करोड़ है। इन तीस करोड़ मनुष्यों को पण्डित बनाने के लिए हमारी उदाराशया सरकार ने अपनी रिपोर्ट के अनुसार गत सन् 1926 तक सारे देश में 183164 प्राथमिक विद्यालयों की स्थापना कर डालने की कृपा की थी, जिनके द्वारा कुल 72 लाख बालक शिक्षा प्राप्त कर सकते थे! इधर इन दो वर्षों में मुमकिन है कुछ विद्यालय और बढ़ गए

हों, छात्रों की संख्या में भी दर्जन दो दर्जन की वृद्धि हो गई हो! इन प्राथमिक विद्यालयों में जिस तेजी के साथ विद्यार्थियों की संख्या बढ़ रही है, वह भी कम मनोरंजक नहीं है। सुनिए, सन् 1916 में यह संख्या फी सैकड़ा 23 थी, वह इन वर्षों में अर्थात् सन 1926 में बढ़कर 31 हो गई। इस समय प्राथमिक शिक्षा योग्य बालकों की संख्या इस देश में फी सैकड़ा 52 है। अगर शिक्षा की यही प्रगति कायम रह गई तो इन बालकों को शिक्षित बनाने में हमारी सरकार के कितने जन्म बीत जाएँगे, यह आप स्वयं विचार कर सकते हैं। इसके सिवा यह सरकार शिक्षा विभाग के लिए हर साल कितने पैसे खर्च कर देती है यह भी किसी से छिपा नहीं है। अन्यान्य देशों की गरीब सरकारें भी सबसे अधिक पैसे शिक्षा के लिए खर्च करती हैं और हमारी सरकार सबसे अधिक पैसे खर्च करती है, रूस के ख्याली हमले से देश की रक्षा करने के लिए। यूरोप के छोटे से छोटे देश की अवस्था भी हमारे देश से अच्छी है। ऐसी दशा में यह कहना अत्युक्ति न होगी कि इस सरकार ने इस सम्बन्ध में अपनी अयोग्यता का काफी परिचय दे दिया है और इस बात को अच्छी तरह प्रमाणित कर दिया है कि जब तक भारत को स्वराज्य नहीं प्राप्त होगा, तब तक वह शिक्षा से भी वंचित ही रहेगा।

सामाजिक भेदनीति

सामाजिक भेदनीति के कारण हिन्दू-समाज की अधोगति सीमा पार करने चली है, परन्तु कूपमण्डूक समाज अभी तक जड़पिंडवत् स्थिर बैठा है। शुद्धि संगठन, अछूतोद्धार, विधवा-विवाह और बाल-विवाह निषेध आदि आन्दोलनों की प्रबल तरंगों में सनातन धर्म के बह जाने की आशंका से हिताहित ज्ञान शून्य होकर वह केवल सुधारक दल को गाली देने में ही अपनी सारी शक्ति लगा देना चाहता है। मानो मनु महाराज के दो-चार श्लोकों की आवृत्ति और कुछ चुनी हुई गालियों का प्रयोग ही इस मर्ज़ की दवा है। अन्यान्य सुधारों की तो बात ही क्या है! वह शास्त्र विरोधी सामाजिक भेदनीति के प्रतिकार का भी कोई उपाय नहीं करता! वर्ण व्यवस्था की रक्षा के नाम पर वर्णों की शाखा-प्रशाखाओं की भी रक्षा कर वह उसे सदा फूला-फला देखते रहने का अभिलाषी है। ब्राह्मणों में सैकड़ों जातियाँ मौजूद हैं, क्षत्रियों में सैकड़ों भेद हैं। यही दशा वैश्यों और शूद्रों की भी है। प्रत्येक वर्ण सैकड़ों टोलियों में विभक्त होकर छिन्न-भिन्न हो रहा है परन्तु इसे अशास्त्रीय स्वीकार करते हुए भी इसके प्रतिकार की कोई चेष्टा नहीं की जाती। सामाजिक सभाएँ यदि इधर ध्यान दें और पारस्परिक भेद-भावों को भूलकर इस अशास्त्रीय और अर्वाचीन प्रथा को विलुप्त करने की चेष्टा करें तो शीघ्र ही सफलता प्राप्त हो सकती है। थोड़ी सी उदारता, शुद्ध बुद्धि और विवेक से काम लेकर कूपमण्डूक दल भी इसकी आवश्यकता का अनुभव कर

सकता है। अगर ब्राह्मण-ब्राह्मण मात्र से और क्षत्रिय-क्षत्रिय से, तथा वैश्य-वैश्य मात्र से सामाजिक सम्बन्ध स्थापित कर लें, तो धर्म के ठीकेदारों की यजमानी भी कायम रह जाए और समाज की बिखरी हुई शक्तियाँ भी केन्द्रीभूत हों जाएँ, जाग्रत हिन्दू समाज को अपनी थोड़ी-सी शक्ति इस अत्यावश्यक कार्य की ओर भी लगानी चाहिए। सामाजिक एकता की रक्षा के लिए यदि इस भेद-नीति के विरुद्ध आन्दोलन जारी हो तो हमारी समझ में सफलता भी शीघ्र ही मिल जाएगी।

पुरानी पोथियों का निर्वासन

'हितवादी' नाम के बंगला अखबार में छपा है कि बंगाल की एशियाटिक सोसाइटी के मन्त्री मि. डेनमेनन हालैण्ड के रहने वाले ओलन्दाज हैं। आजकल आप इस देश से प्राचीन हस्तलिखित पोथियां संग्रह करके अपने देश भेज रहे हैं। एशियाटिक सोसाइटी के पास रुपये नहीं हैं, इसी से मेनन महोदय उन पोथियों को बटोर-बटोर कर समुद्र पार भेज रहे हैं परन्तु भारतवर्ष के लिए यह केवल दुख ही नहीं, वरन् महान कलंक की बात है। हमारा बहुत कुछ यूरोप चला गया है। अब जो कुछ थोड़ा-सा बच गया है, यदि वह भी इसी तरह चला जाएगा तो हम कहीं के न रहेंगे। बंगाल की एशियाटिक सोसाइटी यदि हमारे प्राचीन ग्रन्थों की भी रक्षा नहीं कर सकती तो हम नहीं समझते कि वह किस मर्ज की दवा है और क्यों जीती है? प्राचीन ग्रन्थों का निर्वासन हमारी नालायकी का परिचायक है। ईश्वर जाने कब हम अपनी प्राचीन सभ्यता की रक्षा के लिए तैयार होंगे।

अक्टूबर, 1928

राष्ट्रभाषा और उड़ीसा

आगामी कांग्रेस के सम्मेलनी सप्ताह में उपर्युक्त सम्मेलनों के साथ राष्ट्रभाषा सम्मेलन भी होने वाला है। बंगाल में राष्ट्रभाषा का प्रचार करने की इच्छा से, कलकत्ता में, अभी थोड़े ही दिन हुए एक नयी संस्था की नींव डाली गई है, उसी के उत्साही कार्यकर्ताओं ने राष्ट्रभाषा सम्मेलन का भी आयोजन किया है। हमें सम्मेलन की सफलता की पूरी आशा है क्योंकि कांग्रेस के अवसर पर सारे देश के राष्ट्रभाषा प्रेमी सज्जनों का खास जमाव होगा साथ ही इस सम्मेलन द्वारा बंगाल में हिन्दी के प्रचार का मार्ग बहुत कुछ सुगम हो जाएगा। बंगाल के राष्ट्रीय नेताओं के साथ ही बंगीय युवक कांफ्रेस ने भी राष्ट्रभाषा की आवश्यकता और हिन्दी की उपयोगिता स्वीकार कर ली है। आवश्यकता है सुचारु रूप से प्रचार करने की और तरुण बंगाल के लिए

हिन्दी सीखने का साधन सुलभ कर देने की। यद्यपि यह भी कोई बिल्कुल आसान काम नहीं है, परन्तु जिन उत्साही युवकों ने यह कार्य अपने हाथों में लिया है, वे इसे अवश्य ही पूरा करके दिखाएँगे, ऐसी आशा की जा सकती है। और अगर बंगाल में हिन्दी का प्रचार करने में हमने सफलता प्राप्त कर ली, तो हिन्दी के राष्ट्रभाषा होने के मार्ग की बड़ी भारी अड़चन भी जाती रहेगी परन्तु इसके साथ ही उड़ीसा में भी हिन्दी प्रचार का कार्य शीघ्र ही आरम्भ हो जाना चाहिए क्योंकि बंगाल और हिन्दी भाषा-भाषी प्रान्त बिहार के बीच के उड़ीसा प्रान्त में भी राष्ट्र-भाषा हिन्दी के प्रचार का, हमारे ख्याल में यही सबसे सुन्दर अवसर होगा। उड़ीसा में हिन्दी प्रचार का कार्य बिहार के हिन्दी-प्रेमियों को अपने हाथों में लेना चाहिए। क्योंकि बिहार और उड़ीसा का चोली दामन का सम्बन्ध है और जितनी सुगमता से बिहारी भाई यह काम कर सकते हैं, उतनी सुगमता से किसी दूसरे प्रान्त के अधिवासी नहीं कर सकते। बिहार के साथ एक ही शासन-सूत्र में आबद्ध रहने के कारण उड़ीसा के लिए हिन्दी सीखना भी परमावश्यक हो गया है। इसलिए उड़ीसा में हिन्दी प्रचार का मार्ग, बंगाल आदि दूसरे प्रान्तों की अपेक्षा बहुत सुगम भी है। अगर कहा जाए कि उड़ीसा के कटक, पुरी, और भुवनेश्वर आदि स्थानों की आम बोली हिन्दी ही है, तो अत्युक्ति न होगी। इन स्थानों के रहने वाले उड़िया भाई केवल हिन्दी समझते ही नहीं, वरन् टूटी-फूटी हिन्दी में अपने मनोभाव भी प्रकट कर सकते हैं। उनकी हिन्दी बंगालियों से कहीं अच्छी, साफ़ और सुधरी हुई होती है। उड़ीसा में संस्कृत भाषा का प्रचार रहने के कारण संस्कृत-शब्द-मिश्रित हिन्दी तो ग्रामीण उड़िये भी समझ लेते हैं। पढ़े-लिखे उड़िया नवयुवक विशेषतः कॉलेजों के विद्यार्थी किसी भी हिन्दी-भाषा-भाषी से बातचीत करने के समय हिन्दी बोलने का प्रयत्न करते हैं। संस्कृत भाषा के प्रचार के कारण उड़ीसा में नागरी लिपि का काफी प्रचार है। इससे मालूम होता है कि अन्यान्य प्रान्तों की तरह वहाँ हिन्दी प्रचार के मार्ग में बड़ी-बड़ी अड़चनें नहीं हैं! कुछ बंगाली सज्जनों और अन्यान्य भाषा-भाषियों की तरह उड़ीसावासी अपनी उड़िया भाषा को राष्ट्रभाषा बनाने की भी जिद नहीं पेश करते। उपयुक्त साधन और थोड़ा-सा प्रोत्साहन मिलते ही वे हिन्दी सीखना आरम्भ कर देंगे। आशा है, बिहार के हिन्दी प्रेमी शीघ्र ही यह कार्य अपने हाथों में ले लेंगे।

नवम्बर, 1928

भारत में कृषि

जब कभी भारत के वैज्ञानिक अधोगति की बात छिड़ती है तो हमारे गौरांग महाप्रभु एक स्वर से उपदेश प्रदान करने लगते हैं कि भारत कृषि प्रधान देश है। वैज्ञानिक कल-कारखाने इस देश के लिए उपयुक्त नहीं। खेती जैसा सुन्दर व्यवसाय छोड़कर

अगर भारतवासी जीविका के लिए और कोई रोजगार आरम्भ करेंगे, भारत की गंगा और जमुना के किनारे बड़ी-बड़ी फैक्टरियाँ बन जाएँगी तो इस देश का सारा कवित्व ही नष्ट हो जाएगा। चिमनी के धुएँ से सारा वायुमण्डल दूषित हो जाएगा और देश की सारी मनोरमता बिगड़ जाएगी। इसलिए भारतवासियों को शिल्प-वाणिज्य की चर्चा छोड़कर एक मात्र कृषि का ही आश्रय लेना चाहिए। बस यही उन्हें अर्थ, धर्म, काम और मोक्ष प्रदान के लिए काफी है। इस सरल, शान्त विनीत जाति के उपयुक्त अगर कोई पेशा है तो बस खेती! यद्यपि हमारे सफेद शुभचिंतक हमें बुद्धू बनाकर अपने सेफ्टी रेजर द्वारा अनंत काल तक हमें मुड़ते रहने के लिए ऐसा उपदेश द्रिया करते हैं, परन्तु इसमें सन्देह नहीं, कि हमारा देश कृषि प्रधान देश है, सौ में पचहत्तर मनुष्यों की जीविका खेती ही है। इसलिए शिल्पकला सम्बन्धी उन्नति की ओर लक्ष्य रखते हुए भी हमें कृषि की उन्नति से पराङ्मुख नहीं होना चाहिए क्योंकि इस समय एक मात्र वही हमारी प्रधान जीविका है। यदि हम उसकी प्रगति को अग्रगामिनी नहीं बना सके तो पेटपूर्ति का यह एक मात्र साधन भी हमारे हाथ से निकल जाएगा। सुनते हैं, हमारे बड़े लाट साहब कृषि विद्या के बड़े पण्डित हैं, और इस देश की कृषि-कला की उन्नति को अपने लक्ष्य में रखकर ही उन्होंने लाटगिरी आरम्भ की है। आपकी कृपा से एक कृषि कमीशन भी नियुक्त हुआ था और उसने अपनी रिपोर्ट भी प्रकाशित कर दी है। लाट साहब उसमें किए प्रस्तावों को भी कार्य में परिणत करने के लिए उत्सुक हैं। शीघ्र ही एक केन्द्रीय कृषि-समिति की स्थापना होने वाली है। भारत सरकार उसका सारा व्यय भार भी वहन करने के लिए तैयार हो गई है। शीघ्र ही अन्यान्य प्रान्तों में ऐसी समितियाँ कायम होंगी और कार्य संचालन के लिए बड़ी-बड़ी तनख्वाह वाले विशेषज्ञ भी विलायत से बुलाकर नियुक्त किए जाएँगे। इसी बहाने कुछ गोरों को नौकरियां मिल जाएँगी परन्तु इससे देश का क्या उपकार होगा, यह बताना बड़ा ही कठिन है। सरकार ने सिंचाई के लिए एक विभाग कायम किया है। उसके लिए रुपये भी खर्च हो रहे हैं, परन्तु हमारे देश के करोड़ों किसानों ने उससे क्या लाभ उठाया है, यह शायद किसी को मालूम नहीं। सरकार को अगर सचमुच कृषि की उन्नति करनी है तो सबसे पहले किसानों की अवस्था की उन्नति की ओर ध्यान देना चाहिए। जमींदरों के कठिन शिकंजे से उनका उद्धार होना चाहिए। आलस्य, विलास-प्रियता, दरिद्रता और ऋण ने उन्हें तबाह कर रखा है। बिना पेट भरे विज्ञान नहीं सूझता। जावा, सुमात्रा और आस्ट्रेलिया की सरकारों ने जिस तरह अपने देश के किसानों की उन्नति के लिए दत्तचित्त होकर कार्य किया है, उसी तरह यदि लार्ड इर्विन की सरकार भी करे, तो किसानों की दशा सुधर सकती है और कृषि की उन्नति भी हो सकती है। स्कूली कोर्स की पुस्तकों में दो चार पन्ने 'जराअत' के लिए बढ़ा देने से कृषि की उन्नति नहीं होगी।

पूर्ण स्वतन्त्रता और औपनिवेशिक स्वराज

अब की कांग्रेस का प्रधान विषय पूर्ण स्वतन्त्रता और औपनिवेशिक स्वराज सम्बन्धी विवाद था। भावी भारतीय राष्ट्र के निर्माता नवयुवकों की राय थी कि कांग्रेस का ध्येय पूर्ण स्वतन्त्रता रखा जाए और उसे प्राप्त करने के लिए यथोचित उपाय काम में लाए जाएँ, परन्तु अनुभवी वृद्धदल सर्वदल सम्मेलन द्वारा स्वीकृत औपनिवेशिक स्वराज का पक्षपाती था। इसकी समझ में पूर्ण स्वतन्त्रता और औपनिवेशिक स्वराज में कोई विशेष अंतर नहीं। इसके साथ ही देश की अवस्था भी अभी ऐसी नहीं कि वह पूर्ण स्वतन्त्रता प्राप्त करने के लिए काफी त्याग स्वीकार कर सके क्योंकि स्वतन्त्रता ऐसी वस्तु नहीं, जो मांगने से मिले। उसे प्राप्त करने के लिए शक्ति की आवश्यकता होती है। इसलिए कांग्रेस ने सर्वदल सम्मेलन द्वारा स्वीकृत औपनिवेशिक स्वराज सम्बन्धी प्रस्ताव ही स्वीकार किया है साथ ही यह भी निश्चय हुआ है कि आगामी 1930 के 31 दिसम्बर तक सर्वदल सम्मेलन द्वारा स्वीकृत शासन-विधान बृटिश पार्लामेन्ट स्वीकार न करेगी तो भारतीय राष्ट्र महासभा का ध्येय पूर्ण स्वतन्त्रता होगा और उसे प्राप्त करने के लिए यथोचित उपाय काम में लाए जाएँगे। आशा है, विलायत के गोरे राजनीतिक भारतीय राष्ट्र की यह मांग स्वीकार कर लेंगे और देश को असहयोग की पुनरावृत्ति करने का मौका न देंगे।

दिसम्बर, 1928

दहेज का दुष्परिणाम

पर्दा आन्दोलन के साथ-साथ, इधर कुछ दिनों से बिहार में एक और विचित्र आन्दोलन चल रहा है। लोगों को पता चला है कि राजपूताना के कतिपय स्थानों की तरह बिहार प्रान्त के भागलपुर तथा मुंगेर जिलों के राजपूत भी जन्मते ही अपनी कन्याओं का वध कर डालते हैं। सुनते हैं, किसी ज़माने में मुसलमान राजपूताना के राजपूतों की लड़कियाँ बलपूर्वक छीन लिया करते थे। उनके इस अत्याचार और अपमान से बचने के लिए उन्होंने जन्मते ही कन्याओं को मार डालना आरम्भ कर दिया। धीरे-धीरे कन्याओं का वध रुढ़ि हो गया और राजपूताना के अलावे अन्यान्य प्रदेशों के राजपूतों ने इस अधर्मपूर्ण कार्य से हाथ खींच लिया। मुमकिन है, राजपूताना में कहीं-कहीं यह राजसी प्रथा जारी हो, परन्तु अन्यान्य स्थानों से तो यह सर्वथा विलुप्त हो चुकी थी और उसकी कहानी मात्र ही रह गई थी परन्तु अब बिहार में जो आन्दोलन चल रहा है उससे मालूम होता है कि इस बीसवीं शताब्दी में भी भागलपुर और मुंगेर में ऐसे राजपूत पुंगव मौजूद हैं, जो अपनी लड़कियों को जन्मते ही मार डालते हैं! यह प्रथा कितनी गन्दी, हृदय-हीनतापूर्ण और अमानुषिक है, यह

बताने की आवश्यकता नहीं। यह राजपूत जाति का केवल कलंक ही नहीं, वरन् उनका कसाईपन है। कैसे हैं, वे क्रूर हृदय माता-पिता जो अपनी बच्चियों का खून अपने हाथों से कर डालते हैं। बर्बर मनुष्य तो क्या, कोई हिंसक पशु भी ऐसा घृणित कार्य नहीं कर सकता। हमने सुना है कि बैसवाड़े के क्षत्रियों में भी अत्यंत गुप्त रूप से यह घृणित अमानुषिक कार्य होता है। हमको यह भी पता लगा है कि दहेज की कुप्रथा के कारण ही इस भयंकर राक्षसी लीला को प्रश्रय मिल रहा है। अर्थाभाव के कारण बहुत से गरीब राजपूत अपनी लड़कियों का विवाह सम्पन्न घरों में नहीं कर सकते। यहाँ तक कि सद्वंश जात गरीब भी अपने लड़के का विवाह बिना काफी दहेज पाए नहीं करते। इसलिए बाध्य होकर लड़की वालों को इस महापापपूर्ण कार्य का आश्रय लेना पड़ता है। यह प्रसन्नता की बात है कि बिहार के राजपूत नवयुवकों का ध्यान इस कुप्रथा की ओर गया है और उन्होंने इसे समूल नष्ट कर डालने के लिए बड़े जोर-शोर से आन्दोलन आरम्भ कर दिया है लेकिन हमारा विश्वास है कि जब तक दहेज की कुप्रथा बन्द न होगी तब तक यह आन्दोलन सफल नहीं होगा। इसलिए बिहारी राजपूत युवकों को कन्या-वध के विरोध के साथ ही दहेज की प्रथा के विरुद्ध भी आवाज उठानी चाहिए क्योंकि दहेज की प्रथा के विलुप्त होते ही यह घृणित कुप्रथा भी आसानी से बन्द हो जाएगी। हमें विश्वास है कि इस कुप्रथा के कारणों का अनुसंधान करने पर राजपूत युवकों को हमारे कथन की सत्यता मालूम हो जाएगी।

ग्राम्य पाठागारों की आवश्यकता

राष्ट्र-भाषा हिन्दी की उन्नति और प्रचार के लिए आजकल कई संस्थाएँ काम कर रही हैं। काशी की नागरी-प्रचारिणी सभा तन्मय भाव से प्राचीन साहित्य के पुनरुद्धार में लगी है, प्रयाग का हिन्दी साहित्य-सम्मेलन भी अपना काम अब धड़ल्ले के साथ कर रहा है, साहित्य गोष्ठी की षाणमासिक निद्रा भी सुनते हैं, टूटी है और उसने कविताओं की खिचड़ी पकाने के लिए अपनी हण्डिया चढ़ा दी है, आरा की नागरी प्रचारिणी सभा बुढ़ौती के मजे ले रही है, मुजफ्फरपुर की दोनों संस्थाएँ गत सम्मेलन की थकावट मिटाने में लगी हैं, सुस्ता रही हैं और कलकत्ता का राष्ट्रभाषा सम्मेलन महात्मा गांधी की छत्रछाया में तेजी के साथ पनप रहा है परन्तु ग्राम्य पाठागारों की स्थापना जैसे आवश्यक विषय की ओर अभी तक किसी का ध्यान आकर्षित नहीं हुआ है। अगर हिन्दी भाषा-भाषी प्रान्तों के प्रत्येक बड़े ग्राम में एक-एक पुस्तकालय और पाठागार स्थापित किया जा सके तो हिन्दी के प्रचार के साथ ही जनता का भी बड़ा उपकार हो सकता है। बड़े-बड़े ग्रामों में साधारण हिन्दी जानने वाले नवयुवकों की कमी नहीं है। वे अखबारों और पुस्तकों के लिए कुछ पैसे भी खर्च कर सकते

हैं। सुयोग्य उपदेशक भेजकर यदि उन्हें उत्साहित किया जाए तो काम कुछ मुश्किल नहीं। फिर तो चसका लग जाने पर वे स्वयं इसके लिए चेष्टा करने लगेंगे। आरम्भ में केंवल थोड़ी सी मेहनत की आवश्यकता है। हिन्दी की प्रान्तीय संस्थाएँ यदि यह काम अपने हाथ में लें तो बड़ी आसानी से ग्राम पाठागारों का प्रचार बढ़ सकता है। थोड़ा-सा पढ़-लिखकर गांवों में निठल्ले बैठे रहने वाले करोड़ों युवकों का इससे कितना उपकार होगा, यह बताने की कोई आवश्यकता नहीं। पाठागारों और पुस्तकालयों का महत्व भला कौन पढ़ा-लिखा आदमी नहीं जानता। देश के नवयुवकों को जीवनोपयोगी शिक्षा देने का इससे बेहतर कोई उपाय हो सकता है, यह हमारी समझ में नहीं आता और न सही, अगर सामयिक पत्र-पत्रिकाएँ ही इस आवश्यक कार्य की ओर ध्यान दें और समय-समय पर देहाती युवकों का ध्यान इधर आकर्षित करती रहीं तो वे स्वयं अपने-अपने ग्रामों में पाठागारों की स्थापना कर सकते हैं। समाचार पत्रों का प्रचार अभी हमारे देश में बहुत कम है। अपढ़ गंवारों की तो बात ही जाने दीजिए, बहुत से पढ़े-लिखे लोग भी नियमित रूप से अखबार नहीं पढ़ते। अगर ग्राम्य पाठागारों की स्थापना हो तो अखबारों का भी काफी प्रचार हो सकता है। देश और काल के ज्ञान से अनभिज्ञ ग्रामीण नवयुवकों को सामयिक रीतिनीति, खेतीबारी और कला-कौशल की शिक्षा देने का इससे बढ़कर सुगम उपाय और कोई नहीं। राजनीतिक आन्दोलन में इन पाठागारों से काफी मदद मिल सकती है। ग्राम्य संगठन का कार्य कांग्रेस ने अपने हाथ में लिया है। कांग्रेस कमेटियों का पुनः संस्कार आरम्भ हुआ है, अगर उसके साथ ही लोगों का ध्यान पाठागारों की ओर आकर्षित किया जाए तो काम बड़ी आसानी से हो सकता है। बंगाल के देहातों में ऐसे पाठागार बहुत हैं और उनसे बंगाली जनता का उपकार भी खूब होता है। इसी से अन्यान्य प्रान्तों की अपेक्षा यहाँ विद्या की चर्चा भी अधिक है। सामयिक तथा मासिक पत्रों का प्रचार भी यहाँ खूब है और होता जाता है। इसलिए हमारे हिन्दी सहयोगियों को भी ग्राम्य पाठागारों के सम्बन्ध में यथेष्ट दिलचस्पी के साथ आन्दोलन आरम्भ करना चाहिए।

जनवरी, 1929

भारत की आर्थिक स्वाधीनता

गत कांग्रेस के दिनों में, भारतीय वणिक संघ का एक महत्वपूर्ण अधिवेशन सर पुरुषोत्तमदास ठाकुरदास के सभापतित्व में हुआ था परन्तु दुख है कि अन्यान्य सभा-समितियों की उदासीनता के कारण इस अत्यंत महत्वपूर्ण विषय की ओर बहुत कम ध्यान दिया गया। यहाँ तक कि हमारे हिन्दी सहयोगियों ने तो इस सभा की

पूरी रिपोर्ट भी न प्रकाशित की और न इस विषय पर कोई लेख आदि लिखकर जनता का ध्यान ही इसकी ओर आकर्षित किया। अस्तु भारतीय वणिक-संघ का उद्देश्य है, भारत के आर्थिक स्वार्थों की रक्षा, भारतीय व्यवसाय-वाणिज्य की श्रीवृद्धि और भारतीय शिल्पकला की उन्नति। इसलिए यह बताने की आवश्यकता नहीं कि यह अधिवेशन कितना महत्वपूर्ण था। संघ के इस अधिवेशन के अवसर पर उसके सुयोग्य सभापति सर पुरुषोत्तमदास ठाकुरदास ने अपने भाषण में जिन विषयों पर प्रकाश डाला है वे भी बड़े ही महत्वपूर्ण और प्रत्येक शिक्षित भारतवासी के जानने और मनन करने योग्य हैं। आपने बताया है कि भारत के शिल्प-वाणिज्य का इतिहास बहुत पुराना है। शताब्दियों तक इस देश की आर्थिक अवस्था संसार के सभी देशों से अच्छी थी परन्तु बृटिश शासन के आरम्भ होते ही उसकी जड़ में घुन लग गए और उत्तरोत्तर उसकी अधोगति होती गई। अंग्रेज सरकार की सहायता पाकर अंग्रेज वणिकों ने भारत को अपना व्यवसाय-क्षेत्र बना लिया, देसी कारीगर प्रतियोगिता में उनके सामने ठहर नहीं सके, इसलिए भारत को अपनी आर्थिक स्वतन्त्रता से भी हाथ धो लेना पड़ा! आपने बतलाया है कि राजनीतिक स्वतन्त्रता की तरह आर्थिक स्वतन्त्रता भी एक अतीव महत्वपूर्ण विषय है और दोनों का चोली-दामन का सम्बन्ध है। इसलिए भारत के 'परम हितैषियों का' यह कहना कि राजनीतिक आन्दोलन से इसका कोई सम्बन्ध नहीं, भोले-भाले भारतीयों को, अपने स्वार्थ के लिए धोखा देना है। भारवासियों को अपने इस परम हितैषियों की बातों में कदापि न आना चाहिए और राजनीतिक आन्दोलन की तरह ही इसे भी जोर-शोर से चलाना चाहिए। सर पुरुषोत्तम ने भारतीय व्यवसाय-वाणिज्य की उन्नति के लिए सरकार को भी खूब ललकारा है परंतु शायद, यह भूल गए हैं कि जब तक देश में जातीय सरकार की प्रतिष्ठा नहीं होती, तब तक ऐसी आशाएँ आकाश-कुसुमवत् ही रहेंगी। हमारी गोरी सरकार को क्या पड़ी है जो भारतीय वाणिज्य-व्यवसाय की उन्नति की चेष्टा करे। उसका उद्देश्य है, गोरे वणिकों की सहायता करना, उनके लिए हर तरह की सुविधाएँ कर देना और भारत का रक्त शोषण कराते रहना। इसलिए जब तक नौकरशाही का कदम मुबारक इस देश में रहेगा, तब तक न तो भारतीय वाणिज्य-व्यवसाय की उन्नति होगी और न इस देश को आर्थिक स्वतन्त्रता ही प्राप्त होगी। सर पुरुषोत्तम का यह कहना यथार्थ है कि भारत का जातीय आन्दोलन और उसके विश्व-वाणिज्य का लक्ष्य एक ही है। दोनों का पारस्परिक सम्बन्ध बड़ा ही गहरा और अटूट है। देश को उन्नत और समृद्धिशाली बनाना ही जातीय आन्दोलन का उद्देश्य है और इस उद्देश्य की पूर्ति तभी हो सकती है, जब देश को आर्थिक स्वतन्त्रता प्राप्त हो, उसे स्वच्छन्दतापूर्वक अपने वाणिज्य-व्यवसाय को समुन्नत करने का मौका मिले। सर पुरुषेत्तम ने अपने भाषण में इस बात को विशद रूप से समझाया है साथ ही उन्होंने सरकार के प्रियपात्र गोरे बनियों को दो-चार खरी और सच्ची बातें सुनानें में भी

कोताही नहीं की है। उन्होंने साफ शब्दों में बताया है कि अपने देश के व्यवसाय-वाणिज्य पर जैसा गोरों का अधिकार है, वैसा ही अधिकार भारतवासियों को भी अपने देश और अपने व्यवसाय-वाणिज्यों पर होना चाहिए। अपने मूलधन की दुहाई देकर भारतीयों को उनके अधिकारों से वंचित नहीं रखा जा सकता। गोरों ने यहाँ के कारोबार में जो मूलधन लगाया है, उससे कई गुणा वे वसूल कर चुके हैं। इसलिए उनकी इस दलील में सीनाजोरी के सिवा और कोई सार-तत्व नहीं है परन्तु स्वार्थांध गोरे वणिकों की खोपड़ी में सर पुरुषोत्तम की ये बातें नहीं घुस सकतीं। उन्हें तो येन-केन-प्रकारेण अपना उल्लू सीधा करना है। अपने स्वार्थ की हानि वे किसी तरह नहीं बरदाश्त कर सकते। इसलिए भारतवासी अगर आर्थिक स्वतन्त्रता का महत्व समझते हैं तो उन्हें जी-जान से यह आन्दोलन चलाना चाहिए और इसे उतना ही महत्व देना चाहिए जितना राष्ट्रीय आन्दोलन को दिया जाता है।

देसी शिल्प और सरकार

आजकल संसार के सारे सभ्य देशों की सरकारें अपने देश की शिल्पोन्नति के लिए सिरतोड़ परिश्रम और प्रचुर अर्थ खर्च किया करती हैं। दूसरे देशों की प्रतियोगिता में अपने देश को आगे रखने के लिए वे अपनी सारी शक्ति लगा देती हैं। यहाँ तक कि वाणिज्य के प्रसार द्वारा अपने देश की शिल्पकला को सर्वोपरि रखने के लिए नररक्त बहाने में भी उन्हें संकोच नहीं होता। अमेरिका, जापान, जर्मनी, फ्रांस आदि सभी देशों को केवल एक ही धुन लगी है। शिल्पकला की रक्षा के लिए अपने देश में 'सरंक्षण नीति' कायम करने के लिए वे एड़ी-चोटी का पसीना एक किए रहती हैं, परन्तु भारत सरकार का ढंग कुछ निराला ही है। देसी शिल्प की उन्नति की चेष्टा करना, कारीगरों को प्रोत्साहन प्रदान और संरक्षण नीति का अवलम्बन कर, उसे अग्रसर करना तो दरकिनार देसी शिल्प का नाम सुनते ही, मानों उसका कलेजा दहल उठता है। शिल्प-वाणिज्य के अभाव के कारण इस अभागे देश के लाखों युवक बेकार मारे-मारे फिरते हैं, परन्तु विदेशियों को अपने शिल्प का विस्तार करने के लिए सारे सुयोग प्राप्त हैं। जापान और जर्मनी से हर साल लाखों रुपये के कांच के बर्तन, कचकड़े के खिलौने और कागज के फूल बन कर यहाँ के बाजारों में बिकने के लिए आते हैं। सरकार की ओर से अगर थोड़ा भी प्रोत्साहन प्राप्त हो तो ये चीजें यहीं तैयार हो सकती हैं और देश की बढ़ती हुई दरिद्रता भी दूर हो सकती है। साथ ही सरकार को भी लाभ हो सकता है परन्तु भतार का खाकर यार के गुण गानेवाली इस सरकार की आँखों पर तो स्वार्थपरता की पट्टी बंधी हुई है। उसे इतना भी नहीं सूझता कि देसी शिल्प के ध्वंस से देश का ही नुकसान नहीं, बल्कि उसका भी नुकसान है।

माल ऐंठना ही अगर राज्य-शासन का उद्देश्य है तो देसी शिल्पकला की उन्नति और प्रसार द्वारा इस 'पवित्र' उद्देश्य की सिद्धि और भी आसान से हो सकती है परन्तु गत कौंसिलों में देसी शिल्पवाणिज्य सम्बन्धीय बिलों के सम्बन्ध में सरकार ने जो तर्क दिखाया है, उससे मालूम होता है कि शिल्प-संरक्षण का नाम सुनते ही वह व्याकुल हो उठती है और उसके मनोनीत सदस्य ऐसे बिलों के विरोध में अपनी सारी शक्ति लगा देने को तैयार रहते हैं। इससे मालूम होता है कि विदेशियों के शिल्प-वाणिज्य की सरकार को जितनी चिन्ता है, उतनी देसी शिल्प-वाणिज्य की नहीं। ऐसी अवस्था में देश के शुभचिन्तकों को इस सम्बन्ध में सरकारी सहायता पाने की आशा छोड़कर स्वयं कुछ करना चाहिए। इस समय हमारे सामने खद्दर प्रचार का काम सबसे जरूरी है। हमारे सारे शिल्प की उन्नति का दारोमदार इसी पर है। यदि हम तन, मन और धन लगाकर इस एक ही शिल्प को सुमन्नत कर सकें तो भी यह मसला बहुत कुछ हल हो जाएगा।

राष्ट्रीय झण्डा

हर्ष की बात है कि स्वतन्त्रता की उत्कट अभिलाषा के साथ राष्ट्रीय झण्डे के महत्व की ओर भी लोगों का ध्यान आकर्षित हो रहा है। कई वर्षों से कांग्रेस के अवसरों पर राष्ट्रीय झण्डा फहराने का रिवाज चल गया है। देश की कई म्युनिसिपलटियाँ भी अपने-अपने कार्यालयों पर राष्ट्रीय झण्डा गाड़ने लगी हैं परन्तु अन्यान्य बहुत-सी संस्थाओं ने अभी तक इसकी ओर विशेष ध्यान नहीं दिया है। इसलिए कलकत्ता के हिन्दुस्तानी सेवा दल ने निश्चय किया है कि प्रत्येक महीने के अन्तिम रविवार को दल के सदस्यों तथा सहायकों द्वारा किसी उचित स्थान पर राष्ट्रीय झण्डा फहराया जाया करे। बिहार प्रान्तीय कांग्रेस कमिटी ने भी कुछ दिन हुए राष्ट्रीय झण्डे के सम्बन्ध में एक प्रस्ताव पेश किया था और जिला कांग्रेस कमिटियों से अनुरोध किया था कि वे समय-समय पर राष्ट्रीय झण्डा महोत्सव मनाया करें। बिहार की अन्याय कई संस्थाओं द्वारा भी राष्ट्रीय झण्डा फहराया गया था। देश की अन्यान्य राष्ट्रीय और जातीय संस्थाओं को भी इस अत्यावश्यक कार्य की ओर पूर्ण ध्यान देना चाहिए क्योंकि झण्डा राष्ट्र की स्वतन्त्रता और शक्ति का द्योतक और राष्ट्र का जीवन-प्राण-स्वरूप है। संसार की स्वतन्त्र जातियाँ अपने राष्ट्रीय झण्डे के लिए मर-मिटने को सदा तैयार रहती हैं। इसके एक दो नहीं, बल्कि सैकड़ों उदाहरण संसार के इतिहास में मौजूद हैं। राष्ट्रीय झण्डा स्वतन्त्रता का प्रधान प्रतीक है। इसी से स्वतन्त्रता प्रेमी जातियाँ उसकी रक्षा और सम्मान के लिए रक्त बहाने को हमेशा तैयार रहती हैं।

आदर्श दान

आचार्य पं. महावीर प्रसाद द्विवेदी को हिन्दी-संसार में कौन नहीं जानता। जिस निःस्वार्थ बुद्धि और आत्मत्याग से आपने हिन्दी की सेवा की है, वह किसी से छिपी नहीं है। हिन्दी लेखकों और सम्पादकों को किस प्रकार आर्थिक संकट सहने पड़ते हैं, वह भी सभी जानते हैं। अतएव इस प्रकार की कठोर कमाई से भी यदि मनुष्य कुछ बचा सके और उसे जनसाधारण के लिए दान कर दे, तो उसकी महत्ता धनवानों के लाखों और करोड़ों के दानों से कहीं अधिक होती है। पूर्वी तथा पश्चिमी सभी शास्त्रकारों ने ऐसे दानों की महत्ता का बखान किया है। एक बार हजरत ईसा कहीं उपदेश दे रहे थे। उस समय उन्हें बहुत से लोगों ने बहुत बड़ी-बड़ी रकमें दान में दीं। इन दानियों में एक गरीब बुढ़िया थी, जिसने येनकेन प्रकारेण दो पैसे बचा रखे थे। उसने उन दोनों पैसों को एक साथ ही ईसा को दान कर दिया। ईसा ने सबसे अधिक उसके ही दान की प्रशंसा की क्योंकि उसने अपने सर्वस्व दे दिया था। ठीक इसी प्रकार आचार्य द्विवेदी जी ने अपनी कमाई की अन्तिम बची-खुची रकम, प्रायः साढे छ हजार रुपये हिन्दू यूनिवर्सिटी को दान कर दिया है। आपकी दान की हुई रकम के सूद से आपके आदेशानुसार प्रतिवर्ष दो छात्रवृत्तियाँ दी जाएँगी। इन छात्रवृत्तियों में से 10 माहवार की एक छात्रवृत्ति गरीब सदाचारी प्रतिभावान कान्यकुब्ज ब्राह्मण छात्र को दी जाएगी और दूसरी दो पांच-पांच रुपये की छात्रवृत्तियाँ, एक स्कूल के और दूसरे विश्वविद्यालय के ओरियंटल विभाग के सदाचारी और प्रतिभावान छात्रों को दी जाएँगी। इस सरस्वती के वरदपुत्र ने माँ सरस्वती की सेवा में अपनी अन्तिम श्रद्धांजलि प्रदान कर हमारे सामने एक नवीन आदर्श रख दिया है। द्विवेदी जी के इस आदर्श दान से हिन्दी लेखकों का गौरव बढ़ा है।

कलकत्ता में हिन्दी-नाट्यमंच

देवदत्त मिश्र

"किसी देश की भाषा का साहित्य सांगोपांग अलंकृत है या नहीं? किसी भी भाषा के साहित्य सेवियों में उस (साहित्य) के गुणों की जनता के सन्मुख चित्रित करने की पूर्ण योग्यता उत्पन्न हुई है या नहीं? अथवा देशवासियों को तत् साहित्य जनित जागृति और भाव सुधा पीने की उत्सुकता, उत्साह और तल्लीनता की सहज प्रकृति

प्राप्त हुई है या नहीं? नाटयमंच इन्हीं सारी बातों की परीक्षा का एक मात्र स्थल हैं।"

हिन्दी नाटकों की चर्चा और उसके अभिनय वर्तमान समय में प्रायः तीस वर्षों से सुनने और देखने में आ रहे हैं जिन्हें नाटक कहा जा सकता है। और यह भी मुझे मालूम है कि इस हिन्दी नाट्यमंच में पुनर्जीवन लाने और उत्साह देनेवालों में राष्ट्रीय कवि पंण्डित माधव शुक्लजी का आरम्भ से ही हाथ रहा है, यही नहीं हिन्दी साहित्य-सेवियों में बिरला ही कोई ऐसा होगा जिसने शुक्लजी का अभिनय न देखा हो और जहाँ तक मेरा अनुमान है वे सभी इस बात को स्वीकार करेंगे कि शुक्लजी कुशल नाट्यकला मर्मज्ञ और साथ ही दक्ष अभिनेता हैं, खैर, यह मेरा मत है कि हिन्दी नाटकों के अभिनय का प्रचार करने में पण्डित माधव जी शुक्ल ने एक बड़ी भारी सेवा की है।

कलकत्ता जैसे महानगर में बड़ाबाजार हिन्दी भाषाभाषियों का क्षेत्र होने पर भी, बंगला और गुजराती नाट्य संस्थाएँ होते हुए एक भी हिन्दी नाट्य संस्था का न होना बहुत खटकता था, किन्तु अब गर्व के साथ लिख सकते हैं कि इस अभाव को हटाने में भी प्रधान हाथ शुक्ल महाराज का ही है।

कलकत्ता में हिन्दी नाट्य मंच का आरम्भ अभी थोड़े ही समय से हुआ है। मित्रों से जांच करने और खोजने से जो कुछ पता लगा है वह इस प्रकार हैः—

हिन्दी नाट्रय समिति

सन् 1910 में स्थानीय नागरी प्रचारक विद्यापीठ के किसी उत्सव में निमंत्रित होकर प्रयाग से स्वामी सत्यदेव परिव्राजक, तथा पण्डित माधव शुक्ल जी यहाँ पधारे थे, जिन्हें सुनने के लिए हजारों संख्या में लोग एकत्रित होते थे। अस्तु, शुक्ल जी का नाट्य प्रदर्शन मशहूर था। सार्वजनिक कामों में भाग लेने वाले व्यक्तियों में बाबू रामलालजी बर्मन का नाम विशेष उल्लेखनीय है, कई लोगों सहित शुक्ल जी से मिले और हिन्दी नाट्य विषय पर बहुत बातें हुईं। उन्हीं के उत्साह दिखाने पर वर्तमान 'स्वतन्त्र' तथा तत्कालीन 'भारतमित्र' सम्पादक श्रीमान पण्डित अम्बिका प्रसाद जी बाजपेयी के सभापतित्व में हिन्दी नाटकों का प्रचार करने के लिए स्वर्गीय बाबू भृगुनाथ जी वर्मा के संगीतालय में रात्रि के समय एक सभा हुई और उसी रात्रि को शुक्ल जी की मौजूदगी में हिन्दी नाट्य समिति नामक संस्था स्थापित करने का सर्वसम्मति से एक प्रस्ताव पास हुआ, जिसके मंत्री बाबू भोलानाथ जी बर्मन बनाए गए। तीन चार वर्ष बाद इस संस्था में जागृति पैदा हुई। सम्भवतः सन् 1915 में उक्त समिति ने स्वर्गीय भारतेन्दु बाबू हरिश्चन्द्र रचित 'नील देवी' नाम के नाटक का प्रथम बार अभिनय किया था, जिसमें लेखक को भी अभिनय करने का सौभाग्य प्राप्त है। यह संस्था अभी तक बनी है, किन्तु इधर बहुत दिनों से इसका कोई नाटक देखने में नहीं आया।

बाबू भोलानाथ जी बर्मन के मंत्रित्व त्याग देने के उपरान्त स्वर्गीय बाबू रामलाल जी बर्मन ने नाट्य समिति के संचालन का भार अपने ऊपर लिया। सच तो यह है कि उनके समय में इस संस्था की जैसी उन्नति हुई वैसी फिर देखने में नहीं आई। दुःख के साथ लिखना पड़ता है कि उनके अलग हो जाने के बाद ही इस संस्था की प्रतिभा का भी अंत हो गया।

आजकल बाबू पन्नालाल गुजराती उक्त संस्था के मंत्री हैं। बाबू निहालचन्द जी बर्मन के मंत्रित्व काल में आपके उद्योग से ही कानपुर कांग्रेस के अवसर पर कई नाटक हुए थे।

अपर इण्डिया एसोसियेशन (नाट्‌य विभाग)

हिन्दी नाट्य समिति के जन्म के बाद ही स्थानीय 'अपर इण्डिया एसोसियेशन' ने भी अपने यहाँ एक नाट्य विभाग खोला था। इस विभाग के प्रधान हिन्दी साहित्य के विख्यात हास्यरसावतार पण्डित जगन्नाथ प्रसाद जी चतुर्वेदी हुए। स्वर्गीय पण्डित नित्यानन्द जी मिश्र, जीवनानन्द जी मिश्र, बाबू मदनलाल गाड़ोदिया और पण्डित पुरुषोत्तमराय आदि सज्जनों के परिश्रम से इस संस्था ने भी कई अभिनय खेले जिनमें, 'दुर्गादास' नाटक सर्वश्रेष्ठ हुआ माना जाता है। इस संस्था के बाबू मदनलाल जी गाड़ोदिया नाट्य चतुर और बड़े ही भावुक अभिनेता हैं।

इसने बहुत थोड़े अभिनय दिखाए और अब तो कई वर्षों से एक प्रकार से बन्द सी हो रही है।

हिन्दी-नाट्‌य-परिषद

इलाहाबाद बैंक से सम्बन्ध रखने के बाद 1915 में हठात् पण्डित माधव जी शुक्ल का कलकत्ता को ट्रांसफर हो गया। यहाँ के नवयुवकों में नाट्य चर्चा फैली ही थी, उन्हीं का आरोपित बीज हिन्दी नाट्य समिति नाम से अंकुरित हो ही चुका था। ऐसे समय शुक्ल जी का यहाँ पधारना सोने में सुहागा का काम कर गया। खबर पाकर फौरन ही श्री भोलानाथ जी बर्मन उनसे मिले। पहले तो शुक्ल जी ने दोनों संस्थाओं का अध्ययन किया। अनंतर में भोलानाथ जी बर्मन आदि मित्रों से अपने एक और नाट्य संस्था-स्थापना करने का विचार प्रगट किया। इसी विषय को लेकर स्थानीय मुकीम निवास में स्वर्गीय पण्डित बैजनाथ जी की अध्यक्षता में एक सार्वजनिक सभा हुई। शुक्लजी ने बतलाया कि देश तथा समाज में नवजीवन संचार करने का एक मात्र साधन नाटक है। बड़ाबाजार में राष्ट्रीय जागृति करनी है, जिसकी पूर्ति वर्तमान दोनों संस्थाओं द्वारा असम्भव है। इसलिए राष्ट्रचिन्तन करने वाले बड़ाबाजार के उत्साही नवयुवकों का एक दल संगठित करना चाहिए, जिसका उद्देश्य ऐतिहासिक तथा धार्मिक हिन्दी नाटकों द्वारा जनता में जागृति उत्पन्न करना, प्रत्येक राष्ट्रीय कार्य

में कर्तव्य समझकर भाग लेना रहे। उनका यह उद्देश्य बहुतों को पसन्द आया और जो लोग विचार से सहमत थे वे दूसरे ही दिन जैन मन्दिर में एकत्र हुए और उसी दिन 'हिन्दी नाट्य परिषद' की स्थापना हुई। बाबू परमेष्ठी दास जैन सभापति तथा बाबू भोलानाथ जी बर्मन मंत्री बनाए गए।

महाराणाप्रताप नाटक उस समय गवर्नमेन्ट द्वारा जब्त किया जा चुका था। इसलिए परिषद ने 'भामाशाह की राजभक्ति' के नाम से इसी नाटक का अभिनय किया। इस आरम्भिक नाटक ने ही जादू का काम कर दिखाया। जो लोग कहा करते थे कि बंगला नाटकों से बढ़कर स्वाभाविक भाव प्रदर्शित कराना अन्य स्टेज के लिए असम्भव है, वे 'भामाशाह की राजभक्ति' को देखकर अपनी इस धारणा को भूल गए। इस अभिनय को देखकर बड़ाबाजार के लोगों में परिषद की तरफ इतनी श्रद्धा उत्पन्न हुई कि थोड़े ही दिनों में बड़े-बड़े लेखक और विद्वान भारी संख्या में परिषद के सदस्य बन गए।

परिषद ने क्रमशः भामाशाह की राजभक्ति (महाराणाप्रताप), विश्वप्रेमी (मेवाड़), महाभारत (शुक्लजी द्वारा रचित), शाहजहाँ, दुर्गादास, भीष्म, वीरपूजा, छत्रपति शिवाजी, झांसी की रानी, चन्द्रगुप्त, भारत, मेरी आशा और भूलचूक आदि सभी ऐतिहासिक, सामाजिक और वीर रसपूर्ण नाटक खेले हैं। इनमें महाराणाप्रताप, विश्वप्रेम, चन्द्रगुप्त और भूलचूक उसके मास्टर-पीस हैं। दस-दस, बारह-बारह बार पहले तीनों नाटक खेले जा चुके हैं, फिर भी जनता इन्हें देखने को लालायित रहती है।

परिषद के पात्र

परिषद के पात्रों में स्वयं पं. माधवजी शुक्ल, बाबू ईश्वरी प्रसाद जी भाटिया (हिन्दी स्टेजवालों के लिए गर्व की बात है कि चन्द्रगुप्त अभिनय में चाणक्य का पार्ट करने वाला आपसे बढ़कर अभी दूसरा अभिनेता नहीं देखा गया), स्वर्गीय शालिग्राम बर्मन (आप हास्य-रसावतार थे, उनका स्थान श्री परमेष्ठीदास जी जैन ने लिया), बाबू भोलानाथ बर्मन, पण्डित श्रीकृष्ण पाण्डेय, पण्डित विजयकृष्ण शुक्ल, बा. केशवप्रसाद, बा. महेशसिंह बर्मा, बच्चूबाबू, मास्टर नन्दलाल शर्मा और मास्टर जमनाप्रसाद आदि के नाम विशेष उल्लेखनीय हैं। यहाँ पर हम प्रोफेसर खादिम हुसेन का कुछ उल्लेख किए बिना नहीं रह सकते। आपने प्रायः 14 साल हिन्दी नाट्य परिषद् की जो सेवा की है, वह उल्लेखनीय है। परिषद के अभिनयों की अपूर्व सफलता में आपका बड़ा भारी हाथ है। नाटक के प्रधान अंग संगीत और नृत्यकला में परिषद को जो सफलता प्राप्त हुई है उसका एक मात्र श्रेय आपको ही है। इस प्रकार कलकत्ते के हिन्दी नाट्य मंच की सेवा में आपका भी बहुत बड़ा हिस्सा है जिसे हम कभी भुला नहीं सकते।

जून, 1929

स्त्रियों के अधिकार की आवश्यकता

रामप्रसाद पाण्डेय

किसी भी देश, समाज अथवा राष्ट्र की उन्नति के लिए सर्वथा आवश्यक है कि उसके उन सभी अंग-प्रत्यंगों की एक साथ ही उन्नति होती रहे जिनके द्वारा उस देश, समाज या राष्ट्र का निर्माण हुआ है। जिस प्रकार केवल हाथ, पैर या शरीर के किसी एक अंग के पुष्ट और मजबूत होने से कोई व्यक्ति बलवान नहीं कहा जा सकता, एकांगी पुष्टता उसके स्वास्थ्य की कमजोरी की ही निशानी समझी जाती है, उसी प्रकार कोई भी देश, समाज अथवा राष्ट्र अंग विशेष के पुष्ट होने से मजबूत नहीं कहा जा सकता।

इस समय सारे संसार में स्वतन्त्रता और उन्नति की लहर उठ रही है। उस विश्व व्यापिनी वृहत्तर लहर की एक तरंग भारतवर्ष में भी इस समय उठती नजर आ रही है। हम स्वतन्त्रता के मैदान में इस प्रकार सरपट दौड़ने के लिए तैयार हो गए हैं कि औपनिवेशिक स्वराज में सन्तुष्ट न होकर पिछले कांग्रेस में पूर्ण स्वाधीनता का प्रस्ताव पास करने पर तुल गए थे पर अपने आधे अंश स्त्री-समाज की उन्नति, सुधार या स्वतन्त्रता का प्रश्न जब हमारे सामने आता है तो हम बगलें झांकने लगते हैं। अभी भी भारतवर्ष में ऐसे लोगों की कमी नहीं है, जो 'न स्त्री स्वातन्त्रयमर्हति' का राग गला फाड़-फाड़कर अलापते हैं। अभी तक बहुत बड़ा और मजबूत प्राचीन पंथियों का दल कहता है कि घर ही स्त्रियों का कार्यक्षेत्र है। वे जहाँ घर की चहारदीवारी के बाहर निकलीं, शरीर पर सूर्य का प्रकाश पड़ा और शीतल वायु के झकोरे लगे कि उनका सतीत्व नष्ट हुआ।

जिस देश में, गार्गी, मदालसा और द्रोपदी आदि सैकड़ों स्त्रियों की विद्वता और बुद्धिमत्ता के ज्वलंत उदाहरण मौजूद हों, वहाँ के ही लोग स्त्री-सुधार का विरोध करने के लिए यदि शास्त्रों के प्रमाण उपस्थित करने में कटिबद्ध दिखाई पड़ें तो इससे अधिक लज्जा की बात और हो ही क्या सकती है?

धर्म की दोहाई देकर पुरुष जाति ने स्त्री जाति पर अकथनीय अत्याचार किए हैं। जिस देश या जिस जाति में यह अत्याचार चरम सीमा को पहुँचा, उसी देश और जाति का पतन हुआ। मुसलमानी सभ्यता ने स्त्री जाति के प्रति अत्याचार आरम्भ किया, उन्हें कमरे के भीतर ही नहीं बल्कि बुर्के के भीतर ठूंस दिया। इसी कारण बड़े-बड़े मुसलमानी राष्ट्र नष्ट हो गए। तुर्किस्तान, परसिया और अफगानिस्तान का इतिहास इसके प्रबल प्रमाण हैं।

इस समय स्त्रियों के सम्बन्ध में भारतवर्ष में जो धारणा मौजूद है वही धारणा किसी समय इन मुसलमानी राष्ट्रों में भी थी। वे भी समझते थे कि स्त्री जाति को स्वाधीन बनाना पाप है। स्त्रियाँ स्वाधीन होते ही व्यभिचार के द्वारा समाज को

नष्ट-भ्रष्ट कर डालेंगी परन्तु यह बात समझ में नहीं आती कि पुरुष सभी कामों में स्वाधीन होते हुए जब समाज को नष्ट-भ्रष्ट नहीं कर देते, तब स्त्रियाँ ही स्वतन्त्र होकर समाज को क्यों रसातल को पहुँचा देंगी? सम्भवतः इस प्रश्न का उत्तर किसी भी आर्य वैदिक ग्रन्थ में नहीं मिलेगा। हाँ, पोप-पन्थियों के कपोल-कल्पित ग्रन्थों की तो बात ही न्यारी है!

स्त्रियों की दुरवस्था पर तरस खाकर आंसू बहाते अनेक नजर आते हैं किन्तु ज्योंही कुछ कार्य कर दिखाने का समय आता है, त्योंही प्राचीन-पंथी-दल "धर्म नष्ट हुआ! धर्म नष्ट हुआ!!" के भीषण चीत्कार से भारतीय आकाश मण्डल को परिव्याप्त कर देता है।

कुछ ही दिनों की बात है, कि अज्ञानांधकार में स्त्री-जाति की दुर्दशा से करुणार्द्र होकर राजा राममोहन राय ने स्त्री-शिक्षा, पर्दा-प्रथा और सतीदाह के सम्बन्ध में अपनी आवाज उठाई थी। उस समय भी उनका घोर विरोध किया गया था। स्वर्गीय ईश्वरचन्द्र विद्यासागर ने जब विधवा-विवाह का आन्दोलन उठाया, तो भी इन अभागों ने इसका विरोध किया जो अति अल्प वयस्का विधवा पुत्रियों और बहिनों आदि के घर में रहते हुए भी स्वयं अपनी प्रौढ़ावस्था में कौन कहे, वृद्धावस्था में रंग-रेलियाँ मनाते हैं और उन बेचारियों को ब्रह्मचर्य पालन का उपदेश देते हैं। आज भी जब बाल-विवाह रोकने के लिए कानून बनाने का प्रयत्न हो रहा है तो 'अष्ट वर्षा भवेद्गौरी' वाला दल धर्म की दुहाई देता हुआ उसका विरोध करने के लिए कमर कसकर तैयार नजर आता है।

केवल धर्म जाने का ही भय नहीं है। विरोधी दल का यह भी कहना है कि बाल-विवाह से जिस दाम्पत्य-प्रेम की सृष्टि होती है, वह निर्मल और विशुद्ध प्रेम अधिक उम्र के विवाह में सम्भव ही नहीं! स्त्रियों की इच्छा-अनिच्छा का कुछ भी विचार न कर उन्हें मृत पति के साथ जला देना जैसे सती-दाह और पति-प्रेम का उत्कृष्ट उदाहरण समझा जाता था, वैसे ही उनकी बिना सम्मति, अपनी ही राय से उपयोगी और श्रेष्ठ समझते हुए बालक-बालिकाओं को एकत्र कर देना ही पवित्र प्रेम पैदा करने का एक अद्भुत कौशल समझा जा रहा है। यदि इस पवित्र प्रेम में दुर्दैव ने बाधा डाली और अल्प अवस्था में ही स्वामी परलोक चले गए तो, अक्षत योनि बाल-विधवाओं को नैष्ठिक ब्रह्मचर्य का उपदेश दिया जाता है। परन्तु इस तर्क के आधार पर यदि पूछा जाता है कि एक स्त्री के मर जाने पर जब पुरुष दूसरा विवाह करता है, तब उनमें प्रेम होता है या नहीं तो वे मौन रह जाते हैं! यदि प्रेम होने की सम्भावना ही नहीं है तो फिर पत्नी के मरने पर बड़ी उम्र में विवाह ही क्यों किया जाता है? यदि पन्द्रह-बीस वर्ष की बालिका में पति-भक्ति का अभाव हो सकता है तो 60-70 वर्ष की उम्र में विवाह करने वाले बूढ़े पति के प्रति बालिका पत्नी के मन में दाम्पत्य प्रेम कैसे उमड़ पड़ेगा, समझ में नहीं आता। क्या बालिकाओं का मन

कोई वस्तु ही नहीं है? क्या यह केवल पुरुषों के ही हिस्से में पड़ा है? यदि दोनों के मन हैं तो यह कैसे सम्भव है? बालिकाएँ अपने पति के उम्र, रूप, गुण आदि के सम्बन्ध में उदासीन रहकर विवाह होते ही काठ की पुतली की तरह पतिदेव को प्यार करना प्रारम्भ कर देगी?

बाल-विवाह प्रचलन के कारण ही देश में स्त्री-शिक्षा का प्रचार नहीं बढ़ रहा है। अपनी वंश-मर्यादा या आचार-पद्धति की रक्षा के लिए जो लोग अपनी कन्याओं को 8-10 वर्ष की अवस्था में ही चटपट ससुराल भेजने के लिए उत्सुक रहते हैं, उनसे हम पूछना चाहते हैं कि क्या इसके अतिरिक्त बालिकाओं को और कुछ सिखाने की आवश्यकता नहीं है? यदि हाँ, तो यह बालविवाह उस शिक्षा के मार्ग में व्यवधान स्वरूप है या नहीं? बंगाल महाराष्ट्र और तमिल प्रदेश में जो बालिकाएँ शिक्षा पा रही हैं, उसका एकमात्र कारण बाल-विवाह का लोप है। यदि उन्हें भी छोटी उम्र में ससुराल भेज दिया जाता तो क्या वे शिक्षा पा सकतीं? विवाह होते ही बालिकाएँ कमरे के अन्दर बन्द कर दी जाती हैं, फिर उन्हें विद्यालय में शिक्षा पाने का सुयोग ही कैसे मिले? यदि यह कहा जाए कि शिक्षालयों को छोड़कर असली आदर्श पत्नी और आदर्श माता बनने की शिक्षा अंतः पुर में ही सम्भव है तो फिर कालेजों और स्कूलों को छोड़कर आदर्श पति और आदर्श पिता बनने के लिए बालकों को भी अन्तः पुर में ही शिक्षा देकर क्यों नहीं कॉलेजों की शिक्षा की इतिश्रि कर दी जाती? जिस दलील से बालकों को स्कूल कॉलेजों में शिक्षा पाने के लिए भेजा जाता है, कन्याएँ भी उसी तरह क्यों नहीं भेजी जातीं? बाल-विवाह केवल स्त्रियों का ही सर्वनाश कर रहा है ऐसी बात नहीं, इसके कारण देश के अनेक उदीयमान लालों को, जो समय पाकर न जाने क्या होते, असमय में ही स्त्री और पुत्रों के बोझ से लद जाने के कारण आत्मोन्नति के लिए साधन, समय और सुविधा के अभाव से भरणपोषण के लिए बाध्य होकर किसी न किसी पथ का अवलम्बन करना पड़ता है।

एक बड़े पण्डित ने एक दिन सार्वजनिक सभा में प्रकाश्य रूप से कहा था कि हमारे देश की बालिकाओं का यौवनोद्‌गम दस-ग्यारह वर्ष की अवस्था में होने लगता है। यदि उनके विवाह की अवस्था चौदह वर्ष निश्चित कर दी जाएगी और इसके लिए कानून बना दिया जाएगा तो समाज में व्यभिचार का बढ़ना अवश्यभावी है। स्वामी विवेकानन्द ने ऐसे ही लोगों की बुद्धि पर तरस खाते हुए कहा है—"पाश्चात्य देश की स्त्रियाँ कितनी पवित्र है, 25-30 वर्ष से कम अवस्था में इनका विवाह नहीं होता। आकाश के पक्षी की तरह ये स्वाधीन और स्वतन्त्र रहती हैं, सब कुछ करती हैं, फिर भी कितनी पवित्र हैं। दूसरी ओर हम भारतवासी क्या करते हैं? हम अपनी बालिकाओं को ग्यारह वर्ष की भी नहीं होने देना चाहते और उसके पूर्व ही विवाह बन्धन में जकड़ देते हैं, अन्यथा सोचने लगते हैं कि वे व्यभिचारिणी हो जाएगी। हम भी कैसे विचित्र मनुष्य हैं। मनु ने लिखा है—

"कन्याप्येव पालनीया शिक्षनीयातियत्नतः।"

अर्थात्, जैसे बालक को तीस वर्ष की उम्र तक ब्रह्मचर्य धारणकर वेदाध्यान करना होगा उसी प्रकार बालिकाओं को भी शिक्षा होनी चाहिए। किन्तु हम करते क्या हैं? क्या इसी प्रकार से हम अपनी बालिकाओं की उन्नति कर सकेंगे?"

अस्तु, यदि हमें वस्तुतः उन्नति करना है और केवल मौखिक स्वतन्त्रता या स्वराज्य न लेकर कुछ कार्यतः कर दिखाना है, तो इन पोपपंथी प्राचीन रूढ़ि-उपासकों के अड़ंगों की परवाह न करके हमारे नवयुवकों को अपनी मातृजाति की उन्नति के लिए अग्रसर होना चाहिए। जैसा ऊपर कहा जा चुका है, भारतवासियों के दोनों अंगूठों की पुष्टि होना आवश्यक है, केवल पुरुषों की उन्नति से ही काम नहीं चलेगा। इसके लिए स्त्रियों की उन्नति भी उतनी ही आवश्यक है, जितनी पुरुषों की।

भला इसमें क्या तर्क है कि स्त्रियाँ यदि घर का सुप्रबन्ध कर सकती हैं तो वे बाहर भी उतना ही अच्छा प्रबन्ध क्यों न कर सकेंगी? वे बाह्यकार्यों में भी उतनी उपयोगिता क्यों न सिद्ध होंगी? इसलिए यह मानना पड़ेगा कि जातीय एवं राष्ट्रीय उन्नति के लिए स्त्रियों की सहयोगिता की नितान्त आवश्यकता है और वह सहयोगिता बिना उनकी... स्थिति में सुधार किए हमें कदापि नहीं प्राप्त हो सकती। यदि पुरुषों को बुद्धिस्वरूप मान लें तो उन्हें हृदय-स्वरूप मानना ही होगा। यदि किसी सुचारु रूप से संचालन करने के लिए बुद्धि की नितान्त आवश्यकता है तो उसमें जीवन लाने के लिए हृदय की कोई कम आवश्यकता नहीं। क्या केवल बुद्धि से काम चल सकेगा? हृदय की क्या उपेक्षा करना सम्भव हो सकेगा?

इसलिए देश के आधे अंश को मृत प्राय अवस्था में न रखकर उन्नत करना ही होगा, अन्यथा हमारी स्वाधीनता और स्वतंत्रता केवल काल्पनिक ही बनी रहेगी, उसका असली रूप हमें कभी देखने को मिलेगा ही नहीं।

दिसम्बर, 1928

पैतृक सम्पत्ति में पुत्री का भाग

सकलनारायण शर्मा

हिन्दू कहते हैं कि हिन्दू शास्त्रों ने पैतृक सम्पत्ति में कन्या को कुछ भाग नहीं दिलवाया। यह बड़े अन्याय की बात है पर यह बात सुनने में जैसी सच जान पड़ती है, वैसी विचार करने पर नहीं। कन्या के प्रवाह में हिन्दू जाति सर्वस्व लुटा देती है और कन्या को दहेज देना पुण्य समझती है। कन्या को धनवान श्वसुर मिले, इसके लिए वह घर द्वार तक बेच कर दहेज देती है। मनु जी ने लिखा है कि यदि कई

भाई आपस में धन का बंटवारा करते हों और बहन की शादी बाकी हो तो सब भाई अपने-अपने हिस्से से चौथाई भाग अपनी बहन को दें। वह विवाह में खर्च किया जाए। क्या यह उसका हिस्सा नहीं है–

स्वेभयोंऽशभ्यस्तु कन्याभ्यः प्रदद्युभ्रांतरः पृथक
स्वात्स्वादंशच्चतुर्भागं पतिताः स्युरदित्सवः
(मनुस्मृति अ. 9)

इसमें मनु जी ने स्पष्ट रूप से लिख दिया है कि जो भाई बहन को चौथाई नहीं देते वे पतित हो जाते हैं।

निरुक्त में एक श्लोक स्वायंभुव मनु की सम्मति के लिए उद्धृत है कि लड़की और लड़के दोनों पैतृक संपत्ति में भाग पाते थेः–

"अविशेषेण पुत्राणां दोयोभवतितत्वतः
मिथुनानां विसर्गादौ मनुः स्वायम्भुवोऽत्रवीत्।"
(निरुक्त)

अर्थात, सृष्टि के आदि में मिथुन लड़की-लड़के दोनों धन के हिस्सेदार समझे जाते थे।

स्वायंभुवजी ने लड़की को भी पुत्र मानकर धनभागिनी बनाने के लिए यह युक्ति सोची थी कि गर्भाधान के समय अथवा उसके बाद जो संस्कार हुए, उसमें पुत्र भाव था। पुत्री के नाम से कोई संस्कार उत्पन्न होने के पहले नहीं हुआ। पिता का पुत्रत्वकारक तेज पुत्री में भी गुप्त से विद्यमान है। इसी से मातामह अपने दौहित्र को भी पौत्र समझता है और उसका दिया हुआ पिण्ड ग्रहण करता है। ऋग्वेद में एक मंत्र उक्त आशय का है व्यास ने उसका उक्त भावार्थ निरुक्त में लिखा हैः–

"शासद वहिर्दुहितुर्नपत्रंयगांद विद्वां ऋतस्य दीधिति सपपयन।
पितायत्रदुहितुः सेकमृंजन् संशगम्येन मनसादधन्वे"
(ऋ)

"प्रशस्ति वोढ़ा सन्तानकमयो दुहितुः पुत्रभावम्...
तप्तारमुपागमद् दौहित्रं पौत्रम्।... अविशेषण मिथुनाः पुत्राः दापादाः"

जब जगत में लोभ की सृष्टि हुई तब भाई कहने लगे कि बहनें पराई वस्तु हैं। वे दूसरों के यहाँ चली जाती हैं। विवाह के समय उनका बाप वाला सम्बन्ध निवृत्त हो जाता है। उन्हें भाग नहीं मिलना चाहिए। कुछ विद्वानों ने उनके पक्ष में व्यवस्था दे दीः–

"नदुहितर इत्येलके" (नि)

दुहिताएँ पैतृक सम्पत्ति न पाएँ। इस व्यवस्था के पहले लड़की भी पुत्र ही मानी जाती थी और भाइयों के समान पैत्रिक सम्पत्ति में हिस्सा पाती थी।

एक भाई दूसरे भाई का भाग विशेष अवस्था में पाता है। बहन को जो सम्पत्ति भाग रूप से मिली है, भाई उसका अधिकारी किसी अवस्था में हो सकता है कि नहीं, इस विषय के विचार के लिए ऋग्वेद में निम्नलिखित मंत्र आया है:—

"नजामयेतान्वोरिक्थमारक चकार गर्भसनितुर्निधानम्" (ऋ)

(तान्वः) बेटे ने (जामए) अपनी बहन को (रिकूथम्) धन (न) नहीं दिया बल्कि (सनितुः) उसके ग्रहण करने वाले बहनोई के अधिकार में (गर्भम्) भांजे को तथा (निधानम्) खजाने को—सम्पत्ति को (चकार) कर दिया। अर्थात् विवाह होते ही बहन की सम्पत्ति पर उसके पति का अधिकार हो गया। उस धन का भागी पति का परिवार है, भाई नहीं।

सृष्टि के प्रारम्भ में हमारी समझ के अनुसार उक्त मंत्र का यही अर्थ होता था। भाइयों के धन लोभकृष्ट हो जाने पर कुछ वैदिकों ने उक्त मंत्र का यह अर्थ किया कि भाई ने सहोदरा को कुछ धन का भाग नहीं दिया। उसे संतान उत्पन्न करने के लिए दूसरों को सुपुर्द कर दिया। निरुक्त ने भी इस प्रचलित लोक मत के आगे अपना सर झुकाया और इसका समर्थन किया। उसे यह भी कहना पड़ा कि कई मंत्रों में लड़की को धन की अधिकारिणी कहा है, वह कोई भाई नहीं रहने की दशा में है। सर्वदा नहीं :—

"अभ्रातृ मतीवाद इत्यपरम्" (नि)।

माता-पिता अपनी पुत्री को सम्पत्ति से वंचित करने में कैसे तत्पर हो गए? उन्होंने उठते हुए लोक मत को दबाने के लिए क्यों न उद्योग किया? निरुक्त में इन प्रश्नों का उत्तर प्रकारांतर से मिल जाता है कि लड़की के नाम से नाना का वंश प्रसिद्ध नहीं होगा। वंशधर होंगे लड़के। फिर लड़कियों को अधिक सम्पत्ति देने से क्या लाभ? उनके जो व्यय होता है, वही बहुत है। कन्या के अंश का धनाधिकार छीनने में समाज ने इसलिए साथ दिया कि बड़ी-बड़ी जमींदारी दूसरे कुल में चली जाती थी। लक्ष्मी चंचल प्रसिद्ध ही हैं। कन्याओं के आचरण में महाचंचलत्व आ गंया था। साले बहनोई में सम्पत्ति के कारण प्रायः झगड़ा हुआ करता था। बहुत से भाई कई बरसों तक बंटवारा नहीं करते थे। अपनी सम्पत्ति बढ़ाते जाते हैं। बहनों के भाग के लिए पृथक हो जाना अनिवार्य हो जाता था और पारिवारिक एकता नष्ट होती थी। जो हो, प्राचीन भारत में कन्याएँ भाई की भांति पैतृक सम्पत्ति में अधिकार पाती थीं, इसमें सन्देह नहीं।

मई, 1921

भारत भाग्य निर्णय

जमींदार ठाट

विजय

1931

विजय : परिचय

सुशील कुमार मिश्र

कलकत्ते से हिन्दी में प्रकाशित 'विजय' एक साप्ताहिक पत्र था जिसका पहला अंक अप्रैल, 1931 में आया। पत्र के संचालक थे हिन्दी पुस्तक एजेन्सी के मालिक वैद्यनाथ केड़िया। पत्रिका का सम्पादन प्रारम्भ में लक्ष्मण नारायण जी गर्दे के हाथों हुआ। बाद में इनके सहयोगी विश्वंभर नाथ जिज्जा एवं रामाशीष सिंह ने इस पत्र का सम्पादन किया। इस पत्रिका का वार्षिक मूल्य 5 रुपए था जो बाद में घटाकर 4 रुपए कर दिया गया। साप्ताहिक 'विजय' का अन्तिम अंक 15 अक्टूबर 1933 को निकला था। 32 पृष्ठों के रंगीन चित्रों सहित इस पत्र का मूल्य प्रति अंक आठ आने था। हर बार पत्र के मुख पृष्ठ पर किसी प्राकृतिक दृश्य, धार्मिक मन्दिर अथवा देशभक्त महापुरुषों के चित्र दिए जाते थे। पत्र के अन्दर मुख्य समाचार मोटे अक्षरों में छपते थे। सम्पादकीय में सामयिक समस्याओं पर चर्चा होती थी। इसके अलावा विगत घटनाओं पर भी विशेष टिप्पणी होती थी। इस पत्र के अन्य स्थायी स्तम्भ थे–'विश्व-संघर्ष', 'कथा-कहानी', 'काव्यकुंज', 'चित्रमय संसार', 'व्यापारी समाज', 'बाल परिषद' आदि। स्थायी स्तम्भों में शैलेन्द्र का 'विश्व-संघर्ष' सामयिक एवं महत्वपूर्ण था। इसमें अंतर्राष्ट्रीय स्तर पर हुए युद्ध या संघर्ष की खबरें होती थीं। जापान, जर्मन, इटली, रूस, ब्रिटेन आदि देशों की आपसी लड़ाई की खबरों के अलावा राष्ट्रसंघ का वक्तव्य भी होता था। 'कथा-कहानी' स्तम्भ की सामाजिक, धार्मिक, ऐतिहासिक कहानियाँ शिक्षाप्रद होती थीं। कविताओं के लिए 'काव्यकुंज' कवियों में जगन्नाथदास 'रत्नाकर', गोपाल सिंह 'नेपाली', बेढव बनारसी आदि की कविताएँ छपती थीं। खड़ी बोली की कविताओं में ब्रज तथा अन्य देशी भाषाओं के शब्द भी मिश्रित रहते थे। 'चित्रमय संसार' के पृष्ठ रंगीन होते थे।

'व्यापारी समाज' इस पत्र का एक बहुत ही महत्वपूर्ण स्तम्भ था। आरम्भ में संचालक वैद्यनाथ केड़िया स्वयं यह स्तम्भ लिखते थे। इस में 'बाजार की साप्ताहिक रिपोर्ट' होती थी, जिसमें व्यापार के संदर्भ में सभी तरह के दृष्टिकोण छपते थे। 'शिक्षा और व्यापारी समाज' शीर्षक लेख में शिक्षा का व्यापार से अटूट सम्बन्ध बताते हुए,

इस पर जोर दिया गया है कि एक शिक्षित व्यक्ति ही सबसे अच्छा व्यापारी बन सकता है—"प्राचीन समय में भारत के विद्वान और धनी व्यापारियों में कोई अंतर नहीं था। जो विद्वान थे, वे ही व्यापार करते थे। बिना शिक्षा के व्यापारी का काम नहीं चलता था। उस समय बड़ी-बड़ी नौकाओं द्वारा सुदूर विदेशों में जाकर अपना माल बेचना यह विद्वान् व्यापारी ही कर सकते थे।" (6 मार्च, 1932)। आधुनिक डिग्रीधारियों का दोष बताते हुए लिखा गया है, "सबसे बड़ा दोष तो उनमें यह आ जाता है कि वे कोई काम अपने हाथ से नहीं करना चाहते।" इसी तरह एक अन्य लेख 'व्यापार और राजनीति' में व्यापार पर देश की राजनीति का प्रभाव दिखाया गया है। "सामाजिक-धार्मिक झगड़ों के लिए तो उन्हें समय और धन का अभाव नहीं है, पर इस मरण-जीवन के प्रश्न के ऊपर विचार करने की उन्हें फुर्सत नहीं है" (19 जुलाई 1932)

स्तम्भकार आगे व्यापारियों की एकता की बात भी करता है। "इस तरह भाई-भाई में जो ऊँच-नीच का पहाड़ खड़ा हो गया है, उसे इस समय चकनाचूर कर देने की आवश्यकता है। यह संकट का समय है, इस समय सामाजिक या धार्मिक विचारों की भिन्नता से ही परस्पर, विरोध बढ़ाना उचित नहीं है।" विभिन्न स्तम्भ के लेखों से ज्ञात होता है कि व्यावसायिक हित के दृष्टिकोण में शिक्षा, राजनीति एवं साहित्य जीवन-दृष्टि कैसी होनी चाहिए। पत्र में जूट, हैसियन, बोरे आदि वस्तुओं का भाव नियमित छपता था और लाभ-हानि की भविष्यवाणी की जाती थी।

अन्य स्थायी स्तम्भों में 'मनोरंजन', 'फुलझड़ी', 'उर्दू हिन्दी का गुलदस्ता', 'कवियों की ठिठोली', 'कुछ इधर-उधर की' और 'पाण्डेजी का पोथा' हैं। 'पाण्डेजी का पोथा' शीर्षक से व्यंगय लेख पशुपति पाण्डे लिखते थे। 24 अप्रैल 1932 के अंक में इस पत्र के बारे में 'विशाल भारत' की सम्मति छपी है। "श्री वैद्यनाथ केड़िया के प्रयत्न से 'विजय' नामक सचित्र साप्ताहिक लगभग एक वर्ष से प्रकाशित हो रहा है। आरम्भ में इसका सम्पादन श्रद्धेय लक्ष्मण नारायण जी गर्दे द्वारा होता था और अब उन्हीं वे सहकारी श्री विश्वंभर नाथ जी जिज्जा कई मास से इस कार्य को कर रहे हैं"।

'विजय' व्यापारी समाज के लिए उपयोगी रहा होगा। इसमें समाज-सुधार देशप्रेम, जातिवाद-विरोध, राष्ट्रीयता की भावना से ओतप्रोत लेख भी छपते थे। इसका प्रकाशन पुनः 1 मई 1936 से मासिक रूप में आरम्भ हुआ और थोड़े काल तक चला।

सम्पादकीय विचार

विश्वंभरनाथ जिज्जा

दहेज का राक्षस

दहेज की कुप्रथा से हिन्दू समाज की कितनी अधिक हानि हुई, यह बताना कठिन है। इस कुप्रथा के कारण लड़की वालों और लड़के वालों में बराबर ही संघर्ष रहता है। लड़के वाले लड़की के पिता से अधिक से अधिक धन दहेज के रूप में वसूल करने के लिए तैयार रहते हैं, और ऐसा करने में वे कभी-कभी बड़ी अनीति, निर्दयता, वैमुरौवती और दुष्टता भी दिखाते हैं। किसी लड़की का पिता भले ही धनहीन हो, दरिद्र हो, पर उन्हें इससे क्या? वे तो अपने लड़के को भाव पर चढ़ा चुके हैं। दहेज देने के लिए कितनी ही कन्याओं के पिताओं को अपने पुश्तैनी घर-द्वार बेच देने पड़े, जन्म भर की कमाई दे देनी पड़ी और महाजनों से अधिक सूद पर रकमें भी ऋण लेनी पड़ती हैं पर वर का पिता इन सब कठिनाइयों पर क्यों ध्यान देने लगा? वह तो धन चाहता है, और उसे वसूल करने में वह कठोर यहूदी शाइलॉक को भी मात करता है। कितनी ही कन्याएँ पूर्ण युवती हो जाने पर भी कुमारियाँ बनी रहने के लिए मजबूर हैं, क्योंकि उनके गरीब माता-पिता दहेज के लिए धन संग्रह नहीं कर सकते पर कितनी ही स्वाभिमानी कन्याएँ तो आत्महत्या तक कर डालती हैं। वे यह सहन नहीं कर सकतीं कि उनके विवाह के लिए उनके माता-पिता अपने पुश्तैनी घर बेचें या दर-दर भीख मांगते फिरें। कई वर्ष पूर्व इस दहेज के कारण कुमारी स्नेहलता ने अग्नि में अपनी आहुति देकर समाज को सावधान किया था। स्नेहलता के बाद फिर तो कितनी ही निरीह बालिकाएँ दहेज के कारण जल मरीं, इन दुखद समाचारों को सुनकर समाज कांप गया, और सभी को उन कुमारियों से सहानुभूति हुई, पर दहेज प्रथा तब भी दूर न हुई। अब फिर एक बालिका के जल मरने का समाचार मिला है। कुमारी वीणापाणि दासी अपने माता-पिता के साथ बाग बाजार में रहती थी। वह पहले स्कूल में पढ़ती थी। उसकी आयु 19 वर्ष की हो चुकी थी, माता-पिता उसके ब्याह का बड़ा उद्योग कर रहे थे, पर दहेज पर सब प्रश्न अटका था। निश्चय ही

बुद्धिमान, स्वाभिमानी बालिका अपने प्रिय माता-पिता के कष्टों को नित्य ही देखकर मन-ही-मन बहुत दुखी होती होगी, और यह दुःख भी ऐसा था जिसे यह किसी के सामने खुलकर कह भी न सकती थी। माता-पिता की समस्त चिन्ताओं और विपत्तियों के लिए वह अपने ही को उत्तरदायी समझती होगी।

पिता को चिंताओं से मुक्त करने के लिए अपने कपड़ों पर मिट्टी का तेल छिड़क कर आग लगा दी, और स्वयं ही एक मकान में महान शहीद की तरह जल मरी। यह निस्सन्देह एक महान आत्मबलिदान है! पाप, अन्याय और अत्याचार के विरोध में आत्मोत्सर्ग करने वाले निश्चय ही महान हैं, पर उन लोगों को आप क्या कहेंगे जो जान-बूझकर दहेज के पाप और अन्याय को कायम रखने में ही अपना गौरव समझते हैं, और इस तरह के आत्मबलिदान या आत्यहत्याओं के लिए निरीह कुमारियों को मजबूर करते हैं? मालूम नहीं, दहेजरूपी दानव अभी कितनी कुमारियों के कोमल प्राण भक्षण करेगा, पर समाज को समझ लेना चाहिए कि उसे भी एक न एक दिन अपने समस्त पापों का बड़ा ही रोमांचकारी प्रायश्चित करना होगा। कहाँ हैं वे साहसी नवयुवक जो दहेज का एकदम नाश करने के लिए उद्यत हों, और वे साफ अपने माता-पिताओं के सामने खुले शब्दों में कह दें कि यदि दहेज लिया गया तो हम कदापि ब्याह न करेंगे? इन बालिकाओं का आत्मत्याग देखकर नवयुवकों को दुःखी और लज्जित भी होना चाहिए। यदि वे भावी उन्नतिशील समाज के मजबूत स्तम्भ बनना चाहते हैं तो उन्हें भी कुमारियों की टक्कर में आत्मत्याग की ऊँची से ऊँची भावना दिखानी चाहिए, उन्हें कुमारियों की तरह जल मरने की जरूरत नहीं है, पर वे इस नाशकारी दहेजरूपी महाराक्षस को ऐसा भस्म करें कि उसका नाम निशान तक बाकी न रहे। इस तरह के भविष्य के लिए एक अच्छा आदर्श छोड़ जाएँगे।

8 मई, 1932

हिन्दुस्थानी खरीदो

यह एक बड़े ही हर्ष का विषय है कि महामना पं. मदन मालवीय तथा आचार्य प्रफुल्ल चन्द्र राय स्वदेशी वस्त्र और स्वदेशी वस्तु के प्रचार के लिए अपना अमूल्य समय लगा रहे हैं। महामना मालवीय जी इधर जब से कलकत्ते आए तब से आपके नेतृत्व में स्वदेशी प्रचार का प्रशंसनीय उद्योग आरम्भ हो गया है। उस दिन मालवीय जी ने एक स्वदेशी प्रदर्शनी का उद्घाटन किया, और उसके बाद नागरिकों की कई विराट सभाओं में उनके महत्वपूर्ण व्याख्यान भी हुए। उनके उपदेशों का जनता पर बहुत असर पड़ा, जिसका यही प्रमाण है कि स्वदेशी वस्तु और वस्त्र की खपत दिन-दिन बढ़ने लगी है। जो मनुष्य जिस देश का है उसे उसकी आर्थिक उन्नति का भी पूरा अधिकार है। इसका उदाहरण हमें इंग्लैण्ड से अच्छा और कहीं से नहीं मिल सकता।

इंग्लैण्ड के राजा, रानी और उनके युवराज विदेशी माल की खपत बढ़ाने का प्राणपण से उद्योग कर रहे हैं। जो वस्त्र ब्रिटेन के नहीं बने होते उसे वे वहाँ के अन्य विवेकशील मनुष्य छूते भी नहीं। वहाँ की आजकल यही एक ध्वनि है–"Buy British" यानी ब्रिटिश माल खरीदो। ब्रिटेन सरीखे धनी और समृद्धशाली देश को जब अपना माल और व्यापार बढ़ाने की इतनी चिंता है तब भारत सरीखे गरीब देश को भी अपना स्वदेशी माल बनाने और व्यापार बढ़ाने की कितनी आवश्यकता है, यह हम सब समझ सकते हैं। स्वदेशी प्रचार के लिए भारत में भी "Buy Indian" यानी हिन्दुस्तानी माल खरीदो का आन्दोलन आरम्भ हुआ है, और हमें आशा है कि हमारे देशवासी इस शुभ कार्य को आगे बढ़ाने से न चूकेंगे। जो लोग राजनीति को हौआ समझकर आन्दोलन से दूर रहना चाहते हैं वे भी इस उद्योग में भाग ले सकते हैं, क्योंकि इसका सम्बन्ध राजनीति से कुछ भी नहीं है। यह तो केवल देश की आर्थिक दशा सुधारने, और स्वदेश में बनी हुई वस्तुओं का प्रचार करने के लिए शुरू किया गया है। जनता जब स्वदेशी माल अधिक संख्या में अपनाने लगेगी तो हमारे गरीब जुलाहा, तातियाँ और अन्य कारीगरों का भी उत्साह बढ़ेगा, और वे अधिक उद्योग से अच्छे से अच्छा माल, वस्त्र आदि बनाने में लग जाएँगे। देशवासियों को स्वदेशी माल अपनाने के लिए निश्चय ही अधिक उत्साह दिखाना चाहिए।

4 सितम्बर, 1932

देशी राज्य में अछूतोद्धार

महात्मा गांधी के उपवास के कारण अछूतोद्धार के प्रयत्न सभी तरफ आरम्भ हो गए हैं। इस प्रयत्न में कम से कम एक देशी राज्य भी शरीक है। भोर के नरेश ने अपने राज्य की व्यवस्थापिका कौंसिल में यह घोषणा कर दी है कि सार्वजनिक स्थानों जैसे स्कूल, अदालतों, ऑफिसों, धर्मशालाओं आदि से अछूत प्रथा बिल्कुल हटा दी जाए। इन सार्वजनिक स्थानों में अछूतों के साथ वैसा ही व्यवहार होगा जैसा अन्य हिन्दुओं के साथ होता है। भोर के नरेश साहब के इस कार्य की निश्चय ही सर्वत्र प्रशंसा होगी। महात्मा गांधी के उपवास के बाद देशी रजवाड़ों में भोर ही एक ऐसा राज्य है जहाँ अछूत प्रथा दूर करने का सबसे पहले प्रयत्न हुआ है। हमें आशा करनी चाहिए कि अन्य रजवाड़े भी इस उदाहरण का अनुकरण करेंगे। न्याय के राज्य में किसी भी मनुष्य को अछूत समझना पाप है, और इस पाप को दूर करने का सभी तरफ प्रयत्न होना चाहिए जिसमें सर्वत्र न्याय का राज्य स्थापित हो सके। कुछ मनुष्य जब तक अछूत समझे जाएँगे तब तक यह समझना चाहिए कि हम न्याय, पुण्य और धर्म से दूर हैं।

30 अक्टूबर, 1932

हरिजनों को समानाधिकार दो

(यरवदा जेल से सातवाँ वक्तव्य)

महात्मा गांधी

इस वक्तव्य से मैं जिन प्रश्नों का उत्तर देने की चेष्टा करूँगा, यद्यपि वे पूर्व वक्तव्यों में न्यूनाधिक परिणाम में प्रकाशित हो चुके हैं तथापि, जहाँ तक सम्भव हो उन सबों को एकत्र कर एक ही वक्तव्य में उनकी विवेचना करना अच्छा होगा।

एक प्रश्न इस प्रकार है—क्या आप लोगों को उनकी इच्छा के विरुद्ध काम करने के लिए बाध्य नहीं करते? मेरा इरादा ऐसा नहीं है। अनशन अवलम्बन करने का मेरा उद्देश्य है—निर्बलों को बलवान बनाना, आलसियों को कार्यशील बनाना और अविश्वासियों के हृदय में विश्वास जगाना। जो कोई इस पर जरा भी विवाद करेगा उसे यह स्पष्ट विदित हो जाएगा कि मेरे अनशन का कुछ भी प्रभाव उन लोगों पर नहीं पड़ेगा जो सुधार के विरोधी हैं। बल्कि, यदि इसका कोई घातक परिणाम हो तो वे इसका हृदय से स्वागत करेंगे। क्रोधी मनोभाव व्यक्त करने से संकुचित नहीं होते हैं किन्तु एक दूसरे पत्र प्रेरक महाशय कहते हैं—आप बड़ी आसानी से कह देते हैं कि अमुक अमुक काम करने की आपको इच्छा नहीं है। आपके असीम उत्साही अनुगामियों द्वारा व्यक्तिगत लांछना के भय से अनेक प्राचीन धंधावलम्बी जनसाधारण के पीछे-पीछे चलते हैं। प्रायः सभी दशाओं में इस प्रकार की दलीलें पेश की जा सकती हैं। मैंने अपने जीवन में बहुत से आन्दोलनों का संचालन किया है, पर किसी में भी उपवास व्रत अवलंबन करने की आवश्यकता नहीं पड़ी पर जिस अभियोग का उत्तर देने मैं जा रहा हूँ वह मुझ पर इतनी बार आरोपित किया गया है कि मैं अपना संकल्प परित्याग कर दूँ। मेरे संकल्पित अनशन का चाहे जो अनिच्छित परिणाम हो, मेरी व्यक्तिगत मान-मर्यादा का प्रश्न छोड़ देने पर भी यदि आवश्यकता पड़े तो उसके अवलम्बन करने का अन्य कारण मुझमें विश्वास करने वाले हजारों आदमियों को कार्यक्षेत्र में अवतीर्ण होने के लिए उत्साहित करना है। कार्यमूलक प्रत्येक आन्दोलन में यही बात होती है।

दूसरा प्रश्न यह है—क्या आप एक श्रेणी के हिन्दुओं को दूसरी श्रेणी के हिन्दुओं के विरूद्ध नहीं भड़का रहे हैं? मैं दृढ़ता के साथ इस बात को अस्वीकार करता हूँ। प्रत्येक सुधार में कुछ न कुछ विरोधी अवश्य रहते हैं परन्तु कुछ न कुछ अंश तक किसी समाज में विरोध और आन्दोलन सामाजिक संस्कार के लक्षण ही प्रतीत होते हैं। सनातनियों और सुधारकों में स्थायी विरोध होने का मुझे भय नहीं है। सनातनियों के विरोध को न सुनना अथवा उनकी मनोवृत्ति की उपेक्षा करने की मेरी इच्छा कभी नहीं हो सकती। इस विषय में मेरा तनिक भी सन्देह नहीं कि कितनों

की ही आशंका है कि सनातन धर्म संकट में है। किन्तु आश्चर्य है कि सनातनियों और सुधारकों में सिद्धान्तः बहुत कम अन्तर है। सनातनियों के यहाँ से मुझे जितनी चिट्ठियाँ मिली हैं, प्रायः प्रत्येक में ये बातें स्वीकार की गई हैं–

1. हमलोग स्वीकार करते हैं कि हरिजनों की अवस्था सुधारने के लिए इस समय भी बहुत कुछ करने की आवश्यकता है।
2. हम स्वीकार करते हैं कि उच्च वर्ण के हिन्दू हरिजनों के प्रति दुरव्यवहार करते हैं।
3. हम स्वीकार करते हैं कि उनकी संतानों की शिक्षा के लिए व्यवस्था होनी चाहिए और उनके रहने के लिए अच्छे घरों का प्रबन्ध आवश्यक है।
4. हम स्वीकार करते हैं कि उनके स्नान करने एवं पीने के लिए जल की व्यवस्था होनी चाहिए।
5. हम यह स्वीकार करते हैं कि पूजार्चना के लिए उन्हें यथेष्ठ सुविधा देना हमारा कर्तव्य है।
6. हम स्वीकार करते हैं कि उन्हें पूर्ण राजनीतिक अधिकार देना आवश्यक है।
7. हम स्वीकार करते हैं कि उन्हें भी सब नागरिक अधिकार मिलने चाहिए जो औरों को प्राप्त हैं।

पर ये सनातनी कहते हैं कि हम इन्हें छूने अथवा इनके साथ मिलने-जुलने के लिए बाध्य नहीं किए जा सकते, विशेषकर जब तक ये वर्तमान अवस्था में हैं। तो उन्हें मैं कहता हूँ कि जब आप यह स्वीकार करते हैं कि उन्हें आपके ही समान सब अधिकार मिलने चाहिए, तब यदि कुछ उच्च वर्ण के हिन्दू एक कदम आगे बढ़कर उन्हीं शास्त्रों के बल पर जिनमें आपका भी विश्वास है, यह स्वीकार करते हैं कि हरिजनों को अछूत समझना उनका कर्तव्य नहीं है पर उन्हें सब अधिकार और सुविधाएँ समान रूप से मिलनी चाहिए, तब आप लोग चंचल क्यों हो उठते हैं? आप भी उनको यह सब अधिकार और सुविधाएँ देने को राजी हैं, पर आप चाहते हैं कि वे सब आपसे दूर रहकर इनका उपभोग करें। निश्चय ही आप अपने मनोनुकूल काम करने की स्वतन्त्रता को अक्षुण्ण रखना चाहते हैं और जबर्दस्ती की बात सुनते ही क्षुब्ध हो उठते हैं। आपको यह समझना चाहिए कि आपकी ही तरह सुधारक भी अपने काम करने की स्वाधीनता को क्षुण्ण नहीं होने देंगे और जबर्दस्ती की बात सुनकर वे भी क्षुब्ध होंगे। हरिजनों की अवस्था सुधारने के सम्बन्ध में आप सुधारकों से सहमत हैं, इसलिए मैं आपको एक अच्छा रास्ता बतलाता हूँ। अब तक आप लोगों ने इस ओर कुछ भी नहीं किया है, इसलिए सुधारक इस काम के लिए जो अर्थ संग्रह कर रहे हैं आप उसमें चंदा दीजिए और दोनों की संयुक्त योजना को कार्य रूप में परिणत करने के लिए उन्हें अपना प्रतिनिधि बनाइए और हिन्दू धर्म की उनकी व्याख्या का आदर कीजिए जैसा कि आप उनसे अपने विचारों के प्रति आदर दिखाने की आशा रखते हैं। जब तक आपने सुधारकों के हरिजनों के संसर्ग में काम करने में बाधा नहीं की है आपने उनके रास्ते में कोई

रुकावट नहीं डाली है। आपने उनका बहिष्कार नहीं किया है। अब जब कि यह आन्दोलन पहले की अपेक्षा व्यापक और जाग्रत हो गया है, आपके विरोध करने का कोई अर्थ नहीं है। अभी भी एक कठिन समस्या हल करने की है। आजकल जिन देव मन्दिरों तथा अन्यान्य प्रतिष्ठानों में हरिजनों का प्रवेशाधिकार नहीं है, क्या वे सनातनियों के अधिकार में रहेंगे अथवा सुधारकों के साथ हरिजन इनका व्यवहार करेंगे। इस समस्या को हल करने का बहुत आसान तरीका है। दोनों पक्ष यदि अपने भीतर से ईर्ष्या, विद्वेष एवं अश्रद्धा निकाल दें तो प्रत्येक गांव अथवा गांवों के समूह के एवं प्रत्येक शहर के प्रत्येक मुहल्ले के लोगों की क्या राय है, यह जाना जा सकता है। यहाँ पर जिस दल के लोगों के वोट अधिक होंगे वहाँ उसी दल के लोग देव मन्दिरों आदि का व्यवहार करेंगे। यदि सनातनियों का बहुमत हो तो वे सुधार को और अस्पृश्यों को जो सहायता देते हैं उसे न देना ही ठीक होगा।

इस प्रकार धारावाहिक युक्तियों का अनुसरण करने से सनातनी अपने अन्याय को देखेंगे। उनको चाहिए कि वे हरिजनों की पूजार्चना आदि के समान अधिकार को प्राप्त करने का सब व्यय भार वहन करें। उक्त पत्रों से मैंने जो कुछ समझा है उससे मैंने यही निष्कर्ष निकाला है कि सनातनी आज पर्यंत पूजार्चना का जो अधिकार उपयोग करते आए हैं और जिससे हरिजन वंचित रहे हैं, पूजार्चना आदि ये हरिजनों का भी समान अधिकार है। सनातनी इस विषय में एकमत हैं। जिन विषयों का अस्तित्व नहीं है उन विषयों की कल्पना कर सनातनी अब पीछे न हटें। उन्हें यह स्पष्टतया समझ लेना होगा कि यरवदा पैक्ट एवं नव संगठित अस्पृष्यता निवारण संघ की घोषणा के अनुसार अस्पृश्यता निवारण मैं मैंने जो कुछ वर्णन किया है, इसकी कार्य पद्धति में अंतरजातीय भोज अथवा अंतरजातीय विवाह का कोई उल्लेख नहीं है। सनातनियों को यह देखकर उद्विग्न नहीं होना चाहिए कि बहुत से हिन्दू जिनमें मैं भी हूँ, और अधिक दूर बढ़ना चाहते हैं, व्यक्तिगत कार्यों के सम्बन्ध में प्रकाशित व्यक्तिगत मतामत को व्यर्थ समझकर उसकी उपेक्षा करना वे न चाहें। जिस पर वे विश्वास करते हैं उसके प्रति यदि उनका विश्वास दृढ़ है तो भविष्य में क्या होगा, इस आशंका से वे उद्विग्न न हों। यदि कोई विशेष सुधार कार्य में स्वाभाविक शक्ति हो और यदि वह युगधर्म के अभाव की पूर्ति के लिए आया हो तो उसकी गति को पृथ्वी की कोई भी शक्ति रोक नहीं सकती।

तीसरा प्रश्न यह है—धार्मिक और सामाजिक समस्याओं के सम्बन्ध में अपने मतामतों की ओर जनसाधारण की दृष्टि आकर्षित कर और उन्हें उनके द्वारा ग्राह्य कराने के लिए प्रचण्ड आन्दोलन की आंधी उत्पन्न कर क्या आज राजनीति मुक्ति के पथ में बाधा उपस्थित नहीं कर रहे हैं? अस्पृश्यता निवारण के प्रचार कार्य को चलाने के लिए कैदी की हैसियत से मेरे लिए सीमा निर्धारित है। उसका उल्लंघन किए बिना मैं इस प्रश्न का विस्तृत उत्तर नहीं दे सकता। तो भी मैं यह कहना चाहता

हूँ, कि जो मुझे जानते हैं, उन्हें अच्छी तरह यह बात ज्ञात है कि राजनीतिक, सामाजिक, धार्मिक तथा अन्यान्य समस्याओं में मैं विशेष अंतर नहीं मानता। मेरी यह चिर धारणा है कि इनमें से एक दूसरे पर निर्भर हैं और एक का समाधान हो जाने से शेष का समाधान सहज हो जाएगा।

पत्र प्रेरकों ने जितनी समस्याएँ उठाई हैं, इससे उन सबका समाधान नहीं होता। मुझे स्वभावतः जो सहायता मिली है उससे सब समस्याओं का समाधान मेरे लिए कठिन है। जो हो, अपने आगामी वक्तव्य में मैं यथासाध्य इन्न सबकी आलोचना करूँगा। मैं पत्र प्रेरकों से अनुरोध करता हूँ कि वे मेरे प्रति दया दिखावें। अब तक मुझे जितने पत्र मिले हैं, प्रायः सबकी प्राप्ति स्वीकार की है। अपने वक्तव्यों में मैं जो उत्तर देने में समर्थ हूंगा, पत्र प्रेरकों को उसी से संतोष कर लेना चाहिए। पत्र प्रेरक आदि अपने विषय को संक्षेप में लिखें ओर यदि उनके विचारों में मौलिकता हो और यदि इस आन्दोलन के सम्बन्ध में स्वयं विवेचना कर किसी सिद्धान्त पर पहुँचने के पहले वे किसी प्रश्न का उत्तर जानने के लिए ही मेरे पास पत्र लिखें तो वे अपनी और मेरी बड़ी सहायता करेंगे।

4 दिसम्बर, 1932

फिर देहातों में लौट जाना चाहिए

प्रफुल्ल चन्द्र राय

कराची में एक अखिल भारतवर्षीय स्वदेशी प्रदर्शनी की गई है, जिसका उद्घाटन अभी हाल में विज्ञानाचार्य श्री प्रफुल्लचन्द्र राय ने किया था। आचार्य राय ने उस अवसर पर 'स्वदेशी तथा हमारे औद्योगिक पुनरुत्थान में उसका स्थान' विषय पर एक बड़ा ही गम्भीर तथा प्रभावशाली भाषण किया, जिसका सारांश यहाँ दिया जाता है।

श्रीयुत राय ने आरम्भ में इस बात पर बड़ा जोर दिया कि जब तक देश के लोगों के मानसिक विचार तथा रुचि में परिवर्तन नहीं कराया जाएगा तब तक स्वदेशी के प्रचार में हमें स्थायी सफलता नहीं मिल सकती। आज से सौ वर्ष पूर्व सन् 1833 ई. में एक बार लार्ड मैकाले ने कहा था कि "हमें इस कोटि के मनुष्य तैयार करने की भरपूर चेष्टा करनी चाहिए जो रक्त और वर्ण में तो भारतीय हो किन्तु रुचि, मत और बुद्धि के लिहाज से अंग्रेज हो।" आज हम देखते हैं कि उस अंग्रेज राजनीतिज्ञ का स्वप्न अक्षरशः सत्य प्रमाणित हो गया है। पाश्चात्य रहन-सहन और वेश-भूषा का हम भद्दा अनुकरण करते हैं और इस तरह अनजाने में ही हम लार्ड मैकाले की उक्ति के अनुसार सम्मिश्रण द्वारा बने जीव हो गए हैं। आय की अपेक्षा

अधिक व्यय करना, बाहरी निरर्थक बातों के ही पीछे पड़ा रहना भारत की रीति हो गई है। हमारे देशी नरेश तो इस विषय में सबसे अधिक बाजी मार ले गए हैं। उनकी भलाई के लिए स्थापित राजकुमार कॉलेज की शिक्षा और संस्कृति को धन्यवाद है! उन्हें अपनी प्रजा के बीच रहने में आनन्द नहीं मिलता, आनन्द मिलता है यूरोप में सैर करने तथा वहाँ जाकर व्यर्थ की विलासिता में असंख्य धन पानी की तरह बहाने में। एक ओर तो उनकी प्रजा अशिक्षा और घोर दरिद्रता में जीवन बिता रही है, उसे यहाँ तक मालूम नहीं कि भरपेट भोजन करने का सुख क्या कहलाता है, दूसरी ओर उन्हीं द्वारा पैदा किए हुए धन से ये लोग विदेशों में जाकर मौजें उड़ाते हैं, अनावश्यक कामों में लाखों रुपया खर्च कर डालते हैं।

हमारी सरकार भयंकर फजूल खर्च करने वाली है। उसके योग्य शिष्य हमारे देसी नरेश उसके साथ प्रतियोगिता करने में जरा भी पीछे नहीं हैं। हमारे उच्च वेतनभोगी राज कर्मचारी, सफल वकील और डाक्टर, जमींदार तथा धनी व्यवसायी भी इस घृणित प्रतियोगिता में शामिल हो गए हैं।

मैं ऐसे आदमियों को जानता हूँ जिनकी आमदनी केवल 500/- या इससे भी कम होगी किन्तु उनके पास एक 'बेबी आस्टिन' मोटर जरूर होनी चाहिए। आज कृत्रिम रेशम व्यवहार करने का नशा किस प्रकार भारत पर सवार हुआ है, यह नीचे दी हुई तालिका से स्पष्ट हो जाएगी। सन् 1922-23 में इस चीज की 225 पौण्ड की आमदनी हुई थी, सन् 1926-27 में यह संख्या 5776 पौण्ड तक पहुँच गई, अर्थात 8 वर्ष में ही इसकी खपत 25 गुना से भी अधिक बढ़ गई। हिसाब लगाकर देखा गया है कि सन् 1925-26 में लगभ 4 करोड़ रुपए का कृत्रिम रेशम बाहर से भारत में आया था, जिसका नतीजा यह हुआ कि मुर्शिदाबाद और मालदा का रेशम का कारोबार, जो किसी समय बहुत बढ़ा-चढ़ा था, प्रायः नष्ट होने की दशा को पहुँच गया है। विलासिता की अन्य चीजों का हिसाब इस प्रकार है—मोटर-गाड़ी, जिनमें टैक्सी गाड़ियाँ भी शामिल हैं, 4 करोड़ रुपए से भी अधिक, सिगरेट 2 करोड़, सब प्रकार के सूती माल 63 करोड़, दवा और मादक द्रव्य 2 करोड़ और रासायनिक द्रव्य 2 करोड़ रुपए के आए।

यंत्र सभ्यता और बेकारी

यंत्र सभ्यता के विषय में खूब सोच विचार कर देखा गया है, वह हमारी कमी दूर करने के लिए यथेष्ट नहीं है। फिर भी हमारे देंश के शिक्षित नवयुवक, जिन्हें यह बात अच्छी तरह समझनी चाहिए, न मालूम क्यों, इसके पीछे पागल हो रहे हैं। हम यहाँ केवल एक दृष्टांत देकर यह समझाने की चेष्टा करेंगे कि यह यंत्र पद्धति हमारे लिए कितनी उपयोगी है। आज यंत्र प्रधान देश यूरोप और अमेरिका में बेकारों की संख्या 2 करोड़ 50 लाख तक पहुँच गई है। कैसी भयानक परिस्थिति है। 'मैनचेस्टर गार्जियन' तथा 'स्टेट्समैन' अखबारों की रिपोर्टों को देखने से पता चलता है कि

यांत्रिक उन्नति के कारण मनुष्य के जीवन में किसी प्रकार की सुविधा नहीं हुई है, बल्कि उल्टे अन्न के अभाव में लोग भूखों मर रहे हैं। 'स्टेट्समैन' एक जगह अमेरिकन प्रेसिडेन्ट हूबर की बातों पर टिप्पणी करता हुआ लिखता है कि "बेकारों की संख्या तथा ऐसे घरबाररहित बालकों और बालिकाओं की संख्या, जो देश में एक मुट्ठी अन्न के लिए मारे मारे फिरते हैं, इतनी अधिक हो गई है कि अब उसे आशा-भरी बातों के पर्दे में छिपाया नहीं जा सकता।"

गृह-शिल्प के ह्रास का दण्ड

इन बातों से, मुझे आशा है, श्रोताओं को यह विश्वास हो गया कि यूरोपीयन जीवन पद्धति का अनुकरण करने तथा उसके फलस्वरूप बाहर से आई हुई चीजों की बढ़ी हुई खपत से हमारा ऐश्वर्य नहीं बढ़ा है, बल्कि उल्टे हम दीन-हीन हो गए हैं। देश में भरपेट खाने के लिए अन्न भी नहीं उत्पन्न होता, फिर भी विदेशी ऐश आराम की चीजों की बिक्री बढ़ती ही जा रही है। हमारे राजनीतिक अर्थशास्त्र केवल कॉलेज के शिक्षित होते हैं। वे लोग चरखा का नाम सुनते ही नाक-भौं सिकोड़ने लगते हैं किन्तु जब उनसे यह कहा जाता है कि साल के 6 मास से लेकर 9 मास तक के बेकारी के समय के लिए लोगों के लिए कोई काम बताओ तो वे लोग बस चुप्पी साध लेते हैं। भारत आलस्य में समय बिताने के कारण उन करोड़ों रुपयों को विदेश भेज देता है जो पहले प्रति वर्ष देश के ही सूत कातने वालों और तांत चलाने वालों में बंट जाया करता था। अपना राष्ट्रीय उद्योग नष्ट हो जाने के कारण ही उसे लंकाशायर और जापान के पूंजीपति मिल मालिकों को इतनी बड़ी सलामी दे देनी पड़ती है।

बम्बई की कपड़े की मिलें कम से कम तीन-चार लाख मजूरों को काम देती हैं, इतना ही प्रायः हुगली की जूट-मिलें काम देती हैं, और लगभग 2 लाख मजूरों को कानपुर की मिलें रोजगार देती हैं। अधिक से अधिक के औद्योगिक केन्द्रों में कुल 20 लाख मनुष्य अपनी जीविका चलाते हैं किन्तु बाकी 31 करोड़ 80 लाख मनुष्यों की क्या दशा है? क्या आप तब तक इनके लिए रास्ता देखेंगे जब तक भारत में मैनचस्टर, लिवरपुल, ग्लासगो और डण्डी तैयार नहीं हो जाते और 70 प्रति सैकड़ा गांव में रहने वाले लोगों को नागरिक नहीं बना देते? क्या आप सारे ग्राम्य भारत को कल-कारखानामय बना देना चाहते हैं? वास्तव में कलकत्ता, बम्बई, मद्रास और करांची के सिवा भारत में और कोई शहर नहीं हैं। अतएव ऐसा करने के लिए आपको शायद कयामत के दिन तक अपेक्षा करनी होगी।

भारत की वास्तविक समस्या

सच्ची बात तो यह है कि भारत एक कृषि प्रधान देश है, और यह सर्वदा ऐसा ही रहेगा। अब प्रश्न यह है कि उन्नत कृषि पद्धति द्वारा कैसे मिट्टी की उर्वरता बढ़ाई

जाए और किस प्रकार खाली समय के लिए काम देकर और ऐसे कामों को प्रोत्साहन देकर गाँव में रहने वाले लोगों की तुच्छ आमदनी को बढ़ाया जाए। मेरा दृढ़ विश्वास है कि सूत कातना और कपड़ा बुनना, ये दो काम एक ही गृह-शिल्प के, जो भारत में सर्वत्र काम में लाया जा सकता है, दो पहलू हैं। ब्रिटिश शासन में लोगों की अवस्था क्रमशः समृद्ध होती जा रही है, यह बात प्रायः ही हमारे शासक कहा करते हैं। अर्थशास्त्री कहते हैं कि आवागमन और माल चालान करने की आसान और द्रुत व्यवस्था के कारण जब लोग अपनी पैदावार का मूल्य अधिक प्राप्त कर सकते हैं तब यह निश्चित है कि वे धनी होते जायें। अतएव उनका कहना है कि अतिरिक्त पैदावार अब लाभ के साथ बेची जा सकती है।

किन्तु माल बाहर भेजने की उन्नत पद्धति द्वारा दरिद्र किसानों का केवल उपकार ही नहीं होता, यह बात निर्विवाद सिद्ध हो चुकी है। मि. रामखेमेड-डोनल्ड ने 'भारत का जागरण' (1911) नामक अपनी पुस्तक में लिखा है कि "रेलवे लाइनें बन जाने के कारण भारत में अकाल बहुत फैल गया है। फसल तैयार होने के बाद एक दो सप्ताह के अंदर ही अतिरिक्त गेहूँ और धान दुकानदारों के हाथ में चला जाता है और जब उसके बाद की फसल नष्ट हो जाती है तो लोग भूखों मरने लगते हैं। इसके अतिरिक्त आवागमन का मार्ग आसान हो जाने के कारण मुकदमे द्वारा भी दरिद्र किसानों का धन बर्बाद होने का एक रास्ता खुल गया है।"

प्रदर्शनी की उपयोगिता

भारतवर्ष में सर्वत्र बीच-बीच में जो स्वदेशी प्रदर्शनियाँ हुआ करती हैं, यह बड़ा सुन्दर लक्षण है। इसका सबसे बड़ा श्रेय उन सार्वजनिक कार्य-कर्ताओं को है जो चंदा एकत्र करने, विभिन्न स्थानों से चीजें मंगाने, चीजों को आकर्षक ढंग से सजाने तथा लोगों को उसे देखने आने के लिए उत्साहित करने का दुस्साहसिक बोझ अपने उपर लेते हैं, किन्तु इसका श्रेय उन दर्शकों को भी कम नहीं है जो दूर-दूर से नाना प्रकार की असुविधाओं के रहते हुए भी देखने आते हैं।

किसी हाट बाजार का काम है बेचने वालों और खरीदने वालों को एकत्र करना, और इन दोनों का सम्बन्ध साधारणतया व्यापारिक होता है। खरीदने वाला कोई चीज खरीदने के लिए बाजार में आता है या उसका मूल्य जानने के लिए आता और अपनी आवश्यकता पूरी कर चला जाता है। किन्तु प्रदर्शनी इससे कहीं व्यापक कार्य करती है भले ही उसका फल अधिक प्रत्यक्ष न हो और बाजार की अपेक्षा वहाँ खरीद बिक्री कुछ भी न हो। प्रदर्शनी में लोग अधिकतर उसमें सजायी गई चीजों को देखने के लिए ही आते हैं।

किन्तु जब वे लोग लौट कर जाते हैं तो वे अपने दिमाग में उन चीजों के ग्राहक हो जाते हैं। इस तरह प्रदर्शनी द्वारा एक साथ ही बहुत सी चीजों की छाप

लेकर जाते हैं जो उन्हें अधिक पसन्द होती हैं और फिर उन चीजों का बड़ा प्रभावशाली विज्ञापन हो जाता है और उसके द्वारा जो लोगों को शिक्षा मिलती है, उसका मूल्य तो अपार है।

हमारे देश के लिए प्रदर्शनी कोई नई चीज नहीं। बहुत प्राचीन काल से भारतवर्ष में नियमपूर्वक बहुत से 'मेले' होते आ रहे हैं। हमारे देश के लोग आज अपने अन्दर किसी अभाव का अनुभव बड़े जोरों के साथ कर रहे हैं, इसी से इतनी प्रदर्शनियाँ हो रही हैं। हम अनुभव कर रहे हैं कि हमारे पास बहुत बड़ी कमी है। हम लोग प्रत्यक्ष प्राचुर्य के बीच में भूखों मर रहे हैं।

अपने देशवासियों द्वारा प्रस्तुत इन सब प्रदर्शित चीजों को देखकर हम सब के हृदय आनन्द के मारे नाच उठते हैं! सम्भवतः उनमें से कोई चीज हमारी आज्ञा के अनुसार नहीं होती, किसी-किसी का मूल्य कुछ अधिक मालूम होता है। हम जिन-जिन चीजों से परिचित हैं उन चीजों की जगह क्या इन चीजों को लेने से हमारा कुछ नुकसान न होगा? नहीं, कदापि नहीं। जितना ही अधिक हम खरीदेंगे, उतना ही अधिक उसकी पैदावार और उसे उत्पन्न करनेवालों की संख्या बढ़ेगी। इसके अवश्यम्भावी फलस्वरूप उत्पन्न करनेवालों में स्वाभाविक ढंग से ही प्रतियोगिता छिड़ जाएगी, जिससे वे लोग उत्तरोत्तर निपुण और कार्य कुशल होते जाएँगे और अंत में जो उन सबमें सबसे योग्य होगा, वही रह जाएगा। अब आप पूछ सकते हैं कि इससे खरीददारों को क्या लाभ? मैं पूछता हूँ, क्या हम सब लोग सरकारी नौकर, विदेशी चीजों के व्यापारी, वकील, डॉक्टर या अध्यापक हैं, साधारणतया जिनको गृह-शिल्प से कोई मतलब नहीं? निश्चय ही ऐसा नहीं है। हममें से बहुतों का, या हमारे लड़कों, भाई बंधुओं और मित्रों का किसी न किसी गृह-शिल्प से सम्बन्ध है। इस तरह अन्यान्य गृहशिल्पों को सहायता पहुँचाकर हम अपनी ही सहायता करते हैं और अपने आत्मीयों और मित्रों की बेकारी से रक्षा करते हैं। हम अपनी इच्छा के अनुसार जगत रूपी दीवाल खड़ी कर अपने गृह शिल्प की रक्षा नहीं कर सकते। हमारे लिए तो एकमात्र उपाय यही है कि हम आपस में मिलकर काम करें और स्वेच्छापूर्वक स्वदेशी वस्तुओं को खरीदें।

अपनी स्वदेशी शिल्प कला तथा उद्योग-धन्धे का पुनरूद्धार करना होगा, उसे प्रोत्साहन देना होगा। लुप्त शिल्प कला का पुनरूद्धार करने के लिए और उद्योग-धन्धा जारी करने के लिए यदि हम लोग कमर बांधकर तैयार नहीं हो जाएँगे और इसके लिए जी-जान से चेष्टा नहीं करेंगे, तो केवल मुँह से ही "स्वदेशी-खरीदो" चिल्लाते रहने से कुछ लाभ न होगा।

चरखा के ऋषि

आप लोग जानते हैं कि मैं एक तुच्छ श्रम शिल्पी हूँ और इसी नाते मैं यहाँ उपस्थित हुआ हूँ। यदि महात्मा जी चरखा के ऋषि हैं तो मैं दावा कर सकता हूँ कि चरखा

का मंत्र फैलाने वाला मैं उनका एक दूत हूँ। और फिर भी आज मेरा कारखाना प्रति दिन 15 टन फ़िटकिरी, 15 टन गंधक का तेजाब, और कई टन मैगनिसियम सल्फेट तथा अन्यान्य रासायनिक द्रव्य तैयार करता है।

महात्मा गांधी ने यह बार बार कहा है कि हमारे शासकों के दृष्टिकोण में परिवर्तन होने की आवश्यकता है अन्यथा गोलमेज कांफ्रेंस से कोई विशेष लाभ न होगा। उसी तरह मैं फिर जोर देकर कहता हूँ कि पाश्चात्य सभ्यता की बाहरी तड़क-भड़क से हमें विमुख होना होगा। उसके पीछे-पीछे दौड़ने के कारण ही हमारा सर्वनाश हुआ है। जब तक पंजाब से किसानों के पाकेट सिंचाई द्वारा उपजाऊ बनाए गए गेहूँ के खेत सोने और चांदियों से भरते रहे, तब तक वे लोग खूब मोह के वशीभूत होकर दिन बिताते रहे। वे फिर इसी अनुकरण के पीछे पड़कर विलासिता बढ़ाने लगे और अपने लड़कों को डेढ़ सौ से लेकर ढाई सौ रुपए मासिक तक खर्च देकर लाहौर-कॉलेज में भेजने लगे, लिखना-पढ़ना सीखने के लिए नहीं, वरन् कायदा सीखने के लिए किन्तु आज उनका सर्वनाश हो गया है। कलकत्ता का बंदरगाह आस्ट्रेलिया के सस्ते गेहूँ से भरे हुए जहाजों से भर गया है। बंगाल के करदाताओं को संरक्षण कर के रूप में पंजाब के अभागे कृषकों की सहायता करनी होगी। एक ग्रेजुएट की औसत मासिक आमदनी 25 या 30 से अधिक नहीं है। फिर भी इतनी थोड़ी सी आमदनी के ऊपर अपनी प्राणरक्षा करने में उसे आनन्द मिलता है, वह देहात में कभी जाना न चाहेगा। इसका फल यह होता है कि उसके बाल-बच्चे शरीर और बुद्धि में कमजोर होते हैं। ऐसे संकीर्ण घर में रहने के कारण, जिसमें न तो स्वच्छ वायु मिलती है और न सूर्य का प्रकाश, उसकी दुर्दशा और भी बढ़ जाती है। राजयक्ष्मा रोग जंगल की आग के समान फैलता जा रहा है और शिशु-मृत्यु की संख्या बड़ी भयावह हो गई है। थोड़े में कहा जा सकता है कि हमारा उद्देश्य होना चाहिए पुनः अपनी भूमि और गांव में लौट जाना।

8 अक्टूबर, 1932

मादक-द्रव्य निषेध

"मेरा विचार है कि मादक द्रव्य पीने की आदत मानव जीवन पर आरोपित एक महान अभिशाप है।"

"अमेरिका के मादक द्रव्य दिवस (ड्रिंक डेज) पर प्रत्येक वर्ष मारे जाने वाले लोगों की संख्या प्रायः 60,000 अनुमानित हो गई थी। तत्कालीन सरकार इस स्थिति को रोकने में असमर्थ थी। यह आघात सभी को चिन्तित किए हुए था। प्रत्येक

सरकार का यह कर्तव्य था कि कमजोरों की रक्षा करे और राजस्व के प्रलोभन से इन कमजोर लोगों की आपदाओं को और न बढ़ाए।"

—श्री फुसीफुट जानसन

मादक द्रव्यों से मनुष्य जाति का सदा ही अपकार हुआ, और इनमें भी विशेषकर मद्य ने मनुष्य का बहुत अनिष्ट किया है। न जाने कितने मनुष्य मद्यपान से निकम्मे हो गए, उनकी मानसिक और शारीरिक शक्तियाँ नष्ट हुईं, नैतिक रूप से भी उनका पतन हुआ, और कितने अकाल ही काल के ग्रास हो गए। मादक द्रव्य के सेवन से मस्तिष्क और हृदय की स्वाभाविक गति बदल जाती है, मनुष्य सुस्त और अपाहिज सा हो जाता है। कभी-कभी वह नशे की झोंक में ऐसे अमानुषिक कर्म भी कर बैठता है, जिनके लिए नशा उतरने पर उसे पश्चाताप होता है, और कभी राजदण्ड भी भोगना पड़ता है। कोई चाहे कितना भी विद्वान या विवेकी पुरुष क्यों न हो, पर नशे की हालत में उसके होश-हवास कभी दुरुस्त नहीं रहते, और उस हालत में वह जो कुछ भी करता है, उसे ठीक नहीं समझना चाहिए। ऐसे उदाहरण भी कम नहीं हैं जब कि हम कितने ही विद्वानों, न्यायाचार्यों, राजनीतिज्ञों और दार्शनिकों को भी मद्य का सेवन करते हुए पाते हैं, पर उससे यही समझना चाहिए कि वे नैतिक सदाचार के उच्च शिखर तक नहीं पहुँचे जहाँ मनुष्य समस्त विकारों से रहित होकर पूर्ण ज्ञान के निकट हो जाता है। ऐसे मनुष्य मानव जाति की भलाई के लिए उतना अधिक काम नहीं कर सके जितना कि उन्हें करना चाहिए था, या वे कर सकते थे। मादक द्रव्य के सेवन से उनकी मानसिक शक्तियों का ह्रास होने लगता है, फिर भी वे जो कुछ करते हैं उनकी प्रशंसा होती है। पर कल्पना कीजिए, यदि वे मादक द्रव्य का सेवन न करते तो कितने अधिक प्रशंसा के पात्र होते नशे की हालत में जो कुछ भी किया जाएगा उसका कभी उत्तम विकास नहीं होगा, क्योंकि विकासोन्मुखी शक्तियाँ नशे के कारण पहले ही नष्ट हो चुकी होती हैं। आज हम सभ्यता के गुणगान और विस्तार की बहुतेरी बातें सुनते हैं, पर यह सभ्यता तब तक अधूरी रहेगी तब तक कभी कल्याणदायी और पूर्ण न होगी जब तक कि सभी मादक द्रव्यों का बिल्कुल निषेध न हो जाएगा।

संसार के सभ्य देशों के जिन सदाचारी मनुष्यों ने इन द्रव्यों के अनिष्टकारी प्रभाव को समझ लिया है वे उन्हें दूर करने का पूरा प्रयत्न कर रहे हैं। यूरोप के कितने ही देशों में मद्यपान के विरुद्ध आन्दोलन हो रहा है, पर मद्य का बहिष्कार करने में सबसे अधिक सफलता सोवियत रूस और संयुक्तराष्ट्र अमेरिका को मिली है। अमेरिका के सबसे बड़े सुधारक मि. फुसीफुट जानसन ने मद्य का निषेध करने में बहुत सफलता प्राप्त की है, उसी तरह सोवियत रूस के साम्यवादी सुधारकों ने इस शैतानी नशे को दूर करने में कुछ कम प्रयत्न नहीं किया है। आज रूस के सब

बड़े-बड़े शराबखाने बन्द हो गए हैं, ओर वहाँ किसी को आमतौर से शराब खरीदने पर भी नहीं मिल सकती। यही हाल अमेरिका का है, पर वहाँ चोरी से शराबखोरी होती है। सन 1921 में मि.फुसीफुट जानसन मद्य का निषेध करने भारत आए थे। उस समय यहाँ महात्मा गांधी के नेतृत्व में असहयोग-आन्दोलन जोरों पर चल रहा था। महात्मा गांधी स्वयं मादक द्रव्य के कट्टर विरोधी थे। महात्माजी के व्यक्तित्व और व्याख्याओं का असर मि. जानसन पर भी यथेष्ठ पड़ चुका था, और उन्होंने यह स्पष्ट शब्दों में स्वीकार किया कि भारत में मेरे आन्दोलन की जरूरत नहीं है, क्योंकि यहाँ तो वे स्वयं ही आन्दोलन से बहुत प्रसन्न हुए थे पर तो भी उन्होंने कलकत्ते, मद्रास और अन्य स्थानों में घूम-घूमकर बड़ी-बड़ी सभाओं में मद्य के विरुद्ध ओजस्वी व्याख्यान दिए, और उसकी बुराइयाँ अच्छी तरह समझाई थीं। वे अपने व्याख्यानों में शराब की बुराइयाँ समझाते हुए ऐसे उदाहरण भी सुनाते थे कि शराब के कारण कितने ही गरीबों के घर खराब हो गए। शराब के कारण अमेरिका में साठ हजार मनुष्यों के प्राण चले गए। मि. फुसीफुट जानसन ने कहा कि इन साठ हजार मनुष्यों की क्या मरने की इच्छा थी? नहीं, वे इसलिए मरे कि शराब वालों की कमाई हो, और सरकार भी आबकारी की आय से फायदा उठावे। यह तो स्पष्ट है कि शराब जितनी ही बिकेगी उतना ही सरकार का और शराब बेचने वालों का फायदा होगा पर अमेरिका में शराबी लोग शराब पीने का 'हक' दिखाते थे। वे जो साथ कहते और झगड़ते थे कि "हमें शराब पीने का हक है और हमारा यह हक कोई नहीं छीन सकता।" जो लोग बुराई या पाप कर्म करने के हक पर जोर देते हैं, उनके मस्तिष्क का विकास सहज ही में समझा जा सकता है, और वह विकार दूर करने का समाज को उतना ही हक है जितना कि सरकार को। अमेरिका में समाज और सरकार दोनों ने ही इस बुराई को दूर करने का प्रयत्न किया।

पर दुर्भाग्यवंश इस देश में सरकार की ओर से ऐसा कोई प्रयत्न नहीं किया गया। यहाँ मद्यपान-निषेध आन्दोलन राष्ट्रीय आन्दोलन का एक अंग हो गया है, और चूँकि भारत सरकार राष्ट्रीय आन्दोलन को अच्छी दृष्टि से नहीं देखती इसलिए वह मद्य-निषेध की परवाह नहीं करती पर यदि गम्भीरतापूर्वक देखा जाए तो इस देश में मद्यपान के विरुद्ध आन्दोलन ही बड़ी भारी आवश्यकता है। मद्यपान से गरीब और अमीर दोनों का ही नुकसान होता है, पर गरीबों का अधिक होता है। मिलों या कारखानों में काम करने वाले मजूर थोड़ी सी मजूरी पाते हैं, दिनभर वे खूब काम करते हैं, और संध्या समय घर लौटते हुए वे शराबखानों से शराब पीकर लौटते हैं। दुर्भाग्यवश शराब-खाने भी मिलों और कारखानों के निकट बने हैं, इसलिए उन्हें शराब सहज में मिल जाती है। जितनी मजूरी मिली, उसमें से शायद ही वे चार आने पैसे बचाकर घर लाते हों, पर घर में जो उनके जोरू, बाल बच्चे अन्न-वस्त्र के बिना तड़प रहे हैं उनकी सुधि कौन ले? इस प्रकार मद्य से अधिक हानि गरीबों की ही

होती है। सरकार को आबकारी से जो आय होती है उसे वह शिक्षा-प्रचार में लगाती है, पर इस शिक्षा प्रचार से भी गरीब मजूरों के बच्चे पाते हैं। इस तरह मद्यपान से गरीबों का हर तरह नुकसान ही नुकसान होता है। मि. फुसीफुट जानसन ने अपने एक महत्वपूर्ण भाषण में कहा था कि—"सरकार का यह कर्तव्य है कि वह निर्बलों की रक्षा करे, यह नहीं कि आमदनी बढ़ाने के लिए वह निर्बलों के कष्ट बढ़ाए।" भारत सरकार को यदि राष्ट्रीय आन्दोलन से चिढ़ है तो वह उसकी परवाह न कर स्वयं अपनी इच्छा से गरीबों को कष्ट दूर करने के लिए, मादक द्रव्यों का निषेध करें, और तब सरकार देखेगी कि देश के सभी विवेकवान् मनुष्य उसके इस कार्य में उसके साथ होंगे। सरकार की ओर से यह प्रश्न उठाया जा सकता है कि—"आबकारी की आय बन्द हो जाने पर क्या होगा? क्या इससे सरकारी खजाने को नुकसान नहीं पहुँचेगा?" पर मादक द्रव्यों का निषेध कर सरकार करोड़ों गरीबों को जो भारी लाभ पहुँचाएगी, उसके आगे यह थोड़ी-सी हानि कुछ भी नहीं है। गरीब अशिक्षित हैं, उन्हें अपना भला-बुरा समझने की बुद्धि नहीं है, पर शासक और सुधारक उन्हें उनका हित समझाकर सही रास्ते पर ला सकते हैं। सुधारकों का प्रयत्न भी उस समय तक सफल न होगा जब तक कि सरकार उसमें योग न देगी। चोरी, डकैती आदि अपराधों को रोकने के लिए यदि कानून मौजूद है तो शराब को, जो सब अपराधों की जड़ है, रोकने का भी कानूनी प्रयत्न अवश्य होना चाहिए। जिस मादक द्रव्य की सभी धर्मों ने निन्दा की है, जिसका समर्थन किसी भी विवेकशील मनुष्य ने नहीं किया है और जो मानव जाति के उत्तम गुणों को भीतर ही भीतर चूस रही है, उसे दूर करने का निश्चय ही भरपूर उद्योग होना चाहिए, मादक द्रव्यों का निषेध होने पर मनुष्यों का मानसिक और शारीरीक स्वास्थ्य सुधरेगा, तब वे पूर्ण स्वस्थ, बलवान और शक्तिशाली होकर देश और समाज को ठीक लाभ पहुँचा सकेंगे। मादक द्रव्य के सेवन से मनुष्य की शक्तियों का अत्यंत अधिक ह्रास और पतन हुआ है, यह पतन अब अवश्य रुकना चाहिए।

1934 - 1936

काव्य-कलाधर : परिचय

राजश्री डागा

हिन्दी की मासिक साहित्यिक पत्रिका 'काव्य-कलाधर' का पहला अंक दिसम्बर, 1934 में प्रकाशित हुआ। नवम्बर, 1936 तक इसके कुल 23 अंक निकले। इस पत्रिका के सम्पादक थे रमाकान्त त्रिपाठी और सिद्धिनाथ शुक्ल। इस पत्रिका में राष्ट्रीय—सामाजिक चेतना का संदेश नहीं होता था, बल्कि छायावाद के उत्कर्ष काल में रीतियुगीन चमत्कारवादी काव्य परम्पराओं का पुनरुत्थान इसका मुख्य उद्देश्य था। उस विशिष्ट काल-खण्ड में पूरे भारत में जन-जागरण के नारे लग रहे थे। इसके बावजूद 'काव्य-कलाधर' के लेखक अपनी पत्रिका में पुरानी परम्पराओं को ही दुहराने का कार्य कर रहे थे। 'काव्य-कलाधर' केवल रीति युगीन काव्य परम्पराओं का पुनरुत्थान ही नहीं चाहता था, यह काव्य-रचना के लिए ब्रजभाषा की महत्ता का प्रचार भी करता था। 'हमारी बातें' शीर्षक से छपने वाले सम्पादकीय में कहा गया है, "इधर खड़ी बोली के प्रचार से ब्रजभाषा की फुलवारी शुष्क होती जा रही थी। इसका क्षेत्र इतना सीमित और संकुचित हो गया था कि स्वर्गीय रत्नाकर जी के बाद ब्रजभाषा में कोई पुस्तक निकली ही नहीं (सितम्बर, 1936)।" 'हमारी बातें' शीर्षक से भी स्पष्ट हो जाता है कि 'काव्य-कलाधर' के लेखक संगठित होकर अपने युग की नई और परिवर्तनकामी प्रवृत्तियों का विरोध करना चाहते थे। इससे पता चलता है कि छायावादी और प्रगतिशील साहित्य के विकास का मार्ग निष्कंटक नहीं था। पुरातनता के स्वप्न में खोए 'काव्य-कलाधर' के रीतिवादी-कलावादी लेखक इस सीमा तक सोच लेते थे—"निश्चय है कि ब्रजभाषा का अस्तित्व अब तक अक्षुण्ण रहा है और सदा रहेगा। यदि बहुत हुआ तो सम्भव है, आगे चलकर यह वही स्थान प्राप्त करे जो इस समय संस्कृत को प्राप्त है" (हमारी बातें', नवम्बर, 1936)।

'काव्य-कलाधर' में हास्य-व्यंग्य भी खूब रहता था। इसमें राजनैतिक—सामाजिक समाचार नाम मात्र के छपते थे। 'काव्य-कलाधर' की विचारधारा के समर्थन में लिखे हुए लेखों के अलावा, पूरी पत्रिका व्यंग्य से भरी होती थी। व्यंग्य बहुत हल्के स्तर के होते थे। केवल चुटकुले, ठिठोली आदि की भरमार थी। मई, 1936 के अंक में

दयाशंकर मगन ने छायावाद पर इस तरह का व्यंग्य किया है, "भयऊ उमा अरु शम्भु में एक दिन यह संवाद, नाथ! हमें बतलाइए क्या है छायावाद। जो रचना को पढ़त ही अरथ न आवै ध्यान, हिन्दी में तेहि वाद को छायावाद बखान।" उस युग के 'रोमांटिसिज्म' को कई तरह के पुरातनपंथियों द्वारा चुनौती दी जा रही थी। आज जिस धरोहर पर हम गर्व करते हैं, उसे कभी कठिन आग में तपकर अपना खरापन प्रमाणित करना पड़ा था। 'काव्य कलाधार' के स्तम्भ 'प्राचीन कवियों की उड़ान' में सिद्धिनाथ शुक्ल लिख रहे थे, "काव्य जगत में अवश्य ही श्रृंगार रस सागर तथा शेष रस सरोवर ही माने गए हैं। अतएव प्रधान को प्रधानता न देना गोया अपने कर्तव्य से च्युत होना है" (जून, 1936)।

छायावाद युग में कविताओं के छन्द टूट रहे थे। परिवर्तन-विरोधियों को लग रहा था कि इससे कविता का अस्तित्व ही संकट में पड़ गया है। 'काव्य-कलाधर' के 'कलम-कुठार' स्तम्भ में परिवर्तन-विरोधी लोगों ने निराला की कविताओं पर, अतुकांत होने के कारण व्यंग्य किया। 'ठिठोली' स्तम्भ में भी व्यंगात्मक कविताएँ हैं। इसके लेखकों में दृष्टिविहीनता साफ दिखाई देती है। किस स्थान पर व्यंग्य होना चाहिए, किस स्थान पर नहीं, इसका निर्धारण वे नहीं करते।

हजारी प्रसाद द्विवेदी ने शान्तिनिकेतन में भाषण देते हुए पूछा था, "रीतिकाल तो अब भी अपने बीच जी रहा है। किसी काव्य के वाक्यों और वाक्यांशों को परम्परा समर्पित सहृदयता की कसौटी पर कस देना ही क्या कविता की सच्ची प्रशंसा है? क्या काव्य को जीवन की विशाल पट-भूमिका पर रखकर देखने का युग अब भी नहीं आया है?" (विशाल भारत, अक्टूबर, 1940) द्विवेदी जी का विरोध ऐसी ही पत्रिकाओं और रीति मनोवृत्ति से था। 'ठिठोली' में विदेश पहनावे तथा पण्डित जी के दक्षिणा-लोभ पर व्यंग्य है। साथ ही आर्यसमाजियों तथा खद्दर के पहनावे पर भी अनावश्यक व्यंग्य है—

खद्दर सजाओ, यह देश मजबूर करे,
हैट बिना पैठ नहीं पावै इजलास में।
दक्षिणा बिना न फल होता कहैं पण्डिज जी,
आरिया रचावैं ब्याह रुपये पचास में।

आधुनिकता के प्रसार के बावजूद उस समय परम्परागत रूढ़ियों का बोलबाला कम न था। 'समस्यापूर्ति', 'कलम-कुठार', 'महफिल', 'प्राचीन कवियों की उड़ान' आदि स्तम्भों में परम्परागत काव्यशास्त्रीय सिद्धान्तों की महत्ता पर पन्ने खर्च किए गए हैं।

पिंगल-प्रकाश में रमाकान्त त्रिपाठी आगे बढ़कर यहाँ तक कहते हैं—"बिन पिंगल कविता करे, बिन गीता के ज्ञान, बिन तप चाहे मुक्ति जो, सो नर पसू समान।" 'महफिल' स्तम्भ में साहित्य के नाम पर जो लोग महफिल सजाते हैं,

ऐयाशी करते हैं, उनका पर्दाफाश है। 'कतर ब्योंत' में रचनाओं की चोरी का ब्योरा है। रचना के मूल लेखक का नाम बदलकर अपने नाम से उसे प्रकाशित कराना उस युग की एक प्रवृत्ति थी। प्रेमचन्द जैसे जनप्रिय रचनाकारों की रचनाएँ भी चुरा ली जाती थीं। 'काव्य कलाधर' का यह एक बड़ा रोचक स्तम्भ था।

इस पत्रिका में उन क्षेत्रीय बोलियों के पुनरुत्थान का प्रयास है, जिनकी भूमिका भाषा के ऐतिहासिक विकास की प्रक्रिया में सीमित होती जा रही थी। छत्तीसगढ़ी, गोरखपुरी, जयपुरी इत्यादि बोलियों पर फिर से रचनाएँ लिखने का आग्रह किया गया है। लोक भाषाओं से हिन्दी को शक्ति मिले, हिन्दी के लिए इससे अधिक महत्वूपर्ण बात और क्या होगी लेकिन हिन्दी को पीछे धकेलकर, लोक भाषाओं का ही पुनरुत्थान किया जाय तो यह एक तरह षड्यंत्र है। 'काव्य-कलाधर' के सम्पादकों में जाने-अनजाने इस तरह के कई दोष थे।

वस्तुतः छायावाद और प्रगतिवाद के संधिकाल में यह पत्रिका साहित्य की पुरानी प्रवृत्तियों को उकसा रही थी। राष्ट्रीयता का संदेश इसमें नहीं के बराबर था। इसमें भाषा की विशुद्धता का, संस्कृतनिष्ठता की प्रवृत्ति का प्रचार होता था। ये लोग भाषा में मिश्रणशीलता के समर्थक नहीं थे। साहित्य की मानवीय प्रगतिशील धारा में अवरोध उत्पन्न करने के लिए हर युग में कोई न कोई रीतिवादी-कलावादी मंच गठित हो जाता है। 'काव्य-कलाधर' छायावाद-युग का एक ऐसा ही मंच था।

हमारी बातें

सम्पादकीय

हिन्दी साहित्य की दिनोंदिन उन्नति हो रही है। साहित्य के सपूत साहित्य-भण्डार को अमूल्य रत्नों से भरते चले जा रहे हैं। वह दिन दूर नहीं है, जब हम सगर्व संसार के साहित्य में हिन्दी को भी एक महत्वपूर्ण स्थान पर देख सकेंगे। अभी तक हम अन्य भाषा-भाषी लोगों की कटूक्तियाँ सहते चले आ रहे थे कि हिन्दी में क्या धरा है? बंगाली इतराते थे कि हिन्दी तो बंगाल की जूठन होती जा रही है। एक समय था कि यह कटूक्ति एक प्रकार से क्षम्य भी थी। यदि पद्य-साहित्य को हम अलग कर दें तो 'भारतेन्दु' जी के पूर्व हम अपने को गद्य के अंधकार में पाते हैं। लल्लू लालजी और सदल मिश्र इस बात के अपवाद कहे जा सकते हैं। उस समय उनके गद्य में जादू का असर था और था गद्य साहित्य के इतिहास का प्रारम्भिक पृष्ठ, किन्तु इस समय के गद्य-साहित्यं को देखते हुए उन्हें कोई गद्य की विडम्बना ही कह सकता है।

खैर! हम हिन्दी के क्रम और विकास का इतिहास नहीं लिखने जा रहे हैं। इस विषय पर पर्याप्त प्रकाश डाला जा चुका है। कहना केवल इतना ही है कि जहाँ अन्य भाषाओं में एक-एक विषय पर अनेक पत्र प्रकाशित होते हैं, वहां हिन्दी का दुर्भाग्य ही है कि विविध-विषयक पत्र भी अपने करम को कोसा करते हैं। कितने ही आवश्यक विषयों के पत्र निकाले गए किन्तु किसी को भी आशातीत सफलता न मिल सकी। हिन्दी संवाद-पत्रों को ही ले लीजिए। गुजराती में बम्बई समाचार, प्रजामित्र, मराठी में केसरी, बंगला में आनन्द बाजार पत्रिका जैसे पत्र निकल सकते हैं और हिन्दी के 8 पृष्ठों के दैनिक पत्र घाटा-घाटा रोया करते हैं जबकि हिन्दी भाषा-भाषियों की संख्या उक्त भाषाओं के बोलनेवालों से कई गुना अधिक है। हमारे ही पैसों से अंग्रेजी के कितने ही पत्र आनबान से निकल रहे हैं और हमारे अपने पत्र ग्राहक बनाने की अपील ही छापते रह जाते हैं। इसे हम अपना दुर्भाग्य नहीं, बल्कि उदासीनता ही कहेंगे, जब हम स्वयं अपनी चीजों की कदर नहीं करते तो दूसरों से इसकी आशा कैसे की जा सकती है?

हिन्दी पाठकों की उदासीनता देखते हुए हम 'काव्य-कलाधर' की एक कला लेकर हिन्दी जगत में उपस्थित हो रहे हैं। अस्तु इसे व्यावसायिक रूप देकर लाभ उठाना सिकता से तेल निकालने के बराबर ही है। अब प्रश्न यह उठता है कि जिस कार्य से लाभ न हो उसे करने से क्या लाभ? इस प्रश्न का सीधा-सा उत्तर यही हो सकता है कि भले ही हमें 'कलाधर' कुछ आर्थिक लाभ के बदले क्षति पहुँचाए; किन्तु जो पारमार्थिक लाभ होगा वह इस क्षति के आगे कई गुणा अधिक है। आजकल के कलमचियों से कविता देवी की जो चोंथौवल मची हुई है, उसे देखकर कोई भी सहृदय बिना तरस खाए नहीं रह सकता। हम इस प्रकार की चोंथौवल के उदाहरण देकर लेख के कलेवर की वृद्धि करना अच्छा नहीं समझते। कविता बेचारी चिल्ला रही है, पर उसकी करुण पुकार को कौन सुनने वाला है।

सम्पादक और कविता

यदि हम कहें तो निस्संकोच भाव से कह सकते हैं कि इस प्रकार कविता की निर्मम चोंथौवल में हमारे हिन्दी-पत्र-सम्पादकों को भी बहुत कुछ श्रेय दिया जा सकता है। 'काव्य-कलाधर' के आगे के पृष्ठ हमारे इस कथन के साक्षी होंगे और जनता देखेगी कि हमारे हिन्दी-पत्र सम्पादक इस काण्ड में कितने सहायक हो रहे हैं। आश्चर्य तो इस बात का है कि कितने ही कवि-सम्पादक भी इस ओर ध्यान नहीं देते हैं। सब सम्पादक कवि नहीं हो सकते और न कवि होने की आवश्यकता ही है। आवश्यश्कता है, तो केवल इस बात की कि, या तो अपने पत्र को कविता से पृथक रखें और यदि कविता-प्रकाशन उचित ही समझा जाए, तो कविताओं का सम्पादन किसी कवि से कराया जाए। यदि सहायक रूप से कवि सम्पादक नहीं रखे जा सकते तो प्रायः सभी सम्पादकों से कवियों का परिचय रहता ही है और कवियों की यह स्वभाव-सिद्ध बात है कि वे इस काम को अवैतनिक ही कर सकते हैं। यदि यह भी सम्भव न हो तो कविता को अपने पत्र में बिना समझे-बूझे स्थान दे देना कविता के प्रति घोर अन्याय करना है।

आए दिन हमें ऊँचे पत्रों में कविता की दुर्दशा देखने में आती है। इसका एकमात्र कारण है कविता से अनभिज्ञ होने पर भी उसको प्रकाशित कर देना। जो कवि नहीं हैं वे कविता का सम्पादन क्यों करते हैं? सम्पादन तो उसी विषय का किया जा सकता है जिस विषय का सम्पादक लेखक से भी अधिक ज्ञाता है।

कविता में गुरुवाद

जितनी कलाएँ होती हैं प्रायः सबके सीखने के लिए गुरु की आवश्यकता पड़ा करती है। 'गुरु बिनु होई न ज्ञान' इसे हिन्दी का एक सूत्र कहा जा सकता है। हम यह मान सकते हैं कि प्रकृति प्रदत्त भी कोई वस्तु होती है और बिना उस प्रतिभा के किसी कार्य में सम्यक् रूपेण सफलता नहीं मिल सकती साथ ही यह भी मानना पड़ेगा कि

उस प्रतिभा को प्रकाशित करने के लिए भी गुरु की आवश्यकता पड़ती ही है। कोई भी छात्र बिना गुरु-मन्दिर में प्रेवश किए उस सफलता को नहीं प्राप्त कर सकता, जिसका बीज प्रतिभा के रूप में उसके मस्तिष्क में अंकुरित रहता है। अंकुरित बीज के लिए भी अनुकूल जलवायु की आवश्यकता पड़ा करती है। बिना अनुकूल साधनों के अंकुरित बीज भी असमय में ही सूख जाते हैं। ठीक इसी प्रकार हमारे कितने प्रतिभावान प्रतिकूल परिस्थितियों में पड़कर अपनी प्रतिभा को अधिकार ही में लिए रह जाते हैं। यह अनुभवसिद्ध बात है।

एक उर्दू भाषा को ही ले लीजिए। जिस प्रकार मनुष्य बिना पिता के नहीं हो सकता है उसी प्रकार कोई भी शायर बिना उस्ताद के नहीं हो सकता। यह उर्दू कवियों का सिद्धान्त है। जिस प्रकार अपना परिचय देने के लिए वल्दियत की आवश्यकता पड़ती है और कहीं-कहीं तो बिना वल्दियत के काम ही नहीं चल सकता उसी प्रकार उर्दू के शायरों को अपने उस्ताद की आवश्यकता रहती है। वे बड़े गर्व से कहते हैं कि हम अमुक शायर के शागिर्द हैं। किसी के परिचय के साथ लोग उसके उस्ताद का भी नाम पूछते हैं परन्तु हिन्दी कवि इस अनिवार्य साधना से नितान्त वंचित रहते हैं। पहले ऐसा नियम नहीं था। प्राचीन काल में बाकायदा गुरु से काव्य-कला सीखी जाती थीं। इसके पर्याप्त प्रमाण पाए जाते हैं। यही कारण है कि प्राचीनकाल में पिंगल, अलंकार, रस और नायिका भेदों के अनेक ग्रन्थ मिलते हैं। हम यह कहने में संकोच से काम न लेंगे कि हिन्दी में गुरु-शिष्य की प्रथा तब तक किसी न किसी रूप में वर्तमान थी जब तक कविता में वादों की वादी न भर गई थी। जब से काव्य-जगत में रहस्यवाद, छायावाद और मधुशालावाद की वादी बढ़ी तब से गुरुओं का एक प्रकार से बहिष्कार ही हो गया। हो क्यों न जाए, अंग्रेजी स्कूलों और कॉलेजों से निकले हुए सुधरे बाबू लोगों को गुरुओं की आवश्यकता ही क्या है? उन्हें बूढ़ों और ठेठ हिन्दी कवियों से पूछने-सीखने में शर्म लगती है और उन्हें किसी नियम की भी तो आवश्यकता नहीं रहती। एक प्रसिद्ध कवि ने कुछ लिख दिया कुछ दिनों तक नकलची लोग उसके पीछे पड़े रहे। केवल एक कोश खरीदने का काम रह जाता है जिससे क्लिष्ट शब्द अपने पदों में रखे जा सकें, उदाहरण के लिए, एष्य, मश्रृण, रण्मण, टलमल, शेफाली, नीहार आदि पर्याप्त हैं। यदि ये बेचारे गोस्वामी तुलसीदासजी का यह दोहा भी एक बार पढ़ लेते तो इनका बड़ा उपकार होता। "सरल अरथ कीरति विमल; जो आदरहिं सुजान। सहज बैर बिसराय रिपु जोई सुनि करहिं बखान।" वास्तव में गोस्वामी जी ने उक्त दोहे को चरितार्थ कर दिखाया है। आज सनातन धर्म का विरोधी आर्य समाज और इस्लाम, ईसाई धर्म भी तुलसीदास जी की काव्य-कला का कायल है पर हमारे बाबू-भाइयों को पाश्चात्य कवियों से छुट्टी मिले तब न! ऐसे ही लोगों को लक्ष्य करके एक कवि ने व्यंग्य रूप में कहा है—दुनिया भर की हिस्ट्री तो रट डालेंगे किन्तु यह न जान सकेंगे कि भीष्म किसके लड़के थे।

खैर, अब हम अपने प्रथम शीर्षक की ओर आते हैं। कविता की छीछालेदर देखकर ही 'काव्य-कलाधर' का प्रकाशन आरम्भ किया जा रहा है। हिन्दी काव्य-जगत में जो 'मनमानी घरजानी' मची हुई है उसी का घोर विरोध करना, साथ ही कविता का वास्तविक रूप हिन्दी भाषा-भाषियों के सम्मुख रखना ही हमारा कार्य-क्षेत्र होगा और यदि हमें इसमें कुछ भी सफलता मिल सकी तो यही हमारा सबसे बड़ा लाभ होगा।

दिसम्बर, 1934

समाज सेवक

1935

समाज सेवक : परिचय

मंजु अस्मिता

'समाज सेवक' अखिल भारतीय मारवाड़ी सम्मेलन की पत्रिका थी। इस पत्रिका के आमुख पृष्ठ पर अंग्रेजी में 'वीकली आरगन ऑफ आल इण्डिया मारवाड़ी फेडरेशन' छपा होता था। इस संस्था का कार्यालय 156, हरिसन रोड, बड़ाबाजार, कलकत्ता में था। यहीं से यह पत्रिका प्रकाशित होती थी। इस पत्रिका का तार पता 'उत्थान' था। इसे पत्रिका के मूल उद्देश्य का द्योतक भी कहा जा सकता है। अनुमान लगाया जा सकता है कि यह पत्रिका अगस्त, 1935 से निकलनी आरम्भ हुई होगी। यह प्रत्येक रविवार को निकलती थी।

इस पत्रिका के दो सम्पादकों के बारे में पता चलता है। पहली जनवरी, 1939 के अंक में रूपनारायण गग्गड़ का नाम सम्पादक के रूप में छपा हुआ है। 26 मार्च 1939 के अंक में सम्पादक के रूप में तुलसीराम सरावगी का नाम है। इन दोनों सम्पादकों का लेखन के प्रति कोई झुकाव था, इसका कोई प्रमाण नहीं मिलता परन्तु ये समाज सेवक थे। सम्भव है, मारवाड़ी फेडरेशन के प्रधान होने के नाते इनका नाम बतौर सम्पादक छपता रहा हो।

तुलसीराम सरावगी के सम्पादक बनने पर इस पत्रिका की साज सज्जा में निखार आया। श्री गग्गड़ के सम्पादन में प्रकाशित अंक पर पत्रिका का नाम छापे की सामान्य टाइप से हिन्दी और अंग्रेजी में मुद्रित होता था, जबकि श्री सरावगी के सम्पादन में आमुख पर पत्रिका का नाम बहुत ही आकर्षक ढंग के ब्लॉक से छपा मिलता है।

इस पत्रिका के आमुख पृष्ठों को देखने से इसकी भूमिका और इसके दायरे के बारे में एक निश्चित धारणा कायम की जा सकती है। पहली जनवरी, 1939 के प्रथम पृष्ठ पर (सम्पादक रूपनारायण गग्गड़) एक ओर 'आचार्य द्विवेदी (महावीर प्रसाद द्विवेदी) की स्मृति में ' शीर्षक से छैल बिहारी कंटक की कविता है, तो दूसरी ओर श्रीमती रानी रुक्मिणी बाई राजवाड़े की तस्वीर छपी है। तस्वीर के नीचे कैप्शन दिया गया है 'आपकी अध्यक्षता में अखिल भारतीय महिला कांफ्रेस हुई'। 26 मार्च,

1939 के आमुख पर 'वीरदेवियाँ' शीर्षक से पांच महिलाओं की एक तस्वीर छपी है। तस्वीर के नीचे लिखा है, "जयपुर के सत्याग्रह संग्राम में भाग लेने वाली रमणियाँ, जिन्हें तीन-तीन महीने के कारावास की सजा हुई। बीच में जत्थे का नेतृत्व करनेवाली श्रीमती रमादेवी देशपाण्डे बैठी हुई हैं।" 30 अप्रैल, 1939 के प्रथम पृष्ठ पर 'स्वनाम धन्य राजा श्री बलदेव दास जी बिड़ला, डी.लिट' की तस्वीर छपी है और उनकी प्रशंसा में चार पंक्तियाँ भी। 13 अगस्त, 1939 के प्रथम पृष्ठ पर 'बस इतना ही' शीर्षक के नीचे सुभाषचन्द्र बोस की तस्वीर छपी है। 27 अगस्त, 1939 के पहले पेज पर 'कलियुगी भरत मिलाप' शीर्षक से एक कार्टून प्रकाशित किया गया है। इस कार्टून का विषय हिटलर और स्टालिन का संधि सूत्र में आबद्ध होना है। 1 अक्टूबर, 1939 के आमुख पर 'पकाया जर्मनी ने और खाया रूस ने' शीर्षक के नीचे रूस और जर्मनी का नक्शा प्रकाशित है। इन नक्शों के नीचे टिप्पणी है 'पोलैण्ड का सत्यानाश कर जर्मनी का नक्शा प्रकाशित है। इन नक्शों के नीचे टिप्पणी है 'पोलैण्ड का सत्यानाश कर जर्मनी उसको पचा नहीं सका। रूस ने बीच में कूदकर 'लूट' का अधिकांश भाग हथिया लिया। नई रूस–जर्मनी सन्धि के अनुसार बेचारा पोलैण्ड दो महाशक्तियों का शिकार हो गया।' 8 अक्टूबर, 1939 के प्रथम पृष्ठ पर हिटलर की तस्वीर के साथ हिटलर की शान्ति योजना विस्तार से प्रकाशित की गई है।

ऐसा प्रतीत होता है कि स्त्री उत्थान इस पत्रिका के मुख्य लक्ष्यों में एक था। 21 मई, 1939 के अपने 'स्त्री शिक्षा' सम्पादकीय में इसने लिखा, 'हम भारत में स्त्री शिक्षा की प्रगति पर दृष्टिपात करते हैं तो यह बहुत ही परिमित और मंद गति से बढ़नेवाली दृष्टिगोचर होती है। हमारा मारवाड़ी समाज तो स्त्री शिक्षा में और भी पीछे है। यद्यपि समय के साथ-साथ ऐसे व्यक्तियों की संख्या कम होती जा रही है जिनकी धारणा थी कि पढ़ने से ही बालिकाएँ विधवा हो जाती हैं या नौकरी करने के लिए बालिकाओं को पढ़ाना लिखाना चाहिए फिर भी हम देखते हैं, सिर्फ चिट्ठी लिख लेना और गीता भाषा टीका, गोपाल विष्णु सहस्रनाम का बिना समझे पाठ कर लेना स्त्री शिक्षा की पूर्णता मान ली जाती है। आवश्यकता इस बात की है कि उन्हें पूर्ण शिक्षित बनाया जाए। शिक्षा का मुख्य उद्देश्य मनुष्य की बुद्धि को विचार ग्रहण करने लायक और विचारों की समालोचना कर स्वीकार करने या अस्वीकार करने लायक बनाना है।" एक दूसरे सम्पादकीय (दिनांक 11 मई, 1941) में लिखा है, "जब हम अपने वर्तमान सांस्कृतिक रूप की तरफ देखते हैं तब हमें मालूम होता है कि हमारी सांस्कृतिक हीनावस्था का प्रधान कारण है हमारा महिला समाज। वह बेढंगा पहनावा जिसका वर्णन करना ही बुरा है। यह कुरीतिमय रहन-सहन, जिसमें स्वास्थ्य और धन की काफी बरबादी होती है। वे रास्ता गीत, स्टेशन के स्नान, निशांत के गंगा स्नान आदि तरह-तरह के हास्यास्पद कर्म, जिनसे हमारी सांस्कृतिक सतह बहुत गिर जाती है, हमारे महिला समाज की कृपा से ही सम्पादित होते हैं किन्तु इन महिलाओं

को इतना रूढ़िमय, इतना कुरीतिवादी बनाने का जिम्मेदार कौन है? युग-युग से पुरुष की निरंकुशता में बंधी हुई नारी को अपने आप की उन्नति करने का मौका ही कहाँ दिया गया है।" 2 जुलाई, 1939 में श्री केदारनाथ जी धरड़, कलकत्ता ने अपने लेख 'सामाजिक कुप्रथाएँ कैसे मिटें?' में लिखा, "समाज में सामाजिक कुरीतियों के विरुद्ध वर्षों से आन्दोलन चल रहा है परन्तु अब भी रूढ़ियां ज्यों की त्यों हैं। इसका प्रधान कारण स्त्री शिक्षा का अभाव है।" पहली जनवरी, 1939 में मायावती जैन, विदुषी ने अपने लेख 'शिक्षित और स्वतन्त्र महिलाओं का कर्तव्य' में समानता की मांग करते हुए लिखा, "बेशक स्वतन्त्रता कोई अस्वाभाविक या खतरनाक चीज नहीं है। स्वतन्त्रता से यदि खतरा है तो वह, जितना पुरुष के लिए है, उतना ही महिलाओं के लिए भी हो सकता है।' 'समाज सेवक' पर्दा प्रथा और बाल-विवाह के खिलाफ था। 15 अक्टूबर, 1934 में बाल विवाह और बेमेल विवाह निषेधक ऐक्ट का सार छापा गया है, तो कई स्थलों पर इस तरह की शादी एवं शादी के अवसर पर अनावश्यक खर्च और रीति-रिवाजों की आलोचना की गई है। 25 अगस्त, 1940 में राधाकृष्णजी धूत ने अपने लेख 'पर्दे से हानि और उसके निवारण की योजना' में टिप्पणी की है, "मारवाड़ी समाज में गत 12 वर्षों से पर्दा निवारण आन्दोलन चल रहा है।... किन्तु रफ्तार बहुत धीमी है, यही रफ्तार रही तो सम्भवतः युग बीत जाए और तब 'पछताए होत का, चिड़िया चुग गई खेत' की कहावत को याद करना पड़े।

राष्ट्रीय आन्दोलन में इस पत्रिका की सक्रिय हिस्सेदारी थी। यह पत्रिका गांधी, नेहरू और राजेन्द्र प्रसाद के नेतृत्व में चल रहे राष्ट्रीय आन्दोलन को मजबूत कर रही थी। 26 जनवरी, 1940 को सारे देश में जिस उत्साह के साथ हिमालय से कन्याकुमारी तक स्वाधीनता दिवस मनाया गया, उस पर टिप्पणी करते हुए इस पत्रिका ने अपने 28 जनवरी, 1940 के अंक के सम्पादकीय में लिखा, "गत 26 जनवरी को हिमालय से लेकर कन्याकुमारी तक जिस अदम्य उत्साह से स्वाधीनता दिवस मनाया गया, सभाएँ की गईं और स्वाधीनता की प्रतिज्ञा मनाई गईं उसे देखकर ब्रिटिश सरकार की आँखें खुल जानी चाहिए और उसे समझ लेना चाहिए कि भारत अपने लक्ष्य को अवश्य प्राप्त करेगा... हमारे राष्ट्रपति राजेन्द्र बाबू घोषित कर चुके हैं और गत 26 जनवरी को सम्पूर्ण भारत ने एक स्वर से स्वीकार कर लिया है कि वह अपने लक्ष्य की प्राप्ति के लिए तब तक लड़ता रहेगा जब तक कि उसे प्राप्त न कर लेगा।" यद्यपि यह पत्रिका अपना लगातार समर्थन गांधीजी को देती आ रही थी, परन्तु अब सुभाषचन्द्र बोस को कांग्रेस से निकाल दिया गया तब इसने बेधड़क कांग्रेस की आलोचना की और उसे सावधान किया। 13 अगस्त, 1939 के अपने सम्पादकीय 'सुभाष बाबू को सजा' में लिखा "वर्धा में महात्माजी की उपस्थिति में कांग्रेस वर्किंग कमेटी ने श्री सुभाष बाबू को, जिनको देश ने दो-दो बार राष्ट्रपति चुना था, अखिल भारतीय कांग्रेस के प्रस्तावों के विरोध में प्रचार और सभाएँ करने के

कारण तीन साल के लिए निकाल दिया। जिनके हाथ में इस समय कांग्रेस की बागडोर है वे यदि चाहते तो इस तरह की कर्रवाई के सिवा दक्षिणपंथियों और वामपंथियों की एक कांफ्रेस करके मतभेद के प्रश्न को हल कर सकते थे किन्तु दुख है कि पिछली बार के राष्ट्रपति के चुनाव के बाद से ही दक्षिणपंथियों का रुख सख्त रहा।... कांग्रेस के इस तरह के रंग-ढंग का भावी फल चाहे जो भी हो परन्तु वर्किंग कमेटी ने श्री सुभाष बोस के सम्बन्ध में जो निर्णय किया है, उससे श्रृंखला छिन्न-भिन्न होगी, विरोध बढ़ेगा, यह निश्चित है। शायद भारत को और भी बुरे दिन देखने हैं।"

हिन्दी भाषा में मची मनमानी और पत्रकारिता के उद्योगमुखी हो जाने से भी 'समाज सेवक' चिन्तित था। जब अम्बिका प्रसाद वाजपेयी काशी हिन्दी साहित्य सम्मेलन के सभापति चुने गए, उनका स्वागत करते हुए 'समाज सेवक' ने अपने 3 सितम्बर, 1939 के सम्पादकीय में लिखा था, "ऐसे समय में, जबकि हिन्दी भाषाभाषी प्रान्तों में हिन्दी विकृत की जाती है और उसे मनमाना अवैज्ञानिक रूप देकर अंगभंग तथा इतने वर्षों का निश्चित रूप बिगाड़ा जा रहा है, उसके व्याकरण के सम्बन्ध में मनचाहे नियम प्रचलित करने की चेष्टा हो रही है, श्री वाजपेयी का सभापति चुना जाना विशेष महत्व रखता है।" दामोदर प्रसाद 'कुटिलेश' ने पहली जनवरी, 1939 के अंक में 'आचार्य महावीर प्रसाद द्विवेदी" शीर्षक लेख में लिखा, "द्विवेदी जी के सामने सम्पादक का कर्तव्य अत्यंत पवित्र और पक्षपात शून्य था। आजकल की सम्पादकीय नीति और उस समय की सम्पादकीय नीति में जमीन आसमान का अंतर है। उस समय पत्र प्रकाशन का उद्देश्य व्यापार प्रधान नहीं, बल्कि सेवा प्रधान था।" कुछ लोग मारवाड़ी समाज की किसी पत्रिका की यह व्यापक भूमिका देखकर अचम्भित हो सकते हैं। मगर यह सच है कि न केवल 'समाज सेवक' बल्कि उन्नीसवीं शताब्दी से लेकर आजादी-पूर्व तक कलकत्ता से प्रकाशित मारवाड़ी समाज की सभी पत्रिकाओं की भूमिका देश और समाज को उसकी अपनी जकड़न और रूढ़ियों से निकालकर नए निर्माण की रही है।

मेरा नेतृत्व

महात्मा गांधी

जन्मजात प्रजातंत्री जवाहरलाल ने युक्तप्रान्तीय कांग्रेस की कार्यकारिणी और मेरे बीच स्वतन्त्र बातचीत की व्यवस्था की। हमारी तीन बार बातचीत हुई। मुझे आंशका थी कि वार्तालाप के फलस्वरूप हमारे पथ भिन्न हो जाएँगे। मैं ऐसे आदमियों के सामने था, जिनमें कुछ 'चर्खा' और 'अहिंसा' के नाम पर हंसते थे। मगर मैंने आश्चर्यपूर्वक देखा कि उन्होंने दोनों को माना। यह स्थिति मेरे और कांग्रेसजनों के लिए उलझनदार है।

मैं नहीं जानता कि कांग्रेसी उस दिन मुझ पर विश्वास नहीं करते थे आज उनका नेतृत्व करने की भारी जिम्मेदारी लेना बुद्धिमत्तापूर्ण है? क्या वे युद्ध क्षेत्र में मेरे नेतृत्व के लिए अत्यधिक मूल्य नहीं चुका रहे हैं? यदि वे बिना विश्वास मेरे अनुगत होते हैं तो क्या वह मेरे और उनके लिए अच्छा है? क्या मैं उन्हें सफलता के द्वार तक पहुँचा सकूँगा। अगर मैं शान्ति के समय उपयुक्त नहीं तो मैं युद्धक्षेत्र में उपयुक्त कैसे हो सकता हूँ? शान्ति नहीं थी। जब तक आजादी हासिल न हो, ग्रेट ब्रिटेन के साथ कांग्रेस का संग्राम जारी है। संग्राम बंद नहीं हुआ, सिर्फ सविनय कानून भंग उत्तम और विस्तृत तैयारी के लिए स्थगित कर दिया गया। तैयारी की अवधि में जो कांग्रेसी आदेशों का पालन नहीं करते। निश्चय ही कार्य के लिए वे उपयुक्त सिपाही नहीं हैं। फिर भी प्रयाग में जिन जिम्मेदार कांग्रेसजनों से मेरी मुलाकात हुई, मैं उनका अविश्वास नहीं कर सकता और इसीलिए मैं जिम्मेदारी को लिए हुए हूँ।

मुझे और भी साफ तौर से सोचने दीजिए। मुझे आशा है कांग्रेसजन 'हरिजन' पढ़ते रहेंगे, चूंकि इसमें उनके लिए हर सप्ताह सूचनाएँ रहती हैं।

अधीर कांग्रेसजनों के लिए मैं कहना चाहता हूँ कि, निकट भविष्य में सत्याग्रह संग्राम छेड़ने के लक्षण नहीं दिखलाई देते। ग्रेट ब्रिटेन को तंग करने के लिए सत्याग्रह न होगा। सत्याग्रह तभी होगा जब इसके बिना काम न चल सकेगा। सम्भवतः यह अधिकारियों द्वारा मजबूर किए जाने पर ही होगा। मैं वायसराय या

भारतमंत्री की नीयत पर शक नहीं करता लेकिन इसमें भी मुझे सन्देह नहीं है कि वे गलती कर रहे हैं। हमें उन्हें समय देना चाहिए। देश और विदेश की जनता की धारणाओं को ठीक राह पर ला असली प्रचार कार्य आरम्भ करना चाहिए। हम एकाएक चारों तरफ फैली हुई भ्रांत धारणाओं को नहीं हटा सकते। इसे अस्वीकार नहीं किया जा सकता है कि अनेक अकांग्रेसी मुसलमान सचमुच यही सोचते हैं कि कांग्रेस मंत्रिमण्डलों ने उनकी शिकायतों पर पूरा ध्यान नहीं दिया। अहिंसक कांग्रेसजनों को अकांग्रेसी मुसलमानों की शिकायतों पर विशेष ध्यान देना चाहिए। यह कहने से क्या कि शिकायतें फिजूल हैं? मैं खुद जानता हूँ कि उनमें बहुत सी बेकार हैं किन्तु हमें धीर और नम्र होना चाहिए और गम्भीरतापूर्वक विचार कर इनकी व्यर्थता सिद्ध कर देनी चाहिए। मैं यह नहीं कहना चाहता कि ऐसा नहीं किया गया। मेरा तो यह कहना है कि शिकायतें अब भी की जाती हैं, अतः हमें यह कोशिश करने में समय लगाना चाहिए कि शिकायत की कोई बात नहीं। अगर छानबीन करने पर गलती पाई जाए तो सुधार करना चाहिए। हमें मुसलमानों और संसार के सामने सिद्ध करना है कि कांग्रेस किसी के एक भी नीतिसंगत स्वार्थ का बलिदान कर स्वतन्त्रता नहीं चाहती, चाहे वह मुसलमान हो या अन्य। अल्पमत समुदाय को साथ ले चलने में हम कुछ उठा न रखेंगे। अल्पसंख्यकों के अधिकारों की खास निगरानी अहिंसा का सिद्धान्त है।

यह बिल्कुल सच है कि ब्रिटिश सरकार के लिए, भारतीय स्वतन्त्रता में साम्पद्रदायिक एकता को बाधा बताना गलत है, इसे छोड़ देना स्वराज्य की ओर बढ़ने में बाधक है। अगर हम अपने साथ मुस्लिम लीग तथा अन्यों को ले सकते तो हमारी मांग अदम्य होती।

बाहरी कठिनाइयों को हल करने में जब तक हम काफी वक्त न देंगे हम सम्भवतः सविनय कानून भंग का विचार भी नहीं कर सकते।

भीतरी कमजोरियाँ भी कुछ कम नहीं हैं। मैं चर्खे ओर अहिंसा में घनिष्ठ सम्बन्ध देखता हूँ। जैसा कि फौजी सिपाही के लिये कुछ कम से कम योग्यताएँ अनिवार्य हैं, इसी प्रकार सत्याग्रही के लिये भी समझना चाहिये।

सत्याग्रही चर्खे के गुण और रहस्य को जाननेवाला होता है। एक सत्याग्रही अपने आप को उत्पादक कार्यों में लगाता है। लाखों आदमियों के लिए चर्खा कातने से आसान और सुन्दर उत्पादक कार्य दूसरा नहीं है। अधिक क्या कहा जाय। अहिंसा के कार्यक्रम के प्रारम्भ से ही वह इसका अंग रहा है, अहिंसात्मक सभ्यता हिंसात्मक सभ्यता से बिल्कुल भिन्न है। मैं वही बात दोहराता हूँ जिसको मैंने हजारों बार दोहराया है। यदि लाखों आदमी अहिंसात्मक वृत्ति से स्वराज्य प्राप्ति के लिए चर्खा चलाते तो सत्याग्रह की कोई आवश्यकता न होती। शत्रु के स्वभाव को बदलने का यह अचूक प्रयोग है। वर्किंग कमेटी ने मुझे सन्धि वार्ता करने के लिए प्रतिनिधित्व

देना चाहा, और उस वार्ता के असफल होने पर सत्याग्रह का नेतृत्व करने को भी कहा। यह ऐसा भार था जिसको उठाने में मैं असमर्थ था। सेगांव में पड़ा रहने के कारण मेरा लोगों से सीधा सम्पर्क नहीं है। मुझे अपने ऐसे निर्णय में जिसमें बहुत सी बातों के सच्चे ज्ञान का अभाव है कोई विश्वास नहीं है, और वह होना भी नहीं चाहिए। मैं वर्किंग कमेटी की निरन्तर देखरेख और मार्ग प्रदर्शन से ही कार्य कर सकता था। मैं निर्णयात्मक सन्धि वार्ता नहीं कर सकूँगा। मुझे इस भार से छुटकारा पाकर बड़ा हर्ष होगा पर अब तक वर्किंग कमेटी का मुझमें सप्रेम विश्वास है और जब तक मैं यह समझता हूँ कि मेरे अन्दर आवश्यक योग्यता है मैं किसी उत्तरदायित्व से नहीं घबराऊंगा।

10 दिसम्बर, 1939

प्रजातंत्र के लिए संक्रान्ति काल

अक्षय मिश्र

जार्ज बर्नार्डशा ने अपने नाटक 'दी एपल कार्ट' में बहुत दिनों पहले प्रजातन्त्र के लिए संकट-काल की सूचना दे दी थी। विगत महायुद्ध में प्रजातन्त्र को एक अत्यंत भयंकर संकट का सामना करना पड़ा था, किन्तु वह उसको सफलता से टाल सका। इस बार, मात्र दशाब्दों के बाद ही, एक अधिक भीषणकाय संकट प्रजातन्त्र के सामने आ खड़ा हुआं है। इसलिए इस प्रश्न का उठना स्वाभाविक ही है कि प्रजातन्त्र में ऐसे कौन से आंतरिक दोष हैं जिनके कारण उसके सामने निरन्तर संकट उपस्थित हो जाते हैं। यह भी प्रश्न उठना स्वाभाविक है कि उस अधिनायकत्व की तुलना में, जिससे उसे आज जीवन-मरण का संघर्ष करना पड़ रहा है, उसमें कौन-सी अच्छाइयाँ हैं और कौन-सी बुराइयाँ हैं? और अंत में यह प्रश्न भी हमारे सामने आता है कि यदि प्रजातन्त्र को समस्त पवित्रता और महानता के साथ जीवित रखना है तो उसका अपना पुनर्निर्माण किस प्रकर करना चाहिए। ये वे प्रश्न हैं जो हमसे उत्तर की मांग करते हैं।

वर्तमान प्रजातन्त्र का स्वरूप

यह सर्व-विदित है कि आज प्रजातन्त्र पूँजीवाद के आर्थिक आधार पर खड़ा हुआ है, जो यूरोप में औद्योगिक क्रांति और आर्थिक-स्वतन्त्रता के फलस्वरूप उदित हुआ था। पूंजीवाद ने सामंतशाही का नाश किया और उसके बाद 19वीं शताब्दी में समस्त यूरोप में अपना प्रभुत्व स्थापित किया। तब अपनी नवीनता की चमक में वह सबको बहा ले गया लेकिन आर्थिक-स्वतन्त्रता के नारे के कारण राष्ट्र की सम्पत्ति को कुछ व्यक्तियों के हाथ में केन्द्रित करके उसने एक वर्ग और दूसरे वर्ग के बीच के संघर्ष को तीक्ष्ण

कर दिया और इस प्रकार वर्तमान प्रजातन्त्र का उदय हुआ, जो वास्तव में एक प्रकार की उच्चवर्गीय शासन-प्रणाली है। केन्द्रित पूंजी स्वभावतः ही अपने लिए बाजार की मांग करती है, और इसीलिए इस शासन प्रणाली का यह स्वाभाविक परिणाम था कि उसने साम्राज्यवाद के दैत्य को जन्म दिया। अतएव इसमें तनिक भी आश्चर्य की बात नहीं है कि वर्तमान समय में जिसे हम 'प्रजातन्त्र' कहते हैं वह एक उच्चवर्ग द्वारा शासन है और उसमें प्रजा एवं जनता का कोई विशेष हाथ नहीं है।

वर्तमान प्रजातन्त्र की यह मोटी भूल उन विचारकों से भी नहीं छिपी रह सकी जो प्रजातन्त्र के स्वर्गकाल 'विक्टोरिया का समय' में सांसें ले रहे थे। जान स्टुवर्ट मिल, ग्रीन इत्यादि विचारकों ने इस बात की बुलन्द आवाज उठाई थी कि व्यक्ति द्वारा समाज का यह शोषण ठीक नहीं है और प्रजातन्त्र को सामाजिक बनना चाहिए। यूरोपीय-महाद्वीप के देशों में 'समाजवादी प्रजातन्त्र पार्टी' का उद्भव भी इन्हीं कारणों से हुआ। यह कहना पूर्ण सत्य नहीं होगा कि असंतोष की इन आवाजों का कोई भी फल नहीं निकला लेकिन प्रजातन्त्र अपने स्वरूप को नहीं बदल सका और अपने विजय के दम्भ में इसको लक्ष्य न कर आगे बढ़ता ही गया।

किन्तु वह पुरानी बात है। वर्तमान अधिनायकत्व की तुलना में, जिससे कि आज प्रजातन्त्र एक घातक संग्राम में डटा हुआ है, प्रजातन्त्र के गुण और अवगुण अत्यंत स्पष्ट हैं। प्रजातन्त्र और अधिनायकत्व दोनों ही साम्राज्यवादी हैं लेकिन दोनों में अन्तर भी है। वह अन्तर यह है कि जबकि अधिकनायकत्व साम्राज्य पाने का इच्छुक है तब प्रजातन्त्र पहले से ही अपना साम्राज्य बनाए हुए है, जिसका यह परिणाम है कि वह एतादृशत्व (Status Quo) की आवाज उठाता है। दूसरी ओर प्रजातन्त्र में जनता का पूंजीवादी वर्ग के शासन में होने पर भी वहाँ जनता को कुछ ऐसे अमूल्य अधिकार प्राप्त हैं। (उदाहरण के लिए भाषण-स्वातंत्र्य, जीवन-स्वातंत्र्य) जिनके कारण अधिनायकत्व की तुलना में प्रजातन्त्र के भीतर रहने वाले लोगों के जीवन को एक वरदान और आर्शीवाद माना जा रहा है क्योंकि अधिनायकत्व के सिद्धान्त को मानने वाले देशों में जीवन और विचार पर ऐसा कठोर नियंत्रण और प्रतिबन्ध लगाया जाता है कि जीवन विष हो उठता है, यद्यपि यह सच है कि कुछ समय के लिए अधिनायक वर्ग जनता को जातीय उन्नति और राष्ट्रीय विजय के झूठे नारों से फुसलाए रहता है लेकिन अधिनायकत्व में एक विशेषता है, जो स्पष्टतः प्रजातन्त्र की व्यवस्था से कहीं अधिक अच्छी है, कि उसी प्रणाली में समस्त राष्ट्र एक इकाई बनकर रहता है, जब कि प्रजातन्त्र की व्यवस्था बड़ी गड़बड़ी में रहती है, जिसके कारण प्रजा, जो कि वास्तविक राज्य करने वाली कही जाती है, कुछ धनी और सम्मानित व्यक्तियों के इशारों पर नाचती है। प्रजातन्त्र के स्वरूप में इसी खराबी का दर्शन बर्नार्ड शा जैसे लोगों को उसमें सुधार की आवश्यकता पर ध्यान देने की प्रेरणा दे सका।

अस्तित्व का प्रयत्न

वर्तमान प्रजातन्त्र के इस स्वरूपगत विरोध के कारण ही श्री चेम्बरलेन; जो कि संसार के प्रबल प्रजातन्त्र राष्ट्रों में से एक के प्रधान मंत्री थे, यह चाहते थे कि अधिकनायकत्व से, जो प्रजातन्त्र का कट्टर शत्रु है, समझौता कर लिया जाए। शान्ति की रक्षा की जो आवाज उन्होंने उठाई थी वह इस विरोध को छिपाने का एक सफल प्रयत्न था। इसी विरोध का यह फल है कि ब्रिटिश सरकार अपने युद्ध के उद्देश्यों को घोषित नहीं कर पाती और न स्वतन्त्रता तथा प्रजातन्त्र के सिद्धान्तों को अपने अधिकृत देशों पर लागू कर पाती है। हो सकता है कि यहाँ कुछ लोग यह आपत्ति करें कि यह झूठ है और अटलांटिक चार्टर द्वारा संसार के दो सर्व-प्रमुख प्रजातन्त्र राष्ट्र, ब्रिटेन और अमेरिका, के अधिकारियों ने मानवता की मुक्ति का सच्चा संदेश दे रखा है लेकिन हमारा विश्वास है कि उस चार्टर की श्री चर्चिल द्वारा बाद में जो व्याख्या की गई है उसको जान लेने पर किसी के मन में यह भ्रम नहीं रह जाएगा कि स्वतन्त्रता की यह बात भुलावा ही है। ब्रिटिश मन्त्रिमण्डल के एक प्रभावशाली सदस्य श्री एटली ने एटलांटिक चार्टर को सच्ची व्याख्या देने की चेष्टा की थी लेकिन उस पर श्री चर्चिल द्वारा उन्हें जो प्रतिवाद सुनना पड़ा वह सभी जानते हैं। और इसमें कोई सन्देह नहीं है कि एटली साहब की भावनाएँ ब्रिटेन की जनता की ही भावनाएँ हैं लेकिन दुःख तो यह है कि आज भी ब्रिटेन में एक मुट्ठी भर उच्च वर्ग के व्यक्तियों का प्रभुत्व है और वे यथासम्भव शक्ति को अपने हाथ से जाने देना नहीं चाहते।

वर्तमान प्रजातन्त्र के इस आन्तरिक विरोध को और भी स्पष्ट करने के लिए हम विगत महायुद्ध पर दृष्टि डाल सकते हैं। जब पिछली लड़ाई छिड़ी थी तब ठीक इसी प्रकार यह घोषणा की गई थी कि ब्रिटेन आदि मित्र-राष्ट्र स्वतन्त्रता और प्रजातन्त्र के पावन उद्देश्यों के लिए लड़ रहे थे और मित्र राष्ट्रों की विजय हुई लेकिन विजय के उपरान्त वे सब घोषणाएँ भुला दी गयीं और स्वतन्त्रता के सिद्धान्तों के अनुसार राष्ट्रों के पुनर्निर्माण की बात तो दूर, ब्रिटेन और फ्रांस ने वस्तुतः अपने साम्राज्यों को बहाल तो रखा ही कुछ नए हिस्सों को भी अधिकृत किया। यह दूसरी बात है कि इन हिस्सों को पंचायती देश कहकर एक आड़ बना ली गई। शायद विलसन साहब का दिल साफ था और वे हृदय से प्रजातन्त्र की स्थापना चाहते थे लेकिन लायड जार्ज आदि राजनितिज्ञों ने उनको चारों खाने चित कर दिया। प्रजातन्त्र की प्रेरणा पर जो अन्तर्राष्ट्रीय संघ स्थापित किया गया था वह अपने साम्राज्य को बनाए रखने के लिए एक प्रकार की आड़ थी और इसीलिए अंतर्राष्ट्रीय संघ पूर्ण अशक्त रहा, और ज्यों ही अन्य देशें की शक्ति बढ़ी उन्होंने उससे अपना सम्बन्ध विच्छेद कर लिया।

प्रजातन्त्र का भविष्य

अस्तु, आज प्रजातन्त्र के सामने अत्यंत की शंका का काल उपस्थित है जबकि वह

फासिस्ट अधिनायकत्व के विरुद्ध महासमर में व्यस्त है लेकिन यह संकट तो नया नहीं है। जब से उत्पादन के साधनों में वृद्धि हुई है तभी से यह संकट अंदर ही अंदर उपस्थित होता रहा है और वर्गभेद तीव्रतर होता रहा है क्योंकि यदि देखा जाए तो जर्मन और इटैलियन अधिनायकत्व वस्तुतः उच्च और मध्य वर्ग द्वारा शक्ति प्राप्त करने के प्रयत्न ही तो हैं। दूसरी ओर सोवियत रूस और कुछ नहीं, निम्नवर्ग द्वारा शासन प्राप्त करने का प्रयत्न है जबकि इन देशों में वर्ग-विभेद और वर्ग-संघर्ष स्पष्ट रूप ले चुका है, जिसके परिणामस्वरूप वहाँ इस या उस वर्ग की प्रधानता स्पष्ट हो गई है, तब तथाकथित प्रजातन्त्र देशों में यह वर्ग-व्यवस्था एक अजीब गड़बड़ी में पड़ी हुई है। प्राचीन प्रजातन्त्र में इस प्रकार की कोई गड़बड़ी नहीं थी।

यद्यपि यह एक प्रकार का विरोधाभास प्रतीत होता है, पर यदि प्रजातन्त्र को जीवित रहना है और मानवता के उच्च आदर्शों को प्राप्त करना है तो उसे वास्तव में 'प्रजातन्त्र' बनाना होगा। प्रजातन्त्र का अर्थ ही यह है कि एक ऐसी शासन-व्यवस्था जिसमें जनसाधारण का प्रत्येक सदस्य अपने आत्म-प्रकाश और आत्म-विकास को बिना रोक-टोक प्राप्त कर सके। इस सम्बन्ध में यह स्मरण किया जा सकता है कि लेनिन ने बहुत दिनों पहले ही कह दिया था कि सोवियत अधिनायकत्व का अन्तिम उद्देश्य जन-स्वातन्त्र्य की स्थापना करना है। रूस.में जो अधिकनायकत्व है उसका सीधा और सच्चा लक्ष्य है कि दलित और पीड़ित वर्ग को स्वतन्त्र करके, उन्हें जीवन के विकास के समस्त साधन सुलभ कर, मानवता की संस्कृति के निर्माण में सहयोग दिया जाए। हो सकता है कि भविष्य में सोवियत रूस में जो इस समय नियंत्रण है और आज्ञा पालन की जो कड़ाई है, वही ढीली कर देनी पड़े। लेकिन इसमें कोई सन्देह नहीं है कि इसने जो संदेश विश्व को दिया है और श्रमिकों के शासन का प्रयोग करने का जो दिग्दर्शन किया है वह इतिहास में अमूल्य महत्व रखता है। रूस में मताधिकार और शासन व्यवस्था जिस प्रकार की है वह वास्तव में ध्यान देने योग्य है। इसे पार्लमेंटरी प्रजातन्त्र के नियम के विरुद्ध तो कहा जा सकता है, पर उसके द्वारा शक्ति का उपभोग वे ही करते हैं जिन्हें वास्तव में उसका अधिकार है। 'एक व्यक्ति एक मत' की आवाज है। यह तो माना जा सकता है कि इस व्यवस्था को प्राप्त करने में शान्तिपूर्ण प्रयत्नों को काम में लाया जा सकता है, जैसा कि हमारे देश में कांग्रेस ने कहा है, लेकिन यह निश्चय है कि यदि हम दिल से इस आर्थिक संघर्ष को दूर करना चाहेंगे तो ऐसी ही किसी व्यवस्था को अपनाना होगा।

2 नवम्बर, 1941

भारत में महिला जागृति

जसवंतमल

उन्नीसवीं तथा बीसवीं शताब्दी के अन्दर स्त्रियों की स्थिति में महान परिवर्तन हुआ और यह परिवर्तन सर्वप्रथम यूरोप देश में प्रारम्भ हुआ। इसके पूर्व स्त्री की सामाजिक स्थिति कैसी थी और वह किस पराधीनता के युग में रहती थी, वह एक स्वतन्त्र विषय है किन्तु प्रसंगवश इतना कह देना यथेष्ठ होगा कि जिन इंग्लैण्ड, फ्राँस, जर्मनी तथा रूस आदि उन्नतिशील देशों की स्त्रियों में प्रगति हुई, उनमें पहले स्त्रियों के प्रति पुरुषों के कैसे विचार थे, यह बात एक रूसी कहावत से मालूम होगीः—

'बीट योर फर एँड मेक इट वार्मर, बीट ए वूमेन एँड यू मेक हर वाइजर'

इस देश में पहले वधू का पिता वर को उसके अधिकार के चिह्न स्वरूप नया चाबुक देता था, जो केवल वधू को पीटने के ही काम आता था और प्रायःनवदम्पति की शैय्या के ऊपर टांगा जाता था पर अब जो प्रगति हुई, उसके फलस्वरूप सोवियत रूस की सेना, नौ सेना, यंत्रालयों, न्यायालयों आदि में सैनिक, जज आदि के पदों को प्रतिष्ठित महिलाएँ सुशोभित करती हैं। आज टर्की की महिला को देखकर कौन कह सकता है कि यह उन्हीं की वंशज है, जो एक पुरुष के अंतःपुर में बकरियों की भांति बंद रहती थी, प्रकाश से भी मुख छिपाती थी और जिसका उपयोग पुरुष के मनोरंजन और उसकी वंश रक्षा के अतिरिक्त और कुछ नहीं समझा जाता था।

प्रातः काल पूर्व के अंधकार से फट पड़ने वाली प्रकाश की रेखाओं को जैसे हम आकाश के किसी एक कोने में बांधकर नहीं रख सकते, वैसे ही जागृति की दिग्व्यापिनी लहरें भी किसी देश के एक कोने में बंदिनी नहीं बनाई जा सकतीं। फलतः जब पाश्चात्य देशवालों के साथ भारत का सम्पर्क बढ़ा तब से उनकी सभ्यता और रहन-सहन का प्रभाव भारतवासियों पर पड़ा। अंग्रेजों के साथ उनकी स्त्रियाँ और बाल-बच्चे आए और यहाँ रहने लगे। वे देश के हर नगर में फैल गए। शासन के प्रत्येक विभाग में उनकी ही प्रधानता थी। इसके साथ-साथ बहुत से अंग्रेज भारत के बड़े-बड़े शहरों में अपना व्यापार करने लग गए। लोगों ने देखा कि अंग्रेजों की स्त्रियाँ बड़ी सुशिक्षित और योग्य होती हैं। वे स्वतन्त्रतापूर्वक अकेली अथवा पुरुषों के साथ हवा खाने निकलती हैं। वे अखबार और किताबें पढ़ती हैं तथा अपने पति के कामों में सहायता पहुँचाती हैं। यह सब देखकर भारतीय भी प्रभावित हुए। इसका प्रभाव उन लोगों पर पड़ा जो उच्च कुल के थे और जिन्हें सरकारी नौकरियों में अपेक्षाकृत ऊँचे-ऊँचे पद मिले थे। वे साहबी ठाटबाट से रहने लगे। अपने घर के लड़के, लड़कियों को ऊँची शिक्षा देने लगे। वे स्त्रियों के साथ बाहर आने लगे, यही नहीं वे अपनी स्त्रियों और बाल बच्चों के साथ इंग्लैण्ड, अमेरिका आदि देशों में भ्रमण

के लिए जाने लगे। इस प्रकार प्रतिष्ठित कुल की स्त्रियाँ सुशिक्षित होने लगीं, उनके रहन-सहन में परिवर्तन होने लगा। धीरे-धीरे ज्यों-ज्यों शिक्षा का प्रचार बढ़ा और पुरुष शिक्षित होने लगे, त्यों-त्यों स्त्री शिक्षा का भी प्रचार हुआ। उनके लिए अलग पाठशालाएँ और विद्यालय खुलने लगे। स्त्रियाँ कुछ अधिक संख्या में पढ़ने लगीं, उन्हें विविध विषयों की उच्च शिक्षा भी मिलने लगी।

स्त्रियों की उत्तरोत्तर उन्नति होती गई। अब मध्यम श्रेणी के लोग भी प्रभावित हुए। वे भी अपने घर की बहू-बेटियों को घर में अथवा स्कूल भेजकर शिक्षा देने लगे। शिक्षा का ज्यों-ज्यों प्रचार बढ़ता गया, स्त्रियों की उन्नति हुई। फिर विचारों के प्रसार के साधन ज्यों-ज्यों उपलब्ध होते गए, स्त्रियां देश, विदेश की स्थिति से परिचित होने लगीं और परिवर्तन की गति में वृद्धि होने लगी, पढ़ी-लिखी स्त्रियाँ आगे बढ़ने लगीं। परदे की प्रथा शिथिल पड़ने लगी। स्त्रियों की प्रगति ने बीसवीं शताब्दी में जोर पकड़ा। उनकी सर्वांगीण उन्नति होने लगी। अंधविश्वास मंद पड़ने लगा। उनके लिए पत्र, पत्रिकाएँ निकलने लगीं। सुशिक्षित समाज में बाल-विवाह, अनमेल विवाह की कुरीतियां कम होने लगीं। लड़कियों को मानसिक शिक्षा के साथ-साथ व्यायाम और खेल-कूद सिखाए जाने लगे। उनके लिए भी आमोद-प्रमोद के साधन जुटाए गए। उनके रहन-सहन में संशोधन हुआ। स्त्रियाँ पाठशालाओं में अध्यापन कार्य करने लगीं, पत्र-पत्रिकाओं का सम्पादन करने लगीं, डाक्टरी की परीक्षा पास कर स्त्रियाँ चिकित्सा का कार्य करने लगीं। स्थानीय बोर्डों और व्यवस्थापिका सभाओं में सदस्य बनकर स्त्री समाज का कल्याण साधने लगीं, यहाँ तक कि प्रत्येक क्षेत्र में पुरुषों की सहयोगिनी बनकर कार्य करने लगीं।

राष्ट्रीय जागृति के फलस्वरूप स्त्रियों को आगे बढ़ने की ओर प्रोत्साहन मिला। वे अपनी सभाएँ संगठित करने लगीं और पुरुषों के साथ सार्वजनिक सभाओं में भाग लेने लगीं। उन्होंने व्याख्यान देना प्रारम्भ किया और राष्ट्रीय आन्दोलनों में अपने साहस, धैर्य, सहनशीलता तथा त्याग का अच्छा परिचय दिया। अनेक सुशिक्षित महिलाओं ने बड़े-बड़े नगरों में नेतृत्व ग्रहण किया। महिलाओं ने अपने कार्य से प्रमाणित कर दिया कि वे समय पड़ने पर देश और समाज की सेवा के लिए कठिन से कठिन काम और अधिक से अधिक त्याग कर सकती हैं।

24 दिसम्बर, 1939

विश्वभारती पत्रिका

1942

विश्वभारती पत्रिका : परिचय

प्रेमशंकर त्रिपाठी

शान्तिनिकेतन में हिन्दी भवन की स्थापना के अवसर पर स्वर्गीय गुरुदेव ने विश्वभारती से एक ऐसी हिन्दी पत्रिका प्रकाशित करने की आकांक्षा व्यक्त की थी, जिसके द्वारा देश की साहित्यिक और सांस्कृतिक साधना के सर्वोत्तम अंश का नियमित प्रचार-प्रसार हो सके। बहुत दिनों तक आर्थिक अभाव के कारण गुरुदेव की इच्छा प्रतिफलित नहीं हो सकी किन्तु आवागढ़ नरेश महाराज सूर्यपाल सिंहजी की उदारता से वह योजना पूरी हुई।

इस पत्रिका के प्रकाशन के लिए व्यवस्था का आरम्भ यद्यपि गुरुदेव रवीन्द्रनाथ टैगोर की जीवितावस्था में ही हो चुका था, तथापि उसका पहला अंक उनके तिरोधान (8 अगस्त, 1941) के उपरांत जनवरी, 1942 में ही प्रकाश में आया। इस त्रैमासिक पत्रिका का यह सौभाग्य रहा है कि उसे गुरुदेव की प्रेरणा तथा महात्मा गांधी के आशीर्वाद के साथ-साथ आचार्य हजारी प्रसाद द्विवेद्वी जैसा कुशल सम्पादक, मार्गदर्शक एवं प्रवर्त्तक मिला। इन्हीं कारणों से पत्रिका कुछ ही दिनों में अत्यधिक प्रतिष्ठित हो गई और कुछ ही वर्षों में उसे आर्थिक दृष्टि से आत्मनिर्भरता प्राप्त हो गई।

'विश्वभारती पत्रिका' ने अपने कर्मक्षेत्र को केवल विश्वभारती विद्यापीठ तक ही सीमित नहीं रखा, उसे व्यापक बनाया। इसके प्रवेशांक के सम्पादकीय में इस बात को स्पष्ट किया गया है—"विश्वभारती पत्रिका यद्यपि विश्वभारती के ही तत्वाधान में प्रकाशित हो रही है, तथापि उसका कर्मक्षेत्र केवल विश्वभारती का विद्यापीठ ही नहीं है, वह बहुत विशाल है। वह समस्त देशवासियों की कृपा और शुभेच्छा के बल पर ही निकलने जा रही है। देश के चिंतानायकों, कलाकारों और मनीषियों के सहयोग की तो उसे और भी अधिक जरूरत है। इस पत्रिका को स्वर्गीय कविगुरु के अनुरूप स्मारक बनाने के पुण्यकार्य में हम सबका सहयोग पाने के हकदार हैं।"

आचार्य द्विवेद्वी ने पत्रिका का उच्च स्तर बनाए रखने के लिए अपने समय के विशिष्ट व्यक्तियों का पूर्ण सहयोग प्राप्त किया। उनके आह्वान पर कलाकारों,

साहित्यकारों, राजनेताओं, विचारकों, मनीषियों तथा समाजसेवियों ने उन्हें भरपूर सहयोग दिया। द्विवेद्वी जी के सम्पादकत्व में प्रवेशांक (जनवरी-मार्च, 1942) से लेकर दिसम्बर 1947 तक प्रकाशित होने वाले सभी अंक इसका प्रमाण हैं। पत्रिका के सम्पादक मण्डल में स्वर्गीय रवीन्द्रनाथ ठाकुर का नाम उनके देहावसान के बावजूद जाता था। गुरुदेव की रचनाएँ उनका प्रतिनिधित्व करती थीं। उनकी कविता, लेख, चित्र और वक्तव्य 'विश्वभारती पत्रिका' में प्रकाशित होते रहते थे। सम्पादक मण्डल में गुरुदेव के अलावा आचार्य क्षितिमोहन सेन, नन्दलाल बसु, गुरुदयाल मलिक, कृष्ण कृपलानी जैसे विशिष्ट व्यक्तियों को भी सम्मिलित किया गया था। इनमें नन्दलाल बसु को छोड़कर सभी आचार्य हजारी प्रसाद द्विवेद्वी के साथ 'अपनी बात' स्तम्भ में समय-समय पर सम्पादकीय भी लिखते थे। नन्दलाल बसु अपनी कलाकृतियों के माध्यम से या शिल्प और कला-विषयक निबन्धों के द्वारा पत्रिका से सक्रिय रूप से सम्बद्ध रहे। इस प्रकार द्विवेद्वी जी ने अपने सम्पादक मण्डल को केवल शोभावृद्धि हेतु ही नहीं रखा, पत्रिका की आवश्यकतानुसार उन सबका सदुपयोग भी किया। यह आचार्य हजारी प्रसाद द्विवेद्वी की सम्पादकीय दक्षता के साथ-साथ सबको साथ लेकर कार्य करने की उनकी प्रवृत्ति की ओर भी संकेत करता है।

'विश्वभारती पत्रिका' के उद्देश्यों के बारे में पत्रिका के मुखपृष्ठ के दूसरे पन्ने पर मुद्रित वक्तव्य प्रकाश डालता है—"विश्वभारती पत्रिका विश्वभारती (शान्तिनिकेतन) के तत्वावधान में प्रकाशित होती है। इसीलिए इसके उद्देश्य वही हैं जो विश्वभारती के। किन्तु इसका कर्मक्षेत्र यहीं तक सीमित नहीं है। सम्पादक मण्डल उन सभी विद्वानों और कलाकारों का सहयोग आमंत्रित करता है जिनकी रचनाएँ और कलाकृतियाँ जाति-धर्म निर्विशेष समस्त मानवजाति की कल्याण-बुद्धि से प्रेरित हैं और समूची मानवीय संस्कृति को समृद्ध करती हैं। इसीलिए किसी विशेष मत या वाद के प्रति मण्डल का पक्षपात नहीं है। लेखकों के विचार-स्वातंत्र्य का मण्डल आदर करता है परन्तु किसी व्यक्तिगत मत के लिये अपने को उत्तरदायी नहीं मानता।"

प्रथम अंक के 'अपनी बात' स्तम्भ में आचार्य द्विवेद्वी ने 'प्रान्तीय साहित्यों का अध्ययन' शीर्षक टिप्पणी में भारत की प्रान्तीय एकता के लिए भिन्न-भिन्न प्रान्तीय भाषाओं के साहित्य की जानकारी पर बल दिया है। इसमें कहा गया है कि प्रान्तीय साहित्यों का अध्ययन समूची जनता के समझने के लिए होना चाहिए। टिप्पणी के अंत में व्यक्त विचार पत्रिका के उद्देश्य को प्रकट करने वाले हैं—"प्रान्तीय साहित्यों का अध्ययन भावी भारतीय समाज को दृष्टि में रखकर हो तो अच्छा है, क्योंकि इस समय जो साहित्य बन रहा है, वह प्राणवान वस्तु है, उसमें विकास होने की सम्भावना है, जबकि प्राचीन विद्याओं की सीमा निश्चित हो चुकी है। 'विश्वभारती पत्रिका' अपनी शक्ति भर इस दिशा में प्रयत्न करेगी।"

पत्रिका ने अपने उद्देश्यों की पूर्ति हेतु गुरुदेव रवीन्द्रनाथ ठाकुर के विशाल साहित्य भण्डार का सदुपयोग किया। केवल साहित्य ही नहीं संगीत, दर्शन, इतिहास, कला, राजनीति, शिक्षा आदि विषयों पर रवीन्द्रनाथ की रचनाओं के अनुवाद का नियमित प्रकाशन कर आचार्य हजारी प्रसाद द्विवेद्वी ने कुशलतापूर्वक अपने दायित्व का निर्वाह किया। पत्रिका के हर अंक में कविगुरु की एक कविता अवश्य छपती थी। कुछ ऐसे अंक भी मिलते हैं जिनमें कविता का मूल नागरी लिपि में अपने हिन्दी अनुवाद के साथ छपा है। गुरुदेव की अनेक कविताओं का छंदोबद्ध अनुवाद हिन्दी के शीर्षस्थ कवि भवानी प्रसाद मिश्र ने किया था। ये अनुवाद भी पत्रिका में प्रकाशित हुए हैं। गुरुदेव के उपन्यासों, नाटकों, विविध विषयों पर लिखे गए निबन्धों का अनुवाद करनेवालों में प्रमुख थे आचार्य क्षितिमोहन सेन, मोहनलाल वाजपेयी स्वयं आचार्य हजारी प्रसाद द्विवेद्वी, श्रीकृष्ण कृपलानी आदि। व्योमकेश शास्त्री के नाम से आचार्य द्विवेद्वी ने रवीन्द्रनाथ की कई रचनाएँ अनूदित कीं। कहने की आवश्यकता नहीं है कि अनुवाद के इस महत्वपूर्ण कार्य से हिन्दी के पाठक बंगला भाषा के वैभव एवं वैशिष्ट्य से परिचित हुए और हिन्दी का साहित्य भण्डार समृद्ध हुआ। इस पत्रिका के कुछ पृष्ठ रवीन्द्रनाथ के प्रामाणिक अनुवाद के लिए सुरक्षित थे।

पत्रिका की विषय सूची से लेखों के वैविध्य का पता चलता है। निबन्धों के चयन में आचार्य द्विवेद्वी अपनी उदार दृष्टि के अनुरूप लेखकों एवं विद्वानों से परामर्श किया करते थे। पत्रिका में अपेक्षाकृत कम प्रसिद्ध लेखकों या नवीन रचनाकारों के प्रति किसी प्रकार का भेद-भाव नहीं बरता जाता था। सम्पादक आचार्य द्विवेद्वी ऐसे लेखकों की मुद्रण योग्य सामग्री में परिश्रमपूर्वक आवश्यक सुधार करने में कोई संकोच नहीं करते थे। इस प्रकार नवलेखक की भाषा का यथोचित संस्कार भी हो जाता था और उसे 'विश्वभारती पत्रिका' में छपने का गौरव भी उपलब्ध हो जाता था।

'विश्वभारती पत्रिका' में साहित्य, सभ्यता, संस्कृति, धर्म, दर्शन, कला, शिल्प, ज्योतिष, संगीत, शिक्षा, राजनीति तथा समाज विषयक निबन्धों के साथ-साथ देशी-विदेशी साहित्य की समालोचना के श्रेष्ठ निबन्ध भी मिलते हैं। पत्रिका के विविध अंकों में जिन महत्वपूर्ण विद्वानों के निबन्ध उपलब्ध हैं, उनमें प्रमुख हैं—डॉ. भगवानदास, डॉ. वासुदेवशरण अग्रवाल, जनार्दन मिश्र, डॉ. जगदीश चन्द्र जैन, डॉ. पीताम्बर दत्त बड़थ्वाल, विधुशेखर भट्टाचार्य, राहुल सांकृत्यायन, पं. बलदेव उपाध्याय, डॉ. सम्पूर्णानन्द, कृष्ण किंकर, हरिचरण वंद्योपाध्याय, फजल महमूद असीरी, डॉ. धीरेन्द्र वर्मा, डॉ. देवराज, विनयमोहन शर्मा, डॉ. प्रकाश चन्द्र गुप्त, डॉ. रघुवंश आदि।

'विश्वभारती पत्रिका' में बंगाल के प्रख्यात कलाकारों की तूलिका से चित्रित विशिष्ट चित्र प्रायः प्रत्येक अंक में उपलब्ध हैं। अवनींद्र नाथ ठाकुर, रवीन्द्रनाथ ठाकुर, नन्दलाल बसु, विनोद बिहारी मुखर्जी, रामकिंकर बैज, सुरेन्द्रनाथ कर, कानाई

सामंत आदि कलाकारों की कला का समुचित उपयोग पत्रिका में किया गया है।

पत्रिका में 'अपनी बात' शीर्षक के अंतर्गत सम्पादकीय टिप्पणी के साथ 'पुस्तक समीक्षा' का एक स्थायी स्तम्भ था। इस स्तम्भ में प्रकाशित होने वाली समीक्षाओं को द्विवेदीजी स्वयं तो लिखते ही थे, शान्तिनिकेतन के विभिन्न विभागों के सहयोगियों तथा हिन्दी-भवन के सहयोगियों से भी लिखवाते रहते थे। द्विवेदीजी की सूक्ष्म समीक्षकीय दृष्टि का पता इस बात से लग जाता है कि 'विश्वभारती पत्रिका' के 'पुस्तक समीक्षा' स्तम्भ के अन्तर्गत जिन पुस्तकों की समीक्षाएँ छपीं उनमें से अधिकांश पुस्तकें आगे चलकर अपने-अपने विषयों की महत्वपूर्ण कृतियाँ सिद्ध हुईं। इस स्तम्भ के अंतर्गत समीक्षा-लेखकों में श्री निताई विनोद गोस्वामी, हरिदास मित्र, विनोद बिहारी मुखर्जी आदि अन्य विभागों के विद्वान थे तथा हिन्दी-भवन के अध्यापकों में श्री मोहनलाल वाजपेयी, पं. रामपूजन वाजपेयी, पं. रामसिंह तोमर, आदि थे। आचार्य द्विवेदी ने व्योमकेश शास्त्री के नाम से कुछ समीक्षाएँ लिखीं।

पत्रिका की भाषा के सम्बन्ध में द्विवेद्वी जी उदार दृष्टिकोण के थे परन्तु इसका तात्पर्य यह नहीं है कि इस सहृदयता और उदारता के कारण उनकी सतर्क दृष्टि में कोई कमी आई हो। वर्तनी के सम्बन्ध में वे पूर्व निश्चित नियमों का पालन करते थे। भाषागत उदारता के कारण पत्रिका विद्वत समाज के साथ-साथ शिक्षित वर्ग में समान रूप से समादृत थी। दुरूह भाषा-शैली के कारण दुर्बोध्य निबन्धों को छापने में उनकी कोई रुचि नहीं थी, इसका कारण यह था कि द्विवेद्वी जी इस पत्रिका को केवल विद्वानों तक ही सीमित नहीं रखना चाहते थे।

इस प्रकार यह पत्रिका गुरुदेव रवीन्द्रनाथ ठाकुर की इच्छा के अनुरूप अपने समय की साहित्यिक-सांस्कृतिक व साधना के सर्वोत्तम स्वरूप को अभिव्यक्त करने वाली महत्वपूर्ण पत्रिका सिद्ध हुई। अपनी विशिष्ट सामग्रियों के कारण यह पत्रिका साहित्य ही नहीं संगीत, कला, धर्म, दर्शन आदि की बहुमूल्य निधि है।

अपनी बात

हजारी प्रसाद द्विवेदी

जनवरी '42

विश्वभारती पत्रिका

शान्तिनिकेतन में हिन्दी भवन की स्थापना के अवसर पर स्वर्गीय गुरुदेव ने यह इच्छा प्रकट की थी कि विश्व भारती में एक ऐसी हिन्दी पत्रिका प्रकाशित हो, जिसके द्वारा भारतवर्ष की साहित्यिक और सांस्कृतिक साधना का जो कुछ सर्वोत्तम है, उसका नियमित रूप से प्रचार और उन्नयन होता रहे। भारतवर्ष की वर्तमान आस्था का विश्लेषण करके उन्होंने दिखाया था कि देश आज जिस प्रकार नाना भांति की संकीर्णताओं का शिकार बनता जा रहा है उससे रक्षा पाने का सर्वोत्तम साधन साहित्य ही है। एक बार उन्होंने कहा था, "आज जो हिन्दू-मुसलमानों का लज्जाजनक विद्वेष देश को आत्मघात की ओर प्रवृत्त कर रहा है, उसकी जड़ में है सारे देश में फैली हुई अबुद्धि। हमारी निर्धनतारूपी अलक्ष्मी ने अशिक्षित अबुद्धि की सहायता से ही हमारे भाग्य की नींव उखाड़ने के काम में जासूस लगा दिए हैं, अपने आदमियों को ही वह शत्रु बनाए दे रही है, विधाता को हमारे विरुद्ध किए दे रही है। अंत में अपना सर्वनाश करने की हमारी जिद यहाँ तक बढ़ गई कि आज हम अपनी ही भाषा को तोड़-मोड़ डालने की कोशिश से भी बाज नहीं आ रहे। सब तरह के मतभेद होते हुए भी शिक्षा और साहित्य का जो उदार क्षेत्र एक राष्ट्रीय मनुष्यों के मिलने का स्थान है, वहाँ भी हमारा कांटे बोने का उत्साह कम नहीं हुआ, जरा भी लज्जित नहीं हुआ। हम दुख पा रहे हैं, दुख पाने में ऐसी कोई शर्म की बात नहीं है, किन्तु देश भर में फैली हुई अशिक्षाग्रस्त हेयता ने हमारा मस्तक जरूर नीचा कर दिया है, हमारे समस्त महान उद्यमों को व्यर्थ कर दिया है। राष्ट्रीय बाजार में राष्ट्र के अधिकार को लेकर मोल-तोल का शोरगुल कितना ही क्यों न होता रहे, वहाँ गोल-टेबिल के भंवर में प्रतिकार की कुंजी नहीं मिल सकती। नाव के नीचे जहाँ बंधन ढीला है, वहीं हमें जल्दी हाथ लगाना पड़ेगा। इसके लिए सबसे पहले आवश्यक है शिक्षित मन।

विद्यायतनों के बाहर शिक्षा देने का उपाय है साहित्य मगर उस साहित्य को सर्वांगीण रूप से शिक्षा का आधार बनाना होगा, देखना होगा कि उसके ग्रहण करने का मार्ग सर्वत्र सुगम हुआ है या नहीं।"

सर्वांगीण साहित्य क्या है?

सर्वांगीण साहित्य से उनका जो कुछ तात्पर्य था, वह उन्हीं के निम्नलिखित वाक्य से स्पष्ट हो जाता है—"यह बात माननी ही पड़ेगी कि हमारा आधुनिक साहित्य वर्तमान युग के अन्न-वस्त्र से प्रतिपादित हुआ है। इस साहित्य ने नई रोशनी की छूत हमारे मन में लगा दिया है, लेकिन हमें पनपाने वाली असली खुराक तो वह उस पार से ला ही नहीं रहा है। जो विद्या वर्तमान युग की चिंता शक्ति या विचारधारा को विचित्र आकार में प्रकट कर रही है और विश्व रहस्य के नए-नए द्वार खोल रही है, हमारे साहित्यिक मुहल्ले में उसका आना-जाना नहीं के बराबर है।... पाश्चात्य देशों के मन और प्राणों को वहाँ की अपनी विद्या, अपनी शिक्षा और अपने साहित्य ने क्रियाशील कर रखा है। इन सबने मिलकर पश्चिमी देशों की कार्यशक्ति की अथक उन्नति की है, इन सब के उत्कर्ष से ही वहाँ का उत्कर्ष है।" इस देश में भी ऐसे ही सर्वांगीण साहित्य की आवश्यकता है। केवल भावुकतामूलक साहित्य यदि उत्पन्न होता रहा तो वह निश्चित रूप से क्षतिकर होगा। उन्होंने स्पष्ट शब्दों में घोषित किया था कि चूंकि "हमारे साहित्य में रस का ही प्राधान्य हो गया है, इसलिए जब कोई असंयम या चित्त-विकार अनुकरण के नाले से होकर इस साहित्य में प्रवेश करता है, तो वही प्रधान हो उठता है और हमारी कल्पना को रुग्ण-विलासिता की ओर बहाकर वीभत्स कर देता है। प्रबल प्राणशक्ति जब जाग्रत नहीं रहती, तो छोटे-छोटे विकार भी बात की बात में जहरीले फोड़े बन जाते हैं। हमारे देश में ऐसी बात की आशंका है।"

साहित्य कैसा हो?

एक तरफ तो हमारी वर्तमान अवस्था में साहित्य ही विद्या और शिक्षा का सबसे मजबूत वाहन है और जो कार्य देश के बड़े-बड़े विश्वविद्यालय विदेशी भाषा का आश्रय ग्रहण करने के कारण नहीं कर पा रहे हैं, उन्हें भी करने का भार लिए हुए हैं, और दूसरी तरफ केवल भावुकता से पूर्ण होते रहने के कारण उसके आवांछित दिशा में जाने का भय है। इसलिए उन्होंने बार-बार ऐसे साहित्य के प्रचार और उन्नयन की बात कही है, जो सर्वांगीण हो, जो शरीर, मन, बुद्धि और आत्मा को समान भाव से विकासशील बना सकता हो और जो ज्ञान, कर्म और प्रेम में से किसी एक की भी उपेक्षा या अतिरंजना न करता हो। उन्होंने स्वयं ऐसे साहित्य की सृष्टि करके मार्ग प्रदर्शित किया है। यह भी जरूरी है कि हमारा यह साहित्य हमारी

सर्वश्रेष्ठ सांस्कृतिक साधना का न केवल अविरोधी हो, बल्कि उसे जीवन में पूर्णरूप से उतारने में सहायक भी हो। उस साधना को उन्होंने इस प्रकार स्पष्ट कर दिया है, "भारतीय समाज भेद-बहुल है। यहाँ नाना भाषाएँ, नाना धर्म और नाना जातियाँ हैं। इसी कारण भारत में मर्म की वाणी ही ऐक्य की वाणी है। इसी कारण जो भारत के यथार्थ श्रेष्ठ महापुरुष हुए हैं, उन्होंने मनुष्य की आत्मा-आत्मा में सेतु निर्माण करना चाहा है। बाहर के आचार ने भारत में नाना आकार में भेद को ही मजबूत कर रखा है, इसीलिए भारत की श्रेष्ठ साधना है—बाहर के आचार को अतिक्रम करके अंतर के सत्य को स्वीकार करना। परम्पराक्रम से भारत के महपुरुषों का आश्रय लेकर यही साधना की धारा चिरकाल से चली आ रही है।"

हमारा यह प्रयत्न

गुरुदेव ने हिन्दी भवन की स्थापना के अवसर पर जिस पत्रिका के प्रकाशन की इच्छा प्रकट की थी, वह उन्हीं बातों को ध्यान में रखकर बहुत दिनों तक अर्थाभाव के कारण यह इच्छा कार्यरूप में परिणत न हो सकी। अत्यंत हर्ष का विषय है कि आवागढ़ नरेश महाराज सूर्यपाल सिंह जी की उदार सहायता से वह योजना पूरी होने जा रही है। आपने स्वयं अग्रणी होकर एक ऐसी पत्रिका निकालने की इच्छा प्रकट की है। 'विश्वभारती पत्रिका' उसी इच्छा का परिणाम है। हमें अत्यंत दुख के साथ कहना पड़ता है कि इस पत्रिका के प्रकाशन का बहुत कुछ आयोजन यद्यपि गुरुदेव की जीवितावस्था में ही हो चुका था, परन्तु उनकी बीमारी और स्वर्गवास के कारण उसमें विलम्ब होता ही गया। यहाँ हम इतना और भी निवेदन कर देना चाहते हैं कि 'विश्वभारती पत्रिका' यद्यपि विश्वभारती के ही तत्वावधान में प्रंकाशित हो रही है, तथापि उसका कर्मक्षेत्र केवल विश्वभारती का विद्यापीठ ही नहीं, वह बहुत विशाल है। वह समस्त देशवासियों की कृपा और शुभेच्छा के बल पर ही निकलने जा रही है। देश के चिंतानायकों, कलाकारों और मनीषियों के सहयोग की तो उसे और भी अधिक जरूरत है। इस पत्रिका को स्वर्गीय कविगुरु के अनुरूप स्मारक बनाने के पुण्यकार्य में हम सबका सहयोग पाने के हकदार हैं।

प्रांतीय साहित्यों का अध्ययन

इस विशाल देश के साहित्य निर्माण का क्षेत्र भी बहुत विशाल है। भिन्न-भिन्न प्रान्तीय भाषाओं में जो कुछ साहित्य बन रहा है और बनेगा उसके साथ प्रत्येक देशप्रेमी का परिचय होता रहे, यह वांछनीय है। इसलिए इस दिशा में देश के विचारशील नेताओं ने कई बार प्रयत्न किए हैं। यह प्रयत्न आंशिक रूप से अब भी जारी है। हिन्दी भवन की स्थापना के अवसर पर गुरुदेव ने भी इस महान कार्य की ओर देशवासियों का ध्यान आकृष्ट किया था। वस्तुतः भारतवर्ष की एकता को दृढ़तर

और स्थायी बनाने के जितने भी उद्योग हैं उनमें साहित्यिक विचारों के आदान-प्रदान का उद्योग प्रमुख है। हमें जहाँ तक मालूम है, इस दिशा में जो कुछ कार्य हुआ है उसमें अधिक जोर रस-मूलक साहित्य के अध्ययन का उद्देश्य कुछ और विशाल होना चाहिए। यदि केवल रसमूलक साहित्य ही अध्ययन का उद्देश्य हो तो प्रान्तीय साहित्यों तक सीमित रहने की ज़रूरत नहीं है और शायद एकाध प्रदेश और भाषा का साहित्य तो उपेक्षणीय भी हो सकता है। हमारा विचार है कि प्रान्तीय साहित्यों का अध्ययन समूची जनता को समझने के लिए होना चाहिए वे सभी भौगोलिक, ऐतिहासिक, भाषागत और जातिगत विशेषताएँ हमारे अध्ययन की वस्तु होनी चाहिए जिन्होंने किसी प्रान्त को अलग व्यक्तित्व दिया है। इस दृष्टि से लोक-गाथाएँ, लोक-गीत, पूजा-पार्वण की विधियाँ, रीति-रस्म, लोकोक्तियाँ, व्यवस्थापक निबन्ध, धार्मिक प्रेरणा देनेवाले पुराण ग्रन्थ और शास्त्रीय सिद्धान्तों तथा पौराणिक कथाओं की लोकप्रचलित व्याख्याएँ—आदि विषय बड़े यत्न से अध्ययन किए जाने चाहिए। सुप्रसिद्ध जर्मन पण्डित जार्ज बूलर ने सन् 1897 ई. में भारतीय विद्या के सर्वांगीण अध्ययन के लिए एक योजना बनाई थी जो तीस देशी-विदेशी विद्वानों के सहयोग से परिचालित की गई। इस योजना के अनुसार अंग्रेजी, फ्रेंच और जर्मन भाषाओं में जो पुस्तकें लिखी गई हैं, वे भारतीय-विद्या-प्रेमियों के अपूर्व अध्यावसाय की उत्तम निदर्शन हैं। हमारा प्रान्तीय साहित्य का अध्येतव्य वही तो नहीं होना चाहिए, जो इन पण्डितों का था, परन्तु हमारा उत्साह और अध्यवसाय वैसा ही होना चाहिए। इन पण्डितों का प्रयत्न शास्त्रीय था, क्योंकि वे अधिकतर भारतीय साहित्य के प्राचीन अंगों से ही सम्बद्ध थे परन्तु हमारा प्रयत्न रचनात्मक होना चाहिए। प्रान्तीय साहित्यों का अध्ययन भावी भारतीय समाज को दृष्टि में रखकर हो तो अच्छा है, क्योंकि इस समय जो साहित्य बन रहा है वह प्राणवान वस्तु है, उसमें विकास होने की सम्भावना है, जबकि प्राचीन विद्याओं की सीमा निश्चित हो चुकी है। 'विश्वभारती पत्रिका' अपनी शक्ति भर इस दिशा में प्रयत्न करेगी। (इसी अंक में श्री क्षितिमोहन सेन शास्त्रीजी के लेख से हम इसका श्रीगणेश कर रहे हैं। अपने देश के विद्वान लेखकों का ध्यान हम इस ओर आकृष्ट करते हैं।)

जुलाई-सितम्बर, 1942

विक्रम-द्विसहस्राब्दि-महोत्सव

आज जब कि सारा संसार युद्ध की प्रचण्डता का शिकार हो रहा है, उत्सव की बात सोचते समय मन दुविधा में पड़ जाता है। जिस प्रकार की उन्मत्त क्रूरता आज संसार को ग्रास करती जा रही है उसे देखते हुए यह संशय बराबर चित्त को दोलायित किए रहता है कि क्या सचमुच ही साहित्य और इतिहास का अध्ययन, दर्शन और

धर्मशास्त्र की आलोचनाएँ और महात्माओं और राष्ट्रनिर्माताओं के पुण्यचरित्रों का स्मरण मनुष्य को कुछ ऊँचा उठा सके हैं या उठा सकेंगे। आज के इस क्रूर पागलपन के ज़माने में यह उत्सव, यह साहित्य चर्चा, यह इतिहास का शोधकार्य—क्या ये सभी व्यर्थ का परिहास नहीं हैं? उन्मत्त पागलों की जमात में शान्तिचर्चा का क्या मूल्य है? परन्तु हमारा विश्वास है कि मनुष्य वस्तुतः मनुष्य ही है, पागल कुत्ता नहीं। यह पागलपन एक आगंतुक और क्षणस्थायी अवस्था है, यह कट जायगी। उस समय यही मनुष्य और भी आग्रह के साथ शान्ति की ललित वाणी के लिए लालायित होगा। हमें अविचलित चित्त से मनुष्य की उच्चतर वृत्तियों पर विश्वास रखना चाहिए। विकट काल में जो दिमाग ठण्डा रख सकते हैं, वे ही सेवा के उपयुक्त अधिकारी हैं। हमें यह जानकर प्रसन्नता हुई कि काशी की नागरी-प्रचारिणी सभा और उज्जैन की इतिहास-संशोधन सभा ने विक्रम-द्विसहस्राब्दि-महोत्सव मनाने का संकल्प किया है।

जनवरी-मार्च, 1943

हमारी उलझनों में भी एक सत्य है

'विश्वभारती पत्रिका' का जन्म बड़े संकट-काल में हुआ था। पत्रिका का प्रथम अंक जिस महीने प्रेस में दिया गया उस महीने में संसार का जो हिस्सा तब तक युद्ध की दावाग्नि से बचा हुआ था, वह भी धधक उठा। तब से पूरब, पश्चिम, उत्तर, दक्षिण सर्वत्र यह प्रलयंकर दावाग्नि बमकती ही गई। गत वर्ष हम केवल दर्शक ही नहीं रहे, भोक्ता भी हो गए। संसार घटनाओं का विक्षुब्ध समुद्र बन गया और उसकी अशांत लहरें हमारे देश को बराबर आघात करती रहीं। जो लोग क्रांतदर्शी हैं उनकी बात तो हमें नहीं कह सकते, पर औसत देशवासी की मनोवृत्ति पिछले वर्ष नाना भांति की आशाओं और आशंकाओं का शिकार बनी रहीं। कभी ऐसा लगता रहा कि व्यक्तियों की मर्जी पर करोड़ों के भाग्य का वारा-न्यारा होने जा रहा है, और कभी ऐसा भासता रहा कि घटनाएँ किसी अदृश्य शक्ति की जबर्दस्त इंगित हैं, महान से महान व्यक्तित्व उस इंगित के सामने लाचार है। कहते हैं, जनता की स्मरण-शक्ति बहुत कमजोर होती है, और इसीलिए जो लोग मानव जाति के इतिहास को बनाने-बिगाड़ने का खेल खेला करते हैं वे रंग बदलने में सफल होते रहते हैं परन्तु हमारा अनुमान है कि जनता अगर सारी बातें याद रखती तो उसका व्यवहार चलाना ही मुश्किल हो जाता। पिछले वर्ष ने हमारे अनुमान की पुष्टि की है। यदि औसत आदमी यह याद रख सकता कि कितनी भविष्यवाणियाँ गलत साबित हुई हैं, कितनी अप्रत्याशित बातें घटती गई हैं और कितनी दर्पोक्तियाँ विशुद्ध दम्भ साबित हुई हैं, तो उसकी उलझन बढ़ ही गई होती। आशा, आशंका, उद्वेग और विक्षोभों के उतार-चढ़ाव का वार्षिक हिसाब हमें हतबुद्धि बना देता है। उनके अनुभवों के बल

पर हम अधिक चतुर हो गए हों ऐसा नहीं जान पड़ता क्योंकि भविष्य के विषय में हमारे मतभेद बढ़े ही हैं, घटे एकदम नहीं। किन्तु समस्त उलझनों, विरोधों और विरोधाभासों को छापकर यह सत्य ही प्रकट हुआ जान पड़ता है कि इतिहास-विधाता कुछ बनाना चाहते हैं, व्यक्तियों, जातियों और राष्ट्रों के मत उस अज्ञात योजना के सामने अत्यंत तुच्छ हैं।

हम निरुपाय नहीं हैं

किन्तु इसका अर्थ यह नहीं है कि हम नियति के लाचार शिकार हैं। 'विश्वभारती पत्रिका' के मंत्र-गुरु स्वर्गीय रवीन्द्रनाथ ठाकुर का यह विश्वास रहा है कि हमें कैसी भी विषम परिस्थिति के भीतर से चलना यों न पड़ रहा हो, इतिहास विधाता की वह अज्ञात योजना मंगलमय अवश्य है। पत्रिका ने भी इस विश्वास को विरासत के तौर पर पाया है। हमारा दृढ़ विश्वास है कि जब मनुष्य अपनी मंगल-विधायिनी शक्ति का गलत प्रयोग करने लगता है तभी वह मृत्यु का वरण करता है, क्योंकि वह इतिहास-विधाता की योजना के विरुद्ध जाता है। अत्यंत हीन और अधःपतित अवस्था में भी वह निरुपाय नहीं होता। हम भारतीय भी निरुपाय नहीं हैं। स्वर्गीय कवि की यह उक्ति स्मरणीय हैः–

"एक अवसाद ने हमारी शक्ति को भुला दिया है। एक ऐसा समय गया है जब हमने अनेक कर्म किए हैं, अनेक कीर्तियाँ स्थापित की हैं, यह बात इतिहास जानता है। इसके बाद न जाने कब भारतवासी के चित्त में अंधकार घना हो आया और उसने देह और मन में एक अचेतना ला दी, हम भूल गए कि हमारे में जो मनुष्यत्व का गौरव निहित है, उसकी रक्षा के लिए हमें प्राणों की बाजी लगा देनी होगी। इसी को मोह कहते हैं। इसी मोह से हमने अपने मरने के रास्ते को बाधामुक्त किया है। इसके बाद हम उन्हीं के हाथों मार खा रहे हैं जिनमें आत्मभरिता की मात्रा प्रबल है। आज मैं यह कहने आया हूँ कि अब अधिक देर तक अपने आपको अवमानित करके रखने से काम नहीं चलेगा, अब अपना दायित्व स्वयं ग्रहण करना होगा। हमने एक दिन यह दायित्व लिया था, उस दिन हमारे जलाशयों में पानी था, खेतों में अन्न था, मन में पुरुषकार था। आज सब दूर हो गए हैं। एक बार फिर अपने को अपने देश में लौटा लाना होगा। यह झूठ है कि अब कोई उपाय नहीं है। ऐसी मिथ्या हम न बोलें। बाहर से देखने से तो यही दिखता है कि हम कुछ मात्रा में जरूर जिन्दा हैं। थोड़ी भी आग अगर राख से ढंकी हुई बच रही हो तो उसे सुलगाया जा सकता है। इस बात को यदि हम सचेष्ट होकर स्वीकार न करें तो मैं कहूँगा, यही मोह है–मोह, अर्थात जो नहीं है, उसे ही मान बैठना। मैंने एक घटना सुनी है–बहुत से मनुष्य मारे डर के घुटने भर पानी में ही डूब मरे थे। उन्होंने घबराकर यह मान लिया था कि पैरों के नीचे मिट्टी नहीं है। हम भी उसी तरह हो

रहे हैं। झूठमूठ के डर को दूर करना होगा, चाहे जिस उपाय से हो हमें अपने मन में यह विश्वास दृढ़ करना होगा कि पैरों के नीचे जमीन है—यही हमारा व्रत है।. ..जो प्राणों की धारा अपने पुराने खात को छोड़कर अलग हट गई है, उसकी सारी बाधाएँ दूर करके उसे लौटा लाना होगा। हमें अक्लांत भाव से इस प्रकार के प्रयत्न करते रहने होंगे जिनसे ऐक्य स्थापित हो। हमारे घर-घर में कितना विरोध है। इस विच्छिन्नता के प्रत्येक रंध से हमने अपने ऐश्वर्य को धूलि-स्खलित किया है, अपना सर्वस्व लगाकर भी इन सत्यानाशी छिद्रों को बन्द करना होगा।"

गलती कहाँ है?

दिसम्बर की छुट्टियाँ हमारे देश में हमारी जागृति का आडम्बर प्रदर्शन करती हैं। स्थान-स्थान पर राजनीति, समाजनीति, विज्ञान, धर्म, साहित्य आदि विविध क्षेत्रों में कर्मकर्ता और कर्णधार एकत्र होते हैं और घटाटोप के साथ अपना 'वार्षिक उत्सव' सम्पन्न करते हैं। इन छुट्टियों के एकाध सप्ताह इधर-उधर विश्वविद्यालयों में पदवीदान का समारोह होता है और समाज के विशिष्ट व्यक्ति शिक्षा और संस्कृति पर 'सारगर्भित' भाषण दे जाया करते हैं पर सब मिलाकर इन महोत्सवों की कोई भारी सुफल फलता नहीं दिखाई देता। हमारा साहित्य घोर घटाटोप और महत्वपूर्ण प्रस्तावों के बावजूद जहाँ का तहाँ पड़ा रह जाता है। प्रदर्शन की तुलना में प्रगमन कम होता है। कहीं न कहीं कोई बड़ी भारी गलती रह गई होगी, जिसके कारण यह सब प्रयत्न इतने अल्प-फलप्रद दिखाई देते हैं। वस्तुतः इसका कारण हमारी शिक्षा का विदेशी माध्यम से प्रचारित होना ही है। गुरुदेव ने एक बार कहा था कि "हमारे देश में आधुनिक शिक्षाविधि नाम से जिस वस्तु का उदय हुआ है उसी के नाम पर स्कूल और कालेज कुकुरमुत्ते की तरह जहाँ-तहाँ सिर उठाए दिख रहे हैं। उसके चारों ओर विदेशी भाषा की मोटी मजबूत चहारदीवारी है। हम मातृभाषा के द्वारा शिक्षा-प्रचार के विषय में जब विचार करते हैं तो उस विचार में साहस बहुत कम पाते हैं। अन्तःपुरिका वधू की भांति वह भयभीत मालूम होती है। आंगन तक ही उसकी गति है उसके बाहर जाते ही उसका घूंघट ठोड़ी तक सरक आता है, मातृभाषा का इलाका प्राथमिक शिक्षा के भीतर ही है, वह केवल बालकों की शिक्षा के योग्य है—अर्थात् उस विराट जनसंघ को विद्या के अधिकार के विषय में बच्चों के साथ स्थान दे दिया गया है जिसे मातृभाषा के सिवा अन्य कोई भाषा सीखने की सुविधा है ही नहीं। वे किसी भी तरह पूर्ण मनुष्य नहीं बन सकते फिर भी हम आँख मीचकर स्वराज के सम्बन्ध में यह कल्पना करते हैं कि उन्हें पूर्ण मनुष्य का अधिकार मिलेगा। ज्ञान-लाभ के बंटवारे को लेकर देश के अधिकांश जनसमूह के लिए इतने बड़े उपहास की व्यवस्था और किसी भी नव-जाग्रत देश में नहीं है। मातृभाषा मानों एक अपराध है—ईसाई धर्मशास्त्र में जिसे आदिम पाप कहा जाता है। देशवासियों के लिए मातृभाषा में दी हुई शिक्षा के भीतर से सर्वांगपूर्णता पा सकने को हमने कल्पना

के बाहर रख छोड़ा है।" और इसी का परिणाम है यह देशव्यापी व्यर्थता कवि के शब्दों में कहें तो कहने का मतलब यह है कि देश के जिस अति क्षुद्र अंश में विद्याबुद्धि और धनमान केन्द्रीभूत हैं उन फीसदी पांच आदमियों के साथ पंचानबे आदमियों का व्यवधान महासमुद्र से भी बढ़कर है। हम सब एक ही देश में रहते हैं, फिर भी हमारा देश एक नहीं है।

परिणाम क्या है?

'आज हमारे देश के डिग्रीधारी लोग जब देहातों के विषय में कुछ विचार भी करते हैं तो उसके लिए कोई बहुत हल्के वजन की कोई चीज़ देना ही काफी देना मान लेते हैं। जब तक हमारा यह मनोभाव रहेगा तब तक गांव के लोग हमारे लिए विदेशी ही बने रहेंगे, यहाँ तक कि उनसे भी ज्यादा पराए हो जाएँगे। उसका कारण यह है कि हमें स्कूल कॉलेजों से जितनी विद्या मिलती है वह विद्या यूरोपीय है। उस विद्या की सहायता से यूरोपीयों को समझना और यूरोपीयों के सामने अपने को समझाना हमारे लिए सहज हो गया है। इंग्लैण्ड, फ्रांस और जर्मनी की मनोवृत्ति हमारे लिए सहज और प्रकट-सी है, उनके काव्य, नाटक, उपन्यास जो कुछ हम पढ़ते हैं वे हमारे लिये पहेली-से नहीं मालूम पड़ते, यहाँ तक कि जो कामना और तपस्या उनकी है लगभग वही कामना और तपस्या हमारी भी होती जा रही है परन्तु जो लोग शीतला माई, हैजा माई, मनसादेवी-काली-भवानी, राहु-शनि, भूत-पिशाच, पोथी-पत्रा और पंडा-पुरोहितों की छाया में पले हैं उनसे हम बहुत ज्यादा ऊपर चढ़ गए हों सो बात नहीं है, किन्तु उनसे दूर जरूर हट गए हैं—इतनी दूर कि एक दूसरे की आवाज नहीं सुन पाते। उनका ठीक-ठीक परिचय पाने योग्य कौतूहल भी हममें नहीं है।"

देश में पैदा होने से ही देश अपना नहीं हो जाता।

"हम असल में परदेशी हैं। देश में पैदा होने से ही देश अपना नहीं हो जाता। जब तक हम देश को नहीं जानते, जब तक उसे अपनी शक्ति से अपना नहीं बना लेते तब तक वह अपना नहीं होता। हमने इस देश को स्वयं नहीं अपनाया। देश में बहुत से जड़ पदार्थ हैं, हम उन्हीं के पड़ोसी हैं। देश जिस प्रकार इन जड़ वस्तुओं का नहीं है, उसी प्रकार हमारा भी नहीं है। इसी जड़त्व को मोह कहते हैं। जो मोह से अभिभूत है वही तो चिरकाल का परदेशी है। वह नहीं जानता कि वह कहाँ है। वही नहीं समझता कि उसका सच्चा सम्बन्ध किसके साथ है। बाहर की सहायता से अपनी वस्तु कभी नहीं पाई जाती। कोई भी बाहर का आदमी हमें हमारे देश को नहीं देख सकता। जिस दिन हम अपने समस्त धन, मन और प्राण से देश को अपना देश समझने लगेंगे तभी देश हमारा अपना स्वदेश होगा। हम स्वदेश में लौट आए हैं, इसका लक्षण यह होगा कि हम देश के प्राण को अपना ही प्राण समझने लगें। पास

ही प्रत्यक्ष देखता हूँ कि देश के लोग रोग और भूख से मर रहे हैं और फिर भी मैं सारा दोष दूसरों के सिर मढ़कर मंच पर खड़ा होकर देशात्मबोध की बड़ी-बड़ी बातें बखानता फिरूँ तो इससे बढ़कर कोई अवास्तव अपदार्थता हो ही नहीं सकती।"

अगवाह रास्ता कोई नहीं

जीवन के सत्य को पाने के लिए तपस्या और दुखभोग की आवश्यकता है। जो लोग साहित्य क्षेत्र में काम करने जा रहे हैं उन्हें भी उसी प्रकार तपःसिद्ध होना होगा और जिस प्रकार आध्यात्मिक और अधिभौतिक क्षेत्रों में कृतित्व प्राप्ति के प्रयासी अन्यान्य साधकों को होना पड़ता है। सत्य एक ओर अखण्ड है। इस क्षेत्र में काम करने वालों का सत्य और है और उस क्षेत्र में काम करने वाले का और, यह धारणा ही भ्रांत है। सत्य एक है, उसका मूल्य भी समान भाव से चुकाना पड़ता है। जब तक समान भाव से मूल्य नहीं चुकाया जाता, तब तक समान आनन्द पाने की आशा दुराशा मात्र है। साहित्य कल्पलोक का रंगीन स्वप्न नहीं है, वह समूची मानवता को दुर्मति के पंक से उद्धार करने की कठोर तपस्या का अनुषंगी है। इस युग में उसकी साधना और भी कठिन है। सारा संसार जब मानसिक उन्माद का शिकार बन गया हो तब सुन्दर और सुकुमार का आदर करना सिखाने का व्रत असाध्य-साधन के समान कठोर है। जब ईर्ष्या, द्वेष, घृणा और अवमानना को अपने पक्ष-स्थापना का सबसे बड़ा सहाय समझा जाता हो उस समय प्रेम, श्रद्धा और भक्ति का संदेश सुनाना अरण्यरोदन से भी नीचे की चीज हो जाती है। अरण्यरोदन में तो फिर भी कोई खतरा नहीं होता! इसीलिये साहित्य-साधना भी दुख और ताप के भीतर से चल सकती है। आज जब दुःसमय आ पड़ा है, तो अपने को उसके अनुकूल बनाकर ही साधना करनी पड़ेगी। भागकर निकल जाना असम्भव है और कोई अगवाह रास्ता नहीं है। सायंकाल का अंधेरा देखकर जोर से दौड़ने से प्रभात नहीं आ जाता। जब संध्या हो गई है, अंधेरा घना हो आया है तो रात की अंधियारी को मान लेने में ही कल्याण है। शक्ति-भर ज्योति की व्यवस्था हो जाय तो बहुत भली बात है, पर चाहे जितना भी जोर क्यों न लगाया जाय, रात को अस्वीकार नहीं किया जा सकता।

अप्रैल-जून, 1943

भगवति वसुधे कथं वहसि

इस समय राजनीतिक दलबन्दियों ने साधारण मनुष्य को कुछ ऐसा अंधा बना दिया है कि जाति धर्म-निर्विशेष मनुष्य के हित की बात सोचना असम्भव-सा हो गया है।

दलगत स्वार्थबुद्धि को लोगों ने ऐसा स्वायत्त किया है कि वह उनका स्वभाव हो गई है। अपने दल के बाहर का आदमी सन्देह की दृष्टि से देखा जाता है। उसके रोने-गाने तक पर असदुद्देश्यों का आरोप किया जाता है, उसके तप और सत्यनिष्ठा का मजाक उड़ाया जाता है, उसके त्याग और बलिदान को स्वार्थ सिद्ध किया जाता है और अपने इस प्रकार के कृत्य को सफलता मान ली जाती है। हमारा दृढ़ विश्वास है कि ऐसा करनेवाला व्यक्ति सबसे पहले अपना ही अहित करता है। बड़े-बड़े राष्ट्रपति जब अपनी विराट अनुचर-वाहिनी के साथ इस प्रकार का गंदा प्रचार करते हैं तो ऊपर-ऊपर से चाहे जितनी भी सफलता उनके पक्ष में आती दिख रही हो भीतर ही भीतर इतिहास-विधाता का निष्ठुर नियम-प्रवाह उनके स्वार्थों का मूल खधारता रहता है। इतिहास शक्तिशाली व्यक्तियों और राष्ट्रों की चिताभूमि को कुचलता हुआ आगे बढ़ रहा है, फिर भी गन्दे तरीके सुधारे नहीं गए हैं, बल्कि और भी कौशल-पूर्वक उनको प्रभावशाली बनाया जाता रहा है, उपकार-परायण मनुष्य के सहजकार्यों को जब अभिसन्धिमूलक बताया जाता है, उपकार-परायण व्यक्ति के प्रेमपूर्ण कार्य को जब ढोंग कहा जाता है, शुद्धबुद्धि से किए हुए कर्म को जब असत्य उद्देश्य से प्रेरित बताया जाता है तो साधारण बुद्धि का आदमी हैरान हो रहता है। वह पुराने कवि के समान हत-बुद्धि होकर पूछता है कि भगवति वसुंधरे, तू ऐसे पाप विचारवाले असत्यभाषी मनुष्यों को कैसे वहन कर रही है–

'उपकारिणी विस्रब्धे शुद्धमतौ यः समाचरति पापम्
तं जनमसत्यसंधं भगवति वसुधे कथं वहसि?

सीखता कौन है!

परन्तु वसुंधरा के धारण करने का अपना नियम है। वह एक क्षण के लिए भी इस प्रकार के असत्यसंघ को धारण नहीं करती। यह हमारी दृष्टि शक्ति की अपूर्णता है कि पतित को तब तक हम पतित रूप में नहीं देखते जब तक उसका सर्वनाश नहीं हो गया होता। जिस दिन कोई मनुष्य किसी सदाशय व्यक्ति के विषय में पाप चिंता करता है, शुद्धबुद्धि से किए हुए कार्य को ढोंग कहता है, त्याग और तपस्या का मजाक उड़ाता है और उस दिन उसका पतन हो गया होता है। हम थोड़ी देर तक उसे सफल होते देखते हैं, उसकी समृद्धि की विपुलता हमें हतबुद्धि बनाए रहती है पर शीघ्र ही उसका तेज म्लान हो जाता है, सम्पत्ति उसका साथ छोड़ देती है, प्रकृति के निष्ठुर नियम उसे दबोच लेते हैं। अनादिकाल से यह होता आया है और न जाने कब तक होता रहेगा। इतिहास हमें सही सिखा रहा है कि मनुष्य इतिहास से कुछ भी नहीं सीखता। संतों और महापुरुषों से पुकार-पुकार कर कहा है कि सम्पत्ति से अंधा न बनो, शक्ति की मदिरा से बेहोश मत होओ, दुर्बल की आह की अवहेलना मत करो, पर ऊँची कुर्सियों तक आवाज नहीं पहुँच पाती। महाकाल के निष्ठुर-कठोर

नियम न जाने कितने मदगर्वित सिंहासनों को धूलिसात् कर चुके हैं, न जाने कितने मुक्त कृपाणों की धारा सुखा चुके हैं, न जाने कितने वज्र-कपाट कारागारों को खंडहरों में परिणत कर चुके हैं पर सीखता कौन है? दुनिया अपनी राह भागी जा रही है, और महाकाल का रथ अपने रस्ते दुर्धषे वेग से बढ़ रहा है।

मूर्तिकला का वर्तमान रूप

विनोदविहारी मुखोपध्याय

अंग्रेजी सभ्यता के प्रथम धक्के के समय देशी रूप कला में जो अनुकरण का मनोभाव दिखाई पड़ा था, उस काल को चित्र का इतिहास पार कर चुका है, परन्तु देशी मूर्तिकला का इतिहास आज भी अनुकरण के काल में ही आबद्ध है। बहुत थोड़े दिनों में मूर्तिकला के क्षेत्र में ऐसी चेष्टा दिखाई पड़ी है जिसके फलस्वरूप अनुकरण का काम समाप्त होता-सा जान पड़ता है और इस क्षेत्र में भी नवीन भाव के संचार की सम्भावना स्पष्ट हुई है। यह चेष्टा स्पष्ट रूप से दृष्टिगोचर नहीं हो रही है, इसीलिए संक्षेप में इस नवीन चेष्टा की चर्चा की जा रही है।

देशी के धनी समाज में अंग्रेजी आर्ट नवीन सभ्यता के उपकरण के रूप में प्रवेश कर सका था। विदेशी व्यवसायियों की मध्यस्थता में विलायती चित्र और मूर्तियां भी नाना भांति के माल-असबाब के साथ आई थीं और नए फैशन की खातिर धनी लोगों ने बहुत धन लगाकर इन वस्तुओं को खरीदा। इनमें नकल चीजें भी थीं और असल भी। इस फैशन की धूम में विलायती नामधारी बहुत सी रद्दी चीजें हमारे देश में आई हैं। एक दूसरी ओर से भी विलायती मूर्तियों का प्रचार हुआ। अंग्रेज हाकिम विलायत से बड़ी-बड़ी मूर्तियां मंगाकर इस देश के भिन्न-भिन्न शहरों में स्थापित करने लगे और इस कार्य के साथ ही साथ विलायती शिल्पकारों का भी आवागमन शुरू हुआ। क्रमशः देश के राजे महाराजों तथा धनी लोगों में अपनी इस ढंग की आवक्ष मूर्ति या पुरुष प्रमाण खड़ी मूर्ति बनवाने का शौक बढ़ता गया और यह बात क्रमशः फैशन का रूप धारण करती गई। इस प्रकार अंग्रेजी भास्कर्म (या मूर्तिशिल्प) नवीनता के बल पर हमारे देश में घुसा था, आदर्शगत श्रेष्ठता के जोर से नहीं।

अंग्रेजों के हाथ में शिक्षा-व्यवस्था रहने के परिणामस्वरूप जो नया समाज बना, उसकी मांग पर देशी कलाकार विदेशी चित्रों और मूर्तियों का अनुकरण करके चित्र और मूर्ति बनाने लगे। इस ओर से चित्र के क्षेत्र में राजा रविवर्मा और मूर्तिकारों में बम्बई के मात्रे की रचनाएँ पिछले खेवे के अनुकरणधर्मी चित्र के श्रेष्ठ उदाहरण के रूप में स्मरण की जा सकती हैं। यहाँ तक आधुनिक चित्र और मूर्ति दोनों ही का

इतिहास एक ही रास्ते चला था, दोनों में व्यवधान कम ही था। क्रमशः आगे चलकर चित्र का इतिहास, घात-प्रतिघात के फलस्वरूप जिस अवस्था तक पहुँचा है, उसकी तुलना में मूर्ति का आधुनिक इतिहास स्थाणुत्व प्राप्त कर गया है। बाद में चलकर मूर्तिकला के क्षेत्र में जिस गति का परिचय मिलता है उसका इतिहास चित्रकला के इतिहास के साथ जड़ित है। नन्दलाल बसु के प्रभाव से हमारे चित्र की संस्कृति नई दिशा की ओर मुड़ गई है, जिसके फलस्वरूप चित्र का गठन या स्ट्रक्चर तथा उसके मण्डन (डिकोरेटिव क्वालिटी) की ओर चित्रकारों की दृष्टि गई है। उसके साथ ही साथ व्यावहारिक उपकरणों को मर्यादा देने का आदर्श भी आया है, जिससे नन्दलाल के परवर्ती चित्रों में कारीगरी (क्राफ्ट्समैनशिप) का ढंग प्रकट हुआ है। इसके साथ ही चित्र गठनप्रधान हो गए हैं। अर्थात् नन्दलाल बसु के प्रभाव से चित्र गठनप्रधान (फार्मल) और मंडनभावापन्न (डिकोरेटिव) तथा कारीगरी की उस्तादी से युक्त हुए हैं। यह नई बात है जो, हमारे चित्र के इतिहास में आई है। इन तीन आदर्शों के समन्वय से हमारे चित्रकार व्यापकतर क्षेत्र में आए हैं। इस नवीन प्रकार के भावप्रकाश की चेष्टा के कारण नन्दलाल की शिष्यमण्डली में मूर्तिकला की ओर झुकाव हुआ है। यहाँ मैं व्यक्तिगत प्रतिभा की बात नहीं कह रहा हूँ—नन्दलाल के जिन शिष्यों में मूर्तिकार की प्रतिभा थी वे ही उस ओर गए हैं, यह कहना ही निष्प्रयोजन है इसीलिए मैं इस स्थान पर सिर्फ पारिपार्श्विक अवस्था और शिक्षा के प्रभाव का ही विचार कर रहा हूँ।

जो लोग नन्दलाल बसु के चित्र के आदर्श को अपनाकर मूर्तिकला के क्षेत्र में आए हैं उनमें रामकिंकर बैज ही प्रधान हैं। यहाँ मेरी आलोचना का विषय इतना ही देखना है कि वर्तमान मूर्तिकला की तुलना में इस मूर्तिकार (श्रीरामकिंकर बैज) का क्या स्थान है। भारतवर्ष के अन्यान्य प्रसिद्ध या अप्रसिद्ध मूर्तिकारों के साथ उनकी तुलनात्मक आलोचना करना मेरा उद्देश्य नहीं है। शुरू में ही कह चुका हूँ कि आधुनिक मूर्तिकला स्थाणुत्व प्राप्त हो गई है अर्थात् गतिहीन हो गई है। इस कथन की सच्चाई की जांच की जाए।

विलायती प्रभाव के बाद के मूर्तिकार जी.के.मात्रे, कर्मकार (बम्बई), हिरण्यमय रायचौधरी, देवीप्रसाद रायचौधुरी इन लोगों के प्रभाव से मूर्तिकला के क्षेत्र में सिर्फ कारणकौशल का रद्दोबदल हुआ है। मूल विषय अर्थात् वास्तवता (नेचरलिस्टिक) की सीमा को छोड़कर ये आगे नहीं बढ़ सके और भी एक तरफ से इस विषय पर विचार किया जा सकता है। अंग्रेजी में स्टूडियो स्कल्पचर नाम की एक चीज है, जिसको एक शब्द से समझाना बड़ा कठिन है, क्योंकि अपने देश में स्टूडियो-स्कल्पचर नाम की कोई वस्तु थी ही नहीं। स्टूडियो स्कल्पचर से उस मूर्ति का बोध होता है जो घर के भीतर तैयार हो और जिसका प्रधान आकर्षण प्रस्तुत वस्तु का रूप हो। घर के भीतर विराट आकार की मूर्ति बनाकर उसे बाहर आकाश के नीचे खड़ा कर देने पर

यदि उसका इमारती भाव यानी आर्किटेक्चरल क्वालिटी ने रहे तो वह भी बड़े आकार का स्टूडियो आर्ट ही समझा जाएगा। अब प्रश्न होगा कि पारिपार्श्विक आवेष्टन के साथ योग रहने का मतलब क्या है। इस प्रश्न के उत्तर में मूर्तिकला का विशेषत्व जो सभी देशों में स्वीकृत हुआ है, उसका उल्लेख करके इस प्रश्न का उत्तर दिया जा सकता है। मूर्ति को स्थापत्य का सगोत्र करके ही देखा जाता है अर्थात् स्थापत्य का जो गठनमूलक धर्म है और जो रूप-निरपेक्ष भाव है, वही मूर्तिकला के क्षेत्र में भी आवश्यक है। बाहर आकाश के नीचे जब मूर्ति रख दी जाती है वस्तु के तत्व के अतिरिक्त एक और पहलू भी चाहिए, वह है गठन की बंधाई (स्ट्रक्चर और फार्म)। यही स्थापत्य कला का प्राण है। बाहर के लिए तैयार की गई कोई बड़ी मूर्ति, रूप (एपियरेंस) की सीमा से हमें दूर ठेल दे और नजदीक से जब उसे मूर्ति की कारीगरी मूर्तिकार के हाथ की सफाई या अस्त्र-कौशल देखने की इच्छा हो तो यह मूर्ति उस श्रेणी की होगी जिसे अंग्रेजी में स्टूडियो स्कल्पचर कहते हैं। भारतवर्ष की अनेक मूर्तियाँ खुली जगह में धूप और पानी में खड़ी हैं। इन मूर्तियों का मूल आकर्षण उनकी वास्तवता है। उनमें गठन (स्ट्रक्चर) और इमारती भाव (आर्किटेक्चरल क्वालिटी) गौण हैं।

अब तक की मूर्ति विषयक आदर्श की आलोचना के बाद यह समझ में आ जाता है कि नन्दलाल बसु के व्यक्तित्व के प्रभाव से हमारी चित्रकला में जो परिवर्तन आया है वह क्या है। वह इन्हीं गुणों का समवाय है। अर्थात् चित्र मूर्तिधर्मी होने की ओर जा रहा है। इसीलिए नंन्दलाल बसु का आदर्श जिस प्रकार हमारे चित्रशिल्प में नवीनता ले आया उसी प्रकार उस आदर्श की एक और परिणति शान्तिनिकेतन में मूर्तिकारों में हुई। इसीलिए नन्दलाल के शिष्य रामकिंकर बैज का काम मण्डन का आदर्श लेकर शुरू हुआ और भारतीय मूर्तिकला ने वास्तविकता की ओर से मुँह फिराया। गत युग का विलायती नैचरलिस्टिक आदर्श ही अब तक हमारा भी आदर्श था। उसके विरुद्ध नाना भाव से नाना आन्दोलन चल रहे थे। इस विरोध के फलस्वरूप मूर्तिकला में वस्तुनिरपेक्ष (एब्सट्रैक्ट आर्ट) नामक आदर्श का उद्भव हुआ। संक्षेप में इस आदर्श (एब्सैट्रक्ट आर्ट) की मूल बात यह है कि इसमें रूप के बिना ही गण को दिखाने की चेष्टा होती है : अर्थात् रूप के आश्रय की अपेक्षा न रखते हुए भी एक ऐसी गढ़न जो हमारे मन को आकृष्ट तो करती है किन्तु तो भी किसी वस्तुरूप की बात को नहीं याद दिलाती। इस आदर्श का अनुसरण करके मूर्तिकार लोग स्थापत्य कला के साथ प्रतियोगिता करने की चेष्टा करने लगे। विलायती कलाकार अपने कार्य में इस आदर्श को पूरी तरह से नहीं निबाह सके, फिर यह आदर्श पुराना भी हो चला है और इस तथा अन्य आदर्शों के धक्के से विलायती मूर्ति-शिल्प में बहुत परिवर्तन हो गया है, तथापि उस की ज्यों-की-त्यों नकल करने की चेष्टा चली ही आ रही है। सुररियलिस्टिक आर्ट एक दूसरा आदर्श है जो अब भी विलायती चित्रकारों में अचल नहीं हुआ। इस आदर्श के अनुयायियों

की प्रधान चेष्टा यह है कि चेतन और अचेतन चित्त के मिलित होने से जो कुछ प्रकाशित होता है उसे ही प्रकाशित किया जाए। ये लोग चित्र को प्रतीकमूलक (सिंबालिकल) कहा करते हैं क्योंकि मन के सक्रिय सचेतन और अवचेतन स्तरों में जो व्यापार घट रहे हैं, उन सबको एक साथ दिखाना प्रतीक से ही सम्भव हो सकता है। मनोविज्ञानवेत्ता फ्रायड ने अवचेतन मन की प्रवृत्तियों को पहचानने के लिए जिन प्रतीकों की सूची तैयार की थी, अधिकांश क्षेत्र में भी परिवर्तन शुरू हुआ है। उसकी चर्चा यहाँ अप्रासंगिक होगी। इन दोनों आदर्शों का प्रभाव रामकिंकर बैज पर पड़ा है। इस पहलू से इस मूर्तिशिल्पी का कार्य लक्ष्य करने की वस्तु है। ये दोनों आदर्श ग्रहण योग्य हैं या नहीं, इस प्रश्न को उठाने की यहाँ जरूरत नहीं है। सिर्फ इतना ही देखा जा सकता है कि इन दोनों आदर्शों में बड़ा भारी व्यवधान है। एब्स्ट्रैक आर्ट न रूप चाहता है न वस्तु, चाहता है रूप आश्रय-निरपेक्ष एक गढ़न और दूसरी और सुररियलिस्ट कलाकार प्रतीक पर प्रतीक की रचना किए जा रहे हैं। इन दो भिन्न धर्मों-आदर्शों के द्वंद्व में बैज जी की इस नई दोलाचल अवस्था का अनुसरण तो किया जा सकता है पर उससे किसी नतीजे पर नहीं पहुँचा जा सकता।

इस प्रकार रामकिंकर बैज महाशय एक तरफ तो वास्तवता से मुक्त हुए और दूसरी तरफ मूर्तिशिल्प के क्षेत्र में इन दो चरम आदर्शों को ले आए। देशी मूर्तिशिल्प में यह जो नया विदेशी आदर्श प्रविष्ट हुआ है उसका परिणाम क्या होगा, यह कह सकने का समय अभी नहीं आया। यह विचार भी अभी नहीं किया जा सकता कि यह आदर्श हमारे मूर्तिशिल्प को नया स्वाद देगा या कलुषित करेगा। फिलहाल हम यही देख रहे हैं कि एक ओर यूरोपीय आदर्श हमारे शिल्प में प्रविष्ट हुआ है। प्रभाव चाहे जैसा और जिस ओर से भी आवे यह सत्य है कि मूर्तिकला वास्तवता से मुक्ति पा सकी है, गठनमूलक (कंस्ट्रक्टि) आदर्श प्राप्त कर सकी है और मूर्ति का इमारती भाव (आर्किटेक्चरल क्वालिटी) बहुत कुछ लौट आया है फलतः स्टूडियो स्कल्पचर की सीमा अतिक्रमण करके हमारे शिल्पियों की प्रतिभा बाहर के पारिपार्श्विक के उपयोगी शिल्प की रचना में सचेष्ट हुई है। आधुनिक मूर्तिकला के क्षेत्र में इस ओर से जो परिवर्तन हुए हैं वे सम्पूर्ण नवीन हैं। आधुनिक चित्र और मूर्तिकलाओं में जो इमारती भाव के गठन की ओर दृष्टि गई है उसके मूल में बहुत कुछ नन्दलाल के व्यक्तित्व का प्रभाव है। इस आदर्श को प्रकाशित करने के रास्ते में जो परिवर्तन हुए हैं वे सब के सब नन्दलाल के परवर्ती चित्रकारों और मूर्तिकारों (यथा रामकिंकर बैज; रुद्र हामजी, सुधीर खास्तगीर) के द्वारा ही हुए हैं।

आधुनिक मूर्तिकला के एक पहलू पर संक्षेप में और भी चर्चा कर ली जा सकती है। बंगाल में पूजा के अवसरों पर देव-देवियों की जो प्रतिमाएँ बनती रहीं वे अपने प्राचीन खाके को बहुत दिनों तक सुरक्षित रख सकी हैं। इधर इन प्रतिमाओं को भी आधुनिक रूप देने की चेष्टा चल रही है। प्रधानतः कृष्णनगर के गोपेश्वर

पाल और कलकत्ते के निताई पाल के प्रयत्नों से ही यह आधुनिक संस्करण हो रहे हैं। ये लोग आवक्ष मूर्ति बनाने में भी ख्यात हैं। इस आधुनिकता का कारण यह है कि आधुनिक समाज में धार्मिक दृष्टि से प्रतिमा पूजन का महत्व कम होता जा रहा है, यह बहुत कुछ सामाजिक उत्सव का रूप धारण करता जा रहा है। इसी मनोवृत्ति के कारण पंचायती पूजाएँ शुरू हुई हैं। इसीलिए आधुनिक समाज का मनोरंजन करने के लिए दुर्गादेवी को भी अपना रूप बदलना पड़ रहा है और इस मनोरंजन कार्य के लिए जो कुछ भी आवश्यक है वह सभी उनकी प्रतिमा पर आरोपित हो रहे हैं। परिणाम यह हुआ कि प्रतिमा की निर्माण-कला विज्ञापन-कला का रूप धारण करती जा रही है फिर भी इस चेष्टा का एक सुफल तो हुआ ही है वह यह कि हमारे मूर्तिकार रूढ़ियों की संकीर्णता के बाहर आने का सुयोग पा रहे हैं।

अप्रैल-जून, 1944

शिक्षा-विधि

रवीन्द्रनाथ ठाकुर

यहाँ आते समय मेरे मन में एक संकल्प था वह यह कि यहाँ के विद्यालयों को भली भांति देख-सुनकर समझ लूंगा—यहाँ की शिक्षा सम्बन्धी कोई व्यवस्था अपने देश के काम आ सकती है या नहीं, यह देख जाऊँगा। थोड़ा बहुत देख चुका हूँ और पत्र-पत्रिकाओं में यहाँ की शिक्षा-प्रणाली के सम्बन्ध में कुछ विचारों को भी पढ़ चुका हूँ। परीक्षा नाना प्रकार से चल रही है, और प्रणालियाँ भी नाना ढंग की उद्‌भावित हो रही हैं। एक दल का कहना है कि बच्चों की शिक्षा यथासम्भव सुखकर होनी चाहिए और एक दूसरा दल कहता है कि बच्चों की शिक्षा में यदि पर्याप्त मात्रा में दुःख का परिणाम न रहेगा तो उन्हें संसार के लिए पक्का मनुष्य नहीं बनाया जा सकेगा, एक दल कहता है कि आँख और कान से, भाव और आभास से, शिक्षणीय विषयों को प्रकृति में सोख लेना ही उत्कृष्ट व्यवस्था है और दूसरा दल कहता है कि प्रयत्नपूर्वक अपनी शक्ति का प्रयोग करके साधना के द्वारा विषयों को आप्त कर लेना ही यर्थाथ फलदायक है। असल बात यह है कि यह द्वंद्व कभी नहीं मिटने का—क्योंकि मनुष्य की प्रकृति में ही यह द्वंद्व सत्य है, सुख भी उसे शिक्षा देता है और दुख भी। शासन न हो तो भी उसका काम नहीं चलता और स्वाधीनता न हो तो भी उसकी रक्षा नहीं, एक तरफ उसके लिए पड़ी-पाई वस्तुओं का प्रवेश-द्वार खुला हुआ है और दूसरी तरफ कमाकर लाई हुई चीजों के आने-जाने का मार्ग उन्मुक्त है। यह कहना सहज है कि दोनों के बीच के मार्ग को पक्का करके चिन्हित कर लो,

किन्तु व्यवहार में यह असाध्य है क्योंकि जीवन की गति कभी भी सीधी रेखा में नहीं चलती—भीतर और बाहर की नाना बाधाओं से और नाना तकाजों पर वह नदी की भांति टेढ़ी-मेढ़ी चलती है, नहर के समान सीधी पड़ी नहीं रहती, इसीलिए उसके बीच की रेखा सीधी रेखा नहीं है, उसे बराबर स्थान परिवर्तन करना पड़ता है। इस समय जो लकीर उसके ठीक बीचोबीच की रेखा जान पड़ती है, दूसरे समय वही उसके अन्तिम किनारे की रेखा हो सकती है; फिर एक जाति के लिए जो मध्य मार्ग है यही दूसरी जाति के लिये प्रांतपथ हो सकता है। नाना अनिवार्य कारणों से मनुष्य के इतिहास में कभी युद्ध आता है, कभी शान्ति आती है, कभी धन-सम्पत्ति का ज्वार आता है, कभी उसका भाटा उपस्थित होता है, कभी वह अपनी शक्ति से उन्मत्त हो उठता है और कभी अपनी असमर्थता से अभिभूत हो जाता है। ऐसी अवस्था में मनुष्य जब एक तरफ झुक पड़ रहा हो उस समय उसका दूसरी ओर प्रबल आकर्षण लगाना ही उसके लिए अच्छी शिक्षा है। मनुष्य की प्रकृति जब सबल भाव से सजीव होती है तब उसके अपने भीतर से ही एक सहज शक्ति के द्वारा वह अपने भार-सामंजस्य का रास्ता चुन लेती है। जिस मनुष्य का अपने शरीर पर कब्जा है वह जब एक ओर से धक्का खाता है तो स्वभावतः ही दूसरी ओर सहारा लेकर अपने को सम्भाल लेता है, किन्तु पिया हुआ शराबी एक धक्का खाते ही उलट पड़ता है और उसी अवस्था में पड़ा रह जाता है। यूरोप में बच्चों को मनुष्य बनाने का मार्ग अपने आप बदल जाता है। उसका चित्त नाना भाव के ज्ञान के संस्रव से जितना ही सचेत हो उठता है उतनी ही तेजी से उनके पथ का परिवर्तन भी होता रहता है।

इसलिए चित्त की गति के अनुसार शिक्षा के मार्ग का निर्देश करना होता है। किन्तु चूंकि गति विचित्र है और सब लोग उसे आँखों से स्पष्ट नहीं देख पाते इसलिए यह कभी नहीं हो सकता कि एक आदमी या एक दल इस मार्ग का दृढ़ भाव से स्पष्ट निर्देश कर दे; अनेक लोगों के अनेक प्रयत्नों के समवाय से सहज पथ अपने आप अंकित होता रहता है इसलिए सभी जातियों के लिए अपनी प्रयोग परीक्षा का रास्ता खुला रहने देना ही सत्य पथ के अविष्कार का एकमात्र रास्ता है।

किन्तु जिस देश में सामाजिक शिक्षा-शाला में बंधे रास्ते से तिनका भर इधर-उधर होने से जाति जाती है उस देश में मनुष्य होने के शुरू में ही एक जबर्दस्त बाधा है। सामाजिक अवस्था में परिवर्तन हो ही रहा है—परिवर्तन होगा ही—कोई उसे रोक नहीं सकता और फिर भी हम व्यवस्था को सनातन रेखा से पक्की कर लेंगे। इस विचार के समान मानव-दुर्गति और कोई हो नहीं सकती। यह कैसा है? जैसे नदी हटती जा रही है किन्तु बंधा हुआ पक्का घाट एक ही जगह पड़ा हुआ है, खेवे की नाव का मार्ग एक ही घाट पर निर्दिष्ट है, उसे छोड़ अन्य घाट पर नाव भिड़ाते ही धोबी-नाई बंद। इस नीति का फल यह हुआ है कि घाट तो है लेकिन पानी नहीं है, नाव है लेकिन चलना-फिरना बन्द है।

ऐसी अवस्था में हमारा समाज हमें अपने काल के उपर्युक्त शिक्षा नहीं दे रहा है, दो चार हजार वर्ष पहले के काल की शिक्षा दे रहा है। इसीलिए मनुष्य बनाने का जो सबसे बड़ा विद्यालय है वह हमारे लिए बन्द है। हमारे वर्तमान की ओर देखकर हमारी जीवन-यात्रा के प्रति उसकी कोई जवाबदेही नहीं है। एक दिन एक विशेष अवस्था में हमारे समाज ने किसी को ब्राह्मण, किसी को क्षत्रिय, किसी को वैश्य और किसी को शूद्र होने को कहा था। हमारे ऊपर उस समय समाज का यह कालोपयोगी दावा था, इसलिए इस दावे को लक्ष्य करके शिक्षा की व्यवस्था ने विचित्र आकार में अपने आप की स्वयं ही सृष्टि कर ली थी क्योंकि सृष्टि का नियम ही यही है—एक मूल भाव का बीज जीवन के तकाजे पर स्वयमेव अपनी शाखा-प्रशाखा फैलाकर अंकुरित, पल्लवित हो जाता है। बाहर से आकर कोई उसमें शाखा-प्रशाखा जोड़ नहीं देता। हमारे वर्तमान समाज का कोई सजीव दावा नहीं है—यहाँ वह मनुष्य से कह रहा है, ब्राह्मण बनो। वह जो कुछ कह रहा है उसे ठीक-ठीक पालन कर सकना किसी प्रकार सम्भव नहीं है। इसका फल यह हुआ कि मनुष्य उसे केवल बाहर से मान लेता है। ब्राह्मण बनने के समय ब्रह्मचर्य नहीं रह गया है, सिर मुंड़ा कर तीन दिन के प्रहसन के बाद गले में जनेऊ धारण कर लेना पड़ता है। तपस्या के पवित्र जीवन की शिक्षा अब ब्राह्मण नहीं दे सकता, किन्तु पदधूलि देने के समय निस्संकोच रूप से उसके पैर सब के लिए खुले हुए हैं। इधर जातिभेद की मूल भित्ति वृत्तिभेद एकदम लोप हो गया है और फिर भी वर्णभेद के सभी बाहरी विधि-निषेध अचल होकर जहाँ के तहाँ जमे हुए हैं। पिंजड़े को उसके सभी सलाई-सींकचों के साथ मानना पड़ रहा है हालांकि उसमें का पक्षी मर गया है। दानापानी हम नित जुटा रहे हैं, हालांकि वह किसी जीवधारी की खुराक के काम में नहीं लग रहा। इसी प्रकार हमारे सामाजिक जीवन के साथ सामाजिक विधि का विच्छेद घट जाने से हम जो सिर्फ अनावश्यक काल-विरोधी व्यवस्था द्वारा बाधा पा रहे हैं, इतना ही नहीं है बल्कि हम सामाजिक सत्य की रक्षा भी नहीं कर पा रहे हैं। हम मूल्य देते हैं और लेते हैं फिर भी उसके बदले में कोई सत्य वस्तु नहीं पा रहे। शिष्य गुरु को प्रणाम करके दक्षिणा चुका देता है किन्तु गुरु शिष्य का कर्जा चुका देने का कोई प्रयत्न तक नहीं करता गुरु प्राचीन काल की भूली हुई भाषा में शिष्य को उपदेश देता है पर शिष्य में उस उपदेश को ग्रहण करने की शक्ति भी नहीं है, श्रद्धा भी नहीं है, इच्छा भी नहीं है। इसका फल यह होता है कि क्रमशः हम यह विश्वास भी खो बैठे हैं कि सत्य वस्तु का कोई प्रयोजन भी है। यह स्वीकार करने में हम जरा भी लज्जा नहीं अनुभव करते कि बाहर का ठाट बनाए रखना ही काफी नहीं है। यहाँ तक कि हमें यह कहने में भी संकोच नहीं होता कि व्यवहार में यथेच्छाचार करके भी प्रकाश्य रूप में उसे स्वीकार न करने में कोई नुकसान नहीं है। ऐसी जिम्मेवारी मनुष्य को गरज से स्वीकार करनी पड़ती है। कारण यह है कि जब तुम्हारी श्रद्धा दूसरे रास्ते गई है

तब भी यदि समाज कठोर शासन से आचार को एक ही जगह बांध रखता है तो समाज के पन्द्रह आने आदमी मिथ्याचार का आश्रय करने में लज्जा नहीं अनुभव करते। बात यह है कि मनुष्यों में वीरों की संख्या थोड़ी होती है, अतएव सत्य को प्रकाश्य रूप में स्वीकार करने का दण्ड जहाँ असह्य रूप से अत्यधिक है वहाँ कपटाचार को अपराध मानने से चल नहीं सकता। इसीलिए हमारे देश में यह अद्भुत व्यापार प्रत्यक्ष ही देखा जाता है कि मनुष्य किसी बात को अच्छी कहकर अनायास ही स्वीकार कर सकता है और फिर भी दूसरे ही क्षण अम्लानवदन बना रहकर कह सकता है कि सामाजिक व्यवहार में मैं इसे पालन नहीं कर सकूंगा। हम भी जब सोचकर देखते हैं कि इस समाज में अपने सत्य-विचार को कार्य रूप में परिणत करने का महसूल कितना अधिक है तो इस मिथ्याचार को क्षमा कर देते हैं।

अतएव समाज ने जहाँ जीवनप्रवाह के साथ अपने स्वास्थ्यकर सामंजस्य का पथ एकदम खुला नहीं रखा और इसीलिए पुराकाल की व्यवस्था जहाँ पग-पग पर बाधा स्वरूप होकर उसे बद्ध कर रही है, वहाँ मनुष्य की जो शिक्षाशाला सबसे अधिक स्वाभाविक और प्रशस्त है, वह हमारे लिए नहीं है सो बात नहीं है, वह उसकी अपेक्षा भयंकर है। वह है और फिर भी नहीं है, इसीलिए वह सत्य के लिए रास्ता नहीं छोड़ देती और मिथ्या को जमा कर रखती है। यह समाज गति को एकदम स्वीकार नहीं करना चाहता और इसीलिए स्थिति को कलुषित कर देता है।

सामाजिक विद्यालय की तो यही बद्ध दशा है, इसके बाद है राजकीय विद्यालय। वह भी एक भारी-भरकम सांचे में ढला कारोबार है। देश की समस्त शिक्षाविधि को वह एक सांचे में कड़ाई के साथ जमा देगा—यही उसकी एकमात्र चेष्टा है। कहीं देश अपनी स्वतन्त्र प्रणाली अपने आप सोच न निकाले यही उसका सबसे बड़ा डर है। देश की मानस-प्रकृति में एकछत्र अधिकार जमाकर वह अपना कानून चलाएगा, यही उसका उद्देश्य है। इसलिए वह वृहत् विद्या का कल क्लर्की का कल होता जा रहा है। यहाँ मनुष्य नोटों का कंकड़ बटोर कर डिग्रियों का बोरा भरता जा रहा है, किन्तु यह जीवन का खाद्य नहीं है। इसका गौरव केवल बोझाई का गौरव है, प्राण का गौरव नहीं।

सामाजिक विद्यालय की पुरानी जंजीर और राजकीय विद्यालय की नई जंजीर दोनों ही जितना हमारे मन को बांध रही है उतना मुक्ति नहीं दे रही हैं। यही हमारी एकमात्र समस्या है। नहीं तो नवीन प्राणी से इतिहास का रटना कितना सहज हुआ या हिसाब का लगाना कितना मनोरम हुआ है इन बातों को मैं विशेष आदर देना नहीं चाहता क्योंकि मैं जानता हूँ, जब हम प्रणाली को खोजते हैं तो एक असाध्य और सस्ते रास्ते को खोजते हैं। सोचते हैं, जब उपयुक्त मनुष्य को नियमित भाव से पाना कठिन है तो बंधी प्रणाली से उस अभाव को पूर्ण किया जा सकता है या

नहीं। मनुष्य बार-बार यही चेष्टा करके बार-बार अकृतकार्य हुआ है और विपत्ति में पड़ा है। घूम-फिर कर हम जैसे भी क्यों न चलें अंत में चलकर इस अलंघ्य सत्य तक आकर रुकना ही पड़ता है कि, शिक्षक के द्वारा ही शिक्षा दी जा सकती है, प्रणाली के द्वारा नहीं। मनुष्य का मन चलनशील है और चलनशील मन ही उसे समझ सकता है। इस देश में पुराकाल से लेकर आज तक एक-एक महाशिक्षक उत्पन्न होते रहे हैं, इन्हीं लोगों ने भगीरथ के समान शिक्षा के पुण्य-स्रोत को आकर्षित करके संसार के पाप-भार को हल्का किया है और मृत्यु की जड़ता दूर की है। इन लोगों ने ही शिक्षा-सम्बन्धी समस्त बाधा-विधानों के भीतर से छात्रों के मन में प्राण का प्रवाह संचारित किया है। हमारे देश में भी अंग्रेजी शिक्षा के आरम्भ के दिनों के सांचे नहीं थे और न नोटों के वाहन थे। उन दिनों विश्वविद्यालय का व्यूह इस भयंकर ढंग से पक्का नहीं था, उन दिनों उसमें हवा और प्रकाश के प्रवेश का उपाय था—उस समय नियमों के दरार में से शिक्षक अपना आसन बिछा लेने की जगह निकाल लेते थे।

जैसे भी हो हमारे देश में विद्या के क्षेत्र को चहारदीवारी से मुक्त करना होगा। राजनीतिक आन्दोलन आदि बाह्य पंथ का अवलम्बन करके अपने प्रयत्नों को विक्षिप्त करके हम कोई विशेष फल नहीं पा रहे। उस शक्ति और उद्यम को सफलता के मार्ग में प्रवाहित करके स्वाधीन भाव से देश को शिक्षादान का भार हमें खुद लेना होगा। देश के कार्य में जो लोग आत्म-समर्पण करना चाहते हैं उनका सबसे प्रधान काम यही है। नाना शिक्षकों को नाना प्रयोग-परीक्षाओं के भीतर से अपने देश की शिक्षा के स्रोत को चालू कर लेने पर ही वह अपने देश की स्वाभाविक सामग्री हो सकेगी तभी हम स्थान-स्थान और क्षण-क्षण पर यथार्थ शिक्षक देख सकेंगे तभी स्वभाव के नियमों से शिक्षा की परम्परा अपने आप जाग उठेगी। 'राष्ट्रीय' नाम से चिन्हित करके हम किसी एक विशेष शिक्षा पद्धति को नहीं खोज निकाल सकते। जो शिक्षा राष्ट्र के नाना व्यक्तियों की नाना चेष्टाओं द्वारा नाना भाव से चालित हो रही हो उसे ही हम राष्ट्रीय कह सकते हैं। अपने राष्ट्रीय शासन द्वारा ही हो या विदेशी शासन द्वारा ही हो, जब कोई एक विशेष शिक्षाविधि सारे देश को किसी एक ध्रुव आदर्श में बांध देना चाहे तो उसे हम जातीय या राष्ट्रीय नहीं कह सकते—वह साम्प्रदायिक होगी और इसलिए राष्ट्र के लिए घातक सिद्ध होगी।

शिक्षा के सम्बन्ध में एक बड़े सत्य को हमने सीखा था। हमने जाना था कि आदमी-आदमी के पास से सीख सकता है, ठीक उसी प्रकार जिस प्रकार जल से जलाशय पूर्ण होता है, दीपशिखा से शिखा जल उठती है और प्राण के द्वारा प्राण संचारित होता है। मनुष्य को काट-छांट देने से वह मनुष्य नहीं रह जाता—उस समय वह ऑफिस अदालत या कल-कारखाने की सामग्री बन जाता है, उसी हालत में वह प्राण-दान करने के अयोग्य हो जाता है, सिर्फ पाठ-दान करने लगता है—सबक रटाने का उस्ताद हो जाता है। गुरु और शिष्य के परिपूर्ण आत्मीयता के सम्बन्ध के भीतर

से ही शिक्षा कर्म सजीव देह में रक्तस्रोत की भांति चला कर सकता है क्योंकि शिशुओं के पालन और शिक्षण का यथार्थ भार पिता-माता पर है किन्तु पिता-माता में ऐसी योग्यता या सुविधा न रहने के कारण ही अन्य उपयुक्त व्यक्ति की सहायता अत्यंत आवश्यक हो जाती है। ऐसी अवस्था में गुरु के माता-पिता हुए बिना काम नहीं चल सकता। जीवन की सर्वश्रेष्ठ वस्तु को हम पैसा देकर खरीद नहीं सकते या आंशिक भाव से ग्रहण नहीं कर सकते, उसे हम स्नेह, प्रेम और मुक्ति से ही आत्मसात् कर सकते हैं, यही मनुष्य के पाकयंत्र का जारक रस है—इसी की सहायता से मानसिक भोजन हमारा होता है, यही जैव सामग्री को जीवन के साथ मिला सकता है। वर्तमान युग से हमारे देश में इसी प्रकार के गुरु का जीवन ही सबसे अधिक आवश्यक हो पड़ा है। शिशु अवस्था में निर्जीव शिक्षा जैसा भयंकर भार और कुछ भी नहीं है—वह मन को जितना कुछ देती है उसकी अपेक्षा कहीं अधिक वस्तु पीसकर बाहर निकाल लेती है। हम अपनी समाज-व्यवस्था में उसी गुरु को खोज रहे हैं जो हमारे जीवन में गति ला देंगे, और अपनी शिक्षा-व्यवस्था में उस गुरु को खोजते हैं जो हमारे चित्त के गति पथ को बाधामुक्त कर देंगे। जैसे भी हो हम सब तरफ से आदमी को चाहते हैं, उसके बदले में प्रणाली की 'बड़ी' निगलवा कर कोई भी बैद्यराज हमारी रक्षा नहीं कर सकेंगे।

(चेलफोर्ड से संवत् 1969 में लिखा हुआ एक पत्र)

जुलाई 1943

बुद्ध के समय का सामाजिक जीवन

शान्ति भिक्षु

बुद्ध ने अपनी आँख से जिस समाज को देखा था, उससे उन्हें यह आशा न थी कि उसे वह अपने रास्ते पर चला सकेंगे। इसलिए पहले उन्होंने सोचा था कि क्यों लोगों से माथापच्ची की जाए, पर बाद में इस ख्याल से कि कुछ लोग जरूर मिलेंगे जो उनकी बातों को समझ सकें, उन्होंने लोगों को अपना उपदेश देना शुरू किया। पिटक में उस बात को बहुत पौराणिक ढंग से कहा है, फिर भी वह कम रोचक नहीं है। बुद्ध के मन में ऐसा हुआ कि मैं धर्मोपदेश करूँ; लोग उसे न जानें तो वह मेरे लिए परेशानी ही परेशानी है। उस समय ब्रह्मा ने बुद्ध के मन की बात जानकर सोचा कि : अरे! लोक का सत्यानाश हो जाएगा जो भगवान् का चित्त धर्मदेशना की ओर नहीं झुक रहा है। यह सोच ब्रह्मा बुद्ध के पास आए और उनसे प्रार्थना की—भगवान् धर्म की देशना करें, सुगत धर्म की देशना करें, धर्म न सुनने से प्राणियों की हानि हो रही

है (विनय. महास्कंधक)। ब्रह्मा की बात मानकर बुद्ध ने धर्मोपदेश का निश्चय जरूर किया, पर क्या इससे यह पता नहीं चलता कि धर्म प्रचार के रास्ते में आनेवाली मुसीबतों से बुद्ध अनजान न थे, और उस समय के समाज के लिए बुद्ध के विचार समय से बहुत पहले थे।

बुद्ध ने जिस समाज को देखा था उसमें अनेक रोग थे। समाज की बनावट आज के समाज से बहुत कम पेचीदी न थी। जन समाज आज ही की तरह अनेक जातियों में बंटा हुआ था। वे लोग भी थे जिनमें दया थी, धर्म था। वे लोग भी थे जो दया और धर्म के भूखे थे। वे लोग भी थे जो पेट के लिए दूसरों के आगे हाथ पसारते थे, वे लोग भी थे जो उन्हें खाली हाथ लौटाते न थे। वे लोग भी थे जिन्हें दूसरों की बची-खुची जूठन बटोरनी पड़ती थी। वेलट्ठ कात्यायन नामक एक गुड़ के व्यापारी की विनय में कथा है। उसने बुद्ध के पास जाकर कहा—"भंते!गुड़ का दान करना चाहता हूँ।" भगवान ने कहा—"तो भिक्षुओं को दो।" गुड़ बचा रहा। भगवान ने कहा—"शेष-भोजियों (विधासाद) को दो!" गुड़ फिर भी बचा रहा। भगवान ने कहा—"जूठ खाने वालों को दो।" जिस समाज में कितने ही बचे-खुचे, जूठन बटोरने वाले लोग हैं, वह समाज पेट के लिए तड़पने वालों का समाज है। ऐसे ही समाज को देखकर बुद्ध ने कहा था : "जिघच्छा परमा रोगा" भूख सबसे बड़ा रोग है। "एक नाम कि सब्बे सत्ता आहारट्ठितिका" प्राणी आहार पर ठहरे हैं यही सब बातों की एक बात है।

पेट के लिए जहाँ एक ओर लोगों का एक दल इस अपमान से दिन बिता रहा था, वहाँ दूसरी ओर इस ढंग के भी लोग थे, जिन्होंने लूटपाट और चोरी को अपनी जीविका एक साधन बना रखा था। चक्रवर्ती सीहनाद सूत्त में एक कथा है "दृढ़नेमि नाम के एक चक्रवर्ती राजा थे। अंत के समय पुत्र को राज्य दे स्वयं प्रव्रजित हो गए। पुत्र ने राज्य करते धार्मिक बातों की रक्षा का प्रबन्ध तो कर दिया पर निर्धनों को धन नहीं दिया। दरिद्रता बहुत बढ़ गई। चोरी होने लगी। चोर को पकड़कर लोग राजा के पास ले गए। राजा ने पूछा, तूने क्यों चोरी की। उसने जवाब दिया, देव, रोज़ी नहीं चलती थी। राजा ने धन दिया और कहा, जाओ कुटुम्ब का इससे पालन करो। बाद में इस तरह के चोरों को धन देते-देते राजा ऊब गया। उसने सोचा इस तरह धन देते रहने से चोरी बन्द तो हो नहीं रही, बढ़ती ही जा रही है। इसलिए बड़ी चेतावनी देनी चाहिए। सो उसने चोर का सिर उतार लेने की आज्ञा दी। बाद में जब लोगों ने सुना कि राजा चोरी करने वालों के सिर उतरवा लेता है तो उन्होंने भी हथियार बनवाए और जिसकी चोरी करते, जिसे लूटते उसका सिर उतार लेते थे। बुद्ध के अनुयायी भिक्षुओं को उस समय कितनी ही बार चोरों और डाकुओं ने बहुत तंग किया। उदान में आयुष्मान् नागसमाल की कथा है। कोशल देश में बुद्ध और आयुष्मान नागसमाल पैदल जा रहे थे। एक जगह पर दो रास्ते फूट रहे थे। बुद्ध

दूसरे रास्ते से जाना चाहते थे और नागसमाल दूसरे से। बुद्ध की बात न मानकर नागसमाल दूसरी ओर चले गए। मिट्टी का पात्र और संघाटी या गुदड़ी के अलावा और कुछ उनके पास न था। चोर रास्ते में मिल गए पर जब मिट्टी का पात्र और संघाटी के अतिरिक्त और कुछ भी हाथ न लगा तो उन्होंने अपना गुस्सा नागसमाल पर उतारा। पात्र फोड़ दिया। गुदड़ी फाड़ दी। हाथ और लातों से आयुष्मान् नागसमाल की लम्बी खबर ली। इस तरह अपनी सब दुर्गत करा नागसमाल बुद्ध के पास गए। अपना सब रोना रोया। बुद्ध करते तो क्या करते। उन्होंने कहा–

सद्धिं चरं एकता वसं मिस्सो अंजजनेन वेदगू।
विद्वा पजहाति पापकं कोच्चों खीदपकोव निन्नगं॥

बुरे लोगों की बुराई को भूल जाओ। बुरे लोगों के साथ उठते-बैठते, चलते-फिरते विद्वान को, ज्ञानी को उनकी बुराइयाँ भूल जानी चाहिए, अच्छाइयाँ ले लेनी चाहिए। जैसे हंस दूध पी लेता है, पानी छोड़ देता है।

क्षमा के इस उद्‌गार को हम चाहे जितना सराह लें, पर इससे उन लोगों का पेट तो नहीं भरता जो पेट के लिए ही चोरी-हत्या, लूटपाट करने लग जाते हैं।

बुद्ध ने अपनी आँखों से जहाँ लोगों को पेट की ज्वाला से तड़पते देखा था वहाँ उन्होंने ऐसे भी लोग देखे थे, जो भोग-विलास में डूबे रहते थे। भगवान् ने श्रावस्ती में उन लोगों को देखा जो कामों में अत्यंत आसक्त-रक्तगृद्ध-ग्रथित-मूर्छित-अध्यवपन्न-अंधीकृत-पतित थे। उनकी इस दशा को देख भगवान ने यह उदान कहा–

कामन्धा जालसंछन्ना तण्हाच्छादनछादिता
पमत्त बन्धुना बन्धा मच्छाव कुमिनासुखे॥ (उदान)

कामांध लोग उस तरह जाल में फंसे हैं, तृष्णा के आच्छादन से आच्छादित हैं, प्रमत्त बंधु द्वारा बंधे हैं जैसे मछलियाँ (अपनी जबान की) तृष्णा से आच्छादित हो जाल में फंसती हैं, कंटिया में बिध जाती हैं।

इस तरह के भोग-विलासी लोग निश्चय ही उस दरिद्रवर्ग से भिन्न कोटि के थे जिसे रोटी के टुकड़े भी न मिल रहे थे। इसी तरह के लोगों का एक दूसरी जगह यों जिक्र है–"भगवान राजगृह में विहार कर रहे थे। उस समय राजगृह में दो व्यक्ति एक वेश्या के प्रेम में फंसे...झगड़ा करते एक दूसरे पर... आक्रमण कर रहे थे और वहीं मृत्यु और मृत्यु के समान दुःख पा रहे थे (उदान)। एक और जगह ऐसी ही लोगों की कहानी यों है। बुद्ध वाराणसी से उरुबेला (बुद्धगया) जा रहे थे। रास्ते में जंगल में एक स्थान पर भगवान घने जंगल में पेड़ के नीचे बैठे थे। भद्रवर्गीय नामक तीस मित्र भगवान के पास पहुँचे और उनसे पूछा भंते, आपने किसी स्त्री को देखा है। भगवान ने कहा, कुमारों, तुम्हें स्त्री से क्या काम है। उन्होंने बताया कि हमलोग पत्नियों के साथ विनोद के लिए इस वन में आए थे। एक मित्र के साथ वेश्या थी।

हमलोग नशे में थे और इसी बीच वह वस्त्र आभूषण लेकर चंपत हो गई है (बुद्धचर्या 4030)। इसी तरह का एक और भी बड़ा रोचक प्रसंग है। राजगृह का नैगम वैशाली गया। नैगम एक पद था, जो सेठ (श्रेष्ठी) से ऊपर होता था। उसने वैशाली में आंबपाली गणिका को देखा जो रूपवती, नृत्यगीत में चतुर थी। उसने लौटकर राजा बिम्बसार से कहा। देव, वैशाली में परमरूपवती गणिका है। राजगृह में नहीं। देव, हमारे यहाँ भी गणिका होनी चाहिए। राजा ने कहा, तो किसी रूपवती कुमारी की तलाश करो। उस समय राजगृह में सालवती एक बहुत सुन्दर लड़की थी। राजगृह के नैगम ने उसे गणिका बनाया (बुद्धचर्या, 80297)। बहुत स्पष्ट है, स्त्रियों को वेश्या बनने में प्रोत्साहन देनेवाले उस काल के रईस थे।

इन रईसों के संरक्षण में शिल्पों की उन्नति हो रही थी। शिल्पी प्रायः नगरों या निगमों अथवा कस्बों में रहते थे। व्यवसाय के हिसाब से उनकी अनेकों श्रेणियाँ थीं, उन्हीं श्रेणियों की आजकल कितनी ही पेशेवर जातियाँ प्रतिनिधि हैं। गांव के लोगों का व्यवसाय खेती था। शिल्पी और किसान आज से जरूर ही अच्छी हालत में थे। सभी वर्गों के लोग खेती करते थे। ब्राह्मण कसि भरद्वाज की खेती का यों वर्णन है : भगवान् मगध के दक्षिणागिरि के एकनाला नाम के ब्राह्मणों के गाँव में बिहार कर रहे थे। बोने के समय तब ब्राह्मण कसि भारद्वाज के खेतों में 500 हल चल रहे थे (सुत्तिनिपात 1/4)। इतनी बड़ी खेती के लिए दासों और कर्मकारों की एक बड़ी संख्या की जरूरत पड़ती थी। दासों और कर्मकारों के बूते कसि भरद्वाज जैसे लोग खेती करके भी आराम का जीवन बिताते थे, पर थोड़ी ज़मीन के सहारे खुद काम कर जीनेवाला किसान केवल पेट भर पाल सकता था। कसि भारद्वाज की तरह पिप्पली माणवक की जो मगध के महातीर्थ नामक ब्राह्मणों के ग्राम में रहता था, कथा है। वह और उसकी पत्नी दोनों ही संसार से विरक्त हो प्राव्रजित होना चाहते थे। अपने गांव से निकल वे दासों के गांव गए और दासों ने कहा "यदि तुममें से एक-एक को पृथक दासता से मुक्त करें तो सौ वर्ष में भी न हो सकेगा। तुम्हीं अपने आप सिरों को धोकर दासता से मुक्त हो जाओ।" (बुद्धचर्या, पृ 44)। उसकी महान सम्पत्ति का यों जिक्र है : "उनके शरीर को उबटन कर फेंक देने का चूर्ण ही मगध की नाली से बारह नाली भर होता था। ताले के भीतर साठ बड़े चहबच्चे थे। बारह योजन तक फैले खेत थे। 14 दासों के गांव, 14 हाथियों के, 14 घोड़ों और 14 रथों के झुण्ड थे (बुद्धचर्या, पृ. 42)।" इस प्रकार के इन और दूसरे वर्णनों में बातें कुछ बढ़ाकर भले ही कही गई हों पर इनसे इतना तो बहुत साफ है कि कसि भरद्वाज और पिप्पली माणवक जैसे लोगों की खेतियाँ बहुत दूर तक फैली थीं और उनमें सैकड़ों दासों को अपना खून पसीना एक करना पड़ा था। पं. जयचंद विद्यालंकार ने लिखा है : "तब दास प्रथा भी थी। वे घरेलू सेवा करते थे, खेती आदि का काम उनसे न लिया जाता था" (पृ. 70)। पर पिटक में खेती करने वाले दासों का भी जिक्र

है। मगध के भद्दिम नगर के मेण्डक सेठ की कहानी विनय में है। उसमे जिक्र है कि "उसके दास का इस प्रकार दिव्य बल था कि एक हल से जोतते वक्त सात हराइयाँ उत्पन्न होती थीं।" पिटक में मेंडक को अमित भोगवाला कहा गया है। ऐसे अमित भोगवाले मगध राज्य में पांच थे जोतिय, जटिल, मेंडक, पुष्णक, काक-बलिय। इन अमित भोगवाले सेठों को अपने राज्य में रखने के लिए राजा लोग लालयित रहते थे। कोशल के राजा प्रसेनजित् ने मगधराज बिम्बिसार से एक धनी, अमित भोगवाले सेठ को अपने राज्य में लाने के लिए बहुत ज़िद की थी और यहाँ तक कह दिया था कि यदि आप नहीं देंगे तो आपके दरवाजे पर ही पड़ा रहूँगा, अपने राज्य नहीं जाऊँगा। अंत में मगधराज ने मेंडक श्रेष्ठी को देकर कोशलराज से अपना पिण्ड छुड़ाया। इसी ने कोशल में साकेत नगरी बसाई। साकेत की व्युत्पत्ति पिटक में 'सायंकेत' है। शाम को वहाँ डेरा डाला था, इसलिए उस जगह बसे नगर का नाम साकेत पड़ा (बुद्धचर्या, पृ. 153)। इस तरह के अमित भोगवालों की खेती और व्यापार आदि काम दासों के बिना चल जाते होंगे, इस पर कौन भरोसा करे। धनंजय सेठ की कन्या विशाखा का विवाह श्रावस्ती के सेठ मृगार के पुत्र पुंड्रवर्धन से हुआ। उसमें धनंजय ने जो दहेज दिया उसका यों वर्णन है : "नौ करोड़ मूल्य के आभूषण, 5400 गाड़ी धन, पांच सौ दासियाँ और पांच सौ रथ थे।" वर्णन में अत्युक्ति भले ही हो पर यह सेठ लोग बड़े ही समृद्ध थे और इनकी घर बाहर की सेवा के लिए बहुत बड़ी संख्या में दास-दासियाँ रहा करती थीं। श्रावस्ती के दूसरे श्रेष्ठी अनार्थपंडिक का नाम अनेक सूत्रों में आया है। उसकी समृद्धि का पता इससे चल सकता है कि उसने जेतराज कुमार से बुद्ध के लिए उद्यान खरीदा था उसकी कीमत में कोटिसंयार अर्थात् उद्यान के एक कोने से दूसरे कोने तक हिरण्य अर्थात् मुहरें उसने बिछाई थीं। इन बड़े-बड़े सेठों की बड़ी-बड़ी खेतियां ही नहीं थीं किन्तु उनके सार्थ या काफिले जल और स्थल दोनों से दूर-दूर जाते थे। इन्हीं के सहारे न जाने कितने शिल्पी, दास और कर्मकार जाते थे।

इन श्रेष्ठियों का समाज में बड़ा मान था। इनसे बढ़कर यदि किसी का सम्मान था तो राजवर्ग का क्षत्रिय वर्ग का। जातक निदान कथा में कहा हैः "बुद्ध...लोकमान्य ब्राह्मण और क्षत्रिय इन्हीं दो कुलों में पैदा होते हैं। आजकल क्षत्रिय कुल लोकमान्य है, इसी में जन्म लूंगा (बुद्धचर्या, पृ. 9)। बुद्ध जैसे व्यक्ति जिस कुल में उत्पन्न हों, वह यदि अपनी श्रेष्ठता का दावा करे तो किसे इनकार हो सकता है पर क्षत्रिय श्रेष्ठता का कारण उनकी राजशक्ति थी-शासन बल था। उस समय इन क्षत्रियों में ही सबसे पहले जन्मगत श्रेष्ठता का विचार उत्पन्न हुआ। यद्यपि बुद्ध से पहले वैदिक ऋषियों ने वर्णवाद के विचार को उत्पन्न किया पर उस समय वर्णों के बीच कोई बांध न थी, पर बुद्ध के समय क्षत्रिय लोग जातिगत श्रेष्ठता पर बहुत जोर दे रहे थे। दीर्घ निकाय के अम्बष्ठ सुत्त में बुद्ध ने ब्राह्मण और क्षत्रिय वर्णों की तुलना

करते हुए कहा है। अम्बष्ठ, यदि एक क्षत्रिय कुमार ब्राह्मण कन्या के साथ सहवास करे और उनके सहवास से पुत्र उत्पन्न हो... तो क्या वह ब्राह्मणों में आसन और पानी पाएगा? (अम्बष्ठ ने कहा) पाएगा हे गौतम। क्या ब्राह्मण यज्ञ में उसे खिलाएँगे? खिलाएँगे गौतम। क्या ब्राह्मण उससे मंत्र बचवाएँगे? बचवाएँगे हे गौतम। इसको (ब्राह्मण) स्त्री पाने में रुकावट होगी? नहीं रुकावट होगी। क्या क्षत्रिय इसे क्षत्रिय अभिषेक से अभिषिक्त करेंगे? नहीं, हे गौतम... माता की ओर से गौतम अयुक्त है। तो अम्बष्ठ! यदि एक ब्राह्मण कुमार क्षत्रिय कन्या के साथ सहवास करे और उनके सहवास से पुत्र उत्पन्न हो तो क्या वह ब्राह्मणों में आसन-पानी पाएगा? पाएगा हे गौतम। क्या ब्राह्मण उससे मंत्र बचवाएंगे? हे गौतम! क्या उसे (ब्राह्मण) स्त्री में रुकावट होगी? रुकावट नहीं होगी हे गौतम। क्या उसे क्षत्रिय अभिषेक से अभिषिक्त करेंगे? नहीं, हे गौतम। सो किस हेतु? पिता से वह अनुपपन्न है। इस प्रकार अम्बष्ठ स्त्री करके भी प्रसव करके भी क्षत्रिय ही श्रेष्ठ है, ब्राह्मण हीन है। ब्रह्मा सनत् कुमार ने भी अम्बष्ठ की यह गाथा कही है—

खत्तियो सेट्ठो जनेतरिंयं ये जो त परिसारितो।
विज्जाचरणसम्पन्नो सो सेट्ठो देवमानुसे॥

गोत्र लेकर चलने वाले जनों में क्षत्रिय श्रेष्ठ है। जो विद्या और आचरण से युक्त है, वह देव मनुष्यों में श्रेष्ठ है।

बुद्ध के समय में कुछ ऐसे ब्राह्मण भी थे, जिनमें जंन्मगत श्रेष्ठता का विचार उत्पन्न हो चुका था, पर अधिक लोग ब्राह्मण माता और ब्राह्मण पिता की संतान ही ब्राह्मण हो, इस बात को नहीं मानते थे। वाशिष्ठ सूत्र में जिक्र है : वाशिष्ठ और भरद्वाज घूम रहे थे। बीच में उनमें बात चल पड़ी "कथं भो ब्राह्मणो होतीति" ब्राह्मण कैसे होता है। भरद्वाज माणव ने कहा दोनों माता-पिता की ओर से जो सुजात और शुद्ध होता है। बाप दादों की सात पीढ़ियों तक जातिवाद अर्थात् माता-पिता की शुद्धि के बारे में जिस पर कोई धब्बा नहीं लगा है वह ब्राह्मण होता है। वाशिष्ठ ने कहा कि शीलवान् और व्रतवान् होने से ब्राह्मण होता है (सुत्तनिपात)

भरद्वाज जैसे कुछ ब्राह्मणों का विचार यह जरूर था कि ब्राह्मणता के लिए माता-पिता की वर्णशुद्धि होनी चाहिए, फिर भी व्यापक रूप से ब्राह्मणों में उदारता थी जन्म से नहीं, शीलव्रत से ब्राह्मण होना ही साधारणतया सबको मान्य था। फलतः उस समय के ब्राह्मण समाज में इस बात की गुंजाइश थी कि अपने वर्ण से बाहर की लड़कियाँ ले सकें और ऐसा कर लेने पर उनकी संतान को कोई अब्राह्मण नहीं कहता था। बुद्ध के पूर्ववर्ती युग की कथाओं पर एक सरसरी निगाह डालने से यह बात और भी साफ हो जाती है। विदुर यद्यपि पाण्डु से बड़े थे पर दासी-पुत्र होने के कारण राज्यासन न पा सके। व्यास यद्यपि ब्राह्मण माता के पुत्र न थे पर उनके

ऋषित्व और ब्राह्मणत्व पर किसी को आपत्ति न थी। वैदिक ऋषि दीर्घतमा ने शूद्रा दासी से कक्षीवान् को उत्पन्न किया। बहद्देवता में उसका यों उल्लेख हैः—

"अंगराज गृहे युक्ताम् "उशिज" पुत्र काम्यया।
राज्ञा च प्रहितां दासीं भक्तां मत्वा महातपाः
जनयामास चोत्थाय कक्षीवत् प्रमुखानृषीन्।।"

अंगराज के घर में काम करने वाली, पुत्र की इच्छा से राजा के द्वारा भेजी गई दासी 'उशिज' को महा तपस्वी ऋषि दीर्घतमा ने अपनी भक्त समझ उससे कक्षीवान् प्रभृति पुत्रों को उत्पन्न किया।

दासी पुत्र होने के कारण कक्षीवान् को किसी ने ऋषि मानने से इनकार नहीं किया। छांदोग्य उपनिषद् में जबाला ब्राह्मणी की कथा है। उसका पुत्र सत्यकाम गौतम हारिदुमत के पास अध्ययन करने गया था। गौतम ने गोत्र पूछा। सत्यकाम ने कहा। मैंने मां से गोत्र पूछा था। उसने कहाः बहुतों की परिचर्या करते मैंने यौवन में तूझे पाया। मुझे पता नहीं कि तेरा गोत्र क्या है। यह बात सुनकर गौतम ने कहा ब्राह्मण को छोड़ ऐसा दूसरा नहीं कह सकता। सौम्य समिधाएँ लाओ, उपनति करूँगा। तुमने सत्य नहीं छोड़ा।

बहुत स्पष्ट है कि ब्राह्मणों में बुद्ध के समय से और उससे पहले भी जाति या वर्णगत संकीर्णता बहुत कम थी। वे शील-व्रत पर अधिक जोर देते थे पर क्षत्रिय बुद्ध के समय और पहले भी जाति या वर्णशुद्धि के बड़े पक्षापाती थे। वर्णशुद्धि के पक्षपाती होने पर भी उनके घर दासियों से भरे रहते थे जिनकी संतानों विशेष कर, कन्याओं के विवाह का प्रश्न सामने रहता था। बाप के क्षत्रिय होने पर भी मां के दासी होने के कारण इस तरह की कन्याओं से विवाह करते क्षत्रियों को बड़ी हिचक रहती थी पर इन क्षत्रियों को दासियों के साथ एकांतवास करने में संकोच न था। बुद्ध के समय कोसल के राजा प्रसेनजित् शाक्यों की किसी कन्या से विवाह करना चाहते थे। शाक्यों को अपनी जाति पर बड़ा अभिमान था। अपने से किसी भी क्षत्रिय को खून में अधिक शुद्ध नहीं समझते थे। सो यह लोग प्रसेनजित् को कन्या न देना चाहते थे, पर डर था कि यदि कन्या न देंगे तो राजा चढ़ाई करके तहस-नहस कर डालेगा। बाद में महानाम नामक शाक्य ने अपनी दासी से उत्पन्न पुत्री वासम खतिया राजा को दी। उससे विरुद्धक नामक पुत्र हुआ। विरुद्धक को अपने ननिहाल में पता चला कि वह दासी का पुत्र है और यद्यपि ऊपर से शाक्य उसका खूब आदर करते हैं पर भीतर ही भीतर दासी पुत्र होने के कारण उससे घृणा रखते हैं। वह जिस पीढ़े पर बैठता है उसे दूध से धोया जाता है। विरुद्धक ने इस अपमान से क्षुब्ध होकर शाक्यों का सर्वनाश करने का व्रत लिया। तीन बार बुद्ध ने विरुद्धक को रोका, पर अंत में विरुद्धक ने शाक्यों पर चढ़ाई कर अपने नाना महानाम और उसके पास के

शरणार्थियों को छोड़ बच्चों-बूढ़ों, स्त्री-पुरुष सबका संहार कर शाक्यों की जाति को ही मिटा दिया (बुद्धचर्या, पृ. 476)

शीलव्रत की ओर यद्यपि ब्राह्मण जोर देते थे, पर उनमें त्यागियों और तपस्वियों की ही संख्या न थी। बड़ी-बड़ी जमीनवाले, महाशाल-बड़े बड़े मकानवाले, सुखभोगी ब्राह्मण परिवार थे पर इनकी सुख और समृद्धि उस समय के राजाओं, श्रेणियों की सुख-समृद्धि के आगे नगण्य थी। सुख-समृद्धि वाले इन ब्राह्मणों को देख कर, उन त्यागी ब्राह्मणों के बारे में जो थोड़े से बुद्ध के समय में भी थे पर बहुत करके जो बुद्धपूर्व युग में हो चुके थे, बुद्ध ने कहा है–

न पसू ब्राह्मणानासुं न हिरण्य न धानियं।
सज्झाय . धनधंजासु ब्रह्म निधिमपालयुं॥
अबज्जा ब्राह्मणा आसुं अजेयूया धम्मरक्खिता।
न ते कोचि निवारेसि कुलद्वारेसु सब्बसो॥ (सुत्तनिपात)

ब्राह्मणों के पास पशु न थे, हिरण्य न था, धान्य न था। स्वाध्याय ही उनका धन था। वे ब्रह्मनिधि का पालन करते थे। ब्राह्मण अवध्य थे। अजेय थे। धन से रक्षित थे। कुल द्वारों पर–बड़े आदमियों के घरों पर (भीतर जाने से) उन्हें कोई न रोकता था।

पर यह त्याग और तप उस समाज में न टिक सकता था जिसके अगुआ राजा तथा दूसरे धनी-मानी लोग भोग-विलास का जीवन बिताते थे। उनकी देखादेखी ब्राह्मणों में भी भोग-विलास की प्रवृत्ति उत्पन्न हुई। बुद्ध ने साफ कहा है–धीरे-धीरे देखादेखी उनमें परिवर्तन हुआ। राजाओं के (ऐश्वर्यवाले) बिगड़े जीवन, समलंकृत स्त्रियां ; आजन्य घोड़ों से जुते, अच्छे बने, चित्रकारीवाले रथ ; विविध भागों में विभक्त घर देख, गो-मंडल से घिरे, सुन्दर स्त्रियों से युक्त, उत्कृष्ट मानुष-कामोपभोग भोगने की इच्छा ब्राह्मणों में उत्पन्न हुई (सुत्तनिपात)।

भोग के लिए संग्रह की प्रवृत्ति ब्राह्मणों में उत्पन्न हुई, पर त्यागी ब्राह्मणों की कमी बुद्ध के समय में न थी। बुद्ध के समय से लेकर अब तक कितने ही आदर्श ब्राह्मण होते रहे जो समर्थ होते हुए भी अकिंचन बने रहे और उनके कारण ही ब्राह्मण जाति का सामाजिक प्रभुत्व अब तक बना रहा। ऐसे ही त्यागी ब्राह्मणों का परवर्ती युग में गुण गाया जाता रहा। चन्द्रगुप्त मौर्य के मंत्री चाणक्य ने त्याग का वर्णन करते समय विशाखदत्त से कहा है–"अहो राजाधिराजमन्त्रिणो विभूतिः"। अहो! राजाधिराज के मंत्री की यह विभूति है–

"उपलशकलमेतद् भेदकं गोमयानां
वटुभिरुपहृतानां बर्हिषां स्तोममेतत्।
शरणमपि समिद्भिः शुष्यमाणाभिराभि
विनमितपठलान्तं दृश्यते जीर्णकुड्यम्॥" (मुद्राराक्षस)

गोबर के कण्डों को तोड़ने के लिए यह पत्थर का टुकड़ा है। विद्यार्थियों के द्वारा लाया गया यह कुशाओं का ढेर है। सूखने के लिए फैलाई गई समिधाओं के भार से घर का छप्पर झुक गया है। दीवारें जीर्ण हैं।

बुद्ध के समय इस प्रकार के त्यागी ब्राह्मणों का धीरे-धीरे लोप हो रहा था। एक ओर भोग की प्रवृत्ति बढ़ रही थी, दूसरी ओर उनका स्वाध्याय शिथिल होता जा रहा था और साथ ही साथ वह अपनी जन्मगत श्रेष्ठता का अभिमान करने लगे थे।

वैश्यवर्ग में भी बुद्ध के समय बड़े-छोटे का विचार उत्पन्न हो चुका था पर वह जाति के कारण नहीं, धन के कारण था पर इस जातिगत श्रेष्ठता के विचार का प्रभाव समाज में घर करता जाता था। शूद्रों के समुदाय, जिनके लिए पाली में वसल या वृषल का बहुधा प्रयोग है, हीन समझे जाते थे। यह लोग धन में भी हीन थे और जाति में भी हीन थे। धन में क्यों हीन थे? इसका कारण पिटक से खोज निकालना सम्भव नहीं है, क्योंकि पिटक में बुद्धवचनों की प्रवृत्ति मानव समाज के आर्थिक निपटारा करने में नहीं हैं। वहाँ आर्थिक अधिकारों का शासन नहीं; प्रत्युत धार्मिक अधिकारों का शासन है। जरा ब्राह्मण-ग्रन्थों की थोड़ी सहायता ऐसे अवसर पर ले लेना ठीक होगा। भारतीय समाज मनु के धर्म के हिसाब से विभक्त है। मनु ने वृषलों या शूद्रों की जीविका के साधन परिमित रखे हैं। अथवा कहिए, जीविका के सब द्वार बंद रखे हैं। दूसरों-उच्चवर्णों की दासता ही उनका कार्य है और दासता के बदले में मनु ने उन्हें पुरस्कार दिया है कि–

उच्छिष्टमन्न दातव्यं जीर्णानि वसनानि च।
पुलाकाश्चैव धान्यानां जीर्णाश्चैव परिच्छदाः॥" (मनुस्मृति)

भोजन के बाद बची जूठन, फटे पुराने कपड़े, अन्न की पछोड़न, टूटे फूटे सामान देने चाहिए। इतने बड़े पुरस्कार से वृषलों का धनी होना तो सम्भव न था। कभी कृपालु स्वामी भी जब उन्हें दासता से मुक्त कर देता था, तब भी धनी होने का प्रयत्न करना उनके लिए सम्भव न था; क्योंकि कानून था–

"यो लोभादधमो जात्या जीवेदुत्कृष्टकर्मभिः
तं राजा निधनं कृत्वा क्षिप्रमेव प्रवासयेत्॥" (मनुस्मृति)

अधम जाति का आदमी यदि उत्तम जाति के लोगों जैसा काम-धाम कर जीविका चलाए तो राजा उसका धन छीनकर शीघ्र ही देश से निकाल दे।

फिर भी इन वृषलों का इतना सौभाग्य था कि बड़े लोग इनसे सेवा लेकर अपना जूठन-जाठन दे देते थे पर इन वृषलों के अतिरिक्त अतिवृषल भी थे जिन्हें कोई छूता तक न था, सेवा लेने की बात दूर रही। इस तरह यह बहुत साफ है कि शूद्र और अतिशूद्र इसलिए निर्धन थे कि कानून के हिसाब से धनोपार्जन की उन्हें आज्ञा न थी इन पर जो इतनी कड़ाई की जाती थी, उसका कारण यह था कि यह

लोग जाति में हीन समझे जाते थे और जाति में यह लोग हीन इसलिए समझे जाते थे यह द्विजों से भिन्न जाति के थे। श्रुतियों ने 'पद्भ्यां शूद्रो अजायत" कहकर बताया है शूद्र ब्रह्मा के पैर से उत्पन्न हुए हैं पर पैर से पैदा होना उनकी हीनता या दासता का करण नहीं है। दासता के कारणों का उल्लेख मनु ने यों दिया है–

"ध्वजाहृतो भक्तदासो गृहजः क्रीतदत्रिमो।
पैत्रिको दण्डदासश्च सप्तैते दासयोनयः॥" (मनुस्मृति)

दास सात तरह के होते हैं–1. युद्ध में जीता गया, 2. भोजन के लिए दास का काम करने वाला, 3. घर की दासी का लड़का, 4. मोल लिया गया, 5. दान में मिला, 6. जिसके बाप-दादे दास हों और 7. जो राजदण्ड से छूटने के लिए दास बना हो। यहाँ यह याद रखना चाहिए कि द्विज दास नहीं होते थे। दास शूद्र ही होते थे और किन कारणों से होते थे सो मनु ने बहुत साफ कर दिया है। द्विजों के द्वारा पराजित और शासित शूद्र वर्ग के लोग दास होते थे। ऋग्वेद में इन्द्र द्वारा पराजित दासों की अनेक ऋचाएँ हैं। दास होने के अतिरिक्त उनके सब जीविका के साधन छीन लिए गए थे। उन्हें आज्ञा थी–यदि शूद्र में धन उत्पन्न करने की शक्ति हो तो भी उसे धन का संग्रह न करना चाहिए (मनुस्मृति)।

आर्थिक और सामाजिक जीवन की इस विषमता में साधारण लोगों को आराम न था। राजा लोगों को प्रजाओं को सुख देने की उतनी फिक्र न थी जितनी कि उन्हें अपने राज्य बढ़ाने की और इस काम के लिए काफी बड़ी सेना रहती थी। सैनिक सबके सब क्षत्रिय ही न होते थे, हाँ सेना में प्रमुख स्थान जरूर उन्हीं का था। जनसाधारण में से लोगों को सेना में भर्ती होना पड़ता था और उस सैनिक वृत्ति से बच निकलने का कोई रास्ता न था। एक बार भगवान के अनुयायी भिक्षुओं ने एक राज सैनिक को भिक्षु बना लिया। राजा बिम्बिसार ने न्यायाधीशों से पूछा कि सैनिक को साधु बनाने वाला किस दण्ड का भागी होता है उन्होंने उत्तर दिया–"देव ! उस (गूढ़) का सिर काट लेना चाहिए। अनुशासक की जीभ निकाल लेनी चाहिए। और संघ की पसली तोड़ देनी चाहिए" (विनयपि. महावग्ग)।

बुद्ध ने जीवन भर मध्य देश में घूम घूमकर धर्म प्रचार किया। राजा तथा धनी मानी एवं जनसाधारण सभी के बीच उनका आदर था। मगध के राजा बिम्बिसार बुद्ध के शिष्य थे। कोसल के राजा प्रसेनजित् ने भी बुद्ध की शिष्यता ग्रहण की थी। प्रसेनजित् बुद्ध का कितना आदर करता था इसका पिटक में बहुत जगह जिक्र है। एक स्थल यों है "प्रसेनजित् विहार में प्रविष्ट हो सिर से भगवान् पैरों को मुख से चूमता था, हाथ से संवाहन्न करता था" (अ.नि. 10/01/10 बु. 440)। कौशाम्बी के वत्सराज उदयन भी बुद्ध प्रमुख संघ का बहुत आदर करते थे। भगवान के साथ छाया की भांति रहने वाले आनन्द उदयन भी ज्ञानियों के गुरु थे। अवंती के राजा

चंडप्रद्योत उदयन के ससुर थे। उस समय के बड़े-बड़े राजा मध्यदेश में थे। यह राजा लोग अपने से छोटे-छोटों को हड़पते जा रहे थे और इनमें परस्पर भी काफी तनातनी थी। बुद्ध के समय ही बुद्ध का परम आदर करने वाले बिम्बिसार राजा को उनके बेटे अजातशत्रु ने अपने पिता का बुरी तरह वध करके राज्यासन छीन लिया। प्रसेनजित् के बेटे विरुद्धक ने बुद्ध के समय में ही शाक्यों का संहार कर डाला। अजातशत्रु बुद्ध के समय में ही वृजिसंघ को हड़पने के लिए उतावला हो रहा था। चंडप्रद्योत भी अपने राज्य के विस्तार की धुन में था, वह वत्स और मगध दोनों को हड़पना चाहता था। प्रद्योत ने उदयन को कैद भी कर लिया था पर बाद में कैदी उदयन प्रद्योत की बेटी वासवदत्ता को संगीत सिखाता था। दोनों में प्रेम हो गया और दोनों भाग निकले। फलतः प्रद्योत उदयन का राज्य न ले सका और उसे उदयन का ससुर बनना पड़ गया। कथा सरित्सागर और भास के स्वप्नवासवदत्त में यह कहानी बड़े रोचक ढंग से आई है। उदयन और उसकी रानियाँ बुद्ध प्रमुख संघ का किस तरह दान आदि से सत्कार करती थीं एक जगह यों जिक्र है। रानियाँ आनन्द के दर्शन को गईं और उन्हें 500 चीवर दान में दिए। रानियों के लौटने पर उदयन ने पूछा कि तुम सबने उन्हें कुछ दान दिया था। रानियों ने कहा 500 चीवर दिए। राजा को बड़ा आश्चर्य हुआ कि आनन्द 500 चीवर से क्या करेंगे। उन्हें दुकान तो खोलनी है नहीं, फिर क्यों 500 चीवर उन्होंने ले लिए। राजा खुद गया और पूछा कि क्या हमारी रानियों ने आपको कुछ दिया है। आनन्द ने कहा 500 चादरें दी हैं। राजा ने पूछा कि 500 चादरें आप क्या करेंगे? आनन्द ने कहा : जिन भिक्षुओं के चीवर फट गए हैं उन्हें देंगे। राजा ने पूछा कि उन पुराने चीवरों का क्या करेंगे? आंनन्द ने कहा—बिछौने की चादर बनाएँगे। राजा ने पूछा बिछौने की जो चादरें हैं उनका क्या करेंगे? आनन्द ने कहा—उनसे गद्दे का गिलाफ बनाएँगे। राजा ने पूछा जो गद्दे के गिलाफ हैं उनका क्या करेंगे? आनन्द ने कहा उनका फर्श बनाएँगे। राजा ने पूछा जो फर्श है उनका क्या करेंगे? आनन्द ने कहा उनका पायंदाज बनाएँगे। राजा ने पूछा जो पायंदाज हैं उनका क्या करेंगे? आनन्द ने कहा झाड़न बनायेंगे। राजा ने पूछा, जो झाड़न हैं उनका क्या करेंगे? आनन्द ने कहा उन पुराने झाड़नों को कूटकर, मिट्टी में मिलाकर विहार की दीवारों पर पलस्तर करेंगे। राजा इस उत्तर परम्परा से बहुत प्रसन्न हुआ। 500 चीवर और आनन्द को दान दे दिए।

इन्हीं उदयन के रनिवास में एक बार आग लग गई थी। उसमें 500 के लगभग स्त्रियाँ जल मरीं थीं जिनमें कितनी ही बुद्ध की अनुयायिनी थीं। बुद्ध ने उनके लिए कहा था—"उपासिकाएँ स्रोत आपन्न थीं, सकृदागामिनी थीं, अनागामिनी थीं।" (उदान 7/9) और बाद में बुद्ध के मुँह से यह उदान निकल पड़ा "सस्सर इव खादति, पस्सतो नत्थि किंचन" (उदान 7/9)। अज्ञानी समझता है कि यह सदा बना रहेगा पर ज्ञानी के लिए यह कुछ नहीं है—क्षणभंगुर है।

इन राजाओं से बुद्ध बहुत मान और आदर पाते थे और उन्होंने इनके भीतर की तृष्णा के उस संघर्ष का अनुभव किया, जिसके कारण यह लोग आपस में युद्ध और मार काट कर रहे थे। अपने से निर्बलों को दबा रहे थे, उनका राज्य हड़प रहे थे। राजाओं की इस पारस्परिक प्रतिद्वंद्विता के कारण न मालूम कितना जनसंहार होता था। कितनी ही बार छोटी-छोटी बातों पर लड़ाई छिड़ जाती थी। शाक्यों और कोलियों में रोहिणी नदी के पानी के बारे में बार-बार झगड़ा हुआ करता था। इस झगड़े के कारण दोनों को ही खेती के लिए पर्याप्त पानी न मिलता था और लड़ने से बहुत हानि होती थी। एक बार इसी बात पर बुद्ध के सामने भी लड़ाई छिड़नेवाली थी, फिर बुद्ध ने उन्हें समझा-बुझाकर उनका निपटारा किया।

बुद्ध समय में स्त्रियों की दशा वैदिक काल की तरह स्वच्छंद न रह गई थी। धर्माचरण की उन्हें आज्ञा न थी। गौतमी ने बुद्ध को पाल पोसकर बड़ा किया था; उसने प्रजा प्रव्रज्या की आज्ञा मांगी तो बुद्ध ने इनकार कर दिया था पर आनन्द ने ढंग से काम लिया और बुद्ध से पूछा कि आपके धर्म में क्या स्त्रियाँ भी मुक्ति पा सकती हैं। बुद्ध ने कहा, हाँ। तब आनन्द ने कहा, गौतमी का आप पर बड़ा उपकार है। आप उसके लिए स्त्रियों को प्रव्रज्या की अनुज्ञा दें। बुद्ध ने बहुत हिचकिचाकर आज्ञा दी। गौतमी चाहती थी कि भिक्षु और भिक्षुणियां परस्पर अपनी आयु के अनुसार अभिवादन किया करें, पर बुद्ध ने इसे न माना। भिक्षु उमर में कितना छोटा क्यों न हो, भिक्षुणी उमर में कितनी बड़ी क्यों न हो, भिक्षु का दरजा बड़ा है। भिक्षु अग्र आसन और भोजन, नमस्कार आदि के योग्य है। जान पड़ता है पुरुषों से स्त्रियों का दरजा काफी घट गया था। एक जगह कहा गया है—"पंच स्थानानि स्त्री अद्यापि न प्राप्नोति। कतमानि पंच। प्रथमं ब्रह्मस्थानं द्वितीयं शक्रस्थानं तृतीयं महाराजस्थानं चतुर्थ चक्रवर्तिस्थानं पंचम् अवैवर्तिक बोधि सत्वस्थानम्" (सद्धर्मपुण्डरीक पृ. 264)। स्त्री को ब्रह्मा, शक्र, महाराज, चक्रवर्ती, तथा अवैवर्तिक बोधिसत्व का स्थान नहीं मिलता।

बुद्ध ने बड़ी हिम्मत करके स्त्रियों को धर्माचरण की अनुमति दे दी थी पर बाद में बौद्धसंघ उनकी और कोई विशेष उन्नति न कर सका। बौद्ध साधु अपनी हार्दिक सहानुभूति प्रकट करने के लिए अतिरिक्त कुछ न कर सके। इसी हार्दिक सहानुभूति का चित्र यत्र-तत्र हुआ है। एक जगह कहा है—

सर्वा स्त्रियों नित्य नरा भवन्तु शूराश्च वीरा विदुपण्डिताश्च।
ते सर्वि बोधाय-चरन्तु नित्यं चरन्तु ने पारमितासु षट्सु। (शिक्षासमुच्चय)

सब स्त्रियां पुरुष हो जाएँ। वे शूर वीर पण्डित हों। वे सब बोधि के लिए आचरण करें। छः पारमिताओं का अभ्यास करें।

बिचारे साधुगण और कर ही क्या सकते थे। शासन के जोर से होने वाले

बड़े-बड़े परिवर्तन कोरे उपदेश से नहीं हो सकते, यह वह जानते थे पर शासन से लोहा लेना साधु के वश की बात न थी। स्त्रियों का पद गिर चुका था और उनके उत्थान में असमर्थ साधु उनकी दुर्गति देख उनके पुरुष होने की कामना करते थे पर कामना से ही स्त्रियाँ पुरुष नहीं हो सकती थीं। उन्हें स्त्री बनकर ही रहना था।

जीवन के दुःख को बढ़ाने के लिए यह सब विषमताएँ कम न थीं। धर्म का बोझ भी ऊपर बहुत लदा था। यद्यपि इस बोझ को हलका करने के लिए श्रमणों और ब्राह्मणों में से कितने ही स्वतन्त्र विचार के लोग उत्पन्न हो चुके थे पर उससे समाज अपना ढांचा बदलने का नाम न लेता था। उस समय के उन स्वतन्त्र विचारकों की परम्पराएँ भारत में नहीं बच पाई हैं। पिटक में उनकी विचारधारा का उल्लेख है।

उस समय के साधुओं में अजित केशकम्बल पूरे भौतिकवादी थे, कर्म और उसका फल, परलोक, आवागमन, यज्ञ आदि धार्मिक कर्मों को झूठा समझते थे पर लोक में रहने के लिए कठोर तप और सदाचरण पर जोर देते थे। मंखली गोशाल पूरे भाग्यवादी थे जो होना होगा सो होगा। अच्छा बुरा करने-धरने से कुछ नहीं होता। आवागमन और देववाद को वह मानते थे। पूर्णकाश्यप परलोक में होने वाले शुभाशुभ कर्मफल को नहीं मानते थे फलतः इस लोक में परलोक की दृष्टि से किए जाने वाले धर्म कर्म उनकी दृष्टि से सर्वथा बेकार थे। प्रकुध कात्यायन नित्यवादी थे उनके हिसाब से जीवन नित्य है। उसे मारा-काटा नहीं जा सकता, उसमें कोई परिवर्तन नहीं होता। फलतः धर्म कर्म का उनके हिसाब से जीवन पर कोई प्रभाव नहीं पड़ता। नित्यवाद का यही तर्क गीता में भी आया है—

> "य एनं वेति हन्तारं यश्चनं मन्यते हतम्।
> उभौ तौ न विज्ञानीतो नायं हन्ति न हन्यते।"

यह न मारता है न मारा जाता है। जो इसे मारने वाला या मारा जाने वाला समझते हैं, वे दोनों कोई नहीं जानते।

संजय वेलट्ठिपुत्त अनेकांतवादी थे। जैनियों के स्याद्वाद की तरह इनके एकांतवाद में सात कोटियाँ न थीं, प्रत्युत चार ही थीं। वर्धमान महावीर जिनका अनुयायी जैन सम्प्रदाय अब भी भारत में जीवित है उस समर के काफी प्रसिद्ध श्रमण थे। कृच्छ्र तप पर इन्होंने बहुत जोर दिया है। अहिंसा और अपरिग्रह का आदर्श इनका इतना अतिशयित था कि उस पर जनसाधारण का चलना बहुत कठिन था और वह उच्च कोटि के पहुँचे व्यक्ति का आदर्श माना जाता था। इन्होंने तीथकरों की सर्वज्ञता पर बड़ा जोर दिया है। लोग इन्हें सर्वज्ञ समझते थे। बुद्ध को भी लोग सर्वज्ञ कहने लगे थे पर बुद्ध ने अपनी सर्वज्ञता से इनकार किया है। सर्वज्ञतावाद और अत्यधिक कार्यपीड़न के सिद्धान्त की पालिपिटक में बहुत जगह आलोचना है।

इन श्रमणों के अतिरिक्त मुंडक ब्राह्मण परिव्राजक भी थे। यह कर्मकाण्डी

ब्राह्मणों की अपेक्षा अधिक समय की गति पहचानते थे। यज्ञ आदि के खटगारों को यह बेकार समझते थे। इन्हीं मुण्डकों की उपनिषद् में कहा है–

"प्लावा ह्येते अदृढ़ायज्ञरूपा अष्टादशोक्तमवरं येषु कर्म।
एतच्छ्रेयो येऽभिनन्दन्ति मूढ़ा जरा मृत्युं ते पुनरेवापि यान्ति॥"

यज्ञ की ये नौकाएँ कमजोर हैं जिनमें 18 तरह के अधर्म कर्म का कथन है। जो मूढ़ इन यज्ञों के श्रेय का अभिनन्दन करते हैं वे फिर जरा-मृत्यु को प्राप्त होते हैं।

इनके अतिरिक्त कुछ दूसरे तपस्वी और योगी भी थे जिनसे बुद्ध मिले थे। अराड़ के पास बुद्ध के जाने का जिक्र है। परवर्ती ग्रन्थों से पता चलता है कि अराड़ का दर्शन सांख्य था। आज प्राप्त सांख्य दर्शन से हमें पता चलता है कि यह लोग भी यज्ञ के प्रति श्रद्धालु न थे।

इन सब वैदिक एवं औपनिषदिक यज्ञ, कर्मफल, आवागमन, परलोक, मोक्ष आदि के बारे में यद्यपि कितने ही श्रमणों और ब्राह्मणों को अनास्था थी पर और धर्माचरण के विषय में सब एकमत थे। इन परस्पर विरोधी दृष्टियों के कारण जनसाधरण धर्म का मार्ग चुनने में सन्देह से व्याकुल हो रहा था और अपने पुराने रास्ते यज्ञ और देवताओं की पूजा कर इस लोक में भी अपना कल्याण चाहता था और परलोक पर भी उसे आस्था थी, सो उसके लिए भी दान-पुण्य जो भी संघ सकता था, करता था।

देवी-देवताओं का एक बड़ा जमघट इस जन समाज के सिर पर था। बुद्ध से पहले वैदिक युग में देवताओं का रूप इतना जटिल न था। वैदिक काल में देवताओं का बहुत कुछ भौतिक अस्तित्व था। वैदिक ऋषि प्रातः काल सूर्य को देखकर हर्ष से पुलकित हो बोल उठते थे–

"चित्रं देवानागुदगादनीकम्" (यजुर्वेद 7/42)

देवताओं की सेना लग आई। सूर्य की देवताओं की सेना कहने का युग अब लद चुका था और अब वे लोग भी नहीं थे जो भौतिक शक्तियों को देवताओं के रूप में मान लें। वैदिक देवताओं का वृहद्देवता के प्रथम अध्याय में बड़ा सुन्दर चित्र खींचा है–

भवद्भू तं भविष्यच्च जंगमं स्थावरं च यत्।
अस्यैके सर्यमेवैकं प्रभवं प्रलयं विदः।
असतश्च सतश्चैव योनिरेषा प्रजापतिः।
कृत्वैवहित्रिधात्मानमेषु लोकेषु तिष्ठति। .
देवान् यथायर्थ सर्वान् निवेश्य स्वेषु रश्मिषु।
अग्निरस्मिन्नथेन्द्रस्तु मध्यतो वायुरेच च।
सूर्यो दिवीत विज्ञेयास्तिभ्र एवेह देवता॥

अतीत, अनागत एवं वर्तमान जंगम और स्थावर जगत् एकमात्र सूर्य से ही

उत्पन्न होता है और उसी में लीन हो जाता है। सत् और असत् सभी का उत्पत्ति इसी प्रजापति से होती है। सब देवताओं को अपनी रश्मिओं में सन्निविष्ट कर वह इस त्रिलोक में अपने को तीन रूप से विभक्त कर स्थित है। यहाँ तीन ही देवता हैं पृथिवी लोक में अग्नि, मध्यलोक में इन्द्र या वायु और द्यौः लोक में सूर्य।

देवताओं का यह सरल विभाजन और वर्गीकरण बुद्ध युग में खूब जटिल हो गया था। वेद में पृथिवी, अंतरिक्ष और द्यौः लोकों में सारे विश्व को बांटा है। बौद्ध अनश्रुति के हिसाब से भी विश्व काम धतु, रूप धातु और अरूप धातु में विभक्त है। धातु का ऐसे स्थानों में अर्थ लोक या जगत् है। कामधातु का मध्यभाग पृथिवी है जो जम्बू द्वीप, उत्तरकुरू द्वीप, अपर गोदानीय और पूर्व विदेह नाम के चार द्वीपों में विभक्त है जम्बूद्वीप को छोड़ और द्वीपों के बारे में अजीब विश्वास थे। उत्तरकुरु में मनुष्य की लम्बाई 28, या 32 हाथ की, आयु 1000 वर्ष की आती थी। पूर्वविदेह में लम्बाई 14 या 16 हाथ, आयु 500 वर्ष की, अपर गोदानीय में लम्बाई 7 या 8 हाथ, आयु 250 वर्ष तथा जम्बू द्वीप में लम्बाई 3 या 4 हाथ, आयु 100 वर्ष की। वस्तुतः जम्बूद्वीप को छोड़ और द्वीपों के बारे में सारा ज्ञान कल्पना प्रसूत पौराणिक (माइथोलोजिकल) कथाओं पर ही निर्भर था। महाभारत में एक स्थान पर उत्तरकुरु को स्वर्ग और स्वर्ग सदृश कहा गया है।

भरद्वाज उवाच— अस्माल्लाकात्परोलोकः श्रूयते नोपलभ्यते।
तमहं ज्ञातुमिच्छानि तद्भवान् वक्तु मर्हति॥

इस लोक से परे भी दूसरा लोक है ऐसा सुनते हैं, पर पता नहीं कहाँ है। मैं जानना चाहता हूँ। आप कृपा करके कहें।

भगुरुवाच— उत्तरे हिमवत्पार्श्वे पुण्ये सर्वगुणान्विते।
पुण्यःक्षेमश्च यो लोकः स परोलोक उच्यते॥

हिमालय के उत्तर भाग में जो बहुत पवित्र, सब गुणों से युक्त है, जो पवित्र और सुखी लोक है वह परलोक कहलाता है।

स सर्वगसदृशो देशः तत्र युक्ता शुभा गुणाः।
काले मृत्युः प्रभवित स्टशन्ति व्याधयो न चे॥

(शान्तिपर्व, मोक्षधर्म)

वह स्वर्ग के समान देश है। वहाँ शुभ गुण हैं। समय पर मृत्यु होती है। रोगी नहीं हुआ करते। उत्तर कुरु जो आर्यों का सम्भवतः मूल निवास था, यह कदाचित उसी की विस्मृत याद थी, जिस पर कल्पना ने अपना बहुत रंग चढ़ा दिया है। इसके नीचे तिर्यक्लोक, प्रेतलोक और नरकलोक माने जाते थे। पुराणों की तरह नरकों का विभाग खूब व्योरेवार है। वैदिक ऋषियों की तरह उन्होंने नहीं कहा था—

असूर्या नाम ते लोका अंधने तमसावृताः
तांस्तेप्रेत्याभिगच्छन्ति ये के चात्महयोजना॥"

(ईशोपनिषद्)

वे असूर्य लोक अंधकाराच्छन्न हैं जहाँ आत्मघाती लोग मरकर जाते हैं पर उसका इस तरह वर्णन किया है जैसे वर्णन करने वाले ने मानों स्वयं ही देखा है।

पृथ्वी के ऊपर चातुर्महाराजिक, त्रयस्त्रिंय, याम, तुषित, निर्माणरति, परनिर्मितवशवर्ति नामक देवताओं के छः लोक क्रमशः हैं। यह कामधातु का विस्तार है।

कामधातु से ऊपर रूप धातु है। उसमें 6 लोक ध्यानी देवताओं के हैं जो ध्यान लीन रहते हैं। रूप धातु के इन नवलोकों से ऊपर 8 लोक हैं उनके तथा उसके ऊपर आरूप्य धातु इस तरह 9 लोकों को स्वत्वावास माना गया है। सत्वावास का अभिप्राय है प्राणियों के रहने का अपना स्थान। इन 9 लोकों के अतिरिक्त और लोक प्राणियों की अपनी जगहें नहीं हैं। प्रत्युत कर्मफल भोगने के लिए वे वहाँ उत्पन्न होते हैं।

बुद्धकालीन समाज में जिस तरह अनेकों वर्ग और जातिभेद होते जा रहे थे, वैसे ही उस काल के विचारकों ने देवी देवताओं को भी अनेक लोकों और वर्गों में विभक्त कर दिया था। इन देवताओं के बारे में विश्वास था कि वे अपने लोक से इस पृथ्वी पर आते हैं। पिटक में जहाँ देखिए वहाँ, कहीं ब्रह्मा बुद्ध के समीप हाथ बांधे खड़े हैं, कभी शुक्र आ रहे हैं, कभी कोई दूसरा देवता आ रहा है। नाना जाति के सौम्य और भयंकर देवताओं से उस समय के लोगों को बहुत घबराहट रहती थी। पिटक में इनसे बचने के लिए आटानाटिय जैसी रक्षाओं एवं मंत्रों का उल्लेख है। अथर्ववेद में मंत्रों, औषधियों आदि के द्वारा इन भयंकर भूत-प्रेत, यक्ष, राक्षस, पिशाच आदि बाधाओं को दूर करने का उपाय कहा गया है। जंगिड़मणि का, जो वस्तुतः एक औषधि है, अथर्ववेद में मन्त्रों, औषधियों आदि के द्वारा इन भयंकर भूत-प्रेत, यक्ष, राक्षस, पिशाच आदि बाधाओं को दूर करने का उपाय कहा गया है। जंगिड़मणि का, जो वस्तुतः एक औषधि है, अथर्व मंत्र में यों वर्णन है–

अयं विष्कन्धं सहते अयं बाधते अत्रिणः
अयं नो विश्व भेषजो जंगिड़ःपात्वंहसः॥
देवै र्दत्तेन मणिना जंगिड़ेन मयोभुवा।
उविष्कन्ध सर्व राक्षंसि व्यायामे सहामहे॥

(अथर्व 4/20)

यह जंगिड़ मणि बाधाओं को दबाती है, जो हमें भक्षण करने वाले हैं उन्हें बाधा पहुँचाती है। यह हमारे सभी रोगों की भेषज है। यह पाप से रक्षा करे। देवताओं के द्वारा दी गई, सुख उपजानेवाले जंगिड़मणि के द्वारा बाधाएँ तथा उसके निमित्त भूत राक्षसों को हम दबाते हैं।

एक दूसरी इन्द्रमणि के प्रभाव का यों वर्णन है–

आपश्यति प्रतिश्यति परापश्यति पश्यति।
दिवम्न्तरिक्षमाद्भूमि सर्व तद्देवि पश्चति॥

(अथर्व 4/20)

हे देवी तुम्हें धारण करनेवाला सब कुछ—पृथ्वी, अंतरिक्ष, द्यौः, आगे-पीछे चारों ओर सब कुछ देखता है।

बुद्ध पर्व युग के यह मंत्र-तंत्र के अंधविश्वास बुद्ध के समय भी खूब थे। साधुओं और धर्माचार्यों की दिव्यशक्ति पर भी लोगों को बहुत भरोसा था और अपने त्राण के लिए जनसमाज सब कुछ करता था। उसे बहुत भरोसा था कि इन मंत्र-तंत्र और साधु संतों के सहारे वह अपना दुःख दूर कर सकेगा।

इस प्रकार के अंधविश्वासों में फंसे जनसमाज का मस्तिष्क निश्चय ही बहुत विकसित नहीं हो सकता और न सार्वजनीन शिक्षा का उस समय कोई नियमित प्रबन्ध था। श्रमणों और ब्राह्मणों के उपदेशों से उसे तरह-तरह की बातें जरूर सुनने को मिलती थीं पर उन सब बातों की शिक्षा प्रायः धार्मिक थी पर इससे यह न समझना चाहिए उस समय शिक्षा थी ही नहीं। बुद्ध के समय तक्षशिला शिक्षा का महाकेन्द्र था और दूर-दूर से विद्यार्थी वहाँ के दिशाप्रमुख आचार्यों के पास पढ़ने जाते थे। आयुर्वेद की तक्षशिला के आचार्यों ने बड़ी उन्नति की थी। जीवक मगधराज बिम्बिसार का राजवैद्य था तथा बुद्धसंघ की भी चिकित्सा द्वारा सेवा करता था। उसने तक्षशिला में ही शिक्षा पाई थी। सात बरस शिक्षा पाने पर उसे मालूम हुआ कि शास्त्र का तो अंत नहीं है। कब तक पढ़ता रहूंगा। गुरु ने एक कुदाल देकर उससे कहा, जाओ, तक्षशिला के आसपास जो अभैषज्य हो वह खोद लाओ। जीवक ने श्रम से अभैषज्य को खोजा और लौटकर गुरु से कहा मैंने अभैषज्य ढूंढ़ा, पर सब जगह ही भैषज्य दिखाई पड़े। गुरु ने कहा, जाओ, बस तुम्हारी जीविका के लिए इतना ही पर्याप्त है। (बुद्धचर्या, पृ. 298)। काल गणना, (विनय पिटक पृ. 449) दिक् ज्ञान, नक्षत्र ज्ञान, अंक गणना, आदि भी लोग सीखते थे। लोकायत, तिरच्छान (विनय पृ. 504) जैसी मिथ्या विधाएँ भी लोग सीखते थे जिनका कि बुद्ध ने निषेध किया है। रंगाई (विनय पृ. 454) और चित्रकर्म (विनय पृ. 453) का भी रिवाज था। बुद्ध ने मना किया था कि भिक्षु लोग दीवार पर कामासक्ति उत्पन्न करने वाले चित्र न बनाएँ। ग्रन्थ रचना का कार्य उस समय बहुत अच्छा माना जाता था। उसके विकास की कहानी अगञ्ञसुत्त में आई है—

ब्राह्मण जंगल में पर्ण कुटी बनाकर ध्यान करते थे। 'ध्यान करते हैं' करके उनका नाम ध्यायक पड़ा। उन्हीं में से कितने ग्राम या निगम के पास आकर ग्रन्थ बनाते हुए रहने लगे। (उनका) 'ध्यान नहीं करते' करके अध्यायक नाम पड़ा। उस समय वह नीच समझा जाता था, पर आज वह श्रेष्ठ समझा जाता है।

ग्रन्थों की रचना होते हुए भी अध्ययन का सम्प्रदाय मौखिक ही चलता था।

कदाचित् लिखने की सामग्री की दुर्लभता के कारण अपने पास लिखे ग्रन्थ रखने की अपेक्षा कंठस्थ रखना कहीं अधिक उपयोगी समझा जाता था। बुद्ध ने कहा है यदि कोई रोगी संदेश इस अभिप्राय से भेजे कि "आर्य लोग आएँ, कहीं ऐसा न हो कि यह सुत्तंत (याद करनेवाले) के बिना, मेरा शरीर न रहने पर नष्ट हो जाए"। तो जाना चाहिए (विनय पृ. 174)। पर ग्रन्थों का कंठस्थ करना सहज कार्य न था। कितनी बार यदि याद रखने वाली चीज़ बहुत विस्तृत हो तो याद रखना कठिन हो जाता था। एक समय एक वज्जिदेशीय भिक्षु बुद्ध के पास गया और जाकर बोला "हर पक्ष में डेढ़ सौ से अधिक शिक्षापदों को पाठ किया जाता है। भंते मैं उन्हें सीख नहीं सकता।" बुद्ध ने उससे कहा कि क्या तुम तीन अधिशिक्षाएँ सीख सकते हो। उसने कहा हाँ, सीख सकता हूँ। तब भगवान् ने तीन अधिशिक्षाओं का उपदेश दिया। सारा पिटक 500 वर्षों तक याद करके ही भिक्षुओं ने रक्षा की थी। 5000 वर्ष बाद वह लिपिबद्ध हुआ।

भिक्षुओं के लिए बुद्ध ने नृत्य, गीत वादित्र मना किया है फलतः पिटक में संगीत की चर्चा के प्रसंग बहुत नहीं हो सकते पर बुद्ध काल में संगीत की रुचि खूब थी। सारे पिटक में धार्मिक और दार्शनिक चर्चा होने के कारण उसमें कविता जैसी वस्तु निकालना कठिन है। यद्यपि उस काल में मनुष्य कविताहीन होगा यह समझना जरा कठिन है। सुत्तनिपात के धनियसुत जैसे सुत्त तो काव्य ही हैं। सक्कपंह सुत्त में पंचशिख ने वीणा पर कुछ गाथाएँ बुद्ध के सम्मुख गाई हैं। बुद्ध ने उसके संगीत को सराहा है। गाथाओं में पंचशिख ने अपनी प्रेमिका के प्रति अपने हृदय के प्रेम को उड़ेल दिया है। काव्य की दृष्टि से गाथाएँ नीरस नहीं हैं।

स्वेदाकुल को जैसे पवन, प्यासे को जैसे पानी, अरहतों को जैसे धर्म प्रिय है वैसे ही (हे प्रिय) अंगिरा के गोत्र में उत्पन्न तुम मुझे प्रिय हो। मेरा चित्त तुममें गुंथ गया है, मैंने अपना चित्त तुम्हें दे दिया है। पंकज जैसे पंक से अलग नहीं होता वैसे मैं भी (तुम से अलग हो) लौट नहीं सकता। कारण नहीं जानता, सुलक्षण उरवाले तुमने मुझे मतवाला बना डाला है। भद्रे! जैसे जल अग्नि को शांत करता है वैसे ही मुझे शान्त करो। है वामोरु! मुझे गले लगाओ, हे मंदलोचने! मुझे हृदय से लगाओ, हे कल्याणि! मुझे आलिंगित करो। मेरी यही प्रार्थना है। सुमधसे! अचिर फूले साल के समान शोभायमान मैं तुम्हारे पिता को नत होकर प्रणाम करता हूँ जिसकी तुम ऐसी (सुन्दर) संतान हो।

इस तरह बहुत संक्षेप से बुद्ध काल की सामाजिक स्थिति को हमने मोटे तौर पर देखा है। इससे हम सहज ही कुछ परिणामों पर पहुँच सकते हैं—"(1) बुद्ध के समय जहाँ बड़े-बड़े धनीमानी लोग थे वहाँ गरीब भी बहुत थे। (2) धनी लोग बहुत भोगविलास का जीवन बिता रहे थे। (3) राजा लोगों में परस्पर की बहुत खटपट रहती थी और आए दिन युद्ध के कारण बहुत जन संहार होता था। (4) लोग दरिद्रता और

दूसरे दुख का कारण अपनी सामाजिक विषमताओं को नहीं समझते थे जितना कि पूर्व जन्म के कर्म को। (5) स्त्रियों का दरजा समाज में गिरा था। उस गिरावट का कारण उस समय के सामाजिक कानून को न समझा जाता था प्रत्युत स्त्री जाति में जन्म लेना उसका कारण ख्याल किया जाता था (6) धार्मिक प्रचारकों के सिद्धान्त बहुत भिन्न थे और जनसाधारण को इसलिए बहुत कुछ धर्म के बारे में भ्रम बना रहता था। वे ठीक-ठीक समझ न पाते थे और उनके लिए यह सब रहस्य था। (7) श्रमणों-ब्राह्मणों पर लोगों को भरोसा था और उनके रास्ते को लोग कल्याणकारी समझते थे। फलतः धर्म के नाम पर सभी तरह के पाखण्ड हो रहे थे। इस प्रकार समझ-बूझकर उन्होंने एक ऐसा रास्ता बनाया था कि जिसके बारे में उन्हें भरोसा था कि लोग अपने दुखों को दूर कर सकेंगे।

(एक अंश)

अप्रैल-जून तथा जुलाई-सितम्बर, 1945

’47-पूर्व के कुछ हिंदी पत्र: पहले अंक

'47-पूर्व के कुछ हिन्दी पत्र : पहले अंक

शशि पोद्दार

कलकत्ता से स्वतन्त्रता पूर्व प्रकाशित कई पत्रिकाओं के केवल प्रथम अंक ही उपलब्ध हैं। ऐसे प्रथमांक राष्ट्रीय पुस्तकाल्य के हिन्दी प्रभाग में हैं। पुस्तकालय ने इन पत्रिकाओं का महत्व स्वीकारते हुए इन्हें परिपूर्णानन्द वर्मा के व्यक्तिगत संग्रह से खरीदा था।

उन्नीसवीं सदी एवं बीसवीं सदी के पूर्वार्द्ध में कलकत्ता भारतीय नवजागरण तथा हिन्दी पत्रकारिता का एक प्रमुख केन्द्र था। हिन्दी के प्रथम समाचार पत्र के प्रकाशन के बाद यहाँ से कई पत्र निकले। 'भारत मित्र', 'समन्वय', 'मतवाला', 'विशाल-भारत' ऐसे ही कुछ प्रमुख पत्र थे। ऐसे पत्रों की फाइलें कहीं न कहीं सुरक्षित रख ली गईं, पर कुछ पत्र ऐसे भी थे, जिनके कम अंक निकले और उनकी सुरक्षा का कोई विशेष प्रबन्ध नहीं हुआ। ऐसे फुटकल पत्रों का महत्व कई दृष्टियों से असंदिग्ध है। सामान्यतः देखा गया कि पत्रों के प्रथम अंक बहुत हड़बड़ी में निकलते हैं। विवेच्य पत्र भी इस तथ्य का अपवाद नहीं है। लगभग सभी पत्रों के सम्पादकों अथवा व्यवस्थापकों ने घोषित तिथि से विलम्ब से पत्र निकालने के लिए क्षमा-याचना की है फिर भी प्रथम अंक ही अक्सर बाद के अंकों का मूल आधार होता है, क्योंकि उसमें ही अगले अंकों का ढांचा एवं नीति तय हो जाती है। किसी भी पत्र के प्रथम अंक का शोध की दृष्टि से भी विशेष महत्व है।

कलकत्ता से प्रकाशित पत्रों की सूची देखने पर सहज ही प्रश्न उठ खड़ा होता है कि बीसवीं सदी के तीसरे और चौथे दशक में समानांतर रूप से हिन्दी पत्रों की यह बाढ़ क्यों आई? इन दशकों में समाज-सुधार और स्वाधीनता आन्दोलन में तीव्रता आ गई थी। लोगों में एक नया बौद्धिक उत्साह पैदा हो चुका था। जागरण का भी नया स्तर बना। अतः सामाजिक और राजनीतिक चेतना के लिए नए-नए पत्र निकलने लगे। प्रत्येक नए पत्र का सम्पादक अपने पत्र का उद्देश्य अवश्य प्रस्तुत करता था और पत्रों की भीड़ में अपने पत्र की विशेषता तथा भिन्नता निर्धारित करने की कोशिश करता था। कलकत्ता विभिन्न गतिविधियों का केन्द्र था। इसलिए एक

खास ऐतिहासिक युग में सर्वाधिक पत्रों का प्रकाशन भी यहीं से हुआ, जिनमें मासिक पत्रों की ही संख्या अधिक है।

उस युग के पत्रों में विविध विषय हुआ करते थे, जिनमें साहित्य, राजनीति, नारी जागृति, जाति संगठन एवं जाति-सुधार, स्वास्थ्य, सिनेमा, वाणिज्य, विज्ञान और ऐतिहासिक अनुसंधान विषय मुख्य थे। ऐसे पत्रों में प्रायः उपर्युक्त विषयों में से किसी एक पर अधिक बल देने की प्रवृत्ति दिखाई पड़ती है, जबकि पहले के पत्रों में सभी विषयों को समाहित किया जाता था तथा उन्हें समान महत्व दिया जाता था। फिर भी इतना निश्चित है कि किसी एक खास विषय क्षेत्र पर केन्द्रित होने के बावजूद ये पत्र अपने को अन्य विषयों के लिए खुला रखते थे। वाणिज्य, सिनेमा, स्वास्थ्य, विज्ञान आदि क्षेत्रों में हुई प्रगति के कारण, इन विषयों पर केन्द्रित स्वतन्त्र पत्रों की आवश्यकता महसूस की जाने लगी थी। राजनीति अथवा समाज-सुधार के पत्रों में उपर्युक्त नए विषयों के लिए स्तम्भ होते थे, पर इससे बात पूरी तरह बन नहीं पाती थी। इसलिए विविध विषयों पर स्वतन्त्र पत्रों का प्रकाशन होने लगा।

वाणिज्यिक पत्र 'उद्योग-धंधा' के अक्टूबर, 1931 के प्रथमांक के एक उद्धरण से उस युग में पत्र-प्रकाशन तथा पत्र-व्यवसाय की स्थिति साफ हो जाती है, "अभी तो प्रमुख पत्रों को दर्जनों की संख्या में ही गिन सकते हैं। हमारे यहाँ तो पत्र का व्यवसाय प्रारम्भिक अवस्था में है। एक ही पत्र में सभी विषयों का समावेश करने की चेष्टा की जाती है। मासिक पत्रों में साहित्यिक, सामाजिक, धार्मिक, राजनीतिक, व्यावसायिक, वैज्ञानिक तथा आध्यात्मिक आदि प्रत्येक विषय घुसाने की चेष्टा की जाती है। इसका फल यह होता है कि किसी भी विषय पर वह सफलतापूर्वक प्रकाश डालने में समर्थ नहीं होता। विदेशों में यह बात नहीं है। वहाँ भिन्न-भिन्न विषय के पृथक-पृथक पत्र हैं और वे उस विषय पर ही प्रकाश डालने में अपनी पूरी शक्ति खर्च करते हैं।... हम केवल वाणिज्य-व्यवसाय सम्बन्धी विषयों पर ही प्रकाश डालने की चेष्टा करेंगे।" इस मासिक पत्र में कृषि और रसायन के विषयों पर भी आलेख हैं, किन्तु इन्हें व्यवसाय के रूप में अपनाने की शिक्षा दी गई है। इस पत्र की नीति है कि सभी उन्नतियों का मूल आर्थिक उन्नति है, जिसके द्वारा विकास सम्भव है। आर्थिक उन्नति के लिए व्यवसाय करना आवश्यक है। देश की दरिद्रता, निर्धनता, गरीबी का वास्ता देकर युवकों को उद्योग कर्म में प्रवृत्त होने की शिक्षा देने का प्रयास इस पत्र के माध्यम से हुआ है।

व्यापार से सम्बन्धित एक अन्य मासिक पत्र 'बीमा और वाणिज्य' का प्रथम अंक नवम्बर, 1936 में प्रकाशित हुआ था। जनता को बीमा एवं वाणिज्य का महत्व बतलाने के लिए विशेषकर बीमा-एजेन्टों को अधिकाधिक शिक्षित बनाने एवं वैज्ञानिक ढंग से काम करना सिखाने के लिए यह पत्र निकला था। विशेष ध्यान देने की बात है कि इस पत्र ने व्यवसाय सम्बन्धी सूचनाएँ हिन्दी भाषा में प्रकाशित

करने पर बल दिया, "भारतवर्ष का प्रमुख व्यवसायी समाज हिन्दी भाषा-भाषी है, और इस सम्बन्ध में एक हिन्दी का ही पत्र सर्वोत्तम माध्यम हो सकता है।" इस प्रकार ऐसे पत्रों के माध्यम से हिन्दी भाषी लोगों को बीमा, वाणिज्य तथा उद्योग की ओर एक ऐसे समय आकर्षित करने का प्रयास किया जा रहा था, जब हिन्दी क्षेत्र उद्योगीकरण की दृष्टि से काफी पिछड़े हुए थे।

जाति-सुधार एवं जाति-संगठन पर केन्द्रित महत्वपूर्ण पत्र है 'वैश्योपकारक'– 1 मार्च, 1904 में शिवचन्द्र भरतिया के सम्पादन में यह कलकत्ता के रामप्रेस से निकला। इससे पहले यह पत्र अजमेर से 'अग्रवाल उपकारक'–नाम से निकलता था। इस पत्र का उद्देश्य वैश्य समाज के सुधार तक सीमित नहीं था, "वैश्यों के कर्तव्य को प्रकाश कर उनकी भलाई करना, यह तो इसकी आंतरिक इच्छा है ही परन्तु सामान्यतः अन्य सभी वर्णों की यथासमय सेवा करने से यह पीछे भी न होगा।" साथ ही यह भी कहा गया कि इसमें धर्म, नीति, समाज आदि सब विषयों पर लेख लिखे जाएँगे। इस पत्र के कुछ पृष्ठ मारवाड़ी भाषा में रूपक, कविता इत्यादि प्रकाशित करने के लिए थे। हिन्दी भाषा ही सार्वदेशिक हो सकती है, इस आशय के विचार इस पत्र में हैं।

1921 में 'अखिल भारतीय मारवाड़ी अग्रवाल महासभा' के मासिक मुखपत्र के रूप में 'मारवाड़ी अग्रवाल' का प्रथम अंक निकला–यह पूर्णतः जाति-सुधार का पत्र है। अग्रवाल महासभा के सिद्धान्तों का प्रचार करना इसका मुख्य उद्देश्य था, "राष्ट्र-भाषा हिन्दी का प्रचार करता हुआ उसकी साहित्य-वृद्धि का प्रयत्न करता रहे और साहित्यिक लेखों द्वारा भारतीय जनता को अपने प्राचीन गौरव का स्मरण दिलाता हुआ कर्मपथ की ओर उन्हें उत्तरोत्तर अग्रसर करता रहे।" किन्तु इस उद्देश्य पर खरा उतरने वाला कोई भी आलेख प्रथम अंक में नहीं है। यही पत्र जनवरी, 1930 में 'अग्रवाल' नाम से प्रकाशित होने लगा। 'मारवाड़ी अग्रवाल' की अपेक्षा 'अग्रवाल' का प्रथम अंक बहुत सुधरा हुआ है। इसके सम्पादक हुए मोतीलाल लाठ।

जाति-समाचार और जाति-सुधार के लेखों के साथ इसमें राष्ट्रीय आन्दोलन और राष्ट्रीय महत्व के अन्य विषयों पर भी लेख मिलते हैं। तमाकू सेवन का विरोध व्यापक सामाजिक सुधार की दृष्टि प्रस्तुत करता है। अर्थनीति का विश्लेषण राष्ट्रीय विकास की श्रेणी में आता है। सम्पूर्ण राष्ट्रीय सामाजिक विकास के अन्तर्गत अपने जाति-विकास के रास्तों की खोज भी की जा रही थी। यह पत्र राष्ट्रीय आन्दोलन में मारवाड़ियों की हिस्सेदारी का आकलन भी करता है। इस तरह कलकत्ता के प्रवासी प्रेस से प्रकाशित इस पत्र में स्वास्थ्य, विज्ञान, समाज-सुधार, आर्थिक-समस्या आदि पर लेख तथा यात्रा संस्मरण और शिक्षाप्रद कहानियाँ भी हैं। हिन्दी भाषा और साहित्य के विकास से सम्बन्धित टिप्पणियाँ भी इस पत्र में मिलती हैं।

'मारवाड़ी ब्राह्मण हितैषी' का प्रथम अंक पं. भालचन्द्र शर्मा के सम्पादन में

जनवरी, 1928 को निकला। जैसा कि इस पत्र के नाम से विदित होता है, यह पत्र ब्राह्मणों के हित के लिए निकाला गया था। ब्राह्मण समाज से सम्बन्ध रखने वाले विविध विषयों के आलेख तथा अन्य देशों की वे इतिहास गाथाएँ जो इनके लिए उपयोगी थीं, वे इस पत्र में प्रकाशित होती थीं ताकि वह जाति संसार की प्रगति से परिचित हो सके।

उपर्युक्त पत्रों में जाति-संगठन एवं जाति-सुधार के साथ सामान्य राष्ट्रीय सामाजिक सुधार की दृष्टिं भी कहीं-कहीं दिखाई पड़ती है। कुछ पत्रों में यह चेतना व्यापक रूप से है। अतः जो जातियाँ अब तक बहुत सीमित एवं कूपमण्डूक थीं वे भी राष्ट्रीय जागरण और विकास में हिस्सा लेने लगी थीं।

बीसवीं शताब्दी के तीसरे-चौथे दशक में पारम्परिक भारतीय नारी की छवि में परिवर्तन की शुरुआत हो चुकी थी। स्त्रियों के स्वाधीनता संग्राम में योगदान के लिए महात्मा गांधी के आह्वान पर महिलाओं में चेतना का प्रसार हो रहा था। महिलाओं के गृहिणी रूप के अलावा अन्य सामाजिक कामों में उनकी आवश्यकता का अनुभव किया जा रहा था। इसलिए महिलाओं का दृष्टिकोण बदलना जरूरी था। इस नवीन दृष्टिकोण की प्रस्तुति तथा महिला की गरिमा के प्रतिपादन के लिए महिलाओं पर केन्द्रित पत्रों का प्रकाशन हुआ। विशेष उल्लेखनीय बात है कि इन पत्रों का सम्पादन भी महिलाएँ ही करती थीं। अप्रैल, 1924 में बर्मन प्रेस से प्रकाशित सचित्र मासिक पत्र 'महिला-महत्व' की सम्पादिका रमा देवी एवं पार्वती देवी हैं। उन्होंने आत्मनिवेदन में लिखा है कि "स्त्रियां स्वयं अपनी हीनावस्था अनुभव करें और स्वावलम्बन धारण कर अंधकार में पड़ी बहनों को उनकी हालत बतलाएँ और सर्वतन्त्र उदात्त सिद्धान्तों को सामने रख राष्ट्रीय भित्ति पर अपनी प्राकृतिक विशेषताओं के अनुकूल ऐसा संगठन करें जिससे अपना उद्धार होने के साथ समस्त मानव-जाति का कल्याण हो।" एक ओर, इस पत्र में संस्कारी स्त्री का स्वरूप प्रतिपादित किया गया है, "पति की पूजा, श्रद्धा, विश्वास से लोक और परलोक दोनों सुधरेगा, स्त्रियों को यश, मान, धर्म, मुक्ति प्राप्त करने का और कोई अच्छा या सहज उपाय नहीं है।" दूसरी ओर, स्वाधीनता संग्राम में हिस्सा लेने का आह्वान भी है। स्त्रियों को सद्गुणों की वृद्धि के लिए ज्ञानवर्धक स्थानों पर जाने की छूट होनी चाहिए। पत्र में स्त्रियों की शिक्षा और विद्या के प्रसार पर बल दिया गया है। इसमें संगीत, पाकशास्त्र, स्वास्थ्य विज्ञान आदि स्तम्भ हैं। इस पत्र ने अपना प्रधान कर्तव्य, "सरस-सारगर्भित धार्मिक, सामाजिक और साहित्यिक, गद्य-पद्यात्मक लेखों के द्वारा नारी समाज में पूर्ण जागृति उत्पन्न कर उन्हें सदगुणों से विभूषित करना एवं समाज में फैली हुई नाशकारी कुरीतियों का निवारण" माना है।

'नारी गौरव' का प्रकाशन वैदिक प्रेस से जुलाई, 1931 को प्रारम्भ हुआ। इस मासिक पत्र की सम्पादिका यशोदा देवी थीं। इसका उद्देश्य 'सत्य तथा अहिंसा' के

सिद्धान्तों द्वारा देश सेवा का प्रचार करना था। वीर विदुषी महिलाओं के चित्रों के साथ उनके लेख भी इसमें हैं। उल्लेखनीय तथ्य यह है कि हिन्दी में लेखिकाएँ हों इस उद्देश्य से छात्राओं के लिए 'बालिका लेखमाला' स्तम्भ है। राजनीति में बराबर का हिस्सा लेने पर भी घर समाज में स्त्रियों की स्थिति में अन्तर नहीं आया था। यह प्रश्न भी उस समय बहुत सामयिक था कि क्या पुरुष स्त्रियों के साथ उनके नवीन स्वरूप के प्रति न्याय कर पाएँगे? इस पत्र में आर्थिक स्वतन्त्रता का प्रश्न भी उठाया गया है और यह कहा गया है कि आत्म-निर्भर हुए बिना स्वतन्त्रता का कोई अर्थ नहीं। इन प्रश्नों को देखते हुए लगता है कि यह पत्र कितना दूरदर्शी था।

उपलब्ध नारी विषयक पत्रों में सामयिक प्रश्न उठाने वाला सबसे प्रमुख पत्र 'महिला' है। इसका प्रथम अंक अक्टूबर, 1938 में सीता देवी के सम्पादन में निकला। इस पत्र के सम्पादकीय में पुरुष प्रभुत्ववाद के खिलाफ विद्रोह भरे स्वर के साथ कहा गया है, "झूठे आत्मगौरव का आवरण हटा कर देखें तो स्पष्ट ज्ञात होगा कि संसार के एक कण पर भी हमारा अधिकार नहीं है। जिस गौरव, ज्ञान और स्वाधीनता की हम भी जन्म-सिद्ध अधिकारिणी हैं, इस पर पुरुषों ने एकाकी अधिकार जमा रखा है। क्या घर, क्या समाज, क्या राजनीति, क्या अर्थ, कहीं भी हमारी सत्ता नहीं है। पुरुष प्रभु हमें अपनी इच्छा के अनुसार चलाते हैं और हम उनके इंगित पर चलने में ही अपना अहोभाग्य समझती हैं। कुचली हई आत्माओं के खण्डित स्वरों के अतिरिक्त हमारे पास है ही क्या?" आगे आत्मविश्वास और साहस के साथ यह संकल्प भी प्रस्तुत है, "नारी-समाज इतना शक्तिमान हो कि प्राचीनतम और नवीनता के नाम पर किसी बात का ग्रहण एवं त्याग करने के लिए बाध्य न हो वरन् सत्य, असत्य की स्वयं परीक्षा कर देश, काल और अवस्था के अनुरूप अपने समाज की रचना कर सके और कर सके संसार में प्रेम, पवित्रता और शान्ति का पूर्ण साम्राज्य स्थापन।" एक अन्य पत्र 'रानी' (जनवरी, 1940) ने अपना उद्देश्य स्पष्ट करते हुए लिखा, "हमारी अशिक्षा भी हमारी संतानों की अकाल मृत्यु का एक मुख्य कारण है। 'रानी' उसी अवांछनीय अशिक्षा को दूर करने का भरसक प्रयत्न करेगी।"

कुछ पत्र ऐसे हैं जो साहित्य, समाज-सुधार, राजनीति वगैरह जीवन से जुड़े सभी विषयों को लेकर चले। ऐसे पत्रों में एक शीतल सहाय और बुद्धिधन शर्मा द्वारा सम्पादित 'देशबंधु' है। इसका पहला अंक 28 अप्रैल, 1924 को आया। इस अंक का सम्पादकीय प्रभावशाली है जिसमें अहिंसा, हिन्दू-मुस्लिम एकता, समाज-सुधार पर विचार व्यक्त किए गए हैं। इसमें देशी-विदेशी घटनाओं पर समीक्षाएँ मिलती हैं। यह पत्र समाज-सुधार में साहित्य की भूमिका को महत्व देता था और इसमें विदेशी साहित्य के अनुवाद भी छपते थे। 'नारायण' नामक पत्र अगस्त, 1926 को निकला। इसके सम्पादक नरोत्तम व्यास हैं। इस मासिक पत्र में से सभी विषयों से सम्बन्ध रखने वाले लेख हैं। हिन्दू जाति के उत्थान का प्रयत्न करने के लिए यह पत्र निकला

था। अपने 'अवतरण' पर प्रकाश डालते हुए इस पत्र में लिखा है, "हिन्दू जाति के अत्यंत कष्ट के समय नारायण का अवतरण हुआ करता है और कष्ट से उद्धार करना ही इस अवतरण का उद्देश्य...। इस समय हिन्दू-जाति संकट में है और इसलिए 'नारायण' का अवतरण असामयिक नहीं कहा जा सकता।" इस पत्र के विभिन्न स्तम्भों में उल्लेखनीय बातें हैं। 'इतिहास विकास' के साथ 'विश्वमय विज्ञान' में प्रायोगिक और व्यावहारिक जानकारी दी गई है। 'चिकित्सा-चमत्कार' में आयुर्वेद का महत्व प्रतिपादित किया है। सम्पादकीय में धर्म, समाज की दुरवस्था, वर्तमान लोक नीति सहित हिन्दी की तत्कालीन कविता की स्थिति का विवेचन मिलता है। पुस्तक समीक्षा का स्तम्भ 'परख' भी इस पत्र में है। इस प्रकार हम देखते हैं कि हिन्दुओं के उत्थान का लक्ष्य अपनाकर भी यह पत्र व्यापक राष्ट्रीय-सामाजिक उद्देश्य से जुड़ा हुआ है।

सितम्बर, 1928 में निकलने वाला 'नवयुग' सामाजिक क्रान्ति का नया युग लाना चाहता है। सत्यदेव विद्यालंकार ने इसे मासिक रूप में प्रकाशित किया। नवयुग की दृढ़ नीति थी, "'नवयुग' एक बार तो समाज के जीवन में उथल-पुथल मचा दे, क्रान्ति पैदा कर दे, सोते हुए समाज को झुंझला कर फिर कभी न सोने देने के लिए उठाकर बिठा दे और उसके स्वाभाविक विकास की पूर्णता का पर्दा साफ सुथरा कर दे।" इस पत्र को सुभाषचन्द्र बोस ने अपनी मंगलकामनाएं भेजी थीं।

'बांसुरी' का पहला अंक अगस्त, 1931 में कार्तिकेयचरण मुखोपाध्याय के सम्पादन में आया। इस पत्र में स्तम्भों की भरमार है। 'वैदेशिक प्रसंग' और 'जीवन चरित' इस पत्र के विशेष स्तम्भ हैं। उस युग में उपन्यास को साहित्यिक प्रतिष्ठा मिलने लगी थी, इस पत्र में साहित्य समीक्षा के अंतर्गत उपन्यास को विशेष महत्व दिया गया है। पत्र का मुख्य उद्देश्य समाज-सुधार है। यह पत्र सद्भाव पैदा करने के लिए निकला था। इसलिए अपने नाम 'बांसुरी' का तर्क देते हुए सम्पादक ने कहा है, "...तो यह बजेगी और सदा बजती रहेगी सरस-मधुर-ध्वनि में, दूर करती रहेगी ईर्ष्या, द्वेष, वैर और वैमनस्य के भावों को, कठोरता और क्रूरता को, मोहती रहेगी लोगों के मन और प्राणों को और भरती रहेगी—सबके अंतःकरणों में समस्त सद्भावों, सद्गुणों और सद्वृत्तियों को।"

'विश्ववाणी' (प्रथम अंक, नवम्बर, 1931) एक स्तरीय पत्र था। डॉ. हेमचन्द्र जोशी और इलाचन्द्र जोशी इसके सम्पादक थे। इसके दो मूल उद्देश्य थे, हिन्दी साहित्य को विदेशों में प्रतिष्ठित करना तथा साहित्य के दोषों और दुर्बलताओं को दिखाना। इससे स्पष्ट हो जाता है कि यह पत्र साहित्य केन्द्रित था। पहले अंक में स्वेडिश, हंगरी भाषा की कहानियों का हिन्दी में अनुवाद प्रकाशित हुआ है। डॉ. हेमचन्द्र जोशी ने अपने लेख 'साहित्य और जीवन' में साहित्य को जीवन से जुड़ा हुआ माना है, "जीवन से सम्बद्ध न होने पर 'साहित्य' नहीं, 'राहित्य' पैदा होता है।"

अस्तित्ववादी दार्शनिक नीत्शे पर एक आलेख है जिसमें उसकी प्रशंसा करते हुए उसे लोकोत्तर बताया गया है। इलाचन्द्र जोशी का औरतों पर व्यंग्यात्मक लेख है।

पं. मोतीलाल मिश्र के संचालन में 'हिन्दुस्थान' पत्र 29 सितम्बर, 1934 को निकला। 'छायाचित्र' नाम से निकलने वाले पत्र को इसी में सम्मिलित कर लिया गया था। इस पत्र का उद्देश्य बहुत विस्तार से दिया गया है, 'हिन्दुस्तान' हिन्दू संस्कृति का प्रसार और हिन्दू-समाज को सुसंगठित होकर अपने अधिकारों की रक्षा के लिए कटिबद्ध देखना चाहता है। "हिन्दुस्तान राष्ट्रभाषा हिन्दी को व्यापक बनाना चाहता है और इच्छा करता है वह सुप्रभात देखने की, जब हिन्दुस्तान फिर स्वाधीन हिन्दुस्तान के रूप में समस्त संसार में सम्मानित होगा।" छायाचित्र के सम्मिलन के लिए लिखा है, "वह सर्वसाधारण में फैली हुई इस भ्रान्त धारणा को दूर कर दे कि सिनेमा संसार सम्बन्धी धंधा इज्जतदारों के लिए नहीं" परन्तु प्रथम अंक इन दृष्टियों से विशिष्ट नहीं है।

मासिक पत्रों की भीड़ में गैर हिन्दी भाषा-भाषी लोगों ने 'जनमत' नाम का साप्ताहिक निकाला। इसका प्रथम अंक 25 जुलाई, 1936 को छपा। अम्बिका प्रसाद वाजपेयी ने अपने आशीर्वाद में लिखा है, "बंगला में 'नवशक्ति' नाम की साप्ताहिक पत्रिका प्रकाशित होती है, उसी के संचालकों ने इसका यह हिन्दी संस्करण निकाला है।" जनमत क्या है, यह बताना आसान है लेकिन जनमत निर्माण करना कठिन है। उन्होंने इस 'जनमत' में लोकमत तैयार करने का प्रयास करने को कहा। पत्र भर बंगला भाषा और साहित्य का प्रभाव स्पष्ट नजर आता है। इस पत्र में हिन्दी का मौलिक लेखन न होकर बंगला साहित्य से अनूदित लेख, कहानी आदि हैं। अनुवाद में भाषा की अशुद्धियाँ भी हैं। इसके बावजूद अहिन्दी भाषियों का प्रयास होने के कारण यह सराहनीय है।

कलकत्ता के प्रवासी प्रेस से मासिक पत्र 'औघड़' सितम्बर, 1937 को निकाला। अयोध्या सिंह इसके सम्पादक थे। यह मूलतः साहित्य केन्द्रित पत्र है। साहित्य क्षेत्र में फैले मिथ्या आचरण को दूर करने का प्रयत्न किया गया है—"प्रेम हमारा आदर्श है, मिथ्या का निराकरण हम प्रेम से ही करेंगे।" साहित्य के साथ राजनीति का महत्व भी है क्योंकि राजनीति की चर्चा के बिना साहित्य का सूत्र मजबूत नहीं बन पाएगा, इसलिए इस पत्र में साहित्य के साथ राजनीति की आवश्यकता प्रतिपादित है।

साहित्य और समाज-सुधार को समान महत्व देने वाला पत्र 'धूमकेतु' है। इसका प्रकाशन जून, 1939 को पं. शिवशेखर द्विवेदी के सम्पादन में प्रारम्भ हुआ। कहानी, कविता और साहित्यिक विषयों के लेखों के साथ इसमें समाज सुधार, कृषि सुधार आदि स्तम्भ हैं। मजदूर और किसान आन्दोलन, ग्राम-उद्योग तथा हिन्दू-मुस्लिम एकता आदि विषयों पर सम्पादकीय में विचार व्यक्त किए गए हैं।

उपर्युक्त विषयों से भिन्न ऐतिहासिक शोध पर आधारित एक पत्रिका 'राजस्थान' मिलती है। इस त्रैमासिक पत्र का प्रकाशन 'राजस्थान रिसर्च सोसाइटी', के तत्वावधान में प्रो. रामलोचन शर्मा के सम्पादन में हुआ। पत्र का उद्देश्य बताते हुए लिखा गया है, "इसमें राजस्थान से सम्बन्ध रखनेवाले ऐतिहासिक, सांस्कृतिक, साहित्यिक और कलात्मक निबन्ध प्रकाशित किए जाएँगे। उद्देश्य के अनुकूल 'मीराबाई', 'राजस्थान की जाति-सम्बन्धी कहावतें', 'राजस्थान का संत-साहित्य', 'राजस्थान में मूर्ति-चित्र' आदि शीर्षक से इस पत्रिका में निबन्ध मिलते हैं। प्रादेशिक अनुसंधान पर विशेष बल है, इसलिए राष्ट्रीय दृष्टि का अभाव खटकता है।

नाटक और सिनेमा जगत्—पर केन्द्रित पत्रिकाएँ भी उपलब्ध हैं, 9 मई, 1931 को निकलने वाला साप्ताहिक पत्र "'रंगमंच' इस विषय का हिन्दी में...पहला पत्र है।" पं. नरोत्तम व्यास इसके सम्पादक थे। इसमें ललित-कला, रंगमंच की उत्पत्ति, संस्कृत नाटकों की श्रेष्ठता और चित्रकला पर आलेख हैं। नाटक और सिनेमा की तुलना करते हुए नाटक के अभिनय में साधनों की कमी लक्षित की गई है। नए आविष्कार के कारण नाटक की अपेक्षा, सिनेमा तब अधिक लोकप्रिय हो रहा था। सिनेमा के आविष्कार से साहित्य लेखन में चित्रपट लेखन की एक नई शाखा का संकेत भी है। भारतीय एवं पाश्चात्य चित्रकला में आदर्शों की विभिन्नता बताई गई है क्योंकि "विलायत में यह मनोरंजन का साधन है, पर हमारे यहाँ धर्म का साधन है।" अपने विषय का प्रथम पत्र होते हुए भी 'रंगमंच' के लेख स्तरीय हैं।

धनराज के सम्पादन में मासिक पत्र 'सिनेमा संसार' मई, 1934 को निकला। इसमें समाज पर पड़ने वाले फिल्मों के प्रभाव की विशेष रूप से विवेचना हुई है, "हमारा यह निश्चित मत है कि फिल्म द्वारा देश की उन्नति में बहुत बड़ी सहायता पहुँचायी जा सकती हैं, परन्तु साथ ही, यदि इसका उचित उपयोग न करके, दुरुपयोग किया गया, तो इससे बहुत बड़ा अनिष्ट भी हो सकता है।" हिन्दी भाषा की फिल्मों के निर्माण में आने वाली कठिनाइयों की चर्चा सहित फिल्म निर्माण के तकनीकी-विज्ञान पर भी निबन्ध हैं। सिनेमा के प्रति महात्मा गांधी के नकारात्मक दृष्टिकोण का उल्लेख मिलता है। समाचारों के अन्तर्गत देशी-विदेशी सिनेमाओं से सम्बन्धित सूचनाएँ हैं।

इस विषय का एक अन्य मासिक पत्र 'अभिनय' है, जिसके पहले अंक का प्रकाशन अगस्त, 1938 को हुआ। इसके सम्पादक विश्वनाथ बूबना थे। पत्र में कहा गया है, "इस विषय (सिनेमा) की शास्त्रीय विवेचना के साथ तद्विषयक मनोरंजक और ज्ञानवर्धक पाठ्य-सामग्री भी रहे। 'अभिनय' का जन्म इसी भावना का परिणाम है।" सिनेमा व्यवसाय के विभिन्न पक्षों से सम्बन्धित आलेख इस पत्र में हैं। सिनेमा में केवल बुराई ही नहीं, अच्छाई भी है। उससे शिक्षा भी ली जा सकती है। यह पत्र इस विचार का समर्थक है। इस पत्र में सिनेमा में सुधार कैसे सम्भव है, किन विषयों

पर फिल्म निर्माण होना चाहिए, अभिनय में सुधार कैसे लाया जा सकता है, इन विषयों का विवेचन हुआ है।

राष्ट्रीय पुस्तकालय के हिन्दी प्रभाग में कलकत्ता से निकलने वाले उपर्युक्त पत्रों के अलावा कुछ पत्र साधारण स्तर के भी हैं। ये पत्र इस प्रकार हैं–'शौंडिक–मित्र' (अगस्त, 1926), 'संन्यासी' (मार्च, 1927), 'चिकित्सा चमत्कार' (अक्टूबर, 1927), 'श्रीमाली नवयुग पाक्षिक पत्र' (अक्टूबर, 1927), 'स्वास्थ्य' (मई, 1928), 'सेवक' (जुलाई, 1929), 'रेलवे समाचार' (जनवरी, 1930), 'धुरंधर' (अप्रैल, 1931), 'श्री भृगु संगीत प्रचारक' (सितम्बर, 1931), 'जायसवाल युवक' (फरवरी, 1934), 'सचित्र भारत' (फरवरी 1936), 'कामधेनु' (फरवरी, 1936), 'मारवाड़ी रिलीफ' (मार्च, 1936), 'ज्योति' (फरवरी, 1937), 'जीवन-सखा' (अगस्त, 1937), 'स्वास्थ्य वाणी' (नवम्बर, 1937) और 'सज्जन' (जनवरी, 1941)।

उस युग में संचार व्यवस्था का इतना विकास नहीं हुआ था, अपने विचार और दृष्टिकोण जनता तक पहुँचाने का एकमात्र माध्यम ये पत्र-पत्रिकाएँ ही थीं। वर्तमान प्रतिद्वंद्विता से भरे युग के विपरीत विभिन्न पत्रिकाओं के मध्य परस्पर सहयोग की भावना मिलती है। व्यापक प्रचेष्टा से निकलने वाले पत्रों के समानान्तर कम सुविधाओं तथा व्यक्तिगत प्रचेष्टा से निकलने वाले पत्र उस युग में भी थे। स्वातंत्र्योत्तर लघु पत्रिकाओं की परम्परा पर विचार करते समय हमें उस युग की ऐसी पत्रिकाओं के स्वरूप और भूमिका को ध्यान में रखना चाहिए। स्वतन्त्रता पूर्व के पत्रों में सामान्यतः वैविध्य और खुलापन था। खास विषय पर निकलने वाले पत्र भी सूचनात्मक और मूल्यपरक होते थे। आज जो पत्र खास विषयों जैसे वाणिज्य, स्वास्थ्य, सिनेमा, साहित्य आदि पर निकलते हैं, सामान्यतः उनका उद्देश्य व्यावसायिक है। ऐसे पत्रों की परम्परा '47 से पहले ही शुरू हो गई थी और ये पत्र तड़क-भड़क वाले भले न थे, पर उनका उद्देश्य सच्चा था। ये अल्पजीवी थे, पर बहुत प्राणवंत।

हिन्दू-मुस्लिम एकता

देश की अवस्था आज उतनी निराशापूर्ण नहीं, जितनी तीन महीने पहले थी। हमारा कर्णधार जुहू में बैठा-बैठा शेर के समान गरज रहा है और देश तथा स्वराज्य के शत्रु जो अनेक तरीकों से भारतीय राष्ट्रीयता को विध्वंस करना चाहते थे, दुम दबा कर सार्वजनिक जीवन से अलहदा हो रहे हैं। स्वराज्य पार्टी और 'नो-चेंज' पार्टी के आपस के व्यवहार से कांग्रेस और उसके साथ राष्ट्र की शक्ति में ह्रास तो अवश्य हुआ था किन्तु हिन्दू-मुस्लिम-विद्वेष का आन्दोलन तो हमारी राष्ट्रीयता को समाप्त ही कर देने वाला था। हिन्दुओं में और मुसलमानों में अनेक ऐसे समाचार-पत्र, संस्थाएँ और व्यक्ति पैदा हो गए थे जिन्होंने यह अपना कर्तव्य समझ रखा था कि अगर हम मुसलमान हैं तो हिन्दुओं के खिलाफ और हिन्दू हैं तो मुसलमानों के खिलाफ द्वेष पैदा करें। दोनों राई को पहाड़ करके दिखाते थे, झूठ सनसनीखेज बातें कहकर एक दूसरे के प्रति घृणा पैदा करते थे और इस तरह अपनी जीविका चलाते थे या लीडरी के आनन्द का उपभोग करते थे। हिन्दू-मुसलिम एकता भारतीय राष्ट्रीयता का एक मात्र स्तम्भ है। भारत-माता के मुख-कमल को प्रसन्न करने का एकमात्र सूर्य है, महात्मा गांधी के कीर्ति मुकुट का अमूल्य रत्न है। ये समाचार-पत्र, ये संस्थाएँ और ये व्यक्ति इस स्तम्भं को, इस मुकुट को पैर से कुचलना और चकनाचूर करना चाहते थे किन्तु सौभाग्य की बात है कि महात्मा गांधी के मौजूद होते हुए इस प्रकार के किसी दुर्भाग्य के गिरने की अब आशंका नहीं है। हमें पूर्ण विश्वास है कि हमारे देशवासी राष्ट्रीयता को नाश करने वाले हिन्दू और मुसलमानों को लड़वा देने वाले किसी भी व्यक्ति या संस्था से उदासीन होकर अपने देश-प्रेम और बुद्धिमत्ता का परिचय देंगे। 'देश-बन्धु' भी यथाशक्ति इस शुभकार्य में जो कुछ सहायता हो सकती है करेगा। सामाजिक कुरीतियों की ओर भी हम अपने पाठकों का अक्सर ध्यान आकर्षित करते रहेंगे। कहने की आवश्यकता नहीं कि बिना स्वराज्य के स्थापित किए हुए समाज का सम्पूर्ण सुधार कर लेना असम्भव-सी बात है। अनेक बातें ऐसी हैं कि जिनमें कानून की सहायता लेनी जरूरी होती है। वह बिना स्वराज्य के असम्भव है, किन्तु इस पर भी हमारे समाज में अनेक ऐसी कुरीतियाँ भी हैं कि जिनके होते हुए स्वराज्य को प्राप्त करना भी असम्भव है। उदाहरण के लिए बाल-विवाह को ले लीजिए। हमारे देश का युवक 12 या 14 वर्ष की अवस्था में ही गृहस्थ-जीवन की जिम्मेदारियों से दब जाता है।

25-30 वर्ष की अवस्था में पहुँचकर जब कभी उसे देश के हित में अपने जीवन को लगा देने की इच्छा होती है तो वह देखता है कि उसके आधे दर्जन बच्चे हैं। देश के लिए जेल जाना या दरिद्रता का जीवन व्यतीत करना ऐसे युवक के लिए बिल्कुल असम्भव-सा हो जाता है। जिस अवस्था में अन्य देश के नवयुवक अपने

साहस और वीरता को प्रकट करते हैं और इसलिए अपने देश का नाम रौशन करते हैं, हिन्दुस्तानी करीब-करीब आधा बुड्ढा हो चुकता है। अगर भारतवर्ष को वीर नवयुवक पैदा करने हैं जो देश के लिए सारी जिन्दगी दरिद्र होकर रहें या समय आने पर हर एक किस्म के बलिदान के लिए तैयार हों तो हमें अपने समाज में ब्रह्मचर्य आदि का विशेष प्रचार करना होगा।

देशबन्धु समय-समय पर पाठकों का ध्यान ऐसी उन कुरीतियों की ओर खींचता रहेगा जिनके कारण आज हम इतने निर्बल हैं और संसार के अन्य राष्ट्रों के समान उन्नति नहीं कर सकते।

यह तो हुए देशबंधु के राजनीतिक और सामाजिक उद्देश्य। हमारे साहित्यिक हौसले भी हैं। हम हिन्दी-भाषा के प्रेमियों के सामने संसार के उत्तमोत्तम गल्प और उपन्यास रखना चाहते हैं, हम संसार के उपन्यास सम्राटों की लेखनी का स्वाद यथाशक्ति अपने देशवासियों को चखाना चाहते हैं। इस उद्देश्य से हम हर एक अंक में एक-दो उत्तमोत्तम गल्पें अवश्य प्रकाशित करेंगे जिससे पाठकों का मनोरंजन भी होगा और उपदेश भी। सच तो यह है कि देशबंधु में सबसे ज्यादा जगह गल्पों और उपन्यासों को ही दी जाएगी। जहाँ तक होगा गल्प एक ही अंक में समाप्त कर दिया जाएगा जिससे पाठकों को प्रतीक्षा न करनी पड़े, किन्तु अगर स्थानाभाव से एक अंक में न हो सका तो दूसरे अंक में तो अवश्य ही समाप्त कर दिया जाएगा। हमारा विचार केवल छोटी-छोटी उपदेशजनक, मार्मिक और दिलचस्प कहानियों को प्रकाशित करने का है किन्तु इसका मतलब यह नहीं कि पाठकों को समाचार से वंचित रखा जाएगा, देश और विदेश की खबरें तथा साथ ही साथ अन्य बातें भी, जिससे पाठकों का मनोरंजन और लाभ हो 'देशबंधु' में प्रकाशित होंगी। हमें आशा है कि देशवासी हमारे इस साहस में हाथ बटाएँगे।

इन शब्दों के साथ देशबंघु को हम देशबंधुओं के चरण-कमलों में समर्पित करते हैं।

विनीतः–
शीतला सहाय
बुद्धिधन शर्मा
देशबन्धु, पहला अंक, 28 अप्रैल, 1924

आत्मनिवेदन

(सम्पादकीय)

इस अभागे देश की छाती पर आज दरिद्रता का ताण्डव नृत्य-भीषण ताण्डव नृत्य हो रहा है। समय के प्रवाह में भारतीय जीवन की सारी निधियाँ और भारत के सारे सुख बह गये हैं और उनके स्थान पर एक विभीषिकापूर्ण बालुकाराशि जमकर इकट्ठी हो गयी है। देश गरीबी की आग से इतना और इस तरह जल रहा है कि उसे देख कर रोंगटे खड़े हो जाते हैं। आँखों के सामने चारों ओर घोर अंधकार छा जाता है। इस गरीबी और उदराग्नि के बीच में रहकर मानसिक उन्नति का भस्मसात् हो जाना सरल ही नहीं अनिवार्य भी था। कहते लज्जा और दुख होता है कि हम इतने गिर गए हैं, और बराबर इतने गिरते जा रहे हैं कि इस बात की कल्पना करना भी असम्भव है कि हम कहीं रुक सकेंगे। सचमुच हमारा यह पतन हमारा कभी साथ भी छोड़ेगा या नहीं, इसमें सन्देह है।

इस भीषण परिस्थितियों में भारतीय जीवन का प्रतिक्षण-प्रतिपल ह्रास होता जा रहा है। एक ओर असहाय निरीह विधवाओं का करुण क्रंदन है तो दूसरी ओर... । हाय! चारों ओर से एक ही कराह, एक ही आर्तनाद, एक ही हाहाकार। अभागे भारतीय किसान, वे किसान जो भारत के भाग्य-विधाता हैं, वे किसान जो अपने जीवन की परवाह न करके देश या विदेश की 'सभ्य' कही जाने वाली जनता के लिए अपना सारा स्वास्थ्य, अपना सारा यौवन और अपना सारा सुख त्यागकर दिन भर खेतों में अपने प्राणों की आहुति चढ़ाते रहते हैं और वे किसान जो राजप्रसाद में रहने वालों की वैभववेलि को अपने खून से सींचते रहते हैं, वे ही अभागे भारतीय किसान दिनभर दरिद्रता की ज्वाला में जलकर, जीवन की कितनी ही मधुर रातें बिना खाये पिये, केवल रात के तारे देखकर बिताया करते हैं, और निरन्तर अपने दुर्भाग्य के अभिशाप में जला करते हैं। देश की दुर्दांत गरीबी का यह नंगा चित्र और इस नंगी दरिद्रता की आंसूभरी करुण कहानी... हाय! कितनी घातक, कितनी मार्मिक, कितनी कारुणिक है...!!!

बंगाल के भूतपूर्व लेफ्टीनेन्ट गवर्नर सर चार्ल्स इलियट का कथन है : "One half of the agricultural population of India go hungry from day to day, not having a square meal in the course of a whole year."

इण्डियन स्टेटिक्स के भूतपूर्व डाइरेक्टर ने भी लिखा है: "चालीस लाख भारतीय दिन भर में केवल एक बार भोजन करके जीवन बिता रहे हैं"।

जीवन तो वे बिता रहे हैं, परन्तु उनका जीवन कितना रोगग्रस्त और कितना घृणित बन गया है, इसका ठीक-ठीक पता तो कोई भारत का दरिद्र किसान ही बनकर लगा सकता है। और इस प्रकार का जीवन बिताने का उनके जीवन पर क्या प्रभाव पड़ता है उनकी शक्तियाँ दिनों दिन कितनी क्षीण होती जा रही हैं, उनके जीवन का प्रतिक्षण कितना अधिक ह्रास होता जा रहा है, इसके लिये भारतीय जीवन की औसत अन्य कई स्वतन्त्र राष्ट्रों के मनुष्यों के जीवन की औसत तुलनात्मक क्षति से अध्ययन करने के लिए दे देना अप्रासंगिक न होगा। पाठक देखें कि दूसरे देशवासियों के जीवन की औसत अवधि में और भारतीय जीवन की औसत अवधि में कितनी दूर का अंतर है:–

अमेरिका	–	57.5 वर्ष
इंग्लैण्ड	–	51.5 वर्ष
फ्रांस	–	48.5 वर्ष
जर्मनी	–	47.4 वर्ष
इटली	–	47 वर्ष
जापान	–	45.5 वर्ष
भारत	–	23.5 वर्ष

स्वतन्त्र राष्ट्रों और गुलाम भारत की तुलना कीजिये। क्या आपकी आँखें लज्जा से झुक न जाएँगी? जीवन की इतनी लघु अवधि जो विशेषतः भरपेट भोजन न पाने के कारण हो रही है? क्या आपको देश की मार्मिक गरीबी का वस्तुतः कारण जानने के लिये विकल नहीं कर देती? यही औसत अवधि जो 1881 में 30-75 वर्ष थी और अब केवल 23.5 वर्ष रह गयी है, क्या यह आप में निरन्तर क्षीण होने के कुछ भयानक कारणों के लिये सन्देह की सृष्टि नहीं करती।

जीवन की इस लघु औसत अवधि के साथ जरा अपने शिशुओं की हत्या संख्या (हम इसे हत्या ही समझते हैं और आगे चलकर कारणों का हम वर्णन करेंगे तब आप भी उन्हें हत्या ही मानेंगे) पर ध्यान दीजिए। आप रो पड़ेंगे अपने अबोध शिशुओं की अकाल मृत्यु पर और आप रो पड़ेंगे उन भयानक कारणों पर जिनके कारण वे सुन्दर सुकुमार फूल हमारी आर्थिक कठिनाइयों से सदा सर्वदा के लिए मुरझाये जा रहे हैं–निर्मम मृत्यु की भयंकर गोद में सिसक रहे हैं। हाय! 1928 की इयर बुक के लेखानुसार सन् 1924 में भारत में प्रति मील 34.45 शिशुओं का जन्म हुआ जिनमें 28.41 मर गये। सन 1925 में 33.45 शिशुओं का जन्म हुआ जिनमें 28.

49 मर गये। सन 1925 में 33.65 शिशुओं ने संसार का प्रकाश देखा और जिनमें 24.72 मृत्यु के विभीषिकापूर्ण अंधकार में विलीन हो गये।

ग्रेट ब्रिटेन में 1929 में जहाँ प्रति हजार केवल 65 बालक मरते हैं, वहाँ उन्हीं ग्रेट ब्रिटेनवालों के ब्रिटिश भारत में प्रति हजार 206 बालकों की मृत्यु होती है। बड़े-बड़े शहरों में साल के भीतर ही जितने बच्चे मरते हैं उनकी संख्या देखते ही हृदय डूबने लगता है। उदाहरणस्वरूप भारत के तीन सबसे विशाल नगरों की तालिका यह है:–

बम्बई प्रति हजार	–	572
कलकत्ता प्रति हजार	–	386
मद्रास प्रति हजार	–	282

आखिर इतनी भयानक मृत्युओं का कारण? कारण स्पष्ट है। वे भगवान के उस वैभवपूर्ण भारत के घरों में जन्म अवश्य लेते हैं, पर उन्हें उन सारी बातों का अभाव रहता है जिनसे जीवन की शक्तियाँ तथा प्राणों को खुराक मिलती है। अपने माँ-बाप की एक ही तंग गन्दी और अंधकारपूर्ण कोठरी में वे जन्म लेते हैं और जीवन के साथ ही मृत्यु भी लपेटे आते हैं। यथेष्ठ भोजन के अभाव में उन्हें मृत्यु के अतिरिक्त और कौन प्यार करता?

परन्तु! परन्तु इतनी भयानक मृत्यु संख्या का उत्तरदायित्व किस पर है, बाल-विवाह की घृणित प्रणाली पर भी किसी अंश तक इसका उत्तरदायित्व है, इसमें सन्देह नहीं। परन्तु सबसे अधिक उत्तरदायित्व है देश की गरीबी पर ही, जो अभिशाप बनकर देश को खाती जा रही है। और इस गरीबी का उत्तरदायित्व है, देश के शिल्प-वाणिज्य की हानि पर, देश के उद्योग-धन्धे के सर्वनाश पर, देश की एक विशाल संख्या की बेकारी पर। यह प्रकाश के समान सत्य है, इसमें सन्देह नहीं। परन्तु बेकारी की यह समस्या हल कैसे हो? हमारे उद्योग-धन्धे फिर से क्या पनप सकेंगे? अगर हाँ, तो कैसे इसका उत्तर 'उद्योग-धंधा' देगा। 'उद्योग-धंधा' क्षेत्र में आकर नवयुवकों को पुकारेगा और कहेगा–"हे देश के नवयुवकों, हे गुलाम भारत के दरिद्र किन्तु मनस्वी युवकों तुम उठो! अपनी आँखें खोलो, अपनी चेतना सम्भालो, देश के मृतप्राय उद्योग धंधों में जान डालो, राष्ट्रीय सम्पत्ति को अपने मस्तिष्क से, अपने परिश्रम से, अपने कौशल और अध्यवसाय से जीवित करो, फिर देखो कि तुम्हारे प्रयासों से सींची हुई बेलि किस प्रकार नयी उमंग और नयी छवि से लहलहाने लगती है। तुम देखो कि किस प्रकार तुम सुखी हो गये और तुम देखो कि किस प्रकार तुम्हारे दुखों,–उन दुखों का अंत हो गया, जो तुम्हें विश्वविद्यालयों की उच्च से उच्च डिग्रियों के प्राप्त करने के बाद भी दरवाजे-दरवाजे मामूली सी क्लर्की प्राप्त करने के लिए उठाने पड़ते थे।

देश की एक बहुत बड़ी संख्या सार्वजनिक कार्यों में न तो भाग ले सकती है और न तो राजनीतिक क्षेत्र में ही वह कार्य कर सकती है, क्यों? इसलिए कि भारतीय युवकों की मनोवृत्ति बिगड़ चली है, सिवा नौकरी करने के उनके सामने कोई स्वतन्त्र

पेशे की कल्पना ही नहीं आती और इस भय से कि कहीं हमारी नौकरी न छूट जाय, वे किसी भी सार्वजनिक हित के कार्य में भाग नहीं लेते, ले भी नहीं सकते। परिणाम क्या होगा, यह पाठक समझें। अतएव देश के भाइयों और बहनों! आगे बढ़ो। तुच्छ नौकरियों की ओर से मन हटा कर उद्योग-धंधा सीखो। स्वतन्त्र जीवन से सुख और उद्योग-धंधे से सम्पत्ति पैदा करो। नौकरी तो एक प्रकार की गुलामी ही है, राजनीतिक गुलामी से यह मानसिक गुलामी बहुत अधिक घृणित और हानिप्रद है। अगर तुम उद्योग-धंधे में लिपट जाओ तो तुम्हें सहयोग की कमी न रहेगी। एक विशाल संख्या में तुम्हारे ही भाई सड़कों के फुटपाथों पर बिना खाये पिये बेहोशी की नींद सो रहे हैं, अगर चाहोगे तो तुम उनको उपयोगी बना सकते हो। तुम्हारे लिये तो सहयोगी होंगे और तुम उनके लिए अन्नदाता होगे।

भिखमंगों की उस विशाल संख्या को तुम अपने शिल्प-वाणिज्य में भरती करो। हम तुम्हें विश्वास दिलाते हैं कि वे अनेक शिक्षितों से अधिक श्रमी निकलेंगे अपनी विवशता से ही उन्होंने भिक्षावृत्ति स्वीकार की है। तुम क्यों नहीं आगे बढ़कर विस्तृत क्षेत्र में शिल्प और रोजगार कर उन्हें अपने साथ लेते? कितनी ही ऐसी दिशाएँ हैं जिनमें वे तुमसे भी अधिक उपयोगी सिद्ध होंगे। परन्तु आप क्या करें और कैसे करें, उद्योग-धंधा यही आपसे कहने आया है। देश में बेकारी दरिद्रता और परमुखापेक्षी बने रहने की भावनाओं का अंत कर देने की भावना से ही 'उद्योग-धंधा' अवतीर्ण हो रहा है और उसे अंत करने के लिए वह अंत तक लड़ता रहेगा।

हम अपनी समूची शक्तियों से देश की दरिद्रता से लड़ेंगे और अपनी शक्ति भर उसे दूर करने की चेष्टा करेंगे। बेकारों की रोटी का सवाल हल करना हमारा उद्देश्य होगा। व्यापार में लगे हुए लोगों की शक्ति को अधिक उपयुक्त कामों में लगाने की हम चेष्टा करेंगे। हम चाहेंगे कि हमारे देशवासी उद्योग-धंधे के क्षेत्र में अग्रसर हों, वे विदेशियों से प्रतियोगिता करें। वे अपने देश की लक्ष्मी को आदरपूर्वक वापस लावें। यही हमारा उद्देश्य है। यही हमारा सुख स्वप्न है। ईश्वर हमें शक्ति दें, शक्ति में विश्वास दें और विश्वास में दृढ़ता दें, जिससे हम अपने उद्देश्य की पूर्ति कर सकें, अपने स्वप्न को सार्थक बना सकें।

सब उन्नतियों की जड़ आर्थिक उन्नति है। आर्थिक समस्या को सुलझाए बिना हम किसी दिशा में विकास नहीं कर सकते। हमारी आर्थिक कठिनाइयाँ ही हमारे राजनीतिक मार्ग में भी बाधा डालती हैं। सचमुच ही राजनीति अर्थशास्त्र के हाथ की कठपुतली है। कहा है–"Politics is the made mind of Economics". लोगों को अपनी रोटी की चिन्ता रहती है। अनेक बहुमूल्य मस्तिष्क इसी चिन्ता के कारण अपनी प्रतिभा खो बैठते हैं। यदि आर्थिक कष्टों के कारण उनका मस्तिष्क चिंतित न रहे तो वे अपनी प्रतिभा का उपयोग देश सेवा के कार्य में कर सकते हैं परन्तु हमारी आर्थिक हीनता के कारण ऐसा नहीं होने पाता। हम इसी हीनता को दूर करने की चेष्टा करेंगे।

हम उद्योग-धन्धे के सम्बन्ध में ऐसी बातें उत्साही नव-युवकों के सामने रखते रहेंगे, जिससे वे अपनी शक्ति का सफलतापूर्वक उपयोग कर सकें।

एक बात और है। हमारे देश में किसानों को साल भर काम नहीं मिलता। वे प्राय 6 महीने तक बेकार रहते हैं। हम समय-समय ऐसे व्यवसायों पर प्रकाश डालते रहेंगे जिनसे हमारे किसान अपने समय का पूरा उपयोग कर सकें। यदि बेकारी के दिनों में उन्हें मुनाफे का कोई काम मिल जाय तो इससे उनका जीवन अवश्य ही अधिक महत्वपूर्ण हो सकता है। ऐसी अवस्था में उनके पास इतने पैसे रहेंगे जिससे वे अपने बच्चों को पढ़ा सकें। उनके लिये स्वास्थ्यकर भोजन का प्रबन्ध कर सकें। ऐसा होने पर भविष्य में भारत को अधिक योग्य नागरिक मिलेंगे। उनकी योग्यता पर वह गर्व कर सकेगा।

कहा जाता है कि इन दिनों हिन्दी संसार में पत्रों की बाढ़ आ गयी है। कुछ लोग तो यहाँ तक कहने का साहस करते हैं कि यदि यही क्रम जारी रहा तो थोड़े ही दिनों में पढ़ने वालों से पत्रों की संख्या ही अधिक हो जाएगी। ऐसी बातें सर्वथा दयनीय हैं। पत्रों की अधिकता से ऊबने वाले सज्जन जरा विदेशों की ओर आँख उठकर देखें तो उन्हें मालूम पड़े कि वर्तमान युग में पत्रों का क्या स्थान है और उनकी संख्या कितनी है। उनकी तुलना में तो हमारे देशों में पत्रों की संख्या कुछ है ही नहीं। अभी तो हम प्रमुख पत्रों को दर्जनों की संख्या में ही गिन सकते हैं। हमारे यहाँ तो पत्र का व्यवसाय आरम्भिक अवस्था में है। एक ही पत्र में सभी विषयों का समावेश करने की चेष्टा की जाती है। मासिकपत्रों में साहित्यिक, सामाजिक, धार्मिक, राजनैतिक, व्यावसायिक, वैज्ञानिक तथा आध्यात्मिक आदि प्रत्येक विषय घुसाने की चेष्टा की जाती है। इसका फल यह होता है कि किसी भी विषय पर वह सफलतापूर्वक प्रकाश डालने में समर्थ नहीं होता। विदेशों में यह बात नहीं है। वहाँ भिन्न-भिन्न विषय के पृथक-पृथक पत्र हैं और वे उस विषय पर ही प्रकाश डालने में अपनी पूरी शक्ति खर्च करते हैं।

भारत में भी ऐसे ही पत्रों की आवश्यकता है। 'उद्योग-धंधा' इसी लक्ष्य को सामने रखकर कार्यक्षेत्र में अवतीर्ण हो रहा है। हम केवल वाणिज्य-व्यवसाय सम्बन्धी विषयों पर ही प्रकाश डालने की चेष्टा करेंगे।

अपने सम्बन्ध में इस समय हम अधिक कुछ कहना नहीं चाहते, हमारा कार्यक्रम ही बतायेगा कि हम उपयोगी हें या अनुपयोगी। इस प्रबन्ध को समाप्त करने से पहले हम केवल यह कहना चाहते हैं कि यदि हिन्दी प्रेमियों ने हमें सहारा दिया तो हम राष्ट्र की आर्थिक दुरवस्था को दूर करने की प्राण-पण से चेष्टा करेंगे तथा नवयुवकों को हम हर प्रकार से साधारण पूंजी से सरल व्यापारिक तरीके बतलाते रहेंगे। यदि वे हमारी सेवा स्वीकार करेंगे तो उनके जीवन को सफल बनाने की हम बराबर चेष्टा करते रहेंगे।

'उद्योग धंधा', पहला अंक, अक्टूबर, 1931

साहित्य और जीवन

डा. हेमचन्द्र जोशी

"वही लेख मुझे पसन्द है, जो लेखक के रक्त से लिखा गया हो। अपने रक्त से लिखो, तुझे मालूम हो जायेगा कि रक्त ही आत्मा है"।

–नीत्शे कृत 'जरथुस्त्र सूत्र से

साहित्य हिन्दी में मन बहलाने का विषय बन गया है। लोकरुचि का ध्यान रखकर कुछ साहित्यिक व्यापारी तथा मुसाहिबी तबीयत के लोग लेखक और प्रकाशक बन बैठे हैं। उन्हें नाम कमाने तथा रुपया पैदा करने से मतलब है। साहित्य किस काम का पौधा है और किस भूमि जलवायु में यह पनपता है, यह जानने से उन्हें क्या लाभ।

किन्तु जिन्हें साहित्य नाम से भी प्रेम है, उनके लिए यह अत्यंत आवश्यक है कि साहित्य की नस-नस पहिचानें। हमने शीर्षक के नीचे नीत्शे का जो वाक्य दिया है, वह वास्तव में साहित्य की कसौटी है। बात यह है कि साहित्य धड़कता हुआ हृदय है, फड़कता हुआ प्राण है। यदि अपने रक्त से न लिखा जाएगा तो उसमें जीवन कहाँ से आएगा? हमारे उपनिषद, महाभारत आदि ग्रन्थ उन ऋषियों ने लिखे थे, जिन्होंने अपने वाक्यों में अपनी आत्मा घोल दी थी। "क्षुरस्य धारा निषिता दुरत्यया दुर्गम पथस्तत्क वयो वंदति"–पैने छुरे की इस धार पर चलकर जो रक्त निकला, जो आत्मा बलवती हुई उसकी संजीवनी शक्ति उपनिषदों में विभाषित है। यही कारण जिस समय बाल्मीकि ऋषि को क्रौंच की जोड़ी के विछोह ने, उनमें से एक के निषाद द्वारा वध ने मर्माहत कर दिया और उनका प्राण व्याकुल हो उठा, उस समय कविता स्वयं उनके हृदय से गंगा की धार की भांति झरने लगी। उन्होंने अपने पहले श्लोक "मा निषाद प्रतिष्ठा त्वमगम शाश्वती समा। यत्क्रौंच मिथुनादेकमवधी काम मोहितम्" में ही अपना प्राण ढाला। इसका दूसरा नाम है अपने रक्त से लिखना। यह तभी लिखा जा सकता है जब कोई उस विषय पर लिखे, जिसकी अनुभूति में–अनुभव में नहीं–वह अपने प्राण की बाजी लगा बैठा हो, नहीं तो साहित्य नहीं 'रहित्य' पैदा होगा, वह लेख लिखा जाएगा जिसमें प्राणहीनता रहेगी। वह उन सब गुणों से रहित होगा, जो जीवित साहित्य में वर्तमान रहने चाहिए।

हमारा नया साहित्य लीजिए। उसमें जीवन का कितना अभाव है और जीवन ही प्रतिभा है। जिस साहित्य में प्राण प्रतिभासित होता है, जीवन जागृत रहता है, वह प्रतिभा की कृति है। यह कृति रूखे हृदय को रसमय कर देती है और मुर्दादिल पाठक में भी नए प्राण की प्रतिष्ठा करती है। कालिदास पढ़िए, तुलसी देखिए, उनमें आप यह अनुभूति पाएँगे और अपनी-अपनी बुद्धि के अनुसार सबको उनकी कृति

का फड़फड़ाता प्राण विचलित करता है। बायरन, शेली, टेनिसन पढ़िए, पता चलेगा कि उन्होंने अपनी काव्य-साधना द्वारा व्यक्तिगत प्राण को महत्प्राण बना उसे विश्वभर में व्याप्त कर देना चाहा था, इनके ग्रन्थ इनके प्राण हैं। वह अक्षरों या वाक्यों का समूह नहीं है। कवि, कलाकार या संगीतज्ञ के विषय में यही कहा जा सकता है, "तत्वमसि, श्वेत-केतो"—अर्थात, हे शुद्ध प्राण मनीषी। तू अपनी कृति है। तुझमें तथा तेरे काव्य, कला और संगीत में कोई भेद नहीं। तुम दोनों अभिन्न प्राण हो। "आत्मा वै काव्यनामासि"। इसका फल यह होता है कि प्रत्येक साहित्यिक, कलावंत और गुणी अपनी विशेषता प्रकट करता है और उसके शब्दों में जो शक्ति रहती है उनसे ही आप उसकी विशेषता पहिचान सकते हैं। उसके विचार जगत उसकी विशेष साधना का परिचय देते हैं और प्रत्येक गुणी एक खास अनुभूति, विशेष साधना तथा अपूर्व दृष्टि का अवतार बन जाता है।

अजंता की दीवारों पर जो चित्र हैं, उन्हें देखिए। वहाँ कई पीढ़ियों तक एक ही साधना का रूप हमारे सामने खोला गया है। कुछ अपवादों को छोड़, एक कलम तीन सौ साल तक चली। ऐसा क्यों हो सका। इसलिए कि उस समय तक्षक, शिल्पकार और गुणी समाज संगठित रूप में साधना करते थे। पुत्र पिता की अनुभूति लेकर आगे बढ़ता था और सारा समाज, कुल या गुण एक मुखिया के प्राण का प्रतिबिम्ब था। इन सबको चलाने वाले वे बौद्ध-भिक्षु थे, जिनकी गुरु-परम्परा और धर्मअनुभूति ने सारा चित्रपट अनुप्राणित किया है। यही कारण है कि तब के चित्रों में एक अनुभूति प्रतिभासित होती है। उनकी अपनी विशेषता है और अपनी स्वतन्त्र कलम है। अब जो भारत में कुछ लोग उसकी नकल पर भारतीय कला को पुनर्जीवित करना चाहते हैं, वे साधनाहीन, प्राणरहित व्यक्ति रंग और रेखा की नकल कर उसका उपहास संसार के सामने रख रहे हैं। इसीलिए देखते हैं कि विरला ही चित्र प्राण का परिचय देता है—विरले में ही प्रतिभा दिखाई देती है, सौ में निन्यानबे से भी अधिक चित्र टकसाली रुपयों की भांति ठप्पे से बाहर निकलते हैं। गढ़वाली चित्रकार भोलाराम ने जब 'हर-पार्वती' का चित्र तैयार किया था तो पहले साधना और अनुभूति द्वारा अपने ध्यान में ही प्राण-प्रतिष्ठा कर दी थी, किन्तु इस समय किसके पास ऐसा प्राण है जो अपनी कृति में उसे झलका सके। उस दिन साहित्य सम्मेलन की प्रदर्शनी में श्री बहादुर सिंह सिंधी जी का एक चित्र 'मीना बाजार' टंगा था। मुगल दरबार के इस चित्रकार ने इस चित्र के टुकड़े-टुकड़े में, प्रत्येक रेखा और और रंग में अपना प्राण डाल रखा था। इसलिए उसमें जीवन था, उससे सत्य टपक रहा था और वह सबका मन मोहित कर रहा था। ऐसी कृति में कलावंत की अपनी ऐसी छाप होती है कि दर्शक उसका दूसरा चित्र देखते ही कलम पहचान लेगा। यूरोप में रेम्ब्राण्उट, राफाएल, हारेरो, पिकास्सो, इंग्रेस, ड्यूरक आदि के चित्रों में ऐसी ही छाप रहती है, जिसे पारखी तुरन्त जान जाते हैं।

साहित्य में भी यही हाल है। ग्येटे के ग्रन्थों में हर शब्द में उसकी छाप है। उसका वाक्य सुनते ही उसका ज्ञाता कह देगा कि ऐसा तो ग्येटे लिखता है। यह उसका ढंग है। ढंग क्या है यह साधनापूर्ण प्राण की विचित्र अनुभूति है। उसे कितने ही अनुभव क्यों न हुए हों, किन्तु अनुभूति एक हुई है। उसने प्रकृति का, इस विश्व का एक ही रूप देखा है, जिसे देख उसे नानात्व में एकता की अनुभूति हुई है। बस, वह सब घटनाओं, सब अनुभवों और सब विचारों में यही राग टांकता है। वह चाहे कुछ लिखे, उसका यह रंग सब पर चढ़ा होगा। शेली ने विश्व के दूसरे सत्य का अनुभव किया है। उसे इसी में आनन्द है। उसकी सब कविताएँ आप खोज डालिए, यही सत्य, यही आनन्द, यही अनुभूति उसमें सर्वत्र विद्यमान पाएँगे। उसका यही प्राण है जो सर्वत्र खुला हुआ है। फलतः उसकी रचना सिरजनहार है, उसमें जीवन है। 'गीता' में क्या है? इसमें षोडश कला जीवन है। जिसने इसे रचा, वह इतना समर्थ था कि सारे ग्रन्थ में पूर्ण मात्रा में ज्वलंत प्राण डाल गया है। फल यह हुआ कि अर्जुन जीवन पा गया और करोड़ों मनुष्य, जिनमें जीवन की मात्रा नहीं के बराबर है, नया प्राण पा जाते हैं। देश का घोर दुर्भाग्य है कि इधर भारत में अहिन्दुत्व तथा शूद्र धर्म की बढ़त के साथ गीता का प्राणहीन अर्थ किया जा रहा है और अधिकांश हिन्दू शूद्र-बुद्धि के हो गए हैं। वे इस अर्थ को, जो चरित्र नाशक और प्राण शोषक है, उचित समझकर मानने लगे हैं। अभी कुछ दिन शूद्र-युग और रहेगा, उसके बाद वीर ब्रह्म युग में गीता का सत्यज्ञान प्रकाश में आएगा। इधर पं. तिलक कृत टीका ही संजीवनी टीका निकली है।[1]

साहित्य और जीवन का घनिष्ठ सम्बन्ध है और जीवन उस शक्ति का नाम है, जो मनुष्य, समाज, प्राणि-मात्र और विश्व को जड़ता से हटाकर उसमें आन्दोलन, स्पन्दन और प्रगमन पैदा करता है। हिन्दू दार्शनिक तामसिक स्वभाव छोड़ राजसिक और सात्विक पथ की ओर जाने का नाम जीवन समझते हैं। जीवन का एक मुख्य उद्देश्य प्रजनन है। प्रजनन का अर्थ है अपने को विकसित रूप में पुनःपुनः जन्म देना। प्राण के इन सब रूपों के भीतर एक अवस्था सर्वत्र पाई जाती है यानी प्रत्येक प्राणी तथा पदार्थ का पग-पग में विरोध होता है, और वह उस पर विजय प्राप्त करने की सदा चेष्टा करता है। इस प्रयत्न में जीवन अपनी शक्ति बढ़ाता है और विकास के पथ पर चलता है। इस जीवन के जितने बड़े दर्जे पर प्राणी पहुँचता है, उतनी अधिक उसकी विरोध शक्ति बढ़ती है। मनुष्य इस होड़ में इतना आगे बढ़ गया है कि वह शेर का क्या मुकाबला, प्रकृति का टाट-पलाट उलटना चाहता है। स्वेडन, नारवे, रूस आदि देशों में मनुष्य ने दारुण शीत, विकट जंगल, तूफानी समुद्र और अनुर्वर भूमि के साथ घोर युद्ध किया है। वहाँ मनुष्य की परिणति सबसे अधिक हुई है। इसका नतीजा यह हुआ है कि वहाँ जीवन उग्र रूप में प्रकट है। इसलिए हम देखते हैं कि जो साहित्यिक प्रतिभा इन देशों में चमकी है, वह अन्यत्र नहीं। बात

यह है कि जहाँ जितना अधिक जीवन है, वहाँ साहित्य भी उन्नत है। साहित्य का अर्थ ही है जीवन के उत्सव के साथ निकट सम्बन्ध स्थापित करना। तब मुर्दे क्या साहित्य पैदा करेंगे?

हिन्दी में अभी तक जीवन कहीं नहीं दिखाई देता, इसलिए हमारा साहित्य बड़े सड़े हुए, बंधे पुराने पोखर की भांति दूर से ही दुर्गंध देता है। भले ही कुछ कूप-मण्डूक इस बासी गन्दे पानी में निरन्तर टरटराते रहते हों। ये दादुर जो दुर्गंधपूर्ण गन्दे पानी में अविरोध तामसिक जीवन बिताकर अपने-अपने राग में मस्त हैं, उस शुद्ध जीवन की धारा अपनी कृति में कैसे बहा सकते हैं जो स्वच्छ, शुभ जीवन के मूलस्रोत हिमालय पर आसीन नीलकण्ठ की जटाओं से ही निकलती है। यह गंगा की धारा जितना ही अधिक चट्टानों, पहाड़ों और गिरि-कंदरों से टकराती है, उतनी अधिक शक्ति बटोरती है और इससे अपनी शुद्धता की रक्षा करती जाती है। यह शक्ति, यह स्वच्छता हिन्दी में कहाँ है? हमें उन लेखकों की आवश्यकता है जो इस जीवन गंगा में स्नान कर पुनीत होकर निकलें। उनमें प्राण होगा। वह प्रतिभा दिखा सकेंगे। उनमें वह शक्ति होगी, जिससे साहित्य पारखी तुरन्त उनके व्यक्तित्व की छाप, उनकी आत्मा की अपूर्व विशेषता और उनकी साधना का शक्तिमय रूप पद्म-पत्र में जल-बिन्दु की तरह अलग छलकता हुआ देख लेंगे। इस समय तो लक्ष्मीकांत और सरस्वती की दो कविताओं को उठाइए, आपको नाममात्र भी भिन्नता, सिवा पद भिन्नता के और वह भी कभी-कभी, मालूम न देगी। कारण स्पष्ट है। दोनों में प्राण यानी अनुभूति नहीं है। तब व्यक्तित्व की विशेषता कहाँ? जहाँ व्यक्तित्व की विशेषता नहीं, वहाँ साहित्य का रस कैसा? असल बात यह है कि इन सबकी हृद्तंत्री के तार तो टूट गए हैं। उन सबसे एक ही खनखनाती आवाज निकलती है। अपनी छाप इनमें दो कैसे हो सकती है।

खेद तो यह है कि हममें साहित्य विवेचन शक्ति नहीं रह गई है। आप अधिकांश पत्र उठाइए, उनमें गुड़-गोबर का एक भाव पाएँगे। किसी को पता नहीं है कि कांच और हीरे में क्या भेद है। कसौटी किसी के पास नहीं है। तब जो हम बहुधा देखते हैं कि रसहीन लेखों का आदर होता है और सारपूर्ण साहित्य अपमानित किया जाता है, इसमें कुछ अचरज का कारण नहीं। यहाँ तो केवल अनुकरणप्रियता, आत्म-विश्वासहीनता और परप्रत्ययनेय बुद्धि का दौर दौरा है। एक उदाहरण इस पर अच्छा प्रकाश डालता है। 1921 या 22 की बात है। मैंने अपने कुछ मित्रों से प्रसिद्ध फ्रेंच लेखक, अनातोल फ्रांस की लेखन कला की तारीफ की। उस समय तक हिन्दी में इस लेखक का नाम भी परिचित नहीं था। इसलिए यद्यपि मैंने इन मित्रों में फ्रांस की पुस्तक पढ़ने को बांटी तो भी सब उसे बिल्कुल साधारण लेखक बताने लगे। इतने में फ्रांस को नोबेल पुरस्कार मिल गया। तब ये मित्र मानने लगे कि अनातोल प्रतिभाशाली लेखक हैं। इसी प्रकार 10-12 वर्ष की बात है कि हमने 'प्रभा' में रोमा

रोलां पर भारत में पहले-पहले सचित्र लेख दिया। उस समय इस लेखक की ओर किसी का ध्यान न गया। अब एक बाबू उसकी प्रशंसा करते हैं। इसलिए भले ही किसी ने सर्वश्रेष्ठ ग्रन्थ 'जों क्रिस्तोफ' न देखा हो, किन्तु सभी उसका उल्लेख कर देते हैं। इस पर तुर्रा यह है कि अब रोमा रोलां साहित्य शिखर से बहुत कुछ नीचे गिर गए हैं। पर इससे क्या? उन्होंने इधर भारत-प्रेम की दीक्षा ली है। वह हमारे लिए पहले से भी बड़े हो गए हैं। कहने का तात्पर्य यह है कि इस परमुखापेक्षित, परानुवाद, परबुद्धि निर्भरता से कोई साहित्य उत्पन्न नहीं हो सकता। इसके लिये जीवन की आवश्यकता है जो आत्मसम्मान, आत्मविश्वास और आत्मप्रेरणा का मूलस्रोत है। हिन्दी में साहित्य तब पैदा होगा, जब लेखक के रक्त से लिखा जायेगा। तथास्तु।

'विश्ववाणी', पहला अंक, नवम्बर, 1931

संदर्भः

1. लेखक जाति-पांति, छुआछूत नहीं मानता, किन्तु गुण के अनुसार संसार में सर्वत्र और सदा ब्राह्मण, क्षत्रिय, वैश्य और शूद्र रहेंगे। कोई समय और कोई देश इसका अपवाद नहीं है। यूरोप में इन जातियों का विभाग भारत के जाति-विभाग से भी स्पष्ट है।

हिन्दी रंगमंच और चित्रपट

देवीदत्त मिश्र

तंत्री नाद कवित्त रस, सरस राग रति रंग।
अनबूड़े बूड़े तरे, जे बूड़े सब अंग॥

सदा सर्वदा और सर्वत्र जनता के चरित्र निर्माण में नाट्य मंच का प्रमुख हाथ रहा है, अब भी है और भविष्य में भी रहेगा। हमारे संस्कृत साहित्य के प्राचीन नाट्यकारों ने सदा इस बात का ध्यान रखा है, क्योंकि वे अपने उत्तरदायित्व को समझते थे, वे जानते थे कि इस सम्बन्ध में हमारा कर्तव्य मानव हितचिंतक शिक्षाओं से कम उत्तरदायित्वपूर्ण नहीं है। इसीलिए वे अपनी कलम को बहुत ही संयत भाव से चलाते थे और इस सुन्दरता के साथ चित्र की कल्पना करते थे कि जनता पर उसका तनिक भी अनिष्टकर प्रभाव न पड़ने पाता था। किन्तु हम जब अपने वर्तमान नाट्य जगत की ओर लक्ष्य करते हैं तब बड़ी निराशा होती है। शिक्षा के सर्वथा अभाव और उसकी त्रुटिपूर्ण वर्तमान प्रणाली ने हमारे जीवन को, दूसरों की दृष्टि में, सर्वथा शोचनीय बना डाला है। 'दूसरों की दृष्टि में' लिखने का तात्पर्य यह है कि शिक्षा का प्रकाश न होने के कारण हम तो यह समझ भी नहीं पाते कि हमारा कितना पतन हो गया है। हमारी दृष्टि धुंधली पड़ गई है, हिताहित विवेचन करने अथवा दूसरों का निर्देश ग्रहण करने तक की शक्ति नहीं रह गई, संस्कृति से हम कोसों दूर हो गये हैं। यही कारण है कि आज हमारा शारीरिक तथा मानसिक पतन होता जा रहा है। हमारे वर्तमान पारसी नाट्यमंच के नाट्यकारों ने स्वार्थवश हमको इस पतन की ओर अग्रसर करने में एक करारा धक्का लगाया है। महाकवि बिहारी ने ऐसे ही व्यक्तियों के लिए 'अनबूड़े-बूड़े' लिखा है। ये लोग स्वयं ही नहीं डूबे, दूसरों को भी डुबाया है। पारसी नाट्यमंच का उल्लेख करने का कारण यह है कि हिन्दी भाषा-भाषियों के सामने पारसी नाट्यमंच ही है। उनका अपना स्वतन्त्र कोई स्टेज़ नहीं है। पारसी नाट्यमंच सर्वसाधारण का जो अपकार कर रहा है उसके प्रति यद्यपि कई बार आवाज उठायी गई, लेकिन धनमद से मत्त मालिकों पर उसका तनिक भी असर न पड़ा। ऐसी ही अवस्था में, अर्थात हमारे हिन्दी नाट्यमंच की अपरिष्कृत अवस्था में ही टाकी फिल्मों का श्रीगणेश हुआ। पारसी हिन्दी नाट्यमंचों के अधकचरे महाप्रभुओं ने इस ओर भी

अपना पैर बढ़ाया। बम्बई में सिनेमा कम्पनियों की बरसाती मेढ़कों की तरह, बाढ़ सी आ गई है। अब तक इनकी जितनी फिल्में निकली हैं, कुछ को छोड़कर, सबमें वही पारसी नाट्यमंच की भावना खेल रही है। इनको देखने से यह प्रतीत होता है कि पैसा पैदा करना ही इनका एकमात्र लक्ष्य है, इसके सिवा इनके सामने और कोई उत्तरदायित्व नहीं है। इसका परिणाम यह होता है कि सुन्दर विचारों और भावनाओं से शून्य होने के कारण ये फिल्में मूर्ख जनता को पतन के निम्न गर्त की ओर ढकेल रही हैं। फिल्म-निर्माण के साथ जिन लोगों को प्रत्यक्ष अथवा अप्रत्यक्ष रूप से सम्बन्ध है, उनके ऊपर बड़े भारी कर्तव्य का बोझ है लेकिन वे भारत की अशिक्षा और मूर्खता से लाभ उठाकर यह सिद्ध कर रहे हैं कि उन्होंने मनुष्यत्व का लबादा उतार कर रख दिया है और पशुत्व का लबादा ओढ़ रखा है। यह अस्वाभाविक नहीं है, क्योंकि पूंजीवाद का तो यही लक्ष्य है कि गरीब जनता की मूर्खता और अयोग्यता से जहाँ तक लाभ उठाया जा सके, उठाना चाहिए। उनका इसी में कल्याण है कि जनता को अंधकार के नीचे ही रहने दिया जाय। प्रश्न हो सकता है कि पाश्चात्य देशीय फिल्म तो कला की दृष्टि से उत्कृष्ट होती हैं और उनके निर्माणकर्ता भी पूंजीपति ही हैं? इसका सहज उत्तर यही है कि वहाँ की जनता अशिक्षित और मूर्ख नहीं है, इसलिए वहाँ के पूंजीपति उनको सर्वप्रकार संतुष्ट रखने की कोशिश करते हैं। वे जानते हैं कि यदि जनता की रुचि के अनुकूल वस्तु न दी जाएगी तो लाभ उठाना तो दूर रहा, उल्टे लेने के देने पड़ेंगे। हाँ, तो कहने का तात्पर्य यह है कि जब तक लोकमत का एक स्टैण्डर्ड इस सम्बन्ध में बना न लिया जाएगा, तब तक निर्माताओं को यह अल्टीमेटम न दे दिया जाएगा कि इस स्टैण्डर्ड से यदि नीचे की चीज सामने रखी जाएगी तो उसके लिए हिन्दुस्तान में कहीं स्थान न मिलेगा, तब तक फिल्म निर्माताओं से उत्तम सृष्टि की आशा करना बालू से तेल निकालने की चेष्टा करने के समान ही व्यर्थ है। लेकिन जाति, समाज और देशहित के अनुकूल लोकमत का निर्माण करना सहज और शीघ्रता का कार्य नहीं है। इसमें समय लगेगा, जनता की रुचि परिमार्जित करने ही में वर्षों लग जाएँगे। तो फिर, समस्या हल कैसे की जाय?

इस सम्बन्ध में हमें एक बड़ी भारी शिकायत अपने शिक्षित समाज, गुरुजनों तथा नेतृस्थानीय व्यक्तियों से भी है। हमने देखा है, मार्मिक व्यथा के साथ इस कटु सत्य का अनुभव किया है कि इस 'लोकशिक्षा के मन्दिर' नाट्यमंच और अब चित्रपट को भी, समाज के संचालक उपेक्षा की दृष्टि से देखते हैं। उनकी यह उपेक्षा भी इस कला की अधोगति का एक बड़ा भारी कारण है। यदि छोटे मुँह बड़ी बात न समझी जाए, तो मैं कहूँगा कि हमारे समाज, जाति और देश के पथप्रदर्शक व्यक्ति इस कला के प्रति उपेक्षा तथा उदासीनता का भाव रखने के कारण अपने कर्तव्य की अवहेलना करने का अपराध करते हैं। नाट्यमंच और चित्रपट, इन दोनों से समाज और देश का घनिष्ठ सम्बन्ध है। इसलिए जिन लोगों के ऊपर समाज और देश के

नेतृत्व का भार है उनको सदैव सतर्क दृष्टि से देखना चाहिए कि उन स्थानों से समाज और देश का लाभ हो रहा है या अपकार। केवल यही नहीं, बल्कि नेता के नाते उनका यह कर्तव्य हो जाता है कि वे उन स्थानों के संचालन में काफी दिलचस्पी रखें। समाज के छोटे-छोटे बच्चे, किशोर, युवक-युवतियां जो स्वभावतः चंचल-मति होती हैं, इन स्थानों में आती-जाती रहती हैं। हमारे नेताओं का यह कर्तव्य हो जाता है कि वे सदैव इन स्थानों का निरीक्षण करके यह देखते रहें कि देश के बच्चों और नवयुवकों के चरित्र निर्माण में ये सहायक होते हैं या उनको पतन की ओर ले जाते हैं। यदि ये इस ओर ध्यान देने लग जाएँ तो इसमें सन्देह नहीं कि फिर हमारे नाट्यमंचों से धांधली मिट जाए और वास्तव में मंच तथा चित्रपट देश के आचार-व्यवहार, रीति-नीति, आर्थिक, मानसिक और आध्यात्मिक अवस्था पर प्रकाश डालनेवाले एक बड़े भारी प्रकाश का काम करने लग जाएँ। किन्तु उनकी उदासीनता के कारण हमारे ये 'लोक-शिक्षालय' आज देश में ऐययाशी, आरामतलबी और अनीति-अत्याचार तथा व्याभिचार फैलाने के अड्डों का काम दें रहे हैं। कितना भारी अपकार हो रहा है और इसका कारण है हमारे नेतृस्थानीय व्यक्तियों का अपने कर्तव्य पालन से विमुख रहना। ये अपनी वैयक्तिक अरुचि के कारण समाज के हिताहित की ओर दृष्टि नहीं डालते, बल्कि यह कहना चाहिए कि इस वैयक्तिक अरुचि के कारण सार्वजनिक हितचिंता की कुर्बानी कर दी जाती है। अभी भी समय है, उनको इस ओर अग्रसर होना चाहिए नहीं तो जब समाज का भावी इतिहास लिखा जाएगा तो उसमें उनकी कर्तव्यशीलता की सफेद चादर में, समाज के एक इतने आवश्यक अंग की उपेक्षा करने के लिए पक्षपात का बड़ा भारी काला धब्बा लगा दिखाई देगा। हम आशा करते हैं कि हमारे नेता जान-बूझकर कभी काला धब्बा न लगने देंगे और अपने कर्तव्य का सर्वांग पालन करेंगे।

बंगाल तथा महाराष्ट्र का नाट्यमंच बहुत उन्नत है। कला की दृष्टि में दोनों ही उन्नति के पथ पर हैं। बंगाली स्टेज से तो हम स्वयं अच्छी तरह परिचित हैं। इस उत्कर्ष का कारण यही है कि उनके यहाँ के समाज के निर्माण में इतना जबरदस्त हाथ है उसकी उपेक्षा नहीं की जा सकती। यही कारण है कि उनके नाट्यमंच ठीक रास्ते पर जा रहे हैं। आज से प्रायः 24 वर्ष पूर्व प्रकाशित बंगाल के रंगमंच सम्बन्धी मासिक 'नाट्य मन्दिर' में स्वर्गीय अमर नाट्यकार तथा महाकवि गिरीशचन्द्र ने इस सम्बन्ध में क्या ठीक ही लिखा है—"पर्यटक मात्र विदेश में जाकर वहाँ के लोगों के आचार-व्यवहार, रीति-नीति, आर्थिक, मानसिक और आध्यात्मिक अवस्था को जानना चाहते हैं। इसका सहज उपाय है, नाट्यमन्दिर का दर्शन। वहाँ उनको यह देखने को मिलता है कि उस देश के कलाकार कितने उन्नत हैं, नाट्यकार तथा कवियों के कैसे भाव हैं और दर्शकों की कैसी रुचि है। मानव की परीक्षा, उसकी रुचि का परिचय नाट्य मन्दिर में पूरा मिल जाता है। दिनभर के काम-काज से थके हुए मानव

को आनन्द प्रदान करने के लिए ही नाट्य मन्दिर की सृष्टि हुई है। वहाँ छोटे-बड़े सभी आनन्द प्राप्त करने जाते हैं। किन्तु नाट्य मन्दिर कला, विद्या के विशारदों का कर्मस्थल है। केवल आनन्द दान से ही उसको संतोष नहीं होता, वह आजीवन प्रयास करता है कि किस तरह आनन्द-श्रोता के मानव हृदय स्पर्श से मानव समाज की उन्नति होगी।"

संक्षेप में यह कहना चाहिए कि नाट्य मन्दिर समाज का प्रतिबिम्ब है। बंगाल के शिक्षित वर्ग ने अपने इस प्रतिबिम्ब को सुन्दर, स्वस्थ और प्रकाशमान बनाने के कर्तव्य को पहचाना है। उसके नाट्य जगत को विश्वकवि रवीन्द्रनाथ ठाकुर, योग्य नेता स्वर्गीय देशबन्धु दास, स्व. देशप्रिय यतीन्द्र मोहन सेनगुप्त और श्रीयुत सुभाषचन्द्र बोस जैसे संरक्षक मिले हैं। बड़े-बड़े विद्वान; धनवान तथा सुरुचिपूर्ण व्यक्तियों द्वारा, जिनका समाज में एक प्रमुख स्थान है, बंगाली स्टेज का नियंत्रण होता है। उनके कलाकारों के हृदय समाज और देश के प्रति प्रेम से भरे होते हैं, शिक्षा और संस्कृति के प्रकाश से जगमगाया करते हैं। यही कारण है कि उस प्रकाश में मनोवैज्ञानिक भावों के घात-प्रतिघात का सुन्दर द्वंद्व देखने को मिलता है लेकिन हमारे यहाँ का हाल ठीक इसके विपरीत है। हमारे योग्य नेता कभी आँख उठाकर भी नहीं देखते कि यहाँ क्या हो रहा है। समाज के शिक्षक समाचार पत्र कभी एक पंक्ति भी इस सम्बन्ध में नहीं लिखते, बल्कि अनीति और अनाचारपूर्ण अभिनयों के विज्ञापन छाप कर पाठकों की रुचि गन्दी बनाने में प्रकारांतर से सहायक होते हैं, समाज के अन्य मानी सज्जनों को कोई परवा ही नहीं है, बल्कि उनकी यह घातक धारणा सही हो गयी है कि उस ओर दिलचस्पी लेने में 'भलमनसी' में बट्टा लग जाएगा। ऐसी अवस्था में यदि अयोग्य व्यक्ति समाज के इस महत्वपूर्ण और प्रभावशाली अंग पर अपना कब्जा करके उसका मनमाना दुरुपयोग कर रहे हैं, तो कोई आश्चर्य की बात नहीं है। आशा है कि इन पंक्तियों की ओर, समाज की बागडोर अपने हाथ में रखनेवाले तनिक शांत भाव से नजर डालेंगे। हम जानते हैं कि यदि समाज के अग्रणियों का ध्यान इस ओर आकृष्ट हो जाएगा तो लोकरुचि को परिमार्जित करने में अधिक विलम्ब नहीं लगेगा और इस हालत में फिल्म निर्माताओं को लोकरुचि का ध्यान रखकर फिल्म बनाने के लिए बाध्य होना पड़ेगा।

सिनेमा-संसार, पहला अंक, मई, 1934

सांप्रदायिक बंटवारे पर अभिभाषण

रवीन्द्रनाथ टैगोर

मित्रो! आज हमलोग घोर संकट में पड़े हुए हैं। अतः आज हम बहुत ही संक्षेप में भाषण देंगे, खासकर इस जराजीर्ण शरीर से मुझे किसी बड़े भारी भाषण देने की सामर्थ्य नहीं है। हमारा राजनीति में दखल नहीं है, यह कहना बेकार है। इस सभा का उद्देश्य है साम्प्रदायिक बंटवारे का प्रतिवाद करना, खासकर के यह राजनैतिक विषय है। बहुत दिनों के बाद आज मैं राजनीतिक सभा में उपस्थित हुआ हूँ। पहले इस सभा का साथ देने में कुछ हिचकता था परन्तु स्वदेश के भविष्य की चिंता से आप लोगों के इस निमंत्रण की उपेक्षा मैं नहीं कर सका। जिस सचेतन स्नायु, रज्जु से हम सब देशवासियों को इकट्ठे दृढ़ रूप से एक राष्ट्र में बांध सकते हैं उसी को काटने के लिए जिस उद्धत झलकते हुए खड्ग पर जब सान चढाया जा रहा है तब उसके घर्षण की आवाज की उपेक्षा मुझसे नहीं की जा सकी। आज योरोप तामसी युग के घने अंधकार में डूबा हुआ है, जिस नवीन आदर्श की रोशनी से योरोप ने नवयुग का प्रकाश किया था, आज स्वयं वही योरोप उसी रोशनी को बुझाने के लिये उतावला हो रहा है। विरुद्धवादियों को पंगु अथवा उन्हें राजनीतिक क्षेत्र से निकाल बाहर करने के लिये वहाँ के डिक्टेटरगण जो स्वेच्छाचारी प्रबन्ध कर रहे हैं, उसी की कहानी से आज योरोप के समाचार पत्र रंगे हुए दिखाई देते हैं। हम यह सोचकर सिहर उठते हैं कि इस देश की जागरूक जातीय सत्ता की कोमल जड़ को उखाड़ने के लिये इन्हें किसी तरह का संकोच नहीं होगा। यह घटना बाहर के विशाल जगत के सामने नगण्य सी है और वे लोग इससे पूर्णतया उदासीन रहकर इसकी उपेक्षा ही करेंगे, क्योंकि सदा से जिन हतभागों को उपेक्षा का अपमान सहने की आदत पड़ गयी है, उन्हीं पर इस अपमान का भी उत्पीड़न हो रहा है। खैर, यह बात हमें बर्दास्त करनी इतनी कठिन है कि इस बुढ़ापे और गिरे हुए स्वास्थ्य का बहाना करने में भी हमें लज्जा बोध हुआ और अपनी चिरप्रिय निर्जनता को छोड़ते हुए यहाँ उपस्थित होकर यहाँ सचेत की वाणी भी सुनानी अपना कर्तव्य समझा।

साम्प्रदायिक बंटवारा हमारे देश के राजनैतिक जीवन को छिन्न-भिन्न करने

के लिये अभिशाप है। जो लोग इस बंटवारे को नहीं चाहते उन पर भी यह लादा गया। महात्माजी ने इसको जीवित अवस्था में शारीरिक चीरफाड़ करने जैसा वर्णित किया। इस अस्त्रोपचार के फलस्वरूप भारत प्राणहीन मुर्दे जैसा हो जायेगा। किसी सम्प्रदाय को उनके हक से ज्यादा अधिकार देने से यह अनर्थ और बढ़ गया है। अपना मतलब हासिल करने के लिए सरकार ने भिन्न-भिन्न जातियों को भिन्न-भिन्न तराजुओं पर तौला है। भावी शासन विधान के किसी निगूढ़ कारण से हिन्दुओं के साथ ही सबसे ज्यादा अविचार किया गया है। उसका कारण यहाँ बतलाना निरर्थक है। बंगाल में हिन्दुओं की संख्या कम है। अतः उन्हीं के स्वार्थ संरक्षण की पूरी व्यवस्था देनी जरूरी है परन्तु बजाय उसके उनलोगों के हक से भी कम सदस्य पद उन्हें दे कर दूसरे सम्प्रदायों को खास सुविधा दी गई है। इसमें प्रकारांतर से हिन्दुओं की शायद प्रशंसा की गई है, लेकिन अद्भुत राजनैतिक गणित-शास्त्र के अनुसार जिस व्यवस्था में एक सम्प्रदाय को दूसरे सम्प्रदाय की सहयोगिता से सदा के लिए मुक्त करके, उन्हीं पर अपनी इच्छानुसार उन पर खुले आक्रमण के सिवाय यह और कुछ नहीं है।

यह बात नहीं है कि हम अपने मुसलमान भाइयों को उनके संख्याबल का लाभ नहीं उठाने देना चाहते हैं कि हम उन पर भयावह विचार रखने का सन्देह करते हैं। बात असल में यह है कि हम पारस्परिक सहयोग सम्बन्धी भावी आशाओं पर पाला डालनेवाली योजना को नहीं स्वीकार करना चाहते जो राष्ट्रीयता को क्षति पहुँचाकर साम्प्रदायिक अधीनता को प्रोत्साहन देती है, जो पारस्परिक विश्वास के बजाय सन्देह को पैदा करती और जो साम्प्रदायिक लिप्सा से राजनीतिक लाभ उठाने के लिए धर्मांधों को उकसाती है। मैं अपने शासकों को नम्रता से याद दिलाना चाहता हूँ कि हमारे आर्थिक जीवन के व्यापारिक शोषण से कहीं ज्यादा बुरा हमारे राष्ट्रीय रक्त में यह राजनीतिक जहर फैलाना है, प्रजाजनों को सन्देह पर मामला बिना चलाये हुए अनिश्चित समय तक के लिए सजा देने से भी ज्यादा बुरा यह इसलिए है कि वैसा करना भविष्य को सजा देना है, अवज्ञा के कार्यों के लिए चाहे वे सच्चे हों या काल्पनिक, साबित हुए हों या न हुए हों, चिरकाल के लिए दण्ड देना है।

जिस दिन साम्प्रदायिक बंटवारे का प्रस्ताव पहले उठा था उसी दिन से हमारा यह प्रदेश विक्षुब्ध हो पड़ा है—उदारता या सहयोगिता पर प्रतिष्ठित समाज विपन्न हो उठा है। उसी के बीच में हमारे साहित्य में भी ध्वंसात्मिकता प्रकट होकर हमारी भाषा पर भी आक्रमण कर चुकी है। इंगरेजी भाषा में स्कौटलैण्ड की भाषा का सादृश्य नहीं है, यह समझ कर अगर स्कौटलैण्ड की जाति इंगरेजी भाषा के विरुद्ध कैलविन के मतानुसार क्षिप्त हो जाय और देश के अन्यान्यों से अपनी संस्कृति तथा एकता का बंधन तोड़ना चाहे तो जैसी अवस्था होती, उसी प्रकार हमलोगों के साहित्य में ध्वंसोन्मत्तता का असर आ चुका है। जिस अखण्ड जातीयता के लिए विभिन्न सम्प्रदायों को एक होने की आवश्यकता थी उन्हीं में संघर्ष उत्पन्न हो गया है, यह

भावी विपत्ति की सूचना है। साम्प्रदायिक हित से एकता नष्ट हो जाए तो हमारी राजनैतिक शक्ति ही नहीं—हमारी आर्थिक सम्पत्ति भी ध्वंस हो जाएगी। हम लोग निर्वाक होकर स्पष्ट देख रहे हैं कि शासन कार्य को चलाने में योग्यता का विचार न करते हुए सरकारी नौकरियों में नियुक्त करने का वैषम्य कर रहे हैं।

जिन कारणों से मुसलमानों ने विभिन्न विभागों में बहुत समय तक सुविधाओं की असमानता का कष्ट उठाया है, उनके लिए हिन्दू जिम्मेदार नहीं हैं। मैं हृदय से इस बात का स्वागत करूँगा कि धीरे-धीरे यह बिल्कुल साफ है कि इस अवस्था के मूल में एक ऐसा भाव काम कर रहा है, जिसका इस समस्या से कोई सम्बन्ध नहीं है और इस भाव ने मुसलमानों को ज्यादा नौकरियाँ दिए जाने की व्यवस्था को हमारे सामुदायिक हित के लिए बहुत अस्वास्थकर बना दिया है। प्रधान शक्ति के सामने कृपा के टुकड़ों के लिए हल्ला करने को प्रोत्साहन देने से न केवल नीचता, बल्कि चारित्रिक दुर्बलता भी उत्पन्न होती है।

मुसलमानों के चरित्रों में भी स्वाभाविक सबलता का जोर दिखाई देता है, उससे हम इंकार नहीं कर सकते। इसमें सन्देह नहीं है कि उन लोगों में गणतान्त्रिक मनोवृत्ति से अपने जीवन-युद्ध में विजय लाभ की शक्ति मिल चुकी है। जिन सब मुसलमानों में घनिष्ठता प्राप्त करने का सुयोग हमें मिला है, उनमें मेरी प्रेम और श्रद्धा है। उनलोगों की संख्या भी कुछ कम नहीं है। मेरा चिरकाल का विश्वास यह है कि खास करके मूर्खता और प्राचीन युग की मुक्तिहीनता के कारण हमलोग परस्पर विच्छिन्न हो रहे हैं और व्यक्तिगत घनिष्ठता और मित्रता से ही यह भेद मिट सकता है परन्तु इस देश के लिए जिन विदेशियों की कुछ भी सहानुभूति या स्वार्थहीन शुभेच्छा नहीं है, वही लोग अगर कोई खास उद्देश्य लेकर इस साम्प्रदायिक वैषम्य को दूर करने के लिए आगे बढ़ें तो उसका फल विनाशकारी के सिवाय और कुछ भी नहीं हो सकता है। आइए हम लोग दूरदर्शिता के साथ समझने की चेष्टा करें कि अपने स्वार्थ के प्रति सतर्क व्यक्तियों को जो सुविधा मिलती है, वह भाग्यवान अनुगृहीत और दुर्भाग्य विमुखों को बराबर हानिकारक है और उसके फलस्वरूप जिस जटिलता की सृष्टि होगी, वह एक दूसरे के विरुद्ध उकसाता रहेगा और जो लोग ऐसी सहायता देकर किफायत से बाजी मारा करते हैं, अंत में उनका भी कोई मंगल नहीं होगा। एक जन्मभूमि की संतान होकर, सभ्य जाति जैसे अपने अस्तित्व को कायम रखने के लिए तथा अपनी आत्म रक्षा के लिए भी हम लोगों को चाहिए कि परस्पर मित्रता स्थापित करें और अपने सम्प्रदायों के सारे क्षोभ तथा प्रलोभन की उपेक्षा करते हुए जो हमारी मित्रता की राह पर कांटे बिछाते हैं उन पर पूरा अविश्वास करें। हमलोगों के भाग्य से जिन लोगों का भाग्य एक ही सूत में गुंथा हुआ है उन लोगों के ऊपर चाहे जितने दिन जितनी ज्यादा कृपा दिखाई जाय, इसमें हिन्दुओं को तनिक भी क्रुद्ध नहीं होना चाहिए, परन्तु इस अन्यायपूर्ण कृपा की जो एक निश्चित

प्रतिक्रिया है वही चिन्ता का विषय है। कारण आगे चलकर एक दिन अवश्य आएगा जिस दिन यह कृपा करना और सम्भव नहीं होगा, जिस दिन एकतरफा मांग की जिद रखने में उन स्वेच्छाचारियों को भी लज्जा मालूम होगी मगर उस दिन भी इस अन्यायपूर्ण कृपा लाभ की आकांक्षा उन लोगों की मिटेगी नहीं।

वर्तमान समस्या पर जिस आपत्ति से हम सबसे ज्यादा डरते हैं, वह यह है कि हमलोगों के शासक पार्लियामेंटरी पद्धतियों से पूर्ण भिज्ञ होते हुए भी कि राजनैतिक क्षेत्र पर साम्प्रदायिक बंटवारा उनके उद्देश्य के लिए हानिकारक है, इस बात को हम लोगों से ज्यादा जानते हुए भी उसका समर्थन करने से पीछे हटते नहीं हैं।

इस अवस्था पर जो मुसलमानों पर क्रोध प्रकट किया जाता है, वह बहुत ही खतरनाक है, कारण हमारे जैसे वे लोग भी एक नाशकारी नीति के पंजे में पड़े हैं। जो मादक उनलोगों को भेंट दिया गया है, वह उन लोगों के लिए शुभकर नहीं है। यह दान जरूर ही हमलोगों की शान्ति को लगातार आघात पहुँचाएगा। एक रोज इनके दलों का उत्साह क्षीण हो जायगा—और उसी दिन वे लोग समझ जायेंगे कि उन लोगों की बहुत मूल्यवान सम्पत्ति और सुयोग विनष्ट हो चुका है और उसके पुनः उद्धार की विशेष सम्भावना नहीं रह गयी है। खैर, हिन्दुओं से मेरा अनुरोध है कि वे लोग अपने धैर्य को न खोयें, उन लोगों के प्रति जो विचार किया गया है, उसको अपनी आत्महत्या के कारण स्वरूप ग्रहण न करें। जो लोग वर्तमान मीठी बातों की टेक पकड़कर उसी नीति पर चल रहे हैं, उन लोगों को उस राह से मोड़ने के लिए उन्हें कुछ चेतावनी देना मैं धृष्टता समझता हूँ। जिन महाशयों ने योरोप की वर्तमान परिस्थिति को लक्ष्य कर लिया है वे लोग जानते हैं कि जिस देश के अधिवासियों को कुछ दिनों के लिए दुर्बल या निस्तेज करके अपमान का बोझ ढोआया जाता है, उन्हें सदा के लिए उसी का मान लेने के लिए बाध्य नहीं किया जा सकता है। शीघ्र हो या देर से वह अपमान लौटकर आकर गिरता है और उसके जहर के छींटे चारों ओर फैल जाते हैं। जो शासक मेरा-अदृष्ट भाग्य गठन या नष्ट करने के लिए इस देश में मौजूद हैं, वर्तमान में हमें उन लोगों की बात पूर्ण रूप से भूलकर उन स्वदेशवासियों की ओर देखना चाहिए जो लोग अपने स्थायी सौभाग्य की माया में फंसे हुए मानसिक धीरता खो चुके हैं। उनलोगों को हमें याद दिलाना चाहिए कि जाति की इस समस्या के अवसर पर उलटी राह पकड़ने से सदा के लिए अपमान तथा दुर्दशा अनिवार्य होगी। पक्षपात की नीति खतरनाक है सही, बल्कि उससे भी खतरनाक है, उसी नीति से पैदा हुई मनोवृत्ति—इससे देश में एक ओर से बहता है उल्लास का प्रवाह और दूसरी ओर असंतोष का दावानल जलता है और उसी से दोनों पक्ष ऐसा कार्य कर बैठते हैं कि जिसमें आपस में विभेद, विद्वेष मज्जागत हो जाय और पड़ोसी जैसी घनिष्ठता और आंतरिकता की जड़ उखड़ जाये। विषाक्त वाष्प

फैलाकर वायुमण्डल को दूषित करते हुए सहज ही विजय लाभ की जो प्रणाली है—सरकार की यह नीति भी उसी कोटि की है। इसमें जनगण का सरल अंतःकरण विषाक्त हो जाता है और भविष्य की शान्ति का सर्वनाश हो जाता है।

यद्यपि, हमें ऊपर नीचे से बांध डालने के लिये या भविष्य प्रगति की राह पर मुझे पंगु जैसा असमर्थ कर डालने के लिए मेरे शरीर पर जो कठिन बंधन डाला गया है उसे पूरा अनुभव कर रहे हैं तो परम पाश्चात्य जगत की श्रेष्ठ चिंता धारा की पोषक तथा धारक यह अंग्रेजों की वीर सुलभ मानवता की दोहाई दिये बिना नहीं रह सकता। पाश्चात्य के महान आदर्श की इस अधोगामी गति का परिवर्तन अगर सम्भव हो तो कम से कम भारतीय राजनीति पर अगर उसका असर पहुँचाया जाय, मेरे शासक अगर देशवासियों के विश्वास तथा श्रद्धा के अधिकारी बन जायं तो उससे सिर्फ उनकी शिक्षा या सभ्यता का ही कृतित्व या मर्यादा की वृद्धि होगी बल्कि ऐहिक स्वार्थ की ओर से भी वे ही लाभ उठाएँगे। यह सभा अगर ऐसा विश्वास या आशा न रखती हो तो इस सम्मेलन का बुलाना बेकार हुआ और वह बुद्धिहीनता का ही परिचायक है।

समरोत्तर स्वप्न-भंग के युग के बहुत पहले ही से मेरा जन्म हुआ था। बहु-निन्दित विक्टोरियन युग का साहित्य तथा मानवता के प्रति विश्वास, सागर पार कर मेरे कान तक पहुँच गया और उसी से मैंने नैतिक पुष्टि पूर्णता प्राप्त की।

आज जब सारे पाश्चात्य संसार में निष्ठुर ढलन तथा मानव जाति के दुःख के अविचार की ओर पूरी अवज्ञा मुझे जान पड़ती है तब भी यह सब विरोधी मतवाद तथा प्रमाण रहते हुए भी मानवता के प्रति पाश्चात्य सभ्यता की श्रद्धा की जो विशेषता मेरी समझ में आती है उस ज्ञान के प्रति मेरा अभी तक पूर्ण विश्वास है। (इसीलिए बहुत दूर तक फैला हुआ जो राजनैतिक चक्र अपने जातीय भविष्यत को नाश पहुँचा रहा है उसी विषय का अनुभव करते हुए कवि बोले—) कुछ दिन पहले ही जो प्रधानमन्त्री ने अपने बहु विख्यात आदर्श का उल्लंघन किया है जो लाट साहब रुद्ध जल की आरता में अपना अपूर्व कृत कौशल चातुर्य से श्वेत पत्र की नाव को पार लाकर मेरी अनभिज्ञता से भरी हुई भ्रान्ति तथा आश्वासन को अपने दिल में गौर करते हुए मुसकराया करते थे, इस समाज में उच्च स्तर सिर्फ वैसे ही महाशयों का अस्तित्व नहीं है। मेरा यह करुण विश्वास होते हुए भी लय नहीं होना चाहता है, परन्तु यद्यपि यह मिथ्या मरीचिका ही हो—सभा सम्मेलनों में यह लड़कपन का खेल छोड़ के उसमें सारी शक्ति तथा ध्यान देकर दूसरों की विह्वल सहायता न लेते हुए स्थिरता और धीरता के साथ, स्वातन्त्र तथा सम्मान के संरक्षण में अपनी इतिहास-रचना का व्रत धारण करना चाहिए। अगर वह भी न हो सके तो प्राच्य संसार की उस बेपरवाही बेफिकरी भरी निर्भयता का संचय हो जो बेफिकरी या उपेक्षा मेरे अज्ञात रूप से ही अयाचित व अपरिचित प्रलय की राह बना डालेगा।

अनुवादक—श्री माधव **जनमत, 25 जुलाई, 1936**

सिनेमा-सुधार

ज्ञानरंजन

सिनेमा वर्तमान युग की एक मूल्यवान देन है परन्तु यदि उसी का दुरुपयोग किया जाए तो वह एक भयंकर अभिशाप भी सिद्ध हो सकता है। जिस व्यक्ति ने इस नवीन चमत्कार का आविष्कार किया था उसके चित्त में क्या विचार आया था, उसने विश्व कल्याण की भावना से ऐसा किया था अथवा उसके चित्त में विश्व का नाश करने की भावना थी, नहीं कहा जा सकता। परन्तु इतना सत्य है कि उसके आविष्कार में दोनों शक्तियाँ थीं। उसमें संसार में प्रलय मचा देने वाली दारुण शक्ति भी थी और संसार को प्रलय सुख पहुँचाने वाली कल्याणी शक्ति भी थी। इस प्रकार सुख-दुख, हानि-लाभ, हर्ष-विषाद की प्रतिद्वंद्वी भावनाएँ समान रूप से सिनेमा के आविष्कार से सन्निहित हैं। सारे संसार में सिनेमाओं का प्रचार अत्यधिक हो गया है। नगर तो कोई ऐसा है ही नहीं जिसमें दो चार सिनेमा घर न हों। अब तो देहातों तक में सिनेमाओं का प्रचार हो चला है। ऐसी दशा में उसकी शक्तियाँ भी कई गुनी बढ़ गई हैं। इस बढ़ती हुई शक्ति का अनुमान कर कितने ही देशों ने इसे प्रचार का साधन बना लिया है। जो देश स्वतन्त्र हैं, जिनमें उन्नत होने की भावना है, जिनकी सरकारें अपने देश की बुद्धि-समृद्धि के लिए यत्नशील रहती हैं उनमें इसका अच्छा प्रयोग होता है। वहाँ सिनेमा न केवल मनोरंजन का साधन मात्र है वरन वह शिक्षा, स्वास्थ्य, संगठन, प्रचार आदि का साधन, प्रभावशाली साधन बना दिया गया है। पाठकों को यह बताने की शायद ही आवश्यकता होगी कि यूरोप और अमेरिका आदि महाद्वीपों के प्रायः प्रत्येक देश में, इसी प्रकार जापान आदि में सिनेमा के द्वारा बड़े-बड़े कार्य सम्पादित किए जाते हैं। औद्योगिक और व्यावहारिक शिक्षाओं का तो सिनेमा प्रधान साधन बन गया है। खेती कैसे की जा सकती है, जहाज आदि किस प्रकार तैयार किए जाते हैं, मनुष्यों के रहन-सहन का ढंग क्या होना चाहिए, आदि न जाने कितनी प्रकार की लोक कल्याणकारी शिक्षाएँ इसके द्वारा दी जाती हैं। इसके अतिरिक्त जिस विशेष समय के लिए जिस विशेष भावना को प्रबुद्ध करने की आवश्यकता होती है उस भावना को उत्तेजित करने वाली फिल्म भी तैयार की जाती

है, जिससे सारे देश में नवीन स्फूर्ति उत्पन्न होती है और देश का कल्याण होता है। परन्तु इसके विपरीत जो देश पराधीन हैं, जिनकी सरकारों का हित देश के सार्वजनिक हित के साथ मेल नहीं खाता, उनकी दशा बिल्कुल उल्टी है। वहाँ इस आविष्कार का दुरुपयोग होता है। इसके द्वारा देश का हित-साधन तो दूर रहा, उल्टा देश को रसातल में पहुँचा देने का प्रयत्न किया जाता है। वहाँ के निवासियों के मन में दूषित भावनाएँ, ऐसी भावनाएँ, जिनसे उनकी परतन्त्रता और भी अधिक स्थायी हो, भरी जाती हैं और इस आविष्कार को कलंकित किया जाता है। जिन फिल्मों में स्वतन्त्रता की भावना को जाग्रत करने की चेष्टा होगी, उन फिल्मों का प्रदर्शन उन देशों में बरबस रोक दिया जाएगा। इसके विपरीत जो परतन्त्रता को आश्रय देने वाली फिल्में हैं, उन्हें प्रोत्साहन मिलेगा! इतना ही नहीं ऐसी फिल्में भी न रोकी जाएँगी जो देशवासियों के साधारण चरित्र पर बुरा प्रभाव डालने वाली हैं। विजेता पराजितों से लाभ उठाने के लिए न जाने किस-किस प्रकार की नीचताएँ करता है।

हमारे देश की अवस्था आजकल ऐसी नहीं है। न ही, इससे भी कुछ अधिक गई गुजरी। अन्यान्य देशों में तो, सरकार की अधिक सहानुभूति न मिलने पर भी, केवल धन के लोभ में फिल्म बनानेवाले देश को पतन के गहरे गर्त में ढकेल देनेवाली फिल्म तैयार करने में हिचकते हैं। वहाँ की जनता में शिक्षा आदि की जैसी उन्नत अवस्था है, उसमें यदि वे फिल्म प्रोड्यूसर्स कुछ निकृष्ट फिल्में तैयार करके देशवासियों का अहित करना चाहें, तो देशवासी स्वयं उसका विरोध कर सकते हैं। परन्तु हमारे यहाँ दोनों बातों का अभाव है। पहले तो हमारे फिल्म प्रोड्यूसर्स स्वयं धन के लोभ में जनता की नीच मनोवृत्तियों को उत्तेजित कर उनसे धन कमाने में जरा भी सोच-संकोच नहीं करते। दूसरे, जनता भी ऐसी फिल्मों का विरोध न करके उल्टे इनको अन्य फिल्मों की अपेक्षा अधिक प्रसन्नता के साथ देखती है। रही सरकार, तो उसे तो इसी में लाभ है कि इस प्रकार भारतवासियों के चरित्र को नष्ट-भ्रष्ट करनेवाली फिल्में अधिक से अधिक संख्या में निकलें। जनता स्वयं इतनी शिक्षित नहीं है कि यह सोच सके कि उसका हिताहित किसमें है। इस प्रकार चारों ओर से एक भयंकर अंधकार सा दिखलाई पड़ रहा है। आज देश के सिनेमा की क्या अवस्था है? कुछ इनी-गिनी फिल्मों को छोड़कर बाकी सबकी सब अश्लील चुम्बन-आलिंगन, वीभत्स मार-काट, निम्नकोटि के गाने-बजाने से भरी पड़ी हैं। मैं फिल्म-विज्ञान की शास्त्रीय बातें नहीं जानता। हो सकता है, इन फिल्मों में विज्ञान की तात्विक बातों का अच्छा समावेश हो। परन्तु मुझे उन तात्विक बातों से सरोकार ही नहीं है। मैं तो इसी दृष्टि से उन्हें देखता हूँ कि उनका जनता पर क्या प्रभाव पड़ता है। यदि वे फिल्में हममें सत्य, धीरता, साहस, सदाचारिता आदि की भावना भरने में समर्थ नहीं होतीं, तो मेरी नजर में उन फिल्मों की सारी वैज्ञानिक खूबियाँ व्यर्थ हैं परन्तु किसी की व्यक्तिगत राय कोई हो, इससे फिल्म-प्रोड्यूसरों को क्या

करना है। वे तो एक से एक थर्ड क्लास फिल्में निकालते चले जा रहे हैं।

यह अवस्था कब तक रहेगी और हम सब तक इसके भयंकर परिणामों के शिकार बनते रहेंगे, जब यह प्रश्न उठता है तब दिल दहल जाता है। हम जिस प्रकार की गहरी नींद में सोए हुए हैं, उसको देखते हुए तो उद्धार की शीघ्र आशा नहीं होती। फिर भी इस प्रकार निराश होकर प्रयत्न बन्द कर देने की सलाह भी नहीं दी जा सकती। सिनेमा सम्बन्धी वर्तमान अवस्था में सुधार बहुत जल्दी हो जाए परन्तु हमें केवल सरकार के भरोसे ही बैठे रहकर अपना समय न खोना चाहिए। कोई हमारी सहायता करे या न करे हमें अपने पैरों पर खड़ा होना चाहिए। अपना सुधार हम स्वयं करें, किसी के भरोसे नहीं। हममें स्वयं एक भरोसा, एक विश्वास होना चाहिए और उस विश्वास, साहस, धीरता और दृढ़ता के साथ अपने सुधार का प्रयत्न करना चाहिए। आज यदि हम इस प्रकार के सुधार का निश्चय कर लें तो आज ही हमारी सारी मुश्किलें आसान हो सकती हैं और इससे फिल्मों का सुधार ही नहीं सारी परिस्थितियों का परिमार्जन हो सकता है।

अभिनय, अगस्त, 1938

नारी-जागरण

सौदामिनी मेहता

कितने ही वर्ष सुषुप्ति में, बंधन में, पराधीनता में व्यतीत करने के बाद आज भारत की स्त्रियाँ जागृत हुई हैं। शिक्षा ने उनकी आँखें खोली हैं और अब वे अपनी पराधीन अवस्था का स्पष्ट अनुभव कर रही हैं। गुलामी की जंजीरों को तोड़कर बाहर आने के लिए वे हर प्रकार से प्रयत्नशील हैं। यद्यपि हिन्दुस्तान को दृष्टि में रखकर विचार किया जाय तो पढ़ी-लिखी और सुसंस्कृत महिलाओं की संख्या बहुत कम है परन्तु ये इनी-गिनी बहनें ही आज स्त्री-सुधार के लिए जिस लगन के साथ प्रयत्न कर रही हैं वह सचमुच आश्चर्यजनक है। सद्शिक्षिता तथा सुसंस्कृता महिलाएँ चाहे हिन्दुस्तान के किसी भी भाग में—शहरों में या गाँवों में रहती हों, परन्तु वे अपने क्षेत्र में अज्ञान तथा पीड़ित बहनों के लाभार्थ कुछ न कुछ काम अवश्य कर रही हैं। कोई बड़ी उम्र की अपढ़ बहनों को अक्षर-ज्ञान कराने की कोशिश करती है तो कोई कन्या-विद्यालयों का संचालन करके भविष्य में सच्ची महिला बनने के लिए कन्याओं की समुचित शिक्षा का प्रबन्ध करती है। कोई स्त्रियों की आर्थिक स्थिति सुधारने के लिए शिल्प-शालाओं का आयोजन करती है तो कोई निराधार विधवा, अनाथ परित्याक्ता स्त्रियों के लिए आश्रमों की स्थापना करके उनकी रक्षा की व्यवस्था करती

है। यहीं स्त्री संस्थाओं की तरफ से स्त्रियों की खास समस्याओं पर विवेचन करने के लिए समय समय पर इस प्रकार के साहित्य के प्रचार का भी प्रबन्ध किया जाता है। स्त्रियों द्वारा संचालित तथा सम्पादित पत्र-पत्रिकाएँ लगभग सभी प्रान्तीय भाषाओं में प्रकाशित होती हैं।

सुशिक्षित स्त्रियाँ समझती हैं कि कानून में उनके साथ बहुत ही अन्याय किया गया है इसीलिए उसमें संशोधन करने के लिए वे कौंसिलों में प्रस्ताव भी उपस्थित कर रही हैं लेकिन इतना सब होते हुए भी जो कुछ हो रहा है वह हमारी स्थिति को देखते हुए संतोषजनक तो है परन्तु यथेष्ठ नहीं है। हमने अभी सुधार के क्षेत्र में कदम ही रखा है और हमें अभी बहुत कुछ करने की जरूरत है। एक बात भूलनी न चाहिए। अपने देश में, शहरों में रहनेवाली स्त्रियों में जागृति उत्पन्न हुई है। इससे यह न समझना चाहिए कि समस्त देश की स्त्रियाँ जागृत हो गई हैं। बहुत अंश में स्त्रियों को अभी अपनी पराधीन स्थिति का पता भी नहीं है। गाँवों में जहाँ पुरुषों में ही शिक्षा का प्रचार नहीं है, स्त्रियाँ बेचारी तो चूल्हे-चौके से अधिक उनकी और भी दुनिया है, इसकी कल्पना ही नहीं कर सकतीं। शहरों में भी शिक्षित स्त्रियों की संख्या बहुत ही कम है। हिन्दुस्तान की नारी शक्ति को जागृत करने के लिए भगीरथ प्रयत्न की आवश्यकता है। जब तक देश के कोने-कोने में शिक्षा का प्रचार नहीं होता तब तक हमारी सर्वतोमुखी उन्नति कदापि नहीं हो सकती। जब विचार ज्ञान का सूर्य उदय होगा तभी अज्ञान और अंधविश्वास के कारण प्रचलित अनेक रूढ़ियों और रिवाजों का समूल नाश होगा। हिन्दू समाज में आज कितने ही दुष्ट रीति-रिवाज, जिनसे प्रतिक्षण स्त्री समाज का ह्रास हो रहा है, चालू है। उन्हें पढ़ी-लिखी बहनें ही मिटा सकती हैं। यदि सारे देश का स्त्री समाज शिक्षित हो जाए तो समाज के रूढ़ियों के बंधन अपने आप टूट जायें और हम स्त्रियाँ स्वतन्त्र तथा सुसंस्कृत वातावरण में भारत की राष्ट्रीय उन्नति में सब प्रकार से सहयोग देकर इस कथन को पूर्ण रूप से सिद्ध कर सकें कि जो हाथ पालने की डोरी को हिलाते हैं उन्हीं में सारे राष्ट्र के संचालन की शक्ति भी निहित है।

अतः प्रत्येक पढ़ी-लिखी बहन का यह कर्तव्य हो जाता है कि वह अपनी विद्या का लाभ दूसरी बहनों को अवश्य दे। यदि अधिक कुछ न हो सके तो अपने पड़ोस में रहनेवाली दूसरी बहनों की निरक्षरता को दूर कर उन्हें अक्षर ज्ञान का बोध तो हर एक बहन आसानी से करा सकती है। अपने आस-पास की जिन बहनों ने थोड़ी शिक्षा प्राप्त कर ली हो उन्हें उच्च शिक्षा देने का काम भी सरलता से हाथों में लिया जा सकता है। पढ़ी-लिखी स्त्रियों के लिए यह बहुत आवश्यक है कि वे अपने दैनिक जीवन को सदैव आदर्शपूर्ण रखें। प्रत्येक शिक्षित बहन को ईर्ष्या-द्वेष तथा परनिन्दा से दूर रहना चाहिए। यदि शिक्षित स्त्री में यह दोष विद्यमान हो तो सचमुच उसकी शिक्षा का कुछ अर्थ ही नहीं रह जाता। निन्दा, चुगली वगैरह आलसी आदमी का

काम है और भारत की आजकल की परिस्थिति में आलसी जीवन् हमारे लिए लज्जा की वस्तु होनी चाहिए। जो व्यक्ति अपने जीवन को समाज हितकारी कामों में लगाता है उसे इन व्यर्थ की बातों के लिए अवकाश ही नहीं मिलता और ऐसी हल्की बातें उसके मन में आती ही नहीं। ईर्ष्या, द्वेष और दूसरे की झूठी आलोचना, प्रत्यालोचना की प्रवृत्ति ही मूर्खता की द्योतक है। इसी प्रकार कोई भी अच्छा कार्य करते हुए किसी की निन्दा या आलोचना को महत्व भी न देना चाहिए। यदि हममें साहस और बल होगा तो हम अवश्य आगे बढ़ेंगी और अपने उद्योग में सफल होकर रहेंगी।

आशा है, समस्त भारत के महिला-समाज को पूर्ण जागृत और उन्नत देखने का सुअवसर शीघ्र प्राप्त होगा। हम इस 'महिला' मासिक पत्रिका से भी बहुत कुछ आशा रखती हैं। कारण कि इसका हेतु भी स्त्रियों की आर्थिक, सामाजिक एवं राजनैतिक समस्याओं को विस्तृत रूप में उनके सामने रखकर उनको सुचारू रूप से सुलझाने में यथाशक्ति सहायता प्रदान कर नारी जाति को पुनः अपने खोए हुए गौरव को प्राप्त करने में सहायभूत होना है। इस प्रयास के लिए श्रीमती सीता देवी धन्यवाद की पात्र हैं। कलकत्ता तथा बाहर की सभी हिन्दी भाषा-भाषी बहनें इस मासिक पत्रिका का स्वागत कर इससे यथेष्ट लाभ उठायेंगी, ऐसी मुझे पूरी आशा है। इस पत्रिका का उद्देश्य स्त्रियों में पढ़ने-लिखने की प्रवृत्ति का विकास करना तथा उनके ज्ञान को बढ़ाकर उन्हें आदर्श महिला के पथ पर अग्रसर करना है। श्रीमती सीता देवी को अपने उद्योग में पूर्ण सफलता मिले यह मेरी आंतरिक कामना है।

महिला, पहला अंक, अक्टूबर, 1938

कैफियत

शिवशेखर द्विवेदी

दुनिया में कभी किसी तरह का नया कारोबार करने के लिए किसी तरह की कोई कैफियत नहीं देनी पड़ती। मौके की दुकान, भड़कीली सजावट और रुपए ऐंठने के लिए माल का इंतजाम करके ही लल्लू-बद्धू भी समाज में अपनी एक खास जगह कायम कर लेते हैं फिर उनके ढोल की पोल भी नजर नहीं आती। यदि कभी ऐसा मौका आया भी, तो रुपए की चौंध में दृष्टि ही चौंधिया जाती है लेकिन हमारा पेशा ऐसा नहीं। हमारे पेशे में तो काम शुरू करने के पहले ही कैफियत देने की चाल है। अतएव, रूढ़ि तोड़ने का मोह प्रबल होने पर भी हमें चालू पद्धति निर्वाह से छुटकारा न मिला!

हमारा उद्देश्य पत्र के नाम से ही सूचित है। फिर भी रूढ़ि परम्परा के कारण

मुमकिन है, रूढ़िवादियों को शंका हो लेकिन भावी दिव्य ज्योति की कल्पना भी, यदि निजी जीवन का बेबुनियादी मोह छोड़ सकेंगे, तो वे आसानी से कर लेंगे, यही हमारी सच्ची अटकल है। यदि न कर सके तो अनायास ही उनका रूढ़िवाद छिन्न-भिन्न हो जाएगा—खुद ही खुद के सिद्धान्त के विरोधी सिद्ध हो जाएँगे। वजह, पत्रोदय पुराण-साहित्यान्तर्गत भावी सुख-समृद्धि का ही सूचक है। और यह सूचना परब्रह्म परमात्मा की ही सदिच्छा से केवल धर्मसंस्थापनार्थाय समय-समय पर निकलती है। खुलासा यह, मौजूदा जमाना हिन्दी जगत में दिमागी और वसूली झगड़ों के ऊपर सहज गुण सम्पन्न मनीषी व्यक्तियों को श्रद्धा भक्ति पाने में बाधा दे रहा है, इसीलिए हिन्दी के काल्पनिक अजातशत्रु में अभी तक सत्य की प्रतिष्ठा का शुभ अवसर नहीं आया। अलग-अलग दलों में भी देखा जाता है, किसी तरफ से सिद्धान्त को कोई महत्व नहीं दिया जा रहा। इसीलिए दुर्बल मनोवृत्ति में सोत्साह वह जयचन्द ही सिद्ध हुआ जा रहा है और यह भ्रम सचमुच अंग्रेज-काल में अनिवार्य भाषा-परिवर्तन से पैदा हुआ है।

शुरू में ब्रजभाषा को गद्यानुकूल न पाकर जाति के सामने एक जटिल समस्या आई, इसी को हल करने में एक जमाना गुजर गया। फिर भी कोई सच्चा सामूहिक फैसला न हुआ। नतीजा यह, सड़ी--गली चीजों की आमदनी से बाजार मालमाल होने लगा। अभ्यास ही संस्कार है। यही जमाने की धुन भी कही जा सकती है। सूझ का ऐसा ही सौदा जनता ने प्यार देकर अब तक खरीदा है। उचित था भी। बाद में भाषा-पुष्टि के साथ-साथ विचारों में मजबूती आई लेकिन गुरुडम का मोह जिसके भाग्य का चित्रा बना, वे कर्तव्य कर्म भूलकर उत्साह भंग वृद्धि को ही अपने अभाव का लक्षण समझने लगे। साधन-सत्ता पाकर ख्याल बांधा गया, तारीफ करना ही सत्साहित्य का श्री और निन्दा कु-श्री है। अर्थात निन्दा-स्तुति ही आलोचनाशास्त्र बनी। नौसिखियों के खालिस दिमागों में यही सामूहिक ठोस फैसला जम गया और आलोचना-पद्धति से हमेशा के लिए न्याय का हौसला उठ गया। लोगों में शुद्ध स्वार्थो के बल पर मान-प्रतिष्ठा के लिए तनातनी शुरू हुई। साहित्य की गति-विधि रुकी। बेमतलब कटुता का स्वांग, बनावटी स्नेह की भूमि पर खेला जाने लगा।

इस तरह परम्परागत अभ्यास की ताल पर सधे कदम उठाकर भी नैतिक विशेषता का गला घुटा। बाज के प्राण-पखेरू स्वास्थ्य के अनुरोध से अनुकूल जलवायु का मौका ढूंढ़ने लगे। इनकी रचनाओं से भविष्य को कुछ गति मिली। एक ही परिवार में जन्म लेकर भी जैसे विधि-विधान से इंसान जुदा-जुदा सूरतें हासिल कर के हेय प्रणम्य होता है—ठीक वैसे ही हिन्दी के सेवक भी पाप-पुण्य और सत्य-मिथ्या का ढोल पीटकर प्यार, फटकार और आदर-अनादर का उपभोग जनता-जनार्दन के बाबत वसूल करते रहे। कर्मानुसार प्राप्त भाग्यश्री अवश्य किसी आश्चर्य की सृष्टि न करती, यदि दिव्य-शक्ति की छलना से निश्चित रहस्यवादी यथार्थ के स्वांग का

सिंगार कमजोरियों से न किया जाता। इसीलिए सिद्धान्त टूटा, वाद का मोह बढ़ा और मोह-भग्न दल का प्रसार अटूट रहा। व्यक्तिगत जांच से दल की विशेषता में हमें मिली व्यक्तिवादी सदिच्छा, बनावटी और मतलबी स्नेह, राजी-बेराजी सम्मान वसूली की प्रबल मनोवृत्ति और अकारण दूसरों पर रोब गालिब करने का मजेदार हौसला। इसीलिए इनकी निन्दा-स्तुति में न बल है, न प्रभा। सिर्फ निन्दा से अप्रसन्न और स्तुति से प्रसन्न होने की आदत ही वह भूल हुई। यही इस गिरोह का काट-छांट है।

एक दल और है; जो रुपये को ही महास्त्र समझता है। इस दल के लोग कोशिश करते हैं, रुपये देकर ही सही, रचना मुखपृष्ठ पर छप जाय। यही नहीं, इसी बल पर अर्थात कर्तव्य कर्म से नहीं; उन्हें रीति-युग की भटैती भी मिल जाय। यदि सिद्धान्तों से भेंट हो गई, तो समय की चूकी ग्वालिन की तरह ताल-बेताल गाते फिरते हैं।

इन दो के अलावा एक तीसरा गिरोह है जो जनता का प्रभुत्व (प्रतिनिधित्व) प्राप्त करने वालों (भले ही वे साहित्य-पारखी न हों) और दुनिया के अन्य मशहूरों से किसी तरह रायें इक्ट्ठी करके अपनी कृति का भड़कीला विज्ञापन करते हैं। इनका ख्याल है, आमोखास पर इस तरह आसानी से रंग जम जाएगा और मेहनताना भी अच्छा वसूल होगा। इन लोगों की कड़ी निगाह हमेशा तगड़े और साफ तबीयत वालों पर रहती है, जिनके हाथ मैदान आते ही निजी स्वार्थ-सुमेरू के ढेर हो जाने का इन्हें भय है। लेकिन सच कहें, तो यह दोष बुद्धि का नहीं, नियति के स्वामी का है। वर्तमान साहित्य में ऋजु-कुटिल, सहज-कठिन आदि की नाना समस्याएँ इसी पर उठ खड़ी हुई हैं और यही इस जमाने की सबसे बड़ी साहित्यिक भूल है।

सहज कठिन का सतर्क वैज्ञानिक विश्लेषण यहाँ वांछनीय नहीं, क्योंकि अभी तक इस सिद्धान्त का चोला नहीं पहनाया गया, चर्चा भी किसी भाषा तत्वविद् की तरफ से नहीं उठी, महज उधार के ज्ञान का सट्टा ही हो रहा है। 'वाद' का झगड़ा व्यक्तिवाद की दोहाई देकर प्रपंचात्मक रच दिया गया है। जनता की सहानुभूति पाने के.ख्याल को मजबूत और कारगर बनाने के लिए कुछ घण्टे तीसमार सरल भाषा लिखने का उन्हें उपदेश दे रहे हैं, जिनकी मातृभाषा है। मजाक अच्छा है। लेकिन हमारी दृढ़ धारणा है कि यदि उपदेश मानकर ठेठ बोलचाल में साहित्य लिख दिया गया तो प्राणों का स्पंदन अपर भाषियों के लिए 'लेटिन' ही साबित हो जाएगा। अतएव जबान ऐंठ कर उठी आवाज का करारा जवाब अनसुने ढंग से भरपूर काम से ही देना होगा क्योंकि साहित्य में उचित से अधिक राजनीति पसन्द की चीज नहीं समझी जाती फिर भी हानि-लाभ का भय लोगों के सामने दुम हिलाता ही है।

असल में हिन्दी साहित्य का विकास गुटबन्दी से ही हुआ। गुटबंदी ही आदर्श बनी। मोह बढ़ा। इसलिए दूसरी भाषाओं के संसर्ग से लौट आकर जो रंगरूट सेवा

भाव से प्रेरित होकर जाति की मैत्री चाहने लगे, तो उनसे पुराने अहटी सिपाहियों को निजी तरक्की की राह रुंधी नजर आने लगी—संगठित मोर्चे की जरूरत महसूस हुई और 'पार्टी-पॉलिटिक्स' के हिसाब से नवागंतुकों को जन-सम्पर्क प्राप्त करने के पहले ही बदनामी का पहाड़ पार करने का अप्रिय दुस्साहस दिखाना पड़ा। आपसी समझौते की गुटबन्दी से, पुराने दल ने नये दल को अकारण ही 'क्रांतिकारी', 'रूढ़ि-विरोधी'— आदि कहा। पुरानी मैत्री के नाते जनता ने इसे ही सही माना। कलम की नोक से पूरी मुस्तैदी दिखाई जमाने के जिम्मेदारों ने इंसाफ की टांग तोड़ने में। विश्वव्यापिनी क्रान्ति का असर नए गुट को धैर्य देने लगा। वे भी जिद पकड़ गए क्योंकि नए को दक्षिणपंथी होने पर भी, चूंकि पहले का कर्ता झूठा वामपंथी कहने की भूल कर चुका था, इसलिए रुख के अनुसार युद्ध करने में सफलता साफ जाहिर थी। भ्रम बनाए रखने में ही नव दल को मंगल जान पड़ा। इसी मोह के कारण यह दल भी एक तरह जाति के लिए पुराना ही साबित हुआ। फर्क दोनों में यह रहा कि पहले गुट ने भाषा के अभाव में काल्पनिक चीजें, जबरन मन पर दबाव डाल-डाल कर दीं; यानि मिथ्या प्रपंच ही कल्याणकारी घोषित हुआ। दूसरे ने उसी दल में सम्पूर्णतः रह कर ही भाषा-मार्जन और स्वाभाविक कल्पना को वैयक्तिक विशेषता से पुष्ट कर दिया। यानी इस दल ने सत्याभास को ही सत्य घोषित किया। सबूत में इस दल की कारीगरी के नमूने समझने के लिए ऊँची उड़ान की राय कि, कृति समझो, पढ़ो, छानबीन भी करो लेकिन व्यक्तित्व की तरफ भूलकर भी सवाल न उठाओ आदि।

सत्य में ऐसा भय नहीं। भारत का यही आदर्श है। शंकर-रामानुज आदि कृति-व्यक्ति में कहीं भी दो नहीं। अतएव, उनकी सर्वकालीन चमक भी सुरक्षित है। लेकिन इस समय देश में उपदेश ही सब कुछ समझा जा रहा है। इसीलिए हर क्षेत्र में झगड़ा है। यह रंग अभी दीर्घ काल तक आश्चर्य की सृष्टि न करेगा। फिर भी संसार अपरिवर्तनवादी नहीं। अतएव मिथ्या के बाद सत्याभास की तरह ही एक दिन सत्य भी अपनी जगह कायम कर लेगा। कुछ लोग यथार्थवादी के नाम से अछूत मन के निम्न स्तर को ही सत्य का धरातल देखने लगे हैं। शुरू में भ्रम असम्भव नहीं। उनकी वृत्ति अवश्य ही कुण्ठित होगी, जब मनोरथ उनकी तरफ सन्देहभरी नजर से देखेगा। अस्तु।

ऐसी परिस्थिंति में यदि इस भ्रमवश अहर्निशि होने वाले अत्याचार के विरुद्ध आवाज उठाने का लोभ संवरण न कर सके, तो क्या मक्खी छींक गई समझा जा सकेगा? साधनों और सच्चे सहायकों के अहिंसावादी यथार्थ असहयोग में भी हम दीर्घकाल तक रंगीन स्वप्नों में जो कटुता संग्रह करते रहे हैं, नींद टूटने पर वही भंग हो गई है। प्रकाशकों की प्रीति में हमने देखा, लेखक और जनता का रस चूस कर वे दिनों दिन जैनी चारपाइयों के अनायास ही पिलंदे खटमल बने जा रहे हैं। भारतीय

जीवन की रीढ़ धीरे-धीरे प्रकाशकों की कृपा से धनुषाकार होती जा रही है। इसके अलावा नाना प्रलोभनों, छल-प्रपंचों और कौशलों की मुसीबतों के पहाड़ भी हमें साफ नजर आ रहे हैं। लेकिन होश सम्भालने के बाद से, हमें धनी-निर्धनी जिन मित्रों से ऐसे अकूद पहाड़ों को सड़ाक-सड़ाक लांघ जाने का सही हौसला मिला है, गनीमत है, उनका सच्चा हाथ आज भी हमारी पीठ पर है। अवश्य ही, इनमें कितने ही समर्थ हमें स्वभाव के अनुकूल मदद लेने से रोकते रहे, महज इसलिए कि हिन्दी के भाषा सेवकों ने ऐसा ही मुद्दा क्या समाज के सामने पेश किया है। फिर हमारा विश्वास पत्र अथवा लेखन कर्म पर ही एकदम निर्भर नहीं, सच्ची सेवा की राह हमारे पूर्वजों ने पूरे कानून-कायदों के साथ हमें दिखाई है। लेकिन चूंकि इस समय देश की आजादी के सिलसिले में होने वाले-सभी काम अखबारों पर ही निर्भर कर दिये गए हैं, इनसे सदुपयोग की लीला सम्पन्न हो रही है। अतएव, इन्हीं की सार्वजनिक जानकारी एवं कर्मक्षय के लिए पत्र कर्म ही इस समय हमारा भी धर्म है। इसीलिए हमने कैफियत दी। और चूंकि हमारा विषय 'व्यक्तिवाद' की चर्चा नहीं, इसलिए नरम-गरम होने वालों से पहले ही निवेदन है कि भूल-चूक अथवा जान-बूझ से यदि कहीं उनका सच्चा स्वस्थ चित्र हमारी कलम से उतर गया, तो भी वे निश्चय ही पच्चीस लाख की जनता की कल्याण कामना के पवित्र अनुरोध से सिद्धान्त समझ कर ही इसे सस्नेह अपनाएँगे क्योंकि हमारा उद्देश्य सही गलत की जांच वाली जनता की पवित्र ज्योति को उकसाना भर है।

धूमकेतु, पहला अंक, जून, 1939

कुछ अन्य पत्र

कुछ अन्य पत्र : परिचय

गोरखनाथ ठाकुर

कलकत्ता हिन्दी पत्रकारिता की जन्मभूमि होने के साथ हिन्दी पत्र-पत्रिकाओं का गढ़ भी रहा है। इनमें बहुत सारे ऐसे पत्र-पत्रिकाएँ भी हैं, जो समय के सागर में खोकर आज खोज का विषय बन गई हैं। कलकत्ता से निकलने वाले पत्र आज कलकत्ते के पुस्तकालयों में भी उपलब्ध नहीं हैं। ऐसे ही कुछ पत्रों की कुछेक प्रतियाँ शेखावटी (राजस्थान) के सरस्वती पुस्तकालय में मिली हैं, जिनके आधार पर उनका केवल अधूरा परिचय ही प्रस्तुत किया जा सकता है।

इन पत्रों में समय की दृष्टि से पहला पत्र 'साम्यवादी' है, जिसका प्रकाशन सम्भवतः मई, 1920 में हुआ। यह दैनिक समाचार पत्र के रूप में निकलता था, जिसका रजिस्ट्रेशन नं. था—9581। अन्य पत्रों की भांति इसमें भी सरकारी एवं गैर-सरकारी विज्ञापन छपते थे। पत्र में प्रकाशित प्रमुख विषयों के संकेत मुखपृष्ठ पर ही अंकित हैं। 'व्यापार समाचार' एवं 'चालू सिक्का' जैसे एकाध स्थायी स्तम्भ भी हैं। 'व्यापार समाचार' में व्यापार सम्बन्धी समाचारों के अलावा समय-संकेत के साथ बाजार भाव की सूचना भी दी गई है (जैसे एक जगह छपा है—एक बजे तक का भाव)। 'चालू सिक्का' में प्रमुख राष्ट्रीय-अंतर्राष्ट्रीय घटनाओं को प्रस्तुत कर कभी-कभी उन घटनाओं पर टीका-टिप्पणियाँ भी की गई हैं। बाद के कुछ अंकों में 'मनतरंग' नामक कॉलम भी छपा है, जिसमें तत्कालीन समाचारों पर व्यंग्यात्मक टिप्पणी की गई है। किसी-किसी अंक में राष्ट्रवादी नेताओं की तस्वीरें भी छपी हैं।

समाचार प्रकाशन के अलावा पत्र ने सम्पादकीय लेखों द्वारा तत्कालीन घटनाओं पर भी प्रकाश डाला है। स्वाधीनता संग्राम में अग्रणी भूमिका का निर्वाह करते हुए पत्र उन तत्वों की तीव्र भर्त्सना करता है, जो स्वराज्य के मार्ग में बाधा डालते हैं। 17 दिसम्बर, 1920 के अंक में 'छिपे रुस्तम' शीर्षक सम्पादकीय के अंतर्गत ऐसे ही तत्वों से आगाह करते हुए पत्र कहता है कि, "पाठकों से हमारा केवल यही अनुरोध है कि वे हमारे छिपे रुस्तमों के ऊपर सावधानी से निगाह रखें और उनकी बहादुरी पर विशेष ध्यान रखें।" 18 दिसम्बर, 1920 के अंक में इसी

तथ्य को आगे बढ़ाते हुए 'पत्रिका की समझ' शीर्षक सम्पादकीय ने 'अमृत बाजार पत्रिका' द्वारा सरकारी स्कूल-कॉलेजों के परित्याग के छात्र निर्णय के विरोध का खण्डन करते हुए इसे उचित ठहराया है। महात्मा गांधी द्वारा चलाए गए असहयोग आन्दोलन का समर्थन करते हुए पत्र लिखता है कि, "संसार जान जाएगा कि जिस अहिंसात्मक युद्ध में भारतीय संलग्न हैं, वह युद्ध वास्तव में देवासुर संग्राम है, धर्म-अधर्म का युद्ध है और इसमें देवता या धर्म के लिए युद्ध करने वाले भारतीय हैं।"

इस संदर्भ में तत्कालीन राजनीति के क्षेत्र में कांग्रेस के कार्य-कलापों एवं अग्रेजी अत्याचारों की छानबीन प्रस्तुत करना भी पत्र का मुख्य धर्म रहा है। 31 दिसम्बर, 1920 के अंक में नागपुर कांग्रेस में महात्मा गांधी एवं लाला लाजपत राय द्वारा दिए गए भाषणों के अंश छपे हैं। अग्रेजों द्वारा किए गए अत्याचार का विरोध करते हुए 25 दिसम्बर, 1920 के अंक में पत्र ने 'शासन या डायरशाही' शीर्षक सम्पादकीय लिखा, जिसमें बिहार के चंपारनवासियों पर होनेवाले अत्याचारों पर प्रकाश डालते हुए भारतीयों को सचेत किया गया है। इसी समय महात्मा गांधी ने चम्पारन से लौटने के बाद बेतिया में एक जोशली वक्तृता दी थी तथा 'यंग इण्डिया' में उनका एक लेख निकला था, 'चंपारन में डायरशाही'। अंग्रेजों ने गांधी की इस रिपोर्ट एवं लेख को आधारहीन बताया था। 'साम्यवादी' ने इस घटना पर रोशनी डालते हुए लिखा है, "घरों को लूटा जाना, शौच करती हुई स्त्रियों को लाठी से पीटा जाना, इज्जत बचाने के लिए भागती हुई स्त्री को पकड़ लिया जाना और नंगा कर दिया जाना, ये सभी बातें असत्य, बनावटी, जाल हैं। यह क्यों? चंपारन के निरक्षर ग्रामीण और घरों की चहारदीवारी में बन्द रखी गई स्त्रियाँ ऐसी चतुर और मुकदमेबाज हैं कि मुकदमों से अपनी जान बचाने के लिए उन्होंने एक थानेदार और उसके आदमियों के ऊपर यह भयंकर षड्यंत्र किया!" इस प्रकार इस हृदय विदारक घटना से देशवासियों को आगाह करते हुए पत्र सरकारी निर्णय पर निर्भर न रहकर अपने बलबूते पर जीने की प्रेरणा देते हुए कहता है, "जब तक भारतवर्ष नौकरशाही और विशेषतः गोरी नौकरशाही के अधीन है, तब तक यहाँ जो दानवी काण्ड न हो जाए, वही आश्चर्य की बात है। भारतवर्ष में डायर की आत्मा आज भी विराज रही है और अपने देशवासियों को भुवन प्रसिद्ध मांग पर अचल रहने का आदेश दे रही है। हमारा शासन शासन नहीं है, यह डायरशाही है। हमे जो कुछ करना है, अपने बल पर। इस डायरशाही का भरोसा छोड़कर।"

जहाँ तक मेरा ख्याल है, भारतवर्ष का यह पहला पत्र है, जिसका नाम 'साम्यवादी' है। लगता है 1917 की नवम्बर क्रान्ति से प्रभावित होकर इसके सम्पादकों ने इस पत्र के लिए यह नाम चुना। इंस घटना से यह संकेत भी मिलता है कि स्वाधीनता-संग्राम के उग्र समर्थकों के बीच साम्यवाद दर्शन के रूप में नहीं भी तो एक नई विश्वव्यापी भावना के रूप में अवश्य जनप्रिय हो रहा था। इस प्रकार

हम कह सकते हैं कि 'साम्यवाद' अपने समय विशेष का एक जागरूक पत्र था, जो स्वाधीनता-संग्राम को उर्जा प्रदान करने में काफी सहायक सिद्ध हुआ।

इसी प्रकार एक दूसरा पत्र है 'लोकमान्य', जो इस पत्र में प्रकाशित विज्ञप्तियों एवं कुछ अन्य स्रोतों के आधार पर लगता है सर्वप्रथम 1930 में दैनिक पत्र के रूप में प्रकाशित हुआ। इसको निकालने वाले थे पं. रामशंकर त्रिपाठी। 'लोकमान्य' 1931 से साप्ताहिक पत्र के रूप में भी प्रकाशित होने लगा। दैनिक 'लोकमान्य' का कोई अंक अभी तक नहीं मिल सका है, किन्तु 27 जुलाई, 1939 के साप्ताहिक 'लोकमान्य' में इसका विज्ञापन छपा है। साप्ताहिक 'लोकमान्य' की प्रतियां देखने से पता चलता है, यह अपने समय का एक प्रभावशाली पत्र था। भारत के अलावा विदेशों में भी इसके पाठक थे। भारत में इसका वार्षिक मूल्य दो रुपये तथा एक प्रति का दो पैसे था। वर्मा के लिए वार्षिक मूल्य चार रुपये तथा एक प्रति का छह पैसे था। इसी प्रकार अन्य देशों के लिए वार्षिक मूल्य छह रुपये तथा एक प्रति का दो आना (आठ पैसे) था। मुखपृष्ठ पर मूल्य के साथ पृष्ठ-संख्या भी अंकित थी तथा हिन्दी के अलावा अंग्रेजी में भी 'द लोकमान्य' (THE LOKMANYA) लिखा रहता था। पत्र के नाम के ठीक नीचे अंकित निम्न पंक्तियाँ उसकी दिशा संकेत करती थीं:—

"दासत्व रजनि हटि दूर, भयहु स्वातंत्र्य सवेरो।
लोकमान्य रवि प्रगटि कियहु प्राची मह डेरो।"

'लोकमान्य' शब्द 'स्वतन्त्रता हमारा जन्मसिद्ध अधिकार है' के उद्घोषक स्व. बालगंगाधर तिलक के लिए प्रसिद्ध है। पत्र के अंतर्गत एक जगह इसके प्रति संकेत करती हुई निम्न पंक्तियाँ अंकित हैं:—

"कोटि-कोटि कलकण्ठ, एकमत यही पुकारी।
है स्वराज्य तौ जन्मसिद्ध अधिकार हमारी॥"

पत्र में कविता, कहानी, नाटक या व्यंग्य जैसे रचनात्मक साहित्य का अभाव है। विभिन्न प्रकार के विज्ञापन प्रत्येक अंक में छपे हैं, किन्तु समाचार एवं तत्कालीन राजनीतिक, सामाजिक, साहित्यिक, धार्मिक आदि समस्याओं पर लिखे निबन्धों का प्रकाशन ही इस पत्र का मुख्य उद्देश्य रहा है। 1 फरवरी, 1940 के अंक में प्रमुख समाचार के अंतर्गत 31 जनवरी, 1940 को कलकत्ते के श्रद्धानन्द पार्क में सुभाष चन्द्र बोस का दिया गया भाषण उल्लेखनीय है, जिसमें उन्होंने कहा है कि, "यदि रामगढ़ कांग्रेस के आधार पर अथवा उसके बाद भारतीय स्वाधीनता के प्रश्न पर ब्रिटिश सरकार के साथ समझौता करने का निश्चय किया जाता है और हाई कमाण्ड के समझौते के प्रयत्न को विफल करने में हम सफलीभूत नहीं होते तो उस दशा में देश में दो कांग्रेस हो जाएगी। कांग्रेस का वर्तमान नेतृत्व कहेगा कि चूंकि हमारा

बहुमत है इससे हमारी संस्था कांग्रेस है। किन्तु हम कहेंगे कि हमीं कांग्रेस हैं, क्योंकि कांग्रेस का अभिप्राय नेता से नहीं है, उसके सच्चे आदर्श तथा उद्देश्य से है। हम सम्पूर्ण राष्ट्र की पूर्ण स्वाधीनता तथा प्रगति के पक्षपाती हैं।" इसी पृष्ठ पर बनारस में दिए गए पं. जवाहरलाल नेहरू के भाषण का भी समाचार अंकित है, जिसमें उन्होंने कहा है कि, "समझौता स्वाधीनता से कम पर नहीं होगा।"

निबन्ध प्रकाशन की दिशा में पत्र के अंतर्गत कई स्थायी स्तम्भ हैं। जैसे, 'साहित्यिक चर्चा' के अंतर्गत भाषा एवं साहित्य से सम्बन्धित निबन्ध छपे हैं। 'महिला जगत' में महिला जीवन सम्बन्धी लेखों का ही प्रकाशन हुआ है। 'सिनेमा जगत' स्तम्भ फिल्म-उद्योग से सम्बन्धित विषयों के लिए सुरक्षित था। 'सचित्र संसार' में महात्मा गांधी, मालवीय जी, सुभाषचन्द्र बोस, राजेन्द्र प्रसाद, भाई परमानन्द, सावरकर एवं पं. द्वारिका प्रसाद मिश्र जैसे राष्ट्रभक्तों की तस्वीरें छपी हैं। इसके प्रमुख लेखकों में भाई परमानन्द, पं. अयोध्या सिंह उपाध्याय, श्रीमती विजयलक्ष्मी पण्डित, के.आर.कृष्णस्वामी अय्यर, बेगम असीरुद्दीन आदि हैं। कभी-कभी स्व. बालगंगाधर तिलक जैसे महापुरुषों के निबन्ध भी देखने को मिलते हैं।

'साहित्य चर्चा' के अंतर्गत राष्ट्रभाषा की समस्या की ओर संकेत करते हुए अयोध्या सिंह उपाध्याय ने 'हिन्दी-हिन्दुस्तानी का झगड़ा' शीर्षक निबन्ध में हिन्दी को सरल, सुबोध एवं सर्वगुण सम्पन्न बताते हुए कहा है कि अंत में हिन्दी की ही विजय होकर रहेगी। भाषा समस्या पर ही प्रकाश डालते हुए के.पी.दीक्षित का एक निबन्ध है, 'भारतीयों की शिक्षा का प्रश्न'। इसमें मातृभाषा के महत्व की ओर संकेत करते हुए दीक्षित ने लिखा है कि, "मातृभाषा द्वारा शिक्षा देने की व्यवस्था हो। हमलोगों ने अपनी भाषा को बहुत भुला दिया है। विदेशी भाषा हमारे लिए शाप है।" तत्कालीन राजनीतिक परिस्थिति से सम्बन्धित विजयलक्ष्मी पण्डित का एक निबन्ध प्रकाशित है, 'गांधीवाद असफल क्यों हुआ?' इसमें लेखिका ने व्यक्ति से ऊपर आदर्श को मानते हुए यह आरोप लगाया है कि हम गांधी जी के आदर्श को भूलकर उनकी ही पूजा करने लगे और यही कारण है कि गांधीवाद असफल हुआ। भाई परमानन्द द्वारा लिखित निबन्ध 'भारतीय साम्यवाद की रूपरेखा' भी उल्लेखनीय है, जिसमें उन्होंने साम्यवादी सिद्धान्तों की चर्चा करते हुए अंत में यह भी स्वीकार किया है कि इसमें कुछ बुराइयां आ गई हैं। इसी प्रकार सामाजिक, धार्मिक एवं राष्ट्रीयता की भावना से प्रेरित अनेक निबन्ध पत्र के अंतर्गत समय-समय पर प्रकाशित हुए हैं, जिनका विस्तृत उल्लेख यहाँ असम्भव है। आज का भारत जिन समस्याओं से जूझ रहा है, उस काल में भी किसी न किसी रूप में ये समस्याएँ थीं, जिनके प्रति संकेत करते हुए पत्र ने विभिन्न निबन्धों का प्रकाशन किया है। उदाहरण के लिए दहेज प्रथा के विरोध में सुशीला कुमारी विश्वास द्वारा लिखित 'दहेज की कुप्रथा' तथा परमेश्वरी दयाल का 'युक्त प्रान्तीय दहेज बिल क्या है?' उल्लेखनीय हैं। श्री वर्मा

का निबन्ध, 'हमारी राष्ट्रीय एकता' हिन्दू-मुस्लिम एकता को ध्यान में रखकर लिखा गया है। 'भारत का प्राचीन गौरव' (वटकृष्ण सिन्हा), 'भारत का पुनरुत्थान' (डॉ. जी. एम.अरण्डेल); 'स्वराज्य के मार्ग में बाधाएँ' (श्रीयुत् वरुणजी) जैसे निबन्ध राष्ट्रीयता की भावना से प्रेरित हैं। मिस एम.अहमद का 'बेकारी कैसे दूर हो' तथा बाबू भगवानदास द्वारा लिखित 'भारतीय जनता पर ऋण का बोझ' जैसे निबन्धों का प्रकाशन भी पत्र में हुआ है, जिनमें कर्ज के भार से दबे भारत के प्रति चिंता व्यक्त करते हुए तेरह सौ करोड़ रुपए के कर्ज का उत्तरदायित्व ब्रिटेन पर ठहराया गया है।

कुल मिलाकर हम यही कह सकते हैं कि 'लोकमान्य' भी अपने समय में राष्ट्रव्यापी समस्याओं से जूझनेवाला एक पत्र था, जो समाचार प्रकाशन के साथ-साथ निबन्धों के माध्यम से अपने पाठकों का मार्ग-दर्शन करता रहा।

इसी क्रम में एक अन्य पत्र का नाम आता है, 'जागरण'। यह साप्ताहिक पत्र के रूप में सन् 1940 में 1951, हरीसन रोड, कलकत्ता से श्री गंगाप्रसाद भोतिका, एम.ए., बी.एल. के सम्पादन में निकलता था। इसके प्रकाशक थे विष्णुदत्त शुक्ल; शुक्ला प्रेस, 7-1, बाबूलाल लेन, कलकत्ता। इसका वार्षिक मूल्य डेढ़ रुपया तथा एक प्रति की कीमत दो पैसे थी। पत्र में प्रकाशित मुख्य विषयों का संकेत मुखपृष्ठ पर ही होता था। मुखपृष्ठ पर ही पत्र के नाम के नीचे निम्नलिखित पंक्तियाँ होती थीं, जो इस पत्र के उद्देश्य की तरफ संकेत करती थीं:–

> "आज जागरण की वेला यह युवको उठो बढ़ो ललकार।
> नव-निर्माण जगत का करके बनो विश्वकर्मा साकार।"

इस प्रकार 'जागरण' का मुख्य उद्देश्य केवल समाचार प्रकाशन न होकर, विभिन्न निबन्धों एवं रचनाओं के माध्यम से लोकजागरण था। स्थानीय सभाओं एवं संगोष्ठियों की रपट एवं प्रमुख समाचारों की समीक्षाएँ भी प्रकाशित होती थीं। राष्ट्रीय एवं अंतर्राष्ट्रीय घटनाओं पर भी समयानुसार प्रकाश डाला जाता था। जैसे, 15 सितम्बर, 1940 के अंक में 'राजनीतिक परिस्थिति' शीर्षक के अंतर्गत भारतीय राजनीति की तत्कालीन अवस्था की ओर संकेत है तथा 'जापान की पैशाचिकता' शीर्षक के अंतर्गत जापान द्वारा चीन पर किए जानेवाले अत्याचार का विवरण प्रस्तुत किया गया है, किसी-किसी अंक में धार्मिक प्रवृत्ति की कविताएँ भी छपी हैं तथा श्रीमती सरोजनी नायडू, रवीन्द्रनाथ ठाकुर जैसे महापुरुषों के विचार भी प्रकाशित हुए हैं। फिर भी पत्र की मुख्य दिशा साहित्यिक, राजनीतिक, सामाजिक आदि प्रेरक निबन्धों के माध्यम से राष्ट्रीय जागरण ही है। कभी-कभी स्थायी स्तम्भ के रूप में निबन्धमाला का भी प्रकाशन हुआ है जिसमें किसी खास विषय से सम्बन्धित निबंध धारावाहिक रूप में प्रकाशित हुआ है। 'साहित्य में प्रगतिशीलता' विषय पर 'विचार' नामक स्तम्भ में कई निबन्ध निकले हैं। इनमें 15 सितम्बर, 1940 के अंक में

बैजनाथ सिंह 'विनोद' द्वारा लिखित निबंध 'साहित्य में प्रगतिशीलता' उल्लेखनीय है। निबंध के अनुसार, "साहित्य में प्रगति के लिए किसी वाद की जरूरत है, ऐसा हम नहीं समझते।... मार्क्स के आर्थिक विश्लेषण के द्वारा समाज को सम्पूर्ण रूप से समझकर भविष्य के लिए सोचा भी जा सकता है।" 5 मई, 1940 के अंक में विष्णुदत्त शुक्ल ने अपने निबंध 'बंगाल की हिन्दी सेवाएँ' के माध्यम से हिन्दी के विकास में बंगाल की भूमिका को रेखांकित करते हुए लिखा है कि, "सबसे पहले गद्य लिखने, सबसे पहले हिन्दी की पुस्तक छापने, सबसे पहले साप्ताहिक पत्र निकालने, सबसे पहले दैनिक पत्र निकालने, सबसे पहले एम.ए. में हिन्दी का स्थान देने के कारण बंगाल की सेवाएँ सदा उल्लेखनीय रहेंगी।" हिन्दी साहित्य के प्रमुख आलोचक आचार्य हजारी प्रसाद द्विवेदी का निबन्ध 'कबीर' लगातार 3 एवं 10 नवम्बर, 1940 के अंकों में प्रकाशित हुआ है। तत्कालीन प्रशासकों के अत्याचारों की ओर भी पत्र संकेत करता रहा है। 27 अक्टूबर, 1940 के अंक में महादेव प्रसाद द्वारा लिखित 'ब्रिटिश साम्राज्य में दमनचक्र' एक ऐसा ही निबन्ध है, जिसमें लेखक ने अंग्रेजों के उस काले कानून की ओर ध्यान दिलाया है, जिसके कारण हजारों बेकसूर जेलों में सड़ते रहते थे। निबन्ध के अनुसार "ब्रिटेन रक्षा कानून की 18 वीं दफा के बल पर गृह-सचिव किसी भी आदमी को नजरबन्द कर सकता है। इसके लिए वह किसी का जवाबदेह नहीं।" इसी प्रकार तत्कालीन सामाजिक कुरीतियों पर प्रहार करने वाले निबंध भी पत्र में प्रकाशित हुए हैं। 'परदा आधुनिक युग का कलंक है' कुमारी लीलवती झंवर का एक ऐसा ही निबन्ध है। 'जागरण' का परदा निवारक विशेषांक भी प्रकाशित हुआ था। इसके अलावा 'जागरण' अन्य पत्रों में प्रकाशित प्रेरक प्रसंगों को भी प्रकाशित करता था। अपने 15 सितम्बर, 1940 के अंक में 'कमला' में प्रकाशित शान्ति प्रिय द्विवेदी का निबंध 'विवाह का प्रश्न' छापकर समाज की विवाह-समस्या पर रोशनी डाली गई है। लेख के अनुसार, "आज विवाह जन से नहीं, धन से किया जाता है। क्षमा किया जाए, यह धार्मिक आडम्बर में छिपा हुआ एक महंगा बाजारू सौदा हो गया है। जो खूब गहने बनवा सके वह लड़की पाए। जो खूब दहेज दे सके वह लड़का पाए। जीवन के प्रांगण में सम्पन्न वर्ग ने यह जो वैभव की 'रेस' चला दी है, उसी के साथ साधारण स्थिति के लोग भी अपने भाग्य की बाजी क्यों लगाते हैं?" यह प्रश्न आज भी उतना ही प्रासंगिक है, जितना अपने समय विशेष में था।

कलकत्ते से 'साम्यवादी', 'लोकमान्य', 'जागरण' जैसे अनेक पत्रों ने हिन्दी पत्रकारिता की स्वस्थ परम्परा का विकास किया। ऐसे सभी पत्रों का लक्ष्य था परतन्त्र भारत की सोई जनता को जगाना और उनकी राष्ट्रीय-सामाजिक चेतना का विकास करना। ये पत्र केवल मुनाफे के लिए नहीं निकाले जाते थे, उनका लक्ष्य बहुत व्यापक था।

साम्यवादी

नव्य भारत

'नव्य भारत का विधाता कौन' यह प्रश्न संसार की महान आत्माओं और भारतवर्ष के सच्चे नेताओं के मन में चक्कर खा रहा है। जिनकी दृष्टि पाप या अधर्म, स्वार्थ और अज्ञान के कारण दूषित नहीं हुई वे कहते हैं कि भारत का भाग्य विधाता भारतीय है, नव्य भारत का निर्माण करनेवाला भारत जननी की संतान ही है। कोई भी विदेशी शक्ति यह दावा नहीं कर सकती कि भारतीय संतान को नवीन भारत के रूप का निर्माण करने का अधिकार नहीं है। पर हमारे ऐंग्लोइंडियन दोस्त और स्वार्थ से अंधी होने वाली हमारी नौकरशाही भारत संतान को भारत का भाग्य-विधाता होने देना नहीं चाहती। यह स्वार्थांध दल नव्य भारत का माण्टेगू-चेम्सफोर्ड योजना और उसके भावी नातीपूत के द्वारा निर्माण किये जाने का दम भरता है। इसको देखकर संसार की सच्ची आत्माएँ दुखित होती और हंसती हैं। वे संसार को और भारत वर्ष को धोखा देना नहीं चाहतीं। सच्चे पुरुषों को सच्ची बातें कहने में संकोच नहीं होता। इस विश्वव्यापी परिवर्तन के समय सच्चे पुरुष अपने सच्चे भावों को प्रकट किये बिना रह नहीं सकते। वे संसार की परिस्थिति पर ध्यान देते हैं और जिसकी जैसी अवस्था है उसको उपयुक्त सम्मति और उपदेश देते हैं। ऐसी सम्मति और उपदेश से संसार को धोखा देकर मायाजाल में फंसाने वाले जीवों के नीच स्वार्थों की बड़ी हानि होती है। इसलिए वे चिढ़ते हैं और सच्चे पुरुषों को भला-बुरा सुनाने लगते हैं।

इंग्लैण्ड का इंडिपेंडेंट लेवर (स्वतंत्र मजूर) दल एक ऐसा दल है जो संसार भर के आदमियों को भाई और बहन समझता है और इस नाते उनकी भलाई करने का यथासाध्य प्रयत्न करता है। कर्नल वेजवुड उस स्वतन्त्र मजूर दल के सदस्य हैं। इन्होंने भारत के सम्बन्ध में अपने मतानुसार कुछ उचित बातें कहनी शुरू की हैं। यद्यपि कर्नल महाशय के विचारों में बहुत से ऐसे विचार भी हैं जिनसे भारतीय सहमत नहीं हो सकते, तथापि उनमें कई सर्वमान्य स्थायी महत्व के भी विचार हैं। इन विचारों से एँग्लोइंडियन जगत के कान खड़े हो गये हैं और उसने कर्नल महाशय पर बिगड़े दिल होकर आक्षेप करना शुरू कर दिया है। कर्नल महाशय ने कहा है कि "गवर्नमेंटों पर भरोसा न करो न गवर्नमेंटों पर विश्वास करो, हमको किसी भी

गवर्नमेंट पर विश्वास नहीं है।" कर्नल ने बातें बहुत सच्ची कही हैं। महात्मा टॉलस्टाय जैसी महान आत्मा ने गवर्नमेन्टों के विषय में इससे भी बढ़कर कड़ी बातें कही हैं। महात्मा टालस्टाय का कहना था कि संसार की सभी गवर्नमेंटें जालिम हैं और जुल्म को स्थायी बनाने के लिए उन्होंने योजनाएँ बना रखी हैं। महात्मा टालस्टाय का कहना है कि संसार की गवर्नमेन्ट शासन करेंगी ही, वे शासित नहीं होंगी। प्रजातन्त्र का अर्थ है कि प्रजा के मतानुसार गवर्नमेंट का परिचालन हो,पर महात्मा टालस्टाय कहते हैं कि ये बातें केवल कहने के लिये हैं वास्तव में चरितार्थ नहीं होतीं। इस बात को महात्मा टालस्टाय ने अनेक प्रमाणों से—गवर्नमेन्टों के कार्यों से सिद्ध किया है। बृटिश पार्लमेन्ट तक के विषय में कहा जाता है कि वह बृटिश जाति के मन का सच्चा दर्पण नहीं है। यदि पार्लमेंट के विषय में ऐसा कहा जाता है, तो पार्लमेन्ट से भी संकुचित गुट-बृटिश मन्त्रिमण्डल और बृटिश गवर्नमेंट के विषय में यह कहना कि वह प्रजा के हृदय के अनुसार नहीं चलती सर्वथा सत्य है, यह सभी निष्पक्ष आदमी मानेंगे। लायड चर्चिल की सरकार या किसी भी मंत्री की सरकार पर बृटिश प्रजा भरोसा करती हो यह घटनाओं से सिद्ध नहीं होता। सभी दल, सभी पार्टियां अपनी-अपनी आप ही फिक्र किया करतीं और गवर्नमेंट पर जोर जनाया करती हैं। इसी सच्ची बात को कर्नल वेजवुड ने साफ-साफ भारतीय श्रोताओं के सामने कह डाला है। इससे 'इंग्लिशमैन' बहुत रुष्ट है। कॉलेज स्क्वायर के व्याख्यान में कर्नल महाशय ने बहुत साफ तौर से कह डाला कि स्वयं ऐंग्लोइंडियन दल भारत सरकार पर भरोसा नहीं करता। वह अपनी भयंकर मुद्रा और आन्दोलन पर विश्वास करता है और उन्हीं पर निर्भर करते हुए भारतवर्ष में अपने स्वार्थों की रक्षा करता है पर ऐंग्लोइंडियन समुदाय या कोई भी स्वार्थी दल कुछ भी कहे, सच्ची बात यह है कि किसी भी गवर्नमेन्ट पर भरोसा करना धोखे में पड़ना है। गवर्नमेन्ट समाज का, देश के जनसाधारण का, एक छोटा अंग है, एक कर्मेन्द्रिय है। इस कर्मेन्द्रिय, इस साधन पर ही सारा समाज, कुल जनसाधारण भरोसा और विश्वास नहीं कर सकता। मनुष्य की तरह इसमें भी बुराइयां हैं और इस समय वे बुराइयाँ बहुत अधिक हो चली हैं। इसलिए जो व्यक्ति या समाज गवर्नमेंट पर विश्वास और भरोसा करेगा, वह धोखा खाएगा।

भारतीय सरकार विदेशी सरकार है। यद्यपि यह भारतीय समाज की एक कर्मेन्द्रिय है, तथापि एक बनावटी कर्मेन्द्रिय है। जिस तरह लंगड़े और लूले आदमियों के बनावटी हाथ पैरों से काम चलाये जाते हैं, उसी तरह वर्तमान लंगड़े भारत समाज का काम वर्तमान बनावटी सरकार द्वारा चलाया जा रहा है। सबल और तेजस्वी भारत का काम इस बनावटी कर्मेन्द्रिय द्वारा नहीं चल सकता। इसलिए क. वेजवुड ने नव्य भारत के निर्माताओं, हमारे भावी नागरिकों, कालेजों के विद्यार्थियों को उपदेश दिया कि "गवर्नमेन्ट पर भरोसा और विश्वास करना छोड़ो। मर्द बनो गुलाम नहीं। मर्दों ही द्वारा नव्य भारत का निर्माण होगा, गुलामों द्वारा नहीं।"

कर्नल वेजवुड ने अपने देशवासियों को सम्बोधित करते हुए चेतावनी दी कि यदि "अल्प काल में–10 वर्ष के भीतर ही–भारत को औपनिवेशिक स्वराज्य नहीं मिलेगा, यदि भारतवर्ष को देश की राजकीय आय पर ही नहीं, वरन जल तथा स्थल सेना पर भी पूरा अधिकार नहीं दिया जायगा, तो जिस असहयोग का आज दिन आरम्भ हो चुका है उसका अंत भयानक रूप से होगा। भारतवर्ष इंग्लैण्ड के हाथ से निकल जायगा, चाहे इसके लिए उसे पचासों वर्ष भी लड़ना पड़े। कर्नल महाशय की इस चेतावनी में जो मर्म भरा हुआ है उसके एक अंग का स्पष्ट अर्थ बाबू जितेन्द्रलाल बनर्जी ने कर दिया। जितेन्द्र बाबू ने साफ कह दिया कि "हम भारतीय पूरी स्वतंत्रता प्राप्त करेंगे। यह देखना इंग्लैण्ड का काम है कि यह स्वतन्त्रता हमें उसके साथ रहकर प्राप्त हो, या उससे अलग होकर।" नव्य भारत का यह सच्चा संदेश है। अंग्रेज समझ लें कि नव्य भारत 'पूर्णतः स्वतन्त्र भारत' होगा। यदि वे हमारे साथ रहेंगे तो उनके सहयोग से, पर यदि वे विरोध करेंगे तो उनसे लड़कर, नव्य भरत का निर्माण होगा।

नवम्बर, 1920

जिन्दगी की शर्तें

जिन्दगी किसे कहते हैं, यह बहुतेरे आदमी जानने का दावा रखते हैं पर इने-गिने को छोड़कर बहुत कम आदमी जिन्दगी के लक्षणों को जानते हैं और जिन बातों पर जिन्दगी मनहसर करती है उन पर ध्यान देते हैं। बहुतों का ख्याल है कि चलना, फिरना, बोलना, हंसना, खाना और आराम करना ही जिन्दगी कही जाती है। जिन्दगी के तुच्छ लक्षणों में ये बातें भी गिनी जा सकती हैं पर ये मनुष्य की जिन्दगी के प्रधान लक्षण नहीं। मनुष्य की जिन्दगी के कुछ विशेष लक्षण हैं और जिन बातों, जिन शर्तों पर यह जिन्दगी मनहसर करती है वे भी विशेषता रखती हैं। मनुष्य की जिन्दगी के प्रधान लक्षण जागृति और सजीवता है। दूसरे शब्दों में जो मनुष्य सर्वदा सचेत रहता, अपनी दशा पर ध्यान रखता और अपने उद्देश्यों के लिए प्राण देने तक को तैयार रहता, वही मनुष्य जिन्दा है। जो मनुष्य पशुओं की तरह खाता, सोता और चैन उड़ाता और यह नहीं देखता कि हमारी नैतिक और भौतिक दशाएं कैसी हैं वह मनुष्य जिन्दा नहीं, वह जिन्दा दिखते भी मुर्दा है। उसी तरह वह मनुष्य भी मुर्दा है जो अपनी हीन दशा को देखते हुए, अपने कर्तव्य को जानते हुए भी उसके लिए प्राणपन से चेष्टा करने को तैयार न हो। अधः पतित, पददलित दशा देखकर भी जो उस दशा को दूर करने के लिये तैयार नहीं है, तैयार नहीं बल्कि मर मिटनै को तैयार नहीं है वह जिन्दा नहीं मुर्दा है। जिन्दगी की मानसिक जागृति, जागरूकता और प्राणोत्सर्गता, प्राण देने को तैयार रहना ये दो प्रधान शर्तें हैं। जो व्यक्ति, जो समुदाय, जो जाति, जो राष्ट्र चौकस और जागरूक है, और अपने

कर्तव्य पालन में प्राण तक की आहुति करने को तैयार है, वह व्यक्ति, वह समुदाय, वह जाति और राष्ट्र जिन्दा है।

ये बातें इतिहास से ही नहीं, वरन वर्तमान घटनाओं से भी सिद्ध की जा सकती हैं। जिस जाति ने अपने धर्म, अपनी स्वतन्त्रता और अपनी इज्जत पर आघात नहीं होने दिया, सर्वदा चौकस और जागरूक रही और जरूरत पड़ने पर अपने प्राणों का बलिदान देकर रक्षा की वही इस संसार में जिन्दा रही है पर जिस जाति ने ऐसा नहीं किया उसका नाम और निशान, प्राचीन गौरव और यश मिट्टी में मिल गये। अमेरिका, हालैण्ड, यूनान और भारतवर्ष के इतिहास इसके साक्षी हैं। आज दिन भी देखिये, आप उन्हीं जातियों को स्वतन्त्र और वस्तुतः जिन्दा पाएँगे जिन्होंने समय को पहचाना है और अपनी जान से अपनी स्वतन्त्रता की रक्षा की है। मिश्र और मेसोपोटामिया बुरी दशा में होते हुए भी भारतवर्ष से अच्छे हैं, क्योंकि वे सजग हैं और प्राणपन के साथ अपनी स्वतन्त्रता की रक्षा कर रहे हैं। चेकोस्लोवाकिया और पोलैण्ड की स्वतन्त्रता में भी ये ही रहस्य भरे हुए हैं। सजग रहना और मरने से न डरना—जिन्दगी की इन दो शर्तों का प्रमाण आप यहाँ भी पाएँगे। धर्म-प्रधान भारतवर्ष के धर्म की रक्षा भी इन्हीं दो गुणों से—सजग रहने और कर्तव्य पालन के लिए मौत की परवाह न करने से—होती चली आई है। आज भारतवर्ष को इन्हीं दो गुणों की विशेष आवश्यकता है। भारतवर्ष में ये दो गुण आ जाएँ तो फिर उसका मुर्दापन जाता रहेगा। मृत्युपथ से उछलकर वह जीवन मार्ग पर आरूढ़ हो जायगा।

कौंसिलों का चुनाव और असहयोग का प्रचार हमारी जिन्दगी की परीक्षा करने वाली वस्तुएँ हैं। इनसे पता चल जायगा कि हमने जिन्दगी की राह पकड़ी है या अभी भी मौत की राह पर ही चल रहे हैं। सिंध ने, कानपुर ने और देश के भिन्न-भिन्न स्थानों और नगरों ने जिन्दगी के लक्षण दिखाये हैं। कलकत्ते में चुनाव का हल्ला है। पहले दिन के चुनाव में हमारे नवयुवक दल—वह दल जिसके अन्दर जीवन ज्योति प्रज्ज्वलित रहती है—ने जिन्दगी का प्रमाण दिया है। स्काटिश चर्चेज कॉलेज और सिटी कॉलेज के विद्यार्थियों ने जिन्दा होने का परिचय दिया है। ये दोनों कॉलेज चुनाव के अड्डे मुकर्रर किये गये थे पर इन कालेजों के अध्यक्षों ने इन्हें बन्द नहीं किया। विद्यार्थी कॉलेज में पहुँचे, काम न चलने के कारण कॉलेज बन्द करना पड़ा। विद्यार्थियों ने अपना काम जारी कर दिया। उन्होंने वोटरों का आवेदन निवेदन करके वापस कर देना शुरू किया। ये बातें पुलिसवालों को और विशेषकर उम्मीदवारों के दलालों को असह्य होने लगीं। पुलिस में टेलिफोन किया गया। शीघ्र ही कैदियों की मोटरों पर सवार हुए पुलिस कोतवाल और गोरे सर्जेंट आ उपस्थित हुए। सेंट जेवियर कालेज के एक विद्यार्थी क़ो इतनी लाठी की चोट आई कि वह बेहोश होकर वहीं गिर पड़ा। पुलिसवालों ने उसकी खोज-खबर तक न ली। विद्यार्थियों ने उसकी दवा दारू की। कई और विद्यार्थी बेतरह घायल हुए। कांस्टेबल ने लम्बी लाठियों से हमारे

नवयुवकों की अच्छी खबर ली। स्काटिश चर्चेज कॉलेज के 12 विद्यार्थी गिरफ्तार किये गये। 4 बजे संध्या में ये जमानत पर छोड़े गये। सिटी कॉलेज में भी पुलिस वालों ने अपनी पुरानी करतूत कर दिखाई। वहां भी 2 विद्यार्थी गिरफ्तार किये गये, पर वे शीघ्र ही वाइस प्रिंसिपल की जमानत पर छुड़ा लिये गये। विद्यार्थियों की यह दुर्दशा वोटरों को वापस करने के कारण हुई। पुलिसवालों ने किस दर्जे तक ज्यादती की इसका ठीक-ठीक निर्णय इस समय नहीं हो सकता पर छात्रों को गिरफ्तार किया जाना और एक का चोट की गहराई के कारण बेहोश हो जाना पुलिस की ज्यादती प्रकट कर रहा है। जो हो हमारे जिन्दादिल छात्रों ने जिन्दगी का परिचय दिया है। उन्होंने उस पथ को अवलम्बन किया जिस पर केवल जिन्दा आदमी और समाज चला करते हैं। उन्हें जो कष्ट पहुँचा उसके लिए वे उत्तरदायी नहीं, वरन भारतीय समाज और हमारी सरकार जवाबदेह है।

हमारे युवकों ने जिन्दगी का परिचय दिया और हमारे वृद्ध तथा अर्द्धवृद्धों ने क्या किया? चाहे युवकों ने किसी भी वजह से काम किया हो, पर उनके काम जिन्दा आदमी के काम थे। पुलिस की परवाह न करके उन्होंने देश का काम किया। हमारे कलकत्ता निवासियों को हमारे नवयुवकों की इस बात से शिक्षा लेनी चाहिए। उन्हें याद रखना चाहिए कि घर बैठे-बैठे पुलिस तथा अधिकारियों की आँखें बचाने से नहीं, वरन जल्लाद के छुरे के सामने छाती तानकर खड़े हो जाने से ही जातीय जिन्दगी प्राप्त होती है। जिस चुनाव द्वारा बृटिश शासन की बदनामी को संसार में न फैलने देने की कोशिश हो रही है, उस चुनाव को निष्फल कर डालने के लिए जिसने सजगता दिखाई और त्याग किया उसने भारतीय जाति में जिन्दगी संचार करने का महान कार्य किया। यदि एक आदमी को धर्मपथ पर आरूढ़ करना, यदि एक व्यक्ति में भी जीवन संचार करना पवित्र काम है, तो उस जाति में जीवन संचार करना जिसके एक हम अंग हैं एक महान, अत्यंत पवित्र काम नहीं वह हमारा अनिवार्य धर्म है। इस धर्म का पालन उन्हीं दो शर्तों पर निर्भर करता है जिन पर मनुष्य और जाति की जिन्दगी निर्भर करती है। ये शर्तें सजगता और प्राण देने की तत्परता है। आप इन दो शर्तों का पालन कीजिए। इससे आप अपने को और अपनी प्राचीन जाति को जिन्दगी प्रदान करेंगे।

दिसम्बर, 1920

कर्तव्य पहचानो

इधर कुछ स्वार्थत्यागी नेताओं के आगमन के कारण कलकत्ते में काफी चहल-पहल मची हुई है और ऊपरी धूमधाम देखकर यह भी अनुमान सावधानी से किया जा सकता है कि पूर्ण जागृति उत्पन्न हो गयी है और लोग अपने वास्तविक कर्तव्यों को

समझ गये हैं। निश्चय ही चिन्ह जागृति के ही हैं, परन्तु जहाँ आरम्भ है उसे ही अंत मान लेना अपने हाथों अपने पैर पर कुल्हाड़ी मारने के समान है। सत्संग का अवश्य ही प्रभाव पड़ता है। इस दशा में यदि कलकत्ते में आए हुए नेताओं की निर्भीकता और कर्तव्य बुद्धि का असली प्रभाव स्थानीय जनता पर पड़ा तो इसमें सन्देह नहीं कि इसे धूमधाम का प्रशंसनीय फल समझा जाएगा। योग्य मनुष्यों का सत्कार हुए बिना कभी कर्तव्य बुद्धि जागृत नहीं हुआ करती, परन्तु साथ ही यह भी ध्यान में रखने की बात है कि जोश का उबाल इतने वेग से न उठना चाहिए कि आगे के लिए काम करने का हौसला ही न रहे। देश के उत्साही नवयुवकों को अपनी ऊर्जा अभी एक नहीं अनेक क्षेत्रों में व्यय करनी है। देश के आधारस्तम्भ किसान और मजूरों की क्या अवस्था है, यह किसी से छिपी नहीं है। भारत ही ऐसा अभागा देश है जहाँ कि गर्मी और जाड़े में रात दिन घोर परिश्रम करने वाला किसान दोनों समय भर पेट भोजन तक नहीं पाता। जिस देश में लोगों को परिश्रम करने पर भी खाने को न मिले समझ लेना चाहिए कि वह अभी मनुष्यों के रहने योग्य भूमि नहीं हुई है। सभ्यता की जड़ भी असल में उसी समय पड़ती है जब कि लोग निश्चिंतता से परिश्रम के बदले में भरपेट भोजन पाते और तन पर पहनने को वस्त्र प्राप्त करते हैं। देश के जो सम्पन्न केन्द्र हैं यदि वहाँ से ही हम अपने असली सहायक अंग यानी किसान और मजूरों की सहायता का बीड़ा उठाएँ तो इस नवीन संगठन का स्थायी फल प्राप्त हो सकता है। अधिकारों की घमासान लड़ाई लड़ने के लिए हमें जिन शक्तियों और साधनों की आवश्यकता होगी वे सब महलों और उच्च भवनों में नहीं बल्कि झोपड़ियों में ही मिलेंगी। फिर हम बाहरी तड़क-भड़क को देश की इस निर्धन अवस्था के समय तिलांजलि दे दें। उन प्रबल शक्तियों का उचित संगठन करने के लिये क्यों न दत्तचित हों।

कारण हम उक्त काम करते हुए भी पाप के ही भागी बनते हैं क्योंकि सभी देश में पश्चिमी सभ्यता का पूरा प्रसार हो जाने और लोगों की रुचि बहुत कुछ बढ़ जाने पर भी सजावट और दिखावट के वे समान आसानी से नहीं मिल सकते जो कि इसी देश में बनकर तैयार हुए हों। यह मनुष्य का स्वभाव है कि वह दूसरों की निगाहों में अपने आपको बड़ा साबित कर दिखाना चाहता है। हम समझते हैं कि बड़प्पन पाने के लिए अभी ग्रामों में काफी मैदान है। हम अपने नेताओं का स्वागत प्रेम से करें परन्तु यह ध्यान में रखें कि हम एक निर्धन देश की संतान हैं। हमारे पास जो आज शहरों में रहने के कारण पैसा नजर आता है यह किसी बाहर के देश से नहीं आया है यह तो हमारे भाइयों के पास से ही खींचकर हमारे पास आया है। इस दशा में हमारा कभी यह साहस न होना चाहिए कि उस पैसे का किसी तरह दुरुपयोग हो। हमारे साधारण खर्च से जो रकम बचे यह उन्हीं निराश्रय भाइयों की सहायता में व्यय होनी चाहिये। प्रत्येक बड़े-बड़े शहर में स्थानीय मजूरों की अवस्था

सुधारने का प्रयत्न होते रहना चाहिए। एक संगठन किसानों की मदद के लिए भी होना चाहिए। अपने दीन भाइयों को उद्योगी और धनार्जनशील बनाने से हमारी भावी उन्नति में बाधा नहीं पड़ सकती बल्कि हमारी उन्नति का दायरा और बड़ा होता जाएगा। संसार की स्थिति का ज्ञान रखने वाले यह बात अच्छी तरह जानते हैं कि देश में भूखों की अधिक संख्या अशांति उत्पन्न करने वाली होती है। यदि हम अपने भूखे भाइयों के काम आने लगेंगे तो सरकार को भी बाध्य होकर उनकी खबर लेनी पड़ेगी। हमारा दृढ़ विश्वास है कि हिन्दू और मुसलमानों की एकता का जो प्रभावशाली दृश्य कलकत्ते में दिखाई देता है वह अपना कर्मक्षेत्र विस्तृत करेगा। शहर में जो पॉकेटमारों और गुण्डों की संख्या दिन पर दिन बढ़ रही है वह धनाभाव के ही कारण है। यदि दोनों जातियों के मेल के कारण यहाँ नए-नए उद्योग लोगों को भोजन और वस्त्र देने के लिए खड़े किए जाएँ और अनाथ तथा विधवाओं की शिक्षा पर ध्यान दिया जाए तो हम अपने उत्साह का बहुत ही उपयोग करेंगे। कलकत्ते में नेताओं के आगमन के स्मारक में गरीब किसानों और मजूरों की अवस्था सुधारने का उद्योग आरम्भ हो जाना आवश्यक है।

3 अप्रैल, 1920

राष्ट्रीय प्रश्न

महात्मा गांधी ने 19वीं को नागपुर में भाषण करते हुए कहा है कि गवर्नमेंट की शान हम लोगों पर निर्भर करती है। हम लोगों की वजह से ही गवर्नमेंट की शान और सुनाम इस देश में या और देशों में बना हुआ है। वह शान और सुनाम किस तरह से बना है यह विचार कीजिए। सभ्य संसार समझता है कि इंग्लैण्ड बड़ी सभ्यता के साथ भारतवर्ष में शासन कर रहा है। इंग्लैण्ड का शासन अत्यन्त असभ्य और दानवी शासन है इसकी संसार को खबर नहीं है। यहाँ तक कि स्वयं इंग्लैण्ड की अधिकांश जनता भारतीयों के ऊपर होने वाले अत्याचारों और अन्यायों तथा उनसे उत्पन्न हुए भारतीय असंतोष की बहुत कम सच्ची खबर रखती है। सारे भारतवर्ष में असंतोष की अग्नि धधक रही है यह और इसके कारण स्वयं इंग्लैण्ड की जनता को अच्छी तरह मालूम नहीं, अन्य देशों का क्या कहना। कारण स्पष्ट है। जिस तरह हम भारतीयों को यह मालूम नहीं कि अमेरिका की हब्शी और गोरी जातियों में किस तरह का झगड़ा चल रहा है, कोरिया निवासियों और जापानियों, फिलिपिनों और अमेरिकनों, यूरोपीय देशों के मजूरों और पूंजीवालों में किस तरह के झगड़े चल रहे हैं और झगड़ों की क्या अवस्था है, उनमें पड़ी हुई पार्टियों के असली अभिप्राय क्या हैं और किस ढंग से वे अपना अभिप्राय सिद्ध करना चाहते हैं, उसी तरह और उन्हीं

कारणों से अन्य देशों के आदमी भी हमारी सच्ची दशा को नहीं जानते। साधारणतः अपने देश के समाचार-पत्रों से जो थोड़ी बहुत खबर मिल जाती है वही कभी पढ़ और सुन लेते हैं। इसलिये वे साधारणतः समझते हैं कि इंग्लैण्ड का शासन इंग्लैण्ड में सभ्यतापूर्वक चलाया जा रहा है पर बातें बिल्कुल उलटी है जैसा कि हमें मालूम है। संसार की दृष्टि में इंग्लैण्ड का मुँह काला नहीं हुआ, जैसा कि हमारे सामने हुआ। आयरलैण्ड में उत्पात के कारण इंग्लैण्ड की बहुत बदनामी हो रही है। पर आयरलैण्ड के ही सम्बन्ध में, न कि भारतवर्ष के सम्बन्ध में। भारतवर्ष के बृटिश शासन की बदनामी तब होगी जब संसार यह जाने कि भारतवर्ष भी उसी मार्ग पर चलने को मजबूर किया जा रहा है जिस मार्ग पर आयरलैण्ड आज दिन चलने को मजबूर हुआ है। सभ्य संसार में इंग्लैण्ड के असभ्य शासन की पोल तब खुलेगी जब वह असली बातों को जाने। यह तभी सम्भव है जबकि चोर को सेंध पर पकड़ कर सेंध पर से ही घोषणा की जाय कि "वह चोर है, साधु नहीं।" आप समझ सकते हैं कि पड़ोसी या घर का चोर बड़ा हानिकारक और भयानक होता है। उसके सारे घरवाले तंग आ जाते हैं पर सारा नगर उसे भलामानस ही समझता है। यही हालत इस गवर्नमेंट की है जो अपनी प्रजा का गला घोंटती है, प्रजा की जान माल और इज्जत का नाश करती है, पर संसार के सामने सचेत और पाकदामन ही बनी रहती है। जब तक प्रजा उसकी करतूतों को ठीक तौर से संसार के सामने प्रकट नहीं करती, तब तक नालायक और पापी सरकार की नालायकी और पाप की बात प्रकट नहीं हो सकती और पाप का भण्डाफोड़ नहीं हो सकता। किसी पापी गवर्नमेन्ट के पाप का भण्डाफोड़ होने के लिए उसकी प्रजा का क्रियात्मक प्रतिवाद एक फलदायक असर है। प्रजा चाहे बगावत कर दे या ऐसा काम करे जिससे कि सरकार का बगावत के समान ही क्रियात्मक प्रतिवाद हो। ऐसा करने से ही पापी सरकार के पापों का भण्डाफोड़ होता है पर जब तक ऐसा नहीं होता तब तक पाप का भण्डा नहीं फूटता। हम भारतीय ब्रिटिश शासन के पापों का भण्डा तभी फोड़ सकते हैं जब कि सचमुच खुला विद्रोह कर दें या कोई ऐसी कार्यपद्धति अवलम्बन करें जिससे सरकार के पैर टूट जाएँ और वह लंगड़ी ही नहीं बल्कि लुन्ज बन जाए। ऐसा करने से ही इंग्लैण्ड की जनता और सभ्य संसार भारतीय शासन के पापों का सच्चा रूप समझेगा। महात्मा गांधी ने अपने नागपुर के 19वीं दिसम्बर के व्याख्यान में कहा है कि विद्यार्थी, वकील, कौंसिलवाले और उपाधिधारी भारत सरकार के चारों पैर हैं। असहयोग इन चारों पैरों के तोड़ डालने का उपाय है। पापी के पैर टूट जाएं और इस तरह टूटें कि वे फिर न बन सकें यह सभी देशाभिमानी भारतीयों का उद्देश्य होना चाहिए। महात्मा गांधी ने अपनी 'होमरूल' नामक पुस्तक में कहा है कि अंग्रेजों से उद्धार पाने का सबसे अच्छा और फलदायक उपाय यह है कि अंग्रेजों के भारतवर्ष से होने वाले आर्थिक लाभ का दरवाजा बन्द किया जाय। यह स्वदेशी के प्रचार द्वारा हो सकता है। स्वदेशी

के प्रचार में आने वाली बाधाओं का काटना और नगर-नगर ग्राम-ग्राम में स्वदेशी व्यवसाय और वस्तुओं का प्रचार करना हमारे आर्थिक दोहन को रोकने के साधन होंगे। स्वदेशी के साथ विदेशी बहिष्कार की भी आवश्यकता है। विदेशी बहिष्कार में हमें इंग्लैण्ड की वस्तुओं के बहिष्कार पर ही अधिक ध्यान देना है। इसके लिए जरूरत है कि एक स्कीम बनाई जाय और उस स्कीम को अमल में लाने के लिए सभी स्थानों में स्वयंसेवक सेनाएँ तैयार हों। एक समय था कि बहिष्कार और संरक्षण के सिद्धान्त का बहुत जोर से सरकारी और गैरसरकारी व्यक्तियों द्वारा विरोध किया जाता था। पर चार दिन की ही बात है कि स्वयं इंग्लैण्ड ने जर्मनी के रंग के विरुद्ध संरक्षण की नीति को अवलम्बन करके कानून बनाया है। हम बहिष्कार केवल संरक्षण ही के लिये नहीं वरन् स्वतन्त्रता के लिए भी अवलम्बन करना चाहते हैं, और उस देश के प्रति अवलम्बन करना जो हमारा गला घोंट रहा है।

कांग्रेस कोड—कांग्रेस के उद्देश्य पर भी बहुत वादविवाद होगा। सब कमेटी द्वारा कांग्रेस का उद्देश्य पहले से विस्तृत कर दिया गया है। कांग्रेस के स्थापकों ने 'बृटिश साम्राज्य के स्वराज्य प्राप्त देशों के समान शासन प्रणाली प्राप्त करना', कांग्रेस का उद्देश्य रखा था। अब इसके स्थान में 'पूर्ण स्वराज्य प्राप्त करना' कांग्रेस का उद्देश्य रखा गया है। पहले उद्देश्य में हमारी शासनप्रणाली कनाडा, आस्ट्रेलिया या स्वयं इंग्लैण्ड जैसी हो सकती थी। इसलिए इंग्लैण्ड के अधीन रहना या न रहना पहले स्पष्ट रूप से नहीं कहा गया। शब्द गोल हैं अस्पष्ट, उनका अर्थ पूरी स्वतन्त्रता या इंग्लैण्ड के अधीन की स्वतन्त्रता दोनों ही हो सकता है। पर इसके स्थान में अब स्पष्ट शब्द रख दिये गये हैं। यदि भारतवासी चाहें तो इंग्लैण्ड के अधीन स्वराज्य हो यदि वे चाहें तो स्वराज्य पूरा इंग्लैण्ड से अलग होकर प्राप्त करें यह हमारा नया उद्देश्य होगा। कुछ लोग कहते हैं कि इंग्लैण्ड से स्वतन्त्र होने का उद्देश्य रखने का अभी समय नहीं आया पर कांग्रेस के नये उद्देश्य का आधार 'स्वभाग्य-निर्णय के सिद्धान्त' पर है यह सभी विचार सकते हैं। जो इस उद्देश्य का विरोध करते, वे वस्तुतः स्वभाग्यनिर्णय के सिद्धान्त का विरोध करते हैं। हमारे प्रतिनिधियों को इस बात पर ध्यान रखके अपना मत स्थिर रखना चाहिए।

उपर्युक्त महान प्रश्नों के अतिरिक्त प्रवासी भारतवासियों के, पीरांबर में भारतीय मजूरों को गोली मारे जाने के और चंपारन में पुलिस लुटेरों की करतूतों के प्रश्न भी कांग्रेस, सारे देश के प्रश्न होंगे। नौकरशाही अपनी शान में चूर है, वह जरा भी पश्चाताप करने को तैयार नहीं, वह अपनी पुरानी चाल छोड़ने को मुस्तैद नहीं। ऐसी दशा में हमारा क्या भाव होना चाहिए, हमारी क्या कार्यपद्धति होनी चाहिए, हमें बातूनी और दासानुदास बन जाना चाहिए या कर्मवीर और स्वतन्त्र होना चाहिए, ये विचारणीय प्रश्न हैं। हमारे निर्णय पर हमारी जिन्दगी निर्भर करती है।

3 अप्रैल, 1920

लोकमान्य

राष्ट्रनिर्माण और स्त्रियाँ

कुमारी एम.बी.गुप्त

राष्ट्र का पुनः निर्माण करने में शिक्षक के बाद माता का ही स्थान है। जिस समाज में माताएँ अशिक्षित रहती हैं, उसमें शिक्षितों का उत्तरदायित्व बहुत अधिक बढ़ जाता है। जो राष्ट्र माताओं के मूल्य को समझता है और उनको अपने बच्चों को शिक्षा देने की सुविधायें देता है, उसका उत्कर्ष अवश्य होता है।

प्राचीन जमाने में मातायें ही बच्चों को पढ़ने-लिखने एवं दस्तकारी की शिक्षा देती थीं, किन्तु औद्योगिक क्रान्ति के बाद दस्तकारी का महत्व घट गया और उसकी शिक्षा आज कल कारखानों में ही दी जाती है। भारत के लिए यह बहुत ही आवश्यक है कि बच्चों को उनकी माताएँ कुछ दस्तकारी सिखला दें जिनसे वे आगे जाकर उस कला के विशेषज्ञ हों।

आजकल में हमारे देश में अनेक प्रकार की शिक्षा योजनाएँ बन रहीं हैं और आशा की जाती है कि देश को आवश्यक लाभ होगा किन्तु छोटे बच्चों के दिमाग पर प्रभाव डालने के लिए स्त्रियाँ ही अधिक उपयुक्त हैं। यद्यपि वे सब योजनाएँ विशेषतः पुरुषों द्वारा ही सफलीभूत हो सकती हैं एवं वयस्क और वृद्ध लोगों को पढ़ाने के लिए अनुभवी शिक्षक ही अधिक उपयुक्त हो सकते हैं किन्तु जहाँ तक छोटे बच्चों का प्रश्न है उनके विषय में स्त्रियाँ ही अपने स्वाभाविक मातृत्व के प्रभाव से आश्चर्यजनक काम करती हैं। बच्चों को स्वभावतः अपनी माता से अधिक प्रेम होता है और भारत की मातृ जाति में सुविधा मिलने पर ऐसी संतान उत्पन्न करने की क्षमता है, जो भारत के लिए ही नहीं किन्तु समस्त विश्व के लिए गौरव की वस्तु हो सकते हैं।

किन्तु इन सब उद्देश्यों की प्राप्ति के पहले भारतीय स्त्रियों की उन्नति करना अत्यंत आवश्यक है, साथ ही साथ हमें यह भी गम्भीरतापूर्वक विचारना होगा कि हम अपनी वर्तमान परिस्थिति को देखते हुए स्त्रियों को कैसी शिक्षा दें। यह तो प्रायः सभी जानते हैं कि स्त्री शिक्षा विषयक प्राचीन रूढ़ियों के लिए अब हमारे यहाँ कोई स्थान नहीं है और न हम अपनी स्त्रियों को आधुनिकता के रंग में ही रंगना चाहते

हैं। हमारा मुख्य उद्देश्य यह है कि वे साहसी और विदुषी बनें जिससे वे हमारे देश की महत्वपूर्ण सेवा करके अपना नाम सार्थक कर सकें।

दहेज और अन्तर्जातीय विवाह

हमें उस समय बड़ा आश्चर्य होता है जब हम देखते हैं कि शिक्षा के साथ ही साथ दहेज की प्रथा बढ़ती जाती है। शिक्षा की दृष्टि से तो बंगाल प्रान्त सबसे आगे बढ़ा हुआ है लेकिन दहेज की प्रथा भी वहाँ सबसे अधिक है। किसी दैनिक समाचार पत्र को उठाकर उसके विज्ञापन कालमों को देखने से पता चल जाएगा कि दहेज से शिक्षा का कितना सम्बन्ध हो गया है। कोई व्यक्ति तो इसलिए विवाह करना चाहता है कि विलायत जाकर पढ़ने के लिए उसके पास पैसे नहीं हैं और कोई इसलिए कि वह यहीं विश्वविद्यालय की फीस नहीं दे सकता। इसमें कोई सन्देह की बात नहीं कि दहेज का रोग भारत में ही है। यहाँ विवाह में माता-पिता की जितनी चलती है उतनी वर-वधू की नहीं, जो धन से अधिक प्रेम के भूखे होते हैं। किन्तु इस रोग का रूपांतर संसार के उन्नत देशों में अर्थात् यूरोपीय देशों में पाया जाता है।

दहेज क्या है? सौदा है। यह सौदा यूरोप में भी खूब चलता है। वहाँ दहेज लिया जाएगा तो कम से कम इतना अवश्य देखा जाएगा कि वधू बड़े घराने की है या नहीं, उसकी सामाजिक स्थिति से अपनी स्थिति बढ़ेगी या नहीं। यूरोप में जाति में विचार नहीं है। कम से कम उस अर्थ में तो नहीं है जिस अर्थ में भारत में है। किन्तु वहाँ विवाह के समय इस जाति-पांति का असर प्रत्यक्ष दिखाई पड़ता है। कहते हैं कि एक बार जर्मन सेना के एक सेनापति ने एक चौकीदार की लड़की से विवाह कर लिया। इससे अन्य सेनापतियों की पत्नियाँ इतनी नाराज हुईं कि उन्होंने इस सेनापति का एक तरह से सामाजिक बहिष्कार कर दिया। विवाह में इस प्रकार का ऊँच-नीच ख्याल ही प्रेम की जगह सौदा-पैदा कर देता है। और यह बातें जर्मनी में ही नहीं यूरोप के सभी देशो में हैं। इंग्लैण्ड में 8वें एडवर्ड का सिंहासनच्युत किया जाना इस बात को और स्पष्ट कर देता है कि पाश्चात्य जीवन में विवाह में सामाजिक बंधनों का उतना ही दखल है जितना भारत में।

यह तो कहना ही पड़ेगा कि विवाह सामाजिक जीवन का एक अंग है और उस पर सामाजिक बंधन रहेंगे, किन्तु जब ये बंधन कठिन हो जाते हैं तो वे प्रगति में बाधक होते हैं। सामाजिक बंधनों के कारण न मालूम कितने युवक युवतियों ने अपने प्राणों को खो दिया है। अंतर्जातीय विवाह असामाजिक समझा गया है। इस बन्धन से और चाहे जो कुछ हानि हो, एक हानि तो यह है कि अच्छी संतान पैदा नहीं हो पाती। वैज्ञानिकों का कहना है कि एक जाति के लोगों का दूसरी जाति के लोगों से विवाह सम्बन्ध से जो संतान पैदा होती है, वह बलबुद्धि में श्रेष्ठ होती है। आपस में विवाह सम्बन्ध होने से निस्तेज संतान पैदा होती है। एक वैज्ञानिक ने

कई महापुरुषों का दृष्टांत देते हुए बतलाया है कि वे सब अवर्ण विवाह की उपज थे। भारत में ही हम देखते हैं कि जहाँगीर और शाहजहाँ मुगल पिता और राजपूत माता की संतान थे। पर इस सम्बन्ध में यह ध्यान देने वाली बात है कि पति-पत्नी की जाति में अत्यधिक भिन्नता पड़ जाती है तो यह फल नहीं होता। सन् 1847 के लगभग अंग्रेज अफसरों ने बेगमों से विवाह किया, उनसे संतान पैदा हुई किन्तु कोई बड़ा पैदा हुआ हो, वह हमें नहीं दिखाई पड़ा। राजपूत और मुगल एशिया के थे, इसलिए उनकी संस्कृति और सभ्यता में बहुत कुछ समानता थी किन्तु अंग्रेजों और मुगलों में बहुत अंतर है। इसी अंतर के कारण उनकी संतान तेजवान न हो सकी, इसलिए जहाँ एक ओर दूर का और अंतर्जातीय विवाह पसन्द किया जाता है तो यह भी ख्याल रखा जाता है कि वर-वधू की संस्कृति और सभ्यता में जमीन आसमान का अंतर न हो। एक गोरे का एक हब्शी के साथ विवाह हो जाए तो क्या यह आशा की जा सकती है कि उनकी संतान तेजवान पैदा होगी। वास्तविक घटना भी इस आशा का समर्थन नहीं करती पर यदि विशेष अंतर न रहे तो इसमें सन्देह नहीं की संतान बल बुद्धि में श्रेष्ठ पैदा होगी।

लोकमान्य, 1939

हिन्दुस्तानी का स्वरूप

डॉ. ताराचन्द्र

हिन्दुस्तानी उस बोली को कहते हैं जिसे उत्तर हिन्दुस्तान के सभी रहने वाले चाहे वे हिन्दू हों या मुसलमान समझते हैं। यह नागरी और फारसी दोनों लिपि में लिखी जाती है। कांग्रेस ने इसी हिन्दुस्तानी को सारे हिन्दुस्तान के लिए कौमी ज़ुबान या राष्ट्रभाषा मान लिया है और जिन थोड़ी संस्थाओं में इसके समझनेवाले नहीं हैं उन्हें समझाने की कोशिश की जा रही है। हिन्दुस्तानी के दो रूप कहे जा सकते हैं। एक तो वह जिसमें हिन्दी शब्दों की अधिकता है तथा दूसरी वह जिसमें उर्दू और फारसी के अधिक शब्द हैं।

इस कदर लिखनेवाले या सोचनेवाले अगर वह हिन्दी के प्रेमी हैं तो फारसी और अरबी के लफ्जों को और अगर उर्दू प्रेमी हैं तो संस्कृत के शब्दों को चुन चुनकर अपने लेखों से निकाल देते हैं और अरबी फारसी के लफ्जों का इस्तेमाल करते हैं। इसका नतीजा यह हो रहा है कि हिन्दी और उर्दू एक दूसरे से अलग भागती जा रही हैं। हिन्दुस्तानी बीच का रास्ता लेती है। वह न तो संस्कृत के लफ्जों का बहिष्कार करती है और न फारसी-अरबी के शब्दों को खारिज करती है। अंग्रेजी जुमले का हिन्दी या उर्दू तर्जुमा दो अखबारों से देकर मैं बताना चाहता हूँ कि इनमें

और हिन्दी में क्या फर्क है और कौन सबके लिए आसान हो सकती है।

फेडरल लेजिसलेचर के लिए फहरस्ते रायेदा हिंदगान तैयार करने के सिलसिले में जो इब्तदायी की कारबाई की जाएगी उसके बारे में सर एम.एन. सरकार ला मेम्बर ने आज असेंम्बली में रौशनी डाली। इसमें कोई शक नहीं कि यह अरबी फारसी फायदे के लिए लिखा गया है। इसका हिन्दुस्तानी रूप यह होगा—

"फेडरल लेजिस्लेचर के लिए राय देनेवालों की फेहिरस्त तैयार करने में जो शुरू में कारवाई की जाएगी उसको ला मेम्बर सर एम.एन. सरकार ने आज असेम्बली में बताया"। अब एक नमूना और देखकर पहचान कीजिए।

संयुक्त प्रान्तीय व्यवस्थापक परिषद में एक प्रश्न का उत्तर देते हुए न्याय मंत्री डॉ. काटजू ने उन उद्योग धंधों की सूचना दी जिनकी उन्नति के लिए सरकार ने सहायता देना स्वीकार किया है। इसे भी हम हिन्दुस्तानी नहीं कह सकते क्योंकि इसमें शुद्ध हिन्दी लफ्जों का इस्तेमाल किया गया है। इसमें ऐसा मालूम पड़ता है कि अरबी फारसी के शब्द जान बूझकर निकाले गए हों। 'प्रश्न' और 'उत्तर', 'सूची' और 'सहायता' संस्कृत के शब्द हैं। 'सवाल जवाब' और 'फेहिरस्त' और 'मदद' कम चालू नहीं हैं। उद्योग धंधों के लिए सिर्फ धंधा काफी हो सकता है। हिन्दुस्तानी में किसी भी भाषा का शब्द लिया जा सकता है। यहाँ तक कि अब अंग्रेजी के लफ्ज ले लिए गए हैं।

इस झगड़े का निपटारा आसानी से इस तरह हो सकता है कि जितने फारसी-अरबी लफ्जों को हिन्दी के अच्छे लेखकों ने इस्तेमाल किया है और जितने संस्कृत के शब्दों को उर्दू के लेखकों ने व्यवहार किया है उनको हिन्दुस्तानी में ले लेना चाहिए और उनके अलावा सभी नए लफ्जों का बहिष्कार इसलिए नहीं करना चाहिए कि वे किसी खास जुबान से लिए गए हैं बल्कि इसमें यह देखना चाहिए कि वह कहाँ तक जल्द लोगों में चल गए हैं या चल जाएँगे। अगर वह आसानी से लोगों की समझ में आ जाता है तो उनके निकालने का नतीजा यह होगा कि हिन्दुस्तानी कमजोर बन जाएगी मगर हमें अपना व्याकरण नहीं छोड़ना चाहिए। 'स्टेशन' शब्द लेना ही है तो इसका बहुवचन 'स्टेशन्ज' नहीं करना चाहिए बल्कि 'स्टेशनों' या 'स्टेशनें' होना चाहिए। 'रायेदाहिंदगान'से 'राय देनेवाले' कहीं अच्छा है और 'रायेदाहिंदगान' तो किसी हालत में न लाना चाहिए। ऊँचे दर्जे के साहित्य के लिए जो भाषा होती है वह मामूली बोलचाल की ही भाषा होती है। जिसने अधिकता से संस्कृत पढ़ी है वह इस तरह की हिन्दी लिखेगा जिसमें संस्कृत के अधिक शब्द होंगे। जिसने अधिकता से फारसी पढ़ी है उसकी भाषा में अरबी-फारसी के ज्यादा लफ्ज आएँगे, यह तो स्वाभाविक या कुदरती है। इसलिए इस भाव का रुकना या बन्द होना मुश्किल है। तो भी हिन्दुस्तानी जो सब लोगों की जुबान बनने का दावा करती है अपने को ऐसे रूप में ही रखने की कोशिश करेगी जिससे उसको

सब कोई समझ सकें और चाहें तो उसकी कुछ सेवा और खिदमत कर सकें।

हिन्दुस्तानी जो बीच का रास्ता लेती है, यही कोशिश करती है कि ऐसे लफ्ज आते जाएँ जो सब तरह के लोगों में आसानी से फैलते जाएँ। गाँवों के लोगों की बोलियों में भी ऐसे मानीदार अल्फाज हैं जो हिन्दी उर्दू से भी ज्यादा लुभावने होते हैं। हम अक्सर ऐसा देखते हैं कि पढ़े-लिखे लोग ऐसे लफ्जों का इस्तेमाल करना देहातीपन समझते हैं और उनके बदले में भद्दे संस्कृत या फारसी-अरबी का इस्तेमाल करते हैं। हमें हिन्दुस्तानी में इन्हीं देहाती शब्दों को लाना है। अगर वह केवल महलों की जुबान न होकर झोपड़ों तक भी पहुँचना चाहती है तो उसको संस्कृत, अरबी और फारसी के हाथी पर से उतरकर पैदल चलना होगा।

मैं पहले ही कह चुका हूँ कि हिन्दुस्तानी सारे हिन्दुस्तान की कौमी जुबान या राष्ट्रभाषा मानी गई है। हिन्दुस्तान बहुत बड़ा देश है। इसमें बहुत से सूबे हैं और उन सूबों में अलग-अलग भाषाएँ हैं और कई भाषाओं में तो संस्कृत के बहुत शब्द हैं। समस्त बंगाली इसे समझते और बोलते हैं। इसमें भी अरबी-फारसी मिश्रित हिन्दुस्तानी बोलेंगे तो इन्हें समझने में कठिनाई होगी। स्कूलों और कॉलेजों के लिए दो तीन हजार ऐसे शब्द लिए जाएँ जो बहुत चल गए हों और जिनका जानना बहुत जरूरी हो गया है। हिन्दुस्तान एक बाग है और हिन्दुस्तानी उसके पेड़ हैं जिनमें एक साथ ही सैकड़ों तरह के फूल खिलते हैं जो बहुत ही आकर्षक होते हैं। एक जगह पर एक ही किस्म के राशिभर फूल शोभायमान नहीं हो सकते हैं। भोजन वही रुचिकारक होता है जिसमें भांति-भांति के व्यंजन होते हैं।

लोकमान्य, 1939

जागरण

भाषा का प्रश्न

विष्णुदत्त शुक्ल

भारतवर्ष के सामने भाषा का प्रश्न एक महत्वपूर्ण प्रश्न है। यह प्रश्न सदियों से इसी रूप में चला आ रहा है। जब तक वहाँ पर विदेशियों का आगमन या अधिक उपयुक्त शब्दों में कहिए तो शासन नहीं हुआ था तब तक जो यह प्रश्न शायद था ही नहीं। अधिक प्राचीन काल में संस्कृत सारे देश की भाषा थी और सर्वत्र उसका प्रचार था। उसके बाद प्राकृत, पाली, अपभ्रंश आदि भाषाएँ प्रचार में आती गईं। वहाँ तक इस प्रश्न ने कोई जटिलता धारण न की थी। इसके बाद विदेशियों का आगमन हुआ, उनका शासन भी स्थापित हुआ, बाहर से आए हुए इन लोगों के लिए यहाँ की भाषा यहाँ के देश के समान ही नई थी। फिर भी भाषा का प्रश्न जटिल नहीं होने पाया। देश में जिस भाषा का प्रचार था, उसको सीखने का इन विदेशियों ने प्रयत्न किया। ब्रजभाषा उस समय की प्राचीन भाषा थी और उसका सम्मान मुसलमान शासकों तक ने समान रूप से किया। कुछ मुसलमान शासक और अधिकारियों ने तो ब्रजभाषा में रचनाएँ भी कीं (अकबर, रहीम आदि) और राजदरबारों में ब्रजभाषा के कवियों को खुले दिल से आश्रय दिया गया। इस प्रकार भाषा के प्रश्न में मुगल राज्य के प्रायः अंत तक कोई जटिलता नहीं आने पाई। मुगल शासकों में औरंगजेब धर्मांध शासक था परन्तु उसने भी भाषा पर प्रहार नहीं किया। और उसके बाद के मुगल शासकों के यहां भी ब्रजभाषा के कविगण आश्रय पाते रहे। औरंगजेब के जमाने तक तो ऐसा मालूम होता है कि ब्रजभाषा सारे देश में प्रचलित थी। शिवाजी के दरबार में भूषण का रहना और ब्रजभाषा की वीररस प्रधान कविताओं के द्वारा उत्साह प्रदान करना यह साबित करता है कि महाराष्ट्र तक ब्रजभाषा जानते थे या कम से कम समझ तो अवश्य लेते थे। इससे इतना तो कहा ही जा सकता है कि उस समय तक भाषा का प्रश्न जटिल नहीं होने पाया था।

इतना होते हुए भी विदेशियों के सम्पर्क का कुछ प्रभाव न पड़ा, यह नहीं था। यह हो भी नहीं सकता था। दो जातियाँ सम्पर्क में आएँ और उनके सम्मिलन से भाषा निर्विकार बनी रहे, यह अप्राकृतिक, अस्वाभाविक था। अरबी, फारसी आदि भाषाओं की धरोहर लेकर आए हुए विदेशी शासकों का प्रभाव हमारे देश की भाषा पर भी पड़ा। यद्यपि

अधिक दिनों तक साहित्य इस विकार से बचा रहा। मुगलों के अन्तिम दिनों में हमारे बोल-चाल की भाषा बहुत कुछ बदल चुकी थी। उसमें अरबी, फारसी के अनेक शब्द आ गए थे और एक खिचड़ी असंस्कृत हिन्दी भाषा का प्रयोग होने लगा था। इसी खिचड़ी या असंस्कृत भाषा में हमारे साहित्य का आदिम गद्य भाग मिलता है।

गद्य का युग आरम्भ होने के बाद भाषा दो धाराओं में बंट गई। देश में हिन्दू और मुसलमान दो जाति के लेखक मौजूद थे। दोनों लिखने का अलग-अलग प्रयत्न कर रहे थे। एक दल पूर्व में बंगाल में गद्य निर्माण का कार्य कर रहा था और दूसरा पश्चिम दिल्ली में। दोनों की प्रारम्भिक रचनाएँ प्रायः एक-सी ही भाषा में हैं परन्तु दोनों की संस्कृतियाँ, दोनों के शब्द कोश भिन्न-भिन्न होने के कारण–पहिले प्रधानतः इसी कारण से–दोनों का विकास भिन्न-भिन्न दिशाओं में हुआ। फिर जब से अंग्रेजों का शासन हुआ और फूट डालने की नीति व्यवहार में आई, तब से उत्तरोत्तर यह भेद बढ़ता ही गया और बढ़ता जा रहा है। दोनों भाषाएँ हिन्दी और उर्दू–दो भिन्न-भिन्न भावों से विख्यात हैं और दोनों की लिपियाँ भी भिन्न-भिन्न हैं। प्रारम्भ काल में इन भाषाओं में भेद न था। इनका व्याकरण तो अभी तक एक ही है, अंभी थोड़े दिनों से उसमें कुछ भेद डाला जाने लगा है। लिपि भी प्रारम्भ में दोनों की देवनागर की थी परन्तु फूट-नीति या कूट-नीति (चाहे जिस नाम से पुकारिये) ने दो को दो स्पष्ट भागों में विभक्त कर ही दिया।

मुगलों के शासन काल में अदालतों की भाषा फारसी थी। इसलिए बोलचाल की भाषा के दो भेद हो जाने पर स्वाभावतः यह भाषा जो फारसी के अधिक निकट थी अधिक प्रभावशाली हुई। राजनीतिक कारणों से अंग्रेजों ने इस भाषा को दबाने की कोशिश की। इस कोशिश से हिन्दी को विकसित होने की प्रेरणा मिली। बहुत दिनों तक हिन्दी-उर्दू का झगड़ा चलता रहा। आरम्भ काल के समाचार पत्रों में हिन्दी-उर्दू के झगड़े के पोथे के पोथे प्रकाशित हुए हैं। उत्तर भारत में बनारस हिन्दी का प्रधान केन्द्र रहा है। यहाँ भी राजा शिवप्रसाद सितारे हिन्द और भारतेन्दु बाबू हरिश्चन्द्र में उर्दू-हिन्दी को लेकर झगड़ा चलता रहा था। राजा साहब उर्दू के और भारतेन्दु बाबू हिन्दी के हिमायती थे।

वह झगड़ा बहुत दिन चला। झगड़े का अभिप्राय था कि जो भाषा अधिक अच्छी मानी जाए वही देश की और कम से कम उत्तर भारत की भाषा मानी जाए परन्तु दो में से कोई किसी के लिए झुका नहीं, दोनों भाषाएँ समान रूप से अलग-अलग विकसित हुईं। शायद इसी में शासकों का भी हित था, इसलिए उन्होंने भी भाषा के प्रश्न का हल करने की कोई चिन्ता नहीं की। इसलिए प्रधानतः इसीलिए–यह झगड़ा बराबर चलता रहा। इस समय तक भी इसका अंत नहीं हुआ। सर तेज बहादुर सप्रू, प्रिंसिपल ताराचन्द्र आदि आज भी उर्दू की वकालत कर रहे हैं और दूसरी और अन्यान्य विद्वान हिन्दी को राष्ट्रभाषा के आसन पर बैठाना चाहते हैं। इस प्रकार भाषा का यह झगड़ा

किसी न किसी रूप में अब भी चला आ रहा है।

इस ओर परिस्थितियों ने थोड़ा पलट खाया है। देश में राजनीतिक जागरण के कारण यह अनुभव किया गया कि समस्त देश की एक सामान्य भाषा हुए बिना काम न चलेगा। उर्दू वाले अलग और हिन्दी वाले अलग अपनी खिचड़ी पकाते रहे, तो देश की जागृति में बड़ी बाधा पड़ेगी। इसलिए राष्ट्रीय महासभा कांग्रेस ने देश में एक भाषा के प्रचार की मांग रखी इसमें कांग्रेस ने दोनों को मिलाने के विचार से ही यह आदेश दिया कि भाषा ऐसी हो जिसमें उर्दू और हिन्दी दोनों भाषाओं के सरल बोधगम्य शब्द आवें और उस भाषा का नाम न उर्दू रहे और न हिन्दी, इसे हिन्दुस्तानी भाषा के नाम से पुकारा जाए। लिपि के सम्बन्ध में कांग्रेस ने यह छूट दे दी—उसमें भी दोनों को राजी रखने का ही भाव मालूम पड़ता है—कि जो चाहे वह अरबी लिपि में लिखे और जो चाहे वह देवनागरी में।

अपने हिसाब से कांग्रेस ने यह आदेश निकालकर समस्या सुलझा देने का ही प्रयत्न किया, परन्तु समस्या सुलझने के बजाय उलझ गई। कांग्रेस ने जो निर्णय दिया वह स्पष्ट नहीं था, समझौते की भावना से प्रेरित एक मध्य मार्ग का ढंग उस निर्णय में था—कांग्रेस शायद यही कर भी सकती थी। यह समझौता उस समय तो कार्य कर जाता जब दोनों समुदायों में समझौता करने की भावना होती, परन्तु चूंकि इस भावना का अभाव था इसलिए प्रत्येक दल खींचातानी करने लगा। कांग्रेस की रीति-नीति को कार्य-रूप देने के अभिप्राय से वर्धा में राष्ट्रभाषा प्रचार समिति स्थापित हुई। इसकी ओर से हिन्दुस्तानी के प्रचार का आरम्भ किया गया। कुछ विभिन्न प्रान्तों में भी हिन्दुस्तानी का प्रचार करने के लिए कमेटियाँ बनीं और समाचारपत्रों ने भी इस भाषा के प्रयोग का प्रयत्न आरम्भ किया।

ध्यान देने की बात यह है कि इस तमाम प्रयत्न में मुसलमान एक प्रकार से अलग रहे। उर्दू भाषा में कहीं से भी तरमीम करने का कोई प्रयत्न सामने नहीं आया। न उनकी किताबों में, न उनके अखबारों में, न उनके भाषणों में—उनकी ओर से उर्दू में सरल हिन्दी शब्द पाने की कहीं से भी कोई कोशिश नहीं की गई। यह विचित्र बात थी कि इस मामले में उर्दू में हिन्दी शब्द लाने का कोई आन्दोलन किसी मुसलमान नेता या कार्यकर्ता की ओर से नहीं हुआ। जो मुसलमान सज्जन इस आन्दोलन में आए, उन्होंने हिन्दी में उर्दू शब्द लाने के लिए तो प्रयत्न बहुत जोरों के साथ किया परन्तु उर्दू में हिन्दी शब्द लाने का प्रयत्न करने की प्रवृत्ति कहीं दिखलाई न पड़ी। किसी के इरादे पर कोई आक्षेप न करते हुए भी यह स्पष्ट प्रतीत होता है कि उर्दू को सरल हिन्दी बनाने के बजाय हिन्दी को सरल उर्दू बना देने का प्रयत्न ही विशेष रूप से किया गया। हिन्दुस्तानी के नाम पर समाचार पत्रों की भाषा में उर्दू शब्दों की भरमार हुई, वह तो हुई ही हिन्दुस्तानी रीडरों के नाम पर अपरिपक्व बुद्धि बालकों को पढ़ाने के लिए जो भाषा गढ़ी गई, वह और भी विचित्र और हानिकर

थी। इससे भी अधिक हानिकर था उन किताबों में हिन्दू-धर्म और संस्कृति पर आघात पहुँचाने वाले बेगम कौशल्या या बादशाह राम जैसे शब्दों का प्रयोग। यह स्वभावतः हिन्दू-जनता के लिए सह्य न था, अतः उसका विरोध हुआ। राजा राम, रानी कौशल्या लिखकर जो काम आसानी से चलाया जा सकता था जिसे हिन्दू मुसलमान दोनों बड़े मजे में समझ सकते थे, उसके लिए बादशाह और बेगम शब्दों का प्रयोग किसी प्रकार भी वांछनीय नहीं था और उसका समर्थन भी सम्भव न था। अतः जब इन बातों पर विरोध हुआ, तब हिन्दुस्तानी के समर्थकगण भी कुछ न कह सके और दलील छोड़कर भावों को उत्तेजित करके इन युक्तियों से काम लेने लगे कि क्या हमारे अमुक-अमुक नेता हिन्दू संस्कृति पर आघात कर सकते हैं! आदि।

हिन्दुस्तानी के समर्थकों पर जब आक्षेप किए गए, तब सम्मेलन के खुले अधिवेशनों में तो नहीं, बातचीत में उन्होंने यह कहा कि हम क्या चाहते हैं, इसका अंदाजा हमारे द्वारा प्रकाशित साहित्य से लगाया जा सकता है, और यह कहकर कुछ पत्र-पत्रिकाएँ, कुछ पुस्तकें सामने रखी गईं। ऐसी पुस्तकें जिनमें वास्तव में कोई खास दोष नहीं है यद्यपि हिन्दुस्तानी की उनकी परिभाषा के अनुसार वे पुस्तकें भी ठीक नहीं उतरती क्योंकि उनमें संस्कृत शब्दों का बाहुल्य रहता है।

इसके साथ ही वे हिन्दुस्तानी रीडरों के उपर्युक्त प्रकार के स्थलों का समर्थन भी नहीं कर पाए। फिर भी यह नहीं कहते कि उनका प्रचार न होना चाहिए। इस प्रकार की नीति से भाषा का प्रश्न अधिकाधिक जटिल होता जा रहा है। इससे इंकार नहीं किया जा सकता कि देश के लिए एक भाषा की आवश्यकता है, भाषा भी ऐसी होनी चाहिए जो सर्व-साधारण के लिए बोधगम्य हो, परन्तु इसी तर्क के आधार पर किसी एक भाषा के अस्तित्व को खतरे में डाल देना—इतना ही नहीं उस भाषा के प्रयोग करनेवालों की संस्कृति तक पर आघात करना कदापि अनुमोदनीय नहीं हो सकता।

हिन्दुस्तानी के प्रचारक यह दलील पेश करते हैं कि हिन्दी एक प्रान्तीय भाषा की भांति खूब-फले-फूले, उसे हिन्दी-प्रेमी जैसी बनाना चाहे बनायें, हम उसमें दखल न देंगे। परन्तु हिन्दुस्तानी के मामले में वे चुप रहें, वह साहित्यिक हिन्दी से भिन्न राष्ट्र व्यापी भाषा होगी, उसे हम स्वतन्त्र रूप से गढ़ेंगे। इस दलील में जोर है, परन्तु वह हिन्दी भाषी जनता को इस अधिकार से वंचित नहीं कर सकती कि राष्ट्र के लिए किए जाने वाले प्रयत्नों में जो दोष हों, उन्हें प्रकाश में न लाएँ। फिर, सरासर यह भी तो नहीं है कि हिन्दी और हिन्दुस्तानी दो पृथक-पृथक भाषाएँ साथ-साथ प्रचलित रहें। अन्यान्य प्रान्तीय भाषाओं की भाँति हिन्दी हिन्दुस्तानी से अलग रह सकेगी, यह यदि असम्भव नहीं तो अत्यंत कठिन अवश्य है। ऐसी अवस्था में उसके रूप के सम्बन्ध में यदि हिन्दी भाषी सतर्कतापूर्ण ध्यान रखते हैं, तो वे उचित कर रहे हैं। राष्ट्र भाषा के प्रचारकों को सभी महत्वपूर्ण पहलुओं पर ध्यान रखते हुए ही प्रचार-कार्य करना चाहिए।

12 मई, 1940

हमारा आज का सवाल—एकता

सत्यपाल धवले

चारों तरफ के विरोध और कोलाहल के बीच बार-बार यही सवाल हमारे सामने उठता है कि हम कहाँ जा रहे हैं। स्वाधीनता के मन्दिर की ओर? पर जहाँ आपस में प्रेम नहीं है, वहाँ आजादी कैसे हासिल की जा सकती है? जहाँ एक के लिए हजारों व्यक्ति खुशी-खुशी अपनी कुर्बानी देने के लिए तैयार होते हैं, वहीं तो स्वतन्त्रता प्राप्त की जा सकती है। जिन्होंने हमें आज गुलामी की जंजीरों में जकड़ रखा है, वे इस बात को हमसे ज्यादा समझते हैं कि एकता से ही शक्ति आती है। इसी कारण हमें शक्तिहीन और कमजोर बनाने के लिए वे हममें विरोध और वैमनस्य बढ़ाने की फिक्र में रहते हैं। पर हम आज भी इस तथ्य को भली-भांति हृदयंगम नहीं कर सके हैं कि एकता से ही हमारी ताकत मजबूत होती है, और बिना ताकत के आजादी हासिल करना मुश्किल ही नहीं, बल्कि असम्भव है। आज तो हिन्दू-मुसलमानों में विरोध, सवर्ण हिन्दू और अस्पृश्यों में व्यवधान, देश के मुट्ठी भर शिक्षित और करोड़ों जनसाधारण में मतभेद है। यदि हममें इतना विरोध और मतभेद रहेगा, तो आजादी की लड़ाई में विजय प्राप्त करने का सौभाग्य हमें प्राप्त न हो सकेगा। शक्तिशाली जाति बनने के लिए हमें आपस के विरोध, वैमनस्य और मतभेदों को दूर करना होगा। एक ही आदर्श की प्रेरणा से हमें अनुप्राणित होना पड़ेगा। एक आशा, एक प्राण और एक मन—अगर यह नहीं होता, तो हम शक्ति-संचय नहीं कर सकेंगे और जब तक हम शक्ति संचित नहीं कर सकते, तब तक स्वतन्त्रता का प्रभात दूर ही रहेगा।

इस एकता का चमत्कार सैन्यवाहिनी में देखने लायक है। वहाँ मनुष्य अपने खतरे की बात भूल जाता है—समष्टि की भलाई की वेदी पर हंसते-हंसते अपने प्राणों को न्यौछावर कर देता है। सामरिक श्रृंखला भी क्या अलौकिक शक्ति है! सैन्यवाहिनी में जो भर्ती होते हैं, वे भी तो साधारण मनुष्य हैं। जीव का यह स्वाभाविक धर्म है कि दुःख से बचकर चलना, खतरे को देखकर भागना। इस कमजोरी के रहते हुए भी मनुष्य सेना में भर्ती होता है पर सामरिक शृंखला के गुण से मनुष्य कैसा बदल जाता है। कुछ लाल पगड़ीवालों को देखते ही जो पहले चारों ओर भागते थे, उन्हीं आदमियों को सामरिक शृंखला ने कितना परिवर्तित कर दिया। पुलिस की लाठी का डर तो कुछ नहीं है, अविराम गोली और बमों की वर्षा भी उन्हें डरा नहीं सकती। तोप के गोले जब भयंकर आघात के साथ चारों ओर फूट रहे हैं, तब भी उनका हृदय अकंपित है। सेनापति के हुक्म को शिरोधार्य कर दिन के बाद दिन, महीनों के बाद महीनों वे एक आदर्श के लिए अपनी जान मुट्ठी में रखकर एक खतरे

से दूसरे खतरे में बढ़ते जाते हैं। एक विराट प्रतिष्ठान के वे अंश हैं। शिविर-जीवन की शृंखला उन्हें एक अविच्छेद्य सूत्र में बांध देती है।

समष्टि के जीवन के लिए अपनी कुर्बानी करना—यह आत्मबलिदान की भावना क्या सैनिक जीवन के बाहर सम्भव नहीं है? एक विशाल जाति की नई तरह से सृष्टि करने के आदर्श से अनुप्राणित होकर मनुष्य क्या स्वयं को नहीं भूल सकता? संसार की सब जातियों में जो बड़े-बड़े विद्वान और मनीषी हुए हैं, उन्होंने एक ही लक्ष्य की वेदी पर अपनी प्रतिभा को नियोजित किया है— और वह लक्ष्य है जनता को नागरिक जीवन के आदर्शों का अनुरागी बनाना। एक बड़े आदर्श के लिए अपने जीवन की आहुति चुपचाप देनेवाले बहुत से मनुष्य इस संसार में हुए हैं, पर उनमें से किसी ने एक दिन के लिए भी सामरिक जीवन नहीं बिताया था।

हम जिस नए समाज की सृष्टि करने चले हैं, उस समाज की नींव-प्रेम और न्याय के आदर्श—को अगर हम जल्दी से जल्दी समाज की सब श्रेणियों में न फैलाएँ, तो सारा देश कुरुक्षेत्र का मैदान बन जाएगा। हिन्दू-मुसलमानों के वैमनस्य और विरोध ने राजनीतिक क्षेत्र में एक बहुत बड़ी अड़चन पैदा कर रखी है—यदि इस विरोध को हमने हमेशा के लिए न मिटाया और समाज की सब श्रेणियों में मैत्री और प्रेमपूर्ण भाव स्थापित न कर सके, तो स्वराज्य के मन्दिर का आंगन खून की धाराओं से कलुषित हो जाएगा।

हमें अभी से सावधान हो जाना चाहिए। आज जबकि जाति की सब शक्तियाँ इकट्ठी कर स्वराज्य प्राप्ति के लिए उन शक्तियों को नियोजित करना अत्यावश्यक है, उस वक्त यदि हम अपास में ही लड़ाई-झगड़े कर अपनी शक्ति की पूंजी गंवाएँगे, तो पराधीनता की रात और भी बढ़ती जाएगी। आज अंग्रेजों ने जो अपनी इतनी ताकत बढ़ा ली है, उसका कारण है कि उनमें शृंखला है।

भारत सचिव से शुरू करके गांव का चौकीदार तक—सबों ने मिलकर एक शृंखला बना रखी है। हरेक एक दूसरे से जुड़ा हुआ है। सात समुद्र पार से जो आज्ञा आती है, उस आज्ञा का पालन वायसराय से लेकर चौकीदार तक यंत्र की तरह करता है। वहाँ किसी तरह की विशृंखलता नहीं है पर हमलोगों में चाय के प्याले की तरह तूफान के बाद तूफान आते हैं। जरा-जरा सी बातों पर दलबन्दी होती है, विचित्र भाषाओं के कलरव से आकाश मुखरित है। कोई किसी की नहीं सुनता—कोई किसी का नेतृत्व स्वीकार नहीं करता—सब ही अपने-अपने में प्रधान हैं। जिन्ना अपना फायदा सोचते हैं, तो सावरकर महोदय अपनी ही हाँकते हैं। सबकी अपनी-अपनी डफली और अपना-अपना राग है। जहाँ इतनी दलबन्दी, इतना मतभेद हो, वहाँ विशृंखल जनता के रूप में कांग्रेस को समझा जाना अनिवार्य है। विशृंखल जनता द्वारा तो स्वाधीनता का संग्राम नहीं चलाया जा सकता। जनता को तो एक अहिंसा के मार्ग का अनुशीलन करने वाली सुशृंखल-वाहिनी बनना पड़ेगा, जो अपने नेता

के हुक्म के मुताबिक एक ही रास्ते पर, एक ही लक्ष्य की ओर पैर से पैर, हाथ से हाथ, कण्ठ से कण्ठ और प्राणों से प्राण मिलाकर दुर्व्वार गति से आगे बढ़ती जाएगी। जब तक हम कांग्रेस को इस प्रकार की सुशृंखल-वाहिनी में परिणत नहीं कर पाते, तब तक आजादी हासिल करना नामुमकिन है।

इसके साथ-साथ एक बात और है। आज जो चारों तरफ पशु-शक्ति का प्रयोग हो रहा है, इससे स्वाधीनता के रास्ते में रोड़े अटक रहे हैं। पशु-शक्ति से हमारी एकता नष्ट हो रही है। इस उद्धत शैतानी शक्ति को अगर हम उच्चतर नैतिक शक्ति द्वारा वशीभूत नहीं कर पाते, न्याय, शृंखला, प्रेम और स्वाधीनता—इन सब आदर्शों के प्रति जनसाधारण के हृदय में अनुराग जगाने में सक्षम नहीं होते—तो हमारा भविष्य अंधकारमय होना अनिवार्य है। नैतिक शक्ति पशुशक्ति से बहुत ऊँची है। एक ईसा ने सारे यूरोप की अध्यात्म-जीवनधारा को पलट दिया। एक बुद्ध की वाणी ने पूर्व के करोड़ों मनुष्यों का जीवन रूपांतरित कर दिया। एक गांधी ने संसार के लाखों-करोड़ों मनुष्यों के हृदयों में नए भावों को पैदा कर दिया। इस नैतिक शक्ति पर भरोसा करके भारत के राजनैतिक क्षेत्र में ऐसे आदमी आज एक जय यात्रा शुरू करें, जिसके लिए सत्य और अहिंसा हमारे लक्ष्य का ध्रुवतारा हो और जो एकता तथा शृंखला स्थापित करने के लिए हंसते-हंसते अपने खून की आखिरी बूंद भी देने के लिए तैयार हों। इनके जीवन की छाया लगने से कलुषित राजनैतिक वातावरण निर्मल हो जाएगा।

जब बुद्धिमान आर्यों ने समय के अनुसार आवश्यकताओं को समझकर संगठन को अपनाया था, तब उनका नाम ही उनके शत्रुओं के हृदय में आतंक पैदा कर देता था; और जब अंधविश्वासी भारतीयों ने असंगठन को अपना स्वजन बनाया, तो उनको पराधीनता भी अपनानी पड़ी। यह कभी नहीं कहा जा सकता कि भारतीयों ने अपने पैतृक गुण वीरता को तिलांजलि दे दी, या उनको पराधीन रहने का अभ्यास हो गया है, वरन् उनमें कमी है संगठन की।

असंगठन की भी कोई हद होती है। कोई समय था जब केवल चार वर्ण थे और उनमें भी किसी प्रकार का परहेज नहीं था। एक वर्ण का दूसरे वर्ण के साथ सहर्ष विवाह होता था परन्तु आधुनिक काल में हमारा सामाजिक, धार्मिक, राजनीतिक या अन्य कोई भी क्षेत्र अनेक विभागों में विभक्त है और दलबन्दियों से मुक्त नहीं है। सामाजिक क्षेत्र में अनेक जातियाँ तो हैं ही, उन अलग-अलग जातियों में भी अनेक फिरके पड़ते जाते हैं। एक देशवासी दूसरे अपने ही देशबन्धु के प्रति आत्मीयता प्रकट करने में मानो पाप समझता है। अपने बंधुओं की दीन-दशा पर सहानुभूति प्रदर्शित करने में परहेज करता है। धार्मिक क्षेत्र में सैकड़ों प्रकार के भिन्न-भिन्न धर्म और ईश्वरोपासना के अलग-अलग मार्ग हैं। राजनतिक क्षेत्र का तो कुछ कहना ही नहीं। 'गांधीवाद', 'साम्राज्यवाद', 'पूंजीवाद' आदि कई नए-नए 'वाद' दिन-प्रतिदिन

जन्म ले रहे हैं। कई वर्षों से कांग्रेस देश का नेतृत्व कर साम्राज्यवाद का सामना कर रही थी, तो उधर बंगाल में सुभाषवाद ने अपना झण्डा अलग ही फहराना चाहा। हिन्दू-महासभा ने हिन्दुओं को एकत्रित होने का आदेश दिया, तो भला जनाब जिन्ना भी कब चुप रहनेवाले थे। उन्होंने 'पाकिस्तान' की योजना पेश कर अपनी खिचड़ी अलग ही पकानी चाही। हिन्दू-मुस्लिमों को अलग-अलग राष्ट्रों में विभक्त कर उन्होंने दो दिन में ही स्वराज्य प्राप्त कर लेने की धमकी दी। उधर कुछ दिनों से खाकसार संगठन एक नया ही नाटक खेलना चाहता है, तो इधर हमारे देशीराज्य लोक-शासनप्रणाली की नष्ट कर साम्राज्यवाद की फरमाबरदारी ही स्वराज्य-प्राप्ति का सरल मार्ग बताते हैं।

आधुनिक अग्रगण्य राष्ट्रों को लें। उनके उत्थान के कारणों का उनके इतिहास से पता लगाएँ और देखें कि संगठन कितनी शक्ति रखता है। जर्मनी छोटे-छोटे राष्ट्रों का समूह है। यदि उन सब राष्ट्रों को अलग-अलग कर दिया जाए, तो वे नाम मात्र को रह जाएँ परन्तु उनके संगठन द्वारा निर्मित देश आज इतनी शक्ति रखता है कि सारे संसार को उसका नाम सुनने मात्र से रोमांच हो जाता है। जर्मन राष्ट्र में संगठित होने के पहिले ये छोटे-छोटे राष्ट्र किसी एक शक्तिशाली राष्ट्र द्वारा नष्ट किए जा सकते थे, परन्तु उनकी संगठित-शक्ति के सामने आज कितने राष्ट्र अपनी स्वतन्त्रता नष्ट कर चुके हैं।

ब्रिटिश साम्राज्य के अंतर्गत सम्पूर्ण संसार का छठा भाग है, परन्तु वही अंग्रेज आज से दो सहस्र वर्ष पूर्व असंगठन के कारण परतंत्रता भोग चुके हैं। गृह कलह के कारण शत्रुओं के शिकार हुए हैं परन्तु जब से इंग्लैण्ड, आयरलैण्ड और स्कॉटलैण्ड सम्मिलित हो गए हैं तब से वे संसार में शक्तिशाली राष्ट्र के रूप में है। उसी शक्ति की नींव पर आज दिंगतव्यापी ब्रिटिश साम्राज्य स्थापित हुआ है।

7 जुलाई, 1940

कुछ मूल्यांकन

वे कुछ दिन कितने सुन्दर थे : कलकत्ता

प्रो. कल्याणमल लोढ़ा

महानगर कलकत्ता की आयु तीन शताब्दियों की हो गई। न जाने और कितनी शताब्दियाँ यह देखेगा? कलकत्ता के लिए सद्यः प्रकाशित ग्रन्थ 'कलकत्ता' (सम्पादकः खुशवंत सिंह) में मैंने लिखा था कि यह महानगर एक ओर सिफिक्स पक्षी की भांति है, जो अपनी समस्याओं में घिरा हतप्रभ और ह्रासोन्मुख होता रहा है तो दूसरी ओर, फिनिक्स की भांति जो मिटकर सदैव उठता है और कभी अपनी जिजीविषा नहीं खोता, नित नवोन्मेष होकर अतीत की छाया में वर्तमान की चुनौतियाँ झेलता हुआ भविष्य की ओर निरन्तर बढ़ता रहता है—'चरैवेति-चरैवेति' को सार्थक करता हुआ। इसकी जिजीविषा-सिसृक्षा अतुलनीय है, अनन्य! 'थेनेटोस' के आघातों को, वज्र प्रहारों को झेलकर यह 'इरोस' है। कलकत्ता, 'कामयानी' की ये पंक्तियाँ चरितार्थ करता है, "जीवन जीवन की पुकार है, खेल रहा है शीतल दाह/किसके चरणों में नत होता, नव प्रभात का शुभ उत्साह। उत्साह हो, उत्साह ही। यह कभी हताश नहीं होता न हुआ है और न होगा। विचित्र आकर्षण और विकर्षण से भरा शस्य श्यामला बंग भूमि का यह महानगर प्रसिद्ध व्यंग्यकार आर.के.लक्ष्मण को सारी दुर्बलताओं-सारे अभावों के बावजूद प्रिय है! इसका इतिहास दिक् और काल में आयत्त होकर भी इनसे परे, बहुत परे चला जाता है। इसका भूगोल भले ही कभी पराजित हुआ हो, पर इतिहास सदैव विजयी हुआ है। लेपियर के ग्रन्थ 'दि सिटी ऑफ जाय' पर फिल्म बन रही है—तो उधर उसके विरुद्ध आन्दोलन चल रहा है। रिक्शावाला की भूमिका में ओम पुरी को देखने के लिए उतावली भीड़ है तो इसके साथ ही फिल्म की प्रस्तुति को स्थगित करने की उत्तेजना। कैसा विरोधाभास है, कलकत्ता स्वयं एक विरोधाभास है। पेरेडाक्स!

सोचता हूँ, क्या कारण है इसका। देश-प्रदेश, नगर-नगर, गांव-गांव घूमा हूँ। जनपद देखे हैं, पर कोई इतना नहीं भाया, जितना यह महानगर कलकत्ता। प्रसिद्ध संगीतज्ञ विथोवन ने अपने संरक्षक राजकुमार कार्ल लिचनोवस्की से कहा था, 'न जाने कितने राजकुमार हुए हैं, हुए थे और होंगे पर विथोवन एक है और एक ही

रहेगा।' कलकत्ता भी एक है और एक ही रहेगा। आत्मबल एवं स्वाभिमान इसकी रग-रग में व्याप्त है, इसके निवासियों में भी। देखो न! इधर मार्ग पर घुटनों तक पानी भरा है-घनघोर वृष्टि हो रही है, घन राजिकाएँ गरज-गरज घन अंधकार में अपना संगीत गा रही हैं–'बंधु! वे बाधा बंध विहीन।'

निराला की यह उक्ति चरितार्थ हो रही है–पर इनसे होड़ लेते निर्भय और निःशंक होकर आबाल वृद्ध-नर-नारी मन-मौज में आपादमस्तक भीगते मस्त होकर चले जा रहे हैं–कोई दूध लेने, कोई राशन, कोई सिनेमा टिकट, कोई औषधि और कोई यों ही! यह सब हेय नहीं है। जीवन की उन्मुक्तता, सहजता और सरलता का जीवंत उदाहरण है। यह हस्ती की मस्ती है। यहाँ के निवासियों के प्रति मुझे मोह और ममत्व है, उसका यही एक कारण है। कलकत्ता का बाह्य जो कुद भी रहा हो, इसका मानस सदैव सरस्वती का मन्दिर रहा। यहाँ के निवासी उसकी साधना-आराधना में ही रत रहे। प्रतिभा जी कह रही थीं कि जल-प्लावन और वृष्टि में भी'नाट्य शोध संस्थान' में कई बंगाली नाट्य-प्रेमी समारोह में आए।

हंसानां या द्विभल बहु जीवन जीवन तं।
वंदे विद्या गुरुमविरतं मानसं तीर्थमार्यम्॥

न जाने क्यों यही मेरे मन में सावनी बादलों की भाँति अतीत सघन हो रहा है। याद आ रहे हैं भूदेव मुखर्जी, जिनकी जन्मशती इस वर्ष मनाई गई, जिनकी हिन्दी सेवाओं के लिए 'भूदेव मुखर्जी पुरस्कार' स्थापित हुआ। शारदाचरण मित्र और उनका 'देवनागर'। 'सुलभ समाचार' ने लिखा था कि इस समय भारतवर्ष में जितनी भाषाएँ हैं, उनमें हिन्दी भाषा सर्वत्र प्रचलित है। इसी भाषा को भारत की एक मात्र भाषा बनाया जाए तो एकता अनायास सम्पन्न हो सकती है। भूदेव बाबू ने तो हिन्दी में ही बातचीत करने का सुझाव दिया था। राजनारायण बसु ने 'महाहिन्दू समिति' में हिन्दी में ही बोलना एवं लिखना सिखाया। श्री अरविन्द, नेताजी सुभाषचन्द्र बोस, रवीन्द्रनाथ ठाकुर सबका यही मत था। यह कितनी भ्रांत धारणा है कि बंगाल में हिन्दी का विरोध हुआ या हो रहा है। उपर्युक्त तथ्यों के अतिरिक्त कुछ और भी दृष्टान्त हैं–उन्हें बताऊँ। ईश्वरचन्द्र विद्यासागर का हिन्दी प्रेम भारतेन्दु तक ही सीमित नहीं रहा। वे कलकत्ता विश्वविद्यालय की ऐन्ट्रेन्स परीक्षा के प्रश्नपत्र के निर्धारक एवं परीक्षक थे। सर आशुतोष ने हिन्दी का सर्वप्रथम स्नातकोत्तर विभाग कलकत्ता विश्वविद्यालय में खोला। प्रथम एम.ए. थे नलिन मोहन सान्याल और वे ही प्रथम शिक्षक भी। और तो और, कलकत्ता विश्वविद्यालय ने लाला सीताराम का 'सेलेक्शन्स फ्राम हिन्दी लिटरेचर' छः खण्डों में सन् 1921 में प्रकाशित किया। इसका प्रथम खण्ड (इतना अवश्य विदित है) सन् 43 तक इलाहाबाद विश्वविद्यालय के एम.एम.पाठ्यक्रम में भी निर्धारित था। चतुर्थ खण्ड की भूमिका में महामहोपाध्याय गंगानाथ झा ने लिखा–"यह संकलन सम्पादक के विवेक और साहित्यिक अध्ययन

का ज्वलंत उदाहरण तो है ही, पर हिन्दी संत काव्य का प्रामाणिक दिग्दर्शन भी कराता है।" बंगाल का यह हिन्दी प्रेम कभी व्याहत नहीं हुआ। आज भी यथावत् है। स्वर्गीय शारदाचरण मित्र के पौत्र ने हिन्दी प्रेम के कारण बीस हजार की राशि खर्च कर 'विद्यापति पदावली' का हिन्दी संस्करण तीन दशक पूर्व प्रकाशित किया। कलकत्ता विश्वविद्यालय ने आशुतोष संग्रहालय में श्री रामचरितमानस का सचित्र संस्करण उपलब्ध किया (इसके प्रकाशन के लिए लाख चेष्टा करके भी कोई हिन्दी प्रेमी सहमत नहीं हुआ)। डॉ. रमा चौधुरी ने 'तुलसीदास' नाटक लिखा। आज भी जब गोविन्द गोपाल मुखर्जी श्री रामचरित मानस सुनाते हैं, या कबीर, तुलसी, सूर, मीरा के पदों का गायन करते हैं, तो सैकड़ों की संख्या में श्रोतागण झूम उठते हैं। आज भी बंगाल के लोक सेवा आयोग में हिन्दीतर अफसरों के लिए हिन्दी की लिखित और मौखिक परीक्षा में उत्तीर्ण होना अनिवार्य है। और भी कितने प्रसंग हैं। हिन्दी साहित्य सम्मेलन का महिला लेखकों के लिए सेकसरिया पुरस्कार यहीं से स्थापित हुआ था। मंगला प्रसाद पुरस्कार की स्थापना भी तो यहीं हुई थी। बाबू गोकुलचन्द्र ने अपने अनुज की स्मृति में यह पुरस्कार हिन्दी साहित्य सम्मेलन को दिया था। प्रथम पुरस्कार पं. पद्म सिंह शर्मा को कलकत्ते में मिला। सम्मान, समारोह के चित्र बांग्ला पत्र 'प्रवासी' ने टिप्पणी के साथ प्रकाशित किए। तुलसी जयन्ती आयोजन की श्रीगणेश करने से भी यह नहीं चूका। प्रसाद को स्नातकोतर स्तर पर विशेष कवि के रूप में यहाँ सर्वप्रथम स्वीकार किया गया।

अब मुद्रा का दूसरा पक्ष। हिन्दी लेखकों के लिए भी बंगाल व कलकत्ता अतुल आकर्षण के केन्द्र रहे। डॉ. कृष्णबिहारी मिश्र द्वारा सम्पादित महत्वपूर्ण ग्रन्थ 'हिन्दी साहित्य की बंगीय भूमिका' एक ऐसा गवाक्ष है, जो इस विशाल क्षेत्र का प्रामाणिक व विराट परिदृश्य प्रस्तुत करता है, साहित्य साधना की विविध भूमियों का। आचार्य हजारीप्रसाद द्विवेदी ने ठीक ही कहा था कि अपने हिन्दी क्षेत्र से परे हिन्दी ने अपने सतरंगे पंखों से हमारी राष्ट्र-भूमि को मापा। बीते युग की कौन कहे! मैं तो वर्तमान की बात कहता हूँ—कुछ भूले-बिसरे चित्रों को आंकना चाहता हूँ, पर दुविधा यह है 'क्या भूलूँ क्या याद करूँ मैं'! पता नहीं डॉ नामवर सिंह ने यह कैसे लिख दिया है कि "कलकत्ता में ऐसे खतरनाक कीड़े हैं, जो रचनाकार को अपनी गिरफ्त में लेकर अपने अनुसार कार्य करने को मजबूर करते हैं। निराला और उग्र वहीं से बरबाद होकर आए।" सच तो यह है कि निराला और उग्र ही नहीं, अनेक यहीं से सारस्वत प्रतिभा के धनी होकर, आबाद बनकर गए। इतिहास ही सत्य-असत्य का निर्णय करता है। बंगाल के कीड़े प्रसिद्ध भी हैं तो रेशम के। पत्रकारिता की तो यह जन्मभूमि थी ही, नाटक और रंगमंच यहीं पनपे। यदि निराला नहीं रहते, तो क्या निराला बन पाते!

जिस समय आचार्य महावीर प्रसाद द्विवेदी की दुंदुभि बजती थी, तब कलकत्ते

के ही विद्याव्रती पण्डित थे—गोविन्द नारायण मिश्र, माधव प्रसाद मिश्र, बालमुकुन्द गुप्त, झाबर मल्ल शर्मा आदि, जिन्होंने खुलकर अनेक सन्दर्भों में उनसे विवाद किया और अन्त तक 'मण्डन मिश्र' नहीं बने। बालमुकुन्द गुप्त के 'शिव शंभु' अपने चिट्ठों से अमर हो गए-माधवप्रसाद मिश्र का 'सब कुछ मिट्टी हो गया' और अन्य ललित निबन्ध मार्ग दर्शक बने। युगल किशोर सुकुल ने कानपुर से कलकत्ता आकर हिन्दी का प्रसिद्ध पत्र 'उदन्त मार्त्तण्ड' निकाला। पं. रामनरेश त्रिपाठी भी कलकत्ता आए थे। यहाँ के निवासियों ने उनकी आवभगत की। पं. रामनरेश पिता से असंतुष्ट होकर आए थे—यहाँ उनको सहयोग मिला। यहाँ से वे राजस्थान चले गए। यह वर्ष उनकी भी जन्मशती का वर्ष है। 'वैश्योपकारक' ने मैथिलीशरण गुप्त को स्वीकार किया। 'सुदर्शन' में माधव मिश्र उपन्यास लेखन को प्रोत्साहन देने के लिए पच्चीस रुपये के पुरस्कार की घोषणा करते थे। 'रासो' शब्द की सही व्याख्या उन्होंने की। और भी अनेक महत्वपूर्ण कार्य किए। माधव प्रसाद मिश्र के साथ ही मुझे याद आ रहे हैं माधव शुक्ल। हिन्दी नाट्य परिषद के जनक। स्वाधीनता संग्राम के जागरूक सेनानी। राष्ट्रीय गीतों के सिद्धहस्त कवि। इन्हें जवाहरलाल नेहरू ने 'राष्ट्रकवि' कहा था और गणेशशंकर विद्यार्थी ने इनकी कविताओं में ओज, उग्रता, प्रखरता और उद्‌गारों की गहनता पाई थी। इस मत को भारतरत्न भगवानदास ने भी स्वीकारा।

उनका गीत गाते हुए नवयुवकों की टोलियाँ हँसते-हँसते कुर्बान होती थीं।

> मेरी जां न रहे, मेरा सर न रहे, सामान रहे न ये साज रहे
> फकत हिन्द मेरा आज़ाद रहे, माता के सिर पर ताज रहे

अपने अन्तिम समय में असाध्य रोग में भी उनका स्वर गूंजा—

> निकल पड़ो अब बनकर सैनिक भंग करो फरमानों का
> बिन स्वराज्य के नहीं रहेंगे, कौल रहे मरदानों का॥

और वह हिन्दी नाट्य परिषद! इसने आधुनिक हिन्दी रंगमंच के निर्माण और विकास में कितना योगदान किया। अभी पुराने रंगकर्मी शम्भुदत्त का 83 वर्ष की आयु में स्वर्गवास हुआ है। उनके साथ जुड़ा है उस युग के नाट्य आन्दोलन का इतिहास।

थोड़ा ठहरूँ बंग भाषा और साहित्य के प्रसिद्ध लेखक श्री हरि गांगुली आए हैं। वे शरतचन्द्र की जीवनी 'आवारा मसीहा' (विष्णु प्रभाकर) कुछ दिनों के लिए चाहते हैं। मैंने दे दी। वे गए, पर मेरी भाव-धारा को नया मोड़ देकर। शरतचन्द्र के साथ ही मुझे धन्यकुमार जैन की याद हो आई। समस्त शरत साहित्य का अनुवाद उन्होंने किया था। कलाकार स्ट्रीट के एक कमरे में रहते थे, दिन-रात अनुवाद में निरत। विचित्र थे। हिन्दी और बंगला को दो बहिनें गिनते थे। कहते थे मैं दोनों के पीहर का वासी हूँ। शरत बाबू को सर्वप्रथम उन्होंने ही हिन्दी जगत के सम्मुख

रखा और जहाँ तक स्मरण है 'हिन्दी ग्रन्थ रत्नाकर' उनके प्रकाशक थे। मैंने धन्यकुमार जैन को सर्वप्रथम बड़ाबाजार पुस्तकालय में देखा। सरल, सौम्य, सुहृद-बात के नहीं, काम के धनी। कलाकार स्ट्रीट में रहते थे—केवल लेखन में व्यस्त। न ऊधो का लेना, न माधो का देना।

बड़ाबाजार पुस्तकालय, हनुमान पुस्तकालय, जालान पुस्तकालय, माहेश्वरी पुस्तकालय, कुमारसभा पुस्तकालय, फोर्ट विलियम पुस्तकालय (जिसके ग्रन्थ पीछे पश्चिम बंग सरकार के पास आ गए)—इनकी स्थापना का उद्देश्य था हिन्दी साहित्य के प्राप्य, दुष्प्राप्य ग्रन्थों का संग्रह। कितने अध्यापक-अध्येता आकर बीसवीं सदी के प्रथम चरण का इतिहास इनमें खोजते हैं। तत्कालीन पत्र-पत्रिकाओं का अमूल्य संग्रह। कृष्णबिहारी मिश्र ने इन पुस्तकालयों के साथ-साथ ग्रे स्ट्रीट, मछुआ बाजार आदि स्थानों में संग्रहित ग्रन्थों की धूल साफ़ कर पत्रकारिता पर अपना शोध प्रबन्ध लिखा था। इसके साथ ही तुलसी पुस्तकालय भी। उसके ग्रन्थाध्यक्ष थे बैजनाथ सिंह 'विनोद'। घण्टें वहाँ बैठकर विचार-विमर्श करता था। कैसा दर्दनाक और पीड़ादायक वह दृश्य था, जब साम्प्रदायिक दंगों में सन् 1946 में उसे जलाकर भस्मीभूत कर दिया गया और उसके साथ ही उसकी ग्रन्थमंजूषा भी नष्ट हो गई। एक पंक्ति याद आ रही है:

कैसे भूला जा सकता है जो कुछ देखा सुना कभी।
राधा के मन पर अंकित हैं उस अतीत के दृश्य सभी॥

सन् 1980 में हमने पं. अम्बिकाप्रसाद वाजपेयी की और सन् 1983 में प. बाबूराव विष्णु पराड़कर की जन्मशती मनाई। वाजपेयी जी सम्पादकाचार्य थे तो पराड़कर जी पूर्णतः क्रान्तिकारी। सखाराम गणेश देउस्कर एवं हिन्दी 'बंगवासी' के सम्पादक हरेकृष्ण जौहर के अंतरंग सखा। कैसी महान विभूतियाँ थीं। कितना त्याग, कितना उत्सर्ग, कैसा संकल्प और समर्पण। पं. रुद्रदत्त शर्मा को भूखों रहना पड़ा, अमृतलाल चक्रवर्ती कर्ज़ से आजीवन लदे रहे-कारावास गए। इसी वर्ष मना रहे हैं लक्ष्मीनारायण गर्दे की भी जन्मशती। मना कहाँ रहे हैं। कौन मनानेवाला है। वाराणासी से पं. लक्ष्मी शंकर व्यास लिखते हैं, "क्या समय आ गया है कि कलकत्ते में गर्दे जी को कोई जानता ही नहीं।" अरे यह क्या? गर्दे जी को कौन नहीं जानता। महात्मा गांधी एवं देशबन्धु के घनिष्ठ थे। उन्होंने 'भारत मित्र' का सम्पादन किया था, 'नवनीत' का भी। बड़ा बाजार कांग्रेस के वे अध्यक्ष थे। 'कल्याण' के अनेक विशेषांकों का सम्पादक। 'सन्मार्ग' व 'नवजीवन' के भी। 'श्री कृष्णसन्देश' एवं 'विजय' भी निकाली। क्या व्यासजी का उपालम्भ सही है? क्या विस्मृति के गम्भीर गर्त में लिए जा रहा हमें अतीत?' यह विस्मृति कितनी भयावह होती है। निराला को ही लें। निराला से मेरा परिचय प्रयाग में हो गया था। वे गंगानाथ झा छात्रावास में बराबर आते थे। महादेवी जी और पं. श्री नारायण चतुर्वेदी के यहाँ उनसे मिलना

होता था—दारगंज में भी! इसका विवरण मैंने ऋषि जैमिनी कौशिक बरुआ द्वारा सम्पादित 'निराला अभिनन्दन ग्रन्थ' में दिया है। वे उदासीन लगते थे, पर निष्प्रभ और निरुत्साह नहीं। निराला की जन्मभूमि महिषादल जाने का सुयोग पीछे मिला। रामविलास शर्मा व शिवनारायण शर्मा साथ में थे। महिषादल की वह यात्रा स्मरणीय बनी। यहाँ उस मन्दिर को देखा, जिसके प्रवेशद्वार पर बैठकर निराला ने अपनी प्रारम्भिक कविताएँ लिखी थीं। उस विद्यालय को, जहाँ उन्होंने प्रवेश लिया था और सूरजकुमार नाम लिखाया था (सरजुआ का शिष्ट रूप)। वह स्थल भी देखा जिसमें सम्भवतः उन्होंने नाटक में अभिनय किया था। कलकत्ते में ही उन्होंने मैदान में एक बालक को पतंग पकड़ने को दौड़ते हुए देखा और उसकी हताशा विफलता पर लिखाः

मैं तुम्हें चाहता था पा न सका,
हवा बन बही तुम जब मैं थका, रुका।

(पं. परमानन्द शर्मा की सूचना के अनुसार)

'मतवाला' की बात तो सबको ज्ञात है—पर 'समन्वय' और 'रंगीला' की? 'समन्वय' जहाँ दार्शनिक और श्री रामकृष्ण मिशन के पत्र के नाते अध्यात्मवादी था, वहाँ 'रंगीला' विशुद्ध साहित्यिक। निराला को कई बार रंगमंच पर उतारने की निष्फल चेष्टा हुई। स्वामी वीरेश्वरानन्द उन्हें 'हिन्दी का रवीन्द्र' कहते थे। उनकी शारीरिक सम्पत्ति को देखकर प. चन्द्रशेखर पाठक ने कहा—"आर्यों के शरीर के गठन का जैसा वर्णन प्राचीन ग्रन्थों में मिलता है, वैसा ही निराला का गठन है।" कोई उनकी तुलना बिहारी की नायिका की हँसी से करता था तो कोई संन्यासी परम्परा से। विश्वविद्यालय के सीनेट हाल में रत्नाकरजी की अध्यक्षता में हिन्दी साहित्य सम्मेलन आयोजित हुआ था, तब निराला ने कुर्ता उतारकर अपनी मांसपेशियाँ दिखाईं। शंकर घोष लेन में उन दिनों साहित्यकारों का जमघट लगता था—महादेवप्रसाद सेठ, मुंशी नवजादिकलाल, ईश्वरीप्रसाद शर्मा, शिवपूजन सहाय। सच कहूँ तो 23 नं. शंकर घोष लेन (नव्य फोर्ट विलियम) ही था। फोर्ट विलियम सरकारी था और यह था जातीय साहित्य का मन्दिर। लम्बी कहानी है यह—पर इसे यहीं छोड़ूँ। निराला के इस प्रसंग पर रामविलास शर्मा का उल्लेख आवश्यक है। वे दो-तीन मास कलकत्ते में मेरे आवास के निकट जतीन बागची रोड में ठहरे थे। रोज साथ में प्रातः भ्रमण के लिए जाते। दोनों समय सिद्ध थे कभी एक-दूसरे की प्रतीक्षा नहीं करनी पड़ी। घूमते भी और गम्भीर साहित्यिक चर्चा होती। फिर घर आकर साथ-साथ चाय पीते। उनकी साहित्यिक जागरूकता और अध्ययन की व्यापकता एवं गूढ़ता अद्‌भुत थी। कलकत्ता उन्हें रुचा। अनेक बार पत्राचार में एक दूसरे पर पैरोडियाँ लिखी जातीं।

कलकत्ते के मानस ने हिन्दीतर भाषियों को भी हिन्दी के प्रति जागरूक कियाः उसकी ओर आकृष्ट। देउस्करजी, पराड़करजी, गर्देजी सभी जीवट के आदमी। लगन के धनी, धुन के पक्के, स्वभाव से अक्खड़, प्रकृति से सौम्य, दिल और दिमाग से

खुले। इनका योगदान भी कम नहीं। उन पर कितना लिखा जाए। अब 'विशाल भारत' को लें और हाँ, इसके प्रथम सम्पादक बनारसीदास चतुर्वेदी अराजकतावादी हिन्दी के दुर्वासा—जिस पर हाथ, वह निहाल, अन्यथा सभी 'घासलेटी' या साहित्यिक सन्निपातवाले। उन्होंने कितने आन्दोलन खड़े किए, कितने उनकी महावृष्टि में डूबे-उतराए, पर विश्वभारती के हिन्दी भवन के प्रेरक भी तो वही थे। उनका लोकप्रिय काव्य 'चौबेजी की चाय'—हास्य-व्यंग्य से पूर्ण। 'विशाल भारत' के ही सम्पादक थे सच्चिदानन्द हीरानन्द वात्स्यायन। बंगाल और कलकत्ता ने उनके निर्माण में योगदान किया। एम.एन.राय के अनुयायी। उन्होंने स्वयं 'कलकत्ते की याद' में कलकत्ते के जीवन का मर्मस्पर्शी चित्रण किया है। एक दिन वे जस्टिस माधव चन्द्र रोड पर अपने पुराने निवास का फोटो खींचने गए। मैं भी साथ था। फोटो खींचने के पूर्व प्रायः दस मिनटों तक उसे निर्निमेष दृष्टि से देखते रहे और फिर भावाकुल होकर 'विशाल भारत' में छपी (अक्तूबर 1936) कविता की ये पंक्तियाँ सुनाने लगे—

आज सब संघर्ष मेरे, पा गए सहसा समन्वय,
आज अनिमिष देख तुमको लीन मैं चिर ज्ञान में हूँ
मैं तुम्हारे ध्यान में हूँ।

अज्ञेय की अद्भुत विशेषता थी—वे नवोदित लेखकों को-चाहे वे विद्यार्थी ही क्यों न हों, सदैव प्रोत्साहन देते थे। मैंने अपने दो-तीन विद्यार्थियों के आलोचनात्मक निबन्ध उन्हें 'नया प्रतीक' में प्रकाशनार्थ भेजे। उन्होंने प्रकाशित किया और भविष्य में भी भेजने के लिए लिखा। कलकत्ता विश्वविद्यालय ने उन्हें एक चयन समिति में विशेषज्ञ बनाया; अनिच्छापूर्वक मेरे आग्रह और अनुरोध पर उसे उन्होंने स्वीकार किया। मैंने कभी उनके मुख से किसी भी साहित्यिक विरोधी के विरुद्ध कुछ नहीं सुना। मितभाषी, अल्पभाषी, मृदुभाषी। यह उनका जन्मजात संस्कार था। गुप्त जन्मशती का आयोजन भारतीय भाषा परिषद् ने किया। वे तीन दिनों तक सभी संगोष्ठियों में सहभागी रहे, तनिक देर से आने पर वे कभी प्रथम पंक्ति में नहीं बैठे। रानीगंज में आयोजित एक कवि सम्मेलन में श्रोता समाज की अशांति और अनुशासनहीनता पर उन्होंने केवल एक कविता पढ़ी और फिर लाख आग्रह करने पर भी नहीं। स्वाभिमान उनकी प्रकृति थी। घण्टों उनसे वार्तालाप होता। धवल वसनों के मध्य जैसे उनका अतीत साक्षात् हो जाता। मकान का प्रसंग ही लें। कहने लगे यह मकान 'कुछ' बदला है और मैं। मैं तो बहुत बदल गया। फिर फोटो-उनका मन अतीत में डूब गया। वे 'प्रवासी' कार्यालय जाना चाहते थे-गए नहीं। कलकत्ता विश्वविद्यालय के हिन्दी विभाग में मैंने उन्हें व्याख्यान हेतु आमंत्रित किया। सारी तैयारी हो गयी थी, पर न जाने किसने झूठी खबर उन्हें दी कि भाषण अनिवार्य कारणों से स्थगित कर दिया। वे नहीं आए। जब इस 'अशिष्टता' का उन्हें पता चला, वे सौम्य ही रहे।

विशाल भारत का प्रसंग चल रहा था। उसके अन्य सम्पादक थे ब्रजभूषण शर्मा, कमलाकांत वर्मा, श्रीराम शर्मा और मोहन सिंह सेंगर। इनमें कमलाकान्त वर्मा, मोहनसिंह सेंगर से तो मेरा घनिष्ठ परिचय था। कमलकांतजी ने एक नाटक मेघदूत लिखा था, 'आषाढ़ का एक दिन' के जोड़ का। मैंने इसकी भूमिका लिखी थी। वे पीछे अनामिका कला संगम के निदेशक बने। सरल, हंसमुख और गम्भीर। मोहनसिंह सेंगर जोधपुर के थे। विशाल भारत के पश्चात् वे 'नया समाज' में आए। ठिगने, खद्दरधारी कहानी लेखक और विचारक। हमलोग प्रायः अपराह्न साथ रहते। कभी हवाइटवे लेडला में चाय पीते, तो कभी हिन्दुस्तान-रेस्तरां में। आप बीती-जग बीती होती। बातचीत में सहज, अनौपचारिक। अपना कहीं निवास नहीं। कभी रामेश्वरजी टांटिया के अतिथि तो कभी नेमीचन्दजी चोरड़्या के तो कभी बदरीबाबू बायंवाला के। 'नया समाज' बन्द हुआ तो आकाशवाणी, कलकत्ता के हिन्दी अधिकारी बने, फिर दिल्ली। फिर यमराजपुर। हास्यरस सम्राट, जगन्नाथ प्रसाद चतुर्वेदी के प्रसंग सुनाने लगते। बैकुण्ठवासी हुए। 'भारतमित्र' के सम्पादक पं. जगन्नाथ चौबे, पर यशोदानन्द अखौरी ने समझा कि चतुर्वेदी ही चले गए। जब मिले तो चतुर्वेदी जी ने फतबा दिया कि आपको मेरे मरने का नहीं, कापीराइट न लिखाने का दुःख हुआ। नदिया (बंगाल) में जन्मे हास्यरसावतार चतुर्वेदीजी अपने को 'पितृ भाषा के बिगाड़क, सफल एफे फिस्स, जगन्नाथ परसादवेदी, बीस कम चौबीस' कहते थे। इन्होंने हिन्दी पत्रकारिता के लिए बड़ा कार्य किया। कुछ समय पूर्व ही तो इनकी जन्मशती मनाई गई थी।

*   *   *   *

'मन के हारे हार है, मन के जीते जीत। जीत की नहीं जानता, आज तो मन हार रहा है और हरा भी रहा है। उमड़-घुमड़कर कभी जाता है पत्रकारिता पर, तो कभी नाट्य संस्थाओं की ओर, तो कभी विद्यालयों की तरफ़ दौड़ता है और इधर—

समय भागता है प्रति क्षण में!
नव अतीत के तुषार कण में!
हमें लगाकर भविष्य रण में!
आप कहाँ छिप जाता है।

'नव अतीत का तुषार कण' जो वर्तमान को भी शीतल बनाता है। मैं भी अतीत से इस 'नव अतीत' की ओर अब चलूं!

कलकत्ता से हिन्दी के किस महान साहित्यकार का प्रत्यक्ष-परोक्ष सम्बन्ध नहीं रहा। सुमित्रानन्दन पंत नहीं आ सके, पर इसका उन्हें सदैव दुःख रहा। जब कलकत्ता विश्वविद्यालय ने उन्हें मानद डाक्टरेट से विभूषित किया, तब उन्होंने लिखा—'काश, मैं वहाँ आ सकता' कवि रवीन्द्र की यह मानस भूमि! प्रेमचन्द को सर्वप्रथम प्रकाशित

करने का श्रेय कलकत्ता को है। मैथिलीशरण गुप्त यहाँ साहित्य सदन के ग्रन्थों के प्रकाशनार्थ मुद्रण सामग्री खरीदने आए। प्रसाद ने गंगासागर और पुरी तट की यात्रा की, फणीश्वरनाथ रेणु की प्रथम कहानी 'विश्वमित्र' में छपी। सन् 43 में बंगाल का अकाल पड़ा तो महादेवी का हृदय पसीजा और एक ग्रन्थ ही बंगाल के अकाल पर प्रकाशित किया, जिसमें गुप्त, निराला, भारतीय आत्मा, रामकुमार वर्मा आदि की कविताएँ थीं। बच्चन ने 'बंगाल का अकाल' ही लिख डाला। उदयशंकर भट्ट ने कविताएँ लिखीं। सच तो यह है कि साहित्यकार का न कोई देश होता है और न विदेश... वह तो अपनी कलात्मक संवेदना के आधार पर जीता है। बात मुड़ गई। उसे पुनः अपने मार्ग पर ले आऊँ। निराला और अज्ञेय के प्रसंग संदर्भ तो सभी जानते हैं, उन्हें गिनाना व्यर्थ है। बच्चन को ही लें। यक्ष्मा रोग से पीड़ित बच्चन कलकत्ता चिकित्सा के लिए आए तो पाया अपने अतिथिं का द्वार बन्द। बड़ाबाजार में वहीं 'होल्ड आल' पर बैठकर यह कविता लिखी—

इस पार प्रिये तुम हो मधु है, उस पार न जाने क्या होगा।

* * * *

अब तो हम अपने जीवन भर उस क्रूर कठिन को कोस चुके,
उस पार नियति का मानव से व्यवहार न जाने क्या होगा।

इस घटना का उनके मन पर ऐसा प्रभाव पड़ा कि कलकत्ता जाने के पूर्व वे अपने अतिथि को अच्छी तरह ठोक-पीटकर देख लेते थे और पूरा अता-पता देख लेते थे। पीछे तो उनका पुत्र अभिनेता अमिताभ तो यहीं आकर रहने लगा। बच्चन जी से प्रारम्भ से ही निकट सम्बन्ध रहा। पत्राचार भी होता रहा है। कलकत्ते में गजानन्द सरावगी के यहाँ ठहरते थे-टालीगंज में। श्री राम निवास ढंढनिया से भी उनकी निकटता रही। दिनकर भी न जाने कितनी बार आए। वे प्रायः ठहरते थे जनवाणी प्रेस में या साहू निलय में। जनवाणी प्रेस में 'उर्वशी' काव्य सुनाते। न जाने कितने कवि सम्मेलन में बच्चन और दिनकर को यहाँ देखा और सुना है। एक प्रसंग बताऊँ। दिनकर एक बार साहू जैन निलय में ठहरे थे। सम्भवतः नागार्जुन ने फब्ती कसी—

ठहरे कहाँ कवि, अप्सरा के देश में।
नहीं, साहू जैन निलय, 9 नम्बर अलीपुर प्लेस में।

महादेवी को कलकत्ता अत्यन्त प्रिय था। उन्होंने इसकी वंदना की।

बंग भू शत वन्दना ले
भव्य भावों की अमर कविता हमारी कल्पना ले।

यह कविता लिखी तो थी 'बंगाल का अकाल' में, पर न जाने कितनी बार उन्होंने इस भूमि की वन्दना की। कलकत्ता विश्वविद्यालय की घनश्याम दास बिड़ला

व्याख्यानमाला में जब वे आयीं, तब मैंने पूछा-बंगाल से आपको क्यों इतना मोह-ममत्व है? उन्होंने हाथ में 'दीपशिखा' लेकर लिखा–

यहाँ हुए चल अचल, पंगु रहने में गति है।
प्रतिदिन सुन्दर सृष्टि चाप अनुकूल नियति है।

वे नियति को यहीं अनुकूल पाती थीं। यहाँ एक ओर उनके राखी-बंध भाई थे सीताराम सेकसरिया, तो दूसरी ओर थी कविकुल गुरु रवीन्द्रनाथ की अजस्र प्रेरणा, जिनके महाप्रयाण पर लिखी कविताओं में महादेवी की श्रद्धांजलि बेजोड़ है। पी.इ. एन. के अखिल भारतीय कवि-सम्मेलन की अध्यक्षता की। प्रसाद समारोह में आयीं। सूरदास पंचशती समारोह में हर माँ को यशोदा और हर पुत्र को कृष्ण कहा।

जरा ठहरूँ, सुनूँ, 'काली बाबू' क्या कहने आए हैं–'देखुन-एह लोडशेडिंग की होलो, सर्वनाश होएछे। ट्राम अचल, रास्ता जाम, एई दिगे एक कुकुर मोरलो, ओई दिगे झगड़ा होच्छे!... शिकवा-शिकायत करते-करते काली बाबू चले गए, पर इन अचल ट्रामों ने मुझे भगवतीचरण वर्मा की याद दिला दी। उन्होंने भी तो अपना जीवन कलकत्ता में बिताया था। कहा था–

हम ठीक तरह चढ़ भी न सके,
घर-घर-घर-घर चल पड़ी ट्राम।

वर्माजी ने यहाँ से 'विचार' पत्र निकाला, अपनी कविताओं का संकलन 'मानव' भी प्रकाशित किया। कलकत्ते से उन्हें मोह था और छोह भी। वे इसके 'विशाल वैभव' इसकी महान सत्ता के साथ-साथ 'भैंसागाड़ी' को देखकर कहते थे–

भैंसागाड़ी पर लदा हुआ, जा रहा चला जर्जर
मानव और पशु बनकर मानव भूल गया,
है मानवता का नाम ग्राम।

दीर्घ कालोपरान्त वे पुनः कलकत्ता आए। सम्भवतः उनका पुत्र यहाँ कार्यरत था, रहता था लेकगार्डन में। श्री गीतेश शर्मा ने एक संगोष्ठी आयोजित की। लगभग पन्द्रह-बीस व्यक्ति आए। संगोष्ठी में उन्होंने कहा, 'कलकत्ता अब धीरे-धीरे लुट रहा है।' संगोष्ठी के उपरान्त हम दोनों साथ-साथ गंगा किनारे निकल गए। उन्हें सब कुछ विचित्र लगा। कलकत्ता से उन्हें उतना ही मोह-ममत्व था, जितना अज्ञेय या उग्र को। महानगर की स्मृतियाँ उनके अन्तर्मन में गहरी बस गई थीं। बेंच पर बैठते ही उन्होंने पूछा–'आपको कलकत्ता कैसा लगा?' मेरा उत्तर था–'बहुत आकर्षक, सजीव।' वे आश्चर्य से मेरी ओर देखते रहे-पता नहीं किस मौन भाव से।

कलकत्ता से रूठकर आने-जानेवालों में पं. बेचन शर्मा 'उग्र' भी थे। मेरा उनसे प्रथम परिचय पश्चिम बंग हिन्दी प्रादेशिक सम्मेलन के अधिवेशन में हुआ। सत्यनारायण पार्क के आस-पास वह सम्पन्न हुआ था। किसी ने पूछा–'रेस में

चलेंगे' उन्होंने अपनी खाली जेबें दिखा दीं। कठोर मुद्रा, विचित्र दृष्टि, गहरा मौन, तनी हुई टेढ़ी भौहें। मेरा साहस नहीं हुआ कि उनसे वार्तालाप करूँ। पं. मुरलीधर ने परिचय कराना चाहा। उनका दो शब्दों में उत्तर था—'जानता हूँ। नए आए हैं। राजस्थानी हैं' बस। मित्रों ने उनके कई प्रसंग सुनाए। कई बातें बतायीं। उनका कलकत्ता से क्या और कैसा सम्बन्ध था, यह पीछे ज्ञात हुआ। 'सन्मार्ग' (26.11.48) में उग्र जी ने 'कलकत्ता की याद' लिखा था, जिसमें मारवाड़ियों और पारसियों की तुलना की थी। मैंने लेख पढ़ा और कुछ सीमा तक सहमत भी हुआ। उन्होंने बजरंगलाल लोहिया का उल्लेख किया। लोहियाजी थे विचित्र जीव, धुन के पक्के। उन्हें लगन थी हिन्दी एवं अन्य भाषाओं के ग्रन्थों की खोज और प्राप्ति की। कई दुर्लभ ग्रन्थ उन्होंने एकत्र किए देश-विदेश से। वही उनके जीवन का संकल्प था। पीछे सुना कि उन्होंने सारे ग्रन्थ राजस्थान के सरस्वती पुस्तकालय को भेज दिए। एक ग्रन्थ था पं. भूरानाथ लाल का 'संगीत शास्त्र'। लोहियाजी इसे प्रकाशित करना चाहते थे। जहाँ तक मुझे स्मरण है कि वह ग्रन्थ प्रकाशित नहीं हो सका, कोई उदारमना आगे नहीं आया। सुना है, रघुनाथ प्रसाद सिंहानिया को भी यही रोग था—पुस्तकें खरीदने का; संग्रह करने का। शिवपूजन सहाय का स्मरण हो आया। जीवट के व्यक्ति थे। कलकत्ता के साहित्यिक विकास और पत्रकारिता के उन्नयन में उनका महत्वपूर्ण योगदान रहा—उनका वैशिष्ट्य तो सबको विदित है। मैं तो यहाँ चर्चा करूँगा विश्वम्भरनाथ जिज्जा की, जिनके विषय में लोग अपेक्षाकृत कम जानते हैं। वे 'भारतमित्र', 'केसरी' (दैनिक) और 'विजय' के सम्पादक थे। प्रसाद जी से उनका अच्छा परिचय और सम्पर्क था। उनके कई व्यक्तिगत और प्रायः अज्ञात प्रसंग उन्हें ज्ञात थे। उन्हीं दिनों (सन् 1931-32) विनोद शंकर व्यास भी कलकत्ता चिकित्सा हेतु आए। कलकत्ता उन्हें प्रिय लगा। प्रसाद को पत्र लिखकर बताया, कि वे कलकत्ता को कार्यक्षेत्र बनाना चाहते थे—"क्योंकि कलकत्ता 'फील्ड' है। यहाँ एक तरकीब में दस-पांच हजार साधारण बात है और बनारस में तो यह जीवन भर में कठिन है।" उन्होंने बनारसीदास चतुर्वेदी को 'भारी चंट' कहा। यहाँ तो 'तीन हजार' में प्रेस मिलता है। विनोद जी ने प्रसाद जी को भी प्रलोभन दिया। वे 'जागरण' यहीं से प्रकाशित करना चाहते थे। विश्वम्भरनाथ जिज्जा के प्रसंग पर मेरा मन विनोद जी में उलझ गया। शिवचन्द्र भरतिया भी अच्छे साहित्यकार थे। उन्होंने छायावाद की खिल्ली उड़ाते हुए 'सरस्वती' में एक कविता लिखी—

साहित्य की यह दशा अति शोचनीय
चित्रस्थ दर्शित हुई यह शोभनीय।
हा साहित्य सभा सदा निरख मैं रोऊ न तो क्या करूँ

क्या आज कलकत्ता वह नहीं रहा? अभी तुलसी जयन्ती के समारोह में रामदेवजी चोखानी के पुत्र ने मुझसे कहा—'कलकत्ते में अब सच्चा साहित्यकार नहीं है।' मैंने इस

कथन पर आपत्ति की, इससे असहमत हुआ, पर मन के भीतर ही भीतर यह बात चुभी। साहित्यकार हैं, और सच्चे भी। किसी भी भाषा के लेखक से टक्कर लेनेवाले—पर उनको आज वह क्षेत्र कहाँ मिलता है? प्रकाशक कहाँ हैं? क्या लोग नहीं जानते कि यह कार्य हिमालय की दुर्गम उपत्यकाओं को पार करना है। पर इसी महानगर में एक दिन महादेवप्रसाद सेठ ने पं. बालकृष्ण भट्ट के नाम पर बालकृष्ण प्रेस खोला था, जहाँ वे हिन्दी के ग्रन्थ प्रकाशित कर लेखकों को प्रोत्साहित करते थे। यहीं बैजनाथजी केड़िया ने भी हिन्दी पुस्तक एजेंसी स्थापित की और बणिक प्रेस खोला, और 'उपन्यास तरंग' नामक सचित्र मासिक पत्र भी निकाला। इसी प्रेस में प्रसिद्ध पत्र 'बालक' का प्रथम अंक भी छापा। प्रसिद्ध रंगकर्मी रामलाल वर्मन ने भी प्रेस खोलकर कई पत्र-पत्रिकाओं को प्रकाशन की सुविधाएँ दीं। आज सच्चे साहित्यकारों का अभाव नहीं है, पर हैं कहाँ महादेवप्रसाद सेठ, बैजनाथ केड़िया, रामकुमार भुवालका, रामलाल बर्मन। इतिहास ने कितने मोड़ लिये, कितनी करवटें बदलीं। कहाँ हैं आज महादेव प्रसाद झुनझुनवाला, जिनका 'भारत पुस्तक भण्डार' तत्कालीन लेखकों को पढ़ने के लिए अपनी दुकान से ग्रन्थ देता था। कहाँ हैं आज बाबू रामलाल बर्मन, जिनके लिए शिवपूजन सहाय ने कहा कि 'कलकतिया पुस्तक प्रकाशकों में उनके समान साहसी और उदारचेता न था।' 'कालो जगद् भक्षकः' यही सत्य है।

*   *   *   *

इधर बाहर आकाश में चपला धनराजिकाओं पर चित्र बना रही है। एक नहीं दो-दो इन्द्रधनुष अपनी सतरंगी आभा बिखेर रहे हैं। आकाश मेघाच्छन्न है। उधर रवीन्द्र संगीत की मधुर तान। कैसा होता है काव्य और संगीत का यह सामंजस्य। स्वर और शब्द का, मीड़ और आलाप का। यहाँ न जाने कैसे मेरे उपचेतन में साहित्य-शास्त्र सजीव हो गया और इसके साथ ही याद आ गए कन्हैयालाल पोद्दार और शिवरतन भरतिया। दोनों ने भारतीय काव्य-शास्त्र पर महत्वूपर्ण ग्रन्थ लिखे। पोद्दार जी का ग्रन्थ 'काव्य-कल्पद्रुम' (1-2) अब पुनर्मुद्रित हो गया है पर भरतिया को तो सम्भवतः कोई जानता भी नहीं, आकाश में बादलों की अदृश्य फुहार की भांति! इसके साथ ही याद आ गए पं. हजारीप्रसाद द्विवेदी, विश्वभारती का हिन्दी भवन, 'विश्वभारती' पत्रिका, जिसका उद्देश्य रवीन्द्रनाथ ने रखा—"भारतवर्ष का साहित्यिक और सांस्कृतिक साधना का जो कुछ सर्वोत्तम है, उसका नियमित रूप से प्रचार और उन्नयन।" कितना महान था वह प्रयोजन-वह प्रतिज्ञा! 'विश्वभारती' के प्रकाशन की योजना महात्मा गांधी को भी प्रिय लगी। हाँ, हजारी प्रसाद जी, वे हिन्दी भवन के अधिष्ठाता और आचार्य ही नहीं, 'विश्वभारती' (हिन्दी) के सम्पादक ही नहीं, पश्चिम बंगाल में हिन्दी के गौरव-स्तम्भ थे विश्रुत साहित्य-मनीषी। जब भी कलकत्ता आते, एक नवीन स्फूर्ति व्याप्त होती। हंसमुख, मितभाषी, मधुर और प्रकाण्ड पण्डित। तंत्र, मंत्र,

यंत्र, ज्योतिष—सब में समान गति। न जाने कितने संस्मरण उनके साथ जुड़े हैं। बंगाल उन्हें अत्यन्त प्रिय था और वे बंगाल को। कलकत्ता विश्वविद्यालय की घनश्यामदास बिड़ला व्याख्यानमाला का शुभारम्भ भी उन्होंने ही किया था। उस समय वे चण्डीगढ़ में थे। मैंने उन्हें पैरोडी लिखकर भेजी—'संदेशन पंचनद कूप भरे।' उत्तर में भी पैरोडी। भगीरथजी कानोड़िया के यहाँ प्रायः ठहरते थे। पीछे उनकी पुत्री व जमाता यहाँ रहने लगे, तब उनके यहाँ। वे साहित्य-मनीषी तो थे ही—जितना व्यापक उनका ज्ञान-भण्डार था, उतना ही विराट उनका व्यक्तित्व। एक-दो बार चयन समितियों में उनसे वैमत्य भी हुआ—पर वह वहीं तक सीमित रहा। मुझे भी ज्योतिष में रुचि है और पण्डित जी की भी थी। कभी 'पराशर' पर चर्चा होती, तो कभी 'जातकालंकार' पर अथवा 'भाव फलाध्याय' पर। एक बार मेरे हाथ में चोट आयी। एक व्यक्ति का फोन आया—'मैं आयुर्वेदाचार्य सुश्रुत शर्मा बोल रहा हूँ, मेरे पास एक ऐसा प्रलेप है, जिससे टूटी हुई हड्डी चौबीस घण्टों में जुड़ जाती है। परिचय न पूछें, मैं काशी से आया हूँ, पं. हजारीप्रसाद जी द्विवेदी मेरे अभिन्न मित्र हैं। उन्होंने ही आपकी चिकित्सा करने को कहा है।' मैं गद्‌गद् हो गया। आभार मानकर उन्हें बुलाया। देखता हूँ कि थोड़ी देर में पण्डित हजारीप्रसाद जी ही आ रहे हैं। मैंने पूछा—पं. सुश्रुत शर्मा कहाँ हैं? वही तो सशरीर आये हैं। हाथ की हड्डी कहाँ टूटी है और फिर अट्टहास! ऐसी थी उनकी मनोरंजन प्रकृति। उपन्यासों के छद्‌म नाम भी इसी मनोवृत्ति के उदाहरण हैं। कविता करते थे, वह भी प्रायः छद्‌म नाम से।

कोई आया है? द्वारा खोलने पर देखा राजस्थान से प्रसिद्ध कवि ताराप्रकाश जोशी आये हैं। बैठे। उन्होंने यह आलेख पढ़ना प्रारम्भ किया। बीच में ही बोल उठे—आप इलाचन्द्र जोशी को कैसे भूल गये। मैंने भूल स्वीकार की। थोड़ी देर के पश्चात् वे चले गये। पर इलाचन्द्र जोशी मन-मस्तिष्क में ही ठहर गये। याद आया उनका चुनौतियों और विपत्तियों से भरा जीवन। सन् 1921 में 'कलकत्ता समाचार' का सम्पादन किया पर कुछ समय पश्चात् लखनऊ चले गये। दो-तीन वर्षों के बाद पुनः कलकत्ता आकर एक मुद्रण प्रेस सम्हाला। तत्पश्चात् बालीगंज और वेलेजली में लांड्री खोली। 'जहाज का पंछी' में इन स्थानों का सजीव वर्णन है। कुछ समय के बाद लांड्री भी बन्द। इसके अनन्तर 'विश्ववाणी' और 'विश्वमित्र' एवं एक मिशनरी विद्यालय में अध्यापन। विश्वमित्र संचालक बाबू मूलचन्द्र जी अग्रवाल जोशी जी को बड़े प्रेम में स्मरण करते थे। बाद में विश्वमित्र छोड़कर उत्तर प्रदेश चले गये।

काल की गति कितनी विचित्र है। कितने मनीषी आये और महान परम्परा के पदचिन्ह आनेवाली पीढ़ियों के लिए छोड़ गये। किपलिंग की कविता की पंक्तियाँ हैं—

The Stranger within my gates
I see his face and eyes and mouth
But not the soul behind.

हिन्दी के कितने महान साहित्यकारों को कलकत्ता ने अपनी गोद में बिठाया, अपने आंचल से छाया दी, जीवन के संघर्षों से परिचित किया—पर वे यहाँ कहाँ रह पाये? सोचता हूँ यदि निराला, अज्ञेय, भगवतीचरण वर्मा, इलाचन्द्र जोशी आदि और पत्रकार अम्बिका प्रसाद वाजपेयी, लक्ष्मीनारायण गर्दे-सभी भावनाओं के धनी यहाँ आये पर रह नहीं पाये। जो नहीं आये, वे आना चाहते थे। पंत की आजीवन यही अभीप्सा रही, प्रेमचन्द भी नहीं आ सके। मैथिलीशरण गुप्त आये, तो प्रेस खरीदने। प्रसाद अपने सम्बन्धी मुकुन्दीलाल जी गुप्त के यहाँ ठहरे। पुरी गये-अपना प्रसिद्ध गीत 'ले चल वहाँ भुलावा देकर' लिखा। गंगासागर गये और गंगा को 'आकूल-अकूल' बनते देखा। गणेशशंकर विद्यार्थी आये, मतवाला कार्यालय गये। रसगुल्ला खाने की इच्छा प्रकट की और प्रताप के लिए आर्थिक संग्रह करने की योजना बनायी। स्व. श्यामसुन्दर खत्री रह-रहकर बातचीत में उन दिनों का सजीव चित्र खींचते थे। मैं सुनकर मुग्ध होता और मर्माहत भी।

वह युग बीता और नये युग का सूत्रपात हुआ। नये पत्र निकले, नयी पत्रिकाएँ प्रकाशित हुईं। नए साहित्यकार आए। शरद देवड़ा ने कितने वर्षों तक ज्ञानोदय को चमकाया। राजकमल चौधरी ज्ञानोदय में थे। कई बार मुझसे मिले। रमेश बक्षी भी तो अनेक दिनों तक यहीं थे, सुदर्शन चोपड़ा भी। मणि मधुकर ने यहाँ साहित्य-साधना की, नाट्य संस्थाओं से भी सम्बन्ध जोड़ा। राजेन्द्र यादव और मन्नू भण्डारी कलकत्ते में ही रहे। दोनों यहीं मिले और मंगलसूत्र में बंधे। राजेन्द्र यादव तो हिन्दुस्तान पार्क में मेरे प्रतिवेशी थे। प्रायः रोज ही मिलते थे। उन दिनों नयी कहानी की प्रसिद्ध वृहत्रयी की चर्चा होती थी। प्रसाद की बात, 'वे दिन कितने सुन्दर थे।' राजेन्द्र से तो पूरी अनौपचारिकता रही। गहरी आत्मीयता। दिल्ली जाने के पश्चात् एक बार उन्हें मेरी पुत्री सुषमा ने खूब चकमा दिया, छकाया 'एक मित्र आपके अस्वस्थ हैं। अस्पताल में भर्ती हैं।' सुषमा की बनावटी बोली को वे पहचान नहीं पाए। घबराए, 'कहाँ हैं, किस अस्पताल में—हृदय रोग क्यों हुआ? गत सप्ताह तो वे मणिपुर में मिले थे प्रसंग के खुल जाने पर हंसी। आज भी राजेन्द्र जब आते हैं, इस प्रसंग की चर्चा अवश्य करते हैं। लोक संस्कृति, लोक संगीत और लोक साहित्य में विशिष्ट ख्याति अर्जित करने वाले कोमल कोठारी उनके सम्पर्क में थे। कलकत्ते में ही उन्होंने काम शुरू किया। राजेन्द्र यादव के मित्र हैं गिरीश अस्थाना। उन्होंने कलकत्ते को अपना कर्मक्षेत्र श्रीक्षेत्र बनाया। लक्ष्मीचन्द जैन और कुन्था जैन के यहाँ प्रायः साहित्य संगोष्ठियाँ होती थीं। अरे हाँ, इस स्मृति कुन्ज में 'धूमिल' भी धूमिल नहीं हैं। जीवन के कठोर अनुभवों, संघर्षों की लम्बी कहानी है उनकी। उत्तर कलकत्ता के साथ संस्थान में अति सामान्य जीवन की कटुता का तीखा अनुभव धूमिल ने किया। सच तो यह है कि उनका काव्यांकुर यहीं फूटा, सामाजिक विसंगतियों और शोषण के प्रति उनका कवि जागरूक हुआ। प्रभाकर माचवे भी आये

और गये, पर जीवन के नये अनुभव लेकर। न जाने क्यों मन कहाँ से कहाँ घूम रहा है। न कोई श्रृंखला है और न सधी-सधाई विचारधारा। यही होता है। मैंने भी उसे उन्मुक्त कर दिया है। वन-मृग की भांति चाहे जहाँ कुलाचें भरे, रोकना नहीं चाहता। क्यों रोकूँ? अब वह याद कर रहा है ललित कुमार 'नटवर' को, रणधीर साहित्यालंकार को, मनोहर मालवीय को, रघुनाथ 'प्रदीप' को, देवदत्त शुक्ल को, अनन्त मिश्र को, गुलाबरत्न वाजपेयी को, गांगेय नरोत्तम शास्त्री को। प्रायः सभी गये। और कृष्णाचार्य! वह सरल स्वभाव। कितना कार्य उन्होंने किया। 'हिन्दी के स्वीकृत शोध प्रबन्ध', 'नाट्य पुटी' (या ऐसा ही कुछ नाम) 'सन्दर्भ भारती' का सम्पादन न जाने क्या-क्या? इन सब पर कितना लिखा जाय, कम है।

* * * *

दिल्ली से एक पत्र लिखा है रामनिवास लाखोटिया ने। दिल्ली में टण्डन भवन बनेगा। वे इसके निमित्त धन संग्रह करने आ रहे हैं। मुझे विचित्र लगा। सोचा क्या कलकत्ता के लिए यही सच है कि "स्थान किसको दे न सकता स्वप्न का संसार मेरा," पर स्वयं आज कहाँ है। प्रादेशिक हिन्दी साहित्य सम्मेलन अपना भवन बनवा रहा है दिल्ली में। श्री लाखोटिया भी यहीं रहे थे, तब उन्होंने यह क्यों नहीं सोचा कि यहाँ भी भवन बने। हाँ, ईंट-चून-पत्थर का भवन यहाँ न बना हो, पर इसके मानस में तो भवन नहीं, मन्दिर था। पण्डित परमानन्नद शर्मा ने हिन्दी साहित्य सम्मेलन का केन्द्र सब कुछ सहकर-झेलकर 'एकला, चलो रे' को प्रमाणित किया। कितने लोगों ने हिन्दी का व्रत लिया, हिन्दी का संकल्प किया। कुबेरनाथ राय (निबन्ध लेखक) उन्हीं के शिष्य थे। निर्भीक, स्पष्टवक्ता, साहित्य के पण्डित!!! सीतारामजी ने भारतीय भाषा परिषद की स्थापना की। हिन्दी भी उसका एक अंग है, अंग नहीं आँख ही कहो। यही संतोष है। पर हिन्दी भवन, काम वह भी होता! हो, चाहे न हो, साधक कुटिया में रहते हैं भवनों में नहीं। मुझे गम नहीं है। हिन्दी भवन नहीं होने का। हो, तो सोने में सुहागा, अन्यथा सोना नही तो सुहागा ही सही।

मन जब कुलांचें भरता है तब केवल देखते रहना होता है। मैं आज अपने मन की इन कुलांचों को देख रहा हूँ। चारों ओर से रह-रह कर नाम याद आते जा रहे हैं और मैं उनमें अटक जाता हूँ-स्मृति की भी श्रृंखला कभी-कभी क्रमबद्ध नहीं रहती। अभी-अभी एक दैनिक पत्र में किसी सिनेमा का विज्ञापन देखा। विज्ञापन पर दृष्टि पड़ते ही सुदर्शन का मनःदर्शन हो गया। प्रसिद्ध कहानीकार। वे भी तो यहाँ किसी स्टूडियों में वर्षों तक कार्यरत रहे थे और अपनी श्रेष्ठ कहानियाँ लिखीं थीं, पर वे भी गये। और कृष्णचन्द्र शर्मा, आकाशवाणी के निदेशक, यहाँ भी रहे थे। उनके दो-तीन उपन्यासों की यहीं रचना हुई थी। वे जब दिल्ली गये तब भाव विभोर होकर कलकत्ता को याद किया करते थे। अरे हाँ, रजनी पणिकर भी यहाँ

थीं—कहानीकार, उपन्यासकार। आकाशवाणी के अतिरिक्त कितने ही सभा-सम्मेलनों में उनसे चर्चा होती थी। हंसमुख, लोकप्रिय, मिलनसार। कलकत्ता छोड़ने के थोड़े दिनों बाद ही उनका देहावसान हो गया। दो मित्र आये हैं—एक हैं रूंगटा अकादमी के शिक्षक और दूसरे हिन्दी हाई स्कूल के। बात फिर मुड़ गई। उन्हें देखते ही स्मरण हो आया दूधनाथ सिंह और कुमारेन्द्र पारसनाथ सिंह का। एक आलोचक व कथाकार, दूसरा सिद्ध कवि शब्द जेसे गोला दागते हों। उनकी कविता को पढ़ते समय कभी-कभी जगदीश चतुर्वेदी का यह कथन याद आ जाता है कि "कविता खूनी रास्ते से आती है।" दूधनाथ सिंह का अध्ययन-विवेचन एक परिपक्व अध्यापक का था। मेरा भी उस समय शिक्षा संस्थान से सम्बन्ध था। बड़े ही प्रभावी और प्रेरक शिक्षक थे। विद्यार्थियों की साहित्यिक रुचि को बढ़ाना उनका जैसे धर्म था। वे अस्वस्थ हुए और प्रयाग चले गए। कलकत्ता से उनका जाना बहुतों को सही रूप से अखरा था! फिर प्रयाग शुक्ल। डॉक्टर माहेश्वर और प्रयाग के रामनारायण शुक्ल-दोनों प्रशस्त कहानीकार। समाज को भांपने और मापने में एक दूसरे से जैसे होड़ लेते थे। वे भी यहाँ से गये वे हिन्दी संस्थान से जुड़े थे, पर उससे अधिक वे जुड़े थे यहाँ के साहित्य-जगत से। प्रयाग शुक्ल कवि थे और कवि भी जीवन के यथार्थ के, उसके भावबोध के। छोटी-छोटी कविताओं में वे बड़ी-बड़ी बातें आसानी से कह देते थे।

कलकत्ता की पत्रकारिता ने बहुतों को आकृष्ट किया। इलाचन्द्र जी के भाई हेमचन्द्र जी 'नवयुग' का सम्पादन करते थे और कन्हैयालाल मिश्र 'ज्ञानोदय' का। ललित 'शनीचर' को वक्र दृष्टि देते थे। पत्रकारिता के बाद कविता और कहानी। चंद्रमौलि उपाध्याय गीत लिखते थे तो रामबहादुर सिंह 'मुक्त' कविता। 'मुक्त' उपनाम तो था ही, पर उनका कवि भी बंधनों से मुक्त था तो आत्मानुभव से संयुक्त। कलकत्ता ने साहित्य की विधाओं को सम्भाला, पाला पोसा तो नयी प्रवृत्तियाँ देने से भी नहीं चूका। श्मशानी पीढ़ी थी तो भूखी पीढ़ी भी। कंचन कुमार भूखी पीढ़ी से जुड़े। कहाँ तक सुनाऊँ, गिनाऊँ,—"प्रिय शेष नहीं होगी यह मेरे प्राणों की पीड़ा"। पीड़ा कहो या क्रीड़ा। जानता हूँ, अभी भी बहुत से नाम छूट रहे हैं-काल की सीमा नहीं होती पर पृष्ठों की तो होती है—अब उस सीमा में ही रहूँ। हाँ, भगवान सिंह का स्मरण कैसे छोड़ूँ। इनके उपन्यास ने बड़ी ख्याति पायी थी। वे भी तो कलकत्ते रहे थे काफी दिनों तक। यहाँ भी अपनी सारस्वत प्रतिभा का प्रचुर प्रमाण उन्होंने दिया था। एक बात है, जैसी पहले थी यहाँ के साहित्य जगत की ऊर्जा-उष्मा, अब भी वही है-वही। आज भी कलकत्ते का हिन्दी जगत कितने कवियों, लेखकों, कहानीकारों, निबन्धकारों, आलोचकों से समृद्ध है। प्रायः सभी ऐसे, जिन्होंने लाखन पर अपने आखर नहीं बेचे। घनानन्द को ही माना 'मोहिं तो मेरे कवित्त बनावत'। कवित्त के साथ अन्य विधाएँ भी, जो कलकत्ता की महनीय परम्परा को और भी समृद्ध करती हैं, उन्हें छोड़ने को

मन नहीं करता पर क्या करूँ, उनपर भी कभी लिखूँगा, अवश्य। आज नहीं तो फिर कभी। इन पर ही नहीं, हिन्दी के उन अध्यापकों पर भी, आचार्य नलिनमोहन सान्याल, आचार्य ललित प्रसाद सुकुल, आचार्य सकल नारायण शर्मा, आचार्य शिव नारायण और, और कई। उन साहित्य समारोहों की ओर भी स्मृति दौड़ रही है। कलकत्ता ने कितने भव्य साहित्य समारोह किए। निराला अभिनन्दन यहीं हुआ। गुप्त अभिनन्दन ग्रन्थ भी निकला। बालमुकुन्द गुप्त की जन्मशती मनाई गयी। प्रथम अन्तर्राष्ट्रीय संगोष्ठी सूर पंचशती यहीं आयोजित की गई। भारतीय हिन्दी परिषद का अधिवेशन भी कलकत्ते में हुआ। अखिल भारतीय कथा संगोष्ठियाँ हुईं। 'अजन्ता की मर्मवाणी' सुनाई दी, 'ऋतम्भरा' के दर्शन हुए। अखिल भारतीय नाट्य समारोह हुए। कितनी संस्थाओं ने अभूतपूर्व योगदान दिया इन सबमें। कितने गम्भीर कवि सम्मेलन हुए। कितनी नाट्य संस्थाएँ आज भी सक्रिय हैं। जापानी कवि नागूची जब यहाँ आए तो उनका अभिनन्दन किया गया, और एक काव्य ग्रन्थ उन्हें समर्पित किया गया। कहाँ तक गिनाऊँ।

पर एक पीड़ा है, घाव, कसक, अब के कवि सम्मेलन कहाँ! अब तो तीज-त्यौहार पर वे कवि आते हैं, जिन्हें केवल फूहड़ हँसी से 'वाह-वाह' के साथ-साथ जेबें भरनी होती हैं। सूर की राधा की बात, 'हरि जू। वे दिन आजु कहाँ'! राधा का मन रह-रहकर अतीत के सुखद दिनों की ओर जाता था, 'फिर-फिर जात तहाँ।' मेरा भी मन उन दिनों में रम रहा है, जब गम्भीर, मंत्रमुग्ध करनेवाले सशक्त कवियों का कविता पाठ कवि-सम्मेलनों में होता था और प्रबुद्ध श्रोता-समाज आत्म विभोर होकर झूम उठता था। इस माहौल में कौन किसको बताए कि कलकत्ता आज न तो सच्चे साहित्यकारों से, न सच्चे अध्यापकों से, न सच्चे साहित्य-साधकों से हीन है। हीन है तो उनसे, जो हिन्दी का केवल नाम लेते हैं मनोरंजनार्थ। अंत में 'एक बार बस, और सुमिर लूँ चला चली में।' सुमिर लूँ उन महान रचनाकारों को, जिन्होंने अपनी कृतियों में इस महानगर के पात्रों के द्वारा भी परिक्रमा की। बहुत हैं वे, इस समय कुछ याद आ रहे हैं, उनको नहीं छोड़ सकता। प्रसाद कलकत्ता आए तो नहीं के बराबर। पर न जाने कितने प्रसंगों में उन्होंने कलकत्ते का उल्लेख अपनी कृतियों में किया है। कंकाल में, तितली में, छोटा जादूगर, नीरा, बेड़ी, भीख, मदन मृणालिनी आदि में। 'तितली' का मधुबन और रामदीन यहाँ आए थे। उन्होंने छीना-झपटी देखी थी। 'नीरा' में मटियाब्रुर्ज है, तो 'बेड़ी' में सूरदास का बालक भाग कर यहीं आया। 'भीख' में कलकत्ता की प्रसिद्धि मोटर ड्राइवरी सीखने में है तो 'मदन मृणालिनी' में इसके विशाल भवन और राज मार्ग हैं। निराला की 'अप्सरा' का भी यही तो स्थल रहा।... इलाचन्द्र जोशी के 'जहाज का पंछी' की दुकान का, पं. बेचन शर्मा 'उग्र के 'सरकार! तुम्हारी आँखों में' में दीपक राग गाने वाले उस्ताद गुलाब खाँ का। उनका कृष्ण मुरारी भी तो यहीं मारा गया था। भगवती चरण बर्मा के प्रभानाथ ने यहीं

'दानवता' के साक्षात् दर्शन किए थे और एक 'अनियंत्रित हाहाकार' सुना था। अज्ञेय की 'रेखा' भी यहीं से अपने 'भुवन' को पत्र लिखती थी। कलकत्ता से ही राजेन्द्र यादव का तारक दिल्ली गया था एवं गिरीश अस्थाना के सुकान्त ने प्रियजनों से विदा ली थी। आज भी कोई शिव-शम्भु अवश्य अपने 'वाइसराय' को पत्र लिखता होगा। हिन्दी के लिए कलकत्ता जितना सारस्वत साधकों का रहा, उतना लक्ष्मी पुत्रों का नहीं। इन सारस्वत साधकों ने हंस की क्षीर-नीर न्याय और विवेक की दृष्टि अपनायी, रात्रि के अंधकार में भयभीत करने वाले पक्षी उल्लू की नहीं।

अरे, यह क्या हुआ! फिर 'लोड शेडिंग'—मेरा मन और मस्तिष्क तो अभी भी स्मृतियों के घनीभूत प्रवाह में, आकुल-व्याकुल है और सावनी बादलों से होड़ ले रहा है। मेरे दिवंगत मित्र आशु कवि जगमोहन अवस्थी कलकत्ते आते थे। वे दिए हुए विषय पर आशु कविता सुनाने के पूर्व ये पंक्तियां अवश्य पढ़ते थे। "बाँध न पाया गगन मगन मन, बंधन मुक्त बिहारी में।" यही आज मेरे लिए भी सत्य है। मैं भी मन को नहीं बांध पाया। मन्दिर में आरती उतारते समय मन समय सीमा में कब बंधा रहता है पर बाहर के इस कृत्रिम अंधकार में बीते उज्ज्वल दिनों की कब तक याद कर अपने को सहलाऊँ, समझाऊँ!

[श्री नवल को लिखे गए पत्रात्मक लेख का निबंध रूपांतर]

हिन्दी और उर्दू प्रेस का उदय

परमेश्वरन थंकप्पन नायर

(शुरू में कलकत्ता किस तरह भारत में अंग्रेजी राज का केन्द्र बना, कलकत्ता की स्थापना के बाद उत्तर भारत के विभिन्न भागों से आए हिन्दी भाषियों के समाज की क्या स्थिति थी, अंग्रेजों की 'हिन्दुस्तानी भाषा' में क्यों रुचि थी, इसका अध्ययन उन्होंने क्यों और कैसे किया, बाजार, अदालत और प्रशासन की बोलचाल की भाषा 'हिन्दुस्तानी' के अध्ययन और प्रकाशन के क्षेत्र में अंग्रेज एवं अन्य यूरोपियनों द्वारा क्या प्रयास किए गए, हिन्दी ने तत्कालीन 'हिन्दुस्तानी' से वर्तमान आधुनिक रूप की यात्रा कैसे तय की, उसमें कौन-कौन से पड़ाव आए, इस लेख में इन्हीं प्रश्नों पर विचार किया है एक मलयालम भाषी इतिहासकार ने। यह लेख मूल अभिलेखगारीय स्रोतों से लेखक द्वारा कई वर्षों में इकट्ठा की गई सामग्री के आधार पर लिखा गया है। मूलतः अंग्रेजी में लिखे गए इस लेख का अनुवाद हरेराम का अनुवाद हरेराम चतुर्वेदी ने किया है।—सम्पादक)

हिन्दी और उर्दू पत्रकारिता का उद्भव कलकत्ता में हुआ। इन आधुनिक भारतीय भाषाओं की गद्य शैली के विकास में फोर्टविलियम कॉलेज के विद्वानों की अहम भूमिका थी। आज देवनागरी लिपि में लिखी जाने वाली हिन्दी तो भारतीय गणराज्य की राजभाषा है। यह एक चकित कर देने वाली बात ही है कि कलकत्ता की आधुनिक हिन्दी और उर्दू के विकास के शुरूआती दौर में अग्रणी भूमिका थी। हिन्दी भाषी क्षेत्र में न होने के बावजूद, कलकत्ता से हिन्दी और उर्दू से सम्बन्धित नई और आधुनिक चीजों की शुरूआत हुई। आज भी कलकत्ता से हिन्दी और उर्दू की काफी पत्र-पत्रिकाएँ प्रकाशित होती हैं। सवाल उठता है कि उन शुरू के दिनों में वे कौन-सी परिस्थितियाँ थीं, जिनके चलते कलकत्ता से हिन्दी और उर्दू का काम शुरू हुआ और फला-फूला।

कलकत्ता भारत का एक मात्र ऐसा महानगर है, जहाँ शुरू से ही यानी स्थापना के समय (24 अगस्त, 1690) से ही विभिन्न जातियों और समुदायों के लोग रहने लगे थे।[1] कलकत्ता का संस्थापक जॉब चॉरनाक अपने 35 वर्ष के बंगाल प्रवास के

दौरान विभिन्न जातियों व समुदायों के लोगों के सम्पर्क में आया। वह सर्वदेशीय (कास्मोपोलिटन) स्वभाव का व्यक्ति था। चॉरनाक 1659 से 1680 तक पटना के पास हाजीपुर में रह चुका था। उस समय वहाँ ईस्ट इण्डिया कम्पनी की सॉल्टपीटर रिफाइनरी[2] (पोटासियम नाइट्रेट अथवा शोरा का शोध-कारखाना) थी। यहाँ चॉरनाक हिन्दी भाषी मजदूरों और कर्मचारियों के सम्पर्क में आया, स्थानीय लोगों से वह घुलमिल गया और उसने एक भारतीय महिला से विवाह भी किया। भारत में रहते हुए उसने फारसी, संस्कृत एवं अन्य भारतीय भाषाओं का ज्ञान भी हासिल किया। 1690 में जब जॉब चारनाक ने सूतानाटी को अंग्रेजी कम्पनी के बंगाल में व्यापार का मुख्यालय बनाने के लिए चुना, उस समय वह खुला मैदान था। सूतानाटी, इसके पड़ोस के दो गाँवों गोबिन्दपुर[3] और खालकाटा के साथ विकसित होते हुए आज का कलकत्ता[4] महानगर बना है।

सूतानाटी वस्तुतः हर सप्ताह (या पखवाड़े) लगनेवाला हाट या बाजार था। सूतानाटी ही आगे चलकर वर्तमान बड़ाबाजार बना। सूतानाटी में बसने के बाद जॉब चारनाक ने पहला काम यह किया कि उसने आरमेनियनों, पुर्तगालियों और स्थानीय व्यापारियों को हुगली से आकर इस नए वाणिज्य स्थल पर कारोबार चलाने के लिए आमंत्रित किया। ईस्ट इंण्डिया कम्पनी ने अपनी पटना, कासिम बाजार, मालदा, ढाका और बालासोर की फैक्ट्रियों का कामकाज चलाने के लिए भारतीय व्यापारियों को अपना प्रतिनिधि बनाया। चूंकि कलकत्ता उस समय ईस्ट इण्डिया कम्पनी के एजेन्ट का स्थान बन गया था और इसके परिणामस्वरूप भारत में अंग्रेजी राज का मुख्यालय, इसलिए बहुत से गैर-बंगाली व्यवसायी, जिनका किसी न किसी रूप से अंग्रेजों से व्यावसायिक सम्बन्ध था, 17वीं सदी के समाप्त होने के पहले कलकत्ता आकर बसने लगे थे। 1707 में बड़ाबाजार में कलकत्ता के सबसे अधिक पक्के मकान थे। उस समय बड़ाबाजार का कुल रकबा 458 बीघा था। इसमें 401 बीघा पर मकान बन चुके थे।[5] अमीचन्द य अमीरचन्द एक पंजाबी मोना सिख व्यवसायी थे।[6] उस समय के काफी समृद्ध व्यवसायियों में उनकी गिनती थी। 1719 में उनका कम्पनी के साथ व्यापारिक सम्बन्ध था। 1756 में डलहौजी स्क्वायर इलाके में उनकी 4 कोठियाँ थीं।[7] उनके एक निकट सम्बन्धी हजूरीमल उस समय के काफी नामी व्यवसायी थे। हजूरीमल ने बहूबाजार इलाके में कई तालाब खुदवाए। आज भी उनके नाम पर हजूरीमल लेन है।[8]

अमीरचन्द और हजूरीमल का आवास बड़ाबाजार में ही था।[9] 18वीं सदी के अंत तक यह उत्तर भारत के व्यापारियों का कर्मस्थल बन गया। इसके पहले बड़ाबाजार पर सेठ और बसाक घरानों के बंगाली व्यापारियों की मिल्कियत थी। उस जमाने में गोपाल दास, भवानी दास और बल्लभ दास नाम का देशी साहूकार (बैंकर) फर्म मशहूर था।[10] 18वीं सदी के उत्तरार्द्ध में बड़ाबाजार में इनकी कोठी थी।

गोपालदास, भवानीदास, बल्लभदास बनारस के थे। इनके बैंकिंग व्यवसाय का मुख्य केन्द्र बनारस ही था। गोपालदास और उनके भाई ईस्ट इण्डिया कम्पनी का सारा बैंकिग सम्बन्धी काम-काज नागपुर, बम्बई, सूरत, पूना, मछलीपट्टनम, मुर्शिदाबाद, कलकत्ता और कटक[11] की अपनी कोठियों के मार्फत करते थे। गोपालदास के ज्येष्ठ पुत्र मनोहरदास ने (मृत्यु 1787) कलकत्ता मैदान में तालाब खुदवाया।[12] यह तालाब लिंडसे स्ट्रीट (अब नेली सेनगुप्त सरणी) के सामने आज भी है। बम्बई और तमिलनाडु के गवर्नर स्वर्गीय श्री प्रकाश और उनके पिता भगवान दास मनोहर दास के ही वंशज थे। मनोहर दास बड़े उदार एवं दानी स्वभाव के थे। यही कारण है कि उनके नाम से बड़ा बाजार में मनोहर दास स्ट्रीट और मनोहरदास कटरा आज भी मौजूद हैं।[13]

उस जमाने में जगत सेठ का घराना भी काफी प्रसिद्ध था। जगत सेठ ओसवाल मारवाड़ी थे। उनकी भी बड़ाबाजार में कोठी थी लेकिन गोपालदास और उनके भाइयों से जगत सेठ घराना टक्कर ले पाने में असमर्थ था।[14] जगत सेठ और उनके भाई ईस्ट इण्डिया कम्पनी से बंगाल की दीवानी हासिल किए जाने तक बंगाल के नवाब नाजिम के बैंकर थे। 18वीं सदी मे कलकत्ता के व्यावसायिक जगत की एक विशेषता यह थी कि वित्तीय क्षेत्र में उत्तर भारत के देशी बैंकरों का एकाधिपत्य था।[15] नाथूमल, भोलानाथ चौबे, गंगाराम, बालमुकुन्द देवी दास, नन्दराम वैद्यनाथ, बाबूलाल चौबे, छोटू लाल, शीतल बिहारी, बिहारी लाल चौबे, ठाकुर दास दूध नाथ, अबीर चन्द, नुसेम चंद और बीर चंद-किशोरी चंद 1816-17 में बड़ाबाजार में रुई के थोक व्यापारी थे।[16] उस समय बड़ाबाजार के रुई के 59 बड़े थोक व्यापारियों में बंगालियों की संख्या सिर्फ 23 ही थी।

1820 के आस-पास कलकत्ता में मारवाड़ी व्यवसायियों का आगमन शुरू हुआ। और आज के प्रमुख औद्योगिक घरानों के संस्थापक 19वीं शताब्दी के उत्तरार्द्ध तक कलकत्ता आ गये थे।[17] 1600 से 1858 तक ईस्ट इण्डिया कम्पनी के शासन के दौरान कलकत्ता के व्यावसायिक और बैंकिंग जगत में उत्तर भारत के हिन्दी भाषी लोगों का वर्चस्व कायम हो गया था। अब सवाल उठता है कि 17वीं और 18वीं सदी में यहाँ, के गैर-बंगालियों की भाषा क्या थी? बाजार की, आपसी व्यावसायिक पत्राचार, हुण्डियों आदि में किस भाषा का प्रयोग होता था? 18वीं शताब्दी में कलकत्ता की बाजार-भाषा मूर्स थी। यह कौन-सी भाषा है? 18वीं शताब्दी में यूरोपीय समुदाय के लोग 18वीं शताब्दी तक उर्दू को मूर्स (Moors) कहा करते थे। 19वीं शताब्दी में जाकर इसे 'हिन्दुस्तानी' कहा जाने लगा। उर्दू तुर्की का शब्द है। इसका अर्थ होता है—तारतारियों (तुर्क और मंगोलों) की छावनी। भारत में 'उर्दू' शब्द बाबर द्वारा लाया गया। इसका प्रयोग सबसे पहले शाही छावनी के अर्थ में हुआ। शाही दरबार और छावनी में बोलचाल की जो मिली-जुली भाषा प्रचलित हुई, उसे

जुबान-ए-उर्दू कहा गया लेकिन आम बोलचाल में इसे सिर्फ उर्दू कहा जाने लगा। जब पुर्तगाली भारत आए, तो उन्होंने यहाँ के मुसलमानों को 'मूर्स' और बाकी लोगों को 'जेन्टूज' (Gentoos) कहना शुरू किया। पुर्तगालियों, अंग्रेज एवं बंगाल में रह रहे अन्य यूरोपीय समुदायों के लोग मुसलमानों और उनकी भाषा के लिए 'मूर' शब्द का उसी तरह प्रयोग करने लगे जिस तरह वे बंगाली के लिए 'बेंगाल्स' तमिल के लिए 'मालाबार्स' और हिन्दुस्तानी के लिए 'इंडोस्तान' का प्रयोग करते थे। शुरू में आए यूरोपियनों ने उर्दू के लिए 'मूर्स' शब्द का व्यवहार किया, क्योंकि उनका पूरे हिन्दुस्तान से ऐसा सम्पर्क नहीं था कि वे हिन्दुस्तानी का प्रयोग करते।

हिन्दुस्तान की भाषा के लिए 'मूर्स' के बदले 'हिन्दुस्तानी' का प्रयोग सर्वप्रथम जॉन बॉथविक गिलक्रिस्ट ने किया। उसने हिन्दुस्तानी का प्रयोग हिन्दुस्तान की पहचान भाषा के रूप में किया।[18] गिलक्रिस्ट पहले एक सर्जन (शल्य चिकित्सक) था। बाद में नील की खेती करने के साथ, वह भाषा विज्ञानी भी बन गया। हिन्दुस्तानी उत्तर भारत के मुसलमानों की भाषा के रूप में विकसित हुई और बाद में दकन के मुसलमानों की भी। यह मुख्यतया दोआब और आगरा एवं दिल्ली के आसपास के इलाके की बोली से विकसित हुई, जिसमें फारसी शब्दों और मुहावरों की मिलावट के साथ विदेशी शब्दों को ग्रहण करने की प्रवृत्ति भी थी। बहुत समय तक यह पूरे भारत में मुसलमानों की सामान्य भाषा थी और आज भी देश के बड़े हिस्से में है। मद्रास में जहाँ इसके बोलने वालों की संख्या बहुत कम है, यह अभी भी देशी रेजिमेन्टों में अधिकारियों और जवानों की सम्पर्क भाषा मानी जाती है। पुराने यूरोपियन इसे 'मूर्स' कहते रहे। 17वीं एवं 18वीं सदी में भारत आने वाले यूरोपीय यात्रियों एवं अंग्रेजों ने इसे 'इंडोस्तान' या 'हिन्दोस्तान' कहा। सही ढंग से 'हिन्दुस्तानी' लिखने वालों की संख्या कम ही रही।

कैप्टन जॉर्ज हेडली पहला अंग्रेज था, जिसने मूर्स का ग्रामर (व्याकरण) लिखा।[19] वह बंगाल आर्मी में 1763 में एक कैडेट के रूप में भर्ती हुआ था। 5 फरवरी, 1764 तक वह लेफ्टिनेन्ट के पद तक पहुँच गया। 26 जुलाई, 1766 में वह कैप्टन था। 4 दिसम्बर, 1771 को उसने फौज से इस्तीफा दे दिया और इंग्लैण्ड लौट गया। 10 सितम्बर, 1798 में ग्लाउसेस्टर स्ट्रीट, क्वींस स्क्वायर, लन्दन में उसकी मृत्यु हो गई।

भारत में रहते हुए उसे लार्ड क्लाइव द्वारा सम्मानित किया गया था। सरकार और फौज से जुड़े रहने के दौरान उसने 'मूर्स' सीखी और इसके व्याकरण के नियम भी बनाए।[20] जार्ज हेडली ने लिखा है कि पूरब के विद्वानों ने उसकी व्याकरण की योजना पर बहुत सी आपत्तियां कीं। यह कहा गया कि सामान्य (कामन) मूर में इतनी अराजकता है कि उसे व्याकरण के नियमों में बांधना सहज नहीं है। फ़ारसी का इस पर इतना प्रभाव है कि फारसी को ठीक-ठीक जाने बिना मूर को सही-सही

नहीं समझा जा सकता। यह भाषा दरअसल फारसी से ही आई है। लेकिन हेडली को लगा कि यह धारणा गलत है। 'कॉमन मूर' (साधारण उर्दू या हिन्दुस्तानी) का अपना व्याकरण है और उसका फारसी से कोई लेना-देना नहीं। साधारण उर्दू का जो रूप है, उसमें फारसी बहुत पीछे छूट गई है।

सबसे अच्छा है कि 'मूर' यानी उर्दू से ही शुरू किया जाए। उसके 'ग्रामर' की यह पाण्डुलिपि लन्दन के एक प्रकाशक के हाथ लगी, जिसने जून, 1770 में जार्ज हेडली को बिना सूचित किए बड़े अशुद्ध रूप में प्रकाशित भी कर दिया। जार्ज हेडली के मित्र, जार्ज बोग्ल (जो बाद में अपने तिब्बत मिशन के लिए मशहूर हुए) ने लन्दन से 'ए ग्रामर एँड वोकाबुलरी ऑफ द मूर्स लैंग्वेज' की प्रति प्राप्त करने पर पुस्तिका पर हेडली की राय जाननी चाही। हेडली को पता भी नहीं था कि उसकी छोटी पुस्तिका प्रकाशित भी हो गई है। उसको बड़ा आश्चर्य हुआ। पुस्तिका देखने के बाद उसने उसको शुद्ध रूप में प्रकाशित किया और पुस्तिका का बहुत लम्बा-चौड़ा एक पैराग्राफ जितना बड़ा शीर्षक दिया, जिसमें पुस्तिका में क्या-क्या बातें (शब्द, हिज्जे, ध्वनि, योगिक शब्द, मुहावरों आदि) हैं, इसका वर्णन किया गया है।

हेडली की यह पुस्तक कलकत्ता के राष्ट्रीय पुस्तकालय में उपलब्ध है। इसमें कुल 133 पृष्ठ हैं। पुस्तक शुरू से अंत तक रोमन लिपि में है। हेडली ने लिखा है कि अभी मूर्स भाषा में सिर्फ 2255 शब्द हैं। इस संस्करण में व्याकरण का शब्दों वाला हिस्सा काफी बढ़ाया गया है और उसके लिए एक अलग शीर्षक एवं भूमिका है—'द न्यू वोकेबलरी', इंग्लिस एँड मूर्स फॉर बेंगाल' लिखा हुआ है। 1779 में हेडली की 'शार्ट ग्रामर ऑव द मूर्स लैंग्वेज' (लन्दन) प्रकाशित हुई। यह जानना कठिन है कि हेडली पुर्तगालियों द्वारा लिखे गए उर्दू ग्रामरों से परिचित था या नहीं। पुर्तगालियों में जोन जोशुआ केटेलार, डैवीडिस मिली, औरतो, शुल्जे एवं कई अन्य ने उर्दू का ग्रामर लिखा था। 1778 में लिस्बन, पुर्तगाल से छपी एक अज्ञात लेखक की पुस्तक 'ग्रैमेटिका इंडोस्तान' मिलती है। हेडली ने अपनी पुस्तक में ईस्ट इण्डिया कम्पनी के कर्मचारियों की भाषा को ही आधार बनाया था। अतः ग्रैमेटिका इंडोस्तान, हेडली की पुस्तक से निश्चय ही ज्यादा प्रामाणिक है।

ईस्ट इण्डिया कम्पनी का जॉन फरगुसन पहला अंगरेज था, जिसने उर्दू का शब्दकोश बनाया। यह पुस्तक 1773 में लन्दन से प्रकाशित हुई। कलकत्ता में इस पुस्तक की कोई प्रति नहीं है। ब्रिटिश म्यूजियम के कैटलॉग में इसका नाम दर्ज है और वहाँ दो प्रतियाँ होने का उल्लेख है। पुस्तक का नाम है—'ए डिक्शनरी ऑव हिन्दोस्तान लैंग्वेज, इन टू पार्ट्स (लंदन टी कैंडेल, 1773, क्वार्टो)।[21]

जान फरगुसन के बारे में अधिक जानकारी नहीं मिलती है। हमारा ख्याल है कि वह वही फौजी अफसर था, जो मिदनापुर में सर्वे विभाग में था और जिसने 23

जनवरी, 1769 में खराब स्वास्थ्य के कारण गवर्नर जेनरल को इस्तीफा भेजा था। 4 सितम्बर, 1773 को डेविड रोशे के साथ द्वंद्व युद्ध में केपटाउन में उसकी मृत्यु हो गई। वह एडम फरगुसन का ज्येष्ठ पुत्र था।[22]

हेरासिन स्टेपानोविच लेबेदेफ पहला रूसी था[23], जो कलकत्ता में कुछ समय रहा। कलकत्ता प्रवास के दौरान पूर्वी भारत की शुद्ध एवं मिश्रित बोलियों, संस्कृत के मूल एवं संयुक्त शब्दों आदि को लेकर उसने एक ग्रामर की पुस्तक लिखी। शब्दों और मुहावरों के अर्थ इसमें क्रमवार सजाए गए थे तब यह पुस्तक भारत में रुचि रखने वाले यूरोपियनों के प्रयोग के लिए लिखी गई थी। यह पुस्तक लंदन के जे. स्फीर्वेन द्वारा 1801 में छापी गई। यह पुस्तक 'ऑनरेबुल ईस्ट इण्डिया कम्पनी' को समर्पित की गई थी। यह पुस्तक कलकत्ता में बंगालियों और अन्य लोगों द्वारा बाजार में, जो हिन्दुस्तानी बोली जाती थी उसी के बारे में है। इसके आगे वह कुछ नहीं है। हेरासिन स्टेपानोविच लेबेदेफ का जन्म 1749 में यरो-स्लाव में हुआ था और 15 जुलाई 1817 में सेंट पीटर्सबर्ग में उसकी मृत्यु हुई। उसने हिन्दुस्तानी पर अपने काम के लिए हैडली और फरगुसन से सलाह-मशविरा किया था। यूरोपियनों की 'हिन्दूस्तानी' में रुचि का प्रमुख कारण यह था कि वे यहाँ व्यापार करना अपने लिए आसान बनाना चाहते थे। लेबेदेफ ने हेडली और फरगुसन का उल्लेख अपनी पुस्तक 'डायालाग्स ऑव द मिक्सड इंडियन डायलेक्ट्स, कॉमन्ली काल्ड मूर्स और मूरिश, ऑन डेली यूजफुल सबजेक्ट्स' में किया है। इतना ही नहीं, लेबेदेफ को बंगला थियेटर का जनक भी माना जाता है। भारतविद्या में प्रारम्भिक दौर में काम करने वालों में भी उसे गिना जाता है। लेबेदेफ की भेंट उस समय यहाँ की बाजार की भाषा में रुचि रखने वाले महान 'हिन्दी प्रेमी' गिलक्राइस्ट से हुई या नहीं, बताना कठिन है। इस रूसी वैयाकरण ने 3 नवम्बर, 1797 को कलकत्ता छोड़ा।

ईस्ट इण्डिया कम्पनी के निदेशक अपने अधिकारियों को भारतीय भाषाओं के अध्ययन के लिए काफी सुविधाएँ प्रदान करते थे क्योंकि यह उनके हित में था। इसमें उन्हें व्यापारिक लाभ था। कम्पनी द्वारा यह आश्वासन दिया गया था कि इस तरह से किसी भी अध्ययन को छापा जाएगा। उतनी ही प्रतियाँ छापी जाती थीं, जिनसे छपाई का खर्च निकल जाए।

वारेन हेस्टिंग्स बंगाल के गवर्नर जेनरल जैसे महत्वपूर्ण पद पर आने के पहले एक लेखक था। उसमें लेखन और अध्ययन की रुचि और वैसे ही संस्कार थे। वह फारसी का अच्छा विद्वान था। इतना ही नहीं, वह भारतविद्या और ईरान विद्या को प्रोत्साहित करने वाला, संरक्षण प्रदान करने वाला व्यक्ति था। 12 अगस्त, 1765 में मुगल बादशाह शाह आलम द्वारा ईस्ट इंडिया कम्पनी को बंगाल, बिहार और उड़ीसा का दीवानी अधिकार सौंपा गया। अंग्रेज व्यापरियों के जिम्मे इन प्रान्तों में कर वसूलने एवं साधारण नागरिक प्रशासन एवं न्याय-सम्बन्धी कामकाज आ गया।

इससे कम्पनी के अंग्रेज अधिकारियों के लिए स्थानीय भाषाओं की जानकारी बहुत जरूरी हो गई। कम्पनी ने कनिष्ठ अधिकारियों के लिए न्यायिक अदालतों में जज या रजिस्ट्रार का काम करने के लिए, फारसी और हिन्दुस्तानी का ज्ञान आवश्यक कर दिया।

बिहार और बनारस में 'रेवेन्यू कलक्टर' (राजस्व अधिकारी) का व्यापार देखने वाले कस्टम एवं वाणिज्यिक रेजिडेंटों एवं एजेन्टों के लिए हिन्दुस्तानी जानना आवश्यक था। बंगाल में काम कर रहे कम्पनी के अधिकांश वरिष्ट अधिकारी फारसी के अच्छे जानकार थे। यही उस समय कार्यालयों एवं अदालतों की भाषा थी। कम्पनी के कनिष्ठ प्रशासनिक अधिकारी जिन्हें 'राइटर' कहा जाता था, मुंशियों की मदद से स्थानीय भाषाएँ सीखते थे। फोर्ट विलियम कॉलेज की स्थापना के पूर्व यह स्थिति थी। गिलक्राइस्ट की 'ओरिएँटल सेमिनरी' फोर्ट विलियम कॉलेज की पितर संस्था थी।

प्रसिद्ध इतिहासकार माउण्ट स्टूअर्ट एल्फींस्टोन ने जॉन बार्थविक गिलक्राइस्ट को 'फाउण्डर ऑव हिन्दी फिलॉलॉजी' (हिन्दी भाषाशास्त्र का जनक) कहा है। जॉन हॉकस्वर्थ तो गिलक्राइस्ट के काम से इतना मुग्ध था कि उसने उसके सम्मान में एक कविता ही लिख डाली।[24] इस कवितांश में उस समय की भाषा के लिए कवि ने 'हिन्दीरंग' (हिन्दी जुबान या हिन्दी भाषा) लिखा, जो अपने आप में एक महत्वपूर्ण तथ्य है। संक्षेप में इस कविता में कहा गया था कि गिलक्राइस्ट ने सच्चाई को खोजने में बहुत कठिनाइयाँ उठाईं। उसने यूरोपीय विद्यार्थियों के लिए भारत को जानने का ऊबड़-खाबड़ रास्ता आसान बना दिया। ऐसे सपूत जॉन पर इंग्लैण्ड को गर्व है। कवि हृदय का आनन्द लेते हुए गिलक्राइस्ट के साथ हिन्दी जुबान के उत्थान-काल का सर्वेक्षण किया जा सकता है।

गिलक्राइस्ट ने हिन्दुस्तानी भाषा को समझने के लिए और यूरोपियनों को समझाने के लिए बड़ी मेहनत से कई पुस्तकें प्रकाशित कीं। इससे कम्पनी की सेवा तो हुई ही, जो कि उसका उद्देश्य था, जाने-अनजाने हिन्दी के विकास और रूप निर्धारण की दिशा में भी महत्वपूर्ण काम हुआ। इस तरह की एक किताब 'पर्सियन मुंशी' के आमुख में फ्रांसिस ग्लैविन लिखता है कि यह किताब 'ओरिएँटल सेमिनरी' द्वारा प्रयोग में लाई जानी चाहिए। 'ओरिएँटल सेमिनरी' इस प्रेसीडेंसी प्रांत में सरकार द्वारा अंग्रेजों को हिन्दुस्तानी का कामचलाऊ ज्ञान हासिल करने के लिए स्थापित की गई थी। यह संस्था गिलक्राइस्ट महाशय की देखरेख में ही चलती थी। कवि हॉकस्वर्थ का यह कहना सही ही था कि हिन्दी का कठिन रास्ता गिलक्राइस्ट ने आसान बना दिया।

कम्पनी के कनिष्ठ अधिकारियों 'राइटरों' को गिलक्राइस्ट हिन्दुस्तानी और फारसी पढ़ाया करते थे। ये कक्षाएँ उनकी देखरेख में चल रही संस्था 'ओरिएँटल

सेमिनरी' में चला करती थीं। उस समय 1799 में 'ओरिएँटल सेमिनरी' राइटर्स बिल्डिंग्स में स्थित थी। आजकल इसी कोठी में पश्चिम बंगाल के मुख्य मंत्री तथा राज्य सरकार के कई अन्य मंत्रालयों के दफ्तर एवं अन्य कई सरकारी विभाग हैं। गवर्नर जेनरल रिचर्ड काउली वेलसली ने फरवरी, 1799 में यह सरकारी आदेश निकाला कि इतने राइटरों अर्थात् कनिष्ठ अधिकारियों को गिलक्राइस्ट के पाठ्यक्रम में शामिल होना पड़ेगा और इन सबकी परीक्षा जून, 1800 को ली जाएगी। सबसे दिलचस्प बात यह है कि फारसी की परीक्षा ऐच्छिक थी, लेकिन हिन्दुस्तानी अनिवार्य थी। 'बोर्ड ऑव इक्जामिनर्स' (परीक्षक समिति) में जी.एच. बार्लो, जे.एच. हारिंगटन, डब्लू, कर्क पैट्रिक, एन.बी. एडमोन्स्टोन और डब्लू.सी ब्लाक्वीर थे। सफल परीक्षार्थियों के लिए नकद पुरस्कार एवं गोल्ड मेडल का प्रावधान रखा गया था। "यह पुरस्कार एवं सम्मान हिन्दुस्तानी और फारसी में उनकी प्रगति और विशिष्टता का परिचायक है।" 29 जुलाई, 1800 में जारी किए गए आदेश में यह बात कही गई थी। इस परीक्षा के बाद परीक्षकों ने रपट दी कि बिना किसी अपवाद के सभी परीक्षार्थी प्रथम श्रेणी से पास हुए हैं। इस परीक्षा में उन्होंने हिन्दुस्तानी भाषा के ज्ञान का परिचय दिया है। व्याकरण के ज्ञान और उच्चारण में उन्होंने आशा से अधिक निपुणता का परिचय दिया है। गवर्नर जेनरल द्वारा गिलक्राइस्ट के काम, उसके उत्साह, उसकी क्षमता, उसके परिश्रम और लगन को खुले दिल से सराहा गया। उसकी इस मूल्यवान सेवा को सराहते हुए कहा गया कि उसने हमारे लिए बहुत ही मूल्यवान हिन्दुस्तानी भाषा का व्याकरण और शब्दकोश तैयार किया। गिलक्राइस्ट को अपनी विशिष्ट सेवाओं के कारण नवस्थापित फोर्ट विलियम कॉलेज में 'हिन्दुस्तानी' का पहला प्रोफेसर (प्राध्यापक) नियुक्त किया गया।

जान बार्थविक गिलक्राइस्ट (1751-1841) पेशे से मेडिकल डॉक्टर थे। 3 अप्रैल, 1785 में वे कम्पनी की सेवा में एसिस्टेंट सर्जन के रूप में बम्बई डिटैचमेंट में नियुक्त हुए। उन्होंने ऐसे ही शौक से 'हिन्दुई' भाषा के लिए व्याकरण और शब्दकोश सम्बन्धित सामग्री इकट्ठा करना शुरू किया। उन्होंने एक साल की छुट्टी ली और भारतीय पोशाक में यात्रा पर निकल पड़े। साधारण हिन्दुस्तानी की पोशाक में वे उन इलाकों में काफी घूमे, जहाँ हिन्दुस्तानी काफी शुद्ध रूप में बोली जाती थी। 3 वर्ष के कठिन परिश्रम के बाद उन्होंने अपने हिन्दुस्तानी और अंग्रेजी शब्दकोश का पहला भाग निकला। गिलक्राइस्ट ने कम्पनी की नौकरी छोड़ दी और हिन्दुस्तानी में निपुणता प्राप्त करने के लिए बनारस प्रान्त में रहने लगे। गवर्नर जेनरल की इजाजत लेकर वे गाजीपुर में बसे। वहाँ उन्होंने नील के खेती और हिन्दुस्तानी का अध्ययन शुरू किया। हिन्दुस्तान आने के पहले गिलक्राइस्ट वेस्टइंडीज में रह चुके थे। वहाँ उन्होंने नील की खेती करना सीखा था। वे बहुत बढ़िया क्वालिटी के नील की खेती करते थे। उनका पैदा किया हुआ नील बाजार में ऊँचे दाम पर बिकता

था। हिन्दुस्तानी भाषा पर अपनी अधिकांश सामग्री उन्होंने गाजीपुर प्रवास के दौरान ही इकट्ठा की। हिन्दुस्तानी के प्रति उनकी लगन इतनी थी कि उन्होंने नील की मुनाफेवाली खेती त्याग दी और रायटर्स बिल्डिंग्स कलकत्ता में 'ओरिएँटल सेमिनरी' प्रारम्भ की। हालांकि हिन्दुस्तानी भाषा पर अपने काम के लिए उन्हें कम्पनी का संरक्षण मिला, लेकिन अपने शब्दकोश एवं अन्य पुस्तकों को छपवाने में उन्हें काफी आर्थिक हाानि उठानी पड़ी।

लार्ड वेलजली द्वारा 'रेगुलेशन फॉर द फाउंडेशन ऑफ ए कॉलेज ऐट फोर्ट विलियम' 10 जुलाई, 1800 में पास किया गया। उस समय लॉर्ड वेलेजली 'गवर्नर जेनरल इन कौंसिल' था। यह संस्थान ईस्ट इंडिया कम्पनी के जूनियर प्रशासनिक अधिकारियों को विभिन्न स्थानों पर नियुक्त किए जाने के पूर्व उन स्थानों एवं पदों से सम्बन्धित महत्वपूर्ण कार्यों को करने एवं उत्तरदायित्वों को निभाने के लिए बेहतर ढंग से प्रशिक्षण देने के लिए खोला गया था। इस संस्थान में भारत में अंग्रेजी राज का काम-काज देखने एवं न्यायिक दायित्वों को निभाने एवं प्रशासनिक कार्य-सम्बन्धी प्रशिक्षण दिया जाता था। फोर्ट विलियम कॉलेज की स्थापना के साथ गिलक्राइस्ट की 'ओरिएँटल सेमिनरी' समाप्त हो गई। और वे इस कॉलेज में हिन्दुस्तानी के प्राध्यापक थे। फ्रैंसिस ग्लैंडविन फारसी पढ़ाते थे। नील बेंजामिन एडमोन्स्टोन फारसी भाषा और साहित्य पढ़ाते थे। जार्ज हिलैरी बार्लो 'रेगुलेशन ऐंड लाज' (नियम और कानून) पढ़ाते थे। क्लाडियस बकमैन ग्रीक, लैटिन और अंग्रेजी का क्लासिक साहित्य पढ़ाते थे। गिलक्राइस्ट एक मात्र ऐसे प्रोफेसर थे, जिन्हें पढ़ाने के लिए रु. 1500 प्रति महीने तनख्वाह मिलती थी, क्योंकि दूसरे लोग पहले से ही कम्पनी की सेवा में थे। विलियम केरी को 1 मई 1801 को बंगला और संस्कृत का शिक्षक नियुक्त किया गया। उन्हें रु. 500 प्रति महीना वेतन मिलता था। कैप्टन माउण्ट 'हिन्दुस्तानी' के पहले असिस्टेंट प्रोफेसर नियुक्त हुए इनकी तनख्वाह एक हजार रु. प्रति महीना थी। हिन्दुस्तानी विभाग में दूसरे एसिस्टेंट को रु. 800 महीना पर रखा गया। गिलक्राइस्ट ने 23 फरवरी, 1804 को अस्वस्थता के कारण कॉलेज के सेक्रेटरी को अपना इस्तीफा दिया और उसी साल इंग्लैण्ड लौट गए। वैसे वे कम्पनी की सेवा से 6 जनवरी, 1809 को मुक्त हुए। उन्हें 300 पौंण्ड सलाना पेंशन मिलती थी। इंग्लैण्ड लौटने पर भी उन्होंने हिन्दुस्तानी पढ़ाने का सिलसिला जारी रखा। ईस्ट इण्डिया कम्पनी ने इंग्लैण्ड में उनके लिए प्रोफेसर का पद बनाया। हिन्दुस्तान भेजे जाने वाले मेडिकल अफसरों को हिन्दुस्तानी पढ़ाने का काम उन्हें सौंपा गया। इस काम के लिए प्रोफेसर गिलक्राइस्ट का 'ओरिएँटल इंस्टीच्यूशन' लिसेस्टर स्क्वायर में 1818 से 1825 तक स्थित था। 9 जनवरी, 1841 को पेरिस में गिलक्राइस्ट की मृत्यु हुई।[25]

गिलक्राइस्ट के बाद उनके प्रथम एसिस्टेंट कैप्टन माउण्ट हिन्दुस्तानी विभाग

के प्रमुख हुए। 1806 में फोर्ट विलियम कॉलेज के हिन्दुस्तानी विभाग के प्रमुख के रूप में रु. 1000 महीना तनख्वाह पर प्रोफेसर के पद पर इनकी नियुक्ति हुई। वे अपने पद पर 1808 तक रहे।[26] कैप्ट जॉन विलियम टेलर (1782-1824) हिन्दुस्तानी विभाग के प्रोफेसर के रूप में 22 फरवरी, 1808 से नवंबर 1823 तक रहे। कैप्टन विलियम प्राइस (1788-1888) 12 दिसम्बर, 1813 को फोर्ट विलियम कॉलेज में संस्कृत, बंगला और हिन्दी के प्राध्यापक नियुक्त हुए और 22 अगस्त, 1831 को हिन्दू कॉलेज के सेक्रेटरी नियुक्त हुए। डॉ. विलियम हंटर ने 'डिक्शनरी ऑव हिन्दुस्तानी एँड इंग्लिश' लिखा जो 1808 में प्रकाशित हुई। 1801 में वे इस कॉलेज के परीक्षक नियुक्त हुए। 1805 में हिन्दुस्तानी के एसिस्टेंट प्रोफेसर के पद पर उनकी पदोन्नति हुई। उस साल 23 सितम्बर को ये चार्ल्स रोथमैन की जगह सेक्रेटरी और लाईब्रेरियन हुए।[27] गिलक्राइस्ट और हंटर 'हिन्दुस्तानी प्रेस' के मालिकों में से थे। इस प्रेस से 'हिन्दुस्तानी' की कई किताबें छपीं।

फोर्ट विलियम कॉलेज के हिन्दुस्तानी विभाग में 12 मुंशी थे, जबकि फारसी विभाग में 20, बंगला में 6, अरबी में 4 मुंशी थे। हर विभाग में एक प्रधान मुंशी था, जिसकी तनख्वाह रु. 200 प्रति माह थी। हर विभाग में कुछ नागरी लेखक या लिपिक थे। तारिनी चरण मित्रा, जो अंग्रेजी अच्छी जानते थे, हिन्दुस्तानी विभाग के हेड मुंशी थे।[28] वे बंगला और फारसी में अनुवाद भी करते थे। फोर्ट विलियम कॉलेज से हिन्दुस्तानी की कई किताबें प्रकाशित हुईं। 1836 से फारसी की जगह उर्दू दफ्तर और अदालत की भाषा बना दी गई। कलकत्ता में 1800 और 1822 के बीच उर्दू का इतना साहित्य प्रकाशित हुआ कि उर्दू में एक अखबार भी प्रकाशित होने लगा।

कलकत्ता को पूरे दक्षिण-पूर्व एशिया में पत्रकारिता का जन्म स्थान कहा जा सकता है। इस महानगर से उर्दू का पहला साप्ताहिक अखबार निकलना शुरू हुआ। 'जाम-ए-जहाँनुमा' (प्रकाश स्तम्भ या दुनिया का दर्पण) पहला उर्दू अखबार था,[29] जो एक बंगाली बाबू हरिहरदत्त द्वारा कलकत्ता विश्वविद्यालय के पास ही स्थित कोल्हूटोला के अपने मकान से 28 मार्च, 1822 को शुरू किया गया। इसके सम्पादक कलकत्ता के एक मुंशी लाला सदासुख थे जो कोल्हूटोला के दूसरे छोर पर मीरजपुर (अब सूर्यसेन स्ट्रीट) में रहते थे।

1823 के प्रेस रेगुलेशन के लागू होने के पहले भारतीयों को अखबार निकालने के लिए लाइसेंस नहीं लेना पड़ता था। हरिहर दत्त को अपने फारसी और हिन्दुस्तानी अखबार 'जाम-ए-जहाँनुमा' का प्रकाशन जारी रखने के लिए 19 अप्रैल, 1823 को लाइसेंस के लिए आवदेन करना पड़ा, क्योंकि 20 मार्च, 1823 से लागू किए गए रेगुलेशन 3 के अनुसार अखबार के प्रकाशन के लिए लाइसेंस बनवाना जरूरी हो गया।

28 मार्च, 1822 को 'जाम-ए-जहानुमा' मूल रूप से हिन्दुस्तानी (उर्दू) में

निकला। लेकिन इसके 16 मई, 1822 के आठवें अंक से एक हिस्सा फारसी में भी छपने लगा। मार्च, 1823 तक इसमें हिन्दुस्तानी की अपेक्षा फारसी का महत्व अधिक रहा। 28 मार्च, 1823 से हिन्दुस्तानी (उर्दू) रूप को फिर से प्रतिष्ठित किया गया। शुरू में 4 पृष्ठ फारसी में और दो पृष्ठ हिन्दुस्तानी (उर्दू) में छपते थे। 'जाम-ए जहाँनुमा' में फारसी और हिन्दुस्तानी में जो खबरें छपती थीं, वे एक दूसरे का अनुवाद नहीं होती थीं। शुरू में साप्ताहिक को फारसी विभाग चार पृष्ठों का और उर्दू का दो पृष्ठों का होता था। बाद में उर्दू के चार पृष्ठ छपने लगे।

'जाम-ए-जहाँनुमा' के सम्पादक ने इस परिवर्तन की सूचना देते हुए लिखा कि अखबार के यूरोपियन समर्थकों की रुचियों का ख्याल करते हुए अब इसके चार सफे खालिस हिन्दुस्तानी में छापेंगे। 5 जनवरी, 1825 के 'जाम-ए-जहाँनुमा' के अंक में कलकत्ता के कार्यक्रम, रंगून की खबरें, सर फ्रान्सिस मैकनागटन के कार्यकारी मुख्य न्यायाधीश के रूप में पद भार ग्रहण करने की खबर, सर अलेक्जेंडर कीलू के अन्तिम संस्कार की खबर, दकन की खबरें, मेडिकल स्कूल, कलकत्ता की खबरें, महाराजा सिंह और अवध के नवाब की माँ के बारे में खबरे हैं। इससे यह साफ हो जाता है कि किस तरह की खबरें इस अखबार में छपा करती थीं।

पहले पांच साल तक 'जाम-ए-जहाँनुमा' आधा सरकारी अखबार था। कई सरकारी खबरें एवं जानकारियाँ 'गवर्नमेंट गजट' में छपने से पहले इस अखबार में स्थान पा लेती थीं।

24 सितम्बर, 1828 को 'जाम-ए जहाँनुमा' की मात्र 26 प्रतियाँ बिकी थीं।[30] औरंगाबाद, बनारस, फतहगढ़, ग्वालियर और लखनऊ में इसके एक-एक ग्राहक थे, जिनको डाक से नियमित रूप से इसकी प्रतियाँ भेजी जाती थीं। दिल्ली में इसके दो नियमित ग्राहक थे। उन दिनों अखबार विलासिता की वस्तुओं में गिना जाता था। एक प्रति को एक के बाद एक, कई पढ़ते थे और अखबार जतन से सहेज कर रखा जाता था। उन दिनों अंग्रेजी अखबारों में 'बेंगाल हरकारा' की प्रसार संख्या 1089 एवं जान बुल की 1432 थी। ये दैनिक थे। पाक्षिक 'इण्डिया गजट' की 595 और कलकत्ता क्रानिकल की 396 थी। इनकी तुलना में भाषाई अखबारों की प्रसार संख्या बहुत कम थी, जबकि भाषाई अखबारों को सरकार द्वारा डाक दर में रियायत दी गई थी।

ए. स्टर्लिंग ने सितम्बर, 1828 में लार्ड विलियम बैंटिंक को 'जाम-ए-जहांनुमा' के बारे में एक पत्र लिखा। उस पत्र में उसने लिखा कि यह स्थानीय लोगों द्वारा अब तक निकाले गए अखबारों में सबसे बढ़िया है। इसमें कोई भी खबर या सामग्री मौलिक नहीं होती। हर अंक में कलकत्ता से निकलने वाले अंग्रेजी अखबारों से अनुवाद हुआ करता है। यह पूरी तरह से सम्पादक पर निर्भर करता है कि वह अंग्रेजी अखबारों से कौन से लेख अनुवाद के लिए चुनता है और किस शैली में उनके अनुवाद प्रस्तुत करता है। यह अखबार प्रेस रेगुलेशन से वाकिफ होने के कारण

सरकार की ज्यादा आलोचना नहीं करता है और खासतौर से अंग्रेजी अखबार हरकारा के वही अंश चुनता है, जिनसे अखबार पर कोई शामत न आए।

'जाम-ए-जहाँनुमा' में हिन्दुस्तानी या उर्दू में जो कुछ छपता था, उसकी केवल लिपि ही अरबी की होती थी। अंग्रेज सरकार अखबार की कुछ प्रतियाँ खरीद कर उसकी सहायता करती थी। सरकार नियमित ग्राहक थी और ये प्रतियाँ कलकत्ता से बाहर रहने वाले अधिकारियों के लिए खरीदी जाती थीं। 25 अप्रैल, 1828 को इस अखबार को सरकारी सहायता मिनी बन्द हो गई। अखबार के मुख्य पृष्ठ पर छपने वाले सरकारी चिह्न 3 दिसम्बर 1928 को हटा दिए गए। इसका उर्दू हिस्सा 23 जनवरी, 1928 को छपना बंद हो गया, लेकिन इसका फारसी संस्करण कुछ और समय तक छपता रहा। क्लार्क मार्शमैन ने 1836 में भी 'जाम-ए-जहाँनुमा' के फारसी संस्करण का जिक्र किया है।

कलकत्ता से ही पहला उर्दू दैनिक भी निकला यह था 'कलकत्ता उर्दू गाइड'। इसकी प्रतियाँ 'एशियाटिक सोसाइटी' में आज भी उपलब्ध है।

हिन्दुस्तानी भाषा की पत्रकारिता के जनक हरिहर दत्त के बारे में बहुत कम जानकारी उपलब्ध है। उपलब्ध जानकारी के मुताबिक वे 50 साल तक कलकत्ता कस्टम हाउस के दीवान थे। इनके पिता ताराचन्द दत्त राजा राममोहन राय के अनुयायी थे। ताराचन्द दत्त बंगला साप्ताहिक 'संवाद कौमुदी चरण' निकालते थे। इसके सम्पादक भवानी चरण बंदोपाध्याय हुआ करते थे। यह अखबार राजा राममोहन के सामाजिक सुधारों की वकालत किया करता था और उनके आन्दोलन का एक मुखपत्र था। पुत्र हरिहर दत्त की पत्रकारिता में रुचि हुई और वे 'सम्वाद कौमुदी' का कामकाज देखने लगे। मई 1822 तक के इसके सम्पादक रहे लेकिन जब उनका हिन्दुस्तानी अखबार 'जाम-ए जहाँनुमा' निकलने लगा, तब उन्होंने 'संवाद कौमुदी' का काम गोविन्द चंद कोनार को सौंप दिया।

'जाम-ए-जहाँनुमा' पहले विलियम हापकिन्स पीअर्स एँड कम्पनी के 'मिशन प्रेस' में छपा करता था। बाद में कोल्हूटोला में इसका अपना छापाखाना हो गया। 3 सितम्बर, 1828 के बाद 'जाम-ए-जहाँनुमा' अपने प्रेस में छपने लगा।

हरिहर दत्त अंग्रेजी, फारसी, बंगला और हिन्दुस्तानी (उर्दू) के जानकार थे। वे राजा राममोहन राय के प्रगतिशील विचारों से प्रभावित थे। लार्ड विलियम बेंटिक के गवर्नमेंट हाउस के दरबार में 16 जनवरी, 1830 को राजा राममोहन राय एवं अन्य की उपस्थिति में हरिहर दत्त द्वारा बेंटिक के सम्मान में धन्यवाद भाषण पढ़ने का उल्लेख मिलता है। उर्दू या हिन्दुस्तानी, फारसी-अरबी लिपि में लिखी जाती है। हिन्दी देवनागरी में। इससे ज्यादा फर्क दोनों में नहीं है। हिन्दी में फारसी की जगह संस्कृत से आयात अधिक हुआ। आधुनिक द्रविड़ भाषा मलयालम में भी लगभग 50 प्रतिशत शब्द संस्कृत से आए हैं।

गिलक्राइस्ट ने लिखा कि फारसी-अरबी एवं नागरी लिपि में भी बहुत-सी त्रुटियाँ हैं। इन दोनों लिपियों में सुधार की जरूरत है। उसने कुछ सुधार सुझाए भी।

1676 में मीर्जाखान द्वारा फारसी गद्य में ब्रजभाषा का व्याकरण लिखने का उल्लेख मिलता है। लल्लू लाल जी ने 'हिन्दी गद्य का व्याकरण' 1811 में, 'लतीफ-ए-हिंद' 1810 में और ब्रजभाषा में लिखी पुस्तक 'राजनीति' 1809 में प्रकाशित कराया था।[31] देवनागरी लिपि में छपाई का काम कलकत्ता समय में ही शुरू हुआ। प्रिओल्कर और नाइक ने देवनागरी में छपाई का समय 1796 में निर्धारित किया है लेकिन 1789 में छपी फॉन्सिस ग्लैंडविन की एक किताब 'न्यू एशियाटिक मिसलेनी' मिलती है। इसके पृष्ठ 61 और पृष्ठ 230 से 232 तक देवनागरी में छपे हुए हैं। 1786 के पहले कलकत्ता में देवनागरी टाइप उपलब्ध नहीं था। यही कारण है कि 1786 में छपी ग्लैडविन की 'न्यू एशियाटिक मिसलेनी' भाग दो में जयदेव का संस्कृत काव्य बंगला टाइप में मिलता है। 1793 में 'मैटेरिया मेडिका' का हिन्दुस्तानी में अनुवाद छपा। इसमें सारे हिन्दी नाम देवनागरी में छपे मिलते हैं। 'कलकत्ता गजट' में देवनागरी की छपाई सबसे पहले 23 जून, 1796 में मिलती है। कलकत्ता गजट' में बंगला लिपि में छपाई मार्च, 1784 से ही मिलती है। प्रिओलकर और नाइक को उपयुक्त शुरुआती दौर में देवनागरी में छपाई की जानकारी नहीं थी। उन्हें सिर्फ गिलक्राइस्ट के 'ग्रामर ऑव हिन्दुस्तानी लैंग्वेज' की ही जानकारी थी, जो 1796 में छपी थी। इसके पृष्ठ 49 पर देवनागरी लिपि का प्रयोग किया गया था। हालांकि गिलक्राइस्ट का ग्रामर भी 1792 से किश्तों में छपा था और 1796 में पूरा छप जाने पर प्रकाशित हुआ था।

डेनियल स्टूअर्ट और जोसेप कूपर का छापाखाना क्रानिकल प्रेस 'राइटर्स बिल्डिंग्स' के पिछवाड़े में था। यहीं से सबसे पहले देवनागरी लिपि में छपाई शुरू हुई। गिलक्राइस्ट ने हिन्दी के खड़ी बोली के प्रचार में महत्वपूर्ण काम किया।

1803 में लल्लूलाल जी की कृति 'प्रेम सागर' और सदल मिश्र की 'चन्द्रावती' कलकत्ता से छपीं। ये दोनों फोर्ट विलियम कॉलेज में मुंशी के पद पर काम करते थे। ये दोनों किताबें उनके साहब डॉ. गिलक्राइस्ट के निर्देशानुसार ही छापी गईं। इसी साल लखनऊ में इंशा अल्लाखां ने 'कहानी ठेठ हिन्दी में अथवा 'रानी केतकी की कहानी' लिखी लेकिन इसकी लिपि देवनागरी नहीं थी। यह उस समय सबसे पहले फारसी-अरबी लिपि में छपी। इसलिए इस्वी सन् 1803 हिन्दी के उद्भव और विकास का एक महत्वपूर्ण साल है।

गिलक्राइस्ट ने लल्लू लाल जी के बारे लिखा है, "एक भाषा जानने वाला व्यक्ति हमें चाहिए था। तुमने अच्छा किया जो हमसे मुलाकात की। तुम्हारी चाकरी निःसन्देह पाठशाला में होगी। तुम हमारे पास नित आया करो।" लल्लूलाल जी 1800 ई. से भाषा मुंशी के रूप में फोर्ट विलियम कॉलेज में नौकरी करने लगे। यहाँ

उन्होंने 24 साल तक काम किया। लल्लूजी का पातालडांगा में अपना संस्कृत का छापाखाना था। इनकी पुस्तक 'लालचन्द्रिका' गुरुदास पाल ने छापा। बाबू मोती चंद गोपाल दास की कोठी बड़ा बाजार में थी, वहाँ से 'लाल चंद्रिका' खरीदी जा सकती थी। हरिदेव सेठ भी यह किताब बेचते थे।

सदल मिश्र बिहार के आरा जिले के थे। वे अपनी किताबें 'चन्द्रावती' और 'नाचिकेतोपाख्यान' के लिए जाने जाते हैं। उन्होंने 'रामचरितमानस' का संपादन भी किया। वे संस्कृत पढ़कर 1802 में, 24 या 25 वर्ष की उम्र में कलकत्ता आए थे। वे 80 वर्ष की अवस्था तक कलकत्ता में रहे।

इंशा अल्ला खां (मृत्यु 1818) उर्दू के कवि थे। वे मुर्शिदाबाद और दिल्ली दरबार में रह चुके थे। अंत में जाकर लखनऊ में बस गए। लल्लूलालजी सम्भवतः उन्हें जानते थे, क्योंकि वे भी मुर्शिदाबाद के दरबार में रह चुके थे।

फोर्ट विलियम कॉलेज में हिन्दुस्तानी तो पढ़ाई जाती थी, लेकिन 1813 के पहले देवनागरी लिपि में हिन्दी खड़ी बोली की परीक्षा नहीं होती थी। डा. गिलक्राइस्ट के प्रोत्साहन और संरक्षण में यहाँ हिन्दी की पढ़ाई विधिवत शुरू हुई। 'प्रेम सागर' और 'राजनीति' हिन्दी की पाठ्य पुस्तकें तय की गयीं। कैप्टन विलियम प्राइस (1788-1888) यहाँ हिन्दी के प्रोफेसर थे।

कलकत्ता में 1803 से 1826 के बीच हिन्दी का बहुत महत्वपूर्ण काम हुआ। हिन्दी का पहला अखबार 'उदन्त मार्त्तण्ड' कलकत्ता से निकलना शुरू हुआ। यह एक साप्ताहिक अखबार था। सौभाग्य से दुनिया के पहले हिन्दी अखबार की प्रतियाँ कलकत्ता में आज भी सुरक्षित रखी हुई हैं। इस अखबार को बड़ाबाजार के एक हिन्दी भाषी व्यवसायी ने प्रश्रय दिया। 'संवाद कौमुदी' बंगला साप्ताहिक में 'उदन्त मार्त्तण्ड' निकलने की खबर छपी—"यहाँ के स्थानीय लोगों द्वारा देवनागरी लिपि में हिन्दी भाषा में 'उदन्त मार्त्तण्ड' नामक अखबार निकाला गया है। इससे पश्चिमी प्रान्तों के लोग बहुत लाभान्वित होंगे।"

'उदन्त मार्त्तण्ड' पण्डित जुगल किशोर सुकुल ने निकाला था। वह मुन्नूं ठाकुर के यहाँ से छपता था। जुगल किशोर जी ने सरकार के चीफ सेक्रेटरी चार्ल्स लुशींगटन को 9 फरवरी, 1826 में एक आवेदन पत्र लिखा—"महाशय, मैं हिन्दी भाषा देवनागरी लिपि में 'उदन्त मार्त्तण्ड' नाम से एक अखबार निकालना चाहता हूँ। यह अखबार साप्ताहिक होगा। मेरे और मुन्नू ठाकुर द्वारा मजिस्ट्रेट के समक्ष साक्ष्य प्रस्तुत किया जा रहा है। निवदेन है कि सरकार इस अखबार को निकालने की अनुमति दे।"[32] 16 फरवरी, 1826 को जुगल किशोर सुकुल को हिन्दी अखबार प्रकाशित करने और मुन्नू ठाकुर को उसे मुद्रित करने का लाइसेंस मिला।

'उदन्त मार्त्तण्ड' का पहला अंक 23 मई, 1826 को 37, अमरतल्ला लेन से निकला। उसमें यह सूचना छपी थी कि "यह उदंत मार्त्तण्ड कलकत्ता के कोलूटोल्ला

के अमरतल्ला की गली के 37 अंक़ की हवेली के मार्तण्ड छापाखाना में हर सप्ताह मंगलवार को छपता है। जिनको लेना है, वे इस छापाघर में अपना पता भेजें।" कीमत दो रुपये प्रति माह रखी गई थी। 'उदन्त मार्त्तण्ड' का आकार 12 इंच लम्बा 8 इंच चौड़ा था। इस अखबार का दूसरा अंक उपलब्ध नहीं है। सारे अंक पहले राजा राधाकांत देव के पुस्तकाल्य में सुरक्षित थे। 1928 में ब्रजेन्द्र नाथ बनर्जी ने इनका उद्धार किया। कलकत्ता में 'उदन्त मार्त्तण्ड' की यह फाइल कहाँ है, मालूम नहीं। लेकिन बंगीय साहित्य परिषद के पुस्तकाल्य में कुछ प्रतियाँ हैं। मार्तण्ड के कुल 79 अंक निकले। अंतिम अंक 4 दिसम्बर, 1827 को निकला। हर अंक में आठ पृष्ठ होते थे। अखबार का नाम 48 प्वाइंट के मोटे अक्षरों में छपता था। उसके नीचे एक लाइन खींच कर अखबार का आदर्श वाक्य 10 प्वाइंट में छपता था। इसका अर्थ भी लिखा जाता था। तारीख, संवत् और ईस्वी सन् अंग्रेजी और हिन्दी दोनों में होते थे।

श्रीरामपुर मिशनरी से प्रकाशित बंगला अखबार 'समाचार दर्पण' में 'उदन्त मार्त्तण्ड' के प्रकाशित होने की खबर छपी। यह खबर इसके 17 जून, 1826 के अंक में छपी। गवर्नमेंट गजट के 12 जून, 1826 के अंक में 'उदन्त मार्त्तण्ड' का जिक्र है। इसमें 'उदन्त मार्त्तण्ड' के प्रकाशित होने और देवनागरी लिपि में छपा हुआ पहला अखबार होने की बात भी कही गई है।

'उदन्त मार्त्तण्ड' के पहले अंक में ईस्ट इंडिया कम्पनी और जावा के राजा के बीच संधि की खबर छपी। इस संधि के बाद बर्मा की लड़ाई समाप्त हुई थी। इस अखबार में सरकारी नोटिसें, सार्वजानिक सूचनाएँ, स्थानीय, राष्ट्रीय और विदेशी खबरें, बाजार भाव, जलयान सम्बन्धी सूचनाएँ आदि छपा करती थीं। 'उदन्त मार्त्तण्ड' में जोधपुर, भरतपुर, लॉहौर एवं अन्य रियासतों के दरबारों की खबरें भी छपा करती थीं। सबसे दिलचस्प बात यह है कि 'उदन्त मार्त्तण्ड' की खबरों को इतना प्रामाणिक माना जाता था कि 'गवर्नमेंट गजट' द्वारा उसमें से खबरें लेकर हूबहू छापी जाती थीं। उस समय के अन्य अंग्रेजी अखबारों में 'उदन्त मार्त्तण्ड' में किताबों के प्रकाशित होने सम्बन्धी सूचनाएँ तथा हास्य-व्यंग्य भी छपता रहता था।

'उदन्त मार्त्तण्ड' में हिन्दी भाषियों को प्रोत्साहित करने का भी प्रयास किया जाता था। उस समय के बंगला साप्ताहिक 'समाचार चंद्रिका' में एक पत्र छपा, जिसमें हिन्दी भाषी व्यापारियों को बेईमान कहा गया था। पंडित जुगलकिशोर सुकुल ने अपने अखबार 'उदन्त मार्त्तण्ड' में इस पत्र का करारा जवाब दिया। हिन्दी साप्ताहिक और बंगला साप्ताहिक के बीच यह झगड़ा कुछ समय तक चलता रहा। भवानी चंद्र बनर्जी के वकील ने नागरी समाचार पत्र के सम्पादक और मालिक जुगल किशोर सुकुल के नाम अदालती नोटिस भेजा। नोटिस में वकील ने लिखा कि "मुझे अपने मुवक्किल बाबू भवानी चरण बनर्जी द्वारा यह सूचित किया गया है कि आपके अखबार ने पिछले 27 मार्च को मेरे मुवक्किल के सम्बन्ध में आपत्तिजनक बातें छापी

हैं। इससे उनकी प्रतिष्ठा और साख को क्षति पहुँची है। इस सम्बन्ध में मुझे आपके खिलाफ सुप्रीम कोर्ट में नालिश करने का निर्देश मिला है। मैं आपसे अनुरोध करता हूँ कि आप मुझे कानूनी प्रतिनिधि के बारे में सूचना दें, जिससे मैं उनसे सम्पर्क कर सकूँ। आपका आज्ञापालक और डब्लू, पी. एटार्नी ऐट लॉ, कैलकटा, 4 अप्रैल, 1827"।

'उदन्त मार्त्तण्ड' और 'समाचार चंद्रिका' के बीच चल रहे विवाद की तरफ 'गवर्नमेंट गजट' का ध्यान भी गया। बृहस्पतिवार 12 अप्रैल, 1827 के गवर्नमेंट गजट ने लिखा "हम यह पाते हैं कि स्थानीय भाषाओं के अखबार अपने यूरोपीय भाइयों द्वारा स्थापित उदाहरणों की अनुकरण करते हैं। आपस में एक दूसरे पर मुकदमा करने से दोनों अखबारों की साख को नुकसान पहुँचेगा और वकीलों को लाभ होगा।" इस सीख पर ध्यान दिया गया और दोनों स्थानीय भाषा-अखबारों के मालिक सम्पादकों द्वारा आपसी मतभेदों को बातचीत के जरिए दूर कर लिया गया। 'उदन्त मार्त्तण्ड' को डाक में छूट की सुविधा उपलब्ध नहीं थी। इसका वितरण पर असर पड़ता था। इसका प्रसार थोड़ी-सी प्रतियों तक सीमित था जबकि श्रीरामपुर के मिशनरियों द्वारा निकाले जा रहे अखबार 'समाचार दर्पण' को डाक सेवा में छूट दी गई थी। 'उदन्त मार्त्तण्ड' के सम्पादक ने छूट के लिए सरकार के पास आवेदन किया था, लेकिन सरकार ने इस अनुरोध पर ध्यान नहीं दिया। दूरदराज की जगहों पर अखबार भेजने के लिए डाक खर्च में छूट बहुत जरूरी थी साथ ही बहुत से महत्वूपर्ण पाठकों तक अखबार पहुँचाने के लिए डाक सेवा की सहायता लेना आवश्यक था। 'उदन्त मार्त्तण्ड' के सम्पादक सरकार द्वारा समय-समय पर जारी किए जाने वाले 'रेगुलेशनों' का अनुवाद छापने को इच्छुक थे, जिससे अखबार को सरकारी अधिकारियों के लिए उपयोगी बनाया जा सके। यह हिन्दी साप्ताहिक डाक खर्च में छूट न मिलने के कारण धीरे-धीरे आर्थिक रुग्णता का शिकार होने लगा। अक्टूबर, 1827 में 'कलकत्ता मंथली जर्नल ने लिखा "स्थानीय भाषाओं के अखबारों का अपनी सरलता, सुबोधता और देशीपन के लिए बहुत महत्व है लेकिन वे अपनी अपेक्षा के अनुरूप आर्थिक लाभ में नहीं चल रहे। फारसी का एक अखबार कोई सहायता न मिलने के कारण बंद हो गया। हमें लगता है कि हिन्दी अखबार 'उदन्त मार्त्तण्ड' को भी प्रोत्साहन नहीं मिलता, जिसका वह हकदार है। स्थानीय निवासियों की मानसिकता ऐसी नहीं लगती कि वे अखबारों द्वारा एक निश्चित अंतराल पर चीजों को जानने के लिए हमेशा इच्छुक रहें। स्थानीय लोग अखबार का महत्व नहीं समझते और यहाँ रह रहा यूरोपियन समुदाय स्थानीय भाषाओं के अखबारों में विशेष रुचि नहीं रखता।"

पं. जुगल किशोर सुकुल के सामने आर्थिक दिक्कत पैदा हो गई। उन पर दफ्तर और छापाखाना का बहुत किराया बकाया हो गया। उनके छापेखाने और

अखबार को जब्त कर लिया गया। 'कलकत्ता मंथली जर्नल' और 'गवर्नमेंट गजट' में 'उदन्त मार्त्तण्ड' के बंद होने की खबर छपी। 'उदन्त मार्त्तण्ड' उन दिनों कुछ अनियमित हो गया था और देर से निकलने लगा था। इसके अन्तिम अंक में सम्पादक ने अनियमितता और देर से निकलने के लिए क्षमा याचना की है। सम्पादक ने लिखा है कि किस तरह रु. 80 जगह का किराया बाकी होने के कारण कोर्ट ने अखबार की सम्पत्ति जब्त कर ली है और अखबार छापने के सारे सामानों को सील कर दिया है। कई लोगों को यह एक व्यक्तिगत दुःख लग सकता है, लेकिन एक अखबार का होना पूरे समाज की चिन्ता का विषय होना चाहिए। अदालत के समक्ष अधिकारियों का ध्यान भी कानून लागू करते समय ऐसे विषयों की ओर आकर्षित करना चाहिए। इस विषय पर बंगला में एक पत्र हमलोगों को मिला है। यह पत्र 'समाचार चंद्रिका' में भी छपा है—"इस पत्र में कुछ बढ़ा-चढ़ा कर लिखा गया है, जो हिन्दुस्तानियों का स्वभाव है। इस पत्र में कुछ व्यक्तिगत भावावेश भी निहित है। यह असम्भव नहीं है कि अंग्रेजी कानून की प्रक्रिया स्थानीय लोगों को पूरी समझ में नहीं आती। और जो इस कानून का सहारा लेते हैं, वे दूसरों को दबाने के लिए भी इसका इस्तेमाल करते हैं"।[33] यह अंश 'कलकत्ता मंथली जर्नल' द्वारा 22 नवंबर, 1827 के गवर्नमेंट गजट से लिया गया है। उसने इस अखबार के बंद कर दिए जाने पर सरकार को कोसने में कोई कोर-कसर नहीं रखा था।

'समाचार दर्पण' ने अपने साथी हिन्दी अखबार की मृत्यु पर गहरा शोक व्यक्त किया। सोमवर, 10 दिसम्बर, 1827 के 'गवर्नमेंट गजट' ने 'उदन्त मार्त्तण्ड' की मृत्यु पर एक दार्शनिक की मुद्रा में अपना वक्तव्य दिया, "हमलोगों को स्थानीय भाषा के एक और अखबार 'उदन्त मार्त्तण्ड' की स्वाभाविक मृत्यु दर्ज करनी पड़ रही है। यह अखबार हिन्दी भाषा में छपता था और इस देश की जनसंख्या के एक बहुत बड़े हिस्से का प्रतिनिधित्व करता था। 'उदन्त मार्त्तण्ड' के सम्पादक ने लिखा है कि उसके ग्रह नक्षत्र ठीक नहीं थे लेकिन ग्रह नक्षत्र का इसमें शायद ही कोई दोष हो। यह कल्पना ही गलत थी कि उनके देश के लोग अखबार जैसी एक अतिरिक्त वस्तु को जरूरी समझते हैं। एक या दो शताब्दी बाद शायद इस देश के लोग विदेशी मामलों के साप्ताहिक या दैनिक आकलन को जरूरी समझें।"

देवनागरी लिपि में छपाई का काम कलकत्ता में 1789 में शुरू हुआ था। कलकत्ता में हिन्दी का प्रचुर साहित्य लिखा गया और धीरे-धीरे 'हिन्दुस्तानी' का स्थान 'हिन्दी' ने ले लिया। 1827 तक पूरे उत्तर भारत में 'हिन्दी' का स्वरूप उभर कर सामने आ गया। कलकत्ता महानगर हिन्दुस्तानी अथवा हिन्दी क्षेत्र में नहीं पड़ता, फिर भी इसे हिन्दुस्तानी एवं हिन्दी पत्रकारिता को जन्म देने और छपाई का काम शुरू करने का श्रेय एवं गौरव प्राप्त है।

संदर्भ

1. कलकत्ता की स्थापना एवं जॉब चारनॉक के लिए देखें, पी.टी.नायर की–
   (1) कैलकटा इन सेवेन्टींथ सेंचुरी,
   (2) जॉब चारनाकः द फाउंडर ऑव कैलकटा
   (3) कोलकातार सृष्टि ओ जॉब चारनाक (बंगला)
2. कम्पनी की फैक्टरी हाजीपुर में थी, लेकिन 'साल्टपीटर रिफाइनरी' छपरा में स्थित थी।
3. आज जहाँ फोर्ट विलियम एवं मैदान है वहीं गोबिन्दपुर था। तीन या चार सेठ एवं बसाक परिवारों ने, जो पेशे से बुनकर थे, यहाँ का जंगल साफ किया, और वे यहाँ बस गए। अंग्रेजों के यहाँ आगमन के समय वे यहाँ रह रहे थे।
4. सूतानाटी बहू बाजार के उत्तर का इलाका था एवं बाग बाजार कैनाल तक पड़ता था। खालकाटा से ही कलकत्ता हुआ। खालकाटा गाँव था जो बहू बाजार और धर्मतल्ला स्ट्रीट के बीच में पड़ता था। मराठा डिच के पूरब साल्ट लेक था। मराठा डिच एक लम्बी खाई थी, जिसे बाद में पाट दिया गया, जिससे अपर और लोअर सर्कुलर रोड बना। जो अब आचार्य प्रफुल्ल चंद्र रोड और आचार्य जगदीश चन्द्र बोस रोड के नाम से जाना जाता है।
5. विल्सन, सी. आर, द अर्ली एनल्स, बन, भू-उपयोग सर्वेक्षण के लिए पृष्ठ 284 देखें।
6. विल्सन, सी. आर, द अर्ली एनल्स, खण्ड तीन, कैलकटा, 1917, पृष्ठ 124। किसी इतिहासकार ने इस तथ्य का जिक्र नहीं किया, जे लांग के सेलेक्शन फ्रॉम द अनपब्लिश्ड रिकॉर्ड्स नं. 37 से पता चलता है कि अमीनचन्द बंगाली नहीं थे। फरमिंगर के नोट से पता चलता है कि वे जैन नहीं थे। अमीनचंद के बारे में ही हीरा सिंह बनाम बुलाकी सिंह के मुकदमे से जानकारी मिलती है।
7. विल्सन, सी.आर.ओल्ड फोर्ट विलियम इन बंगाल, लण्डन 1906, खण्ड दो, पृष्ठ 102, 136
8. पी.टी. नायर की हिस्ट्री ऑव कैलकटा स्ट्रीट्स, कलकत्ता, 1987 पृष्ठ 417
9. लांग जे. कैलकटा इन ओल्डेन टाइम्सः इट्स लोकालिटीज,' कैलकटा रिव्यू खण्ड 18 नं. 36 .(1852) पृष्ठ 310
10. सिन्हा, एन.के. इकॉनॉमिक हिस्ट्री ऑव बैंगाल, (तीसरा खण्ड)
11. जॉन कोक्रेन बनाम हरि कृष्ण दास (1795) मॉर्टान ऑन मान्ट्रीयू, पृष्ठ 361 से 364.
12. सिन्हा की इकॉनॉमिक हिस्ट्री, भाग तीन, पृष्ठ 80, कैलकटा गजट, 23 मई 1793.
13. मनोहर दास तड़ाग के पास लगा हुआ शिलालेख।
14. जे.एच लिटिल की 'हाउस ऑव जगत सेठ' (बेंगल पास्ट एण्ड प्रेजेंट, 1920-21).
15. सिन्हाज् इकोनॉमिक हिस्ट्री, खण्ड तीन, उत्तर भारत के बैंकरों के नामों के लिए पृष्ठ 82
16. सिन्हाज इकोनॉमिक हिस्ट्री, तीसरा खण्ड, पृष्ठ 163.
17. टिम्बर्ग थॉमस, ए नोट ऑन द एराइवल ऑव कैलकटा मारवारीज, (बेंगाल पास्ट एण्ड प्रेजेण्ट खण्ड 90) सीरियल नं. 169, जनवररी-जून 1971।

18. हाब्सन जाब्सन, हिन्दुस्तानी
19. हॉडसन, वी.सी.पी. लिस्ट ऑव आफिसर्स ऑव ऑफिसर्स ऑव बेंगाल आर्मी 1758 से 1834
20. हैडली द्वारा अपने 'ग्रामर' 1772 के आमुख से
21. बंगाल पास्ट एण्ड प्रेजेंट, खण्ड-3 (क्रम सं. 8, अप्रैल-जून, 1909), बेंगल मोफुसिल रिकार्ड्स फॉर फारगुसन लेटर्स (पृ. 238-276) और पृ 379 (फारगुसन के त्याग पत्र के लिए)।
22. हडसन, वही, खण्ड (III) लंदन, 1945 इंट्री एँड एजेंडा, पृ.-776
23. लेबदेफ के बारे में पूरी जानकारी उनके व्याकरण के तीसरे बृहद् संस्करण से प्राप्त की जा सकती है, जो एल.एम.प्रा. लि. कलकत्ता से प्रकाशित हुआ और उसमें लेखक द्वारा लेबदेफ के कलकत्ता जीवन का उल्लेख है।
24. हॉक्सवर्थ का 'ऐड्रेस टू दि एशियाटिक सोसाइटी', दूसरा संस्करण, कलकत्ता, 1799
25. गिलक्राइस्ट के बारे में विस्तृत जानकारी 'दि डिक्शनरी आफ नेशनल बायोग्राफी' एवं 'कलकत्ता रिव्यू' अप्रैल-जून 1936 से मिलती है।
26. रैकिंग, बीपीपी,21 : 169, 172,
27. रैंकिंग, बीपीपी, 23 (क्रम सं. 45-56) पृ. 145-146-हण्टर के जीवन वृत्त के लिए
28. ग्रिलक्राइस्ट का ओरिएँटल फैबुलिस्ट, प्राक्कथन। रैंकिंग बी.पी.पी 21: 200.
29. 'जाम ए-जहाँनुमा' का इतिहास निम्नलिखित स्रोतों से प्राप्त होता है:
    (क) एस.सी. सान्याल, 'दि फर्स्ट पर्सियन न्यूजपेपर इन इण्डियाः ए पीप इनटू देयर कंटेन्ट्स, इस्लामिक कल्चर' (संक्षिप्त) खण्ड 8, जनवरी 1934, पृ. 105-114
    (ख) असलम सिद्दिकी, 'दि फर्स्ट उर्दू न्यूजपेपर', आईसी खण्ड 21 अप्रैल, 1947 पृ. 166,
    (ग) ब्रजेन्द्रनाथ बनर्जी का 'संवाद पत्रेर सेकालेर कथा' (बंगला) खण्ड-II, पृ-422-423.
    (घ) माग्रीटा बार्न का 'इण्डियन प्रेस', लंदन, 1940, पृ. 111, 155-157 183-184
    (ङ) 'दि मुस्लिम इयर बुक ऑफ इण्डिया एँड हूज हू', बम्बई, 1948-49, पृ. 416-417,
    (च) 'मॉडर्न रिव्यू', अप्रैल 1931, ब्रजेन्द्रनाथ बनर्जी का लेख, 'राम मोहन राय एक पत्रकार के रूप में' पृ. 408-415
    (छ) बंगाल की उर्दू अकादमी के शान्ति रंजन भट्टाचार्य से व्यक्तिंगत बातचीत
    (ज) मौलाना इम्देज शफरी का 'तारीख सहाफत उर्दू' (4खण्ड)' 1. पृ. 20-25 आदि।
30. भटनागर, रामरतन, 'दि राइज एँड ग्रोथ आफ हिन्दी जर्नलिज्म' इलाहाबाद, पृ0 41, 'मिनट ऑफ स्टर्लिंग' सितम्बर 24, 1828 से उद्धृत
31. 'लल्लूलाल कवि' फोर्ट विलियम कॉलेज, कलकत्ता में भाषा मुंशी द्वारा रचित, 1811, ब्रजभाषा के अन्य व्यांकरण हैं :
    (क) कैप्टन, विलियम प्राइस एवं तारिणी चरण मित्रा, 'हिन्दी एँड हिन्दोस्तानी सिलेक्शन'। इसमें हिन्दुस्तानी एवं ब्रजभाषा व्याकरण के मूल तत्व दिए गए हैं,

कलकत्ता से 1827 में प्रकाशित।

(ख) बलान्ताइन, जेम्स आर., 'एलिमेंट्स ऑफ हिन्दी एँड ब्रजभाषा ग्रामर,' लंदन, 1839।

32. बार्न्स, 'इण्डियन प्रेस' पृ. 154-155, शारदा देवी वेदालंकार के पाठ 'दि ओरिजिन ऑफ दि हिन्दी प्रेस', एस.पी.सेन-सं, 'दि इण्डियन प्रेस', कलकत्ता, इंस्टिट्यूट ऑफ हिस्टोरिकल स्टडीज, 1967,पृ. 74-75

33. ए.सी. दास गुप्ता-सेलेक्शन, पृ-231

34. ए.सी. दास गुप्ता-सेलेक्शन, पृ.-242

हिन्दी नवजागरण और शान्तिनिकेतन

डॉ० रामसिंह तोमर

हिन्दी भाषी समाज का सर्वेक्षण करने पर रवीन्द्रनाथ ठाकुर का प्रभाव ढूंढ़ पाना नीम के वृक्ष पर आम ढूँढ़ने जैसा है पर यह याद रखने योग्य तथ्य है कि आजादी पूर्व के हिन्दी समाज में हिन्दी के लेखक से अधिक बंगला के लेखक पढ़े जाते थे, जिनमें रवीन्द्रनाथ ठाकुर अग्रणी थे। रवीन्द्रनाथ ठाकुर का प्रभाव क्षेत्र काफी व्यापक है। न केवल भारतीय भाषाओं के साहित्य पर, बल्कि एक हद तक भारतीयेतर भाषाओं के साहित्य पर भी रवीन्द्रनाथ ठाकुर का घना प्रभाव है।

हिन्दी साहित्य पर रवीन्द्रनाथ का विशेष प्रभाव है। ऐसे कई अध्ययन हुए हैं, जिनसे इसकी प्रामाणिकता सिद्ध होती है। राष्ट्रीय आन्दोलन के लेखकों तथा छायावादी कवियों पर उनका प्रभाव देखा जा सकता है। निराला पर न केवल शिल्प के स्तर पर, बल्कि विषय-वस्तु के स्तर पर भी उनके प्रभाव हैं। सम्भव है, निराला को अतुकांत कविता की प्रेरणा रवीन्द्रनाथ ठाकुर से ही मिली हो। निराला ने रवीन्द्रनाथ की कुछ कविताओं का अनुवाद भी किया था। ये अनुवाद 'रवीन्द्र कविता कानन' के नाम से पुस्तक रूप में छपे थे। महादेवी वर्मा और सुमित्रानन्दन पंत न केवल रवीन्द्रनाथ ठाकुर का सान्निध्य प्राप्त करने के लिए शान्तिनिकेतन बराबर आया करते थे, बल्कि वे यहाँ से ऊर्जा भी ले जाते थे। महादेवी वर्मा की पुस्तक 'पथ के साथी' की पहली रचना रवीन्द्रनाथ के प्रति श्रद्धा व्यक्त करती है। साहित्य के इतिहासकार आचार्य शुक्ल ने 'हिन्दी साहित्य का इतिहास' में छायावाद का विवेचन करते हुए लिखा है कि "धीरे-धीरे यह शब्द धार्मिक क्षेत्र से वहाँ के साहित्य क्षेत्र में आया और फिर रवी बाबू की धूम मचने पर हिन्दी साहित्य के क्षेत्र में भी प्रकट हुआ।" मैथिलीशरण गुप्त की रचना 'साकेत' भी रवीन्द्रनाथ ठाकुर के एक लेख 'काव्येर उपेक्षिता' (काव्य की उपेक्षिताएँ) का प्रेरणा-परिणाम है। इस तरह हम पाते हैं कि रवीन्द्रनाथ ठाकुर हिन्दी लेखक कवियों के प्रेरणा स्रोत भी हैं और पथ प्रदर्शक भी।

आचार्य हजारी प्रसाद द्विवेदी को रवीन्द्रनाथ ठाकुर का सान्निध्य प्राप्त था। आचार्य द्विवेदी की सर्वोत्कृष्ट रचनाएँ 'कबीर', 'सूर साहित्य', 'बाणभट्ट की आत्मकथा',

'प्राचीन भारत के कलात्मक विनोद' शांतिनिकेतन में आचार्य द्विवेदी के प्रवास काल की हैं। इन कृतियों का न केवल साहित्य पर, बल्कि हिन्दी प्रदेशों के जन समाज पर भी सीधा असर है। हिन्दी प्रदेशों में नवजागरण की धारा को तेज करने में तत्कालीन हिन्दी साहित्य की भूमिका को अनदेखा नहीं किया जा सकता और यह भी निर्विवाद सत्य है कि तत्कालीन हिन्दी साहित्य को रवीन्द्रनाथ ठाकुर कहीं गहरे प्रभावित कर रहे थे।

रवीन्द्रनाथ ठाकुर में हिन्दी लेखकों-कवियों के प्रति अनुराग का भाव था। यद्यपि हिन्दी समाज में एक दूसरी तरह की घटना विशेष रूप से प्रचलित है। वह है—"एक बार रवीन्द्रनाथ से कहा गया कि प्रेमचन्द आप से मिलना चाहते हैं, पर वे बहुत संकोची प्रवृत्ति के हैं। इस पर रवीन्द्रनाथ ने सिर्फ इतना ही कहा कि 'वे खुद भी उनके जैसे बहुत संकोची हैं।" बहुत सम्भव है रवीन्द्रनाथ ने यह जवाब केवल इसलिए दिया हो कि उस युग में प्रेमचन्द ही एक ऐसे रचनाकार थे, जो रवीन्द्रनाथ के प्रभाव से दूर-दूर तक अछूते थे परन्तु यह सच है कि रवीन्द्रनाथ ने हिन्दी कवि-लेखकों को शान्तिनिकेतन आमंत्रित करते हुए कहा था, "हिन्दी के लेखक और कवि कृपा कर यहाँ पधारें और अपने सत्संग तथा ज्ञान से हमलोगों को भी उपकृत होने का अवसर प्रदान करें" (सम्पादकीय, 'विशाल भारत', फरवरी, 1939)।

हिन्दी प्रदेशों और उनके लेखक-कवियों के लिए रवीन्द्रनाथ ठाकुर एक आदर्श हो सकते हैं। इसके लिए 'विशाल भारत' फरवरी, 1939 के सम्पादकीय का एक अंश देखना चाहिए। वह अंश है, "कवीन्द्र रवीन्द्र की प्रतिभा के जिन्हें साक्षात् दर्शन करने हों, उन्हें एक बार शांतिनिकेतन अवश्य जाना चाहिए। विश्वकवि में कितने ही ऐसे गुण पाए जाते हैं, जिनको ग्रहण करके हमारे लेखक तथा कवि यशस्वी बन सकते हैं। सबसे बड़ी बात जो हमारे कलाकारों को उनसे सीखनी चाहिए वह यह है कि उन्होंने बीसियों आदमियों को अपने व्यक्तित्व को स्वतन्त्र रूप से विकसित करने का अवसर दिया है। यद्यपि हमारे यहाँ कवीन्द्र जैसे साधन सम्पन्न लेखकों की बहुत कमी या प्रायः अभाव है, फिर भी उनकी भावना या स्प्रिट को तो हम सभी ग्रहण कर सकते हैं... नावेल प्राइज की रकम और उनके ग्रन्थों से जो आमदनी होती है, वह भी कविवर ने शांतिनिकेतन और विश्वभारती में लगा दी है।" विश्वभारती में हिन्दी भवन की स्थापना सन् 1939 में चार्ली फ्रियर एण्ड्रूज और बनारसी दास चतुर्वेदी के प्रयत्नों से हुई। हिन्दी भवन ने देश के विभिन्न हिन्दी भाषी प्रदेशों के छात्र-छात्राओं को आकर्षित किया और उन्हें एक उन्नत संस्कार देकर, समाज के विभिन्न क्षेत्रों में उतारा।

शान्तिनिकेतन की भूमि से प्रोफेसर क्षितिमोहन सेन ने अपने शोधपूर्ण कार्यों से हिन्दी नवजागरण में नए आयाम जोड़े। एँड्रूज ने अपने एक भाषण में इस

उल्लेखनीय तथ्य की ओर संकेत किया है, "हिन्दी के मध्यकालीन महाकवियों जैसे कबीर, दादू, नानक अदि के बारे में प्रोफेसर क्षितिमोहन सेन, जो शोधकार्य वर्षों से कर रहे हैं, उनके परिश्रम के फल को संसार के हाथों से अब कोई छीन नहीं सकेगा, बल्कि इस दिशा में होने वाले अध्ययन क्रम का आधार बन जाएगा।" आचार्य क्षितिमोहन सेन के प्रसिद्ध ग्रन्थ 'दादू' का प्रकाशन सन् 1935 में हुआ। आचार्य सेन ने हिन्दी तथा मध्ययुगीन संत काव्य धारा की जो व्याख्या की, उसके फलस्वरूप हिन्दी जगत के दृष्टिकोण में संत काव्य धारा के सम्बन्ध में परिवर्तन हुआ। इससे पूर्व संतों की निर्गुण धारा के प्रति धारणा थी कि इस साहित्य में क्रमबद्ध दार्शनिक चिंताधारा खोजना व्यर्थ है तथा भाषा और विचारधारा दोनों अस्त-व्यस्त हैं। आचार्य सेन की विद्वतापूर्ण कृतियों 'मध्ययुगीन रहस्यवाद' तथा 'दादू' से उस चिंताधारा में एक मोड़ आया। 'दादू' की भूमिका रवीन्द्रनाथ ठाकुर ने लिखी थी। वे इन कवियों की भाव धारा के सम्बन्ध में लिखते हैं, "भारत के रहस्यवादी कवियों ने शास्त्रनिर्मित पत्थर की बाड़ (बेड़ा) से भक्तों के मन को मुक्ति दिलाई, प्रेम के अश्रु-जल से देवमन्दिर के आंगन से रक्तपात के कलंक को पोंछ देना उनका कर्तव्य था जिसके आविर्भाव ने भीतर से आनन्द के आलोक ने मनुष्य के सम्पूर्ण भेद को मिटा दिया, उन्हीं राम के वे दूत थे। भारत के इतिहास की अमारात्रि में भेदभाव का पिशाच जब विकट नृत्य कर रहा था, उस समय उन्होंने उस पिशाच को स्वीकार नहीं किया।"

रवीन्द्रनाथ ने शांतिनिकेतन की स्थापना उन्हीं दिनों की, जिन दिनों हिन्दी प्रदेशों में नवजागरण की लहर तेज थी। वैसे हिन्दी प्रदेश के नागरिकों के जीवन पर रवीन्द्रनाथ ठाकुर का कोई सीधा असर नहीं पड़ा पर रवीन्द्रनाथ नवजागरण की जिस धारा को तेज कर रहे थे, उसमें और हिन्दी प्रदेशों की नवजागरण की चेतना में एक खास समानता है। रवीन्द्रनाथ ठाकुर शांतिनिकेतन के माध्यम से अंग्रेजी आचरण और जीवन दर्शन, जो भारत में बड़े पैमाने पर अपनी जड़ फैला रहा था, के खिलाफ रचनात्मक स्तर पर एक विकल्प प्रस्तुत कर रहे थे। हिन्दी प्रदेशों में नवजागरण की चेतना अंग्रेजी प्रभाव को काट कर ही आगे बढ़ रही थी। रवीन्द्रनाथ ठाकुर और हिन्दी प्रदेशों के नवजागरण का यही मिलन-बिन्दु है।

भारतीय नवजागरण में उदार अंग्रेजों की भूमिका

डॉ० शिवमंगल राय

भारत में नवजागरण का आरम्भ उन्नीसवीं शती के दूसरे दशक के मध्य से माना जाता है। ऐसा मानना ठीक भी है, क्योंकि सन् 1814 में ही राजा राममोहन राय ने अंधविश्वासजनित जड़ता से भारतवासियों को मुक्त कराने के उद्देश्य से ईस्ट इण्डिया कम्पनी की सरकार की 9 वर्ष पुरानी अच्छी-सी नौकरी छोड़कर नवजागरण का शंखनाद किया, किन्तु जिस जड़ता को तोड़ने का उन्होंने संकल्प लिया, वह जड़ता किसी आकस्मिक घटना की परिणति न थी, जिसे उत्साहोन्मेष के सामान्य प्रहारों से तोड़ा जा सके। उस जड़ता की निर्मिति का क्रम तो तभी शुरू हो गया था जब आचरण के विषय 'धर्म' यानी 'परोपकार : पुण्याय' वा 'सेवाकार्य'[2] अथवा 'पर हित सरिस धर्म'[3] को हिन्दुओं के धर्माचार्य भी जाने अंनजाने अथवा भौतिक सुखों के प्रलोभन या विलास के प्रमाद में धीरे-धीरे ही सही, आचरण से दूर कर अपनी मिथ्या-मर्यादा के रक्षार्थ आडम्बरों का वरण करने और उनसे होने वाली रिक्तता की आपूर्ति के उद्देश्य से नाना प्रकार के अंधविश्वासों को महत्व देने लगे थे। उस शनैः शनैः किन्तु निरन्तर बलवती होती अंधविश्वासजनित जड़ता को तोड़ने और धर्म को पुनः आचरण का विषय बनाने का उपक्रम कभी रामकथा के प्रणेता महर्षि बाल्मीकि ने, तो कभी अध्यात्म रामायण, महाभारत तथा अठारहों पुराणों के रचयिता महर्षि वेदव्यास ने, कभी बौद्ध-धर्म के प्रवर्तक भगवान बुद्ध और जैन श्रेष्ठ महावीर स्वामी ने, तो कभी जगद्गुरु स्वामी शंकराचार्य ने और कभी भक्तिकालीन कवि संतों ने किया। उन सबने ही लोगों को प्रभावित भी किया किन्तु तब भी हिन्दुओं की वह मादक जड़ता टूटी नहीं, उलटे समय-समय पर आघात पाकर भी निरन्तर मजबूत होती गई। इसकी प्रतिक्रिया में नाना प्रकार की विकृतियाँ फैलती गईं—यथा, जाति-पांति, ऊँच-नीच, छुआछूत, कन्य-बलि, कन्या-विक्रय, बहु-विवाह, सती-प्रथा, मूर्ति-पूजा, बहुदेवोपसना, शव-संस्कार अथवा किसी भी धार्मिक अनुष्ठान के अवसर पर मिथ्या प्रदर्शन, दैनिक जीवन में आडम्बर, पाप-मुक्ति के लिए शारीरिक यंत्रणा, आत्म-पीड़न आदि। इस्लाम धर्म के प्रचार-प्रसार और प्रभाव तथा ईसाई धर्म प्रचारकों

के सक्रिय और समर्पित प्रयास भी हिन्दुओं को सजग नहीं कर सके फलस्वरूप राजा राममोहन राय का काल आते-आते अंधविश्वासजनित जड़ता ऐसा चट्टानी रूप धारण कर चुकी थी, जिसका भेदन कर सकना लगभग असम्भव था। किन्तु यह सब जान कर भी लगभग एक दर्जन देशी-विदेशी भाषाओं तथा विभिन्न धर्मों के ज्ञाता राजा राममोहन राय ने अपना जागरण अभियान आरम्भ किया और उस अभियान में तीनों ही वर्गों के अंग्रेजों—ईसाई धर्म प्रचारक, कम्पनी के अधिकारी-कर्मचारी तथा स्वतन्त्र अंग्रेज व्यापारी—ने परोक्ष रूप में कभी 'विरोधी' की और कभी 'सहयोगी' की भूमिका अदा की। उनकी दोनों भूमिकाएँ उल्लेख्यनीय हैं पर एक वर्ग ऐसे भी अंग्रेजों का था, जिन्होंने भारत और भारतीयता को समझाने के लिए अपने भ्रमण और शोध के उपरांत कई महत्वपूर्ण-ग्रन्थ लिख कर जागरण अभियान में मुख्यतः प्रेरक की भूमिका निभाई।

नवजागरण अभियान के आरम्भिक चरण में अंग्रेज-बहुल ईसाइयों की भूमिका प्रायः 'विरोधी' की थी, क्योंकि उनका उद्देश्य ईसाई धर्म का प्रचार कर अधिक से अधिक लोगों को ईसाई बनाना था और अपने इस लक्ष्य की पूर्ति के लिए उन्होंने ईसा की पहली शती के पूर्वार्द्ध से ही भारत आने का क्रम आरम्भ कर दिया था। पंजाब आने वाले प्रथम प्रमुख ईसाई धर्म-प्रचारकों सिरियक सम्प्रदाय के संस्थापक सेंट टामस थे, जिन्होंने सन् 65 में मालावार तट पर और उसके कुछ काल बाद मद्रास के समीप मइलापुर को केंन्द्र बनाकर वहाँ के राजा सैगन को ईसाई धर्म में दीक्षित किया। उसके बाद तो ईसाई धर्म प्रचारकों के भारत आने और धर्म प्रचार करने का क्रम निरंतर बना ही रहा। श्रीरामपुर मिशन के संस्थापक (स्थापना-16 जनवरी, 1800) त्रय विलियम कैरे, जॉन जोसुआ मार्शमैन और विलियम वार्ड ने धर्मप्रचार को सुनियोजित ढंग से आगे बढ़ाया। ईस्ट इण्डिया कम्पनी आरम्भ से ही ईसाई धर्म प्रचारकों के कार्यों के विरुद्ध थी, क्योंकि उसका मूल विषय व्यापार था। उसे यह अनुभव होता था कि भारतीयों की सामाजिक आदतों और धार्मिक विश्वासों में इनका हस्तक्षेप कम्पनी के व्यापारिक हितों के विरुद्ध जा सकता है।[5] स्मरणीय है कि ईसाई धर्म का अवमूल्यन करते रहते थे। अपने हित के लिए कम्पनी की सरकार ईसाई धर्म-प्रचारकों के ऐसे साम्प्रदायिक उन्माद के विरुद्ध थी। सरकार के विरोध के बावजूद सन् 1814 तक श्रीरामपुर मिशन बाइबिल और विभिन्न धार्मिक गुटों के कई भारतीय भाषाओं में अनुवाद प्रकाशित करने और अपने विभिन्न केंन्द्रों में इन्हें उपलब्ध कराने में सफल हो चुका था।

ईसाई धर्म प्रचारकों के शताब्दियों के ऐसे समर्पित प्रयत्नों का एकांत लक्ष्य कम से कम समय में अधिक से अधिक लोगों को ईसाई बनाना था। इसीलिए, जब राजा राममोहन राय ने सुनियोजित ढंग से 1816 में 'तत्व बोधिन सभा' की स्थापना के बाद हिन्दुओं में गहराई तक प्रविष्ट पाखण्डों, आडम्बरों, और अंधविश्वासजनित विकृत प्रथाओं पर प्रहार करना शुरू किया, तब ईसाई धर्म प्रचारक उनके भाषणों के

हवाले से हिन्दू धर्म की निरर्थकता सिद्ध करते हुए हिन्दुओं से जल्दी से जल्दी ईसाई बन जाने का आग्रह करने लगे। ईसाई धर्म प्रचारकों के इस रणकौशल से विस्मित राजा राममोहन राय ने अपनी रणनीति में तत्काल परिवर्तन कर अपने भाषणों में हिन्दू धर्म के सच्चे स्वरूप को उजागर और उसके व्यापक महत्व को प्रतिपादित करते हुए ईसाई धर्म के अंतर में प्रविष्ट विकृतियों पर धुंआधार प्रहार आरम्भ किया। उनके भाषणों में व्यक्त गहन ज्ञान और उनकी वक्तृता की तेजस्विता को देख ईसाई धर्म प्रचारक स्तब्ध हो गए और वे अपने अभियान में नरम पड़ने लगे। श्रीरामपुर मिशन के जॉन क्लार्क मार्शमैन ने स्वयं स्वीकार किया है कि "राजा राममोहन राय अपने समय के हिन्दू समाज के सर्वाधिक महत्वपूर्ण व्यक्ति हैं और उनका स्वयं का लिखा हुआ कोई भी धार्मिक गुटका, खासतौर से ईसाई धर्म के विरुद्ध और हिन्दुओं के प्रति पक्षपात से युक्त होने पर अपने देशवासियों को गहराई तक प्रभावित करने में विफल नहीं होता है।"[6] किन्तु, इससे भी राजा राममोहन राय के कार्य में किंचित शिथिलता नहीं आई। उलटे, वे और भी अधिक उत्साह के साथ अपने लक्ष्य की ओर आगे बढ़ते रहे साथ ही, अपने बहु-आयामी अभियान को अपने बाद भी सफल बनाते रहने की लालसा से समय-समय पर 'यूनिटेरियन कमेटी' (1820), 'गौड़ीय सभा' (1823), 'वेदांत कालेज' (1825) और सर्वोपरि 'ब्रह्म समाज' (1828) जैसी संस्थाओं की उन्होंने स्थापना की और इनके माध्यम से तरुणों को तैयार किया। उनके इस अभियान ने ईसाई धर्म प्रचारकों के शताब्दियों में निर्मित मोर्चे को सर्वथा निष्प्रभावी और निर्बल बना दिया।

नवजागरण अभियान के क्षेत्र को विस्तृत और उसके प्रभाव को व्यापक बनाने में जिस मुद्रण प्रक्रिया की उपयोगिता को स्वीकृति मिली, उस का प्रारम्भ प्रिंटिंग प्रेस के आविष्कार के साथ सन् 1430 में हालैण्ड में हुआ था। भारत में सबसे पहले ईसाई धर्म प्रचारकों ने सन् 1556 में गोआ में एक प्रिंटिंग प्रेस स्थापित किया था किन्तु, सुदीर्घ काल तक अंग्रेजों का ध्यान भारत में प्रिंटिंग प्रेसों के अधिकाधिक उपयोग की ओर नहीं गया, क्योंकि उस अवधि में वे अपने व्यापारिक एकाधिकार और राजनीतिक महत्व के लिए परिस्थितियों से जूझ रहे थे। प्लासी (1757) और बक्सर (1764) के युद्धों में विजय तथा बंगाल, बिहार और उड़ीसा की दीवानी मिलने (1765) के बाद ही अंग्रेजों का ध्यान इस ओर गया। सबसे पहले इस दिशा में कदम बढ़ाने वाले थे डच जाति के विलियम बोल्ट, जो कम्पनी की व्यवस्था और कार्य-पद्धति से क्षुब्ध रहते थे। उसी की प्रतिक्रिया में उन्होंने 'कंसीडरेशन आन इंडियन अफेयर्स' नाम पुस्तक दो जिल्दों में प्रकाशित की और सन् 1766 में कौंसिल हाउस के फाटक पर एक नोटिस चिपकाई। उसमें लिखा था—"सर्वसाधारण के लिए छापेखानों और समाचार पत्र की आवश्यकताओं के विषय में जानकारीः इस बीच में सर्वसाधारण को मैं यह बताना चाहता हूँ कि हस्तलेख में मेरे पास सबको बताने की

बहुत सी बातें हैं जिनका प्रत्येक मनुष्य से घनिष्ठ सम्बन्ध है जिसमें जानने की उत्सुकता अथवा अधिक प्रशंसनीय वृत्ति हो, वह श्री बोल्ट के घर जाकर उन्हें पढ़ या उनकी नकल ले सकता है।"[7] बोल्ट को अपने इन कार्यों के लिए नौकरी से इस्तीफा देना पड़ा साथ ही, सरकारी आदेशानुसार उन्हें कलकत्ता से मद्रास और वहाँ से यूरोप जाने को मजबूर होना पड़ा। स्पष्ट है कि उन्हें भारत में रहकर पत्र प्रकाशन की अनुमति नहीं मिली फिर भी, उन्होंने सूचित किया था कि 'यदि कलकत्ता में कोई अखबार निकाले तो मैं प्रेस के सामान का प्रबन्ध कर सकता हूँ।'[8] उसके बाद बोल्ट ने इसके सम्बन्ध में कुछ किया या नहीं, इसका पता नहीं चलता; किन्तु इस घटना से यह तो मालूम हो ही जाता है कि उस समय तक कम्पनी की सरकार के लिए अपनी आलोचना सुनना असह्य था। ऐसी दशा में किसी भारतीय के मन मे प्रेस स्थापित करने का साहस कैसे हो सकता था! यही कारण है कि किसी अंग्रेज ने भी तब तक इस दिशा में कोई प्रयास नहीं किया, जब तक कम्पनी की सरकार ने स्वयं प्रेस की स्थापना कर सन् 1774 में 'कलकत्ता गजट' मुद्रित नहीं कराया। उसके बाद ही कुछ अंग्रेजों का ध्यान इस ओर गया।

सन् 1779 तक आते-आते प्रथम भारतीय बाबू राम ने भी कलकत्ता में अपना प्रेस खड़ा कर लिया। सन् 1794 में ईसाई धर्म प्रचारक विलियम कैरे ने कलकत्ता में चार सौ रुपए का एक पुराना प्रेस खरीदा और उसे मदनावती में स्थापित किया सन् 1793 में कलकत्ता के क्रानिकल प्रेस में डॉ. गिलक्राइस्ट के 'हिन्दुस्तानी ग्रामर' का मुद्रण हुआ। सन् 1800 में कलकत्ता में 'फोर्ट विलियम कॉलेज' की और श्रीरामपुर में 'बैप्टिष्ट मिशन' की स्थापना हुई और दोनों ही संस्थाओं की ओर से मुद्रण का कार्य शुरू हुआ। उस समय तक छापे के टाइप इंग्लैण्ड से मंगाए जाते थे। सन् 1803 में भारत के श्रीरामपुर मिशन की फाउंड्री में टाइप-निर्माण का कार्य आरम्भ हुआ। एन.बी. हाल्हेड की प्रेरणा से चार्ल्स विल्किंस ने टाइप बनाने का कार्य अपने हाथ में लिया और थोड़े ही दिनों में उसने बंगला, नागरी और फारसी के टाइपों के निर्माण-कार्य में सफलता प्राप्त कर ली।[9] इस प्रकार छापेखानों के प्रसार और प्रमुख भारतीय भाषाओं की लिपियों के टाइपों की उपलब्धि से मुद्रण का कार्य सुगम हुआ। फलतः फोर्ट विलियम कॉलेज के पाठ्य-ग्रंथ और मिशन के बाइबिल के भारतीय भाषाओं में अनुवाद और धार्मिक गुटके मुद्रित होने लगे। जुलाई, 1817 को 'कलकत्ता स्कूल बुक सोसाइटी' की स्थापना हुई और उसने अंग्रेजी, फारसी, अरबी, संस्कृत, बंगला और हिन्दुस्तानी भाषाओं में प्राथमिक स्तर की पाठ्य-पुस्तकों को लिखाकर मुद्रित कराना आरम्भ किया।[10] छापेखानों की इस व्यवस्था की सहज सुलभता ने जागरण अभियान को व्यापक और प्रभावी बनाने में पर्याप्त योगदान किया।

नवजागरण अभियान के क्षेत्र को अधिकाधिक विस्तृत और उत्तरोत्तर व्यापकतर

बनाने में समाचार पत्रों की भूमिका अत्यधिक महत्वपूर्ण थी। राजा राममोहन के जागरण अभियान के समय तक भारत में भी पत्रकारिता पर्याप्त लोकप्रिय हो गई थी। उसकी इस लोकप्रियता में अंग्रेजों की भूमिका अग्रणी थी। भारत में पत्रकारिता का आरम्भ सन् 1774 में कम्पनी की सरकार की ओर से मुद्रित-प्रकाशित 'कलकत्ता गजट' से हुआ था। उसके बाद जेम्स आगस्टस हिकी ने 27 जून, 1780 को 'बंगाल गजट आफ कलकत्ता' प्रकाशित किया। उसके अधिकांश पृष्ठों पर विज्ञापन छपे थे और शेष पृष्ठों पर राजनीतिक टिप्पणियाँ थीं। उन टिप्पणियों में गवर्नर जनरल वारेन हेस्टिंग्स और उसकी कौंसिल के अन्य सदस्यों तथा सर एलिजा इंपी पर कुछ आक्षेप थे। हिकी के इस आचरण से नाराज होकर सरकार ने उसके पत्र का प्रकाशन बंद कर दिया और उसे जेल भेज दिया। उसके बाद बी.मेसिक और पीटर रीड ने उसी साल 1780 नवंबर में 'इण्डिया गजट' का प्रकाशन किया। उसके लगभग चार साल बाद फरवरी, 1784 में 'कलकत्ता गजट' छपा। व्यक्तिगत स्तर पर चौथा समाचार पत्र 'बंगाल जर्नल' फरवरी, 1785 में निकला, जिसके प्रकाशक थे टामस जोन्स। सन् 1791 में उसके सम्पादन का कार्य डुआनी ने आरम्भ किया। उसके पूर्वज इंग्लैण्ड के मूल निवासी थे और अमेरिका में जाकर बस गए थे। जेम्स आगस्टस हिकी के बाद वह दूसरा पत्रकार था जिसने अपने पत्र में सरकारी कामकाज का भण्डाफोड़ करना शुरू किया। इससे नाराज होकर कम्पनी की सरकार ने उसे गिरफ्तार कर इंग्लैण्ड भेज दिया।

मद्रास में हम्फ्रीज नामक अंग्रेज ने लाइसेंस के लिए आवेदन किया, किन्तु जब उसे लाइसेंस न मिला, तब उसने बहुत साहस के साथ 2 अप्रैल, 1795 को 'इंण्डिया हेरल्ड' नामक पत्र निकाला। सरकार ने उस पर आरोप लगाया कि उसने शासन और प्रिंस आफ वेल्स के विषय में अपमानजनक लेख प्रकाशित किया है। उसके इस अपराध के लिए सरकार ने उसे इंग्लैण्ड भेज दिया।[11] इसके अनंतर और भी कई पत्र प्रकाशित हुए थे, जिनके नाम थे, 'ओरिएँटल म्यूजियम' (1785) 'इण्डिया अपोलो' (1795) और 'एशियाटिक मैगजिन' (1795)। 'कलकत्ता मंथली जर्नल' (1798) और 'रिलेटर' (1799) उसके बाद प्रकाश में आए।[12] लार्ड वेलेजली द्वारा प्रेस पर प्रतिबंध लगाने के बाद भी श्रीरामपुर मिशन ने सन् 1817 में 'द फ्रेंड ऑफ इण्डिया' एवं सन् 1818 में 'दिग्दर्शन' और 'समाचार दर्पण' का प्रकाशन आरम्भ किया। 19 अगस्त 1818 को सरकार के मुख्य सचिव जे. एडम के पत्र द्वारा चार प्रतिबंधित विषयों को छोड़कर अन्य सभी विषयों में प्रेस की स्वतन्त्रता की सूचना दी गई।[13] सन् 1819 के दिसम्बर में 'बंगाल एक्जिीलेयरी मिशनरी सोसाइटी' ने 'द गास्पल मैगजिन' नामक द्विभाषी (अंग्रेजी-बंगला) सोलह पृष्ठीय मासिक पत्रिका का प्रकाशन आरम्भ किया। उसमें अंतःकरण के मालिन्य का विनाश, चौर्य वृत्ति, तारक यीशू तथा दुराचार नाश शीर्षक निबन्ध छपे थे।[14] उसके चार वर्ष बाद

14 मार्च, 1893 को सपरिषद गवर्नर जनरल ने एक अध्यादेश जारी कर प्रेस पर लगे प्रतिबंधों को हटाया और उन सबके बदले 'लाइसेंस' को अनिवार्य बतलाया।[15] दिसम्बर, 1835 को स्थानापन्न गवर्नर जनरल चार्ल्स सर मेटकाफ ने प्रेस को पूर्ण स्वतन्त्रता प्रदान की।[16] यह सच है कि भारत में अंग्रेजों ने पत्रकारिता का विकास कम्पनी के व्यापारिक-राजनीतिक हित-साधन की दृष्टि से किया था, किन्तु राजा राममोहन राय तथा उनके बाद भी उनके अनुयायियों ने इसका उपयोग प्रभावी ढंग से अपने नवजागरण अभियान को सफल बनाने में किया।

हिन्दुओं में शताब्दियों से विकसित अंधविश्वासजनित जड़ता को तोड़ने और उन्हें 'सत्य' और 'तत्व' का बोध करा कर उत्कर्ष की ओर उन्मुख करने का एक अचूक साधन शिक्षा थी किन्तु उन्नीसवीं शती के प्रथम तीन-चार दशक तक भारत में शिक्षा की व्यवस्था अत्यंत दयनीय थी। वह जड़ता को तोड़ने की जगह उसे और भी अधिक मजबूत करने में संलग्न थी, क्योंकि उसमें तर्क और विज्ञान के लिए अवकाश न था। उस समय की शिक्षा-व्यवस्था का अनुमान देशी शिक्षा के प्रबल पक्षधर विलियम एडम द्वारा प्रस्तुत 1 जुलाई, 1835, 23 दिसम्बर, 1835 और 28 अप्रैल, 1838 के प्रतिवेदनों से सहज ही हो जाता है। उनके तीसरे और अंतिम प्रतिवेदन में पृष्ठ 28 से 36 तक जो विवरण प्रस्तुत है, उसके अनुसार सर्वेक्षण के पाँच जिलों (मुर्शिदाबाद, वीरभूमि, बर्दवान, दक्षिण बिहार और तिरहुत) में बंगला और हिन्दी के कुल स्कूलों की संख्या 1473 और छात्रों की संख्या 24250 थी। स्कूलों के भवन कच्चे और स्वयं अध्यापकों द्वारा निर्मित थे। अपने उद्देश्यों की पूर्ति के लिए अध्यापक बहुधा आर्थिक सहयोग के लिए लोगों से याचना करते थे। शिक्षा की ऐसी मृतप्राय व्यवस्था के बावजूद सन् 1780 तक किसी भी भारतीय का ध्यान शिक्षा की किसी उपयुक्त व्यवस्था की ओर नहीं गया था। प्रथम बार कलकत्ता के मुसलमानों का एक शिष्ट मंडल वारेन हैस्टिंग्स से मिला और उसके व्यक्तिगत सहयोग के आश्वासन पर मुसलमानों ने सन् 1781 में कलकत्ता मदरसा की स्थापना की। उसके एक दशक बाद सन् 1791 में बनारस राज्य के अंग्रेज रेजिडेंट जोनाथन डंकन ने उसी के अनुकरण पर बनारस में 'संस्कृत कॉलेज' की स्थापना की किन्तु इन व्यक्तिगत प्रयत्नों के बावजूद भी भारतीयों ने जन-शिक्षा की व्यवस्था की ओर सरकार का ध्यान आकर्षित नहीं किया।

यदि किसी ने इस दिशा में पहल की भी, तो वह व्यक्ति एक अंग्रेज ही था। उसका नाम था चार्ल्स ग्रांट, जिसने भारत में कम्पनी की सरकार की सेवा से निवृत्त होने के बाद सन् 1792 में 'ग्रेट ब्रिटेन की एशियाई प्रजा की स्थिति' पर अपना एक सर्वेक्षण प्रस्तुत किया और अपने निष्कर्ष में लिखा कि 'अंधकार का सच्चा निदान प्रकाश का उपयोग है। हिन्दू भूल करते हैं क्योंकि अबोध हैं।"[17] इंग्लैण्ड जाकर उन्होंने सांसद विलबर फोर्स द्वारा सन् 1793 में वहाँ की संसद में यह प्रस्ताव प्रस्तुत करवाया कि "ब्रिटिश भारतीय उपनिवेश के लोगों के लाभ और सुख के लिए

उपर्युक्त एवं विवेकपूर्ण ढंग से सभी साधनों का उपयोग करना ब्रिटिश विधायिका का मूलबद्ध कर्तव्य है। उनके उपयोगी ज्ञान तथा धार्मिक और नैतिक विकास के लिए आवश्यकतानुकूल साधनों का उपयोग किया जाना चाहिए।"[18] यह प्रथम अवसर था जब ब्रिटिश विधायिका में भारतीय बालकों की शिक्षा का प्रश्न उठाया गया, किन्तु रैंडल जैक्सन के इस कथन पर बहस रुक गई कि "हमें भारत में भी ऐसा करने की आवश्यकता नहीं है।"[19] इस प्रकार प्रस्ताव के औचित्य पर कोई ठोस निर्णय नहीं हुआ, किन्तु बाद में सांसदों पर इसकी अनुकूल प्रतिक्रिया होती रही। यही कारण है कि सन् 1813 के आज्ञापत्र में 43वीं धारा जोड़कर कम्पनी की सरकार को भारतीय बालकों की शिक्षा पर प्रति वर्ष कम से कम एक लाख रुपया खर्च करने का निर्देश दिया गया। 3 जून, 1814 के अपने शिक्षा-डिस्पैच में कोर्ट के डाइरेक्टरों ने उक्त रकम को भारतीय शिक्षा-व्यवस्था पर खर्च करने की अनुमति प्रदान की।20 किन्तु बर्मा-युद्ध के कारण सरकार ने लगभग 9 वर्ष तक इस दिशा में कोई कदम नहीं उठाया। युद्ध की ओर से निश्चिंत होने के बाद सन् 1823 में गवर्नर जनरल लार्ड हैस्टिंग्स ने उक्त निर्देश के कार्य रूप में परिणत करने के उद्देश्य से 'जनरल कमेटी ऑफ पब्लिक इंस्ट्रक्शन' का गठन किया, किन्तु कुछ ही काल बाद 'प्राच्य पद्धति' और 'पाश्चात्य-पद्धति' के प्रश्न पर कमेटी के सदस्य गुटों में विभक्त हो गए फलतः कोई ठोस निर्णय न हो सका। विवाद चलता रहा। उस समय तक राजा राममोहन राय ने नवजागरण अभियान के क्रम में भली-भाँति अनुभव कर लिया था कि हिन्दुओं की शताब्दियों से विकसित जड़ता को तोड़ने का काम प्राच्य (भारतीय) पद्धति नहीं, तर्क और विज्ञान से युक्त पाश्चात्य पद्धति ही कर सकती है। संस्कृत भाषा अथवा शिक्षा पद्धति देश को सदा के लिए अंधकार में डालने वाली ही सिद्ध[21] हो सकती थी। इसलिए उन्होंने पाश्चात्य प्रणाली को शीघ्र अतिशीघ्र लागू करने की जोरदार मांग की। अभी उस समय तक कितने ही अंग्रेज़ भारत में किसी भी प्रकार की शिक्षा देने की प्रक्रिया का जमकर विरोध कर रहे थे। सन् 1831 में मेजर जनरल एस.स्मिथ ने चेतावनी देते हुए लिखा था कि "शिक्षा का परिणाम यह होगा कि वे सब साम्प्रदायिक और धार्मिक पक्षपात जिनके द्वारा हमने अब तक मुल्क को वश में रखा है और हिन्दू-मुसलमान दोनों को लड़ाए रखा है इत्यादि, दूर हो जाएँगे और उन्हें अपनी शक्ति का पता लग जाएगा।"22 फिर भी, लार्ड मैकाले ने पाश्चात्य पद्धति और अंग्रेजी माध्यम की शिक्षा-व्यवस्था का सुझाव दिया और गवर्नर जनरल लार्ड विलियम बेंटिक ने सन् 1835 में उसकी योजना को स्वीकार कर उस विवाद का अंत कर दिया। तत्काल ही उस योजना को कार्य रूप में परिणत करने का अभियान भी सरकार ने शुरू कर दिया। स्पष्टतः यह सब करने का अंग्रेजों का मुख्य उद्देश्य भारत में कम्पनी का स्थायी व्यापारिक और इससे भी अधिक राजनीतिक हित-साधन करना था। इस दृष्टि से उन्हें व्यापक लाभ हुआ किन्तु हिन्दुओं की

व्याप्त जड़ता को तोड़ने, नवजागरण अभियान को प्रभावी बनाने और भारतीयों में धीरे-धीरे ही सही, स्वतन्त्र होने की उत्कट लालसा उत्पन्न करने में अंग्रेजों की इस शिक्षा व्यवस्था की भूमिका कम महत्वपूर्ण नहीं थी।

नारी शिक्षा के क्षेत्र में अंग्रेजों की भूमिका सहयोगी की ही नहीं, अग्रणी की थी। उन्होंने ही भारत में स्त्री-शिक्षा के बंद द्वार को अर्गलामुक्त किया। प्रसिद्ध इतिहासकार सर यदुनाथ सरकार ने लिखा है कि "कोई भी ईमानदार व्यक्ति इस तथ्य से इंकार नहीं कर सकता कि महारानी विक्टोरिया के राज्यारोहण काल (सन् 1837) तक बंगाली हिन्दुओं में यह धारणा घर कर गई थी कि जो स्त्री पढ़ना-लिखना आरम्भ करती है, वह विधवा, वेश्या अथवा भिखारिन होने को अभिशप्त है"।[23] निश्चय ही इस धारणा के कारण स्त्री-शिक्षा की कल्पना तक करना असम्भव था, किन्तु यह जानने के बावजूद कुछ अंग्रेज महिलाओं ने सन 1819 में 'फीमेल जुवेनाइल सोसाइटी' की और सन् 1824 में 'लेडीज सोसाइटी' की स्थापना कर लड़कियों की शिक्षा के लिए कलकत्ता में स्कूलों को खोलने और उनके संचालन का क्रम आरम्भ कर दिया। इन कार्यों में जिन महिलाओं की व्यापक भूमिका थी, उनमें मिसेज लासन, मिसेज पीमर्स और मिसेज बिल्सन के नाम विशेष उल्लेखनीय हैं। कालांतर में 'ब्रह्म-समाज' के मोती लाल सील, राम गोपाल घोष, राज किसन मुखर्जी, ईश्वरचन्द्र विद्यासागर, मधुसूदन दत्त, भूदेव मुखर्जी प्रभृत-व्यक्तियों ने भी स्त्री-शिक्षा के क्षेत्र में महत्वपूर्ण कार्य किया। अप्रैल, 1848 में ड्रिंक वाटर बेथुन गवर्नर जनरल के कानूनी सलाहकार नियुक्त होकर कलकत्ता आए। वे 'कौंसिल ऑफ एजुकेशन' के अध्यक्ष के रूप में भी कार्य करने लगे। वे स्त्री-शिक्षा के प्रबल पक्षधर थे। उन्होंने स्त्री शिक्षा के प्रचार-प्रसार की दृष्टि से कार्य करना आरम्भ कर दिया। कौंसिल के मान्य सदस्य दक्षिणा रंजन मुखर्जी के सहयोग से बेथुन साहब ने अपनी निजी पूँजी लगाकर कलकत्ता में लड़कियों की शिक्षा के लिए एक स्कूल स्थापित किया। कालांतर में वही स्कूल 'बेथुन स्कूल' के नाम से प्रसिद्ध हुआ। ड्रिंक वाटर बेथुन नारी-शिक्षा की उपेक्षा को पुरुषों की सबसे बड़ी भूल मानते थे। इसीलिए, वे अपने कार्य-काल में लड़कियों की शिक्षा के लिए अधिक से अधिक स्कूल खोलने का उपक्रम करते रहे। उनके ऐसे प्रयत्नों की देखादेखी कलकत्ता और उसके आस-पास के क्षेत्रों में लड़कियों की शिक्षा के लिए और भी अनेक स्कूल खुले।

नवजागरण अभियान का एक प्रमुख मुद्दा हिन्दुओं में प्रचारित सती-प्रथा का उन्मूलन था। राजा राममोहन राय ने अपना जागरण अभियान सन् 1816 में आरम्भ किया। कितने ही अंग्रेजों का ध्यान इस प्रथा के औचित्य पर विचार करने की ओर सन् 1800 के भी पूर्व आकर्षित हो गया था। उनकी समझ में नहीं आ रहा था कि पुरुष के मरने के बाद उसकी धधकती चिता पर उसकी पत्नी को उसकी अनिच्छा के बावजूद क्यों झोंक दिया जाता है। जब विधुर के पुनर्विवाह की व्यवस्था है, तो

विधवा के पुनर्विवाह की व्यवस्था क्यों नहीं की जाती? अंग्रेजों की इस मानसिकता का अनुमान मात्र इतने से भी किया जा सकता है कि सन् 1800 में कलकत्ता में स्थापित फोर्ट विलियम कॉलेज में हिन्दुस्तानी विभाग द्वारा 29 मार्च, 1803 को आयोजित निबंध प्रतियोगिता का विषय ही रखा गया था 'सती होने की रीति हिन्दुओं में भलमनसी और सभ्यता के चलन के बाहर है।' उस प्रतियोगिता में पुरस्कृत विलियम चैपलिन का निबंध 'प्रिमिसिये ओरिएँटल्स' 24 जिल्द 2 के पृष्ठ 51-52 पर प्रकाशित है। उसके बाद भी सती प्रथा की क्रूरता अंग्रेजों को इस पर सोचने और हिन्दुओं के प्रति अपना दृष्टिकोण बनाने को प्रेरित करती रहती थी। इसका परिचय उस धारावाहिक निबंध से मिलता है, जिसका प्रकाशन श्रीरामपुर मिशन के जे.सी.मार्शमैन ने अपने पत्र 'द फ्रेंड ऑफ इण्डिया' के सन् 1819 के अंकों में किया था। लेखक ने उस निबंध में सती प्रथा के अनौचित्य और उस प्रक्रिया में निहित क्रूरता और अमानुषिकता पर प्रभावी ढंग से प्रकाश डालते हुए, अपने को धर्म-प्राण कहने वाले हिन्दुओं के 'आदमी' होने में भी आशंका व्यक्त की थी। इससे स्पष्ट है कि अंग्रेज स्वतः सती-प्रथा के घोर विरोधी और उसके उन्मूलन के प्रबल आकांक्षी थे। इसीलिए, राजा राममोहन राय और उनके ब्रह्म-समाज को अंग्रेजों के सती-प्रथा से सम्बन्धित किसी भी प्रकार के विरोध का सामना नहीं करना पड़ा। उल्टे, अपने इस अभियान में उन्हें अंग्रेजों का जमकर समर्थन और सहयोग ही मिला। तत्कालीन गवर्नर-जनरल लार्ड विलियम बैंटिक भी अंग्रेज ही था, जिसने कानून बनाकर सन 1835 में उस अमानुषिक सती-प्रथा को सदा के लिए समाप्त कर दिया।

अंधविश्वासों और उनसे उत्पन्न रूढ़ियों, कुरीतियों, विकृतियों और कुप्रथाओं से मुक्ति के लिए व्यापक ज्ञान, तर्क-संगत चिंतन और तदनरूप आचरण की आवश्यकता थी। अंग्रेजों ने इस आवश्यकता की पूर्ति में उल्लेखनीय योगदान किया। सन् 1783 में भारत के सर्वोच्च न्यायालय में मुख्य-न्यायाधीश नियुक्त होकर कलकत्ता आने वाले सर विलियम जोंस ने सन् 1784 में 'एशियाटिक सोसाइटी' की स्थापना की और उसमें प्राच्य ज्ञान-विज्ञान, कला और इतिहास आदि के अध्ययन की व्यापक व्यवस्था की। वे जब तक कलकत्ता में थे, इस संस्था के अधिकतम विकास में सक्रिय सहयोग करते रहे। पाश्चात्य शिक्षा-पद्धति को तर्कसंगत विचार उत्पन्न करने की क्षमता से सम्पन्न जानकर ही राजा राममोहन राय ने अपने नवजागरण अभियान के क्रम में उसे तत्काल लागू करने की मांग की। सरकार ने भी अपने ही लाभ की दृष्टि से सही, उस पद्धति को अंततः सन 1835 में लागू कर दिया। स्वतन्त्र चिंतन में तरुणों को समर्थ बनाने का कार्य उन्नीसवीं शती के तीसरे दशक के मध्य तक अव्यवस्थित था। योरोपीय दम्पति से कलकत्ता में उत्पन्न डेरोजियो ने यह कार्य सन् 1825 में कलकत्ता के 'हिन्दू कॉलेज' में प्राध्यापक नियुक्त होने के साथ ही आरम्भ कर दिया। अपने शिष्यों को स्वतन्त्र चिंतन में

समर्थ बनाने के उद्देश्य से उसने कॉलेज में भाषण और वाद-विवाद प्रतियोगिताओं का आयोजन करना शुरू कर दिया। इससे कॉलेज के छात्रों पर उसका प्रभाव बढ़ने लगा। कॉलेज के अधिकारियों ने उसके इस तरह के कार्यों को सरकार के लिए खतरनाक जानकर रोकने का उपक्रम किया। कॉलेज में होने वाले ऐसे आयोजनों पर प्रतिबंध लगा दिया गया और भविष्य में ऐसा न करने की चेतावनी भी दे दी गई तब भी डेरोजियो अपने लक्ष्य से विचलित नहीं हुआ। अब वह कालेज से बाहर ऐसे आयोजनों की व्यवस्था करने लगा। कॉलेज के अधिकारियों की बार-बार की चेतावनी भी जब उसे नियंत्रित न कर सकी, तब उन्होंने सन् 1831 में उसे कॉलेज से निकाल दिया। उसके थोड़े ही दिन बाद, हैजा के प्रकोप ने उसके जीवन का अंत कर दिया, किन्तु उसके निधन के बाद भी 'यंग बंगाल' के सदस्य यानी उसके अनुयायी छात्र प्रेस की स्वतन्त्रता, ब्रिटिश उपनिवेशों में भारतीय श्रमिकों के साथ सुन्दर व्यवहार, जमींदारों के शोषण से किसानों की रक्षा और सरकारी नौकरियों में उंच्च पदों पर भारतीयों की भी नियुक्ति आदि के लिए जोरदार आन्दोलन करते रहे। इसकी प्रतिक्रिया में सन् 1831 में सदर अमीन, सन् 1833 में डिप्टी कलक्टर और सन् 1843 में मजिस्ट्रेट का पद प्राप्त करने का अधिकार भारतीयों को मिल गया।

यह सर्वविदित है कि भारत और भारतीयता से सर्वथा अपरिचित कम्पनी के अंग्रेजों का प्रथम जलपोत 'हैक्टर' 1608 में सूरत पहुँचा था। आते ही टाम कारवेट ने कम्पनी के हितसाधन की दृष्टि से यहाँ के लोगों की भाषा सीखनी शुरू की और सन् 1616 तक इंदोस्तानी (हिन्दुस्तानी) भाषा पर अधिकार प्राप्त कर लिया।[25] 1623-24 में टेरी नामक स्वतंत्र विद्वान ने भारत का भ्रमण कर 'ए व्यायेज टू ईस्ट इंण्डिया' नाम की पुस्तक लिखी। सन् 1630 में किसी अज्ञात विद्वान ने सूरत की फैक्टरी के अंग्रेजों के उपयोग के लिए हिन्दुस्तानी, फारसी, पुर्तगाली और अंग्रेजी का एक चतुर्भाषी शब्दकोश प्रस्तुत किया। सन् 1673 में ओजिलवी और फ्रायर की भी एक-एक पुस्तक का प्रकाशन हुआ। सन् 1698 में केटेंलेयर ने हिन्दुस्तानी ग्रामर की रचना की। सन् 1713 में चेंबरलेन ने 'ईसा मसीह की प्रार्थना' नाम से एक संग्रह प्रकाशित किया और उसमें उन प्रार्थनाओं का हिन्दुस्तानी अनुवाद भी दे दिया।[26] उसके बाद सन् 1772 में हैडले का मूर भाषा (अशिष्टों की भाषा यानी हिन्दुस्तानी) का व्याकरण, सन् 1778 में 'ग्रामेटिका इंदोस्तानिका' (हिन्दुस्तानी व्याकरण), सन् 1785 में कर्क पैट्रिक के 'ए वोकेबुलरी परसियन, अरेबिक...' सन् 1787 और 1797 के मध्य डॉ. गिलक्राइस्ट के 'इंगलिश-हिन्दुस्तानी शब्दकोश' (दो भाग) और 'हिन्दुस्तानी व्याकरण', सन् 1808 में विलियम हंटर के 'हिन्दुस्तानी-इंगलिश शब्दकोश', सन् 1813 में जान शेक्सपियर के 'ए ग्रामर ऑफ द हिन्दुस्तानी-लैंग्वेज' और सन् 1817 में विलियम हूमर के 'यवन भाषा का व्याकरण' का प्रकाशन हुआ।[27]

इस अवधि के समस्त रचनाकारों में डॉ. गिलक्राइस्ट[28] का महत्व सबसे

अधिक है। वे कम्पनी की सरकार में सन् 1783 में सहायक सर्जन के पद पर नियुक्त होकर कलकत्ता आए। कुछ काल काम करने के उपरान्त कम्पनी की सरकार के व्यापक हित की दृष्टि से अपनी नौकरी से अवकाश लेकर देशी परिधान में वे उन क्षेत्रों में गए, जिनमें हिन्दुस्तानी भाषा के शुद्ध रूप में बोले और लिखे जाने का अनुमान था। गाजीपुर में कुछ काल रहकर, उन्होंने हिन्दुस्तानी भाषा सीखी और उसका अध्ययन किया। साथ ही उन्होंने फारसी और अरबी भी पढ़ी। 'इंगलिश-हिन्दुस्तानी शब्दकोश' तथा 'हिन्दुस्तानी व्याकरण' लिखने के बाद सन् 1797 में कलकत्ता में 'ओरियेंटल सेमिनरी' की स्थापना कर उस में अंग्रेज सिविल सेवकों को पढ़ाना आरम्भ किया। उनकी इस व्यवस्था से प्रभावित होकर ही गवर्नर जनरल लार्ड वेलेजली ने सन् 1800 में कलकत्ता में फोर्ट विलियम कॉलेज की स्थापना कर उन्हें हिन्दुस्तानी विभाग का प्राध्यापक/अध्यक्ष नियुक्त किया। कॉलेज खुलते ही उन्होंने अपने विभाग के पाठ्यक्रम के लिए पाठ्य-पुस्तकों की आवश्यकता का अनुभव किया और उस आवश्यकता की पूर्ति के लिए लल्लू लाल को निर्देश दिया, जिसके अनुसार लल्लू लाल ने कॉलेज के ही 'विला' और 'जवा' के सहयोग से सन् 1801 में 'सिंहासन बत्तीसी' 'बैताल पचीसी', 'शकुन्तला नाटक' और 'माधोनल' की रचना की। उसी साल कॉलेज के दूसरे भाषा पण्डित सदल मिश्र ने खड़ी बोली हिन्दी में 'नासिकेतोपाख्यान' (चंद्रावती) का प्रणयन किया। कॉलेज के पाठ्यक्रम में लल्लू लाल जी की पुस्तकें रखी गईं। कॉलेज छोड़ने के बाद डॉ. गिलक्राइस्ट इंग्लैण्ड गए। सन् 1805 में हेल्लेबरी में स्थापित 'ईस्ट इण्डिया कॉलेज' में भी उन्हीं को प्राध्यापक अध्यक्ष बनाया गया। फलतः फोर्ट-विलियम कॉलेज का पाठ्यक्रम ही वहाँ के भी हिन्दुस्तानी विभाग का पाठ्यक्रम बना। उनके प्रयास से हिन्दुस्तानी भाषा की पढ़ाई इंग्लैण्ड में भी होने लगी।

डॉ. ग्रिलक्राइस्ट के बाद भी अंग्रेजों के प्रयत्न जारी रहे। तथ्यों से विदित है कि अपने अथवा कम्पनी के ही हित से सही, भारत और भारतीयता की खोज में सक्रिय एवं समर्पित अंग्रेज विद्वानों के प्रयास नवजागरण अभियान के संचालकों और उनके अनुयायियों को निरन्तर प्रेरणा देते रहे। उनकी मौलिक-अनूदित कृतियों तथा उनके निर्देशन में प्रकाशित सामग्रियों से हिन्दी और बंगला के गद्य-साहित्य को विकास के आरम्भिक चरण में ही ठोस आधार और पर्याप्त समृद्ध भण्डार मिल गया।

संदर्भ

1. अष्टादश पुराणेशु व्यासस्य वचन द्वयम्, परोपकाराय पुण्याय पापाय परपीड़ानम्,
2. श्रीमद् ए.सी. वेदान्त स्वामी, श्रीमद् भागवद् गीता यथारूप, अंतदर्शन, पृ.15-16
3. गोस्वामी तुलसीदास, रामचरित मानस, उत्तर काण्ड, दोहा सं.-40 के बाद, चौपाई सं।
4. जी.एम.मोरेस, हिस्ट्री ऑफ क्रिश्चियेनिटी इन इण्डिया

5. डॉ. शारदा देवी वेदालंकार, डेवलपमेंट ऑफ हिन्दी प्रोज लिटरेचर, पृष्ठ 82
6. जॉन क्लार्क मार्शमेन, हिस्ट्री ऑफ द श्रीरामपुर मिशन, जिल्द 2 (1859), पृष्ठ 238
7. समाचार पत्रों का इतिहास, पृष्ठ 8-9
8. वही, पृष्ठ 9
9. डॉ. शारदा देवी वेदालंकार, डेवलपमेंट ऑफ हिन्दी प्रोज लिटरेचर, पृष्ठ-85
10. वही, पृष्ठ 128-132
11. समाचार पत्रों का इतिहास, पृष्ठ 29-31
12. विलियम कैरे, द गुड ओल्ड डेज ऑफ आनरेबुल जाज कम्पनी, पृष्ठ-III
13. एच.डी.सेण्डमैन, सलेक्शन फ्राम कलकत्ता गजट (1816-1823), पृष्ठ 40-41
14. डॉ. शारदा देवी वेदालंकार, डेवलपमेंट ऑफ हिन्दी प्रोज लिटरेचर, पृष्ठ-169-70
15. एच.डी.सैंडमैन, सलेक्शन्स फ्राम कलकत्ता गजट (1816-1823), पृ. 98-103
16. जॉन विलियम काये, द लाइफ एँड करेस्पांडेस आफ-चार्ल्स सर मेटकाफ, जिल्द 2, पृष्ठ-272
17. एन.एन.मुखर्जी, हिस्ट्री ऑफ एजुकेशन इन इण्डिया (माडर्न पिरियेड), पृ. 28
18. वही, पृष्ठ 28
19. वही, पृष्ठ 28
20. सुन्दरलाल, भारत में अंग्रेजी राज्य (दूसरा खण्ड) पृष्ठ 1124
21. डॉ. आनन्द प्रकाश व्यास, भारत में अंग्रेजी शिक्षा, पृष्ठ 54
22. सुन्दरलाल, भारत में अंग्रेजी राज्य (दूसरा खण्ड), पृष्ठ 1138
23. जोगेश चंद्र बगल, वुमेन्स एजुकेशन इन इस्टर्न इण्डिया (1956), भूमिका
24. प्रिमिसिये ओरियेंटल्स, जिल्द 2, श्रीरामपुर कॉलेज की कैरे लाईब्रेरी में उपलब्ध
25. यूल एँड बर्नेल, हाब्सन जाब्सन, पृष्ठ 417
26. डॉ. ग्रियर्सन-लिंग्विस्टिक सर्वे आफ इंडिया, जिल्द 9, भाग-1, पृष्ठ 6
27. डॉ. शिवमंगल राय, ईस्ट इण्डिया कम्पनी की हिन्दी नीति, अध्याय 3
28. डॉ. शारदा देवी वेदालंकार, डेवलपमेंट ऑफ हिन्दी प्रोज लिटरेचर, अध्याय 2

नवजागरण और कलकत्ते की हिन्दी पत्रकारिता

डॉ० कृष्ण बिहारी मिश्र

हिन्दी भाषी समाज की सक्रिय हित-चिंता ही हिन्दी पत्रकारिता की आदि प्रतिज्ञा है। 'उदन्त मार्त्तण्ड' के प्रकाशन की विज्ञप्त प्रेरणा हिन्दी समाज के बहुमुखी अभ्युत्थान की चिंता रही है। पत्रकारिता के पुराने पन्ने प्रमाण हैं कि न केवल आदि पर्व के कृति पत्रकार, बल्कि आजादी की लड़ाई में अपने विद्याकौशल से सक्रिय भाग लेने वाले अधिकांश पत्रकार अपने आदि पुरुष पं. युगल किशोर शुक्ल की जातीय अभीप्सा के प्रति सचेत थे और देश के दुर्भाग्य मोचन के लिए बड़ी से बड़ी चुनौती और कड़ी से कड़ी यातना का मुकाबला करने की सहज प्रेरणा से स्फूर्त थे। तब पत्रकारिता समर्थ पंथा थी साम्राज्यशाही शक्ति से जूझने की। और उस विद्या को अपनी साधना-सरणि के रूप में वरण करना स्वेच्छया कठोर चुनौती-वाहिनी से मुठभेड़ करना था। स्पष्ट है कि उस आग्नेय धर्म से केवल वही जुड़ने का साहस कर सकता था जिसकी निष्ठा का शीर्ष बिन्दु देश के स्वार्थ से जुड़ा हो और जातीय अस्मिता के उद्धार-उन्नयन के लिए जो आत्मःबलिदान करने को प्रस्तुत हो। हिन्दी पत्रकारों की पुरानी पीढ़ी का संस्कार इसी कोटि का था।

कलकत्ते से तेजस्वी हिन्दी पत्रकार सारसुधानिधि-सम्पादक पं. सदानन्द मिश्र पुनर्जागरण की आबोहवा को अपने पत्र के माध्यम से बहुविधा समृद्ध करने में पूरी शक्तिमत्ता के साथ क्रियाशील थे। उनकी युयुत्सु-मुद्रा परवर्ती काल में भारत मित्र-सम्पादक बाबू बालमुकुन्द गुप्त की लिखावटों में दिखाई पड़ी। देशवासियों को स्वत्व-सचेत करते पं. सदानन्द मिश्र ने लिखा था, "भारत के दुर्भाग्य को अपना दुर्भाग्य और भारत के सौभाग्य को अपना सौभाग्य समझो। नहीं तो भारत का दुर्भाग्य कदापि दूर नहीं होयगा।" (सारसुधानिधि, वर्ष 2, अंक 25)। इसी जातीय बोध से अनुप्राणित था पुरानी पीढ़ी के पत्रकारों का मानस और देश प्रीति की प्रेरणा-अभिव्यक्ति की समर्थ विधा थी पत्रकारिता। पत्रकारिता की क्षमता से केवल पत्रकार ही परिचित नहीं थे, उसकी विप्लवी शक्ति से साम्राज्यशाही शासनतंत्र भी आतंकित था। इसलिए सरकार पत्रों की आजादी और उदग्रता को प्रतिबंधित-नियंत्रित करने के

लिए सदैव सचेत-सक्रिय रहती थी। और उस काल के कलकत्ते के हिन्दी पत्रकार साम्राज्यशाही चुनौती से सीधे पंजा लड़ाने के चारित्रिक बल से समृद्ध थे। अपने समानधर्मा पत्रकारों के मनोबल को पुष्ट बनाए रखने की चिंता-चेतना भी उनमें भरपूर थी। वे पूरी तरह जागरूक थे इस मुद्दे पर कि प्रत्यूह वाहिनी के आतंक से पत्रकार अपनी महत् भूमिका से स्खलित न हो जाए।

'उचित वक्ता'—सम्पादक पं दुर्गा प्रसाद मिश्र ने 12 मई, 1883 को देशी पत्रकारों को सम्बोधित किया था, "देशी सम्पादकों सावधान!! कहीं जेल का नाम सुनकर कर्तव्य विमूढ़ मत हो जाना, यदि धर्म की रक्षा करते हुए, यदि गवर्नमेंट को सत्यपरामर्श देते हुए जेल जाना पड़े तो क्या चिंता है, इससे मानहानि नहीं होती है। हाकिमों के जिन अन्याय आचरणों से गवर्नमेंट पर सर्वसाधारण की अश्रद्धा हो सकती है उनका यथार्थ प्रतिवाद करने में जेल तो क्या द्वीपांतरित भी होना पड़े तो क्या बड़ी बात है?" वही प्रेरणा उन्हें कर्तव्य-सुमुख किए रहती थी। यद्यपि उनकी यात्रा हर प्रकार की प्रतिकूलता से घिरी थी। सर्वाधिक पीड़क थी उस हिन्दी भाषी समाज की उदासीनता जिसे हर दृष्टि से आलोकित करने के उद्देश्य से ही उनकी साधना सक्रिय हुई थी। हिन्दी भाषी समाज की उत्साहीनता और असहयोग से व्यथित होकर 'सारसुधानिधि'—सम्पादक ने 5 जनवरी, 1880 के अंक में लिखा था, "जैसी अवस्था हिन्दी भाषा की है, इस पर ऐसी आशा नहीं होती कि लोग शौक से हिन्दी भाषा के अनुरागी होकर हिन्दी पत्रों की सहायता की दृष्टि से लिया करें और यथासमय दाम दिया करें कि जिसमें पत्र सम्पादकों को केवल देशोपकार की चिंता के दूसरी चिंता न रहे।... देशवासियों को समाचार पत्र का प्रयोजन, उसका उद्देश्य और उपयोगिता हृदयंगम नहीं हुई है।" 'प्रजा के प्रतिनिधि स्वरूप' समाचार पत्र (भारत मित्र, 17 मई, 1878 ई.) की महत्ता और अपने गुरुतर जातीय दायित्व का सम्यक बोध कराने के लिए कलकत्ते के पत्रकारों ने अपने पत्रों में बार-बार प्रखर टिप्पणियाँ लिखीं, मगर हिन्दी समाज की सघन तामस अपने जागरूक रहनुमा के महत्ता-बोध में बाधक था, अन्यथा कलकत्ते के तेजस्वी पत्रकार भारत मित्र सम्पादक पं. रुद्रदत्त शर्मा को अभाव-आंच में झुलसकर मृत्युवरण के लिए निरुपाय न होना पड़ता; 'हिन्दी बंगवासी'—सम्पादक पं. अमृतलाल चक्रवर्ती को न्यूनतम गार्हस्थिक जिम्मेदारी पूरी करने में असमर्थ होने के कारण चरम अपमान न झेलना पड़ता, उस काल के विशिष्ट बुद्धिजीवी होते हुए सड़क पर साग बेचने को विवश न होना पड़ता, कारावास की यातना न झेलनी पड़ती। इस पीड़क ऐतिहासिक तथ्य के साथ स्मरणीय है उनकी साधना-महत्ता कि अपने-अपने माध्यम से वे वही भूमिका अदा कर रहे थे जिस जातीय भूमिका के लिए लोकमान्य तिलक, विपिनचन्द्र पाल, श्री अरविन्द, कस्तूरी रंगा आयंगर और संध्या-सम्पादक पं. ब्रह्मवांधव उपाध्याय अपने समाज में सम्मानित थे; देवता की तरह पूजे जाते थे।

हिन्दी भाषी समाज में राष्ट्रवाद की चेतना दूसरे समाज की तुलना में दुर्बल नहीं थी, मगर आधुनिक विद्या-संस्कार अपेक्षित मात्रा में विकसित नहीं था। परिणामतः हिन्दी पत्रकारों का संघर्ष औरों की अपेक्षा विकट था। प्रशासन की बाधा से सबकी मुठभेड़ थी। ये दुहरी बाधाएँ हिन्दी पत्रकारिता के आदि बिन्दु के साथ ही राहु-केतु के रूप में जुड़ गयी थीं। 'उदन्त मार्त्तण्ड' की अन्तिम सम्पादकीय टिप्पणी में इन प्रत्यूहों की खुली चर्चा है। 'उचित वक्ता' के 23 दिसम्बर, 1882 के अंक में सम्पादक समाज की आवश्यकता' पर विचार करते हुए पं. दुर्गा प्रसाद मिश्र ने लिखा था, "हम भारतीय पत्र-सम्पादकों की जैसी हीन और मलीन दशा है वह किसी से अविदित नहीं है। ये लोग सदा अपने देश की भलाई के लिए उद्यत रहते हैं उसी से सदैव गवर्नमेंट के समीप राजभक्ति विहीन अधम गिने जाते हैं क्षुद्र हाकिमों से लगाकर उच्चतर विचारपतियों तक का इन पर आक्रोश बना रहता है। ये लोग क्षुद्र हाकिमों के गुप्त रहस्य प्रकट करने के कारण अधिकांश हजूरों के चक्षुःशूल हो जाते हैं और औसर पाने पर इनको हजूर लोग भी भलीभांति धर चपेटते हैं।" स्पष्ट है कि अंग्रेजी सरकार की दमन नीति और हिन्दी भाषी समाज की असहयोग भावना से जूझते कलकत्ते के पुराने पत्रकारों ने अपनी भूमिका पूरी की। इस प्रकार अपनी कठोर तपस्या द्वारा उस चेतना को पुष्ट किया जो साम्राज्यशाही शिकंजे से भारत को मुक्त करने का कारण बनी।

पुनर्जागरण की सम्वेदना को बंगला उपन्यासकार बंकिम चंद्र चटर्जी ने 'वन्दे मातरम्' गीत में व्यक्त किया, जिसका देश के मानस पर गहरा असर पड़ा। उस चेतना को श्री अरविन्द ने अपनी पत्नी के नाम लिखे पत्र में स्पष्ट किया, "अन्य लोग स्वदेश को एक जड़ पदार्थ, कुछ मैदान, खेत, वन, पर्वत, नदी भर समझते हैं, मैं स्वदेश को माँ मानता हूँ। उसकी छाती पर बैठकर यदि कोई राक्षस रक्तपान करने के लिए उद्यत हो तो लड़का क्या करता है? निश्चिंत होकर भोजन करने, स्त्री-पुत्र के साथ आमोद-प्रमोद करने के लिए बैठ जाता है या माँ का उद्धार करने के लिए दौड़ पड़ता है? मैं जानता हूँ कि इस पतित जाति का उद्धार करने का बल मेरे अन्दर है, शारीरिक बल नहीं, तलवार या बन्दूक लेकर मैं युद्ध करने नहीं जा रहा हूँ, ज्ञान का बल है। क्षात्र तेज एकमात्र तेज नहीं है, ब्रह्म तेज भी है, वह तेज ज्ञान के ऊपर प्रतिष्ठित है।" भारतीय आजादी की लड़ाई इसी ज्ञान भित्तिक ब्रह्म तेज के बल पर लड़ी गयी। भारतीय और हिन्दी पत्रकारिता इसी ब्रह्म तेज से स्फूर्त थी। और इतिहास प्रमाण है कि अखबार ने तोप को पराजित किया। आजादी की लड़ाई का प्रमाणिक इतिहास पत्रकारिता के पुराने पन्नों पर मुखर है। उसे नजरअन्दाज कर तवारीख की प्रमाणिक इबारत नहीं तैयार की जा सकती।

हिन्दी पत्रकारिता के द्वितीय चरण के प्रमुख पत्र हैं 'भारत मित्र- (1878), 'सारसुधानिधि' (1879) और 'उचित वक्ता' (1880) जिनका प्रकाशन हिन्दी

पत्रकारिता की जन्मभूमि कलकत्ते से हुआ था। ये राष्ट्रीय अभीप्सा के प्रवक्ता पत्र थे, जो साम्राज्यशाही औद्धत्य के प्रतिरोध में क्रियाशील थे और जिनकी उदग्र चेतना पूरे हिन्दी जगत को प्रभावित करती थी। ये हिन्दी पत्र उस युग की प्रगतिशील राजनीतिक चेतना के प्रतिनिधि पत्र थे।

पुनर्जागरण के नायकों का यद्यपि व्यावहारिक राजनीति से प्रत्यक्ष सरोकार नहीं था, किन्तु मनुष्य की महत्ता और मानुष सत्य को कुण्ठित करने वाली राजनीति का प्रतिरोध उनके सांस्कृतिक आयोजन का एक प्रधान और प्रच्छन्न लक्ष्य था। इतना ही नहीं, राजनीति की साम्राज्यशाही मुद्रा पर उन महापुरुषों ने खुली टिप्पणी की है। जातीय अस्मिता के प्रति सचेत और सुमुख करने की कृति भूमिका पुनर्जागरण की विशिष्ट उपलब्धि है। साम्राज्यशाही अभिशाप से आक्रान्त भारत की म्लान हो रही जातीय पहिचान की गहरी पीड़ा उनके प्रज्ञा-लोक को मथ रही थी। महर्षि दयानन्द सरस्वती ने खुली भाषा में कहा था कि विदेशी सरकार चाहे जितनी भी अच्छी क्यों न हो, स्वदेश शासन से बुरी होती है। और खुले भी और प्रखर तेवर में अंग्रेजों के प्रति सहानुभूति रखनेवाले ब्रह्मानन्द केशव चन्द्र सेन ने अंग्रेजी सरकार के कुशासन से पीड़ित भारतीय किसानों के दैन्य से उन्मथित होकर इंग्लैण्ड की एक सभा में विलायती साम्राज्यवाद को ललकारते हुए कहा था, "तुम मैनचेस्टर के लाभ के लिए और यहाँ (इंग्लैण्ड) की किसी जाति की समृद्धि के लिए भारत को अधिकृत नहीं रख सकते, और न तो उन व्यापारियों के फायदे के लिए ही जो भारत में जाकर स्थान-परिवर्तन करने वाले पक्षियों की तरह रहते हैं और कभी उस देश में स्थायी अभिरुचि नहीं लेते क्योंकि ऐसा वे कर ही नहीं सकते।... वे दिन गए और अब कभी आनेवाले नहीं हैं, जब लोग संगीन के बल पर भारत को अधिकृत करने की बात सोचा करते थे। यदि इंग्लैण्ड इस देश के लाखों व्यक्तियों की जातीयता को नष्ट कर, इसकी दिव्य पुरातनता की अग्नि और प्राचीन देशभक्ति के भावावेश को शमित कर, उसे दलित करने का उद्देश्य रखता है और यदि भारत पर शासन करने का इंग्लैण्ड का उद्देश्य केवल धन कमाना है तो मैं यही कहूँगा कि ब्रिटिश राज्य को इसी क्षण ध्वस्त कर दो।" (द्रष्टव्य-स्टडीज इन द बंगाल रैनासां, 88-89)। वेदांत के अप्रतिम प्रवक्ता स्वामी विवेकानन्द ने यूरोपीय जगत् की भौतिक समृद्धि को करीब से देख-समझकर और पाश्चात्य लोक को वेदांत की महत्ता समझा कर स्वदेश लौटने पर अपने देशवासियों को जगह-जगह सम्बोधित प्रेरित किया था, "आगामी पच्चास वर्ष के लिए यह जननी जन्मभूमि भारत माता ही मानो आराध्य देवी बन जाय। तब तक के लिए हमारे मस्तिष्क से व्यर्थ के देवी-देवताओं के हट जाने में कुछ भी हानि नहीं है। अपना सारा ध्यान इसी एक ईश्वर पर लगाओ, हमारा देश ही हमारा जाग्रत देवता है। सर्वत्र उसके हाथ हैं, सर्वत्र उसके पैर हैं और सर्वत्र उसके कान हैं। समझ लो कि दूसरे देवी-देवता सो रहे हैं। जिन व्यर्थ के देवी-देवताओं को हम देख नहीं पाते,

उनके पीछे तो हम बेकार दौड़ें और जिस विराट देवता को हम अपने चारों ओर देख रहे हैं उसकी पूजा ही न करें? जब हम इस प्रत्यक्ष देवता की पूजा कर लेंगे, तभी हम दूसरे देव-देवियों की पूजा करने योग्य होंगे, अन्यथा नहीं" (विवेकानन्द साहित्य, पंचम खंड, पृ.-193)। स्वामी विवेकानन्द को भारत की उज्जवल विरासत की प्रामाणिक जानकारी थी, पाश्चात्य लोक की समृद्धि का रहस्य वे समझते थे, स्वदेश के वर्तमान औदास्य-धूमायित चेहरे को देखकर उनका हृदय व्यथित था, श्री-सम्पन्न भारत को देखने के लिए वे हर क्षण व्याकुल रहते थे। अपने व्याख्यानों और अंतरंग गोष्ठियों में वे देश-प्रीति और स्वतंत्रता महत्ता की ओर प्रभावी अंदाज में इशारा करते रहते थे। जब वे कहते थे कि 'मनुष्य भोजन की अपेक्षा स्वतन्त्रता अधिक पसंद करता है' तो स्पष्ट ही पराधीनता-अभिशाप की ओर संकेत कर रहे थे और उससे मुक्त होने के लिए प्रेरित कर रहे थे।

पुनर्जागरण के नायकों की जातीय प्रेरणा को ही उस काल की पत्रकारिता दीप्त कर रही थी। यद्यपि हिन्दी पत्रकारिता के पन्नों पर पुनर्जागरण की सांस्कृतिक गतिविधियों की चर्चा बहुत कम है और जो है वह अनुकूल ही नहीं है। 'सार-सुधानिधि' जैसे तेजस्वी और प्रगतिशील पत्र राजा राममोहन राय, महर्षि दयानंद सरस्वती और पं. ईश्वरचन्द्र विद्यासागर के सुधार-आन्दोलन के पूर्णतः पक्ष में नहीं था। 'सारसुधानिधि' ही नहीं 'भारत-मित्र' और 'उचित-वक्ता' भी भारतेन्दु हरिश्चन्द्र के समन्वयवादी दृष्टिकोण के अधिक निकट था। 'तदीय-समाज' से सक्रिय रूप में जुड़े अधिकांश लोगों की जीवन-चर्या बल्लभ सम्प्रदाय द्वारा निर्दिष्ट आचार-संहिता से अनुशासित थी। स्वयं भारतेन्दु हरिश्चन्द्र बल्लभ सम्प्रदाय में आस्थाशील कृष्ण भक्त थे। किन्तु निजी आचार विषयक उनकी आस्था उनकी प्रगतिशील चिंतना को कहीं से कुण्ठित नहीं करती थी। उत्तर उन्नीसवीं शताब्दी और बीसवीं शताब्दी के प्रथम दशक के कलकत्ते के हिन्दी पत्रकारों-सदानन्द मिश्र, दुर्गाप्रसाद मिश्र और बाल मुकुन्द गुप्त की लिखावट की उदग्र मुद्रा इस सत्य को रेखांकित करती है कि अपनी प्रगतिशीलता सिद्ध करने के लिए तथा लोकनायक की भूमिका पूरी करने के उद्देश्य से विशेष विचार शिविर से जुड़ना अथवा मत विशेष की निर्दिष्ट सरणि पर चलना और उसी के स्तवन में अपनी प्रज्ञा-ऊर्जा खर्च करना दृष्टि-मूढ़ता है।

कलकत्ते की तत्कालीन हिन्दी पत्रकारिता में पुनर्जागरण के नायकों की विचारणा और मतों की प्रतिध्वनि नहीं है, बल्कि जगह-जगह कटाक्ष और विपरीत विचार प्रकट हुए हैं जो प्रमाण हैं कि जातीय समस्याओं को अपने विवेक-कोण से देखने परखने की उनमें बौद्धिक क्षमता थी, बड़े से बड़े विचार अंधानुगमन की हीन मान्यता से उनका मानस मुक्त था। हिन्दू-धर्म के सनातन मूल्यों से सम्पन्न उन हिन्दी पत्रकारों की मनीषा अपने देश की ज्वलंत समस्याओं के प्रति पूरी तरह जागरूक थी। अपनी सनातन मूल्य आस्था की रक्षा करते अपने विद्या-धर्म और

विवेक के आग्रह से वे साम्राज्यशाही चुनौती का सीधा मुकाबला कर रहे थे। लार्ड लिटन और लार्ड कर्जन जैसे नृशंस शासकों से उनकी सीधी टकराहट थी। 'सार सुधानिधि' के सम्पादकीय लेखों को लक्ष्य कर डॉ. राम विलास शर्मा ने बहुत सटीक टिप्पणी की है कि 'हिन्दी के लेखकों ने देश के जागरण में कौन-सा भाग लिया, यह जानने के लिए ऐसे लेखों को पढ़ना आवश्यक है।' आवश्यक है कलकत्ते की हिन्दी पत्रकारिता के द्वितीय चरण की वैचारिक जागरूकता और राजनीतिक चेतना के सन्दर्भ में इस महत्वपूर्ण बिन्दु को रेखांकित करना कि जिस स्वदेशी शासन का आग्रह स्वामी दयानंद सरस्वती ने किया था या जिस जातीय अभीप्सा की अभिव्यक्ति लोकमान्य तिलक के वक्तव्य में दिखाई पड़ी कि 'स्वतन्त्रता हमारा जन्मसिद्ध अधिकार है' उसी राष्ट्रवाद की हिमायत 'भारत मित्र', 'सारसुधानिधि' और 'उचित वक्ता' में दिखाई पड़ती है। स्मरणीय तथ्य है कि अर्द्धशती की यात्रा में ही हिन्दी पत्रकारिता ने इतनी उन्नति कर ली थी यानी हिन्दी के जागरूक पत्रकारों ने अपनी कठोर साधना से हिन्दी पत्रकारिता की आदि प्रतिज्ञा को सही दिशा में रूपायित और समृद्ध कर दिया था।

राजा, प्रजा, राज्य-व्यवस्था, वाणिज्य, भाषा और सबसे ऊपर देश-हित की चिंता-चेतना जगानेवाला 'भारत मित्र' एक तेजस्वी राजनीतिक पत्र के रूप में चर्चित और विख्यात हुआ। 'भारत मित्र' का स्वदेशी के प्रति विशेष आग्रह था। समग्र जातीय चेतना का विकास इसका लक्ष्य था। प्रथम सम्पादकीय टिप्पणी में भारत मित्र-सम्पादक ने लिखा था, "सुसभ्य प्रजाहितैषी लोग समाचारपत्रों को स्वाधीनता देकर उत्साहित करते हैं... क्योंकि समाचार पत्र प्रजा का प्रतिनिधि स्वरूप होता है।" स्मरणीय है, समाचार पत्र की स्वतन्त्रता को प्रतिबंधित करने वाला—वर्नाक्युलर प्रेस एक्ट 14 मार्च, 1878 ई. को लागू हुआ था। उस सन्दर्भ में 17 मार्च, 1878 के भारत मित्र की सम्पादकीय टिप्पणी की भाषा कितनी कड़ी है। उस समय राजा तक प्रजा के कष्ट तथा नाना प्रकार के अभाव की जानकारी पहुँचाने वाले सशक्त अभियोग माध्यम पत्रों की आजादी की मांग सरकारी दृष्टि से कदाचित् सबसे बड़ा अपराध था, किन्तु राष्ट्रवाद और देश-प्रीति का यही तकाजा था। 'भारत मित्र' सम्पादक के सामने ब्रिटिश सरकार की नीति स्पष्ट थी और उसके प्रतिरोध में जागरूक कौशल से आबोहवा तैयार करनी थी। शायद यही कारण भी दिखाई पड़ता है। किन्तु 'भारत मित्र' की रणनीति की वह खास मुद्रा है। 'भारत मित्र' की जातीय प्रकृति को समझने के लिए दसवें अंक की सम्पादकीय टिप्पणी द्रष्टव्य है—'अपने को ठांव नहीं पाँच पीर संग चले।' लंडन टाइम्स में प्रकाशित भारत विरोधी पत्र के साम्राज्यवादी मनोभाव का 'भारत मित्र'—सम्पादक ने प्रखर प्रतिवाद किया है।

2 जून, 1878 के अंक की सम्पादकीय टिप्पणी में पं. ईश्वरचन्द्र विद्यासागर के समाज-संस्कार मूलक आन्दोलन को उसी प्रकार विधिबद्ध करने का आग्रह किया गया है जैसा सती प्रथा के सम्बन्ध में सरकार ने कानून की रचना कर विवेक का

परिचय दिया था! इंग्लैण्ड की पार्ल्यामेण्ट में वर्नाक्यूलर प्रेस एक्ट के विरोध में सुरेन्द्रनाथ बनर्जी के अनुरोध से, ग्रैडस्टन ने आवाज उठायी थी और 'इण्डियन एसोसिएशन' द्वारा प्रेषित प्रार्थना पत्र प्रस्तुत किया था। भारतीय पक्ष के प्रवक्ता ग्लैडस्टन बहुसंख्यकों से पराजित हो गए थे, किन्तु उनकी उदारता और न्यायप्रियता की प्रशस्ति में बड़ाबाजार की ज्ञानवर्द्धिनी सभा ने हिन्दी भाषा में अभिनंदन पत्र तैयार कराया था जिसे सदानन्द मिश्र ने पढ़ा था और जो भारत मित्र के नौवें अंक में अविकल प्रकाशित हुआ था। 'भारत मित्र' की वह प्रगतिशील भूमिका थी।

पत्रों की शक्ति से सरकार आतंकित थी और पत्रकार पत्रों की आजादी की महत्ता को समझते थे। देश के लोगों के राजनीतिक संस्कार के लिए पत्रों की स्वतन्त्रता को वे हर मूल्य पर जीवित रखना चाहते थे। 'सारसुधानिधि' के वर्ष 2 अंक 8 की सम्पादकीय टिप्पणी में सरकार से आग्रह किया गया है कि "हमलोगों का दुरवस्था जानने का मुख्य उपाय देशी समाचार पत्र है। जब तक इन पर विश्वास स्थापित करके इनको पूरी स्वाधीनता नहीं दी जाएगी तब तक प्रजा की यथार्थ प्रकृत अवस्था कभी भी जानी नहीं जायगी।" स्पष्ट है कि उस काल के पत्रकार अपने गम्भीर दायित्व के प्रति पूर्ण सचेत थे। सारसुधानिधि सम्पादक पं. सदानंद मिश्र का विश्वास था कि देशोन्नति का प्रमुख आधार होता है देशवासियों का राजनीतिक संस्कार। इस संस्कार की उन्नति में प्रधान भूमिका होती है स्वाधीन पत्रकारिता की। इसलिए पं. सदानन्द मिश्र अपने समानधर्मा पत्रकार बंधुओं को सचेत करते रहते थे, "जब हम सब संस्कारक कार्य में व्रती हुए हैं तो हमलोगों को उचित है कि यावज्जीवन हम गुरुतम कार्य के साधन में प्रवृत्त रहें।" इसी निष्ठा के बल पर देश स्वातंत्र्य-संग्राम में जयी हुआ, यह ऐतिहासिक तथ्य है।

कलकत्ते के हिन्दी पत्र देश के ज्वलंत प्रश्नों को उपजीव्य बनाकर बेलाग टिप्पणी करने में सिद्ध थे। देश की अस्मिता को म्लान करने वाली पराधीनता से देश का उद्धार करने के लिए युयुत्सु मुद्रा में सक्रिय थे। विदेशी शोषण के परिणामस्वरूप देश-दशा रोज-रोज दुर्बल होती जा रही थी। इस प्रश्न पर 'इंडियन नेशनल कांग्रेस' के जन्म के पांच वर्ष पूर्व कलकत्ते के हिन्दी पत्रकार 'उचित वक्ता'—सम्पादक पं. दुर्गा प्रसाद मिश्र ने 'उचित वक्ता' के प्रथम वर्ष के 15वें अंक में लिखा था। सम्पादकीय वक्तव्य का शीर्षक है—'भारत दिनों दिन क्यों दरिद्र हुआ जाता है।' इस ज्वलंत प्रश्न का निर्भीक मुद्रा में उत्तर देते सम्पादक ने लिखा है "चाहे जिस तरह देखिए प्रजा की अपेक्षा राजा भारत की दुर्दशा के विषय में कहीं ज्यादा दोषी है। एकमात्र स्वार्थ की विभिन्नता ही गनर्वमेंट को दोषी बनाए हुई है और इसी विभिन्नता ने भारत का रुधिर शोषण करना प्रारम्भ कर दिया है इसी से तो 'आइन शास्त्र' सम्बन्धीय आइन इम्पीरियल आदि लहू पीने वाले टैक्स और समस्त दुःखदायी कार्मों की उत्पत्ति है अतएव जब तक राजा और प्रजा के स्वार्थ का अन्तर नहीं जाएगा

तब तक राजा प्रजा सब कामों में एक न होएँगे जब तक राजा को प्रजा का विश्वास न होएगा और श्वेत कृष्ण का अन्तर तिरोहित न होएगा तब तक भारत के सुख, समृद्धि और धन की वृद्धि होना सम्पूर्ण असम्भव है।" इसी मुद्रा में 11 सितम्बर, 1880 की सम्पादकीय टिप्पणी में सम्पादक ने भारत की दयनीय दशा का एकमात्र कारण ब्रिटिश सरकार की शोषण-नीति माना है, "भारतवर्ष का अंग्रेज राजपुरुषों ने शोषण कर लिया है।..." वस्तुतः भारतवर्ष की न्यायी दीन देश आजकल पृथिवी में अति विरल है। परन्तु भारतवर्ष को इस प्रकार दुर्दशापन्न कर अंग्रेज महाशय लोग महासंकट में पड़ गए हैं। अंग्रेजों को अब ऐसी आशंका हो गयी है कि भविष्य में भारतवर्ष से किसी प्रकार का लाभ तो दूर रहा, वरन् इसे घर से रुपये देकर पोषण करना होगा।

"अंग्रेज लोग जिस प्रणाली से भारतवर्ष में शासन करते हैं यदि और पचास बरस वही प्रणाली प्रचलित रही तो यथार्थ भारतवर्ष के साथ ही साथ इंग्लैण्ड की अति दुरवस्था होगी। इंग्लैण्ड में जितनी जमींदारी है भारतवर्ष के न्याय लाभजनक एक भी नहीं। परन्तु राजपुरुषों की अतिरिक्त अर्थ पिपासा और नवाबी चाल चलने के कारण ऐसी सुन्दर जमींदारी भी कुछ सहाय नहीं हो सकती, वाणिज्य, व्यापार पर टिकस पर टिकस और मोटी-मोटी वेतन ग्रहण करके राजपुरुषगण यहाँ के सदा रुपये देश-देशान्तर ले गये हैं, यहाँ इतना अर्थ नहीं है कि देश के सामान्य अर्थों का खरच सम्हाल सकें, इस पर भी भारतवर्ष शासन करने में अंग्रेज लोग जितने रुपये व्यय करते हैं ऐसा कहीं नहीं देख पड़ता।... वस्तुतः इंग्लैण्ड यदि भारतीय राज शासन का परिवर्तन नहीं करेंगे तो उन्हें यह परित्याग करना होगा। यदि भारतवर्ष प्रकृत कामधेनु होती तो अंग्रेज लोग अपनी इच्छानुसार भारतवर्ष के रुपये अपव्यय कर सकते थे, परन्तु भारतवर्ष तो कामधेनु नहीं है, यह अब अंग्रेजों ने जान लिया होगा।" उक्त जातीय समस्या का 'उचित वक्ता' ने समाधान सुझाया था, "भारतवर्ष की वर्तमान शोचनीय अवस्था विमोचन करने की एकमात्र औषधि मितव्ययिता है। राजपुरुषगण यदि अभी भी मितव्ययी हों और भारतवर्ष का अर्थ यहाँ ही व्यय करें तो भारतवर्ष फिर से धनधान्य से पूर्ण हो सकता है।" स्मरणीय है कि कलकत्ते की हिन्दी पत्रकारिता उत्तर-उन्नीसवीं शताब्दी के प्रगतिशील राजनीतिक संस्कार को प्रकट करने में अग्रणी थी। केशवचन्द्र सेन से लेकर दादा भाई नौरोजी तक ने अंग्रेजी सरकार को भारत के दारिद्रय का उत्तरदायी ठहराया है। अंग्रेजों के मित्र के रूप में ख्यात केशवचन्द्र सेन के लिए अंग्रेजों की अनुदार शासन-शैली असह्य हो गई थी और जैसा पहले संकेत दिया गया है, इंग्लैण्ड की एक सभा में उन्होंने अपने देश-प्रेम के सहज आग्रह से कहा था कि भारत का शोषण उन अंग्रेज व्यवसायियों के सुख के लिए होता है जो शोषण करने अथवा ऋतुपरिवर्तन के लिए भारत जाते हैं और इसलिए इस देश के विकास के लिए कभी रुचि नहीं लेते। उक्त अरुचि के कारण

अंग्रेजी सरकार के लिए भारतीयों के प्रति न्याय सम्भव नहीं था।

इतना ही नहीं, अपनी अंधी शोषणनीति के चलते अंग्रेजों को अपनी शासन -प्रणाली की त्रुटियाँ दिखाई नहीं पड़ती थीं। इस कुरोग का उपचार-समाधान पं दुर्गा प्रसाद मिश्र ने सुझाया था स्वदेशी शासन अथवा शासनतंत्र में भारतीयों का प्रवेश। 25 फरवरी, 1882 के 'उचित वक्ता' की सम्पादकीय टिप्पणी की ये पंक्तियाँ कलकत्ते के हिन्दी पत्रकारों के देश-संस्कार को समझने के लिए पर्याप्त हैं, "देशियों को उच्चतर राजकार्य में नियुक्त करने से, उन लोगों पर गुरुतर शासन कार्य का भार अर्पित होने से वे लोग गवर्नमेण्ट को सब विषयों में यूरोपीय प्रणालियों के बरताव की अनुपयोगिता हृदयंगम करा देते। यूरोपीय प्रणाली इस देश के निमित्त कहाँ तक उपयोगी है यह भली-भाँति विचारे अथवा अनभिज्ञतावशतः उनके फलाफल न समझने के कारण ही शासन कार्य में इतने द्वेष हो गये हैं। देशियों के हाथ में शासन भार न्यस्टा रहने से इन सब दोषों के होने की सम्भावना नहीं थी।" साम्राज्यशाही दम्भ को उत्तेजित करने वाली 'उचित वक्ता' की यह टिप्पणी तत्कालीन हिन्दी पत्रकारिता की प्रकृति और पत्रकारों के जातीय संस्कार-स्फूर्त चरित्र को द्योतित करने के लिए पर्याप्त है। समय-सन्दर्भ को देखते हुए पत्रकारों की स्वदेशी निष्ठा और उसकी विकुण्ठ अभिव्यक्ति जोखिम भरी भूमिका थी, जिसे पूरी करने में कलकत्ते के पत्रकारों ने अदम्य उत्साह का परिचय दिया था।

उस पत्रकार पीढ़ी के विवेक को ही पं. सदानंद मिश्र ने प्रकट किया था, जब 'सारसुधानिधि' में लिखा था कि "भारतवासियों को अब वह सूझने लगा है कि उन्नति का मूल एक राजनीति की चर्चा ही है। राजनीति की चर्चा जितनी अधिक होयगी, उतनी ही भावी उन्नति भी हाथ जोड़कर सम्मुख उपस्थित होयगी।" इस समझ को वे अपनी साधना से प्रखर कर रहे थे। 23 जून, 1879 को 'लार्ड लीटन और उनकी कौंसिल' की चर्चा करते हुए पं. सदानंद मिश्र ने लिखा था "प्रजा के आवेदन पर नजर नहीं करना अति संकीर्ण राजनीति है, ऐसी नीति अवलम्बन करके ब्रिटिश गवर्नमेण्ट स्थापित नहीं हुआ है, और इस प्रकार की नीति अवलम्बन करने से राज्य भी बहुत दिन रहने का नहीं।" इसी अंदाज में 'भारतवर्ष के प्रतिनिधि शासन प्रणाली की आवश्यकता के महत्व का राजनीतिक विवेचन करते सारसुधानिधि–सम्पादक ने लिखा था, "इतनी सुशिक्षा, इतनी उदारता पर भी अभी तक ब्रिटिश जाति के चित्त में जेता और जित भाव का तिरोधान नहीं हुआ क्योंकि जेता का अहंकार क्रोध और द्वेष जित पर तभी तक रहता है कि जब तक दोनों असभ्य रहते हैं। जैसा कि हिंसक सिंह जंगल के सब पशुओं का राजा होकर भी अपने जेताअभिमान से अपनी आश्रित प्रजास्वरूप जिस पशुओं के प्रति अपनी जिंघासावृत्ति चरितार्थ करके उनको प्रतिदिन मार-मार कर खाता है। यह पशु व्यवहार उन्हीं के चित्त से शीघ्र दूर नहीं होता जो कि निरे जंगली असभ्य हैं।" इसी टिप्पणी में उन्होंने आगे लिखा कि "जिस राजा

के चित्त में अपने जीतने का अभिमान बहुत दिनों तक भ्रमबद्ध रहता है, वह राजा कदाचित् सुशासन नहीं कर सकता और न उसके राज्य में सुख-समृद्धि की वृद्धि आदि किसी प्रकार की उन्नति होती है।" इस धारणा को और अधिक आक्रामक मुद्रा में 3 मार्च, 1879 के 'उन्नीसवीं शताब्दी और ये सभ्यता' शीर्षक सम्पादकीय निबन्ध में पं. सदानंद मिश्र ने व्यक्त किया है। और वर्ष दो, अंक चौदह की सम्पादकीय टिप्पणी में 'सारसुधानिधि'—सम्पादक ने प्रतिनिधि शासन प्रणाली की आवश्यकता पर जोर देते हुए लिखा था कि "अब जब तक शासन प्रणाली का मूल संशोधन नहीं होयगा कदापि सुशासन करने में गवर्नमेंट समर्थ नहीं होयगी।" यह ऐतिहासिक तथ्य है कि स्वदेशी आंदोलन परवर्ती काल में लार्ड कर्जन के कुकृत्यों के प्रतिरोध में प्रखर हुआ था, किन्तु देश-संस्कार और स्वदेशी चेतना को हिन्दी पत्रकारिता के द्वितीय चरण ने कलकत्ते के तेजस्वी पत्रकारों की लिखावटों और भारतेन्दु हरिचन्द्र के 'तदीय समाज' की गतिविधियों ने समृद्ध कर दिया था। स्वदेशी संस्कार का जागरण और उन्नयन ही 'तदीय समाज' की मूल प्रतिज्ञा थी।

स्वदेशी का प्रतिज्ञा-पत्र भारतेन्दु ने अपनी पत्रिका 'कविवचन सुधा' में 26 मार्च, 1874 को प्रकाशित किया था, जिसे स्वधर्म मानकर उस काल के विद्याव्रती अपनी साधना से दीप्त कर रहे थे। देश की सारी समस्याओं का आकलन स्वदेशी के कोण से ही पत्रकार कर रहे थे। आम आदमी की त्रासद जिन्दगी, कृषि-किसान, अकाल महंगाई, बेकारी की समस्या, प्रशासकों की अनुदारता और विलासप्रियता, जातीय शक्ति का बिखराव, व्यवसाय-वाणिज्य की श्रीहीनदशा, विलायती जीवन-शैली और मनोभाव में दबती जातीय पहिचान तथा निरन्तर प्रदूषित होता राष्ट्रीय चरित्र उनकी चिंता और लेखन के विषय थे। देश के अभ्युत्थान में सबसे बड़ी बाधा थी पराधीनता और जातीय संघ शक्ति की दुर्बलता। कलकत्ते के हिन्दी पत्रकारों ने इसे अपेक्षित वरीयता के साथ अपने पत्रों के माध्यम से उजागर किया था। 'उचित वक्ता'—सम्पादक पं. दुर्गा प्रसाद मिश्र ने 23 जुलाई, 1881 के सम्पादकीय वक्तव्य में लिखा था कि "आजकल तो अंग्रेज लोग भारतवर्सियों पर यथेच्छाचार बरत रहे हैं और सभ्यता का अभिमान कर सेखी भी मारते हैं इसका क्या कारण है वही 'एकता' पर हम यह नहीं कहते कि इंग्लैण्ड में एक दूसरे का शत्रु नहीं है और उनमें आपस में मार-पीट, दंगा-फसाद नहीं होता। इसमें तो वे हम से भी एक कांटे बढ़कर हैं। तो उनके बीच में क्या है? 'जातीय एकता' इंग्लैण्ड का कोई साधारण शत्रु के उपस्थित होने से भारतवासियों की न्याई उन्होंने संकीर्ण हृदय के परिचय नहीं दिये हैं। इनके बीच एक दल शत्रु के पक्ष में और दूसरा दल विपक्ष में नहीं खड़े होते। उस समय वे लोग इंग्लैण्ड के शत्रु को साधारण शत्रु जान, क्या शत्रु, क्या मित्र सभी एकत्र बद्धपरिकर हो इंग्लैण्ड के साधारण शत्रु के विरुद्ध में हस्तोत्तलन करते हैं और शेष में कृतकार्य भी होते हैं"। ध्वनि स्पष्ट है कि भारत में जातीय एकता का अभाव

है, "जिसके अभाव से यह अगण्य भारतवासी—प्रमाण लोगों के पददलित हो रहे हैं और जिन से वे यथेच्छा बरत रहे हैं"। पं. दुर्गा प्रसाद मिश्र ने साम्राज्यशाही औचित्य-अनौचित्य से त्राण पाने के लिए जातीय संघ शक्ति का आग्रह किया है।

जातीय ऐक्य की उपर्युक्त आकुल स्पृहा दिखाई पड़ती है स्वामी विवेकानन्द के वक्तव्य में, "वह कौन सी वस्तु है, जिसके द्वारा कुल चार करोड़ अंग्रेज भारतवासियों पर शासन करते हैं? इस कारण का मनोवैज्ञानिक समाधान क्या है? यही, कि वे चार करोड़ मनुष्य अपनी-अपनी इच्छा शक्ति को समवेत कर देते हैं अर्थात् शक्ति का अनंत भण्डार बना लेते हैं और तुम तीस करोड़ मनुष्य अपनी-अपनी इच्छाओं को एक दूसरे से पृथक किये रहते हो। बस यही इसका रहस्य है कि वे कम होकर भी तुम्हारे ऊपर शासन करते हैं। अतः यदि भारत को महान बनाना है, उसका भविष्य उज्जवल बनाना है, तो इसके लिए आवश्यकता है संगठन की, शक्ति-संग्रह की और बिखरी हुई इच्छाशक्ति को एकत्र कर उसमें समन्वय लाने की।" साम्प्रदायिक राष्ट्रीय संदर्भ में जब विच्छिन्नतावादी अंधड़ भारतीय अस्मिता को विकलांग करने के हीन उद्देश्य से सनकी राग टेरने लगा है, 'उचित वक्ता'—सम्पादक पं. दुर्गा प्रसाद मिश्र और स्वामी विवेकानन्द के विवेक प्रसूत सुझाव का महत्व बढ़ गया है। इसी महत् जातीय अभीप्सा की प्रेरणा से पुनर्जागरण के नायकों—राजा राममोहन राय, ब्रह्मानन्द केशव चंद्र सेन, ऋषि बंकिम चटर्जी, स्वामी दयानंद सरस्वती इत्यादि हिन्दीभाषी महापुरुषों की तरह कलकत्ते के हिन्दी पत्रकारों ने हिन्दी भाषा और देवनागरी लिपि की राष्ट्रीय महत्ता को पुनः-पुनः रेखांकित किया। देश की जातीय संवेदना की एकसूत्रता, राष्ट्रीय संघ शक्ति को, जातीय चरित्र के बिखराव को हिन्दी भाषा और देवनागरी लिपि ही श्रृंखलित और पुष्ट कर सकती है, यह प्रतीति हिन्दी के सेवाव्रती तत्कालीन हिन्दी पत्रकारों की ही नहीं थी, बल्कि देश के समग्र अभ्युत्थान के स्वप्नदर्शी उन महापुरुषों की थी, जिनकी मातृभाषा बंगला और गुजराती थी और जो अंग्रेजी और संस्कृत पर असाधारण अधिकार रखने वाले पण्डित थे।

स्मरणीय है कि बीसवीं शताब्दी के प्रथम दशक में न्यायपति शारदाचरण मित्र ने देवनागरी लिपि के प्रसार के लिए आन्दोलन शुरू किया था। उनके सांस्कृतिक आन्दोलन का एकांत उद्देश्य था प्रादेशिक इकाइयों में बिखरी-विभाजित जातीय ऊर्जा को एक सूत्र में गूंथ कर जातीय संघ शक्ति के पुष्ट धरातल की रचना। शारदा चरण मित्र बंगला भाषी थे जो देवनागरी लिपि के साथ ही हिन्दी भाषा की राष्ट्रीय महत्ता से भली प्रकार परिचित थे। पं. दुर्गा प्रसाद मिश्र और 'भारतमित्र'—सम्पादक बाबू बालमुकुन्द गुप्त का वैचारिक और भावात्मक सहयोग उन्हें प्राप्त था। सन् 1890 में कलकत्ते से प्रकाशित 'हिन्दी बंगवासी' को यद्यपि बाबू बालमुकुन्द गुप्त, पं. बाबू राव विष्णु पराड़कर और पं. लक्ष्मण नारायण गर्दे का सम्पादकीय सहयोग प्राप्त था,

किन्तु उसके सम्पादक थे पं. अमृतलाल चक्रवर्ती। उनकी सम्पादकीय नीति नरम थी और उग्र राष्ट्रवाद के पक्षधर पुरस्कर्ता के लिए उस नीति के साथ चलना विधर्म के साथ यात्रा करनी थी। पराड़कर जी और गर्दे जी के राष्ट्रीय संस्कार के मूल में पं. सखाराम गणेश देउस्कर के व्यक्तित्व की प्रेरणा थी। वे दोनों ही कलकत्ता पत्रकारिता के उद्देश्य से नहीं, ब्रिटिश सरकार के प्रतिरोध में बंगाल में क्रियाशील, क्रांतिकारी आन्दोलन की तकनीक का समीपी परिचय और व्यावहारिक ज्ञान प्राप्त करने आये थे। और पत्रकारिता उनकी राष्ट्र-निष्ठा की अभिव्यक्ति की सहज विधा बन गयी, यद्यपि परिस्थिति के आग्रह से कलकत्ता प्रवास-काल में गर्दे जी और पराड़कर जी और पं. अम्बिका प्रसाद वाजपेयी ने कुछ समय के लिए अध्यापन भी किया, किन्तु इतिहास इन्हें तेजस्वी पत्रकार के रूप में ही जानता है। आजीवन पत्रकारिता से जुड़े व्यक्ति का यही परिचय प्रामाणिक है। 'हिन्दी बंगवासी' के बाबू बाल मुकुन्द गुप्त, पं. बाबू राव विष्णु पराड़कार, पं. अम्बिका प्रसाद वाजपेयी और पं. लक्ष्मण नारायण गर्दे का सम्पर्क बहुत क्षीण था। स्वदेशी आन्दोलन-काल में इनकी जागृत प्रतिभा-प्रज्ञा का प्रकाश प्रकट हुआ।

बीसवीं शताब्दी का प्रथम दशक लार्ड कर्जन के कुशासन का काल है! बंग-भंग लार्ड कर्जन के कुकृत्य की पराकाष्ठा थी। इस राजनीतिक दुर्घटना पर टिप्पणी करते हुए लोकमान्य तिलक ने लिखा था, "लार्ड कर्जन बंगालियों की संघ शक्ति को कुचलना चाहता है क्योंकि उसे डर है कि कहीं वे अंगरेजी सरकार पर हावी न हो जाएँ।" मगर जैसा कि डॉ. पट्टाभि सीताराममैया ने लिखा है, "सरकार की उत्तरोत्तर उग्र और नग्नरूप धारण करने वाली दमन नीति के कारण नवजाग्रत चेतना भी सचमुच व्यापक, विस्तृत और गहरी होती गयी। देश के एक कोने में जो घटना होती थी, वह सारे देश में फैल जाती थी। सरकार का प्रत्येक दमन-कार्य देश में उलटा असर करता था। सम्पूर्ण भारत के बंगाल के प्रश्न के साथ अपनी समस्याओं को जोड़कर आन्दोलन को ज्यादा गहरा रंग दे दिया।" (कांग्रेस का इतिहास, प्रथम खण्ड, पृष्ठ-64)।

बंगाल के नेतृत्व का दायित्व उस नई पीढ़ी के हाथ में आ गया जिनकी शिक्षा और राजनीतिक संस्कार पण्डित शिवनाथ शास्त्री और राजनारायण बोस के निर्देशन में हुआ था और जिनकी आस्था भाषण में कम, कार्य में अधिक थी। स्वावलम्बन इनका मंत्र था और पूर्ण स्वराज्य इनका एकमात्र लक्ष्य था। इस प्रकार बीसवीं शताब्दी के प्रथम दशक में उस नई राष्ट्रीय चिंतना को क्रियान्विति मिली—जिसका निर्माण उन्नीसवीं शताब्दी के उत्तरार्द्ध में हुआ था।

स्वदेशी आन्दोलन के प्रमुख नायक थे लोकमान्य तिलक, विपिन चंद्र पाल, लाला लाजपत राय, अरविंद घोष। स्वदेशी आन्दोलन के आदर्श को स्पष्ट करते हुए 25, फरवरी 1905 को 'न्यू इंडिया' में विपिनचन्द्र पाल ने लिखा था, "हमारा आदर्श,

जिसे हम स्पष्ट रूप में स्वीकार करते हैं, क्रांतिकारी हो सकता है और है भी, किन्तु इसे हम न तो क्रांतिकारी तरीकों से पा सकते हैं और न तो इस आदर्श को प्राप्त करने की आशा ही कर सकते हैं। हमारी देशभक्ति केवल इसी अर्थ में राजभक्ति के निकट है कि हम विधिपालक हैं, हमारे साथ राजभक्ति का दूसरा कोई आधार नहीं।" 'वंदेमातरम', 'संध्या', 'केसरी', 'मराठा', 'पंजाबी', और 'भारत मित्र' स्वदेशी आन्दोलन के मुख्य प्रवक्ता थे। 'युगान्तर' वारींद्र घोष की देख-रेख में निकलने वाला बांग्ला पत्र था जो अंग्रेजों के विरुद्ध हिंसामूलक विचार को समर्थन और प्रोत्साहन दे रहा था। अनुशीलन समिति की क्रान्ति-चेतना का समर्थक पत्र था 'युगान्तर' जिसे अरविंद घोष का प्रच्छन्न सहयोग समृद्ध कर रहा था। 'वंदेमातरम', अरविंद घोष और विपिनचन्द्र पाल के संपादन में प्रकाशित होता था। ब्रह्म बांधव उपाध्याय और हेमेंद्र प्रसाद घोष, 'वंदेमातरम' की सम्पादन-समिति के सक्रिय सहयोगी थे, जो उग्र राष्ट्रवाद और क्रांतिकारी विचार एवं कार्य पंथा के पोषक थे। 'वंदेमातरम' का विश्वास था कि प्रत्येक राष्ट्र को स्वेच्छया विकास करने और कायम रहने का अधिकार है और यह कि जनराज्य अथवा राजशक्ति का अभिग्रहण भारतीय पुनर्जागरण के लिए पहली शर्त है। इसलिए समग्र जातीय चेतना को इस आदर्श की ओर केंद्रित करने का 'वंदेमातरम्' आग्रह करता था। (Bandemataram and Indian Nationalism, Page 21) 'वंदेमातरम्' के माध्यम से 1906 में विपिनचन्द्र पाल ने घोषणा की थी कि अब समय आ गया है जब नागरिकता सम्बन्धी उन्नति तथा सत्य और व्यक्तिस्वातंत्र्य की दृष्टि से हम अपने अंगरेज मित्रों को बता दें कि उनके उपकार के प्रति हम आभारी हैं किन्तु अब हम अपनी राजनीतिक प्रगति और मुक्ति के प्रयत्न में उनके निर्देशन से और अधिक पीड़ित होना नहीं चाहते। उनके और हमारे दृष्टिकोण में स्पष्ट अंतर है। वे ब्रिटिश सरकार को कायम रखकर यश प्राप्त करना चाहते हैं। हम भारत को ब्रिटिश पराधीनता से पूर्ण स्वतन्त्र करना चाहते हैं। पूर्ण स्वातंत्र्य ही स्वदेशी आन्दोलन का आदर्श था। इसी आदर्श को स्थापित करने के लिए विदेशी बहिष्कार प्रमुख कार्य पंथा थी, जिसे वंदेमातरम् 'संध्या', 'युगान्तर', 'केसरी', 'मराठा', 'भारतमित्र', 'पंजाबी' इत्यादि पत्र विचारपोषण से पुष्ट कर रहे थे। स्वदेशी आन्दोलन के नायकों ने सत्याग्रह के मार्ग को अपनाया। अपने प्रसिद्ध प्रबंध 'दी डॉक्ट्राइन ऑफ पैसिव रेससटेंश' में श्री अरविन्द ने बड़ी साफ भाषा में कहा है कि विदेशियों के प्रति घृणा नहीं, बल्कि विदेशी शोषण और कुकृत्य के प्रति सहज विरोध ही बहिष्कार की मूल भित्ति है। राजनीति में प्रेम का स्थान स्वीकार करते हुए श्री अरविन्द ने उसे समष्टि मानव प्रेम की भूमिका से पृथक माना है। राजनीति में प्रेम और मैत्री का अर्थ है एक देश के देशवासियों के प्रति प्रेम अथवा देश-भक्ति का देश के प्रति प्रेम, अपनी जातीय परम्परा और अपनी धरती के प्रति प्रेम।... इसलिए जब अंग्रेजों के प्रति भारतीयों द्वारा संचालित विदेशी-बहिष्कार आन्दोलन

की निन्दा प्रेम का आग्रह करते ही की जाती है तो यह दोषारोपण एक निकृष्ट मनोवृत्ति और गंदी नीति है। यह प्रतिकूल जातीय हितों का संघर्ष है और वस्तुतः घृणा जाति के प्रति नहीं, बल्कि प्रतिकूल स्वत्व के प्रति है। यदि ब्रिटिश शोषण कल में बंद हो जाए तो क्षण भर में अंग्रेजों के प्रति घृणा समाप्त हो जाएगी (दि डॉक्ट्राइन ऑफ पैसिव रेसिसटेंश, पेज-84)।

लोकमान्य तिलक और लाला लाजपत राय जैसे राजनेता और देश के प्रमुख पत्र उग्र राष्ट्रवाद के पक्ष समर्थक थे। कलकत्ते का हिन्दी पत्र 'भारतमित्र' जिसके सम्पादक बाबू बाल मुकुन्द गुप्त थे, इसी स्वदेशी सम्वेदना को प्रखर मुद्रा में अभिव्यक्ति देने वाला देश का विशिष्ट पत्र था।

अपनी जातीय निष्ठा और उग्र राष्ट्रीय विचार के कारण कालाकांकर के राजा रामपाल सिंह के 'हिन्दुस्तान' पत्र की नौकरी से हाथ धोना पड़ा था। सन् 1878 ई. में प्रकाशित 'भारत मित्र' का सम्पादन-दायित्व बाबू बाल मुकुन्द गुप्त ने 16 जनवरी, 1899 को सम्हाला, अपने अनुसार उसे रूपांतरित कर दिया।

अपने प्रथम शासन-काल की अवधि समाप्त कर लॉर्ड कर्जन इंग्लैण्ड लौटने की तैयारी कर रहे थे। तभी 2 सितम्बर, 1905 के 'भारतमित्र' में सम्पादक बाल मुकुन्द गुप्त ने उन्हें विदाई देते 'विदाई सम्भाषण' प्रकाशित किया था। कर्जन के कुकृत्यों का स्मरण दिलाते सम्पादक ने बड़े साहस के साथ प्रश्न किया था, "क्या आँख बंद करके मनमाने हुक्म चलाना और किसी की कुछ न सुनने का नाम ही शासन है? क्या प्रजा की बात पर कभी कान न देना और उसको दबाकर उसकी मर्जी के विरुद्ध जिद से सब काम किए चले जाना ही शासन कहलाता है? एक काम तो ऐसा बताइये, जिसमें आपने जिद छोड़कर प्रजा की बात पर ध्यान दिया हो। कैसर और जार भी घेरने-घोटने से प्रजा की बात सुन लेते थे, पर आप एक मौका तो ऐसा बताइए, जिसमें किसी के अनुरोध या प्रार्थना सुनने के लिए प्रजा के लोगों को आपने अपने निकट फटकने दिया हो और उनकी बात सुनी हो। नादिरशाह ने जब दिल्ली में कत्लेआम किया तो आसिफजाह के तलवार गले में डालकर प्रार्थना करने पर उसने कत्लेआम उसी क्षण रोक दिया पर आठ करोड़ प्रजा के गिड़गिड़ाकर बंगविच्छेद न करने की प्रार्थना पर आप ने जरा भी ध्यान नहीं दिया। इस समय आपकी शासन-अवधि पूरी हो गई है, तथापि बंगविच्छेद किए बिना घर जाना आपको पसन्द नहीं है। नादिर से भी बढ़कर आपकी जिद है।" और इस जिद के चलते 16 अक्टूबर, 1905 को बंगविच्छेद होकर रहा, जिसकी देशव्यापी प्रतिक्रिया हुई और भारतीय राजनीति ने एक नया मोड़ लिया।

21 अक्टूबर, 1905 को 'भारतमित्र' में 'बंगविच्छेद' शीर्षक लेख प्रकाशित हुआ। कर्जन को उग्र मुद्रा में बाल मुकुन्द गुप्त ने सम्बोधित किया, "आपके शासन-काल में बंगविच्छेद इस देश के लिये अन्तिम विषाद और आपके लिए

अन्तिम हर्ष है।... यह बंगविच्छेद बंग का विच्छेद नहीं। बंग निवासी, इससे विच्छिन्न नहीं हुए, वरंच युक्त हो गये। जिन्होंने गत 16 अक्टूबर का दृश्य देखा है, वह समझ सकते हैं कि बंग देश और भारतवर्ष में नहीं, पृथिवी भर में यह अपूर्व दृश्य था।... बंगाल के टुकड़े नहीं हुए, वरंच भारत के अन्यान्य टुकड़े भी बंग देश से आकर चिमटे जाते हैं।" इसका उपसंहार करते सम्पादक ने घोषणा की थी कि "भारतवासियों के जी में यह बात जम गई कि अंग्रेजों से भक्तिभाव करना वृथा है, प्रार्थना करना वृथा है और उनके आगे रोना गाना वृथा है। दुर्बल की वह नहीं सुनते।" और 'भारत मित्र' ने सम्पादक विभिन्न मुद्राओं में शक्ति-उपासना की प्रेरणा दी। वैष्णव आस्था को जो दैन्य भाव का पर्याय मानते हैं वे तुलसी, भारतेन्दु और बाल मुकुन्द गुप्त के साहित्य की क्रांतिचेतना और आग्नेय वाणी को देखकर अपनी धारणा की विवेचना करें। वैष्णव आस्था शक्ति और क्रौंति की चेतना से सम्पन्न होती है, बाल मुकुन्द गुप्त की लिखावट इसका ज्वलंत सबूत है। 'शाइस्ता खां का खत' और 'शिवशम्भू के चिट्ठे' भारत मित्र के प्रमुख स्तम्भ थे, जिनमें बाल मुकुन्द गुप्त का क्रांतिकारी मानस मुखर है। विज्ञप्त तथ्य है, बाबू बाल मुकुन्द गुप्त, भारतेन्दु हरिश्चन्द्र की तरह आस्थाशील वैष्णव गृहस्थ थे, जिन्होंने अपने समय की चुनौती का सव्यसाची मुद्रा में पूरी शक्तिमत्ता से मुकाबला किया। उनकी दृष्टि लार्ड कर्जन के कुकृत्यों के प्रति जितनी सचेत थी उतने ही जागरूक थे गुप्त जी भाषा, साहित्य और संस्कृति के क्षेत्र के प्रति। ऐतिहासिक तथ्य है कि लार्ड कर्जन और आचार्य महावीर प्रसाद द्विवेदी से वे समान शक्ति से जूझते रहे। उनका भारतीय वैष्णव संस्कार आचार्य महावीर प्रसाद द्विवेदी के चरण स्पर्श करने को सहज ही प्रेरित करता था, किन्तु उनकी प्रज्ञा अपने समय के सर्वश्रेष्ठ आचार्य के व्याकरण-स्खलन को लक्ष्य कर विद्या-धरातल से चुनौती देने में सकुचाती नहीं थी। विवेक और धर्म के आग्रह से जैसे अर्जुन ने भीष्म पर प्रहार किया था, लगभग उसी मुद्रा में बाल मुकुन्द गुप्त ने द्विवेदी जी पर आक्रमण किया था, जिससे सारा हिन्दी जगत उद्वेलित और संसक्त हो गया था। स्मरणीय है, बालमुकुन्द गुप्त के साधनाकाल में प्रगतिवाद और जनवाद का नारा नहीं जन्मा था। भारतमित्र-सम्पादक बाबू बालमुकुन्द गुप्त की जागरूक दृष्टि समग्र जातीय परिदृश्य पर निबद्ध थी। 'भारतमित्र' के माध्यम से उनकी साधना ने हिन्दी और भारत को समृद्ध किया।

बीसवीं शताब्दी के प्रथम दशक में कलकत्ते से सन् 1907 में दो विशिष्ट पत्रिकाओं का प्रकाशन हुआ। 'नृसिंह' शुद्ध राजनीतिक पत्रिका थी, जिसके संचालक-सम्पादक पं. अम्बिका प्रसाद वाजपेयी थे और जिसे आचार्य पं. गोविन्द नारायण मिश्र और पं. दुर्गाप्रसाद मिश्र का आनुकूल्य-सक्रिय सहयोग प्राप्त था। मगर प्रारम्भिक अंक को छोड़कर पूरी पत्रिका के रूपायन की जिम्मेदारी बाजपेयी जी पर थी। लोकमान्य तिलक वाजपेयी के आदर्श और आराध्य थे। बाजपेयीजी का वही

राजनीतिक संस्कार था, जिस संस्कार के आधार पर बालगंगाधर तिलक 'लोकमान्य' और 'भगवान' के नाम से देश द्वारा सम्मानित हुए थे। अल्पजीवी पत्रिका 'नृसिंह' उग्र राष्ट्रवाद की प्रभावी अभिव्यक्ति का सशक्त माध्यम थी। सन् 1905 में स्थापित 'एक लिपि विस्तार परिषद' के उद्योक्ता न्यायपति शारदाचरण मित्र ने अपने सांस्कृतिक आन्दोलन को अपेक्षित शक्ति और गति देने के लिये अपनी संस्था के मुख पत्र के रूप में सन् 1907 में 'देवनागर' नामक पत्रिका का प्रकाशन किया। पं. उमापति दत्त शर्मा और यशोदानंद आखौरी इसके सम्पादक थे। भारतीय पत्रकारिता में 'देवनागर' अपूर्व और अप्रतिम प्रयोग था। विभिन्न भाषाओं की साहित्य-सामग्री को देवनागरी लिपि में रूपांतरित कर 'देवनागर' प्रस्तुत करता था। शारदा चरण मित्र का विश्वास था कि भारतीय भाषाओं में लिपि-भेद के चलते दूरी है। प्रादेशिक भाषा भित्तिक दूरी के सम्बन्ध में न्यायपति मित्र महाशय की धारणा थी क़ि भाषा-भेद की धारणा निराधार है, मूल बाधा लिपि की है और भारतीय भाषाओं के भेद का आधार लिपि है। बंग साहित्य परिषद के अध्यक्ष पद से दिया गया शारदा चरण मित्र का महत्वपूर्ण वक्तव्य 'देवनागर' ने प्रकाशित किया था। उन्होंने अपने महत सांस्कृतिक आदर्श की ओर इशारा करते हुए कहा था—"आमादेर परस्परेर लिपिर पार्थक्य आछे—किन्तु आमि भाषार पार्थक्य देखिते पाइना" इतना ही नहीं, अपने विवेक के आग्रह से उन्होंने बंगला साहित्य के सर्वाधिक महत्वपूर्ण मंच से घोषणा की थी, "वर्तमान हिन्दी अनेक परिमानेइ आमादेर राष्ट्र भाषार अभाव पूरण करिते पारे, हिन्दी सहजेइ शिक्षा करा जाय, सुतरां सहजेइ आर्यावर्त्तेर राष्ट्रभाषा हइते पारे।" अपने उदात्त चरित्र से न्यायपति शारदा चरण मित्र लॉर्ड कर्जन की साम्राज्यशाही दुर्नीति और विच्छिन्नतावादी अंधड़ का सांस्कृतिक सरणि से प्रतिरोध तथा अपने कृति आयोजन द्वारा जातीय संघ शक्ति संघ शक्ति को अपेक्षित पोषण दे रहे थे। उनके आयोजन की राष्ट्रीय महत्ता को लक्ष्य कर पं. दुर्गा प्रसाद मिश्र, बाबू बाल मुकुन्द गुप्त जैसे शीर्षस्थ बुद्धिजीवी बहुविध सहयोग दे रहे थे। 'देवनागर' के सहयोगी लेखकों में महामहोपाध्याय पं. रामअवतार शर्मा जैसे मनीषी थे। 'हितवार्ता' इस काल की पत्रिका है, जो पं. सखाराम गणेश देउस्कर के निर्देशन में पं. बाबूराव विष्णु पराड़कर के सम्पादन में कलकत्ते से प्रकाशित हुई थी। तिलक युग का जातीय संस्कार इस पत्रिका के प्रत्येक अक्षर में मुखर है। पं. अम्बिका प्रसाद बाजपेयी और पं. दुर्गा प्रसाद मिश्र इसके सहयोगी लेखक थे।

पं. झावर मल्ल शर्मा और पं. लक्ष्मण नारायण गर्दे तिलक युग के विशिष्ट हिन्दी पत्रकार थे, जिनका कर्म-क्षेत्र कलकत्ता था।

यद्यपि हिन्दी पत्रकारिता की जन्मभूमि कलकत्ते से स्तरीय हिन्दी पत्र-पत्रिकाओं के प्रकाशन का क्रम दीर्घकाल तक कुण्ठित नहीं हुआ, किन्तु 'समन्वय', 'मतवाला', 'हिन्दूपंच', 'विशाल भारत' और 'सेनापति' की विशिष्ट पहचान है पुनर्जागरण

आन्दोलन से उत्थित स्वातंत्र्य-स्पृहा और सांस्कृतिक बोध 'समन्वय', 'मतवाला' और 'विशाल भारत' में दीप्त है। राजनीतिक क्षेत्र में गांधीजी और साहित्यिक सांस्कृतिक क्षेत्र में रवीन्द्रनाथ इस युग के सम्मानित नायक थे, पुनर्जागरण की स्फूर्त आबोहवा में इनकी मानस-मनीषा का निर्माण हुआ था। 'मतवाला' और 'विशाल भारत' में विविध विधाओं में प्रकाशित संस्कृतिबोध, स्वातंत्र्यस्पृहा, स्वदेशी का आग्रह और स्वच्छंद चेतना को पुनर्जागरण की सम्वेदना का ही विकास और समृद्धि माना जाना चाहिए। यह निराधार नहीं है कि अपने समय की सर्वश्रेष्ठ पत्रिका के रूप में इन पत्रिकाओं का पूरे हिन्दी जगत में सम्मान था। इन्हें शीर्ष प्रतिभा शक्ति का सम्पादन-स्पर्श मिला था। 'मतवाला' आचार्य शिवपूजन सहाय, पाण्डेय बेचन शर्मा 'उग्र', सूर्यकांत त्रिपाठी 'निराला' और मुंशी नवजादिक लाल श्रीवास्तव के विलक्षण सम्पादन में निकलती थी। 'विशाल भारत' के सम्पादक थे पं. बनारसी दास चतुर्वेदी, अज्ञेय, श्रीराम शर्मा जैसे विख्यात मनीषी।

आजादी के बाद यद्यपि कुछ समय तक कलकत्ते की हिन्दी पत्रकारिता आदि प्रतिज्ञा के प्रति एक अंश तक सजग थी, किन्तु परवर्ती काल का परिदृश्य इतना श्रीहीन हो गया कि हिन्दी पत्रकारिता की जन्मभूमि ही नहीं प्रधान केन्द्र कलकत्ता को बाहर की दुनिया अन्यथा दृष्टि से देखने लगी और समृद्ध अतीत के आधार पर ही कलकत्ते की विशिष्टता-महत्ता को रेखांकित करने के लिए अध्येता और इतिहास-लेखक निरुपाय हो गए।

संदर्भः

1. ध्यातव्य है कि ये पंक्तियाँ वैष्णव आस्था और स्वदेशी धार्मिक जीवन-चर्या में जीने वाले बालमुकुन्द गुप्त की हैं। यही ओजस्वी मुद्रा थी वेदांत के अप्रतिम प्रवक्ता स्वामी विवेकानन्द की। स्वदेशवासियों को सम्बोधित करते हुए विवेकानन्द ने स्वदेशी और शक्ति की प्रेरणा दी थी, "आजकल हम पाश्चात्य शिक्षा में शिक्षित जितने लोगों को देखते हैं उनमें से एक का भी जीवन आशाप्रद नहीं है।... विलायती रंग में रंगे सर्वथा मेरुदण्ड विहीन बाबू लोग अपरिपक्व, श्रृंखलाशून्य, बेमेल विभिन्न भावों से भरे होते हैं।... अपने पैरों पर वे खड़े नहीं हो सकते—उनका सिर हमेशा चक्कर खाया करता है। वे लोग जो कुछ कहते हैं, उनका कारण जानते हो? अंग्रेजों से थोड़ी शाबासी पा जाना ही उनके सब कार्यों का मूल कारण है। वे लोग जो समाज-संस्कार करने के लिए अग्रसर होते हैं, हमारी कितनी ही सामाजिक प्रथाओं के विरुद्ध तीव्र आक्रमण करते हैं, उसका कारण केवल यह है कि हमारे ये सब आचार साहबों की प्रथा के विरुद्ध हैं। हमारी कितनी प्रथाएँ केवल इसलिए दोषपूर्ण हैं कि साहब लोग उन्हें दोषपूर्ण कहते हैं! मुझे ऐसे विचार पसन्द नहीं। बल्कि जो कुछ तुम्हारा अपना है, उसे लेकर अपने बल पर खड़े रहो और मर जाओ। यदि जगत में कोई पाप है, तो वह

दुर्बलता है। दुर्बलता ही मृत्यु है।"

"शक्ति, पौरुष, क्षात्र-वीर्य और ब्रह्म तेज—इनके समन्वय से भारत की नई मानवता का निर्माण होना चाहिए।" स्वामी विवेकानन्द का विश्वास था कि "उन्नति की पहली शर्त है स्वाधीनता। मनुष्य को जिस प्रकार विचार और वाणी में स्वाधीनता मिलनी चाहिए, वैसे ही उसे खान-पान, रहन-सहन, विवाह आदि हर एक बात में स्वाधीनता मिलनी चाहिए—जब तक कि उसके द्वारा दूसरों को कोई हानि नहीं पहुँचती।" इस स्वाधीनता को पाने के लिए स्वामी विवेकानन्द दौर्बल्य-निरसन और शक्ति की उपासना का आग्रह करते थे, "मृत्यु का ध्यान करो, प्रलय को अपनी समाधि में देखो तथा महाभैरव रुद्र को अपनी पूजा से प्रसन्न करो। जो भयानक हैं उसी की अर्चना से भय वश में आयेगा।... सम्भव हो तो जीवन की कामना छोड़कर मृत्यु की कामना करो। तलवार की धार पर अपना शरीर लगा दो और रुद्र शिव से एकाकार हो जाओ।"

नवजागरण की विरासत और समकालीन पत्रकारिता

राजकिशोर

भारतीय पत्रकारिता-खासकर हिन्दी तथा अन्य देशी भाषाओं की पत्रकारिता का इतिहास बहुत गौरवपूर्ण रहा है। स्पष्टतः आशय स्वतन्त्रता संघर्ष से है, जब भारतीय समाज ने करीब आधी सहस्राब्दि के बाद गहरे रचनात्मक आलोड़न का परिचय दिया था। यह दुर्भाग्यपूर्ण है कि उस समय की पत्रकारिता को ज्यादातर साम्राज्यवाद-विरोधी संघर्ष के अंग के रूप में देखा जाता है। यह खतरनाक अज्ञान है। स्वतंत्रता संघर्ष की पत्रकारिता सिर्फ राष्ट्रीय मुक्ति आन्दोलन के राजनीतिक पहलू का वाहक नहीं थी। वह एक सम्पूर्ण पत्रकारिता थी, जिसके माध्यम से अर्थनीति, समाज और संस्कृति के महत्वपूर्ण प्रश्नों का उत्तर खोजा जा रहा था। और, यह महज बौद्धिक प्रयत्न नहीं था। जीवन को समझाने में बौद्धिकता की निश्चय ही केन्द्रीय भूमिका है, किन्तु जीवन को बदलने के लिए भावनात्मक लगाव जरूरी है। नवजागरण की पत्रकारिता में यह लगाव अपनी चरम ऊँचाई पर दिखाई देता है। वस्तुतः उस युग के समाज ने और खासकर पत्रकारिता ने हमारे लिए कुछ ऐसी कसौटियां पैदा कर दी, जिन पर अपने आप को कसना हमारे लिए हमेशा उपयोगी रहेगा और उनसे बेहतर कसौटियाँ कोई क्रांतिकारी दौर ही पैदा कर सकता है।

क्राँति भारतीय समाज में एक भूला हुआ स्वप्न है। अभी हाल तक—आठवें दशक के अंत तक—देश में लाखों लोगों की जमात थी, जिसका मानना था कि क्राँति से कम में भारतीय समाज की समस्याओं का समाधान नहीं किया जा सकता। जय प्रकाश नारायण द्वारा 'सम्पूर्ण क्राँति' का आह्वान इस विचार-परम्परा की आखिरी अनुगूंज थी। अब लगता है कि वह एक थके हुए नेता का एक भावुक उद्‌गार भर था लेकिन भारतीय समाज में इस भावुक उद्‌गार की गुंजाइश बची हुई थी तथा उसे उपहास की नजर से नहीं, बल्कि आदर की दृष्टि से देखा गया और हजारों युवाओं ने उसे अपना जीवन दांव पर लगाने योग्य माना, यह भी कम अर्थपूर्ण नहीं है। सिर्फ एक दशक में ही स्थितियाँ कितनी बदल चुकी हैं। निश्चय ही अब भी कुछ छोटे-छोटे समूह हैं जो अपनी समझ से क्रांति की तैयारी कर रहे हैं, लेकिन उन्हें कोई गम्भीरता

से नहीं लेता। इन समूहों ने ज्यादातर स्थानीय संघर्षों में ही दिलचस्पी दिखाई है। फिर इनमें से अधिकांश की रणनीति मुख्यतः हिंसा पर टिकी हुई है, जिससे इनकी सफलता की संभावना और धूमिल हो जाती है। आधुनिक राज्य को हिंसा से पलटना लगभग असम्भव हो चुका है। बहरहाल, इस क्रांति-प्रेरित हिंसा के मुकाबले अलगाववादी और आतंकवादी हिंसा ने अपनी राजनीतिक उपस्थिति ज्यादा तीक्ष्णता के साथ दर्ज कराई है। यह हिंसा अत्यंत क्रूर, रुग्ण और एक तरह से, स्वघोषित लक्ष्य के खिलाफ है। बीमार और अमानवीय हिंसा से किसी नए देश की नींव तो शायद रखी जा सकती है, पर उस पर खड़ी की गई इमारत भयानक होने को बाध्य है। देश के जो हिस्से इस हिंसाजन्य आतंकवाद से पीड़ित हैं, वहाँ पत्रकारिता लगभग असम्भव हो गई है। पत्रकारिता संवाद की सम्भावना नहीं तो और क्या है? संवाद की इस संभावना का अंत बताता है कि हमारे लोकतंत्र को केवल संसदीय प्रतिष्ठान से ही नहीं, उन गतिविधियों से भी धक्का पहुँचा है, जो प्रकटतः इस प्रतिष्ठान के खिलाफ हैं।

दूसरी ओर, आजादी के बाद की भारतीय राजनीतिक व्यवस्था ने जन-मानस में जितनी इच्छाएँ पैदा की हैं, उससे अधिक इच्छाओं को कुचला है। हम आज तक अपनी एक भी समस्या का पूर्ण समाधान नहीं कर सके। अन्न के मामले में हम अपने आपको आत्मनिर्भर मानते हैं, लेकिन देश के अधिकांश गरीब लोग जो खाते हैं, उसे देखते हुए यह एक बाजार-केंद्रित अवधारणा ही लगती है।' 60 के दशक में अकाल और भुखमरी के व्यापक रूप से फैलने का डर था। यह डर आधारहीन निकला। स्पष्ट है कि अभाव का चरित्र काफी बदला है। अब यह केन्द्रीकृत कम, बिखरा हुआ और विकेन्द्रित ज्यादा है। अर्थव्यवस्था के चेहरे पर एक कृत्रिम लाली दिखती है। समाज को जोड़नेवाली ताकतें कमजोर हुई हैं तथा व्यक्तिवाद बढ़ रहा है, सबसे बुरा हाल है राजनीति का, जिसकी पवित्रता को अब हर कोई शक की निगाह से देखता है। सभी लोकतान्त्रिक संस्थाएँ क्षत-विक्षत हैं। साम्प्रदायिकता ने हिन्दू समाज के एक बड़े हिस्से में एक आदरणीय विचार की तरह घुसपैठ करने में सफलता प्राप्त कर ली है। यहाँ तक कि प्रेस भी इस भेड़ियाधंसान में आश्चर्यजनक रूप से बह गया, जिससे पत्रकारिता के स्वस्थ या कम बीमार हिस्से अभी तक लज्जित हैं। संस्कृति के क्षेत्र में विशिष्टता के कुछ अभिजात शिखर अवश्य दिखाई देते हैं, किन्तु व्यापक जनता के सांस्कृतिक स्तर में निश्चित गिरावट आई है।

सवाल यह है कि राजनीतिक, सामाजिक, आर्थिक और सांस्कृतिक संकट की इस प्रक्रिया में पत्रकारिता ने क्या भूमिका अदा की। उसने संकट की इस प्रक्रिया को तेज किया या उसे रोकने की कोशिश की? यह सवाल हिन्दी और अन्य भारतीय भाषाओं की पत्रकारिता के लिए ज्यादा प्रासंगिक है, क्योंकि अंग्रेजी पत्रकारिता से यह उम्मीद भी नहीं की जाती कि वह जनता का बौद्धिक नेतृत्व करेगी। अंग्रेजी खुद

उन बड़े पत्थरों में एक है, जो देश के स्वाधीन विकास की राह रोके खड़े हैं। इस बात का दुख हिन्दी पत्रकारिता में समय-समय पर छलकता रहा है, किन्तु ज्यादातर भावुकता के स्तर पर। बोध की जिस दरिद्रता ने देश के अन्य अनेक प्रश्नों को धूमिल कर दिया है, उसने भाषा का सवाल भी बिगाड़ रखा है। हिन्दी दैनिकों की ज्यादातर पत्रकारिता अब भी अनुवाद की पत्रकारिता है। पिछले कुछ वर्षों से यह मर्ज विचारों की दुनिया में भी संक्रमित हुआ है। औद्योगिक व्यवस्था में विचार भी एक उत्पाद बन जाता है। कम-से-कम विचार का उत्पादन कर उसकी ज्यादा से ज्यादा बिक्री ने जहाँ कुछ पत्रकारों को अमीर बनाया है, वहीं स्थानीय स्तर पर विचारों की दरिद्रता बढ़ाई है। पहले छोटे पत्र भी विचारों की दृष्टि से धनी हुआ करते थे। अब बड़े पत्र भी अंग्रेजी की जूठन छापकर गौरव का अनुभव करते हैं। विचारों का यह उद्योगीकरण समाचारों की दुनिया में भी प्रतिफलित होता है। निश्चय ही व्यावसायिकता ने हिन्दी पत्रकारिता की निजी तेजस्विता को गहरी क्षति पहुँचाई है। जहाँ बड़ी पूंजी लगी हुई है, वहाँ पत्रकार कम-से-कम भौतिक स्तर पर कुछ खुशहाल हैं, लेकिन जहाँ पूंजी-निवेश कम है, वहाँ भौतिक और आध्यात्मिक गरीबी ने मिलकर एक बहुत ही कुरूप दुनिया बनाई है, जिसमें किसी भी भले आदमी का दम घुट सकता है। अब तो यह भी साबित हो चुका है कि 1990 की हिन्दी पत्रकारिता में सांप्रदायिकता की उछाल के पीछे मुख्यतः व्यावसायिक स्पर्धा ही थी जब सम्प्रदायिकता बिकाऊ चीज सिद्ध हो रही हो, तब होड़ यह होगा कि कौन कितना साम्प्रदायिक हो सकता है। जब पत्रकारिता का एक बड़ा हिस्सा स्वयं एक खास तरह का संकट बन जाए, तब कल्पना की जा सकती है कि अन्य संकटों के संदर्भ में उसकी भूमिका कैसी होगी?

व्यावसायिकता से शायद ज्यादा शिकायत नहीं की जा सकती। स्वतंन्त्रता संघर्ष की पत्रकारिता सादगी और त्याग के जिस परिवेश में की जा रही थी, वह बहुत दिन नहीं टिक सकता था, वह एक युद्ध स्तर का काम था। मनुष्य हमेशा जंगी नहीं बना रह सकता। पत्रकारिता को भी, टिके रहने के लिए और विकसित होने के लिए, अपनी शांतिकालीन रणनीति तैयार करनी ही पड़ती। व्यावसायिकता को इसका एक जरूरी अंग होना था। पत्रकारिता सिर्फ समाचार या विचार नहीं है—वह उत्पादन भी है लेकिन क्या वह आवश्यक था कि पत्रकारिता में भी उत्पादन के सम्बन्ध उसी तरह विकृत होते, जैसे उत्पादन के अन्य क्षेत्रों में वे होते गए? निश्चय ही इसका ज्यादा बड़ा दारोमदार उत्पादन और वितरण की उस आम व्यवस्था पर है, जो आजादी के बाद मजबूत हुई। कहने को एक सार्वजनिक क्षेत्र भी था, लेकिन उसने देश के सामने सादगी, मितव्ययिता, परिश्रम और बराबरी के आदर्श पेश नहीं किए। निजी क्षेत्र ने तो राष्ट्र निर्माण को अपना दायित्व माना ही नहीं। इस समग्र परिस्थिति की छाप पत्रकारिता के विकासशील रूपों पर दिखाई पड़ती है लेकिन इसके लिए पत्रकारिता की अपनी दुनिया भी कम जिम्मेदार नहीं है? क्या यह दुनिया ऐसी नहीं हो सकती

थी, जिसमें उत्पादन की इकाई के रूप में पत्रकारिता फूले-फले और जिसकी गम्भीरता तथा जन-निष्ठा में भी फर्क न पड़े। यह सच है कि स्वतन्त्रता संघर्ष के दौरान पत्र के मालिक और पत्र के सम्पादक के लक्ष्यों में भेद नहीं था, लेकिन मतभेद होने पर क्या सम्पादक अपनी स्वतन्त्रता पर ग्रहण लगने देता था? फिर आजादी के बाद यह स्वतन्त्रता स्वयं अंकुश में आने के लिए व्यग्र क्यों दिखाई पड़ने लगी? व्यावसायिकता के मूल्यों को वह अपने संघर्ष और त्याग से परिष्कृत क्यों नहीं कर सकी? आज का पत्रकार यह सवाल अपने सम्मुख जितनी गहराई और संजीदगी से रखेगा, मौजूदा परिस्थिति के रू-ब-रू अपने उत्तरदायित्व को उतनी ही बारीकी से समझ सकेगा।

समकालीन पत्रकारिता की अपनी दुनिया कैसी है? वह एक तानाशाह की दुनिया है। सम्पादक और उसके सहयोगियों के बीच कोई लोकतांत्रिक रिश्ता नहीं होता। सम्पादक राजा होता है और शेष लोग प्रजा। इन प्रजाजनों में से कुछ दरबारी बन जाते हैं और सम्पादक को मिलनेवाले ऐशो-आराम में हिस्सा बंटाते हैं। शेष लोग एक करुण निरीहता से अपना काम करते रहते हैं। भारत में पत्रकारिता की शुरुआत हुई थी, तो अक्सर पत्रों का एक सम्पादक मण्डल हुआ करता था, लेकिन अब कहीं कोई सम्पादक मण्डल नहीं होता। यह स्थिति लाने में 1867 में पारित प्रेस ऐक्ट की महत्वपूर्ण भूमिका है, जिसके द्वारा ब्रिटिश सरकार ने यह व्यवस्था बनाई कि किसी भी पत्र में जो कुछ छपेगा, उसके लिए सिर्फ मुद्रक, प्रकाशक और सम्पादक दायी होंगे। यह एक तानाशाही कानून था, क्योंकि इसके द्वारा सम्पादकीय विभाग के बाकी लोगों को मेज-कुरसी बना दिया गया। उनकी अपनी चेतना का कोई महत्व नहीं रह गया। वे सम्पादक क्लर्क हो गए, जिनका काम सम्पादक की मदद करना था—खुद संपादन करना नहीं लेकिन जब स्वाधीनता संघर्ष अपने चरम उत्कर्ष पर था, तब भी किसी को यह नहीं सूझा कि इस अमानवीय कानून का विरोध किया जाए। इसका एक व्यावहारिक कारण भी था। उन दिनों सम्पादकों को अक्सर सरकार से संघर्ष करना पड़ता था। प्रेस ऐक्ट द्वारा दी गई इस सुविधा के कारण पूरे सम्पादकीय विभाग के खिलाफ कार्यवाही नहीं होती थी, सिर्फ सम्पादक को दोषी माना गया था आजादी के बाद न ऐसी कोशिश हुई जिससे सम्पादक के अलावा बाकी पत्रकारों को कोई मानवीय हैसियत मिले और न पत्रकारों की ओर से ऐसा कोई दबाव डाला गया। नतीजा यह निकला कि पत्रों के दफ्तर सम्पादक की तानाशाही के केन्द्र हो गए।

समकालीन पत्रकारिता के केन्द्रीय अंतर्विरोधों को समझे बिना उसके अन्य अंतर्विरोधों को ठीक से नहीं समझा जा सकता। यह केन्द्रीय अंतर्विरोध लोकहित और निजी लाभ का है। अब चूँकि लोकहित लोकतंत्र और समानता की वकालत करने में है, इसलिए पत्र-पत्रिकाओं को जो जिन्दगी जीनी पड़ती है, उसमें लोकतांत्रिकता या समानता का कोई वास्तविक तत्व नहीं होता, इसलिए वे इन सच्चे

और जीवनकारी सिद्धान्तों की चर्चा करते हुए भी इन्हें अपनी पत्रकारीय चिंता की अंतर्वस्तु नहीं बना पाते हैं। अगर उनके अपने जीवन में प्रत्येक नागरिक को उसकी उचित मर्यादा देने तथा तमाम तरह की गैर-बराबरी को कम करने की प्रेरणा होती एवं उनके काम करने की जगहें इन प्रेरणाओं की हत्या करने के बजाय इन्हें प्रोत्साहित करनेवाली होतीं, तो वे सिर्फ लोकतंत्र और जन-हित का नाम नहीं लेते, बल्कि बड़े लगाव के साथ और सूक्ष्मतापूर्वक यह पता लगाते कि देश में कहाँ-कहाँ और किस-किस स्तर पर लोकतंत्र का क्षय हो रहा है तथा विषमता को बढ़ावा दिया जा रहा है। चूँकि ऐसा नहीं है, इसलिए पत्रकारों को बराबर दोहरी जिन्दगियाँ जीनी पड़ती हैं। उनकी एक आँख जनता की असुविधाओं पर रहे या नहीं, पर दूसरी आँख अपनी असुविधाओं को दूर करने पर जरूर गड़ी रहती है। इस तरह वे हमेशा एक डाँवाडोल स्थिति में रहते हैं और लफ्फाजी की आड़ में कुछ आत्मगौरव प्राप्त करने की कोशिश करते रहते हैं। कुल मिलाकर भारत की समकालीन पत्रकारिता जिन मूल्यों का विरोध करती है, वास्तव में उन्हें ही बढ़ाती है। उसके होंठ कुछ कहते हैं और हृदय कहीं और लगा रहता है।

लोकहित और निजी लाभ के इसी अंतर्विरोध की झाँकी लोकहित और लोकरुचि के अंतर्विरोध में दिखाई पड़ती है। कुछ लोगों को इस पर बड़ा आश्चर्य होता है कि भारत की तमाम पत्र-पत्रिकाएँ राशिफल क्यों छापती हैं। मजे की बात यह है कि इन्हीं पत्र-पत्रिकाओं में कभी-कभी यह भी बताया जाता है कि अमुक-अमुक कारणों से राशिफल कभी सच्चा हो ही नहीं सकता। यह अंतर्विरोध उस वक्त और ज्यादा उजागर होता है, जब एक ही प्रतिष्ठान के अंग्रेजी के पत्रों में राशिफल नहीं छापा जाता, लेकिन हिन्दी या अन्य देशी भाषाओं के पत्रों में छापा जाता है। जाहिर है, राशिफल छापने के बारे में यह अलग-अलग दृष्टि मालिकों या सम्पादकों के किसी नीति सम्बन्धी निर्णय का नतीजा नहीं, बल्कि लोक रुचि के व्यावसायिक शोषण का मामला है। चूँकि अंग्रेजी के पाठकों के बारे में यह माना जाता है कि उसे आकर्षित करने के लिए राशिफल जैसे लटके की जरूरत नहीं है, इसलिए बहुत से अंग्रेजी दैनिक उसकी उपेक्षा कर देते हैं (हालाँकि अंग्रेजी का यह वैशिष्ट्य अब कम होता जा रहा है, क्योंकि उसके 'साधारणीकरण' की प्रक्रिया भी जोरों पर है) जबकि हिन्दी का शायद ही कोई दैनिक हो, जो पाठकों की इस भाग्यवादिता का दुरुपयोग नहीं करता हो। यह लोक रुचि के साथ समझौता करने की बात नहीं है, बल्कि उसे बढ़ावा देने का व्यावसायिक कौशल है, जिसकी एक और झाँकी विभिन्न पत्र-पत्रिकाओं के फिल्म सम्बन्धी पृष्ठों पर दिखाई पड़ती है। फिल्मों पर टिप्पणी करनेवाला कोई भी पत्रकार बम्बइयाँ फिल्मों में बढ़ रही हिंसा, निकृष्टता और अश्लीलता पर टीका करने का एक भी अवसर नहीं छोड़ता लेकिन ऐसी टिप्पणियों के साथ खोज-खोज कर ऐसी तस्वीरें भी छापी जाती हैं जो इस हिंसा

और अश्लीलता को कामुक ढंग से उभारती हैं। क्या ये तस्वीरें इसलिए छापी जाती हैं, ताकि पाठकों को पता चल सके कि हमारी अभिनेत्रियों ने अंग प्रदर्शन के मामले में किस हद तक समझौता करना स्वीकार कर लिया है? या इसलिए कि जो माल दिखाकर हिन्दी फिल्में पैसा पीट रही हैं, वही माल दिखाकर पत्र-पत्रिकाएँ भी अपनी बिक्री बढ़ाना चाहती हैं? सच तो यह है कि एक तरह की व्यावसायिकता दूसरी तरह की व्यावसायिकता को रोक नहीं सकती। इस तर्क को जो लोग नहीं समझते, वे ही इस बात पर हैरत करते हैं कि अश्लीलता से लदे हुए रंगीन पृष्ठों पर अश्लीलता का विरोध क्यों किया जाता है या आधुनिक वैज्ञानिक चेतना के प्रसार का आग्रह करनेवाले पत्र राशिफल छापकर अपने पाठकों को गुमराह क्यों करते रहते हैं। व्यावसायिकता लोक हित का कितना भी दम भरे, वह लोक रुचि पर ही टिकी रहती है और चूँकि उसे इस बात से कोई वास्तविक मतलब नहीं होता कि लोक रुचि किधर जा रही है, अतः वह उसे बिगाड़ने में ही सहायक बनती है, सँवारने में नहीं। सच यह भी है कि पत्रकारों की अपनी रुचियाँ भी अक्सर विकृत होती हैं, इसलिए भी वे इन विकृतियों का कोई प्रतिरोध नहीं करते, सिर्फ लिखते समय वे उपदेशक की भूमिका में आ जाते हैं, अन्यथा तो उनके जीवन की हँसी-खुशी भी उनके पाठकों के स्तर की ही होती है।

यही वह आदर्श और प्रेरणाहीत दुनिया है, जो हमारी स्वांतत्र्येत्तर पत्रकारिता का मुख्य आधार है। यह एक बाहर से सँवर रही, लेकिन अंदर से बिल्कुल खोखली हो रही दुनिया है। इसके सामने न कोई ऊँचे विचार हैं और न इसकी प्रेरणा के केन्द्र में कोई बड़ा मूल्य है। पत्रकारिता को इस दुनिया में काम करते हुए तथा इसे अपना विषय बनाते हुए ही अपने अस्तित्व की रक्षा करनी पड़ती है तथा अपना नैतिक झंडा ऊँचा रखना पड़ता है। कह सकते हैं कि यह एक लगभग असम्भव काम है। इसमें उसके सामने दो ही वास्तविक विकल्प हैं—या तो वह एक वैकल्पिक दुनिया की रचना करने की दृष्टि बनाकर चले, जिसमें सत्ता के तमाम मौजूदा केन्द्र ध्वस्त हो जाएँ या विकृति के झंडाबरदारों में से ही कभी कुछ को चुनकर आशा का एक माहौल तैयार करे और फिर उस माहौल को खुद ध्वस्त करे। यह लगभग वैसा ही है, जैसे हम मिट्टी और फूस से किसी देवी-देवता की सृष्टि करते हैं और धूमधाम से उसकी पूजा कर मूर्ति विसर्जन कर आते हैं। पत्रकारिता ने चूँकि मामूली आदमी को अपना नायक नहीं बनाया है और न उसके मन में किसी वैकल्पिक सभ्यता का स्वप्न है, इसलिए वह विश्व के नवनिर्माण में विफल हो चुके विशिष्ट वर्ग के लोगों में से ही हमेशा अपने महानायक चुनती है और फिर उन्हें नष्ट करने की कोशिश करती है। यह एक ऐसा अंतर्विरोध है, जो हमारी सभ्यता का ही अंतर्विरोध है और पत्रकारिता चूँकि इसी सभ्यता को अपना आधार बनाकर चल रही है, इसलिए इस सभ्यता के सारे अंतर्विरोध उसके अपने अंतर्विरोध हो जाते हैं।

औद्योगिक संस्कृति का चरित्र भी यही है। यह एक विचार-विरोधी संस्कृति है। उसके लिए विचार उसी हद तक महत्वपूर्ण है, जिस हद तक वह मुनाफा पैदा करने में उपयोगी हो सके। देखने में तो लगता है कि वह तरह-तरह के विचारों को अभिव्यक्ति देती है, लेकिन यह एक मिथक है। वह दरअसल विचारों को रोकती है; उनकी पैदाइश भी और उनका प्रसार भी। कहा जा सकता है कि समाचारपत्र तो समाचार देने के लिए होते हैं—उनका विचारों से क्या लेना-देना? यह एक दूसरा मिथक है, जिसे इसलिए फैलाया जाता है ताकि समाचार और विचार के अंतर्संबंध को समाप्त किया जा सके। इतनी दूर तक न भी जाएँ कि प्रत्येक समाचार के साथ एक विचार भी जुड़ा हुआ होता है या हो सकता है, तब भी इतना तो कहना ही पड़ेगा कि कौन-सा समाचार प्रकाशन योग्य है और कौन-सा नहीं, इसका विवेक तो एक विचारवान दृष्टि ही कर सकती है। अब जिस समाचारपत्र का दायित्व यह नहीं है कि वह जिन घटनाओं को विचारयोग्य मानता है, उन पर विचार भी करे, तो यह कैसे माना जा सकता है कि उससे किसी प्रकार के विचार की सचमुच अपेक्षा की जाती है?

लेकिन समाचारों का चाहे जितना महत्व हो तथा उन्हें चाहे जितना स्थान दिया जाए, उन पर टीका-टिप्पणी करने की, उनका विश्लेषण करने की तथा उन पर अपनी राय प्रकट करने की जरूरत हमेशा बनी रहेगी। वस्तुतः यह भी समाचारपत्र का एक बुनियादी काम है यानी समाचार बताना ही नहीं, बल्कि यह बताना भी कि वह समाचार क्यों है तथा उसके होने से हमारी दुनिया किस प्रकार प्रभावित होती है। ऐसा नहीं है कि समाचार बतानेवाला व्यक्ति यानी संवाददाता इस दृष्टि से वंचित रहता है (हालाँकि ऐसे लोग पहले भी रहे हैं और यह बढ़ती हुई औद्योगिक संस्कृति का ही एक और साक्ष्य है कि अब कुछ ज्यादा होने लगे हैं); वस्तुतः पत्रकारिता तो उसी बिन्दु से शुरू होती है और अंत का कोई ऐसा गुण नहीं है, जो शुरू में नदारद रहता हो। अतः समाचार की तलाश या उसका प्रस्तुतीकरण भी एक मूल्यसापेक्ष काम ही है, लेकिन वहाँ दृष्टि विश्लेषण पर कम, घटना पर ज्यादा रहती है। घटना को ठीक से बताने में ही घटना का अर्थ भी निहित रहता है। फिर प्रत्येक घटना के कई अर्थ होते हैं या हो सकते हैं। अतः घटना का बयान करने के साथ-साथ उसके विभिन्न अर्थ उद्घाटित करते चलना श्रमसाध्य होता है—उनके लिए तो उबाऊ भी, जिनकी रुचि घटना में ही है। इसके अलावा एक ही घटना के परस्पर विरोधी अर्थ भी निकाले जा सकते हैं, अतः बेहतर हो कि यह काम अलग से ही किया जाये। इससे न केवल तरह-तरह की अर्थछवियाँ उपलब्ध हो सकेंगी, बल्कि पाठक को भी घटना का अपना अर्थ लगाने में सहूलियत होगी। एक पूर्ण समाचारपत्र यही करता है।

इसमें सन्देह नहीं कि पत्रकारिता के पेशे में जो लोग प्रवेश करते हैं, वे मूलतः

भावुक और आदर्शवादी किस्म के होते हैं। अगर वे पत्रकारिता में नहीं आते, तो शिक्षक, लेखक या समाज सुधारक किस्म के प्राणी होते। छपे हुए अक्षरों की गैर-पत्रकार समाज में जो इज्जत और ताकत है, उसी के वशीभूत होकर वे इस क्षेत्र में प्रवेश करते हैं और सोचते हैं कि उन्हें निर्बंध होकर लिखने का मौका मिलेगा, तो वे दुनिया को बदल डालेंगे। कुछ ऐसा कर डालेंगे, जो अभी तक किसी ने नहीं किया है लेकिन जब वे सचमुच के पत्रकार बनते हैं, तब उनकी समझ में आता है कि वे जिसे मन्दिर समझ बैठे थे, वह तो दुकान है लेकिन तब तक काफी देर हो चुकी होती है और उनके सोचने-समझने की आदतें एक खास साँचे में ढल चुकी होती हैं। फिर कुछ करने को नहीं रह जाता। जैसे एक बार पादरी बने तो जीवन भर पादरी बने रहना पड़ता है—कुछ आम आदमी से ऊँचाई का नशा, कुछ उसकी ताकत और कुछ यश की भूख कई बातें एक साथ काम करती रहती हैं, वैसे ही एक बार पत्रकार बने तो फिर दूसरे पेशों का आकर्षण खत्म हो जाता है। फिर भी जो कुछ ज्यादा ही होशियार, यथार्थवादी और भौतिक आकांक्षाओं से पीड़ित होते हैं, वे अपना प्रेस लगा लेते हैं, फिल्म में चले जाते हैं, राजनीति करने लगते हैं या फिर कोई और लाभप्रद धंधा अपना लेते हैं। शेष आजीवन पत्रकार बने रहते हैं और एक मायालोक में रहते हुए अपना जीवन काट देते हैं।

पूँजीवादी समाज में राजनैतिक दल-बदल को चाहे जितना बुरा माना जाए, आर्थिक दल-बदल को आदर्श माना जाता है। कपड़ा कम्पनी मैनेजर को दो हजार रुपया महीना ज्यादा दीजिए, वह जूता कम्पनी का मैनेजर हो जाएगा। लोहे की दलाली करनेवाला कोयले की दलाली करने लगेगा। इसी तरह पत्रकार भी अधिक पैसा मिलने पर अपना प्रतिष्ठान छोड़कर जाने के लिए हमेशा तैयार रहता है। अब किसी संस्थान को पत्रकार विकसित करने की जरूरत नहीं रह गई है। पैसा फेंकिए और बने-बनाए, विकसित पत्रकार ले आइए। शायद ही कोई पत्रकार हो, जिसे लुभाया न जा सके। दिल्ली पत्रकारों की सबसे बड़ी मंडी है। प्रान्तीय राजधानियों से दिल्ली की तरफ पत्रकारों की जितनी उड़ान होती है, उससे कहीं ज्यादा दिल्ली के पत्रकार अखबार बदलते हैं। इससे यह भी पता चलता है कि या तो सभी पत्रों की नीति एक है या सभी पत्रकारों का चरित्र एक हो गया है। किसी को कहीं भी फिट किया जा सकता है। अखबारों का या पत्रकारों का अपना कोई व्यक्तित्व नहीं होने के कारण पत्रकार 'स्पेयर पार्ट' की तरह हो गए हैं। कोई भी दूसरे की जगह ले सकता है। काम में कोई व्यवधान नहीं होगा। इसे हम अभिव्यक्ति की स्वतन्त्रता कहें, पेशे की आजादी कहें या वेश्यावृत्ति?

कह सकते हैं कि पत्रकारों पर इतना गुस्सा करने की जरूरत नहीं—वे भी तो आखिर समाज के ही अंग हैं। सामाजिक पतन का कुछ-न-कुछ प्रभाव तो सभी वर्गों पर पड़ेगा। जब सभी लोग भौतिकता की आँधी में आँख मूँदे बहे जा रहे हैं, तब

पत्रकारों से ही यह आशा क्यों की जानी चाहिए कि वे त्याग और संयम की मूर्ति बने रहेंगे? यह तर्क गलत नहीं है, यथार्थ भी काफी हद तक यही है; लेकिन इस तर्क की सबसे बड़ी गड़बड़ी यह है कि यह सामाजिक प्रवाह को ही सब कुछ मान लेता है—व्यक्ति की संकल्प-शक्ति को एकदम गौण कर देता है। अगर इस तर्क को मान लिया जाए तो दुनिया में कोई बदलाव नहीं हो सकता। बदलाव की कोशिश कुछ व्यक्तियों से ही शुरू होती है और फिर उसका पूरे समाज पर असर होता है। इसके अलावा समाज में कुछ वर्ग ऐसे होते हैं, जिनका काम ही है पतन को रोकना और उसके लिए बड़ी से बड़ी कीमत चुकाने को तैयार रहना। संत, शिक्षक, कलाकार, लेखक इसी वर्ग में आते हैं। वे समाज की सम्वेदना को जीवित रखते हैं और खुद जलते हुए रोशनी फैलाते हैं। पत्रकारों का वर्ग इसी कोटि में आता है। इसीलिए उनसे विशेष अपेक्षाएँ की जाती हैं। अगर वे भी पतन की दौड़ में शामिल हो जाएँगे, तो फिर समाज को कौन बचा सकता है?

❑❑❑